中国制造业发展研究报告2016

A Research Report on the Development of China's Manufacturing Industry 2016

主　编　李廉水
副主编　巩在武 余莱花

图书在版编目(CIP)数据

中国制造业发展研究报告.2016/李廉水主编.—北京:北京大学出版社,2017.6
(教育部哲学社会科学系列发展报告)
ISBN 978-7-301-28347-9

Ⅰ.①中… Ⅱ.①李… Ⅲ.①制造工业—经济发展—研究报告—中国—2016
Ⅳ.①F426.4

中国版本图书馆 CIP 数据核字(2017)第 094275 号

书　　名	中国制造业发展研究报告 2016 ZHONGGUO ZHIZAOYE FAZHAN YANJIU BAOGAO 2016
著作责任者	李廉水　主　编　巩在武　余菜花　副主编
责任编辑	赵学秀
标准书号	ISBN 978-7-301-28347-9
出版发行	北京大学出版社
地　　址	北京市海淀区成府路 205 号　100871
网　　址	http://www.pup.cn
电子信箱	em@pup.cn　　QQ:552063295
新浪微博	@北京大学出版社　@北京大学出版社经管图书
电　　话	邮购部 62752015　发行部 62750672　编辑部 62752926
印 刷 者	涿州市星河印刷有限公司
经 销 者	新华书店
	730 毫米×980 毫米　16 开本　30.5 印张　564 千字
	2017 年 6 月第 1 版　2017 年 6 月第 1 次印刷
定　　价	89.00 元

编 委 会

项 目 组

基金资助

教育部哲学社会科学发展报告建设项目(13JBG004)

教育部人文社会科学重点研究基地“清华大学技术创新研究中心”资助

国家自然科学基金项目(71673145)

江苏高校优势学科建设工程资助项目

江苏高校哲社重点研究基地“中国制造业发展研究院”资助项目

江苏省高校哲学社会科学优秀创新团队建设项目(2015ZSTD006)

总　序

哲学社会科学的发展水平，体现着一个国家和民族的思维能力、精神状态和文明素质，反映了一个国家的综合国力和国际竞争力。在社会发展历史进程中，哲学社会科学往往是社会变革、制度创新的理论先导，特别是在社会发展的关键时期，哲学社会科学的地位和作用就更加突出。在我国从大国走向强国的过程中，繁荣发展哲学社会科学，不仅关系到我国经济、政治、文化、社会建设以及生态文明建设的全面协调发展，而且关系到社会主义核心价值体系的构建，关系到全民族的思想道德素质和科学文化素质的提高，关系到国家文化软实力的增强。

党的十六大以来，以胡锦涛同志为总书记的党中央高度重视哲学社会科学，从中国特色社会主义发展全局的战略高度，把繁荣发展哲学社会科学作为重大而紧迫的任务进行谋划部署。2004年，中共中央下发《关于进一步繁荣发展哲学社会科学的意见》，明确了新世纪繁荣发展哲学社会科学的指导方针、总体目标和主要任务。党的十七大报告明确指出："繁荣发展哲学社会科学，推进学科体系、学术观点、科研方法创新，鼓励哲学社会科学界为党和人民事业发挥思想库作用，推动我国哲学社会科学优秀成果和优秀人才走向世界。"2011年，党的十七届六中全会审议通过的《中共中央关于深化文化体制改革、推动社会主义文化大发展大繁荣若干重大问题的决定》，把繁荣发展哲学社会科学作为推动社会主义文化大发展大繁荣、建设社会主义文化强国的一项重要内容，深刻阐述了繁荣发展哲学社会科学一系列带有方向性、根本性、战略性的问题。这些重要思想和论断，集中体现了我们党对哲学社会科学工作的高度重视，为哲学社会科学繁荣发展指明了方向，提供了根本保证和强大动力。

为学习贯彻党的十七届六中全会精神，教育部于2011年11月17日在北京召开全国高等学校哲学社会科学工作会议。中共中央办公厅、国务院办公厅转发《教育部关于深入推进高等学校哲学社会科学繁荣发展的意见》，明确提出到2020年基本建成高校哲学社会科学创新体系的奋斗目标。教育部、财政部联合印发《高等学校哲学社会科学繁荣计划(2011—2020年)》，教育部下发《关于进一步改进高等学校哲学社会科学研究评价的意见》《高等学校哲学社会科学"走出去"计划》《高等学校人文社会科学重点研究基地建设计划》等系列文件，启动了新一轮“高校哲学社会科学繁荣计划”。未来十年，高校哲学社会科学将着力构建九大体系，即学科和教材体系、创新平台体系、科研项目体系、社会服务体系、条件支撑体系、人才队伍体系、现代科研管理体系和学风建设工作体系等，同时，大力实施高校哲学社会科学“走出去”计划，提升国际学术影响力和话语权。

当今世界正处在大发展大变革大调整时期，我国已进入全面建设小康社会的关键时期和深化改革开放、加快转变经济发展方式的攻坚时期。站在新的历史起点上，高校哲学社会科学面临着难得的发展机遇和有利的发展条件。高等学校作为我国哲学社会科学事业的主力军，必须充分发挥人才密集、力量雄厚、学科齐全等优势，坚持马克思主义立场观点方法，以重大理论和实际问题为主攻方向，立足中国特色社会主义伟大实践进行新的理论创造，形成中国方案和中国建议，为国家发展提供战略性、前瞻性、全局性的政策咨询、理论依据和精神动力。

自2010年始，教育部启动哲学社会科学研究发展报告资助项目。发展报告项目以服务国家战略、满足社会需求为导向，以数据库建设为支撑，以推进协同创新为手段，通过组建跨学科研究团队，与各级政府部门、企事业单位、校内外科研机构等建立学术战略联盟，围绕改革开放和社会主义现代化建设的重点领域和重大问题开展长期跟踪研究，努力推出一批具有重要咨询作用的对策性、前瞻性研究成果。发展报告必须扎根社会实践、立足实际问题，对所研究对象的发展状况、发展趋势等进行持续研究，强化数据采集分析，重视定量研究，力求有总结、有分析、有预测。发展报告按照“统一标识、统一封面、统一版式、统一标准”纳入“教育部哲学社会科学发展报告文库”集中出版。计划经过五年左右，最终稳定支持百余种发展报告，有力支撑“高校哲学社会科学社会服务体系”建设。

展望未来，夺取全面建设小康社会新胜利、谱写人民美好生活新篇章的宏伟目标和崇高使命，呼唤着每一位高校哲学社会科学工作者的热情和智慧。我们要不断增强使命感和责任感，立足新实践，适应新要求，以建设具有中国特色、中国风格、中国气派的哲学社会科学为根本任务，大力推进学科体系、学术观点、科研方法创新，加快建设高校哲学社会科学创新体系，更好地发挥哲学社会科学认识世界、传承文明、创新理论、咨政育人、服务社会的重要功能，为全面建设小康社会、推进社会主义现代化、实现中华民族伟大复兴作出新的更大的贡献。

教育部社会科学司

前　言

2003年，李廉水教授主持的研究团队经过公开招标答辩，赢得教育部首批“哲学社会科学重大课题攻关项目”中的“东部特大都市圈与世界制造业中心研究”(03JZD0014)项目。在李廉水教授和杜占元同志(时任科技部发展计划司司长)的共同主持下，2004年10月，《中国制造业发展研究报告2004》正式出版，全国人大常委会副委员长周光召院士作序并给予很高评价：“《中国制造业发展研究报告2004》创新性提出‘新型制造业’概念，并依此建立起评价指标体系与模型，对我国制造业的发展进行系统分析与研究，得出了许多定量与定性的结论，提出了许多建设性意见，值得政府决策部门和产业研究等相关机构进行研讨和借鉴。”2005年，时任中国人民大学校长的纪宝成教授作序时写道：“为了实现中国制造业发展的美好前景，中国制造业必须走新型工业化道路，必须选择资源节约型和环境友好型发展模式，《中国制造业发展研究报告2005》是一部体现和谐社会需要和谐制造的佳作。”2006年，全国政协副主席宋健院士深情作序：“近代史给予中国人民最沉痛的教训是清代没有觉察到和抓住十八、十九世纪的时机发展自己的工业和制造业，给后代留下了一百多年的损伤、屈辱、痛苦、牺牲、悲愤和哀憾。为建设创新型国家，作为龙头的中国制造业需要深思和创意一系列问题：中国制造应当选择什么样的发展模式？如何才能做到能源消耗少、环境污染小、科技含量高、经济效益大？中国如何实现同制造业大国向制造业强国的根本性转变？制造业的发展如何引领创新型国家建设？《中国制造业发展研究报告2006》针对全球制造业发展的新特点和中国面临的新环境，在分析国内外相关研究成果的基础上，在一定程度上回答了这些重要问题。命题之重大，主编所付出的心血，都激发了我的感佩，解除了敬谢不敏之图，写出上述所悟。”2007年，作为清华校友的李廉水教授邀请清华大学校长顾秉林院士作序，他写道：“《中国制造业发展研究报告2007》突出强调自主创新，主张通过科技创新支撑和引领中国制造业的持续发展，中国制造业企业必须成为自主创新的主体，从设计、制造、销售、服务等完整的价值链上拥有自己的核心技术、知识产权和自主品牌，唯有这样，中国制造业才能在激烈的国际竞争环境中持续又好又快地发展，为中华民族的伟大复兴作出贡献，为全球经济发展和人类文明作出贡献。”这之后，我们的研究团队连续出版了《中国制造业发展研究报告2008》《中国制造业发展研究报告2009》《中国制造业发展研究报告2010》《中国制造业发展研究报告2011》《中国制造业发展研究报告2012》和《中国制造业发展研究报告2013》。

2013年，《中国制造业发展研究报告》获得教育部哲学社会科学发展报告建设项目立项，这是对我们十几年坚持不懈努力的认可与肯定。从《中国制造业发展研究报告2004》开始，我们的研究始终贯穿着“新型制造业”理念，不断探索科技支撑和引领中国制造业发展的路径和方式。到2013年，我们的报告已经连续出版了十二辑（2009年既有中文版，也有英文版），在此过程中，我们深切感受到中国制造业的快速发展，见证了中国制造业经济创造能力、科技创新能力和资源环境保护能力等的快速提升。我们希望这份研究报告能够在建设创新型国家、推进自主创新进程中，成为准确反映中国制造业自主创新能力提升轨迹的报告，成为助推中国制造业升级转型、创新驱动的报告。

《中国制造业发展研究报告2016》，由江苏高校哲学社会科学重点研究基地“中国制造业发展研究院”和教育部人文社会科学重点研究基地“清华大学技术创新研究中心”的研究人员为主体进行研究并编写，继续贯穿了科技创新引领中国制造业发展的主线，倡导新型制造业的发展路径，既延续了前十二辑的风格，保持了规范研究的内容（总体评价、区域研究、产业研究、企业研究和学术动态综述），同时对信息化对中国制造业企业劳动生产率的影响，中印制造业产业合作的路径研究，中国高铁全球布局战略的实施路径，互联网＋背景下中国制造业的机遇与挑战，“一带一路”战略下中国钢铁业化解产能过剩的路径和政策等当前热点问题进行了专题研究，加大了每一部分内容的深度，力求体现更高的学术价值。2016年研究报告的特色和创新之处主要体现在以下几个方面：

“学术动态”部分。通过解析世界银行集团发布的《全球经济展望——增长疲软，溢出效应显著》，以及经济合作与发展组织发布的《力争增长》等一系列报告，探究世界制造业竞争指数、美国制造业发展现状与趋势、德国制造业政策趋向和日本制造业发展方向。遴选出2015年发表的与制造业密切相关且被SCI、SSCI、CSSIC等检索的高质量国内外期刊文章，从能源投入或效率、技术创新、环境影响、信息化、贸易等维度对国内外制造业文献研究动态展开评述。推荐了部分影响力较大的学术论文。

“综合评价”部分。从经济创造能力、科技创新能力、能源节约能力以及环境保护能力四个维度阐述了制造业“新型化”的内涵。在此基础上构建了由4个主指标、27个子指标构成的制造业“新型化”评价指标体系，对中国制造业“新型化”的总体状况进行评价。研究发现：中国制造业经济指标不仅逐年提升，而且整体的增长幅度明显加快；从科技创新能力看，中国制造业正在由“中国制造”向“中国创造”转变，R&D 经费和 R&D 人员全时当量也有了大幅度的增加；在能源消耗方面，中国制造业对能源的依赖越来越大，能源消耗总量和电力消耗总量逐年递增；从环境保护能力来看，中国制造业的环境效率总体上不断提高。

“区域研究”部分。首先，对中国区域制造业发展进行总体评价，发现区域制造业增速放缓，获利能力降低；区域制造就业人数下降；东部地区劳动生产率低于平均水平。在此基础之上，从经济创造、科技创新、资源利用、环境保护四个方面，构建区域制造业“新型化”评价指标体系，评价后发现：江苏综合实力超越广东重回榜首，广东第二；吉林、江西制造业表现活跃，两区域经济创造能力不断提高；辽宁退步明显。最后，对江苏省 13 个城市制造业进行分析，发现苏州、无锡、南京的制造业发展水平明显优于其他地区。

“产业研究”部分。首先，基于制造业“新型化”的内涵和评价指标体系，对中国制造业各产业的新型化进行评价，发现各产业新型化程度逐渐提高，制造业产业良性发展；行业间新型化发展不均衡，装备制造业等行业新型化程度较高；行业内新型化各维度发展不均衡。其次，构建相关计量模型，采用实证研究方法分析科技创新对中国制造业产业发展的影响、能源效率对中国制造业产业发展的影响、环境规制对中国制造业产业绿色增长的影响。研究发现：科技创新对制造业产业发展的影响最为明显；技术进步并非如预期能够带来能源消耗的降低、行业资源依存度如预期能够影响能源消耗水平；环境规制强度与制造业绿色全要素生产率存在着非线性关系，环境规制对绿色全要素生产率的影响存在行业差异性。

“企业研究”部分。采用权威数据资料和定量统计分析方法，对中国制造业上市企业的数量分布、规模、效益、成长性、创新性以及“最应受到尊敬”的制造业上市企业推选活动进行评价分析。研究发现：上市公司主要集中在东部沿海地区，其中，广东、浙江、江苏和山东四省依旧位列前四；2015 年中国制造业上市企业的主营业务收入规模与上年相比有较明显的缩减；总体上中国制造业上市企业的盈利能力保持了一定增长态势，但行业和地区层面上的盈利能力存在明显差异；无论是从行业还是地区层面的平均成长能力指数来看，中国制造业上市企业整体依旧具有稳健的成长能力；无论是从行业还是地区层面的来看，中国制造业上市企业科技创新投入产出水平整体上都有所提升；而优先推选出的 50 家“最应受到尊敬”的制造业上市企业前五强分别为上汽集团、中国中车、长安汽车、贵州茅台、同方股份。

“专题研究”部分。主要围绕中国制造业发展研究的热点话题展开，对新常态下中国制造业升级动力，信息化对中国制造业企业劳动生产率的影响，中印制造业产业合作的路径研究，中国高铁全球布局战略的实施路径，互联网+

背景下中国制造业的机遇与挑战,“一带一路”战略下中国钢铁业化解产能过剩的路径和政策建议,以及高技术产业聚集对技术创新的影响及其区域比较等问题展开了研究。

我们愿与更多关注中国制造业发展的朋友们合作,共同研究探索中国制造业发展的轨迹和路径,为中国制造业涌现更多“中国创造”而努力奋斗。由于水平所限,本研究报告难免会出现错误或不当之处,敬请各位专家和读者批评指正。

编者

2017年2月

目　　录

第二部分 发展评价篇

第三部分 专题研究篇

第一部分
学术动态篇

第1章　政府及研究机构报告解析

2015年,“中国制造2025”提出后,中国制造业进入了一个“创新驱动、质量为先、绿色发展、结构优化、人才为本”的发展新时期。在这个新时期中,国际经济发展形势如何?各主要制造业国家的发展策略有何变动?这是本章讨论的内容。

1.1　国际经济展望与世界制造业竞争指数

2015年的经济发展没有达到预期,这使世界银行和经济合作与发展组织(以下简称“经合组织”)对未来经济发展前景的预期持谨慎乐观,并对未来经济发展提出了一些建议。制造业在经济发展中具有举足轻重的位置,美国竞争力委员会与德勤公司联合发布了世界制造业竞争力指数,并对2020年制造业竞争力变化进行了预测。

1.1.1　全球经济展望

世界银行集团2016年1月发布了《全球经济展望——增长疲软,溢出效应显著》报告。该报告对世界经济发展趋势、主要经济体发展状态和溢出效应进行了详细分析,主要包括以下内容:

2000年以后,新兴市场经济体已经成为全球经济增长的发动机,2007—2008年全球金融危机后表现更加明显。然而,时过境迁,2010年以后,一些新兴市场的增长速度开始下降。全球经济将需要适应新兴市场温和增长的新时期。这个时期的特点是较低的商品价格和较弱的贸易和资本流动。展望未来,全球经济增长有望于2016年温和地恢复到2.9%(2015年未能达到预期,为2.4%)。预计中国经济将转向以消费和服务为主导的增长方式,美国的货币政策紧缩周期将不会过分动荡。因此,全球经济增长将进入一个温和的回升期。

全球经济展望:失望、风险和溢出效应。全球经济增长在2015年再次低于预期,从2014年的2.6%降低为2.4%,发展中国家2015年经济增长4.3%,低于2014年的4.9%。这种令人失望的状况主要体现在新兴和发展中经济体的持续增长放缓。在这些经济体中伴随着商品价格下降,资本流动放缓和贸易低迷。全球增长预计在未来几年内上升，但比 2015 年 6 月预想的要慢。在 2016 年达到 2.9%，2017—2018 年达到 3.1%，发展中国家 2016 年上升为 4.8%，2017—2018 年将上升为 5.3%。这次经济好转的前提是主要高收入国家持续增长，融资环境逐步得到严格控制，大宗商品价格稳定，中国逐渐实现再平衡。预测显示经济具有相当的下行风险。包括主要新兴市场经济无序放缓，金融市场由于借贷成本突然变化引发的动荡，一些国家很难摆脱的隐患和紧张加剧的地缘政治关系。增长缓慢，大宗商品价格迅速下降，使得决策者回旋空间减小，尤其是大宗商品出口国，经济下行风险更大。

新兴经济体对世界经济的影响。鉴于全球最大的新兴市场——巴西、俄罗斯、印度、中国和南非（金砖国家）——经济发展均在放缓，将对世界其他经济体产生显著的溢出效应。具体而言，金砖国家经济增速下降 1 个百分点，未来两年，其他新兴经济市场经济增速将减少 0.8 个百分点，边缘市场将下降 1.5 个百分点，全球经济将下降 0.4 个百分点。如果累积加入金融市场不稳定的影响，“金砖四国”[①]经济下行引发的溢出效应将更大。

“金砖四国”和其他新兴市场对区域内的溢出效应。因为大多数“金砖四国”在其所属区域中是规模最大、经济体系最完整的经济体，它们往往会比其他主要新兴市场产生更大的溢出效应。频繁的区域内贸易和汇款使得俄罗斯增速下滑给欧洲和中亚地区带来较大的溢出效应，中国的增长下降在东亚和太平洋地区产生较大的溢出效应。在其他地区，区域内测得的溢出效应一般较小，部分反映了主要地区新兴市场的开放程度较轻或与主要发达经济体集成程度较低。许多新兴经济体和发展中国家仍然主要受发达国家增长的溢出效应影响。

汇率制度与资本账户政策之间的联系。新兴国家和发展中国家试图规避全球经济风险的方法之一是调整政策以适应外部冲击。有些国家可能以汇率的灵活性作为缓冲，有些国家旨在减少货币波动，有些国家可能会考虑限制资本流动以保持某种程度的货币政策控制。研究结果表明，有固定汇率制度的发展中国家更可能有资本流动的限制，这种效果在较低收入的国家特别明显。

低收入国家的脆弱性和政策—商品视角。很多低收入国家依赖自然资源支撑国家经济增长，大宗商品价格的大幅下滑可能会延缓开采投入生产的进程。在生产前期，大规模投资需求可能会使这些经济体的宏观经济脆弱性上升。开采和生产、交货时间的延长会增加风险。研究发现，交货时间可通过几年的资源和非

---

① 金砖四国是指中国、俄罗斯、印度与巴西。

资源领域的商业环境的建设来缩短。另外,虽然低收入国家 2015 年经济增长放缓,但仍然依靠投资和不断上升的农业保持约 5%的增长。2016—2017 年,发达经济体加强进口需求将支持这些国家的经济活动(见表 1-1)。

表 1-1　2016 年世界银行对一些国家经济增长的预测

	2013	2014	2015e	2016f	2017f	2018f
世界平均水平	2.4	2.6	2.4	2.9	3.1	3.1
高收入国家或地区	1.2	1.7	1.6	2.1	2.1	2.1
美国	1.5	2.4	2.5	2.7	2.4	2.2
欧元区	−0.2	0.9	1.5	1.7	1.7	1.6
日本	1.6	−0.1	0.8	1.3	0.9	1.3
英国	2.2	2.9	2.4	2.4	2.2	2.1
俄罗斯	1.3	0.6	−3.8	−0.7	1.3	1.5
发展中国家	5.3	4.9	4.3	4.8	5.3	5.3
东亚和太平洋	7.1	6.8	6.4	6.3	6.2	6.2
中国	7.7	7.3	6.9	6.7	6.5	6.5
印度尼西亚	5.6	5.0	4.7	5.3	5.5	5.5
泰国	2.8	0.9	2.5	2.0	2.4	2.7
欧洲和中亚地区	3.9	2.3	2.1	3.0	3.5	3.5
哈萨克斯坦	6.0	4.4	0.9	1.1	3.3	3.4
土耳其	4.2	2.9	4.2	3.5	3.5	3.4
罗马尼亚	3.5	2.8	3.6	3.9	4.1	4.0
拉丁美洲和加勒比地区	3.0	1.5	−0.7	0.1	2.3	2.5
巴西	3.0	0.1	−3.7	−2.5	1.4	1.5
哥伦比亚	4.9	4.6	3.1	3.0	3.3	3.5
中东和北非地区	0.6	2.5	2.5	5.1	5.8	5.1
埃及	2.1	2.2	4.2	3.8	4.4	4.8
伊朗	−1.9	4.3	1.9	5.8	6.7	6.0
阿尔及利亚	2.8	3.8	2.8	3.9	4.0	3.8
南亚地区	6.2	6.8	7.0	7.3	7.5	7.5
印度	6.9	7.3	7.3	7.8	7.9	7.9
巴基斯坦	4.4	4.7	5.5	5.5	5.4	5.4
孟加拉国	6.1	6.5	6.5	6.7	6.8	6.8

(续表)

	2013	2014	2015e	2016f	2017f	2018f
撒哈拉以南非洲地区	4.9	4.6	3.4	4.2	4.7	4.7
南非	2.2	1.5	1.3	1.4	1.6	1.6
尼日利亚	5.4	6.3	3.3	4.6	5.3	5.3
安哥拉	6.8	3.9	3.0	3.3	3.8	3.8

注:e表示估计值,f表示预测值。

资料来源:World Bank Group. 2016. *Global Economic Prospects*, *January 2016*: *Spillovers amid Weak Growth*. Washington, DC: World Bank. Washington, DC: World Bank. doi: 10.1596/978-1-4648-0675-9. License: Creative Commons Attribution CC BY 3.0 IGO。

1.1.2 经合组织对全球经济发展的判断与建议

经合组织(Organization for Economic Co-operation and Development, OECD),是由34个市场经济国家组成的政府间国际经济组织,旨在共同应对全球化带来的经济、社会和政府治理等方面的挑战,并把握全球化带来的机遇。2016年发布的*Economic Policy Reforms 2016 Going for Growth Interim Report*(《力争增长》)报告对全球经济增长的基本形式进行了判断,并给出了建议。

经合组织认为全球经济增长前景不容乐观。《力争增长》认为,近期全球增长前景依然乌云密布,新兴市场经济体正在失去增长动力,世界贸易减速,发达经济体的复苏也被持续疲软的投资所拖累。在近期这些令人关切的问题背后,是普遍存在的生产率增速减慢问题。这种下行趋势可以追溯到21世纪初——至少发达经济体是这种情况,而且目前没有什么复苏迹象。全球生产率增速放缓的特点是,各行业企业之间的生产率增长差距不断拉大,尤其是龙头企业与在生产率边界之内正常运行的所有其他企业之间的差距在扩大。而龙头企业基本上是生产率增长保持稳定的跨国企业。改革的一项优先事项是,清除障碍,释放创业动力,让企业能够充分利用知识和技术普及。

经合组织和一些非经合组织国家在增长方面面临的一系列挑战。在过去几年里,新兴市场经济体的经济增长在减速,这不禁令人产生疑问:这些经济体是否有能力进一步弥合它们同最发达国家的收入差距。为持续提高生产率和创造就业机会,仍需推行结构性改革,并配合需求侧的政策,这将有助于改善公平。为持续改善大多数公民的福祉,世界各国政府在谋划改革战略时,需要解决深层次结构性薄弱环节的问题,使危机无处藏身。但在很多情况下,这些薄弱环节往往由来已久。降低失业率仍是许多国家的一项主要挑战,南欧和中欧国家尤其如此,其长期失业率仍居高不下。其他国家正在面临相对较高的劳动力市场退出率(例如,美国)、女性劳动力参与水平低(韩国和日本)或非正式就业比例高(大多数新兴市场经济体)。要实现更加包容的增长,应对上述这些劳动力市场的挑战是改革的优先事项。

2015年虽然在应对一些主要挑战方面取得了一定的进展,但2013—2014年表现出的改革步伐放缓在2015年依旧存在。(即使考虑到一些已经制订但尚未得到充分落实的措施之后也是如此)。在不同国家和不同政策领域里改革步伐不一致。一般而言,南欧国家(特别是意大利和西班牙)的改革步伐比北欧国家快。在欧洲之外,采取了相对较多与《力争增长》建议有关的措施的国家包括发达经济体中的日本以及新兴经济体中的中国、印度和墨西哥。相对而言,为提高女性劳动力参与率和改善教育成果而采取的行动较多,而在创新政策、公共部门效率或产品及劳动力市场规制方面采取的行动较少。在收入水平不平等特别突出的国家,在政策优先事项方面采取的大多数行动可能有助于缩小收入分配差距。不过,对于那些经常项目赤字最大的国家来说,最近采取的促增长行动不太可能减轻其国际收支失衡状况。

经合组织应对需求疲软的改革建议。在全球经济前景暗淡背景下,有充足理由优先开展那些不仅能够促进就业和提高生产率,而且也能以最佳方式在短期内支持经济活动的改革。第一,除了提高公共基础设施投资方面的改革外,这种改革还包括减少需求受抑制服务部门的准入障碍、医疗和养老金领域应享福利的改革,以及住房政策和就业协助方面的改革,以促进劳动力在地域间和不同工作间流动。第二,要提高结构性改革的短期成果,还需要解决金融部门存在的功能失调问题,以促进信贷向那些难以进入金融市场的个人和企业流动。第三,在欧元区,如能提高改革的同步性,让货币政策有更大空间来减缓持续低通货膨胀率导致的实际利率的潜在增长,也有助于降低转型成本。第四,预算空间非常有限的国家,可能只能优先采取短期回报率高或成本低的措施,同时确保其他措施使用筹资的方式尽可能有利于就业和增长。

1.1.3 世界制造业竞争力指数及其变化

德勤有限公司(德勤全球)全球消费与工业产品行业小组与美国竞争力委员会联合发布了《2016全球制造业竞争力指数》。该项研究是在对逾500名全球制造行业首席执行官(CEO)和高管进行调研的基础上做出的深入分析与预测。这次调查还研究了影响国家制造业竞争力的驱动因素。这些因素是CEO认为的影响制造业全球竞争力的驱动因素,依据其重要程度排序为人才、成本竞争力、劳动生产率、供应商网络、法律和监管体系、教育基础设施、物理基础设施、经济贸易金融和税收体系、创新政策和基础设施、能源政策、当地市场吸引力、健康医疗体系(见表1-2)。

表 1-2 《2016 全球制造业竞争力指数》中 40 个国家的排名及变化

2016(当前)			2020(预测)			
排名	国家或地区	指数	排名	2020 相比 2016	国家或地区	指数
1	中国	100.0	1	+1	美国	100.0
2	美国	99.5	2	−1	中国	93.5
3	德国	93.6	3	=	德国	90.8
4	日本	80.4	4	=	日本	78.0
5	韩国	76.7	5	+6	印度	77.5
6	英国	75.8	6	−1	韩国	77.0
7	中国台湾	72.9	7	+1	墨西哥	75.9
8	墨西哥	69.5	8	−2	英国	73.8
9	加拿大	68.7	9	−2	中国台湾	72.1
10	新加坡	68.4	10	−1	加拿大	68.1
11	印度	67.2	11	−1	新加坡	67.6
12	瑞士	63.6	12	+6	越南	65.5
13	瑞典	62.1	13	+4	马来西亚	62.1
14	泰国	60.4	14	=	泰国	62.0
15	波兰	59.1	15	+4	印度尼西亚	61.9
16	土耳其	59.0	16	−1	波兰	61.9
17	马来西亚	59.0	17	−1	土耳其	60.8
18	越南	56.5	18	−5	瑞典	59.7
19	印度尼西亚	55.8	19	−7	瑞士	59.1
20	新西兰	55.7	20	+3	捷克共和国	57.4
21	澳大利亚	55.5	21	−1	新西兰	56.5
22	法国	55.5	22	−1	澳大利亚	53.4
23	捷克共和国	55.3	23	+6	巴西	52.9
24	芬兰	52.5	24	=	芬兰	49.7
25	西班牙	50.6	25	+2	南非	49.3
26	比利时	48.3	26	−4	法国	49.1
27	南非	48.1	27	−2	西班牙	48.4
28	意大利	46.5	28	+5	罗马尼亚	45.9

（续表）

2016（当前）			2020（预测）			
排名	国家或地区	指数	排名	2020 相比 2016	国家或地区	指数
29	巴西	46.2	29	－3	比利时	45.8
30	阿拉伯联合酋长国	45.4	30	－2	意大利	45.0
31	爱尔兰	44.7	31	＝	爱尔兰	43.7
32	俄罗斯	43.9	32	＝	俄罗斯	43.6
33	罗马尼亚	42.8	33	－3	阿拉伯联合酋长国	42.6
34	沙特阿拉伯	39.2	34	＋2	哥伦比亚	40.9
35	葡萄牙	37.9	35	＝	葡萄牙	40.1
36	哥伦比亚	35.7	36	－2	沙特阿拉伯	36.1
37	埃及	29.2	37	＝	埃及	28.3
38	尼日利亚	23.1	38	＝	尼日利亚	25.4
39	阿根廷	22.9	39	＝	阿根廷	24.6
40	希腊	10.0	40	＝	希腊	10.0

注：指数最高为 100，最低为 10。

资料来源：Deloitte Touche Tohmatsu Limited and US Council on Competitiveness, 2016 Global manufacturing competitiveness index[R], http://www2.deloitte.com/us/en/pages/manufacturing/articles/global-manufacturing-competitiveness-index.html.

根据预测，到 2020 年中国制造业竞争力全球第一的位置将被美国所取代。从相关指标可以看出（见表 1-3），中美制造业 GDP 相近，日本、德国与这两个国家差距较大。中国的三年复合年增长率明显高于美国，且世界银行和经合组织对中国增长的预测依然比较高。中国制造业的劳动力价格非常低，即使在未来几年有所增长，依然远低于其他几个国家。中国每百人中研发人员数低于其他几个国家。但我国的制造业从业人口总量大，2014 年工业从业人数为 23 099 万人，其中制造业从业人员大概占 2/3。美国制造业 2015 年就业人员为 1 218 万人。不难算出，中国制造业研发人员总量远高于美国。日本和德国受到人口总量的限制，研发人员数在近期不可能快速增长。中国实行“中国制造 2025”规划后，研发人员数量将可能进一步增长，同时中国也需要解决劳动生产率提高的问题。

表 1-3　中、美、德、日四国相关指标

国家	制造业 GDP (10 亿美元)	三年复合年均增长率(%)	制造业劳动力价格(美元/小时)	每一百万人中研发人员数(个)	劳动生产率(GDP 美元/人)
中国	1 756.8(2013)	8.60	3.28(2015)	1 089(2013)	22 407.7(2014)
美国	1 820.0(2013)	0.80	37.96(2015)	4 019(2012)	110 049.5(2014)
德国	663.0(2013)	2.80	40.54(2015)	4 472(2013)	87 208.30(2014)
日本	1 000.8(2013)	0.20	23.95(2015)	5 201(2013)	71 433.8(2014)

注:()中为年份。

资料来源:Deloitte Touche Tohmatsu Limited and US Council on Competitiveness, 2016 Global manufacturing competitiveness index[R], http://www2. deloitte. com/us/en/pages/manufacturing/articles/global-manufacturing-competitiveness-index. html.

1.2　美国制造业发展现状与趋势

美国制造业在 2008 年金融危机后,进入了再工业化阶段。2009 年白宫发布的《美国制造业振兴框架》系统论述了美国“再工业化”战略(Executive Office of the President, 2009)。2012 年为美国总统提供的抓住先进制造业国内竞争优势(*Report to the President on Capturing Domestic Competitive Advantage in Advanced Manufacturing*)的报告提出,在美国政府的持续关注,以及各行业、学术界和政府的协调行动下,美国仍可以保持其在先进制造业的领先地位(李廉水等,2014)。2016 年,奥巴马的国情咨文中描述了近年美国振兴制造业的相关举措及成绩。

第一,奥巴马认为美国制造业发展良好,创造了新的就业机会。在全球范围内,美国经济是最为强大且坚固的。纵观历史,奥巴马认为现在处于私人企业连续创造就业机会最长的一段时期中,创造了超过 1 400 万个新的就业岗位;这是自 20 世纪 90 年代以来就业增长最为强劲的两年;失业率下降了一半。汽车行业创造了历史上最为辉煌的一年。在过去的六年里,制造业创造了将近 90 万个新的就业岗位。而且,在取得这些成绩的同时,还将赤字减少了近四分之三。

第二,奥巴马认为美国经济正在经历巨大变革而不是萧条。任何宣称美国经济正在衰落的人简直是在兜售科幻小说,传播虚构事实。事实是美国经济正在经历巨大变革,而且这变革早在大萧条发生之前就已经开始,到现在还没有收尾。今天,能够被高科技取代的工作岗位并不仅局限于生产线,还包括任何可以实现自动化的岗位。经济全球化中的公司可以位于世界任何一个角落,但也会面临更加激烈的竞争。其结果是,雇员要求加薪的筹码变少。公司对其所在群体的忠诚度更低。同时,越来越多的财富和收入集中到社会顶层阶级。这些变化趋势已经在挤占工人的生存空间，即使他们有自己的职业，经济是在增长。这样使辛勤劳动的家庭自食其力地走出贫困更加困难，使年轻人开创事业更加困难，使按时退休更加困难。这些趋势不是只在美国才发生，但这种状况的确违背和挑战美国信仰，即努力工作就有公平回报。

第三，美国正在加强发展教育，努力提高劳动者受教育年限。美国加强了儿童的早期教育，提高了高中毕业率，增加了工程类专业毕业生数量。未来，在此基础之上，应该给每个儿童提供早教，将电脑实践课和数学课提供给每个学生，让他们在开始就做好未来工作的准备，同时，美国拟招聘更多好教师，为教师提供更好的待遇，让每一个美国人上得起大学。勤奋的学生不应该因为贫困被挡在校门之外。目前，已经将助学贷款的还款额降至借款人收入的 10%。两年制的社区大学教育将免费提供给每一位有责任感的学生，这个方案在 2016 年启动。

第四，通过社会保障和医疗保险减轻失业者的压力，支持经济转型。经济转型必然会带来劳动力的流动。在职业生涯的某个时期，劳动者可能不得不再度培训，重新学习技能。特别是四五十岁的人们，为退休后多存点钱或者失业而做准备已经十分困难，他们不应该失去他们多年来苦苦工作所得到的东西。一个辛勤工作的美国人失去工作，不应该只是确保他得到一份失业保险，还应该有制度保证有对应的岗位培训项目来帮助他为再就业做准备。如果这个新工作不如上一份工作，则应该有薪酬保障制度来帮他继续付贷款。即使他多次跳槽换工作，他也应该有退休储蓄。这就是社会保障和医疗保险在今天变得如此重要的原因。奥巴马认为不应该弱化社会保障和医疗保险的作用，应该予以高度重视。对于退休较晚的美国人，基本福利应与当今的其他事物一样可以随本人迁移。这就是《平价医疗法案》的意义所在，这个法案旨在填补基于雇主的医疗保险系统的空缺，在失业、返校求学或创业时，依然能享受医疗保障。目前为止，已有近 1 800 万人受益，医疗费用通胀也有所缓解。自法案实施之日起，企业每个月都能创造新的工作岗位。

第五，通过建立跨太平洋战略经济伙伴协定（简称 TPP）促进制造业增长。建立跨太平洋战略经济伙伴协定将能打开市场、保护工人利益和环境，能增进美国的亚洲领导力。它将取消针对 18 000 种美国制造商品征收的关税，创造更多优质岗位。在 TPP 协定下，贸易规则的制定者是美国，而不是中国。

下面通过分析美国制造业的就业人口、工资和劳动生产率的变化来了解美国制造业发展现状。

(1) 近十年美国制造业就业人口的变化是一个先快速下降后缓慢上升的过程。虽然美国制造业近几年就业人口有所恢复，但还没达到 2008 年以前的水平（见图 1-1）。

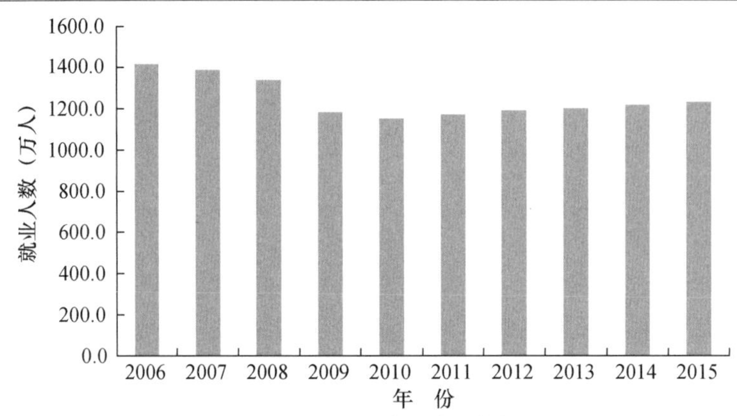

图 1-1 美国制造业就业人数

资料来源：美国政府官方网站。

行业就业人数上升，一方面说明该行业可以吸引到更多的劳动者参与，另一方面说明有更多的劳动者愿意到该行业工作。近年，就业人数有上升或没有下降的行业如图 1-2 所示。

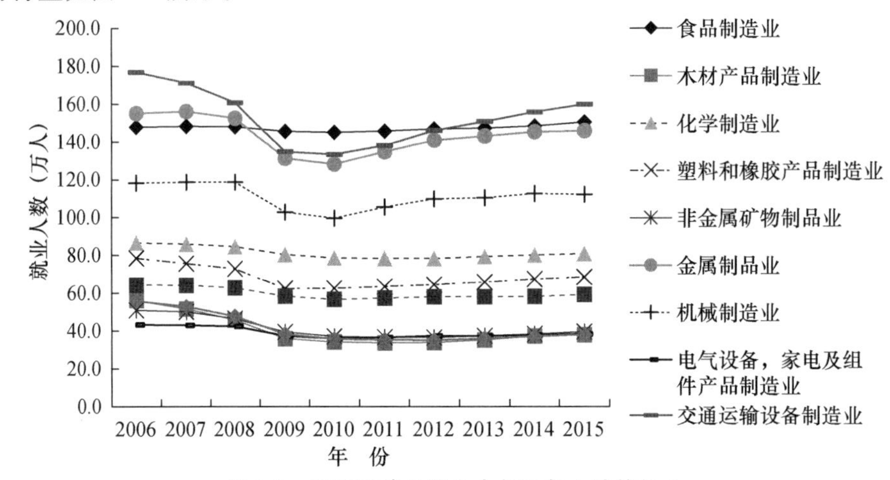

图 1-2 美国制造业就业人数近年上升的行业

行业就业人数下降的原因有可能是机械化程度提高，也有可能是行业不够景气。美国一些制造业行业就业人数持续下降，例如计算机与电子产品制造业（见图 1-3）。

（2）近十年美国制造业工资变化。行业工资水平是吸引优秀员工的基础，同时工资也具有刚性特征，一般情况下，不会下降。美国制造业近十年的平均工资一直在上涨（见图 1-4）。

影响工资的因素很多。个体特征包括从业年限、学历、性别等，其他因素包括

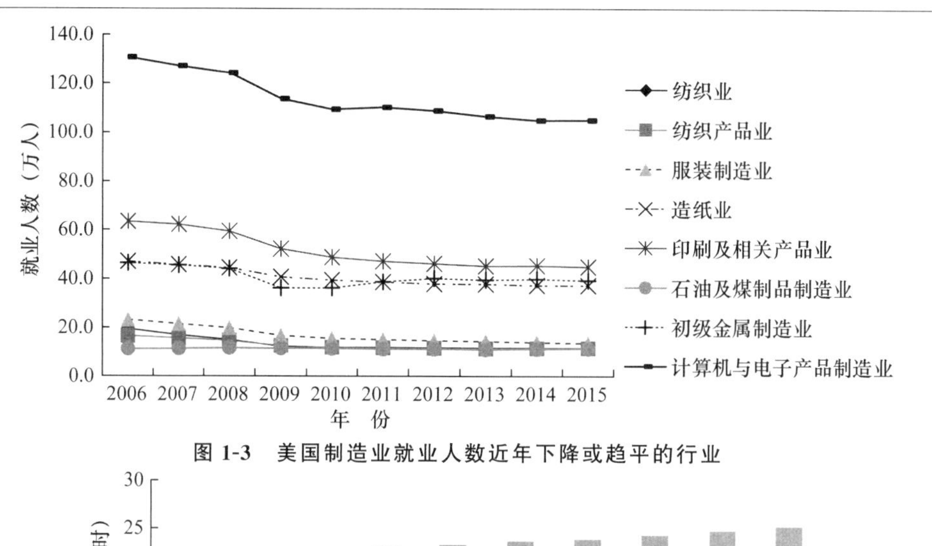

图 1-3　美国制造业就业人数近年下降或趋平的行业

图 1-4　美国制造业平均工资

行业差异、企业盈利水平等。美国制造业中低于平均工资的行业包括食品制造业、纺织业、金属制品业等(见图 1-5)。

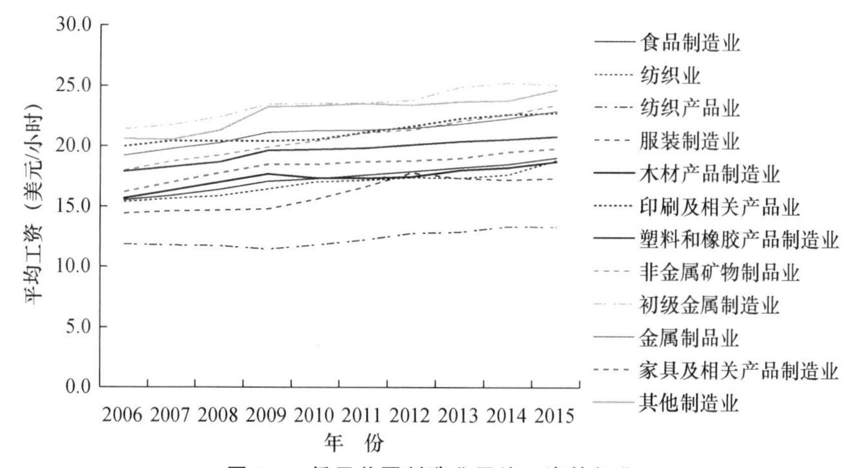

图 1-5　低于美国制造业平均工资的行业

高于平均工资的行业并不多,包括交通运输设备制造业、机械制造业等,说明这些行业发展状态比较好,可以给员工更高的报酬(见图 1-6)。

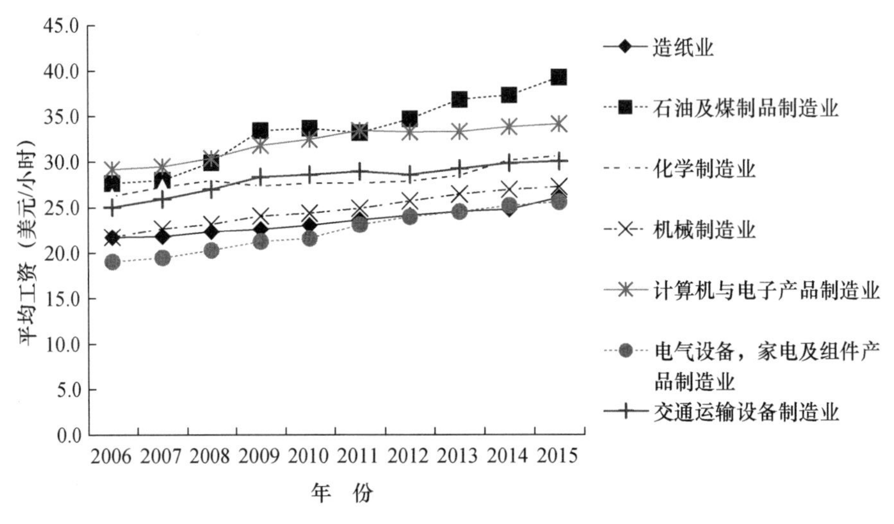

图 1-6 高于美国制造业平均工资的行业

(3) 近十年美国制造业劳动生产率的变化。随着技术进步,劳动生产率会得到提升。但劳动生产率也会受到企业规模、从业人员的劳动积极性、经营管理水平等影响。美国近十年制造业有些行业的劳动生产率在下降,如金属制造业、服装制造业等(见图 1-7)。

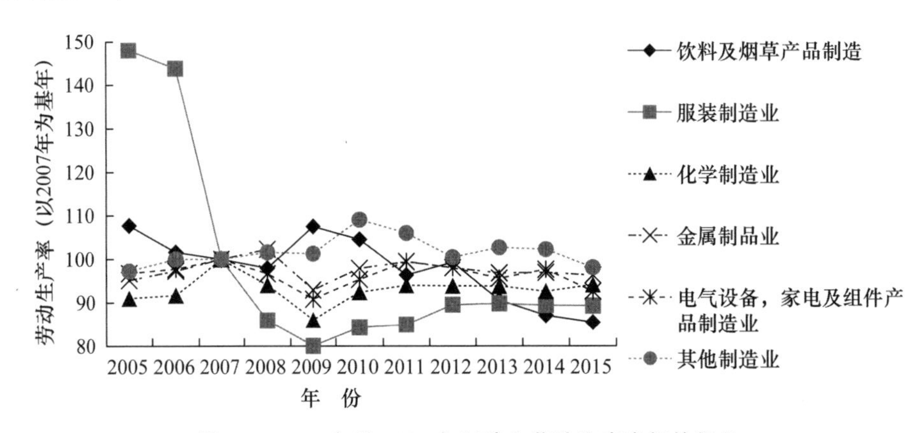

图 1-7 2015 年比 2007 年制造业劳动生产率低的行业

由于受到欧债危机的影响,美国制造业大部分行业在 2009 年经历了生产率下降,但近年得到了恢复和上升,例如交通运输设备制造业等(见图 1-8)。

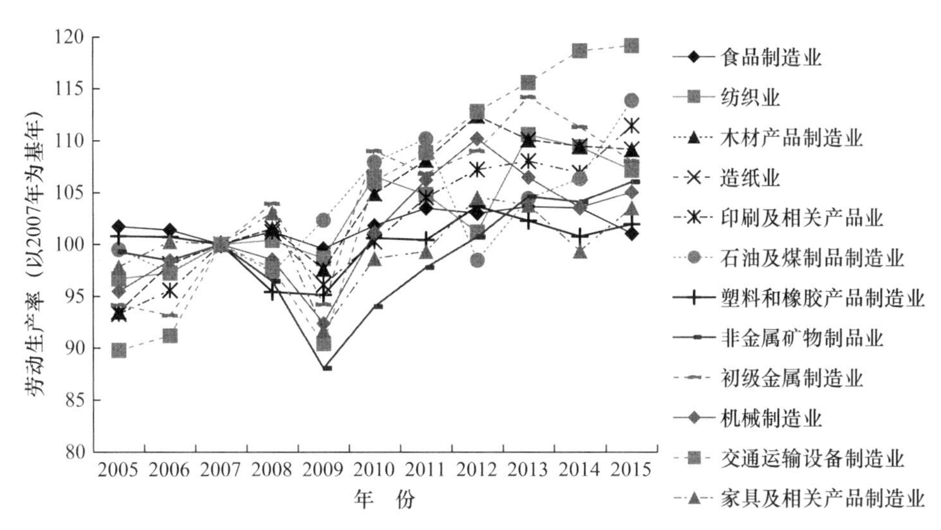

图 1-8 2015 年比 2007 年制造业劳动生产率高的行业

1.3 德国制造业政策趋向

德国 1992 签署了《21 世纪议程》，2002 年德国政府向联合国提交了《德国视角——我们的可持续发展战略》文件，旨在为建立全面、远远超出目前的生态挑战、可持续发展的社会提供引领作用。它是一个有关各代人的经济、生态和社会健康发展责任的文件。德国需要创新，以推动环境友好型和资源节约型的生产方式和消费模式。员工与公司、工会和行业协会、高等院校和科研机构，都需要加入创新和技术变革中。总结 2015—2016 年德国政府的制造业关注主题，目前德国制造业的发展方向主要有以下几个方面：

1. 充分利用数字化带来的机遇

2015 年 5 月，德国总理安格拉·默克尔、法国总统奥朗德和欧盟委员会主席让—克洛德·容克参加欧洲工业圆桌会议。他们都高度重视到数字化对行业发展带来的挑战。在与有欧洲血统的大型跨国公司的首席执行官和主席会面之前，默克尔宣布，“数字化位于政治议程的首位”。需要解决的问题是如何创造条件实现数字化。其首要问题是投资，还要考虑数据隐私和数据潜在增值的立法。同时，默克尔十分重视“工业 4.0”议题，但因其在整个欧洲层面上很难达成一致，所以推行起来比较困难。该会议将讨论“工业 4.0”的资金问题，数据隐私、保护和大数据整理问题以及漫游费等通信问题。

德国数字化采取的行动主要包括以下几个方面。首先，2015 年 5 月 6 日，欧盟委员会公布了单一数字市场(Digital Single Market)战略。单一数字市场包括三大支柱:第一大支柱是为个人和企业提供更好的数字产品和服务,其中包括出台措施促进跨境电子商务发展等;第二大支柱是创造有利于数字网络和服务繁荣发展的环境,包括全面改革欧盟的电信领域规章制度等;第三大支柱是最大化实现数字经济的增长潜力,包括提出"欧洲数据自由流动计划"等。其次,寻找合作伙伴构建网络化制造。在2015年德国汉诺威工业博览会上,德国总理默克尔主张与印度建立更紧密的贸易关系。

2. 应该加强制造业投入

2015年1月29日,德国联邦议院的政府声明提到,德国正在面临数字化、人口变化、能源政策等的重大挑战。德国经济的年度报告证明,未来无论是私营部门和公共部门必须进行更多的投资。德国经济状态良好,中型企业具有很好的灵活性和创新性,有很多高素质的工人,工业和制造业对保护经济起到支柱作用。投资是取得这些成绩的关键。未来希望能够提高劳动者收入并创造更多的就业岗位。德国联邦经济部长强调"社会凝聚力的关键是收入和就业的增长"。

德国政府决定通过促进投资来接受挑战。尽管世界经济预测是积极的,但国际层面上经济具有下行风险。德国必须提升公共和私人投资,再次鼓励大中型企业进行投资。为了支持新业务,繁文缛节将被削减。但是经济部长认为最大的挑战是人口结构变化。德国未来十年劳动力市场将出现6.7万人的缺口。尽管德国大力宣传新能源政策,但能源价格必须保持经济实惠,这对德国是绝对必要的,以应对国际竞争。

3. 如何使德国发展的更快

在2015年达沃斯世界经济论坛上,德国总理默克尔指出经济增长的真正动力必须来自政治层面。虽然欧债危机已得到控制,但还没有结束,欧洲仍然没有足够的竞争力,需要促进增长的政策,培育国家和私人投资。

欧洲央行拟注入1万多亿欧元,以重振欧元区经济。欧洲央行宣布,从2015年3月至2016年9月每月购买600亿欧元的债券,以避免通缩风险。因此,金融机构将获得新资金,给经济带来新的活力。

依靠工业4.0,产生更多的高质量就业机会。默克尔强调数字化的重要性,欧盟正在努力创造一个有利的环境。工业4.0融合了传统的工业制造与互联网和数字化。为了使欧洲不至于滞后于美国和亚洲的发展,默克尔敦促欧洲应更快发展。

鉴于德国"大规模人口变化",经济需要强劲的增长,减少债务。绝不能丢下巨额债务给下一代。未来15年,德国将流失600万工人,这就是德国吸引移民的原因。

安格拉·默克尔主张与美国和其他国家签订自由贸易协定,并在2015年努力实现这些协定。默克尔说，欧洲应与美国共同实现环保和消费者保护的高标准。

1.4 日本制造业发展方向

2016年日本对世界经济形势的判断与其他国家类似，认为世界经济形势不容乐观。对于未来制造业的发展，安倍内阁总理大臣施政方针演说中提出以下几个方面：

1. 消除壁垒，支持产业创新策略

支持产、学、研相结合，国内、国外协同创新。例如，肌肉萎缩是一种疑难病症。为使该疾病患者能用自己的双腿走路，筑波大学开发的“梦想机器服”技术，与企业合作成功实现商品化，还已经与国外企业进行合作，销往欧洲市场。

为使国内外的研究机构、大学、企业的开放性合作能带来充满活力的创新，日本要消除所有壁垒。新科学技术基本计划中的最重要议题，就是开放式创新。邀请世界超一流研究人员汇聚于研究开发法人（公司）。大学方面，则会聚集国内外优秀的人才开展经营改革，推动积极的产学合作等，实施进攻型经营。

2. 将气候变化危机变为发展契机

全球变暖对策，是创新诞生的良机。日本欢迎包括主要排放国在内的所有国家参与《巴黎协议》。为实现温室气体排放量在2030年度前较2013年度削减26%的目标，会对节能和可再生能源进行大刀阔斧的技术革新和最大限度地落实。15年内，要将下一代汽车的销售提升到新车总量的七成，完全改变汽车市场的状况。

支持人工智能、机器人、物联网（IOT）、宇宙开发等下一代技术的挑战性研究，通过大幅放宽管制的改革，使新的潜力绽放花朵。为实现国产资源甲烷水合物的商业化，开展调查和开发。

3. 制定法律支持中小企业发展

在TPP协议中，强制性的技术转移等不当要求都将不复存在。知识产权也会得到保护。对于遍布日本各地、拥有高超技术能力的中小微企业、中坚企业来说，TPP是一个绝佳的机遇。中小微企业、中坚企业也将进入谋求全球发展的时代。

政府将制定中小企业版《竞争力强化法》，支持企业涵盖海外的营销活动、深化经营管理以及相应的人才培养。对于为提高生产率而进行的设备投资，实施为期3年的固定资产税减半等大刀阔斧的减税政策。以在世界各地都有分支网点的日本贸易振兴机构（JETRO）为中心，建立起从计划筹备阶段，到开拓销路、商业谈判等一条龙支持服务体系。

4. 加入世界各类组织拓展国外市场

TPP的诞生,将形成人口8亿、GDP达3000多万亿日元的巨大经济圈,会为日本提升14万亿日元的GDP、新增80万人的就业。接下来,还有与欧洲的经济合作协定(EPA)、与包括印度和中国在内的区域全面经济伙伴关系(RCEP)等,日本正在为进一步扩大自由公正的经济圈而加快谈判速度。同时,大刀阔斧地推动经济一体化,吸收海外活力,促进日本增长。

新干线技术,是日本引以为豪的创新。50年共输送56亿人次,死亡事故为零,每年运行12万车次,延迟在1分钟以内。首脑推销取得成效,印度决定采用日本技术。能源、城市开发,日本还拥有高质量的基础设施。在国际协力银行(JBIC)设立新账目,向世界推销日本的创新。

5. 通过保障劳动者权益实现劳动力供给和扩大内需

日本将大幅改变劳动时间整齐划一的原有劳动制度以及社会思维。完善弹性工作制,对于专业性较高的工作,可以选择不按时间而是按成果进行评价的新型劳动制度。

加快有利于女性发挥才干的社会建设速度。规定企业必须采取防止"生育歧视"的措施,上司、同事不得以妊娠、出产、育儿休假等为由,歧视女性。对于积极推动男性育儿休假的企业,则将创设新的补助金制度。

对《残障人士综合支援法》进行修订,为使残障人士能够自立生活、继续稳定就业,提供细致周到的支持。

努力确保非正式员工的均衡待遇。扩大短时间劳动者的用人保险适用范围。对于积极促进非正式员工转为正式员工、改善员工待遇的企业,将扩充提供职业发展补助金。规定合同工原则上工作1年以上就可以取得育儿休假以及护理休假。此外,在2016年即将出台的"日本一亿总活跃计划"中,将会涉及实现同工同酬。

参考文献

[1] Angela Merkel at the Hannover Messe, https://www.bundesregierung.de/Content/EN/Artikel/2015/04_en/2015-04-09-hannovermesse-modi_en.html? nn=709674 [2016/5/6].

[2] Deloitte Touche Tohmatsu Limited and US Council on Competitiveness, 2016 Global Manu-Facturing Competitiveness Index[R], http://www2.deloitte.com/us/en/pages/manufacturing/articles/global-manufacturing-competitiveness-index.html [2016/5/6].

[3] European Industry Using the Opportunities Offered by Digitalisation, https://www.bundesregierung.de/Content/EN/Artikel/2015/06_en/2015-06-01-europ-unternehmen_en.html? nn=709674 [2016/5/6]

[4] Executive Office of the President. A Framework for Revitalizing American Manufacturing [R]. December 2009.

[5] Government Statement in the German Bundestag，https://www. bundesregierung. de/Content/EN/Artikel/2015/01 _ en/2015-01-29-gabriel-regierungserklaerung _ en. html? nn = 709674 [2016/5/6].

[6] World Bank Group. 2016. Global Economic Prospects，January 2016：Spillovers amid Weak Growth. Washington，DC：World Bank. Washington，DC：World Bank. doi:10. 1596/978-1-4648-0675-9. License：Creative Commons Attribution CC BY 3. 0 IGO.

[7] 安倍 第 190 届国会安倍内阁总理大臣施政方针演说[R]，http://www. kantei. go. jp/cn/97_abe/statement/201601/1215803_11145. html[2016/1/22].

撰稿人:张丽杰

审核人:李廉水、张明杨

第2章 国外学术研究动态解析

较之于2014年,2015年的制造业国外学术动态突出了两个特点:(1) 基本保持历史的传承性。从制造业技术创新、能源投入或效率、环境影响、国际贸易、信息化、制造业企业与发展中国家制造业7个维度评析2015年研究进展。(2) 突破以往文献研究的局限性。文献数量有了一定程度的增加,最初有99篇文献,在删除一些影响力较弱的英文期刊并保证同一种期刊不能超过3篇之后,剩余文献约70篇。

2.1 制造业能源投入或效率研究

针对制造业的能源投入问题,相关学者以能源价格、经济政策工具与制造业建模为出发点展开讨论。一般而言,随着能源价格的上升,能源需求会减少,换言之,能源生产率会上升。例如,Shyamasree和Joyashree(2015)对印度七个能源密集型制造业和该国整个制造业40年的产业调查数据进行了实证分析,参数成本函数估计的结果表明:能源价格的增加导致了多数产业能源需求的减少(即能源生产率的增加)。不过,能源生产率的增长率要低于产出真实价值的增长率。这意味着为了实现能源使用与产出增长脱钩,需要以实现能源效率为附加收益的政策直接干预。不同于以上的研究国别,Rossella等(2015)针对意大利制造业的微观层面分析同样揭示了能源价格对能源需求的抑制作用。值得强调的是,Rossella等的分析更进一步,通过使用价格弹性和莫瑞什码弹性,得到公司对价格变化反应的幅度。其结论中的两个重要点是:资本和能源在低技术部门是具有替代性的,而在其他部门却是具有互补性的;燃料价格变化具有高需求敏感性。

少数学者关注于制造业的某一中间环节:Michael等(2015)认为,制造商往往缺乏经济工具来实施维修作业,进而在减少系统能源消费的同时增加制造的可靠性。基于这一缺憾,Michael等提出了投资回报策略,给企业经理提供定量的方法以优化可产生最大投资回报的维修作业。该能源经济分析方法的优点在于:从长远看可以最大幅度地减少制造企业的能源消费。

与能源经济分析方法效果异曲同工的是多基因遗传规划模型。Garg等

(2015)首先指出能源建模是制造业环境可持续性的重要元素,进而针对制造业中最为广泛的机械加工业,构建了基于正交基函数的多基因遗传规划模型,并将其绩效与标准化多基因遗传规划模型进行比较。研究认为,敏感性和参数分析可以揭示能耗和输入过程之间的隐性关系;剖析这一隐性关系,可得到最佳的输入设置,从而起到节能的作用。

如何提高制造业能源效率或者降低能源强度一直是经久不衰的话题。2015年相关的研究侧重于两个层面:一是影响能源效率的因素;二是提高能源效率的途径。从前者来看,部门结构变化可能是影响能效的重要驱动力之一。Peter(2015)采用指数分解法分析部门结构变化对19个OECD成员制造业能源强度的影响。结果表明,制造业跨国能源强度的收敛是由于落后国家的效率提高所导致的,然而部门结构的国际差异却削弱了这一效应;效率驱动的赶超过程仅是在1995年以后才主导部门结构变化对能源强度的分散化影响,将多国能源强度水平的分散化转变为快速收敛。以上研究意味着,部门结构的国际差异不利于提高能效。不同于Peter的大样本分析,Maria(2015)运用了案例分析方法,通过对瑞典11家钢铁公司能源管理人员的深度访谈,得到提高能效的壁垒包括回收期太长、盈利能力不足、人才匮乏、生产中断风险;此外,Maria指出,能源管理人员之间的网络会议有助于思想和知识的交流,进而提高能效。

提高能效有多种途径。考虑到制造业生产往往并不局限于某一中间环节,正如Christian(2015)所强调的,提高制造业能源效率必须全盘考虑,以独立的方式研究和优化制造业过程,可能会错过整体的最优化。如果通过对整个流程链进行优化,即对流程链中的每一步路线图进行建模,则可能会改善能源效率。在焊接工艺的案例中,Christian验证了这一思想。分析企业的能源足迹也是提高能效的理论途径之一。Jeon(2015)认为,估计企业层面能源足迹的一个挑战是连接产品、机器和企业层面信息的系统方法是不可行的,因而需要将产品层面的要素参数化,并以这些要素为基础来对设备层面的影响因素建模,最后以封闭形式的方程来呈现能源足迹。

2.2 制造业技术创新研究

推进制造业的技术创新需要多策并举,从相关的文献来看,需要由以下几个视角考虑政策选择:

(1) 企业本身是否存在融资约束?Sasidharan等(2015)使用动态R&D投入的模型,发现印度制造企业的R&D经费支出与内部现金流之间存在显著的正相关关系,验证了融资约束对研发支出存在影响。

(2) 是否应考虑利益相关者对技术创新的影响?知识存量在一定程度上反映

了企业的创新潜力。Chooa 等(2015)将企业高级管理人员解决问题的方式分为两种:第一种使用短期补救措施来控制问题的影响,称之为对症性问题解决(SPS);第二种为创成式问题解决,着力于对问题新的理解并开发新技能。Chooa 等(2015)认为前者对内部知识存量产生负面影响,后者则对内部与外部知识存量产生积极影响。企业高级管理人员仅是生产经营活动中的一类群体,按照 Gartner 等(2015)的观点,其他利益相关者包括供应商和用户等对于技术性企业的机会选择很重要。Gartner 等(2015)在前景理论的基础上,使用建设性技术评估与传统技术评估方法分析增材制造业的供应商、用户、决策者的期望,指出以上利益相关者的民意对于增材制造创新政策的合法化是必要的。

(3) 是否应考虑区位选择? 区位层面来看,Ferreira 等(2015)与 Cainelli 等(2015)由微观企业数据探讨了区位对创新的影响。前者以 884 家公司为样本,计量模型揭示区位因素是影响公司创新能力的一个变量:公司与城市中心的地理越相近,创新能力越强。后者则将研究注意力转移至制造业废弃物减少技术采用,指出该行业位于具有独立的废弃物收集特征以及严格的废弃物管理政策的区域更可能会在减少废弃物方面进行技术创新。

(4) 内向国际化、外向国际化与技术创新的关系是什么? 外商直接投资是内向国际化的重要形式,其对东道国制造业技术创新的作用通过溢出效应来体现。在接受公司有能力吸收和采纳国外技术的条件下,外方对于技术从外方公司到本国公司扩散起到重要作用(Behera,2015)。这一结论也说明,FDI 的技术溢出效应实质取决于技术双方的耦合程度。离岸外包则是外向国际化的形式之一,通过这种形式,企业获得更多的知识、技能和经验,实现好的组织学习。因而依据 Valle 等(2015)的研究结论,离岸外包可以推进制造业的创新产出。

与 2014 年学术研究关注的议题类似,2015 年大量的研究围绕技术创新效应展开,不过研究的侧重点存在一定的差异:大部分学者强调技术供给效应,少数学者则强调技术扩散的影响。运用 1963—2002 年的钢铁业数据,Allan 和 Jan (2015)分析了美国生产钢铁(小型轧钢机)的前沿技术对全行业生产率的影响,认为生产率的提高主要通过对旧技术的替代以及幸存的垂直整合生产商的生产率复苏两种机制来实现。同样支持创新与生产率之间正向关系的学者还包括 Raymond 等(2015)。不难发现,以上学者认为两个变量之间的关系是无条件的,而 Ulku 和 Pamukcu(2015)却指出,创新对生产率的积极影响是建立在一定的前提条件基础上的,针对土耳其 2003—2007 年制造业企业数据分析显示,只有达到技术能力门槛的企业,增加研发强度才会提高生产率。

反映企业产出水平的变量除了生产率,还包括财务绩效、供应链绩效等。依据 Noh 的观点,推行开放创新的公司开放创新可能导致公司盈利能力的长期改善，触发股东的正向反应；对于技术创新与供应链绩效的关系，Singhry(2015)采用聚类分析表明，在供应链技术与供应链绩效之间，供应链协同与供应链绩效之间，创新能力起到了完全的调节作用。

技术供给模式一般鲜有文献涉及，只有极少数学者如 Choi 和 Yeniyurt(2015)比较了研发联盟、国际市场营销联盟、制造业联盟对距离权变的影响。研究发现国际研发联盟在国家、产业和公司层面的距离上要小，这也意味着，如果公司在合作企业国家间由基础设施、制度、技术的邻近形成研发联盟，则能通过这一形式的联盟而利用外生和内生区位经济。

2.3　制造业环境影响研究

制造业的污染排放已成为亟待解决的难题，由此引发三个问题：(1) 什么机制驱动了制造业环境污染治理？(2) 考虑污染排放是否会对生产效率或公司的区位选择产生影响？(3) 推进制造业环保创新或绿色制造的主要因素包括哪些？

制造业环境污染治理的驱动机制研究。Fujii 和 Managi(2015)认为生产资源的再分配是制造业二氧化碳排放的驱动因素之一，基于此，使用了 1995—2009 年 39 个国家 13 个产业的数据分析生产资源再分配对二氧化碳减排的影响。在发展中国家孟加拉，传统砖窑的生产为建筑提供了原材料，但也造成了严重污染。Luby 等(2015)通过砖购买者、窑主与环境部门员工的访谈，揭示了对大部分建筑目的而言，传统的窑制造出来的砖质量好，比现代的、低污染的窑制造出的砖成本低 40%。明确质量与成本因素为减少污染策略的制定提供了决策借鉴。另一个农用化肥生产制造的例子中，Madanhire 和 Mugwindiri(2015)则强调清洁生产技术对最小化环境污染的重要作用。

考虑污染排放情境下的企业生产效率或区位选择研究。污染排放是一种非期望产出，由此 Ramli 和 Munisamy(2015)认为，不考虑非期望产出而测度制造业效率是不完整的，进而采用范围调整法研究马来西亚制造业的生态效率。研究结果表明，总体上看，该国制造业的生态效率得分值为 94%；平均而言，自由工业或自由贸易区省份的生态效率值比非自由工业区省份更高。制造业生态效率的测度也为生产率增长与环境绩效的协调提供了一定启示。与 Ramli 和 Munisamy(2015)仅考虑非期望产出一种情境不同，Armundito 和 Kaneko(2015)对是否考虑非期望产出进行了比较研究。针对印度尼西亚制造业的分析表明，考虑二氧化碳排放的全要素生产率比不考虑该非期望产出的全要素生产率增长更快，Armundito 和 Kaneko 将原因归咎于技术进步与能源价格。制造业的污染排放使得当地政府可能对其进行环境规制，进而造成一些拟投资的外来企业重新选择区位，这一点由跨国公司的选址研究得到验证。正如 Agostino(2015)通过整合波特假说和污染避难所假说所得到的结论:在先进国家缺乏应对环境规制的能力时,跨国公司将被吸引到环境管制相对宽松的国家。

影响制造业环保创新或者绿色制造的因素研究。环境规制对制造业的技术创新是近年研究的热点之一。围绕这一问题的研究一般是验证是否符合波特假说。以欧洲 17 个国家的制造业为研究对象,Rubashkina 等(2015)剖析了环境规制对技术创新与生产率的影响,研究结论支持了弱波特假说,却没有证据表明支持强波特假说。同样是以欧洲国家作为研究对象,Borghesi 等(2015)却发现,实施了排放贸易计划的行业比未实施排放贸易计划的行业更可能创新,但是一些特定行业环境政策的严格性与环保创新程度是负相关的。制造业环保创新不仅与宏观层面的规制、目标规划相关,也可能与企业层面的变量有一定关联。Fabrice 等(2015)针对法国制造企业的分析佐证了环保创新的投资很大程度上受到公司内部因素(如企业规模、绩效、培训与合作)的影响。

不难发现,以上研究并未综合宏观与微观因素进行分析,Mittal(2015)在这方面做了有益的尝试,采用了模糊技术将绿色制造驱动因素进行排序,发现竞争力、激励、组织资源和技术排序靠前。这种排序便于政府和制造业在资源有限的情境下集中少数驱动因素进行绿色制造。

2.4 制造业信息化研究

近年来,伴随着德国工业 4.0 与中国制造 2025 的提出,制造业的信息化已为学术界所关注。总结 2015 年度文献研究可知,多数研究或是对制造业信息化的各种形式进行简要的介绍,或是研究信息化带来的效应,只有极少数文献剖析影响信息化的因素。

从信息化技术的导入介绍来看,Karabegović等(2015)认为将自动导引车的服务机器人引入制造业是制造、组装线、库存过程中运输自动化的重要质变,这种服务机器人在生产过程中对于体力劳动减少影响较大。除了在制造业物流中的使用,Karabegović等还分析了不同结构的服务机器人在狭窄区域和开放空间等方面的应用。Chen 等(2015)和 Yao 等(2015)分别介绍了直接数字制造和智慧制造。前者对比分析了直接数字制造、工艺生产、大规模生产和大规模定制,尤其是应用案例研究比较直接数字制造与大规模生产在能源使用方面的差异。在此基础上指出,尽管直接数字制造具有结合其他生产范式的优势,且对可持续发展产生积极影响,然而在技术和社会方面还面临一些挑战。后者所阐述的智慧制造实质是融合了智能制造、云制造与社会企业(SE)/企业 2.0 的制造愿景,并由案例来描绘智慧制造视觉景观。

制造业信息化带来的影响是多方面的,在以往的研究中,信息化对组织的影响形成了两种截然不同的观点：批评者认为 ERP 系统要求组织加强程序和约束，进而导致企业经营对变化反应僵化；支持者则强调 ERP 系统对组织产生了积极影响。为确定哪种观点更适用于制造业的生产计划和控制，Pekka Helkiö(2015)使用 151 家制造企业横截面数据，研究结论显著支持动态的市场需求条件下利用 ERP 系统；信息化还可提升制造业的柔性，这一点为 Choe 等(2015)的研究所证实，其应用 Anylogic6.9.0 仿真系统分析材料搬运系统中认知和机械自动化对制造业柔性的影响，得到认知和机械自动化水平的提高产生的效应为：在循环时间提升了制造业的柔性达 14.2%，在停机时间提高制造业柔性达 53.3%，在任务数量方面提高制造业柔性为 26.3%。

信息化带来的最直观影响是制造企业的创新能力、利润与生产率的变化。首先，信息化如数字服务系统与制造业的结合，可以在产品生命周期的不同阶段提升制造业的绩效与效率，并在整体上提高行业的创新能力(Christian and Matthias,2015)。其次，创新能力的提升也意味着制造业利润与产出的增加。不过对于企业利润的影响可能依赖于一定的市场结构条件，正如 Weller 等(2015)所强调的，在垄断的情况下，当灵活生产定制化产品时，增材制造的选择可以因增加消费者剩余而增加利润；然而在竞争性市场的情况下将导致消费者的低价格。较之于制造业信息化与利润的关系研究，信息化对产出的影响更为复杂。一方面，信息通信技术的使用是否正向作用于制造业的产出，取决于行业(Belloc and Guerrieri,2015)，在有些行业中甚至存在生产率悖论，即信息通信技术的投资对生产率并不产生影响(Kim 等,2015)。另一方面，少数学者通过美国与欧盟 15 国的比较指出，信息通信技术是否具有密集性与制造业的生产率高低相关联。

2.5　制造业国际贸易研究

制造业国际贸易研究主要围绕三个方面展开：

(1) 贸易保护政策的效应研究。Paola 等(2015)以跨国公司知识资本理论为基础，利用 5 个欧盟国家和 24 个合作伙伴国家的 1995—2008 年的样本数据分析了贸易政策对欧盟对外投资总额(FDI)存量的影响，其中解释变量包括双边关税指标、双边投资条约、东道主国家参与其他欧盟国家自由贸易协定。依据 Paola 等的分析结论，关税变量对 FDI 存量的影响存在行业异质性；双边投资条约和东道主国家参与其他欧盟国家的自由贸易协定也对欧盟 FDI 的存量产生积极影响。以 2005—2010 年越南国内制造私营企业为研究对象，Truong 等(2015)探讨了进口保护如何影响生产率溢出效应。理论和随机效应估计表明进口保护降低了当地企业的生产率而且削弱了来自所有跨国公司的技术溢出效应，但当使用固定效应评估法时，并不支持该结论。贸易保护政策中，幼稚产业保护为多个国家所重视。然而针对该贸易政策的效应长期以来存在相悖的观点:新古典模型认为关税保护意味着完全消极作用,而和它对立的产业组织和干中学贸易模型则描述保护性关税可以鼓励扩大产出、提高生产力和降低价格。基于此,Harrisa 等(2015)采用了加拿大 1879 年的国家政策进行自然试验,剖析对幼稚产业保护的效果。研究揭示了 1879 年后,受到更强关税保护的产业经历了产出和生产率的快速增长以及产品价格的大幅下降。尤其是,国家政策扶持的产业表现出更大的规模报酬效益,也表现出更快的学习效率。

(2) 影响贸易的因素研究。针对影响贸易的因素研究相对匮乏,少数学者如 Asad 等(2015)、Alia (2015)均认为企业规模是出口销售或者出口决策的主要驱动力之一。例如,Asad 等使用巴基斯坦 14 个不同产业的 205 个制造业企业面板数据,得到企业规模和出口销售之间存在正相关关系;Alia 则将研究对象转向撒哈拉沙漠以南的非洲国家,在构建出口目的地多选择模型的基础上,分析 1991—2004 年肯尼亚、加纳、坦桑尼亚、尼日利亚和南非的制造企业面板数据,发现企业规模和企业效率对出口决策和地理定位有正向影响;而外来资本所有权基本上没有对企业出口决策产生决定作用。显然,依据以上两篇文献的观点,制造企业在调整出口商品结构或者出口方向时,应该考虑企业规模的大小。与 Alia 的研究存在一定的相似之处,Bakhtiari(2015)同样关注了企业效率与贸易之间的关系,针对澳大利亚中小制造企业的分析结果证明,如果企业的生产效率低下,则会选择退市而不是将业务外包;大多数生产效率高的企业采用外包似乎是着眼于长期回报,重视创新和出口。

(3) 贸易与企业业绩之间关系研究。企业业绩具有广泛含义,企业的技术创新能力、财务绩效,或者吸纳就业能力均在一定程度上反映了企业的业绩。结合因子分析与回归分析法评估巴西制造业的出口学习与技术战略之间的关系,Araújoa 和 Salerno(2015)的研究得到两点结论:新出口商的效益更高并且效益高于非出口商;新出口商们的差异化技术战略总体上与出口学习效应不相关。后者给予的启示为,一般而言,国际贸易会在总体上提升制造业市场份额、降低企业成本,但在有些情况下因制造业细分行业而有所差别。Jose 和 Altomonte 等(2015)分别对西班牙、意大利制造业的国际贸易效应进行了分析,前者证实了外包外围服务的增加、企业的市场份额与产品价格正相关,且结果较为稳健。后者通过 1998—2003 年时间段分析却发现,尽管大量的制造业可以通过贸易获得竞争收益,然而具体到细分行业时却存在显著的异质性,即在某些产业,积极参与国际贸易与较高的而不是低的成本加成有关联;在其他一些行业中这种关联关系并不显著。

国际贸易有时是作为一种传导机制作用于企业的经营绩效。依据 Boler 等

(2015)的观点,研发成本的变动对研发投资、进口输入产生影响,并通过这两个变量作用于公司绩效。由此可见,改善进口输入的渠道可最终引发技术变革。汇率反映了进出口的成本,影响国际贸易企业的绩效。不过,Dhasmana(2015)针对印度制造业的实际汇率与企业业绩关系揭示:实际汇率变动与印度制造企业业绩关系因不同企业、行业而有所差异;实际汇率变动对企业业绩影响取决于贸易导向等一些变量,从而证实了贸易的传导机制作用。

国际贸易与就业、对熟练工的需求关系受到了一些研究的关注。对就业的影响或许与学历的高低有一定的相关性,例如 Kemeny 等(2015)采用制造业普查和交易层面的贸易数据证实了来自低收入国家的进口使学历较低的美国制造业工人丢失工作的可能性上升了。马来西亚是世界上吸引外商直接投资最多的国家之一。外商直接投资的溢出效应会推进该国制造业的技术升级,进而导致对东道国熟练工需求的增加;而国际贸易的溢出效应未能对熟练工的需求产生显著作用(Norhanishah,2015)。

2.6 制造企业研究

在我国,如何推进中小制造企业发展是较为突出的问题之一,因而评析这一方面的文献观点具有一定的启示意义。对于中小企业而言,制定竞争战略可能是提高其生存的可能性、创新产出或者绩效的关键所在。针对商业模式研究,Cucculelli 和 Bettinelli (2015) 选择了意大利中小型创业企业的 376 个样本,研究表明商业模式的改变是企业绩效的核心。针对管理工作行为的改变,研究认为着眼点在于管理者本身,可以从参与过程和角色两方面来实现(Oliveira 等,2015);产品差异化与低成本则是属于经典的竞争战略,能够给小型工业企业带来竞争优势,这同样在巴西制造小企业的调查中得到了验证(Melo,Leone,2015)。依据 Lee 等(2015)的观点,中小企业间的合作涉及组织间的信任、互动渠道的广度、合作经验三种合作质量类型,这三种合作质量因素均与创新产出显著相关。

制造企业的风险问题是文献研究的另一个焦点,这种风险可以从企业本身的角度出发来考虑,也可以是从投资者的视角来度量。Kocmanova 等(2015)构建了衡量企业可持续发展水平的 DACSI 指数,通过比较发现,综合了经济指标、环境指标、社会指标和公司治理指标的预测模型 DACSI 指数,比仅使用经济指标的传统绩效评价更能充分反映公司当前的业绩,因而无论对于企业所有者还是投资人,其意义是不言而喻的。考虑到衍生品投机交易的风险性,Johnson 和 Xie (2015) 剖析了非对冲金融衍生品的投资与美国大型制造企业股票贝塔系数之间的关系。尽管没有发现两者之间的显著性关系,Johnson 和 Xie 仍然因为美国制造商对衍生品的使用而将他们划分在“有点风险”的范围之中。如果说制造企业是否使用衍生品交易是从企业本身考虑风险冲击问题，那么货币政策对制造企业的风险影响则是由外部环境研究风险控制问题。Koichi(2015)使用日本制造业企业面板数据检验表明，紧缩性的货币政策统计上显著增加企业的流动性约束。尤其是，公司规模越小，紧缩性货币政策的影响越大；量化宽松货币政策则适度地放宽了对大企业流动性约束。制造业社会心理风险管理研究同样也是着眼于政府政策对企业的影响。Guadix 等(2015)运用结构方程模型分析了欧洲新生企业风险，实证结果揭示了用社会心理安全管理系统对改善社会心理风险行为有益；社会心理预防性活动能够调节社会心理安全管理和社会心理行为之间的关系。显然，该文所倡导的社会心理风险管理对于制造企业防止意外事故和消极怠工现象的发生有一定的启示作用，应为政策制定者所重视。

制造企业绩效的影响因素分析一直是经久不衰的话题。以 GRI 报告中的 75 个样本公司为基础，Chen 等(2015)研究了企业的社会行为对财务业绩的影响，其中企业社会行为采用劳动实践的分类、体面的工作、人权、社会责任和产品责任来测度；财务绩效的测度指标包括普通股报酬率、销售量的增长和现金流/销售率。研究认为人权的类别、社会责任和产品责任与股本报酬有显著的正向相关关系。Magutua 等(2015)则关注供应链技术对供应链策略与绩效的调节程度，指出供应链技术和供应链策略两者可以解释 88.2%的公司绩效的变化，基于这一结论，提出制造企业应该进行供应链投资。移民率对制造企业绩效影响是一个极为创新的研究内容，Arcangelis 等(2015)针对意大利的移民率增长与当地制造企业绩效关系研究发现，移民率的双倍增长平均可提高当地人均销量的 8%—9%；且相比较高技能水平的移民，低技能水平的移民对企业绩效的影响更大。

2.7 发展中国家制造业研究

近年来，部分发展中国家的制造业颇为引人注目，尤其是亚洲的印度和南美洲的墨西哥、巴西。三个国家中的两个属于金砖五国，在世界主要经济体中的重要地位决定了评析其制造业研究动态具有较强的实践参考价值。

针对印度的制造业发展，Swaminathan 等(2015)、Chun 和 Lee (2015)探讨了效率或者生产率的驱动力问题。前者应用 Tobit 模型和数据包络分析 (DEA)对印度 17 个州的 9 个制造业企业分析企业效率和区域聚集之间的关系，研究结论证实了两者之间负相关，支持了希克斯的“平静生活假说”。后者则强调了补偿奖金对生产率的影响，认为分配较高比例的奖金补偿支付给经理和工人对生产率的正向作用显著。企业生产效率的提高可能依赖于技术创新能力的增强，那么哪些因素推进了印度制造企业的创新能力？为解决这一问题，Kumar 等(2015)分三个步骤进行研究：识别创新因素—定性分析创新推动因素—定量分析创新推动因素，并通过解释性结构方程模型遴选出 11 个关键因素，以期为提升印度制造业的竞争力奠定理论基础。区别于中国，印度制造业中妇女正式就业的人数明显低于男子，印度妇女很少积极参与工会。基于此，Ghosh 等(2015)试图解析印度妇女参加工会的驱动力，其研究样本包括 5 个公共部门 8 个制造业单位的 214 个女工人。由实证分析结论推断出得到家庭成员、同事和雇员的批准赞同使得女工人更可能积极参与工会。

同样是金砖五国之一，对巴西制造业的研究则相对较少。以解释性结构模型分析为基础，极少数学者如 Bouzon 等(2015)评估了该国制造业逆向供应链的障碍因素，进而通过向巴西机械制造行业的物流专家征求意见得到如下结论：巴西实施逆向供应链的重要障碍是缺乏具体的法律规范，缺少具有激励作用的法律。

墨西哥在北美自由贸易区中是个举足轻重的国家，针对该国制造业的研究也涉及国际贸易问题。Roca 等(2015)发现，墨西哥的人均收入增长与其“贸易开放”有直接关系，但与其制造业出口产业的增长负相关。Roca 等进一步结合墨西哥制造业的特点分析这一现象产生的原因：虽然墨西哥的出口导向型工业化成功适应了国际市场，而且改变了其生产、经营、组织和技术结构，但是由于它缺乏强大的价值传播力，从而未能转化为宏观经济效益。Villarreal 和 Ahumada(2015)首先构建了国际竞争力 (IC) 指数，其次通过使用静态的 VAR 模型评估一些关键变量对墨西哥制造业在美国市场上竞争力的影响。研究结果表明：实际货币贬值和实际利率上升均削弱了墨西哥制造业在美国的竞争力；劳动生产率上升的作用则是积极的。

非洲国家制造业的研究属于一个崭新的领域。Fauzel 等(2015)借助于动态向量误差修正模型，分析外商直接投资是否提高毛里求斯制造企业的生产效率，得到如下结论：(1) 从长远来看外商直接投资实际上对制造业部门的全要素生产率和劳动生产率的提高做出了贡献；(2) 从短期来看，制造业部门的外商直接投资一直影响生产率，但是影响效果较小；(3) 存在外商直接投资与生产率之间的双向因果关系；(4) 外商直接投资与国内投资水平正相关，证明也存在挤出效应。

一些学者遴选了部分发展中国家而不是进行个案研究。例如，Kinda 等(2015)以中东与北非国家为研究对象，剖析投资环境是否作用于技术效率，其中投资环境是指基础设施的质量、劳动力的工作经验、受教育程度、融资成本以及政府与企业之间的关系。研究发现投资环境与 22 个发展中国家的八个制造业企业的技术效率相关；许多中东和北非国家的投资环境差与其技术效率低有关。众多国家中，沙特阿拉伯和摩洛哥在某种程度上是例外。Szirmaia 和 Verspagen(2015)探讨了 1950—2005 年制造业作为发达国家和发展中国家经济增长的驱动力所发挥的作用。尽管总体上验证了制造业与经济增长的正向关系，但是和以前年代相比较，自从1990年以来，制造业比以前更难推动经济增长。

参考文献

[1] Shyamasree Dasgupta, Joyashree Roy. Understanding Technological Progress and Input Price as Drivers of Energy Demand in Manufacturing Industries in India[J]. Energy Policy, 2015(83):1—13.

[2] Rossella Bardazzi, Filippo Oropallo, Maria Grazia Pazienza. Do Manufacturing Firms React to Energy Prices? Evidence from Italy[J]. Energy Economics, 2015(49): 168—181.

[3] Michael P. Brundage, Qing Chang, Jing Zou, Yang Li. Energy Economics in the Manufacturing Industry: A Return on Investment Strategy[J]. Energy, 2015, 93(Part 2): 1426—1435.

[4] A. Garg, Jasmine Siu Lee Lam, L. Gao. Energy Conservation in Manufacturing Operations: Modelling the Milling Process by a New Complexity-based Evolutionary Approach [J]. Journal of Cleaner Production, 2015, 108 (Part A):34—45.

[5] Peter Mulder. International Specialization, Sector Structure and the Evolution of Manufacturing Energy Intensity in OECD Countries[J]. The Energy Journal, 2015, 36(3): 111—136.

[6] Maria T. Johansson. Improved Energy Efficiency within the Swedish Steel Industry-the Importance of Energy Management and Networking[J]. Energy Efficiency, 2015(8): 713—744.

[7] Christian Mose, Nils Weinert. Process Chain Evaluation for an Overall Optimization of Energy Efficiency in Manufacturing: The Welding Case[J]. Robotics and Computer-Integrated Manufacturing, 2015 (34): 44—51.

[8] Jeon, Hyun Woo, Taisch, Marco, Prabhu, Vittaldas V. Modelling and Analysis of Energy Footprint of Manufacturing Systems[J]. International Journal of Production Research, 2015,53(23):7049—7059.

[9] Subash Sasidharan, P. J. Jijo Lukose, Surenderrao Komera. Financing Constraints and Investments in R&D: Evidence from Indian Manufacturing Firms[J]. The Quarterly Review of Economics and Finance, 2015(55): 28—39.

[10] Adrian S. Chooa, Rajiv Nag, Yusen Xia. The Role of Executive Problem Solving in Knowledge Accumulation and Manufacturing Improvements[J]. Journal of Operations Management, 2015(36): 63—74.

[11] Johannes Gartner, Daniela Maresch, Matthias Fink. The Potential of Additive Manufacturing for Technology Entrepreneurship: An Integrative Technology Assessment[J]. Creativity and Innovation Management, 2015, 24(4): 585—600.

[12] João J. M. Ferreira, Cristina I. Fernandes, Mário L. Raposo. The Effects of Location on

Firm Innovation Capacity[J]. Journal of Knowledge Economy, 2015(7): 1—20.
[13] Giulio Cainelli, Alessio D'Amatob, Massimiliano Mazzanti. Adoption of Waste-reducing Technology in Manufacturing: Regional Factors and Policy Issues[J]. Resource and Energy Economics, 2015(39): 53—67
[14] Smruti Ranjan Behera. Technology Spillover and Determinants of Foreign Direct Investment: An Analysis of Indian Manufacturing Industries[J]. Journal of Economic Development, 2015,40(3): 55—83.
[15] Sandra Valle, Francisco García, Lucía Avella. Offshoring Intermediate Manufacturing: Boost or Hindrance to Firm Innovation? [J]. Journal of International Management, 2015(21): 117—134.
[16] Allan Collard-Wexler, Jan De Loecker. Reallocation and Technology: Evidence from the US Steel Industry[J]. American Economic Review, 2015, 105(1): 131—171.
[17] Wladimir Raymond, Jacques Mairesse, Pierre Mohnen, Franz Palm. Dynamic Models of R & D, Innovation and Productivity: Panel Data Evidence for Dutch and French Manufacturing[J]. European Economic Review, 2015(78): 285—306.
[18] Hulya Ulku, Mehmet Teoman Pamukcu. The Impact of R&D and Knowledge Diffusion on the Productivity of Manufacturing Firms in Turkey[J]. Journal of Productivity Analysis, 2015(44): 79—95.
[19] Singhry, Hassan Barau. Effect of Supply Chain Technology, Supply Chain Collaboration and Innovation Capability on Supply Chain Performance of Manufacturing Companies[J]. Journal of Business Studies, 2015, 7(2): 258—273.
[20] Jeongho Choi, Sengun Yeniyurt. Contingency Distance Factors and International Research and Development (R&D), Marketing, and Manufacturing Alliance Formations[J]. International Business Review, 2015(24): 1061—1071.
[21] Hidemichi Fujii, Shunsuke Managi. Optimal Production Resource Reallocation for CO_2 Emissions Reduction in Manufacturing Sectors[J]. Global Environmental Change, 2015(35): 505—513.
[22] Stephen P. Luby, Debashish Biswas, Emily S. Gurley, Ijaz Hossain. Why Highly Polluting Methods are Used to Manufacture Bricks in Bangladesh[J]. Energy for Sustainable Development, 2015(28): 68—74.
[23] Ignatio Madanhire, Kumbi Mugwindiri. Enhancing Cleaner Production Application in Fertilizer Manufacturing: Case Study[J]. Clean Technologies and Environmental Policy, 2015(17): 667—679.
[24] Noor Asiah Ramli, Susila Munisamy. Eco-efficiency in Greenhouse Emissions among Manufacturing Industries: A Range Adjusted Measure[J]. Economic Modelling, 2015(47): 219—227.
[25] Erik Armundito, Shinji Kaneko. Baseline Analysis of Productivity Changes With and With-

out Considering Carbon Dioxide Emissions in the Major Manufacturing Sector of Indonesia [J]. Journal of Economic Structures, 2015, 4(1): 1—24.

[26] Lorena M. D'Agostino. How MNEs Respond to Environmental Regulation: Integrating the Porter Hypothesis and the Pollution Haven Hypothesis[J]. Economia Politicia, 2015 (32): 245—269.

[27] Yana Rubashkina, Marzio Galeotti, Elena Verdolini. Environmental Regulation and Competitiveness: Empirical Evidence on the Porter Hypothesis from European Manufacturing Sectors[J]. Energy Policy, 2015(83): 288—300.

[28] Simone Borghesi, Giulio Cainelli, Massimiliano Mazzanti. Linking Emission Trading to Environmental Innovation: Evidence from the Italian Manufacturing Industry[J]. Research Policy, 2015(44): 669—683.

[29] Galia Fabrice, Ingham Marc, Pekovic Sanja. Incentives for Green Innovations in French Manufacturing Firms[J]. International Journal of Technology Management & Sustainable Development, 2015,14(1):3—15

[30] Mittal Varinder Kumar, Sangwan Kuldip Singh. Ranking of Drivers for Green Manufacturing Implementation Using Fuzzy Technique for Order of Preference by Similarity to Ideal Solution Method [J]. Journal of Multi-Criteria Decision Analysis, 2015, 22(1/2):119—130.

[31] Karabegović, I. a, Karabegović, E. , Mahmić, M. , Husak, E. The Application of Service Robots for Logistics in Manufacturing Processes [J]. Advances in Production Engineering & Management, 2015, 10(4): 185—194.

[32] Danfang Chen, Steffen Heyer, Suphunnika Ibbotson, Konstantinos Salonitis, Jón Garðar Steingrímsson, Sebastian Thiede. Direct Digital Manufacturing: Definition, Evolution, and Sustainability Implications[J]. Journal of Cleaner Production, 2015, 107(16): 615—625.

[33] Yao, Xifan,Jin, Hong,Zhang, Jie. Towards a Wisdom Manufacturing Vision[J]. International Journal of Computer Integrated Manufacturing,2015,28(12):1291—1312

[34] Antti Tenhiälä, Pekka Helkiö. Performance Effects of Using an ERP System for Manufacturing Planning and Control under Dynamic Market Requirements [J]. Journal of Operations Management, 2015(36): 147—164

[35] Pilsung Choe, Jeffrey D. Tew, Songzhen Tong. Effect of Cognitive Automation in a Material Handling System on Manufacturing Flexibility[J]. Int. J. Production Economics, 2015(170): 891—899.

[36] Christian Weller, Robin Kleer, Frank T. Piller. Economic Implications of 3D Printing: Market Structure Models in Light of Additive Manufacturing Revisited[J]. Int. J. Production Economics, 2015(164): 43—56.

[37] Marianna Belloc, Paolo Guerrieri. Impact of ICT Diffusion and Adoption on Sectoral In-

dustrial Performance: Evidence from a Panel of European Countries[J]. Economia Politica, 2015(32): 67—84.

[38] Kim, Gilwhan, Lin, Winston T, Simpson, N. C. Evaluating the Performance of US Manufacturing and Service Operations in the Presence of IT: A Bayesian Stochastic Production Frontier Approach [J]. International Journal of Production Research, 2015, 53 (18): 5500—5523

[39] Cardamone Paola, Scoppola Margherita. The Pattern of EU FDI in the Manufacturing Industry: What Role do Third Country Effects and Trade Policies Play? [J] The Annals of Regional Science March, 2015, 54(2): 511—532

[40] Truong Thi Ngoc Thuyen, Jongwanich Juthathip, Ramstetter Eric D. Productivity Spillovers from Foreign Multinationals and Trade Protection: Firm-level Analysis of Vietnamese Manufacturing [J]. Asian-Pacific Economic Literature, 2015, 29(2): 30—46

[41] Richard Harrisa, Ian Keay, Frank Lewis. Protecting Infant Industries: Canadian Manufacturing and the National Policy, 1870—1913 [J]. Explorations in Economic History, 2015 (56): 15—31

[42] Abbas Asad, Sheikh Muhammad Ramzan, Abbasi Muhammad Nauman. Firm Size, Exchange Rate and Exports Performance: A Firm Level Study of Pakistani Manufacturing Sector [J]. Pakistan Journal of Commerce & Social Sciences, 2015, 9(2): 503—523.

[43] Alia, Didier Yelognisse. Geographical Orientation of Export in Manufacturing Sector in Sub-Sahara Africa [J]. Global Economy Journal, 2015, 15(3): 337—351.

[44] Sasan Bakhtiari. Productivity, Outsourcing and Exit: The Case of Australian Manufacturing [J]. Small Business Economy, 2015(44): 425—447.

[45] Bruno César Araújoa, Mario Sergio Salerno. Technological Strategies and Learning-by-exporting: The Case of Brazilian Manufacturing Firms, 2006—2008 [J]. International Business Review, 2015, 24(5): 725—738

[46] Jose Enrique Galdon-Sanchez, Ricard Gil, Alberto Bayo-Moriones. Outsourcing of Peripheral services: Evidence from Spanish Manufacturing Plant-level Data [J]. European Economic Review, 2015(78): 328—344.

[47] Esther Ann Boler, Andreas Moxnes, Karen Helene Ulltveit-Moe. R&D. International Sourcing, and the Joint Impact on Firm Performance [J]. American Economic Review 2015, 105(12): 3704—3739.

[48] Anubha Dhasmana. Transmission of Realex Change Rate Changes to the Manufacturing Sector: The role of Financial Access [J]. International Economics, 2015(143): 48—69.

[49] Thomas Kemeny, David Rigby, Abigail Cooke. Cheap Imports and the Loss of US Manufacturing Jobs [J]. The World Economy, 2015, 38(10): 1555—1573

[50] Norhanishah. Spillover Effects of FDI and Trade on Demand for Skilled Labour in Malaysia Manufacturing Industries [J]. Asian Academy of Management Journal, 2015, 20(2): 1—

27.

[51] Marco Cucculelli, Cristina Bettinelli. Business Models, Intangibles and Firm Performance: Evidence on Corporate Entrepreneurship from Ltalian Manufacturing SMEs [J]. Small Business Economy, 2015(45): 329—350.

[52] Oliveira Jair de, Escrivão Filho Edmundo, Nagano Marcelo Seido, Ferraudo Sergio Antonio, Rosim Daniela. What do Small Business Owner-managers Do? A Managerial Work Perspective[J]. Journal of Global Entrepreneurship Research, 2015, 5(19): 1—21.

[53] Maurilio Melo and Rodrigo Leone. Alignment between Competitive Strategies and Cost Management: A Study of Small Manufacturing Companies [J]. Brazilian Business Review (English Edition), 2015, 12(5): 78—96.

[54] Yongseol Lee, Insu Choa, Heejun Park. The Effect of Collaboration Quality on Collaboration Performance: Empirical Evidence from Manufacturing SMEs in the Republic of Korea [J]. Total Quality Management & Business Excellence, 2015, 26(9—10): 986—1001.

[55] Alena Kocmanova, Zaneta Simanaviciene, Marie Pavlakova Docekalova. Predictive Model for Measuring Sustainability of Manufacturing Companies [J]. Engineering Economics, 2015, 26(4): 442—451

[56] Johnson, Gary G. Jing Xie. An Investigation into the Effect on Market Risk of Investment in Non-hedge Derivatives by Large Manufacturers Companies in the United States-counter Empirical Study[J]. International Journal of Business, Accounting, & Finance, 2015, 9 (2): 1—15.

[57] Koichi Masuda. Fixed Investment, Liquidity Constraint, and Monetary Policy: Evidence from Japanese Manufacturing Firm Panel Data [J]. Japan and the World Economy, 2015 (33): 11—19.

[58] José Guadix, Jesús Carrillo-Castrillo, Luis Onieva, David Lucena. Strategies for Psychosocial Risk Management in Manufacturing [J]. Journal of Business Research, 2015 (68): 1475—1480.

[59] Lujie Chen, Andreas Feldmann, OuTang. The Relationship between Disclosures of Corporate Social Performance and Financial Performance: Evidences from GRI Reports in Manufacturing Industry [J]. Int. J. Production Economics, 2015(170): 445—456.

[60] Peterson Obara Magutua, Josiah Adudab, Richard Bitange Nyaoga. Does Supply Chain Technology Moderate the Relationship between Supply Chain Strategies and Firm Performance? Evidence from Large-Scale Manufacturing Firms in Kenya [J]. International Strategic Management Review, 2015(3): 43—65.

[61] Giuseppe De Arcangelis, Edoardo Di Porto, Gianluca Santoni. Immigration and Manufacturing in Italy: Evidence from the 2000s [J]. Economia e Politica Industriale, 2015(42): 163—187.

[62] Swaminathan, A. Gupta, M. , Tiwari, A. Prakash, N. Concentration and Efficiency in In-

dian Manufacturing: A Regional Study [J]. IUP Journal of Applied Economics, 2015, 14(4): 42—60.

[63] Natalie Chun, Soohyung Lee. Bonus Compensation and Productivity: Evidence from Indian Manufacturing Plant-level Data [J]. Journal of Productivity Analysis, 2015(43): 47—58.

[64] Devendra Kumar, Dewangan, Rajat Agrawal, Vinay Sharma. Enablers for Competitiveness of Indian Manufacturing Sector: An ISM-Fuzzy MICMAC Analysis [J]. Procedia—Social and Behavioral Sciences, 2015(189): 416—432.

[65] Ghosh Piyali, Ragini, Rai Alka. Analysing the Role of Union Instrumentality in Women's Participation in Trade Unions: A Study of Indian Manufacturing Sector[J]. Journal of Developing Areas, 2015, 49(4): 415—423.

[66] Marina Bouzon, Kannan Govindan, Carlos Manuel Taboada Rodriguez. Reducing the Extraction of Minerals: Reverse Logistics in the Machinery Manufacturing Industry Sector in Brazil Using ISM Approach[J]. Resources Policy, 2015(46): 27—36.

[67] Santiago Roca T, Luis Simabuko N. Little Value Creation, Articulation and Propagating forces: A Hypothesis for the Mexican Manufacturing Sector [J]. Journal of Economics, Finance and Administrative Science, 2015(20): 94—104

[68] Cuauhtémoc, Calderón Villarreal, Víctor M. Cuevas Ahumada. Mexico's Manufacturing Competitiveness in the US market: A Short-term Analysis [J]. Investigación Económica, 2015, 74(292): 91—114.

[69] Sheereen Fauzel, Boopen Seetanah, R. V. Sannasee. Productivity Spillovers of FDI in the Manufacturing Sector of Mauritius. Evidence from A Dynamic Framework [J]. The Journal of Developing Areas, 2015, 49(2): 295—316.

[70] Tidiane Kinda, Patrick Plane, Marie-Ange Véganzonès-Varoudakis. Does Investment Climate Matter for Firm's Technical Efficiency? An Application to Middle Eastern and North African Manufacturing [J]. Journal of International Development, 2015, 27(7): 1267—1293.

[71] Adam Szirmaia, Bart Verspagen. Manufacturing and Economic Growth in Developing Countries, 1950—2005 [J]. Structural Change and Economic Dynamics, 2015(34): 46—59.

撰稿人:张慧明

审核人:李廉水、张三峰

第3章　国内学术研究动态解析

2015年的制造业国内学术动态突出了两个特点：(1) 在经济发展进入新常态下，着重就制造业转型升级、制造业创新驱动发展、制造业生产率等历史传承性问题进行探究；(2) 文献数量有了一定的增加，2015年在CSSCI来源期刊共发表论文530篇。由于篇幅有限，我们本着择优选择的原则，本章将围绕制造业技术创新、转型升级、生产效率、信息化、制造业与服务业互动五个维度，尽量选取发表在影响因子较大期刊的中文文献，评析2015年的研究进展。

3.1　制造业转型升级研究

后金融危机时代，全球产业重新布局，中国制造业转型升级已成为亟待解决的问题。中国学者不断探索三个问题：(1) 什么因素驱动中国制造业转型升级？(2) 中国制造业企业区位选择、价值链升级的路径是什么？(3) 发达国家的哪些转型升级经验可供中国借鉴？

制造业转型升级驱动因素研究。陈超凡和王赟(2015)认为发达国家跨国公司对中国装备制造企业的知识与技术封锁是一种常态，装备制造业垂直专业化分工并没有实现中国装备制造企业升级的目标，相反还会陷入发达国家的俘获型产品价值链条中，从而遏制产业升级的步伐。邓晶和张文倩(2015)认为发展中国家的生产性服务贸易自由化可以促进本国制造业升级，同时制造业升级还受人力资本水平、外商直接投资、信息化水平三个因素的影响。韩庆潇等(2015)认为从制造业总体来看，产业集聚能够有效促进产业升级，创新在这一过程中具有重要的中介作用；而从不同行业密集度的视角来看，只有在技术密集型制造业中，创新的中介效应具有重要的作用，其中介效应达到44%，在该类制造业中，产业集聚所驱动的创新对产业升级的作用更为显著。

制造业布局和价值链升级研究。陈曦等(2015)研究发现产业关联较强的劳动/劳动密集型制造业和资本/技术密集型制造业更容易呈现空间关联；超过半数的制造业细分行业的产业关联和空间关联的程度之间存在正相关关系。金利霞等(2015)认为全球资本流动新特征、国内外经济环境以及政府政策不断变化促进了广东省新一轮产业空间重组。李国平和张杰斐(2015)认为影响制造业空间格局变动最重要的因素主要包括要素禀赋、集聚动力以及区域政策,京津冀区域制造业在区县层面上总体呈现出由中心区域的京津走廊向东部沿海及冀中南腹地扩散的特征。王荣和王英(2015)发现对外投资会使产业向空心化发展的趋势。逯宇铎等(2015)发现生产率会影响企业选择,相比低生产率企业组,高生产率企业选址于更大规模的城市。原嫄等(2015)发现中国制造业转移路径表现为自东向西、自沿海向内陆的特征,特别是劳动和资本密集型行业均由制造业原本发达地区向次发达地区转移,已经进入产业优势的分散化阶段,而技术密集型行业仍处在自西向东、由次发达地区向发达地区的集聚发展阶段。张慧明和蔡银寅(2015)研究发现FDI利润额、研发强度与市场需求的交互项对低端锁定的影响显著,因此要强调政策的公平性,政策制定不能因行业间的要素密集度而有所倾斜;注重研发支出,以技术创新能力的增强作为突破"低端锁定"的内在动力;重视需求侧管理,将市场需求的扩大作为破解"低端锁定的外在推进剂以突破低端锁定"。胡昭玲和张咏华(2015)认为中国在全球价值链分工中主要承担低端的生产加工环节,只有在低技术行业占据国际分工的主导地位,在中高和高技术制造业不具备国际竞争力,和价值链上下游国家相比,国内创造的价值和从分工中的获益较少。

发达国家制造业转型升级研究。杜传忠和杨志坤(2015)分析发现德国"工业4.0"战略的智能化、数字化和服务化是制造业发展的基本方向,系统、关联、集成、协同与融合的制造业产业体系,充分发挥中小制造业企业的有效机制,大规模、个性化、定制化的制造业生产方式,完善的技术创新平台和统一的工业制造业标准以及充分发挥人力资源潜力等值得中国借鉴。黄顺魁(2015)发现德国在实施"工业4.0"战略进程中,充分注重技术边界的延展与集成、渠道和供应链的强化、要素保障优先实施三个层面的协同推进。中国制造业以"工业4.0"为愿景的转型升级可借鉴德国经验,大力推动数字化、网络化、智能化制造,重视核心技术创新、市场拓展、标准规划建设与实施、系统配套对产业转型升级的协同作用;发挥大型企业的带动效应,通过人才培育、资源利用、市场开放等产业政策安排,促进制造业转型升级。林航和谢志忠(2015)发现德国和意大利制造业采用的是向服务经济升级和向体验经济升级的集中体现。

3.2　制造业创新驱动研究

十八大明确提出"实施创新驱动发展战略",强调科技创新是提升社会生产力和综合国力的战略支撑,必须摆在国家发展全局的核心位置。制造业创新驱动成为学者研究的又一重要方向,主要关注以下几个问题:(1) 哪些因素会影响中国制

造业的创新，如创新能力、创新效率等？（2）如何评价制造业创新效率，并进行高效的创新？（3）特定行业制造业如何创新？

制造业创新的影响因素研究，主要考察诸如国产化率保护、环境规制等政策制度，企业规模、产业结构、融资方式等企业特征，以及研发外包、产业集群、空间溢出等因素，它们对中国制造业自主创新、创新效率、创新绩效等的影响。（1）政策制度影响因素研究。李婉红（2015）发现排污费制度和绿色技术创新均存在空间自相关性，且排污费制度对制造业绿色技术创新驱动产生了空间分异，即发达省份支持“波特假说”，经济发展水平越高，驱动效应越明显；而欠发达省份并不支持“波特假说”，经济发展水平落后抑制了排污费制度对绿色技术创新驱动效应的实现。付明卫等（2015）研究发现国产化率保护政策增加我国风电技术的发明专利申请数量。洪进等（2015）结果表明，我国航空航天产业的技术创新绩效受到国家技术政策与企业技术战略的双重影响；且创新绩效的实现更多依赖于国内技术的提升；国家技术政策与致力于自主创新的技术领先战略关联更加密切。蒋为（2015）研究发现环境规制对中国制造业企业研发创新的扩展与集约边际均具有显著的正向影响，面临更强环境规制的企业更加倾向于进行研发创新并具有更大的研发投资额。（2）企业特征影响因素研究。纪建悦和秦玉霞（2015）研究发现设备新旧程度、企业规模、员工的激励水平对企业的创新效率具有显著的促进作用。顾夏铭和潘士远（2015）研究发现间接融资市场的融资并未显著影响制造业R&D，而直接融资市场的融资对制造业的创新有促进作用。李廉水等（2015）研究发现创新经费投入对创新能力的提升起着至关重要的作用，创新人员投入抑制了制造业科技创新，外商直接投资阻碍了专利申请量的提升，产权结构、政府支持、企业盈利能力对制造业科技创新有着显著影响，非公有制企业在创新上有更高的积极性。李婉红（2015）发现产业规模和创新人员投入对绿色技术创新的影响也存在空间差异。杨善奇和谈镇（2015）发现企业经营绩效、制度因素以及企业规模与制造业自主创新效率显著正相关；政府干预、技术引进和消化吸收因素与制造业技术创新效率正相关，但未通过显著性检验。（3）产业集聚影响因素研究。程中华和刘军（2015）研究发现专业化（MAR 外部性）对制造业创新绩效影响不显著，多样化（Jacobs 外部性）和产业内竞争（Porter 外部性）有利于制造业创新绩效的提升。韩庆潇等（2015）认为从制造业总体来看，产业集聚水平的增加可有效促进创新效率的提高，按要素密集度划分的制造业中只有技术密集型制造业的集聚能有效促进创新效率的提高，劳动密集型和资本密集型制造业的促进作用并不显著。（4）外包、进口、跨国贸易等其他影响因素研究。陈启斐等（2015）研究发现研发外包显著地促进了我国制造业的创新能力和创新效率。蒋为和陈轩瑾（2015）也发现外包活跃了中国制造业企业的研发创新活动。李慧燕和李宏（2015）研究发现参与全球工序分工对其创新能力具有明显的促进作用。赵建春和毛其淋(2015)发现进口自由化总体上促进了企业创新,且主要体现在中间品贸易自由化上,而最终品贸易自由化的影响较小。严冰和张相文(2015)发现进口竞争和中国制造业企业产品创新之间存在倒"U"形关系。周霄雪和王永进(2015)研究发现平均而言,跨国零售企业在中国的市场扩张显著地促进了制造企业研发投入的提高。此外,少数学者考察美国等国家的制造业创新及其对中国制造业创新的启示,例如李新功(2015)研究了国际货币体系对美国制造业技术创新的影响。

制造业的创新效率和创新路径研究。申远等(2015)以江苏省医药制造业为例,利用 2008—2012 年的企业面板数据,将医药制造业的价值创新过程分解为研发和技术转化两个相互关联的阶段,使用 DEA 模型分析江苏省医药制造业创新效率,结果表明江苏省医药制造业研发效率和技术转化效率均较低。盛伟忠和陈劲(2015)基于企业创新流程和制造业中小企业运作特征,构建了制造业中小企业创新能力测度框架,并以 335 家制造业中小企业为研究对象,对这些测度指标进行了探索性因素分析,验证了信度和效度,并从创新文化因素中识别出其中涵盖的体制性文化要素和创新氛围要素。余东华等(2015)认为新工业革命带来制造业发展的契机,应把握制造业在五大主导技术领域的创新路径,围绕四大重点产业群规划制造业发展领域和具体产业,形成推动制造业转型升级的政策体系,为实施制造业强国方略夯实基础。张恒梅(2015)从美国制造业创新网络计划的建立、发展与特点入手,分析了美国制造业创新网络计划对中国先进制造业的影响与启示,旨在找到中国先进制造业提升技术创新能力的路径。田红娜和李香梅(2015)提炼基于生态位的绿色工艺创新路径演化影响因素:资源生态位因子、技术生态位因子、需求生态位因子和制度生态位因子。以这四个生态位因子作为研究变量,构建制造业绿色工艺创新路径演化的模型,并以机床制造业为例进行实证分析。研究发现,四个生态位因子之间的相互作用关系决定了绿色工艺创新生态位适应度,绿色工艺创新生态位适应度的变化与绿色工艺创新路径的演化是协同共进的。

装备制造业等特定行业制造业的创新研究。徐建和曲小瑜(2015)发现中国装备制造业的总体环境技术创新效率呈现先上升再下降的趋势,技术效率持续上升,技术退步是导致环境技术创新效率后期下降的原因;市场竞争、资本深化和外资引进对环境技术创新效率的提升具有显著的推动作用。任耀等(2015)构建了创新驱动系统的协同度测算模型,并利用此模型测算了中国专用设备制造业子系统内、子系统间及整个系统的协同度,研究结果表明专用设备制造业创新驱动系统的协同度水平呈现波动性增长的趋势。易瑾超等(2015)认为中国通信设备制造业的创新国际化活动能够有效提升其产业创新能力,而其中研发资金的投入,是现阶段中国通信设备制造业创新能力提升的主要因素。

3.3 制造业的生产率研究

伴随着中国经济发展步入新常态，在各种要素驱动红利渐趋消散、周边国家要素优势逐渐凸显以及国外先进技术溢出壁垒逐渐加强的新形势下，中国制造业生产率的提升正面临着内在动力缺失和外在形势倒逼的双重压力。从文献来看，相关研究主要集中在产业生产率、全要素生产率、劳动生产率和资源配置效率等方面。

产业生产率研究。产业生产率是反映产业技术进步的重要指标，也是产业核心竞争力的重要体现。冯伟(2015)利用中国2001—2011年制造业分行业的发展数据，在运用DEA法测度产业生产率的基础上，基于总体检验和分类检验，研究本土市场规模与产业生产率之间的作用关系，发现总体而言，本土市场规模对于产业生产率具有显著的推进作用；在分类别行业层面上，这种推进作用依然存在，只是更多地体现在劳动密集型行业中；对于各控制变量而言，其在行业总体层面和分类别行业层面上均呈现出一定的异质性，这主要是由行业发展的自身特性与不平衡性所致。耿强和吕大国(2015)发现中国制造业企业出口后选择研发投入的可能性会增加21.63%，而研发投入的选择，给这类企业带来了每年约7.3%的生产率提升。倪红福和夏杰长(2015)研究发现企业执行R&D和使用研发成果中隐含R&D投入对生产率具有正影响，且后者的产出弹性系数比前者的高一倍。

全要素生产率研究。近年来，中国制造业全要素生产率增长速度如何，不同所有制企业的效率是否存在差异？杨汝岱(2015)研究发现：(1)中国制造业整体全要素生产率增长速度为2%—6%，年均增长3.83%，增速存在较大的波动；(2)制造业生产率增长的来源更多是企业成长，其增长的空间在不断缩小，亟待依托资源配置效率改善的新的增长模式；(3)不同所有制类型企业的效率差异较大，即使在“抓大放小”和资源倾斜的背景下，国有企业表现还是最差，投资效率比民营企业低43%，国企改革是改善资源配置效率、实现可持续内生增长的关键。龚关等(2015)比较发现国有企业全要素生产率低于非国有企业，而企业平均生产率以及资源配置效率的差异是导致上述现象的主要原因。此外，产业集聚水平的提高可以通过知识外溢、信息共享、基础实施和资本劳动力等要素资源的共享，以及拓展产业前后的联系等多种途径来促进企业全要素生产率的提高。胡玫等(2015)运用空间集聚指数法和Malmquist生产率指数法测算出广东省产业集聚指标和全要素生产率增长率，通过对计量模型的回归分析，发现该省制造业产业集聚对行业全要素生产率具有比较明显的促进作用。

劳动生产率研究。提升劳动生产率是保持合理经济增长速度、实现经济转型发展的双重艰巨任务的关键。杭敬等(2015)利用非参数生产前沿动态分析模型，对“十五”时期以来上海制造业劳动生产率增长要素进行拆解分析。结果显示，近年来虽然上海制造业增加值与劳动生产率呈现同步回落走势，但技术进步与技术效率提升对劳动生产率增长的贡献逐步增强，表明上海经济已初步显现转型升级的特征。金春雨和程浩(2015)分析了制造业集聚与其劳动生产率之间的关系，发现制造业过度集聚产生拥挤效应不利于劳动生产率的提升，就业密度增加仍然对劳动生产率提高具有正向作用，劳动生产率提高仍然有利于制造业集聚水平的提升，制造业空间集聚存在自我强化机制。

资源配置效率研究。市场的不完全性会导致各种资源不能按照边际产出均等的原则在企业间配置，进而使更多的资源流向生产率较低的部门而非生产率更高的部门，从而带来资源的误置或资源配置效率的低下。孙元元和张建清(2015)从制造业空间集聚或制造业省际二元边际视角，讨论资源配置效率的演化，发现二元边际下省际资源配置效率变化来自产业集聚与生产率异质的互动作用，中国制造业在省际的资源配置整体有效但却有恶化趋势，其中集约边际下的资源配置效率有所改善，而扩展边际下的资源配置效率逐渐恶化，前者源自技术进步对产业集聚的促进作用，而后者主要源自中国产业集聚较高的拥挤效应和较低的技术外部性。王文等(2015)以 1993—2011 年中国制造业和服务业分行业数据为研究样本，从经验层面上系统分析了制造业和服务业之间的资源错配对中国非农部门全要素生产率的影响，发现 21 世纪以来，中国制造业和服务业间的资源错配绝大部分来自装备制造业与生产性服务业之间的错配。

3.4　制造业与服务业互动研究

战略性新兴产业与生产性服务业之间具有高度关联性：一方面，战略性新兴产业发展壮大能为其生产性服务业“创造”出巨大的市场空间；另一方面，战略性新兴产业发展也越来越趋于“外部服务化”(汪本强和杨学春，2015)。因此，生产性服务业与制造业互动的作用机制、生产性服务业与制造业互动的空间集聚以及制造业与生产性服务业互动发展的影响路径及效应备受学者关注。

生产性服务业与制造业互动的机制研究。贺正楚等(2015)从时间和空间的角度分析生产性服务业与专用设备制造业的耦合运作机理，发现两者的耦合发展能够优化产业结构，提升价值链，促进经济发展模式由制造驱动转向服务驱动。李秉强(2015)采取协调度指标分析后发现，中国制造业与生产性服务业的耦合程度不高，且发达区域的耦合程度显著高于欠发达区域。进一步发现市场动力、内生动力对全国及各区域的中国制造业与生产性服务业耦合影响较大，而内源动力、外部动力、竞争动力、政策动力的影响较小。刘洁等(2015)基于投入产出表数据,运用社会网络分析法对生产性服务业与制造业融合发展的行业差异性进行了测度评价,运用聚类分析分别对生产性服务业行业和制造业行业进行归类,发现中国生产性服务业与制造业中行业的融合水平仍存在较大差异,部分行业已渗透到对方产业内部,表现出较强的融合性;部分行业由于发展历史短,在产业融合和升级中的作用还未能有效发挥,融合度较低,有待于进一步提升和发展。尹洪涛(2015)从产业链角度分析生产性服务业与制造业融合的关键增值点,发现在制造业上、下游等高附加值领域加强生产性服务业的渗透,特别是挖掘和发挥上游的研发设计服务、下游的信息技术服务以及市场营销服务、融资租赁服务等是关键。

生产性服务业与制造业互动的空间集聚响研究。张琴等(2015)在测度北京、上海、广东和江苏 4 省的科技服务业集聚情况后,实证研究发现科技服务业集聚对制造业升级具有正向推动作用。祝佳(2015)运用空间经济学方法对我国 285 个城市 2004—2011 年生产性服务业集聚与制造业集聚的空间分布进行分析的结果表明,中国生产性服务业与制造业存在双重集聚,且主要集中在京津冀、长三角和珠三角。生产性服务业与制造业双重集聚都存在显著的负向空间效应,而政府行为对生产性服务业和制造业双重集聚具有正向差异化影响。吉亚辉和甘丽娟(2015)利用 2006—2013 年中国 268 个地级及以上城市数据,对生产性服务业与制造业的协同集聚程度进行测算,并根据新经济地理学的垂直关联模型构建影响生产性服务业与制造业协同集聚的理论框架,从地区和行业层面对生产性服务业与制造业协同集聚的影响因素进行实证检验。结果表明:中国城市生产性服务业与制造业存在协同集聚现象;生产性服务业与制造业协同集聚影响因素的作用存在差异;生产性服务业各细分行业对生产性服务业与制造业的协同集聚的影响也存在差异。谭洪波(2015)通过构建一个三部门一般均衡模型研究贸易成本对生产性服务业和制造业空间集聚关系的影响,发现两种产业的空间集聚关系更依赖于作为制造业中间投入品的生产性服务业的贸易成本。相同条件下,生产性服务业的贸易成本较高时,两种产业在同一国家都有相当份额地分布和集聚,形成“协同式集聚”关系;反之,两种产业趋向于分别分布和集聚在不同的国家,形成“分离式集聚”关系。

制造业与生产性服务业互动发展的影响路径及效应研究。白清(2015)基于生产性服务业与制造业的产业关联特征,从全球价值链视角分析生产性服务业促进制造业升级的内在机理与升级机制。生产性服务业促进制造业升级的实现机制包括:生产性服务业外包促进制造业核心竞争力形成以及效率提升;生产性服务业集聚与制造业协同定位促进制造业规模收益递增;生产性服务业与制造业价值链融合促进制造业附加值提升;知识密集型生产性服务业提供的高级要素投入促使制造业创新能力提升。陈赤平和李青松(2015)立足湖南省生产性服务业和制造业发展现状，综合运用 ADF 单位根检验、Johansen 协整检验、Granger 因果检验，通过建立 VEC 模型（向量误差修正模型），就两大行业互动关系进行实证研究。研究发现，生产性服务业与制造业互动关系很不平衡，制造业在很大程度上推动了生产性服务业的发展，但生产性服务业的发展并没有明显推动制造业发展，固定资产投资和劳动生产率是影响制造业发展的主要因素。

3.5 制造业与信息业融合研究

"两化融合"新命题下的产业间呈交融性发展，作为"两化融合"的关键驱动力，信息产业与制造业的耦联也在不断推进。制造业与信息业是如何融合的，在融合过程中，如何恰当地应用信息技术。

制造业与信息业融合的机理研究。陶长琪和周璇（2015）发现我国信息产业与制造业间的耦联协调度属于普遍不协调，归因于产业转型时期低下的耦联效率；区域产业耦联对产业结构优化升级表现出空间相关性及与区域经济发展的一致性，这得益于东部发达的经济体、中部"两型社会"的创新政策特权和"中部崛起战略"以及西部和谐的政府管制政策。汪芳和潘毛毛（2015）发现技术密集型行业比劳动密集型和资本密集型行业更容易产生融合；信息业与制造业的融合是制造业绩效提升和成长的格兰杰原因，但是有一定的滞后性；融合对制造业成长的促进要显著于对制造业绩效提升方面的作用。

制造业与信息业融合过程中的信息（技术）管理研究。魏明和王超（2015）认为以信息化建设为动力源泉的创新驱动是陕西省制造业转型升级的重要途径。尹晓倩等（2015）基于"两化"融合的视角，以实现国际一流制造业水平为发展目标，分析信息服务业在制造业和价值链上各环节的支撑情况，通过案例分析和企业调研等考察提出在融合发展过程中面临的信息基础设施薄弱、企业创新意识落后等诸多问题及挑战。张传良等（2015）为在快速响应制造模式下充分利用制造过程多源信息，通过评价产品的早期失效率来评估特定工艺的质量，进而选取合适的工艺，提出基于制造过程信息融合的评估方法。首先建立产品早期失效率的模型，并给出参数估计的方法；其次通过对形成产品可靠性的制造过程进行分析，确定合理的信息源；再次利用信息熵得到当前加工完成的产品与类似产品的相似程度；最后确定产品早期故障率的融合分布，对当前工艺生产产品的早期故障率进行评估，并以雷达移相单元为评估对象，验证论文所提方法的可行性。

通过上述分析，发现 2015 年中国学者就制造业发展问题展开了大量研究，围绕产业转型升级、创新驱动、生产率等产生了丰硕研究成果。研究从宏观层面向中微观层面发展，企业层面的研究成果增多，同时以定量研究为主。但对新常态下，中国制造业对外投资等国际贸易研究、制造业能源投入或环境影响、制造业发展的金融支撑等领域的研究成果不多。后续研究应在现有研究领域内继续探索中国制造业发展外，还应着重探究“一带一路”“互联网＋”“大众创业、万众创新”等国家发展战略下中国制造业发展路径以及制造业区域协调发展等。

参考文献

[1] 白清.生产性服务业促进制造业升级的机制分析——基于全球价值链视角[J].财经问题研究.2015(04):17—23.

[2] 陈超凡，王赟.垂直专业化与中国装备制造业产业升级困境[J].科学学研究，2015(08):1183—1192.

[3] 陈启斐，王晶晶，岳中刚.研发外包是否会抑制我国制造业自主创新能力?[J].数量经济技术经济研究，2015(02):53—69.

[4] 陈曦，席强敏，李国平.制造业内部产业关联与空间分布关系的实证研究[J].地理研究，2015(10):1943—1956.

[5] 程中华，刘军.产业集聚、空间溢出与制造业创新——基于中国城市数据的空间计量分析[J].山西财经大学学报，2015(04):34—44.

[6] 程中华.产业集聚有利于制造业“新型化”发展吗?[J].山西财经大学学报，2015(12):61—71.

[7] 邓晶，张文倩.生产性服务贸易自由化对制造业升级的影响——基于全球价值链视角[J].云南财经大学学报，2015(06):45—49.

[8] 冯伟.本土市场规模与产业生产率:来自中国制造业的经验研究[J].财贸研究，2015(05):11—18.

[9] 付明卫，叶静怡，孟俣希，等.国产化率保护对自主创新的影响——来自中国风电制造业的证据[J].经济研究，2015(02):118—131.

[10] 耿强，吕大国.出口学习、研发效应与企业生产率提升——来自中国制造业企业的经验证据[J].科研管理，2015(06):137—144.

[11] 龚关，胡关亮，陈磊.国有与非国有制造业全要素生产率差异分析——基于资源配置效率与平均生产率[J].产业经济研究，2015(01):93—100.

[12] 顾夏铭，潘士远.融资方式与创新:来自我国制造业R&D的证据[J].浙江社会科学，2015(07):4—14.

[13] 韩庆潇，查华超，杨晨.中国制造业集聚对创新效率影响的实证研究——基于动态面板数据的GMM估计[J].财经论丛，2015(04):3—10.

[14] 韩庆潇，杨晨，陈潇潇.中国制造业集聚与产业升级的关系——基于创新的中介效应分析[J].研究与发展管理，2015(06):68—76.

[15] 杭敬，张志远，苑立波.劳动生产率提升效应与上海经济转型升级——基于制造业劳动生产率的非参数生产前沿动态分析[J].上海经济研究，2015(01):89—99.

[16] 贺正楚，吴艳，陈一鸣.生产服务业与专用设备制造业耦合发展研究[J].系统管理学报，

2015(05):778—783.

[17] 洪进,洪嵩,赵定涛.技术政策、技术战略与创新绩效研究——以中国航空航天器制造业为例.科学学研究,2015(02):195—204.

[18] 胡玫,刘春生,陈飞.产业集聚对中国企业全要素生产率的影响——基于广东省制造业的实证研究[J].经济问题,2015(04):78—82.

[19] 胡昭玲,张咏华.中国制造业国际分工地位研究——基于增加值贸易的视角[J].南开学报(哲学社会科学版),2015(03):149—160.

[20] 黄顺魁.制造业转型升级:德国"工业 4.0"的启示[J].学习与实践,2015(01): 44—51.

[21] 吉亚辉,甘丽娟.中国城市生产性服务业与制造业协同集聚的测度及影响因素[J].中国科技论坛,2015(12):64—68.

[22] 纪建悦,秦玉霞.我国创新型企业创新效率评价及影响因素研究——基于家电制造业上市公司 2007—2013 年的经验数据[J].中国海洋大学学报(社会科学版),2015(03):75—79.

[23] 蒋为,陈轩瑾.外包是否影响了中国制造业企业的研发创新——基于微观数据的实证研究[J].国际贸易问题,2015(05):92—102.

[24] 蒋为.环境规制是否影响了中国制造业企业研发创新?——基于微观数据的实证研究[J].财经研究,2015(02):76—87.

[25] 金春雨,程浩.我国制造业空间集聚与制造业劳动生产率互动关系研究[J].经济纵横,2015(03):83—87.

[26] 金利霞,李郇,曾献铁,等.广东省新一轮制造业产业空间重组及机制研究[J].经济地理,2015(11):101—109.

[27] 李国平,张杰斐. 京津冀制造业空间格局变化特征及其影响因素[J]. 南开学报(哲学社会科学版),2015(01): 90—96.

[28] 李慧燕,李宏. 基于全球工序分工视角的中国制造业创新能力提升研究[J]. 经济经纬,2015(01): 96—101.

[29] 李廉水,张芊芊,王常凯.中国制造业科技创新能力驱动因素研究[J].科研管理,2015(10):169—176.

[30] 李婉红.排污费制度驱动绿色技术创新的空间计量检验——以 29 个省域制造业为例[J].科研管理,2015(06):1—9.

[31] 李新功.国际货币体系与制造业技术创新——案例研究及对中国的启示[J].经济管理.2015(01):12—21.

[32] 林航,谢志忠.体验经济视角下制造业升级路径探讨——以德国、意大利为例[J].现代经济探讨,2015(11):55—59.

[33] 刘洁,李雪源,陈海波.中国生产性服务业与制造业融合发展的行业差异[J].中国科技论坛,2015(02):61—66.

[34] 逯宇铎,戴美虹,刘海洋.全要素生产率如何影响我国制造业企业的区位选址决策[J].运筹与管理,2015(05):116—125.

[35] 倪红福,夏杰长.北京地区制造业企业使用研发成果中隐含研发投入与生产率关系[J].中

国科技论坛，2015(06)：94—99.

[36] 任耀，牛冲槐，张彤进，等. 专用设备制造业创新驱动系统的协同度研究[J]. 中国科技论坛，2015(08)：65—70.

[37] 申远，李湘君，孙峰. 新常态经济视角下我国制造业创新效率研究——以江苏省医药制造业为例[J]. 学海，2015(06)：61—65.

[38] 盛伟忠，陈劲. 制造业中小企业创新能力测度指标研究[J]. 管理工程学报，2015(04)：49—55.

[39] 孙元元，张建清. 中国制造业省际间资源配置效率演化：二元边际的视角[J]. 经济研究，2015(10)：89—103.

[40] 谭洪波. 生产者服务业与制造业的空间集聚：基于贸易成本的研究[J]. 世界经济，2015(03)：171—192.

[41] 陶长琪，周璇. 产业融合下的产业结构优化升级效应分析——基于信息产业与制造业耦联的实证研究[J]. 产业经济研究，2015(03)：21—31.

[42] 田红娜，李香梅. 基于生态位的制造业绿色工艺创新路径演化[J]. 中国科技论坛，2015(10)：53—56.

[43] 汪本强，杨学春. 区域性制造业与生产性服务业互动发展问题的研究述评及借鉴[J]. 经济问题探索，2015(04)：186—190.

[44] 汪芳，潘毛毛. 产业融合、绩效提升与制造业成长——基于1998—2011年面板数据的实证[J]. 科学学研究，2015(04)：530—538.

[45] 王荣，王英. ODI与长三角装备制造业产业空心化——基于动态面板的系统GMM分析[J]. 社会科学家，2015(07)：86—90.

[46] 魏明，王超. 信息生态平衡视角下创新驱动陕西省制造业转型升级研究[J]. 科技进步与对策，2015(21)：48—53.

[47] 严冰，张相文. 进口竞争与中国制造业企业产品创新研究[J]. 经济经纬，2015(05)：91—95.

[48] 杨汝岱. 中国制造业企业全要素生产率研究[J]. 经济研究，2015(02)：61—74.

[49] 杨善奇，谈镇. 提升中国制造业自主创新效率研究[J]. 经济与管理，2015(01)：54—59.

[50] 易瑾超，吴瑾，曹雯. 创新国际化对中国通信设备制造业创新能力提升的影响[J]. 北京理工大学学报(社会科学版)，2015(05)：105—110.

[51] 尹洪涛. 生产性服务业与制造业融合的主要价值增值点[J]. 管理学报，2015(08)：1204—1209.

[52] 尹晓倩，辛勇飞，肖荣美. 信息服务业支撑制造业发展策略研究[J]. 中国工程科学，2015(07)：127—132.

[53] 余东华，胡亚男，吕逸楠. 新工业革命背景下"中国制造2025"的技术创新路径和产业选择研究[J]. 天津社会科学，2015(04)：98—107.

[54] 张传良，戴伟，梁培东，等. 基于制造过程信息融合的产品早期失效率评估[J]. 北京航空航天大学学报，2015(08)：1560—1566.

[55] 张恒梅.当前中国先进制造业提升技术创新能力的路径研究——基于美国制造业创新网络计划的影响与启示[J].科学管理研究,2015(01):52—55.

[56] 张琴,赵丙奇,郑旭.科技服务业集聚与制造业升级:机理与实证检验[J].管理世界,2015(11):178—179.

[57] 赵建春,毛其淋.进口自由化如何影响中国制造业企业的创新活动?[J].世界经济研究,2015(12):78—88.

[58] 周霄雪,王永进.跨国零售企业如何影响了中国制造业企业的技术创新?[J].南开经济研究,2015(06):66—91.

[59] 祝佳.生产性服务业与制造业双重集聚效应研究——基于政府行为差异的视角[J].武汉大学学报(哲学社会科学版),2015(05):52—60.

撰稿人:余菜花

审核人:李廉水、王常凯

第4章　重点推荐阅读的优秀文献

4.1　国外学术文献

1. Improved energy efficiency within the Swedish steel industry: The importance of energy management and networking

中文题目:提高瑞典钢铁行业的能源效率——能源管理与联网的重要性

作者: Maria T. Johansson

出处:*Energy Efficiency*(《能源效率》),2015 (8): 713—744

推荐理由:提高能源效率是应对能源安全的一个重要措施,而我国能源安全形势严峻、能源效率低下,这决定了文献研究在理论上的重要性。另外,从研究的方法与对象来看,当前相当一部分学者采用指数分解的方法剖析行业能源效率问题。定量的方法虽然科学与客观,但过多地使用指数分解方法,使得近两三年鲜有创新性的文献研究出现;且这一方法的应用,也可能导致一些微观层面的能源效率影响因素被遗漏。该文在一定程度上弥补了以上缺憾,采用对钢铁公司管理人员深度访谈的方法来分析能源效率问题,得到的能效障碍因素如人才匮乏、缺乏时间、管理人员之间的网络会议等也具有微观性、针对性与创新性,便于政府与公司的高层制定可操作性的对策。

内容简介:通过对瑞典11家钢铁公司能源管理人员深度访谈,得到能源效率提升的障碍因素,具体包括回收期太长、盈利能力不足、人才匮乏、生产中断风险、缺乏时间,其中缺乏时间比缺少资金对能效提高的阻力更大;此外,能源管理人员之间的网络会议有助于思想和知识的交流,进而提高能效。文章认为,还有很大空间提高瑞典钢铁公司的能效,例如可以回收多余的热量、为引入提高能效的文化而给予努力的员工以更多关注等。

2. Linking emission trading to environmental innovation: Evidence from the Italian manufacturing industry

中文题目:链接排放贸易与环境创新——来自意大利制造业的证据

作者: Simone Borghesi, Giulio Cainelli, Massimiliano Mazzanti

出处:*Research Policy*(《研究政策》),2015 (44): 669—683

推荐理由: (1) 以计量检验为基础构建研究框架,对于传统环境规制政策的研究是一种突破。传统的环境规制政策研究一般是剖析其对生产率与技术创新的影响,DEA 模型成为解决这一问题的主要方法。本文则是构建了计量检验的实证分析框架,将解释变量分为三类:公司内部因素、公司外部因素以及区域和国家层面的政策因素;被解释变量为 1,表示引入环保创新,为 0 则相反。与此同时,依据是否实施二氧化碳排放贸易政策,对行业进行比较研究。Dprobit 模型分析突破了以往环境规制政策研究方法的局限性。(2) 以行业排放贸易严格性与技术扩散关系分析为研究内容之一,结论具有一定的启示意义。依据对一小部分实施排放贸易政策公司的分析结果,政策的严格性与创新扩散负相关,在此基础上通过对专家、管理者、行业协会的访谈来深入探讨这一现象的原因。计量与访谈的结合为政策制定提供了借鉴作用,也给我国的环境规制政策研究以启示。

内容简介: 采用了 2006—2008 年意大利社区创新调查数据,分析了欧洲排放贸易计划是否在第一阶段对二氧化碳减排的影响。结果表明,前者是否产生显著影响与以下因素有关联:其他公司与机构的关系、行业能源投入强度、当前和未来期望的环境规制。实施了排放贸易计划的行业比未实施排放贸易计划的行业更可能进行环保创新,但是一些行业政策的严格性却与环保创新程度负相关。

3. Performance effects of using an ERP system for manufacturing planning and control under dynamic market requirements

中文题目:动态市场需求条件下的制造业计划与控制中使用 ERP 系统的绩效分析

作者: Antti Tenhiälä, PekkaHelkiö

出处:*Journal of Operations Management*(《运营管理期刊》),2015 (36): 147—164

推荐理由:(1) 由动态市场需求与 ERP 的关系为切入点,研究视角极具创新性。近年来,随着德国工业 4.0 计划与中国制造 2025 战略的颁布,制造业信息化问题成为研究的热点之一。然而,在信息化带来的影响中,大量的文献将侧重点放在企业利润、生产率、制造业柔性等方面,从动态市场需求与 ERP 关系为切入点的定量研究相对较为缺乏,因此本文的研究具有较强的前瞻性。(2) 以理论观点比较—运营机制构建—问卷调查—分层回归—验证理论观点为分析的思路,研究方案具有可借鉴性。文章通过支持与反对 ERP 系统使用的两种观点比较而提出问题,之后构建了制造业计划与控制中 ERP 运营机制框架。由 991 家企业的问卷调查(实际有效回收 151 份问卷)数据进行分层回归,通过实证分析结果来佐证动态市场需求条件下 ERP 使用的重要性。全文结构严谨、思路清晰、内容厚实饱满。

内容简介：首先分析了ERP与组织运营关系的两种对立观点，在此基础上构建了制造业计划与控制活动中的ERP运营机制分析框架，进而由芬兰12个最大的制造业中151家企业的问卷调查数据进行分层回归。研究结论强力支持动态市场需求条件下的ERP系统运用。

4. Offshoring intermediate manufacturing: Boost or hindrance to firm innovation?

中文题目：离岸中间制造——提升还是阻碍公司创新？

作者：Sandra Valle，Francisco García，Lucía Avella

出处：*Journal of International Management*（《国际管理期刊》），2015(21)：117—134

推荐理由：(1) 计量方法的采用有效解决了两种观点之争。围绕离岸中间制造与创新产出关系已经形成两种观点：一种是离岸中间制造推进了技术创新；另一种则相反，将离岸中间制造削弱创新的原因归结于知识转移复杂化、文化距离、自身储备知识等。为解决这一观点之争，构建了计量模型，并采用企业战略调查的数据进行分析。定量的研究方法使得研究结论更具有科学性和说服力。(2) 解释变量的测度方式成为实证分析的重要创新点。如何测度离岸中间制造在以往的文献中尚不多见，基于此，创造性地提出两种测度方式："离岸(0/1)"与"离岸(%)"，其中前者为哑变量，值为1表示给定年份进口的产品和服务转化为生产过程中，0则表示其他情况；"离岸(%)"为某一年份超过进口总量的进口百分比。第二种测度方式是对第一种哑变量测度的有益补充。(3) 研究结论为制造业的贸易与技术创新政策制定提供理论依据。

内容简介：基于2006—2011年西班牙制造业的面板数据，剖析离岸中间制造对创新产出的影响，研究发现两者之间为显著的正向关系。由此指出，中间产品的离岸外包可能对创新有益，允许企业获得更多的知识、技能和经验，能实现良好的组织学习，所有的这一切都是创新过程中的关键投入。

5. Cheap imports and the loss of US manufacturing jobs

中文题目：廉价进口与美国制造业的失业

作者：Thomas Kemeny，David Rigby，Abigail Cooke

出处：*The World Economy*（《世界经济》），2015，38(10)：1555—1573

推荐理由：(1) 考虑了国际贸易对民生的冲击，研究内容新颖且具有实践价值。就业是政府关切的重要问题之一，由国际贸易的视角出发，剖析其对美国制造业失业的影响，研究的内容不仅对于美国，对于同样是贸易大国的中国也具有理论研究与政策指导意义。由此可以提出两个未来可以研究的问题：一是中国的就业是否也同样受到世界上不发达国家对贸易的冲击？二是如果答案是肯定的，那么中国应采取何种应对策略？（2）将美国就业人群的学历分为两类，研究思路独特。文章将研究的对象分为高中及以下、大学学历及以上，对比来自低工资国家的进口分别对失业的影响，独特的思路使得其政策建议较为细化，因而也更有针对性。

内容简介：选取 51 个低工资国家作为样本，分析了 1992—2007 年间国际贸易和来自样本国家的进口对美国就业损失的影响。研究结果显示，中国和其他发展中国家进口竞争日益增强使得学历较低的美国制造业工人丢失工作的可能性上升了；工人丢失工作与至少获得大学学历没有显著相关性。

6. Analysing the role of union instrumentality in women's participation in trade unions: A study of Indian manufacturing sector

中文题目：工具性信念对女性参与工会的作用——来自印度制造业的研究

作者：Ghosh Piyali, Ragini, Rai Alka

出处：*Journal of Developing Areas*（《发展领域期刊》），2015，49（4）：415—423

推荐理由：（1）研究内容触及制造领域的社会学问题。印度是性别歧视较严重的国家之一，正如 Ghosh Piyali 等所强调的，其就业人数也明显少于男子；但与此同时，印度也是经济增长颇具潜力的国家，因此研究妇女参与工会的驱动因素，不仅为深入了解其制造业提供了一种崭新的视角，而且也对该国涉及妇女平等的社会学有了初步的认识。（2）概念模型构建与计量检验形成了完整的体系。在文献研究的基础上，分别针对赞成（或批准）、便利性、工具性信念调节作用提出研究假设，形成三个变量之间关系的概念模型；进而应用计量检验对 5 个公共部门 8 个制造业的 214 个妇女问卷调研的数据加以剖析，文献总结—概念模型—调研结果—实证分析这一研究范式使得文章结构严谨。

内容简介：首先构建了工具性信念调节妇女参与工会的概念模型，然后由调研问卷剖析印度制造业妇女参与工会的驱动力，并通过回归结果指出，家庭成员、同事和雇员的批准赞同使得女工人更可能积极参与工会；工具性信念在批准与参加工会的便利性之间起到了调节作用。

7. Immigration and manufacturing in Italy: Evidence from the 2000s

中文题目：移民与意大利制造业——来自 2000 年的证据

作者：Giuseppe De Arcangelis，Edoardo Di Porto，Gianluca Santoni

出处：*Economia e Politica Industriale*（《经济与产业政策》），2015（42）：163—187

推荐理由：（1）验证了移民率是影响意大利制造企业绩效的重要变量之一。

意大利是近年移民增长较快的国家，正如作者所评述，这一现象在理论上可能带来的效应为：促使企业调整其技术，使其技术更适用于新劳动力特点；调整生产结构等。基于此，建立计量模型，验证了移民率对制造企业绩效的显著作用。显然，尽管制造企业绩效驱动因素的文献研究不可枚举，但由移民的视角来分析尚不多见，这也成为本文的创新点。(2) 研究内容与结论对于同样是移民大国的美国、德国等发达国家具有重要的参考价值。同样作为世界上的移民与制造业大国，美国、德国等发达国家的移民与制造企业绩效关系也值得探究。从这一方面看，本文的研究内容与结论具有启示意义，由此折射的问题是：是否移民也同样显著提升了以上发达国家制造企业绩效？对于高技术部门与低技术部门，移民的影响是否有显著差异？

内容简介：运用 AIDA 数据分析移民率的增长是否提升了意大利制造企业的绩效，研究结论验证了两者之间的正向关系，移民率的双倍增长平均可提高当地人均销量的 8%—9%；然而，较之于高技能水平的移民，低技能水平的移民对制造企业绩效的影响更大。

8. The effect of collaboration quality on collaboration performance: Empirical evidence from manufacturing SMEs in the Republic of Korea

中文题目：合作质量对合作绩效的影响——基于韩国中小制造企业的实证分析

作者：Yongseol Lee, Insu Choa, Heejun Park

出处：*Total Quality Management & Business Excellence*(《全面质量管理和卓越经营》)，2015，26(9—10)：986—1001

推荐理由：(1) 企业集群是中国普遍存在的现象，相关文献一般围绕集群的影响因素、模式与绩效展开分析，较少涉及小型集群问题，针对合作质量类型与合作效果之间的关系研究也不多见。由此，对于韩国小型集群的调查研究在一定程度上可为中国的中小企业问题分析提供可以借鉴的模板。(2) 将合作质量分为组织间的信任、互动渠道的广度、合作经验三种类型，同时也从合作业绩、创新产出、对小型集群满意度三个维度测度合作效果，定量分析合作质量类型与效果之间关系，可以为小型集群计划的协调者和小型集群企业中的中小型企业提供细化的政策建议，即针对不同合作质量类型所产生的效果提出差异性的合作策略。

内容简介：以韩国小型集群计划中的 344 个中小型企业调查数据为基础，建立结构方程模型研究小型与中型企业的合作质量类型是否与合作业绩、创新产出、对小型集群(MC)满意度中的两个维度相关。依据实证分析结论：三种合作质量类型对创新产出均产生作用；然而不同于创新产出，只有组织间的信任与小型集群(MC)的满意度是显著相关的。

9. Reallocation and technology: Evidence from the US steel industry

中文题目:再配置与技术——美国钢铁行业的证据

作者: Allan Collard-Wexler, Jan De Loecker

出处:*American Economic Review*(《美国经济评论》),2015,105(1):131—171

推荐理由:(1) 发现传统制造业生产率增长的新机制,纠正可能产生的错误认识。在考虑公司层面的技术指标基础上,指出小型轧钢机技术的引进从市场竞争及资源再配置两个方面改变了美国钢铁产业生产率,避免了如果不考虑技术指标,则可能将这一传统产业生产率增长归结于国际竞争、地理因素与其他的公司层面特征因素的错误认知。不仅如此,其研究范式也可拓展至其他受到新技术冲击的传统制造业领域。(2) 构建了系统的实证分析框架,研究难度较大。文章首先指出生产率增长动因实证研究的障碍,即未观察到的投入与产出价格内生性,以及一些生产商层面的解释变量较难获得等,暗示了论文可能的创新点;进而描述了 1963—2002 年美国钢铁行业发展状况,以此为前提构建生产函数模型对生产率增长的驱动力展开实证研究,最后进行了福利分析与稳健性检验。计量检验的数据来自美国人口调查局经济研究中心,涉及制造商普查(CMF)、制造商的年度调查(ASM)和纵向业务数据库(LBD),系统的分析框架及数据处理难度使得研究工作量大、内容饱满。

内容简介: 运用 1963—2002 年企业层面数据,分析了美国生产钢铁的前沿技术(小型轧钢机技术)对全行业的生产率影响。研究认为,与新技术相关联的生产率大幅提升主要通过两种不同的机制来实现:一是对旧技术的纯粹替代,这解释了行业生产率提高的 1/3;二是由于小型轧钢机扩张,日益激烈的竞争带动了幸存生产商的生产力复苏,进而提高了该整个行业的生产率。

10. Determinants of capital structure: Evidence from a major developing economy

中文题目:资本结构的决定——一个发展中国家的证据

作者: Bulent Koksal,Cuneyt Orman

出处:*Small Business Economy*(《小企业经济》),2015,(44):255—282

推荐理由:资本结构的研究并不是一个新颖的话题,该文的可取之处在于:(1) 以土耳其中央银行的 SBS 调查数据为基础进行实证研究。正如作者所论述,一些发展中国家(包括土耳其)资本结构的研究仅限于上市的制造业公司,并不能够诠释非金融企业、私营企业、小型企业的资本结构状况。从这方面看,采用土耳其中央银行的 SBS 调查数据,对制造业与非制造业、公有与私营、小型与大型企业进行对比分析,是对以往发展中国家资本结构研究的拓展,也有助于对土耳其这样一个战略位置极为重要国家的制造业有了初步认识。(2) 建立三维解释变量指标体系对两个资本结构理论的适应性进行比较研究。由公司、产业和宏观经济层面建立解释变量指标体系,并提出在两种资本结构理论情况下对财务杠杆影响的研究假设,再通过计量分析验证是否与假设吻合。显然,解释变量的选择覆盖了微观、中观、宏观三个层面,实证结论较有说服力。

内容简介:基于土耳其中央银行的 SBS 调查数据,对权衡和优序融资两种资本结构理论的适用性进行了比较研究,得到如下结论:首先,对于所有的公司类型而言,权衡理论比优序融资理论对资本结构的解释力更强;其次,权衡理论适合于非制造业中的大型私人企业在相对稳定经济环境时的融资选择,而优序融资理论则适合于处在经济环境相对不稳定中公开交易的小型制造业企业。

4.2 国内学术文献

1. 研发外包是否会抑制我国制造业自主创新能力?

作者:陈启斐,王晶晶,岳中刚

出处:《数量经济技术经济研究》,2015(02):53—69.

推荐理由:研发全球化是跨国公司继生产全球化和营销全球化之后的又一重要发展战略,已引起学者的关注,文章的可取之处在于:(1) 利用 2002 年和 2007 年中国投入产出表,结合联合国贸发数据库中服务贸易数据,合理测算了我国制造业细分行业历年的研发外包指数,弥补了现有文献大多只基于理论和模型的不足,首次计算出我国制造业的研发外包率。(2) 从创新能力和创新绩效双重维度衡量了我国制造业的自主创新水平。同时,借鉴全要素生产率的计算方法,以发明专利数为产出,R&D 经费支出和研发人员作为投入,采用非参数估计,测算了我国制造业的创新绩效。(3) 通过实证分析了研发外包对我国制造业创新能力和创新绩效的影响,并基于创新绩效的分解指数,深入研究了外包对创新绩效的作用机制。

内容简介:本文利用 2002 年、2007 年中国投入产出表和联合国贸发数据库中数据,测算历年我国制造业的研发外包率,随后利用 2003—2011 年制造业细分行业的面板数据,从创新能力和创新效率两个维度,考察了研发外包对我国自主创新能力的影响。实证结果显示:研发外包可以显著地促进我国制造业的创新能力和创新效率。研发外包每增加 1%,将会促进制造业创新能力提高 0.322%,创新效率改善 0.0844%。从作用机制来看,研发外包对创新效率的正向作用主要体现在对纯技术进步率的提高上。本文进一步门槛检验方法对研发外包创新提升效应的若干因素及其门槛特征进行检验,并从吸收能力和议价能力两个方面分析和筛选出适合开展研发外包的行业。

2. 国产化率保护对自主创新的影响——来自中国风电制造业的证据

作者:付明卫,叶静怡,孟俣希,等

出处:《经济研究》,2015(02): 118—131

推荐理由:自主创新的研究并不是一个新颖的话题,本文的可取之处在于:(1) 从经验角度研究国产化率对自主创新的影响,而目前的大量文献都是从理论角度就国产化率对自主创新的影响展开分析;(2) 我国风电市场规模巨大、成长迅速,以中国风电制造业为例,使用双重差分法(Difference-in-Difference,DD)和三重差分法(Difference-in-Difference-in-Difference,DDD)分析国产化率对自主创新的影响,为中国将保护国产产品作为促进自主创新的政策提供了经验支持。

内容简介:以中国风电制造业为样本,用中国发明专利申请数量和质量度量自主创新,经验研究国产化率保护对自主创新的影响。双重差分估计和三重差分估计的结果都表明,相比我国光伏太阳能发电技术,国产化率政策增加我国风电技术的发明专利申请数量;这个增加通过非学术机构发明人实现;同时,风电技术专利申请成功获得授权的概率没有下降。双重差分估计结果表明,国产化率政策使得我国各省风电发明专利申请数在 2005 年、2006 年和 2007 年分别增加 1.56 项、2.70 项和 8.15 项。

3. 服务创新、制造业服务化对企业绩效的影响

作者:姜铸,李宁

出处:《科研管理》,2015(05):29—37

推荐理由:企业绩效的研究并不是一个新颖的话题,然而文章的可取之处在于:(1) 引入制造业服务化概念,将服务创新、制造业服务业与企业绩效相结合,弥补了现有研究服务创新对企业绩效影响的文献大多针对的是服务业,而探讨制造业服务化对企业绩效影响的文献有对服务创新的因素考虑较少的缺陷;(2) 构建了以服务化程度为中介变量的制造企业服务创新对企业绩效影响的模型,提出假设,并利用样本数据进行验证,阐明了服务概念创新、顾客界面创新、组织流程创新及技术选择创新对企业绩效的影响作用。

内容简介:以制造业服务化为中介变量,利用相关分析和回归分析方法,结合西安地区制造企业的 181 份样本数据,实证研究了制造企业服务创新对企业绩效的影响。结果显示:服务创新与制造企业服务化程度对企业绩效有显著的正向影响,服务创新对制造业服务化有显著的正向影响;同时,制造业服务化程度在服务创新对企业绩效的影响中起到部分中介作用。

4. 出口学习、研发效应与企业生产率提升——来自中国制造业企业的经验证据

作者:耿强,吕大国

出处:《科研管理》,2015(06):137—144

推荐理由:(1) 文章深入分析了"出口学习效应"产生的机理,而基于异质性企业理论的相关国内文献,大多集中在检验中国企业是否存在"出口学习效应",对如何产生"出口学习效应"的具体机理较少涉及;(2) 用完整样本实证分析了不出口企业与出口企业的研发概率和绩效,揭示了中国企业"出口学习效应"的产生机理,实证结论较有说服力。

内容简介:文章认为,产生"出口学习效应"的主要原因来自企业出口后的研发概率与绩效更高,在出口过程中企业会更有可能选择研发投入,且带来的生产率提升更为显著;以 2004—2007 年中国工业企业数据库为样本,基于多达 100 万个样本点的大数据进行实证检验,结论认为:中国制造业企业出口后选择研发投入的可能性会增加 21.63%,而研发投入的选择给这类企业带来了每年约 7.3%的生产率提升。中国企业的出口不仅可以发挥比较优势,解决劳动力就业问题,同时也是为中国制造业企业更加自主选择研发投入,并在中长期提升生产率,获得动态优势的重要途径。

5. 中国制造业省际资源配置效率演化:二元边际的视角

作者:孙元元,张建清

出处:《经济研究》,2015,(10):89—103

推荐理由:(1) 着重分析了制造业空间集聚或制造业省际二元边际下资源配置效率的演化。弥补了现有文献一般都是就中国制造业整体的资源配置效率或资源误置展开分析,却较少有文献探讨中国制造业在不同区域或省份集聚的资源配置效率高低及其演变趋势这一不足。(2) 结合新新经济地理理论和外部性理论对资源配置效率或产业集聚效率的形成机制做出了合理阐释。(3) 文章还从微观企业的视角出发,通过进一步分解省际二元边际下资源配置效率变化,识别出中国制造业省际资源配置效率的实际演化路径与变化来源,这有利于对中国当前区域产业政策以及产业集聚的效率做出恰当评价。

内容简介:着重分析了制造业空间集聚或制造业省际二元边际下资源配置效率的演化,并根据企业视角下资源配置效率变化的分解结果,结合新新经济地理理论和外部性理论对资源配置效率或产业集聚效率的演变机制做出了相应阐释。本文的主要结论有:(1) 二元边际下省际资源配置效率变化来源于产业集聚与生产率异质的互动作用;(2) 中国制造业在省际的资源配置整体有效但却有恶化趋势,其中集约边际下的资源配置效率有所改善,而扩展边际下的资源配置效率逐渐恶化,前者源自技术进步对产业集聚的促进作用,而后者主要来自中国产业集聚较高的拥挤效应和较低的技术外部性。本文的分析还揭示出"企业进入悖论"问题的存在,这意味着将生产率与产品质量同时放到资源配置效率或资源误置的分析框架中去，可能是未来资源配置研究中十分值得关注的方向。

6. 跨国公司进入与中国制造业产业结构——基于全球价值链视角的研究

作者:葛顺奇,罗伟

出处:《经济研究》,2015(11):34—48

推荐理由:产业结构是一个很老但却非常重要的话题,本文的可取之处在于:(1)用任务贸易替代产品贸易的做法,用工序构成替代产业构成衡量产业结构;(2)将企业所从事工序的构成情况定义为企业价值链,它在工序分工存在的情况下不同于产品价值链而具有企业特异性;(3)扩展传统的生产函数使之能够模拟企业价值链包含多个工序,并使用其他企业的产出作为中间投入的事实,该生产函数是对异质性企业模型的扩展,赋予企业新的异质性来源——价值链异质性;(4)从企业价值链中抽象出四个属性——增加值率及劳动力、资本和人力资本密集度,发现并证明了它们与企业价值链之间在传统的分析框架下不存在相关性;(5)同时考察了跨国公司的工序转移对中国制造业产业结构的直接影响和间接效应;(6)拓展了企业层面全球价值链的研究,因为既有文献主要从贸易的视角关注直接与国际市场关联的企业(进口或出口企业)参与全球价值链的情况,或研究企业出口的国内附加值含量,或研究企业嵌入全球价值链的程度和位置,而本文探讨了国际投资的全球价值链效应及其对非贸易企业价值链的影响。

内容简介:找出了跨国公司进入影响工序构成的机制,构建企业可执行多工序的全新生产函数,证明了增加值率和要素(劳动力、资本和人力资本)密集度以及"工序构成"的联动关系。微观计量分析表明,跨国公司进入不仅影响生产效率和产出构成等传统变量,还对制造业的工序构成产生直接影响——转移了高劳动力和人力资本密集度的工序,以及间接影响——增加了资本密集度低、劳动力和人力资本密集度高的企业被淘汰的相对概率,促使存续企业更专业化于资本和人力资本密集的工序,总体上提升了制造业中资本和人力资本密集型工序的份额。此外,本文还探讨了外国和港澳台跨国公司的影响差异。基于土耳其中央银行的SBS调查数据,对权衡和优序融资两种资本结构理论的适用性进行了比较研究,得到如下结论:首先,对于所有的公司类型而言,权衡理论比优序融资理论对资本结构的解释力更强;其次,权衡理论适合于非制造业中的大型私人企业在相对稳定经济环境时的融资选择,而优序融资理论则适合于处在经济环境相对不稳定中公开交易的小型制造业企业。

7. 中国制造业出口技术结构的测度及影响因素研究

作者:洪世,刘厚俊

出处:《数量经济技术经济研究》,2015(03):77—93

推荐理由:(1)从制造业行业层面出发,探讨其出口技术复杂度差异性的形成,揭示各因素对出口技术复杂度产生的行业调整效应。中国出口产品主要完成于制造业,FDI等要素也主要流入制造业领域,由此对制造业行业内部不同产业间的资源配置产生影响。若从国家或区域层面考察各因素对中国制造业出口技术复杂度的作用,则有可能低估各因素的作用。(2)构建了一个能纳入行业水平上的众多特殊因素的出口技术复杂度内在演进的理论框架。一个国家的出口是由各行业的出口组成的,而决定一个行业出口技术复杂度的因素除了上述宏观变量外,还有行业水平上的众多特殊因素,而过去从宏观角度所进行分析的框架恰恰无法纳入这些因素。

内容简介:通过建立1998—2008年SITC Rev. 3五位编码产品与制造业22个行业的对应关系,构建行业出口技术水平测算指标,并采用系统动态GMM方法实证研究了中国制造业出口技术结构的影响因素。结果表明,内部知识变量在出口结构深化与升级中的作用得到强化;外资企业在中国研发投入与创新意愿不足;FDI对出口技术结构升级的影响存在行业异质性;劳动密集型行业的资本深化对中国出口技术水平具有稳健的提升作用。可见内部动力挖潜和影响因素的行业异质性,决定了不同行业应强化有利于本行业出口技术水平提升的因素,在采取手段提高本行业出口技术水平时,应同时兼顾国家外资与就业政策目标。

8. 市场进入与经济增长——以中国制造业为例的实证分析

作者:李坤望,蒋为

出处:《经济研究》,2015(5):48—60

推荐理由:(1)与其他文献仅关注生产率这一单一影响渠道不同,文章直接讨论新企业进入后对总体经济增长的影响,从而对市场进入与经济增长之间的关系给出一个更为全面的解释。采用中国工业企业层面的数据,评估市场进入对中国经济增长的总体影响,更全面反映了市场进入推动中国经济增长的过程,为理解中国经济高速增长现象提供了一个新的视角。(2)从经济总量与经济增长角度分别对市场进入的贡献进行了测算与对比,揭示了市场进入在总量与增长作用上的巨大反差,这一点具有重要的政策含义。(3)从微观企业增长的动态路径上,为市场进入推动经济增长的微观机制进行了解读,并采用计量方法区别了市场选择效应与学习效应。

内容简介:本文从动态资源再配置的角度,讨论市场进入对中国经济增长的总体影响,对中国经济高速增长的过程与机制提供一个微观解读。利用1998—2007年中国制造业企业数据,本文对市场进入的增长效应进行了实证分析。实证结果表明:中国制造业具有活跃的市场进入率,进入率较高的行业与地区增长绩效往往也较好,即市场进入率与经济增长率之间呈显著的正相关关系;国际比较也证实市场进入率是解释中国与世界其他国家经济增长差异的重要因素;在所考察的时间段里，虽然新企业平均只占制造业增加值的7.5%，但对经济增长的平均贡献却高达46.3%；新企业在进入市场后的增长速度显著高于其他企业，但增速会随着企业进入时间的延长而逐步降低，最终收敛至在位企业的增长步伐。进一步，本文利用计量模型，对新企业推动中国经济增长的微观机制进行了辨识，研究发现市场选择效应与学习效应均是市场进入推动中国经济增长的重要微观机制。

9. 中国制造业出口复杂度的提升和制造业增长

作者：李小平，周记顺，王树柏

出处：《世界经济》，2015(2)：31—57

推荐理由：(1) 对产业复杂度的测量方法进行了系统的梳理，分析了现有主要方法的优劣，文章从中抽取出两种主要测量方法，以保障结果的平稳性。(2) 文章从产业角度对中国出口产品复杂度提升的经济增长效应进行了分析，克服了现有文献主要从国家和区域层面对中国出口产品复杂度提升的经济增长效应分析的不足。

内容简介：利用1998—2011年中国26个制造行业数据，采用反射法和适合度法对制造业出口复杂度进行了测算，研究了制造业出口复杂度的提升对行业增长的影响。文章发现：制造业出口复杂度的变动特点与中国要素禀赋和经济发展阶段相契合，劳动密集型行业的出口复杂度较低但呈稳步上升态势，资本与技术密集型行业的出口复杂度较高但有下降趋势。此外，制造业出口复杂度的提升对行业增长具有促进作用，但不同类型制造行业增长受到的影响不同，重工业、同质性行业和中等技术行业的增长受出口复杂度提升的影响显著，而轻工业、异质性行业和低等与高等技术行业增长受出口复杂度提升的影响较小。

10. 跨国零售企业如何影响了中国制造业企业的技术创新？

作者：周霄雪，王永进

出处：《南开经济研究》，2015(06)：66—91

推荐理由：(1) 文章考察了跨国连锁零售企业市场扩张对我国制造业企业研发的影响。研发作为企业重要的经营活动之一，决定了企业的核心竞争力，也会对企业的生产效率产生影响。研究跨国连锁零售企业市场扩张对企业研发的影响具有重要的理论和现实意义。(2) 文章不仅关注跨国零售企业在华扩张对企业研发创新的平均效应，而且还强调其对不同行业的影响差异性，以及具体的作用渠道。跨国零售企业进入中国，虽然降低了企业的营销成本，扩大了企业的市场范围，但是也挤出了本土零售企业，导致市场集中度的提高及其垄断势力的增强，从而可能对企业自主创新产生负面作用。(3) 在研究范围和样本选择上，文章收集了11家在华跨国连锁零售企业，基本涵盖了在华经营的主要的跨国连锁零售企业，所选择的零售企业数量更多，来源国也更多样，这使得研究结论更加具有一般性和可靠性。

内容简介:本文应用11家主要的跨国连锁零售企业在278个城市的门店分布数据,结合1998—2007年中国工业企业数据库,考察了跨国零售企业在中国市场的扩张对制造业企业创新的影响。研究发现:(1)平均而言,跨国零售企业在中国的市场扩张显著地促进了制造业企业研发投入的提高;(2)随着跨国零售企业市场势力的增强,其负面作用逐渐凸显,并且制造业企业自身的市场势力越弱,这种负面作用就越为明显;(3)跨国零售企业在中国市场的扩张对不同行业不同企业的影响具有差异性,对出口企业以及高运输成本企业创新的影响最为显著。要着眼于加强上下游市场间的纵向联系,促进高效产业链的形成,发挥商业服务业对制造行业的拉动作用,实现我国产业结构的升级,转变我国经济的发展方式。

撰稿人:张慧明、余菜花
审核人:李廉水、张三峰、王常凯

第二部分
发展评价篇

第5章　中国制造业发展:综合评价

本章分别从经济创造能力、科技创新能力、能源节约能力、环境保护能力等四个方面界定制造业“新型化”的内涵;根据制造业“新型化”内涵,构建由4个主指标、27个子指标构成的制造业“新型化”评价指标体系;运用制造业“新型化”评价指标体系对中国制造业发展状况进行总体评价。

5.1　“新型制造业”的现实内涵

关于制造业“新型化”内涵及其评价的研究目前主要集中在国内。李廉水和杜占元(2004)首次界定了“新型制造业”的概念,新型制造业是指依靠科技创新、降低能源消耗、减少环境污染、增加就业、提高经济效益、提升竞争能力、能够实现可持续发展的制造业。

5.1.1　“新型制造业”研究现状

制造业“新型化”评价指标体系是基于“新型制造业”的概念提出的,主要包括经济创造能力、科技竞争能力、能源节约能力和环境保护能力等4个主指标、27个子指标。

李廉水和周勇(2005)以制造业“新型化”评价指标体系,用主成分分析方法从经济创造能力、科技竞争能力和资源环境保护能力等三方面对中国30个省份制造业的“新型化”程度进行了比较分析和聚类分析,归纳了各省份的制造业发展特征。

李廉水和臧志彭(2008)基于新型制造业理念,采用新型制造业的三维时序方法,从经济创造、科技创新、资源环境保护三大维度对中国与世界主要发达国家制造业进行了比较研究。研究发现,中国制造业产值仍然与美国、日本有较大差距,科技创新投入和产出方面都远低于发达国家水平,带有明显的高能耗、高污染的发展特点,对于污染治理的投入明显不足;在增长速度、产品产量、吸纳就业、劳动力成本等方面具有一定的相对优势。

徐晓春(2010)基于环境保护的视角,构建了基于低能耗、低污染、低排放的三维制造业“新型化”程度评价指标体系,并分析了江苏制造业的“新型化”程度。也有学者以特定产业为研究样本，构建了制造业“新型化”评价指标体系，并对特定产业进行评价。

刘佳(2006)提出了新型装备制造业的概念和内涵，并构建了新型装备制造业竞争力评价体系，分别从产业科技竞争力、产业经济效益竞争力、产业人力资源竞争力、区域科技竞争力四个维度，运用数理统计方法对辽宁新型装备制造业竞争力进行定量分析。

袁长跃(2007)构建了辽宁省装备制造业新型化评价体系，构建了包括装备制造业信息化、资源利用、科技含量、经济效益、环境保护、人力资源利用和开放性指标等7个主指标以及20个子指标的评价指标体系。应用层次分析法，构建了装备制造业新型化综合评价模型。

王子龙(2007)从经济效益、科技潜力和环境和谐三个维度对装备制造业演化水平进行系统评价，通过经济指标反映装备制造业对国民经济当前的贡献，通过科技指标反映装备制造业未来的竞争力，通过环境指标反映装备制造业的持续发展能力和长期效益。

张静(2009)对电子及通信设备制造业技术创新能力进行了评价研究，将电子及通信设备制造业技术创新能力划分为创新环境指标、创新潜在资源指标、创新投入能力指标、创新产出能力指标4个一级指标及15个二级指标，对中国电子及通信设备制造业的技术创新能力进行综合评价。

郑宝华(2010)从中国医药制造业产业安全角度建立了由医药制造业自主创新能力、医药制造业发展环境、医药制造业国际竞争力、医药制造业产业控制力和医药制造业对外依存度五个因素层指标构成的评价体系。

上述关于制造业“新型化”内涵及其评价的研究，具有较高的理论价值和较强的现实意义，其评价指标主要集中在经济创造能力、科技创新能力和资源环境保护能力等方面。本章着眼于中国新型制造业整体新的发展态势，拓展制造业新型化的内涵，并将评价的时间设定为近9年，即2006—2014年，以求反映中国制造业“新型化”进程的新特点，更加清晰地把握中国制造业的发展脉络，为实施制造强国战略服务。

5.1.2 制造业“新型化”的内涵

依据“新型制造业”的概念，制造业“新型化”的内涵主要包括经济创造能力、科技创新能力、能源节约能力和环境保护能力，由此，可以从这四个角度对制造业新型化的内涵展开分析。

1. 经济创造能力

经济创造能力是制造业“新型化”的重要组成部分，是衡量制造业“新型化”程度的重要一维。对于尚处于工业化发展阶段的国家来说,经济创造能力尤为重要;只有创造经济效益,中国制造业才会有持续发展的动力,才能为发展科技、提高效率、增加就业、提高纳税能力、保护环境提供物质支持。

2. 科技创新能力

科技创新能力也是制造业“新型化”的重要组成部分。从粗放型的传统制造业向集约型的新型制造业转变的过程中,科学技术的作用至关重要。只有充分利用现代科学技术,依靠科技创新,依赖人力资本,才能提高效率、增加效益、降低污染,才能实现传统制造业的转型升级,才有可能发展高新技术产业,才能实现“中国制造”向“中国创造”的转变。

3. 能源节约能力

当前,传统制造业低效益、高消耗、高污染的粗放型生产造成中国资源严重匮乏、生态急剧恶化。本章研究的资源主要指与制造业发展相关的自然资源以及其他作为工业原料的生物资源。这些资源是制造业生产活动的物质基础,很多资源具有不可再生性。不合理的资源利用会造成资源浪费和环境恶化。合理利用资源,提高资源利用效率对经济社会的可持续发展越来越重要。

4. 环境保护能力

环境保护能力是指在制造业生产活动过程中解决现实或潜在的污染问题,协调经济活动与环境的关系,保障经济社会可持续发展的综合能力。环境和生态保护是实现经济社会可持续发展的前提。依靠技术进步保护环境,将会在制造业可持续发展过程中产生越来越显著的影响。

5.2 中国制造业评价“四维”指标体系

基于上文对制造业“新型化”内涵的分析,本年度报告从四个维度出发,构造制造业“新型化”评价指标体系,使之更符合新时期制造业发展的需求。

5.2.1 指标体系设计原则

制造业“新型化”内涵是构建制造业“新型化”评价指标体系的指导思想。制造业“新型化”内涵包括经济创造能力、科技创新能力、能源节约能力及环境保护能力四个主要方面,每一方面又涉及多项内容。因此,必须在科学指导下才能设计出合理的评价指标体系,才能系统、准确地反映制造业“新型化”的程度。本章构建制造业“新型化”评价指标体系,遵循科学性原则、系统性原则、可比性原则以及可操作性原则。

1. 科学性原则

制造业“新型化”评价的结果是否准确、合理,在很大程度上取决于评价指标的选取、评价标准的设置以及评价方法的选取是否科学。制造业“新型化”评价指标体系的科学性原则主要包括准确性和完整性两个方面。准确性要求指标的概念要准确,含义要明晰,尽可能地避免和减少主观臆断;指标体系的层次和结构应合理,且各指标之间应协调统一地为整个评价体系服务。完整性要求指标体系应围绕评价目的,全面完整地反映评价对象;突出重点,兼顾全面,不遗漏重要方面。

2. 系统性原则

制造业“新型化”内涵涉及多个方面,每个方面有一些相应的指标表征,这要求指标的选取不但要具有足够的覆盖面,又要具有一定的代表性,要涵盖制造业“新型化”的主要内涵、特征,反映其现状和发展,还应体现制造业“新型化”内涵中各个方面的内在联系,并具有清晰的层次。系统性原则要求评价指标体系不是一些指标的简单堆积,而应是一个统一的有机整体。

3. 可比性原则

统计指标在不同制造业之间存在一些差异。制造业“新型化”评价指标的选取应充分考虑到不同制造业统计指标的差异,尽量保证指标含义、统计口径和范围的一致性,以保证指标的可比性。另外,还要考虑到各省份之间统计标准和统计口径的差异。选取评价指标时,要综合考虑制造业产业间、区域间统计指标和统计口径的一致性,使得指标体系和评价标准在产业间和区域间具有一定的可比性。

4. 可操作性原则

构建制造业“新型化”评价指标体系,除了要遵循科学性、系统性、可比性原则之外,还要遵循可操作性原则,即指标体系所需的数据应易于收集、易于处理、便于操作,而且评价结果也易于利用,能够用于指导制造业发展实践。

5.2.2 制造业“新型化”评价指标体系

基于制造业“新型化”的内涵,制造业“新型化”评价指标体系主要包括经济创造能力、科技创新能力、能源节约能力和环境保护能力四大指标,通过经济指标反映制造业对国民经济的贡献,通过科技指标反映制造业未来的竞争能力,通过能源指标反映制造业发展与能源消耗的依赖程度,通过环境指标反映制造业对环境的影响和损害程度。据此,本章构建了由 4 个主指标、27 个子指标构成的制造业“新型化”评价指标体系,具体如表 5-1 所示。

表 5-1 制造业“新型化”评价指标体系

总指标	序号	主指标	序号	子指标	
制造业新型化指标体系	A	经济指标	A1	产值	制造业总产值(亿元)
			A2		制造业总产值占工业总产值比重(%)
			A3	利润	制造业企业利润总额(亿元)
			A4		制造业就业人员人均利润率(元/人)
			A5	效率	制造业就业人员劳动生产率(万元/人)
			A6	就业	制造业就业人员人数(万人)
			A7		制造业就业人员人数占总就业人数比重(%)
	B	科技指标	B1	R&D	制造业 R&D 经费支出(万元)
			B2		制造业 R&D 人员全时当量(人年)
			B3		制造业 R&D 投入强度(%)
			B4		制造业 R&D 人员占就业人员人数比重(%)
			B5	产品开发	制造业新产品开发项目数(项)
			B6		制造业新产品开发经费(万元)
			B7	专利	制造业专利申请数(项)
			B8		制造业专利拥有数(项)
			B9	技术转化	制造业新产品产值(万元)
			B10		制造业新产品产值率(%)
			B11		制造业技术创新投入产出系数
	C	能源指标	C1	总量消耗	制造业能源消耗量(万吨标准煤)
			C2		制造业单位产值能源消耗量(万吨标准煤/亿元)
			C3	电力消耗	制造业电力消耗量(亿千瓦时)
	D	环境指标	D1	废水	制造业污染排放量(废水)(万吨)
			D2		制造业单位产值污染排放量(废水)(万吨/亿元)
			D3	废气	制造业污染排放量(废气)(亿立方米)
			D4		制造业单位产值污染排放量(废气)(亿立方米/亿元)
			D5	固体废物	制造业污染排放量(固体废物)(吨)
			D6		制造业单位产值污染排放量(固体废物)(吨/亿元)

1. 经济指标

经济创造能力主要从产值、利润、效率、就业等四个方面来衡量。在表 5-1 中,A1、A2 为产值指标,用来反映制造业的产出水平和对国民经济的贡献。A3、A4 为利润指标,用来反映制造业企业的利润总量和人均利润率。A5 为效率指标,用来反映制造业企业的劳动生产效率。A6 为就业总量指标,反映制造业企业吸纳就业的能力。A7 为就业相对指标,反映制造业就业人员人数占总就业人数比重。各项指标的说明及具体计算方法如下:

（1）制造业总产值$=\sum_{j=1}^{30}\mathrm{TVP}_j$，其中，$\mathrm{TVP}_j$表示第$j$个制造业行业工业总产值，$j=1,2,\cdots,30$。制造业的行业分类依据是国家统计局的国民经济行业分类与代码(GB/T4754—2002)。

（2）制造业总产值占工业总产值比重$=\dfrac{\sum_{j=1}^{30}\mathrm{TVP}_j}{\mathrm{TP}}\times 100\%$，其中，$\sum_{j=1}^{30}\mathrm{TVP}_j$为制造业总产值，TP为工业总产值。

（3）制造业企业利润总额是所有制造业企业利润之和，由30个两位数制造业行业利润加总得出，用字母S表示。

（4）制造业就业人员人均利润率$=\dfrac{S\times 10\,000}{L}$，其中，$S$为制造业企业利润总额(亿元)，$L$为制造业企业就业人员(万人)。

（5）制造业就业人员劳动生产率$=\dfrac{\sum_{j=1}^{30}\mathrm{TVP}_j}{L}\times 100\%$。

（6）制造业就业人员人数，以字母L表示。

（7）制造业就业人员人数占区域就业人员人数比重$=\dfrac{L}{L_q}\times 100\%$，其中，$L$为制造业企业就业人员人数，$L_q$为区域就业人员人数。

2. 科技指标

科技创新能力主要从R&D、产品开发、专利和技术转化等方面来衡量。在表5-1中，B1、B2、B3、B4为制造业R&D指标，反映了制造业研发活动的总支出和支出强度。B5、B6为产品开发指标，这两个指标能较为客观地反映制造业企业在新产品开发上的投入和力度。B7、B8为专利指标，反映了制造业科技创新活动的活跃性程度和产出情况。B9、B10、B11为技术转化指标，是制造业技术转化及技术应用能力的体现。这11项指标分别从研发投入、新产品开发、科技产出和技术转化与应用等几个方面反映了制造业的科技创新能力。各项指标的说明及计算方法如下：

（1）制造业R&D经费支出，是所有制造业R&D经费支出。

（2）制造业R&D人员全时当量，是所有制造业R&D人员全时当量。

（3）制造业R&D投入强度$=\dfrac{\mathrm{R\&D}}{\mathrm{GDP}}\times 100\%$，其中，R&D为制造业R&D经费支出，GDP为国内生产总值。

（4）制造业R&D人员占就业人员人数比重$=\dfrac{L'}{L}\times 100\%$，其中，$L'$为制造业

R&D 人员数，L 为制造业就业人员人数。

(5) 制造业新产品开发项目数，是所有制造业新产品开发项目数量。

(6) 制造业新产品开发经费，是所有制造业新产品开发经费。

(7) 制造业专利申请数，是所有制造业专利申请数。

(8) 制造业专利拥有数，是所有制造业专利拥有数。

(9) 制造业新产品产值，是所有制造业新产品产值。

(10) 制造业新产品产值率 $= \frac{NPV}{\sum_{j=1}^{30} TVP_j} \times 100\%$，其中，NPV 为制造业新产品产值（亿元）；$TVP_j$ 为第 j 个制造业行业工业总产值（亿元），$j=1,2,\cdots,30$。

(11) 制造业技术创新投入产出系数 $= \frac{NPV}{NPR} \times 10\,000$，其中，NPV 为制造业新产品产值（亿元），NPR 为制造业新产品开发经费（万元）。

3. 能源指标

能源节约能力主要从能源总消费和电力消费两个方面来衡量。在表 5-1 中，C1 和 C2 是能源总消费指标，分别反映了制造业能源消费总量和能源强度。C3 为电力消费指标，反映了制造业发展对电力的依赖程度。这三个指标综合反映了制造业发展与能源消费依赖的关系，是制造业能源节约能力的综合体现。各项指标的说明及计算方法如下：

(1) 制造业能源消耗量，是所有制造业能源消耗量，以 CC 表示。

(2) 制造业单位产值能源消耗量 $= CC \Big/ \sum_{j=1}^{30} TVP_j$，其中，CC 为制造业能源消耗量。

(3) 电力消耗量，单位为亿千瓦/小时。

4. 环境指标

环境保护能力主要从废水、废气以及固体废物排放等三个主指标来综合衡量。D1、D2 反映废水排放总量和废水排放强度；D3、D4 反映废气排放总量和废气排放强度；D5、D6 反映固体废物排放总量和固体废物排放强度。以上指标从不同方面反映了制造业的环境保护能力，各项指标的说明及具体计算方法如下：

(1) 制造业污染排放量（废水），是所有制造业废水排放量。

(2) 制造业单位产值污染排放量（废水）$= \frac{WWD}{\sum_{j=1}^{30} TVP_j}$，其中，WWD 为报告期制造业废水排放量。

(3) 制造业污染排放量（废气），是所有制造业废气排放量。

(4) 制造业单位产值污染排放量(废气)$=\frac{\mathrm{WGD}}{\sum_{j=1}^{30}\mathrm{TVP}_j}$,其中,WGD为报告期制造业废气排放量。

(5) 制造业污染排放量(固体废物),是所有制造业固体废物排放量。

(6) 制造业单位产值污染排放量(固体废物)$=\frac{\mathrm{WSD}}{\sum_{j=1}^{30}\mathrm{TVP}_j}$,其中,WSD为报告期制造业固体废弃物排放量。

5.3 中国制造业发展综合(新型化)评价

本节利用制造业经济、科技、能源以及环境等指标的相关数据,运用多指标离差最大化决策方法,先对制造业经济创造能力、科技创新能力、能源节约能力和环境保护能力进行评估与排序,然后综合这四个维度,对制造业“新型化”发展进行综合评价。

对中国制造业的综合发展进行评估和排序涉及多个指标,因此这是一个多属性决策问题。多属性也称多准则决策,其核心和关键是指标权重的确定,本章采用“离差最大化”决策方法确定权重。该方法是一种完全客观的评价方法,消除了主观评价方法中人为因素的影响,而且这种方法概念清楚、含义明确且算法简单,因此在实践中得到了广泛的应用,因此本章采用这一方法。

令$A=\{A_1,A_2,\cdots,A_n\}$,表示多指标评价问题的方案集;$G=\{G_1,G_2,\cdots,G_m\}$,表示指标集;$y_{ij}(i=1,2,\cdots,n;j=1,2,\cdots,m)$,表示$A_i$方案对$G_j$指标的指标值;$Y=(y_{ij})_{n\times m}$,矩阵表示$A$方案集对$G$指标集的“属性矩阵”,即“评价矩阵”。

通常,根据指标的性质,指标可以分为效益型、成本型、固定型和区间型等四类指标。因为评价指标不同,量纲和量纲单位也会不同。所以,我们将评价指标进行无量纲化处理,即规范化处理,从而解决了量纲和量纲单位不同造成的问题。本节指标仅涉及效益型和成本型两类,效益型指标为指标值越大越好的指标,成本型指标为指标值越小越好的指标,其规范化处理方法如下:

针对成本型指标,令

$$Z_{ij}=\frac{y^{\max}-y_{ij}}{y^{\max}-y^{\min}},\quad i=1,2,\cdots,n;\ j=1,2,\cdots,m \tag{5.1}$$

针对效益型指标,令

$$Z_{ij}=\frac{y_{ij}-y^{\min}}{y^{\max}-y^{\min}},\quad i=1,2,\cdots,n;\ j=1,2,\cdots,m \tag{5.2}$$

其中，$y_j^{\min}$、$y_j^{\max}$ 分别表示指标 G_j 的最小值、最大值。

以 $\boldsymbol{Z}=(Z_{ij})_{n\times m}$ 表示无量纲化处理后所得到的评价矩阵，很明显，Z_{ij} 总是越大越好。令 $\boldsymbol{w}=(w_1,w_2,\cdots,w_m)^T>0$，表示评价指标的加权向量，同时，还需满足单位化约束条件：

$$\sum_{j=1}^{m} w_j^2 = 1 \tag{5.3}$$

在求得加权向量 $\boldsymbol{w}$ 之后，构造如下所示的评价矩阵：

$$\boldsymbol{c} = \begin{array}{c} \\ A_1 \\ A_2 \\ \cdots \\ A_n \end{array} \begin{array}{c} \begin{array}{cccc} G_1 & G_2 & \cdots & G_m \end{array} \\ \begin{bmatrix} w_1 z_{11} & w_2 z_{12} & \cdots & w_m z_{1m} \\ w_1 z_{21} & w_2 z_{22} & \cdots & w_m z_{2m} \\ \cdots & \cdots & \cdots & \cdots \\ w_1 z_{n1} & w_2 z_{n2} & \cdots & w_m z_{nm} \end{bmatrix} \end{array} \tag{5.4}$$

再由简单算术平均加权法，得到 A_i 方案的多指标综合评价值，如公式(5.5)所示：

$$\boldsymbol{D}_i(w) = \sum_{j=1}^{m} \boldsymbol{Z}_{ij} \boldsymbol{w}_j, \quad i = 1,2,\cdots,n \tag{5.5}$$

同样，$D_i(w)$ 总是越大越好，$D_i(w)$ 越大表明 A_i 方案越优。因此，当加权向量 $\boldsymbol{w}$ 已知时，根据公式(5.1)—(5.5)可以对各方案 A_i 进行评价并排序。

接着，我们进一步分析确定加权向量 w 的方法。如果某一指标 G_j 对决策方案 A_i 的最终评价值和排序没有影响，那么，可以令 G_i 的权重取 0；相反，如果某一指标 G_j 可以让决策方案 A_i 的最终评价值和排序有很大变化，可以令这类指标 G_j 取得较大的权重。针对 G_j 指标，用 $v_{ij}(w)$ 表示 A_i 方案与其他决策方案的离差，则有：

$$v_{ij}(w) = \sum_{k=1}^{n} | w_j Z_{ij} - w_j Z_{kj} |, \quad i = 1,2,\cdots,n;\ j = 1,2,\cdots,m \tag{5.6}$$

令

$$v_j(w) = \sum_{i=1}^{n} v_{ij}(w) = \sum_{i=1}^{n}\sum_{k=1}^{n} | Z_{ij} - Z_{kj} | w_j, \quad j = 1,2,\cdots,m \tag{5.7}$$

那么，$v_j(w)$ 表示在 G_j 指标下，所有方案 A_i 与其他方案的离差之和。因为选择的加权向量 $\boldsymbol{w}$ 需使得所有指标对所有方案的离差之和取得最大值，所以构造如下目标函数：

$$\max F(w) = \sum_{j=1}^{m} v_j(w) = \sum_{j=1}^{m}\sum_{i=1}^{n}\sum_{k=1}^{n} | Z_{ij} - Z_{kj} | w_j \tag{5.8}$$

于是，求加权向量 w 的问题等价于求非线性规划问题：

$$\begin{cases} \max F(w) = \sum_{j=1}^{m} v_j(w) = \sum_{j=1}^{m}\sum_{i=1}^{n}\sum_{k=1}^{n} \mid Z_{ij} - Z_{kj} \mid w_j \\ \text{st.} \ \sum_{j=1}^{m} w_j^2 = 1 \end{cases} \tag{5.9}$$

解此非线性规划问题,并将 w^* 做归一化处理,得:

$$w_j^* = \frac{\sum_{i=1}^{n}\sum_{k=1}^{n} \mid Z_{ij} - Z_{kj} \mid}{\sum_{j=1}^{m}\sum_{i=1}^{n}\sum_{k=1}^{n} \mid Z_{ij} - Z_{kj} \mid}, \quad j = 1,2,\cdots,m \tag{5.10}$$

综上,采用离差最大化方法对多指标问题进行评价与排序的步骤可概括为以下三步:

(1) 将效益型及成本型指标进行处理得到规范化评价矩阵 $Z=(Z_{ij})_{n\times m}$;

(2) 采用离差最大化方法求出最优的加权向量 $w^*=(w_1^*, w_2^*, \cdots, w_m^*)^T$,然后根据加权向量求出各方案 A_i 的综合评价值 $D_i(w), i=1,2,\cdots,n$;

(3) 根据步骤(2)中各评价方案的综合评价值大小,我们可以对多指标问题做出合理评价及排序分析。

5.3.1 经济创造能力综合评价

通过查阅 2006—2014 年《中国统计年鉴》中国制造业经济方面的数据,选取能客观、全面地反映制造业经济创造水平的指标,如企业利润总额、制造业总产值等,采用离差最大化方法计算出各指标的权重,并结合各指标的规范化数值得到 2006—2014 年中国制造业经济创新能力的综合评价值。

1. 制造业 2006—2014 年经济指标综合评价值逐年增加

从图 5-1 可看出,中国制造业经济指标综合评价值自 2006 年起一直呈现上升趋势,这说明了我国制造业经济创造能力在逐年增加。在 2006—2014 年的 9 年间,经济指标综合评价值的增幅在 2010 年出现了最大值 56.60%,对应经济指标综合评价值由 2009 年的 0.3723 增长至 2010 年的 0.5830,说明制造业经济创造水平在该年间有了显著的提升,当然这也与国家在"十一五"(2006—2010 年)期间大力投入科学研究与发展经费密切相关。

2. 制造业经济创造能力单项指标分析

(1) 制造业总产值逐年增加。从图 5-2 中可知,自 2006—2014 年我国制造业总产值稳步上升,总产值由 2006 年的 274 571 亿元上升至 2014 年的 968 373 亿元,增长了 2.5 倍之多,反映了我国制造业的发展取得了显著的成果。从增幅上来看,在 2010 年之前,制造业产值趋于平稳上升状态,在 2010 年出现了增长幅度的最大值 27.2%,反映了我国制造业在产品生产数量上取得了长足的进步,2011

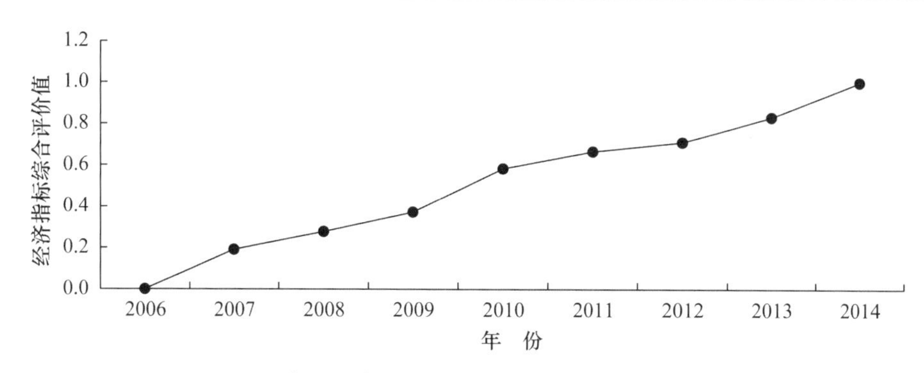

图 5-1 中国制造业 2006—2014 年经济指标综合评价

年之后随着我国经济增长迈入“新常态”，制造业总产值增幅逐渐回落，总趋势趋于平缓上升，说明了我国政府正在压低经济发展速度，转变经济增长方式，从只重视经济发展数量到兼顾经济增长质量的转变。

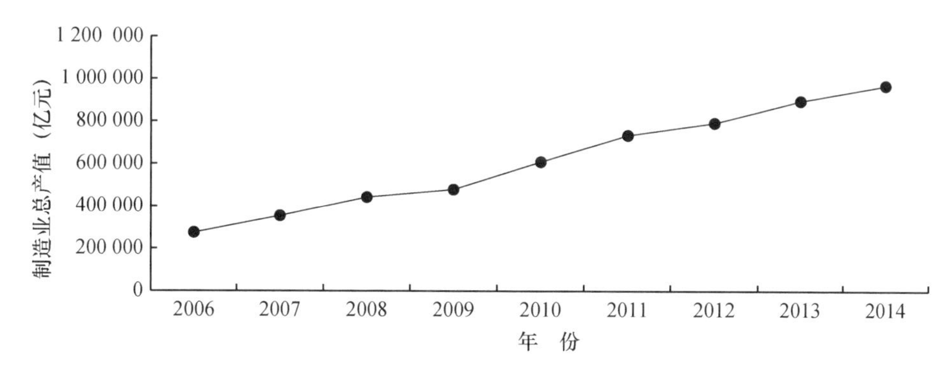

图 5-2 中国制造业 2006—2014 年制造业总产值

（2）制造业总产值占工业总产值比重大，近年来呈上升趋势。由图 5-3 可知，自 2006 年起我国制造业总产值就一直占工业总产值大头，可见制造业总产值是足以充分反映我国工业经济生产能力的指标。在 2011 年以前，我国制造业总产值在工业总产值的比重始终呈波动状态，但始终维持在 86.73%—87.40%，变化幅度相对较小，制造业总产值在工业总产值中所占份额相对稳定，是能够反映我国第二产业生产能力的主要指标之一。在 2011 年之后，我国制造业总产值占工业总产值比重逐年递增，在 2014 年达到最大值 88.66%，占我国工业总产值比重接近九成，这说明中国制造业的发展已越来越成为能够衡量工业生产能力与发展状况的指标，在工业经济中起着不容忽视的作用，影响着我国国民经济的蓬勃发展。

（3）近年来中国制造业经济利润额呈现逐年递增、总体增速放缓迹象。制造

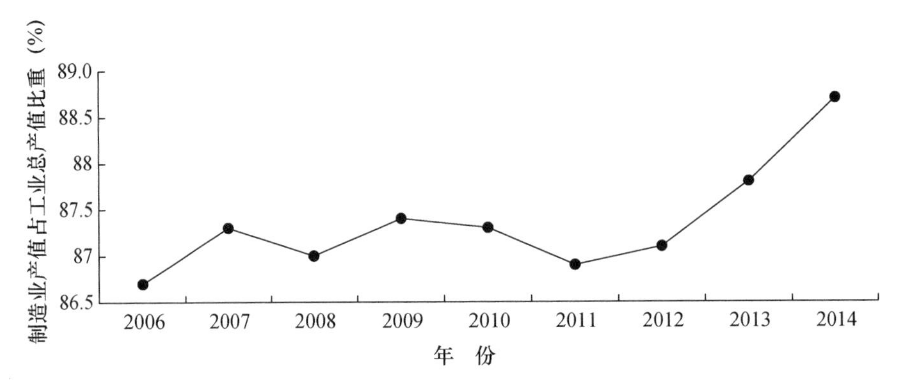

图 5-3 中国制造业 2006—2014 年制造业总产值占工业总产值比重

业企业利润总额所占权重为 0.1546，对经济创造能力评价的影响较大。制造业企业利润总额是制造业类企业在生产经营过程中各种收入扣除各种耗费后的盈余，是反映在报告期内实现的盈亏总额的一个经济指标，在一定程度上反映了中国制造业企业的盈利能力。从图 5-4 可知，中国制造业利润总额 2006—2014 年不断上升，由 2006 年的 12 811 亿元增长到 2014 年的 56 898 亿元，增长了 2.4 倍之多，说明我国近年来制造业企业的盈利能力显著提升。从增幅来看，2009—2010 年这一阶段，其利润总额增长呈现了一个迅猛发展势头，可以看出在经济危机以来的这一段时间内，国内制造业受到的影响并不是太大。但是随着欧洲债务危机持续 4 年之久，2014 年欧债问题的阴云依然困扰着欧洲经济的发展，美、日等世界主要经济体经济复苏的乏力以及新兴经济体发展增速的放缓，世界实体经济受到了严重冲击。在外部市场需求不旺，国内经济下行压力增大的大环境下，2013 年中国制造业经济利润额等呈现总体增速放缓迹象，而 2014 年又略有上升。

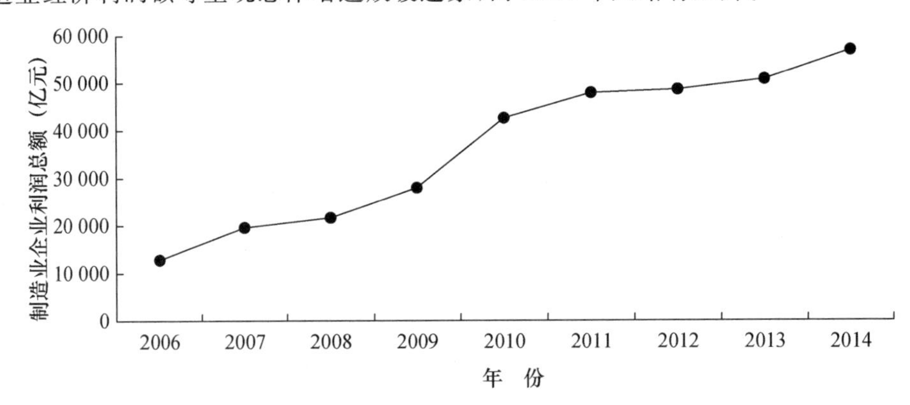

图 5-4 中国制造业 2006—2014 年制造业企业利润总额

(4) 制造业就业人员人均利润率除 2008 年和 2013 年之外逐年上升。由图 5-5 可知,我国制造业就业人员人均利润率由 2006 年的 20 185 元/人上升至 2014 年的 64 293 元/人,在总量上是原先的三倍多,从劳动力利用的角度来看这反映了我国单位制造业从业人员所创造的贡献已越来越大,表明随着我国 R&D 经费与人员的投入加大,我国制造业从业人员不再像过去那样从事着最费时费力利润却不高的生产加工环节,而在生产环节的上游即设计、品牌建设、原材料采购和生产环节的下游即物流、仓储、营销等环节均有所突破,制造业劳务的"增值能力",即制造业员工劳务的"含金量"正逐年增强,制造业企业的经营结构正在逐步得到改善。

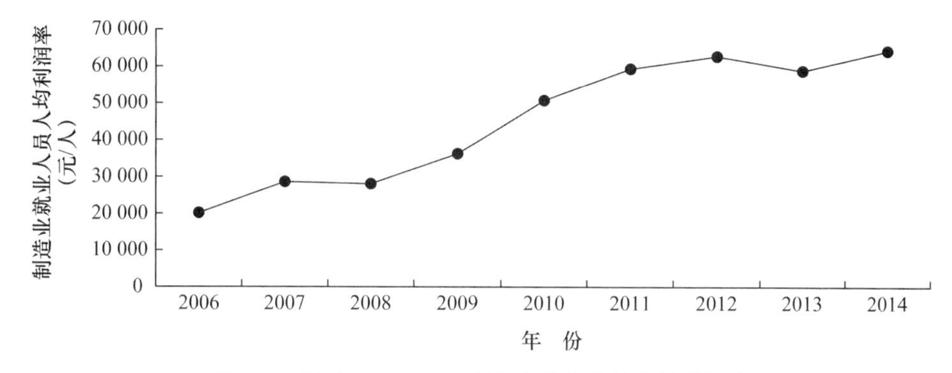

图 5-5　中国 2006—2014 制造业就业人员人均利润率

(5) 中国制造业就业人员劳动生产率逐年增加。从总量上来看,中国制造业由 2006 年的 43.2608 万元/人上升至 2014 年 109.4223 万元/人,翻了一番多,这说明我国制造业单位就业人员所能生产的产值增多,在一定程度上反映了 R&D 经费投入所拉动的科学技术水平提高、工艺流程的改进,表现了我国制造业发展良好的态势。从增长幅度来看,在 2009—2012 年,由图 5-6 中折线的斜率可以解读出在这一时期内劳动生产率的增长率较先期有所增加。不难发现,在 2008 年年底,中国用诸如四万亿计划等超常规经济刺激计划应对国际金融危机取得了一定的成效。2011 年制造业就业人员劳动生产率的增幅达到了 25.5%,这反映了 2011 年是中国经济经过危机冲击触底之后,进入新一轮经济上升周期的起点。同样由图 5-6 可知,在 2013—2014 年,劳动生产率的增长有所放缓,这表明在经济和技术因素所带来的劳动生产率激增之后,劳动生产率的增长正在步入一段平稳发展的时期。

(6) 制造业就业人数总体呈稳步上升趋势。制造业就业人员人数反映了一个地区一定时间内制造业就业的总规模,其变化趋势见图 5-7。2006—2008 年,我国制造业就业规模先是不断扩大,2006 年为 6 346.89 万人,到 2014 年达到高峰,就

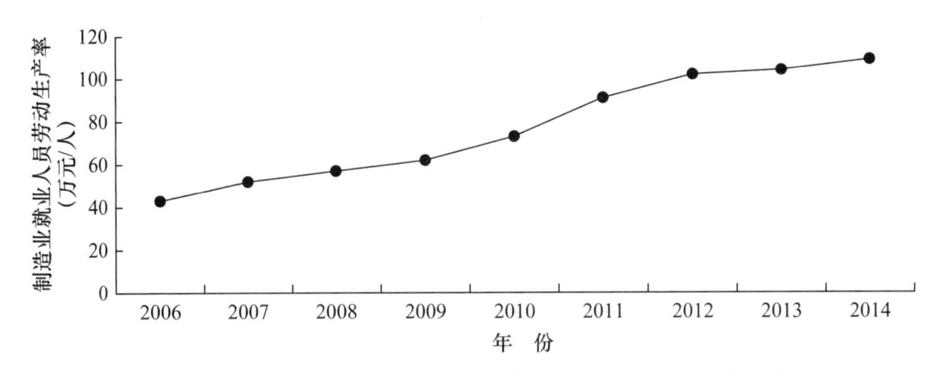

图 5-6 中国制造业 2006—2014 年制造业就业人员劳动生产率

业人数增长到 8 849.87 万人，9 年间增加了 2 500 多万人。2006—2008 年就业人数开始快速上升，具体表现为，2006 年制造业就业人数为 6 346.89 万人，2008 年为 7 731.56 万人。2008—2013 年制造业就业人数呈波动上升趋势，2014 年缓慢上升，达到 8 849.87 万人。就业人数上升的原因可能是国家就业政策和就业规模的扩大。

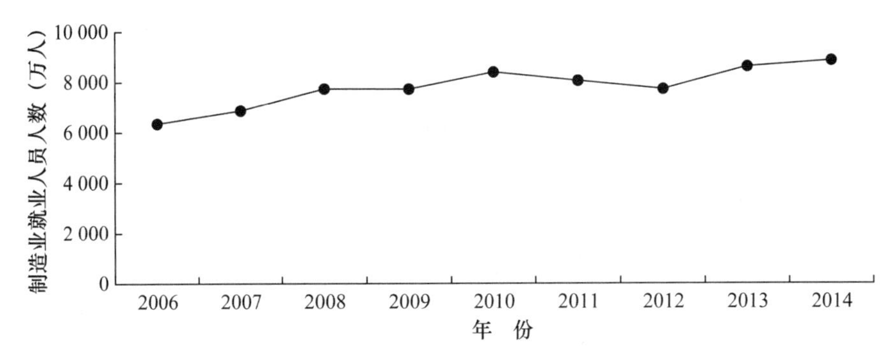

图 5-7 2006—2014 年中国制造业就业人数

（7）制造业就业人数占总就业人数比重呈波动变化趋势。制造业就业人员人数占总就业人数的比重反映了制造业在吸纳就业方面的贡献能力，是衡量制造业社会服务能力的重要指标，其变化趋势如图 5-8 所示。值得注意的是，在 2013 年“首届中国服务品牌”大会上，经济学家马光远就指出制造业在一个国家的经济中，能够为社会提供的最大就业比重为 23%，而我国早就超过了这一比重，进入了制造业从业人口的瓶颈状态。由图 5-8 可知，在 2006—2014 年中制造业为社会所提供的就业比重出现了三次下滑，由此可见我国依靠制造业来提升就业率的老路已经行不通了，在国家经济转型时期，我国需要通过从制造业领域衍生服务产业产生的链条。在过去三十多年的改革开放中我国城镇化率并不高，由于农村教育的缺失，大量民工进入高等技能需求较小、进入门槛较低的依靠劳动力的制造业中来，而近几年我国提出了转变经济模式，需要由工业化产业转换为信息化产业，其中信息化产业就包括了服务业，因而我国需要以服务业来带动整个经济的发展。而事实上，我国以服务业为首的第三产业从业人数占总从业人数的比重在近三年来一直维持在 47.5%—50.6%，第三产业正逐渐成为促进我国国民经济增长的重要力量。

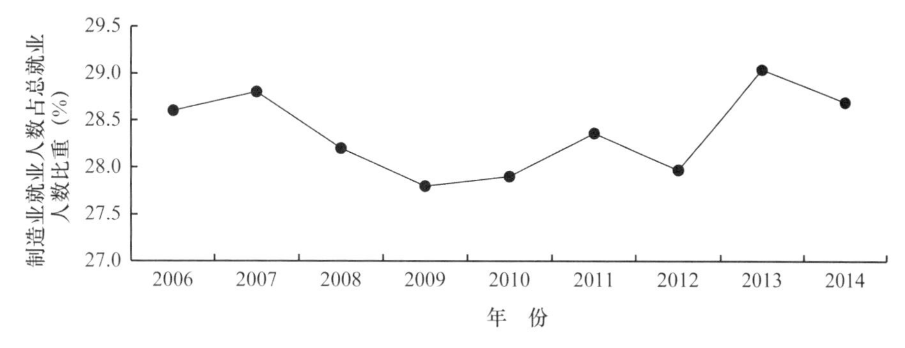

图 5-8 2006—2014 年制造业就业人员人数占总就业人数比重

5.3.2 科技创新能力综合评价

2015 年 5 月，国务院印发了《中国制造 2025》，并将其定位为我国实施制造强国战略第一个十年的行动纲领。该文件的出台也表明，期待中国从"制造大国"向"制造强国"转变已成为从政府到百姓的普遍共识。而当下面临的问题是找到将这种共识变为现实的方法与途径。两会期间，"创新"是出现频率最高的一个词，于中国制造业而言，创新是产品更新换代、产业流程优化、产业结构升级的源泉，科技创新更是制造业生产发展链条上不可或缺的一环。如何评价中国制造业的科技创新能力，找出阻碍中国制造业科技创新的因素，变要素驱动发展模式为创新驱动发展模式，已成为迫切需要解决的问题。

根据 2007—2014 年《中国统计年鉴》和《中国科技统计年鉴》中中国制造业科技创新方面的数据，选取能客观、全面地反映制造业科技创新水平的 11 项指标，采用离差最大化方法计算出各指标的权重，并结合各指标的规范化数值得到 2006—2014 年中国制造业科技创新能力的综合评价值。依据各指标的原始数据、规范化数据、权重、创新能力综合评价值及其排序结果，并对科技创新能力做出评价。中国制造业科技创新能力各项评价指标的原数据如表 5-2 所示。

根据公式(5.2)，构造中国制造业 2006—2014 年各项科技指标规范化数据，计算结果如表 5-3 所示。

赋予中国制造业 2006—2014 年各项科技指标权重，综合评价中国制造业各

表 5-2　中国制造业 2006—2014 年各项科技指标数据

年份	R&D 经费支出（万元）	R&D 人员全时当量（人·年）	R&D 投入强度（%）	R&D 人员占就业人员比重（%）	新产品开发项目数（项）	新产品开发经费（万元）	专利申请数（项）	发明专利拥有数（项）	新产品产值（万元）	新产品产值率（%）	技术创新投入产出系数
2006	15 513 883.9	621 991.330	0.7172	0.9800	98 040	18 335 256.0	67 227	28 168	318 862 362.0	11.6131	17.3907
2007	20 095 640.5	777 570.000	0.7560	1.1342	109 305	24 025 786.0	93 576	42 455	422 591 301.0	11.9501	17.5891
2008	25 463 701.8	922 832.890	0.8108	1.1936	116 679	30 284 884.2	118 048	54 223	510 857 359.4	11.5747	16.8684
2009	30 142 350.8	1 207 549.700	0.8842	1.5643	147 778	35 503 978.8	162 694	78 905	578 707 859.3	12.0765	16.2998
2010	37 713 266.9	1 275 445.318	0.9393	1.5199	155 072	43 240 022.2	192 661	109 721	729 658 232.1	11.9703	16.8746
2011	56 923 791.5	1 823 783.300	1.2032	2.2645	261 564	67 234 362.1	374 112	196 521	988 687 652.3	13.4702	14.7051
2012	68 408 380.5	2 126 589.100	1.3182	2.7511	316 883	78 372 872.8	468 831	270 841	1 085 763 794.0	13.7052	13.8538
2013	79 502 287.0	2 368 205.000	1.3520	2.7494	351 682	90 561 522.0	534 927	327 989	1 265 454 673.0	14.1326	13.9734
2014	88 807 309.0	2 517 350.000	1.3960	2.8445	369 586	99 381 519.0	601 771	436 862	1 413 607 915.0	14.5978	14.2241

资料来源:《中国统计年鉴》(2007—2015 年)。

表 5-3 中国制造业 2006—2014 年各项科技指标规范化数据

年份	R&D经费支出	R&D人员全时当量	R&D投入强度	R&D人员占就业人员比重	新产品开发项目数	新产品开发经费	专利申请数	发明专利拥有数	新产品产值	新产品产值率	技术创新投入产出系数
2006	0	0	0	0	0	0	0	0	0	0.0127	0.9469
2007	0.0625	0.0821	0.0572	0.0827	0.0415	0.0702	0.0493	0.0350	0.0948	0.1242	1.0000
2008	0.1358	0.1587	0.1379	0.1146	0.0686	0.1474	0.0951	0.0638	0.1754	0.0000	0.8071
2009	0.1996	0.3089	0.2460	0.3134	0.1832	0.2118	0.1786	0.1241	0.2374	0.1660	0.6548
2010	0.3029	0.3448	0.3272	0.2896	0.2100	0.3073	0.2347	0.1995	0.3752	0.1309	0.8087
2011	0.5650	0.6341	0.7160	0.6889	0.6022	0.6033	0.5741	0.4119	0.6119	0.6270	0.2279
2012	0.7217	0.7938	0.8854	0.9499	0.8059	0.7408	0.7513	0.5938	0.7005	0.7047	0.0000
2013	0.8730	0.9213	0.9352	0.9490	0.9341	0.8912	0.8750	0.7336	0.8647	0.8461	0.0320
2014	1.0000	1.0000	1.0000	1.0000	1.0000	1.0000	1.0000	1.0000	1.0000	1.0000	0.0991

年度科技创新能力，计算结果如表 5-4 所示。

1. 中国制造业科技创新能力整体评价

从表 5-4 可看出，制造业 2006—2014 年科技创新能力综合评价值逐年增加，从 2006 年的 0.0929 逐渐增加至 2014 年的 0.9127，说明制造业科技创新水平逐年提高，且 2014 年的科技创新水平较 2006 年大幅提升。

结合图 5-9，除技术创新投入产出系数外，其余 10 项指标在 2011 年的增长幅度与其他年份相比异常大。中国在 2010 年制造业产值达到 1.955 万亿美元，位居世界第一，但经济研究和咨询公司在 2011 年的 IHS Global Insight 报告指出，就劳动生产效率来说，中国制造业人均产值仅为美国的 1/8，这说明“中国制造”只是在总量上超过“美国制造”，但落实到具体劳动生产效率上来说是远远不及西方发达国家的。因此，为了保住中国制造业总产值世界第一的地位，我国政府仍需出台激励科技创新的相关政策，加大对制造业的 R&D 支出。此外，在新产品开发和专利保护方面，我国政府仍需给予高度的重视和更大的资金投入。因此，2011 年中国制造业在科技创新方面表现出巨大的增长幅度是可以解释的。另外，中国规模以上高科技制造业在 2011 年创造了 9.2 万亿元的总产值，产值规模在世界排名第二，这也充分说明继 2010 年中国成为制造业产值世界第一后，制造业更加注重科技实力的提升。

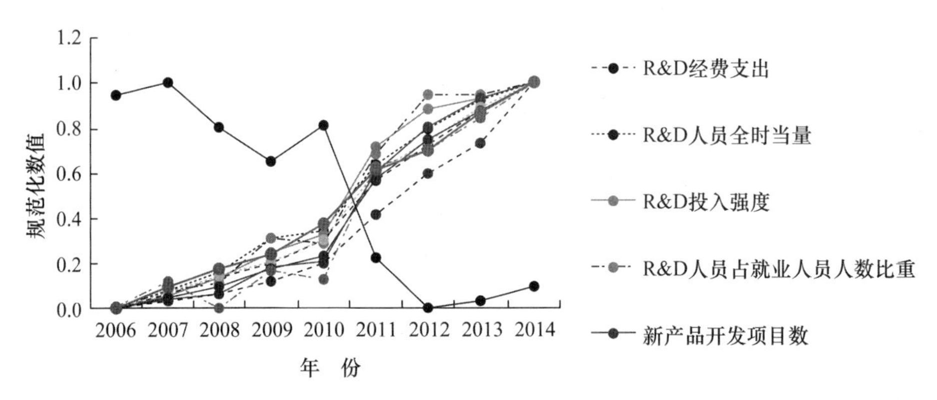

图 5-9 中国制造业 2006—2014 年各项科技指标变化趋势

2. 中国制造业科技创新能力单项指标评价

分别从 R&D、新产品开发、专利和新产品效益四个方面对中国制造业科技创新能力进行评价：

(1) R&D 能力分析。R&D 经费支出、R&D 人员全时当量、R&D 投入强度和 R&D 人员占就业人员人数比重为制造业 R&D 指标，反映制造业企业研发活动的总支出和支出强度，R&D 活动的规模及强度可以反映一个企业、行业甚至国

表 5-4　中国制造业 2006—2014 年科技创新能力及排序比较

年份	R&D 经费支出（万元）	R&D 人员全时当量（人・年）	R&D 投入强度（%）	R&D 人员占就业人员比重（%）	新产品开发项目数（项）	新产品开发经费（万元）	专利申请数（项）	发明专利拥有数（项）	新产品产值（万元）	新产品产值率（%）	技术创新投入产出系数	评价值 Di(w)	排序号
2006	0	0	0	0	0	0	0	0	0	0.0127	0.9469	0.0929	9
2007	0.0625	0.0821	0.0572	0.0827	0.0415	0.0702	0.0493	0.0350	0.0948	0.1242	1.0000	0.1601	8
2008	0.1358	0.1587	0.1379	0.1146	0.0686	0.1474	0.0951	0.0638	0.1754	0.0000	0.8071	0.1772	7
2009	0.1996	0.3089	0.2460	0.3134	0.1832	0.2118	0.1786	0.1241	0.2374	0.1660	0.6548	0.2605	6
2010	0.3029	0.3448	0.3272	0.2896	0.2100	0.3073	0.2347	0.1995	0.3752	0.1309	0.8087	0.3242	5
2011	0.5650	0.6341	0.7160	0.6889	0.6022	0.6033	0.5741	0.4119	0.6119	0.6270	0.2279	0.5696	4
2012	0.7217	0.7938	0.8854	0.9499	0.8059	0.7408	0.7513	0.5938	0.7005	0.7047	0.0000	0.6943	3
2013	0.8730	0.9213	0.9352	0.9490	0.9341	0.8912	0.8750	0.7336	0.8647	0.8461	0.0320	0.8020	2
2014	1.0000	1.0000	1.0000	1.0000	1.0000	1.0000	1.0000	1.0000	1.0000	1.0000	0.0991	0.9127	1

* 代表此项指标的权重。

家的科技创新水平和核心竞争力。图 5-10 表明,尽管增幅不同,2006—2014 年制造业 R&D 经费支出一直处于增长状态,从数值上来说由 2006 年的 15 513 883.9 万元增长至 2014 年的 88 807 309 万元,总量上增长了 4.7 倍,这与中国长期以来一直重视技术创新密切相关,一定程度上说明了中国制造业科技创新能力有了较高水平的提升。

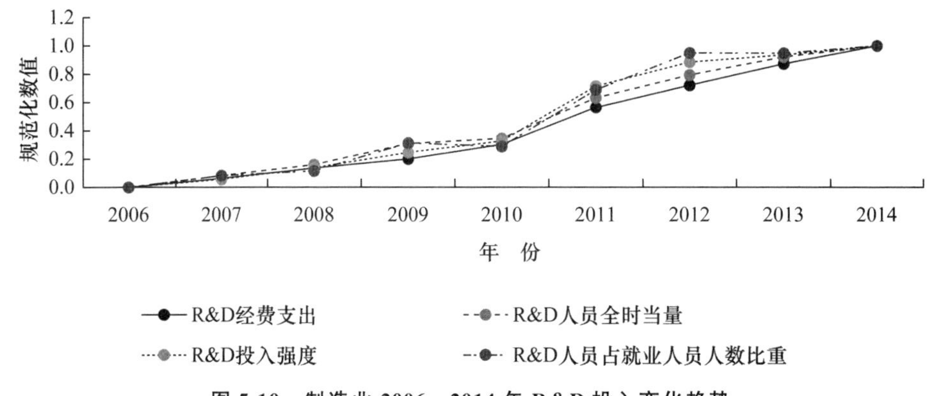

图 5-10 制造业 2006—2014 年 R&D 投入变化趋势

R&D 人员全时当量反映了在对制造业投入 R&D 经费、物力资源的同时对 R&D 人才的培养与投入,集中反映了制造业 R&D 人员的数量水平。图 5-10 表明,从长期来看,2006—2014 年 R&D 人员全时当量增长幅度与 R&D 经费支持增长幅度基本相似,这体现了企业 R&D 经费支出与 R&D 人员投入间的正比关系;另外,从表 5-4 可以看出,R&D 经费支出和 R&D 人员全时当量所占权重分别为 0.0884 和 0.0899,较为相似,二者对科技创新能力的评价能力也较为相近,说明制造业在加大 R&D 经费支持的同时也看重 R&D 人员的投入。

R&D 投入强度是国际上广受关注的指标。R&D 活动已作为科技创新的主要活动之一,是衡量一个国家科技活动规模、评价国家科技实力和创新能力的重要指标。虽然制造业对 R&D 的投入和强度在不断增加,但中国制造业 R&D 投入强度在九年内仅从 2006 年的 0.7172%增长到 2013 年的 1.3960%,九年内只增长 0.68%,增长趋势缓慢。尽管这一指标受中国 GDP 增速快的影响很大,但 R&D 经费支出在短期内很难跟上 GDP 水平,也从侧面说明中国 R&D 经费投入虽在总量上增长迅速,但仍有待继续提高。另外,除 2011 年外,近几年制造业 R&D 投入强度的增长率维持在 5%—10%,平均增长率为 10.2314%,而在 2011 年该指标增长率显著增大,达到 28.0954%的水平。制造业 R&D 投入强度在 2011 年出现较高的增长率可能与中国在“十一五”期间(2006—2010 年)制定的 R&D/GDP 比例达到 2%的目标有关。事实上,时任总理温家宝也在 2011 年指出：R&D/GDP 这一指标比 GDP 更加重要，《国民经济和社会发展第十二个五年规划纲要》中又制定了 2015 年 R&D/GDP 比例达到 2.2%的目标。这验证了政府对 R&D 投入强度的高度重视及制定的相关政策与规划，在一定程度上促成 2011 年中国制造业 R&D 投入强度的高增长率。尽管 2013—2014 年以来 R&D 投入强度的增长率分别为 2.6%和 3.3%，但不容忽视的是中国 GDP 增速自 2012 年进入新常态之后仍在以 2013 年 10.09%、2014 年 8.18%的速度持续增长，R&D 投入强度总量依旧很大。“十二五”以来，我国 R&D 经费支出从“十一五”末期 2010 年的 3 771.32 亿元增加到 2014 年的 8 880.73 亿元；全社会 R&D 经费占 GDP 的比重从 2010 年的 1.73%增加到 2014 年的 2.05%。全社会 R&D 经费的总量增长促进了制造业 R&D 投入强度的增长。

R&D 人员占就业人员比重有较明显增长。从表 5-2 知，R&D 人员占就业人员比重已由 2006 年 0.98%增长至 2014 年 2.84%，增幅在 2011 年达到了最高值 48.99%，这与 2011 年制造业 R&D 人员全时当量的高增长幅度 42.99%保持一致，可以反映出与“十一五”（2006—2010 年）初期相比，制造业人员结构已经出现一些优化，在制造业人员结构中已经出现相当一部分人从事研发活动这一核心环节。

(2) 新产品开发情况分析。新产品开发项目增幅较大，新产品开发经费增幅较高。新产品开发是企业研究与开发的重点内容，也是企业生存和发展的战略核心。由于市场竞争日趋激烈，消费需求日趋个性化和多样化，人们需要趋于多能化、复合化、智能化的新商品，任何一家制造业企业只有适时关注市场需求，不断研究与开发新产品才能不被淘汰。从新产品开发项目上看，中国制造业企业从 2006 年立项 98 040，发展为 2014 年立项 369 586，是原先的 2.77 倍，如此大的增长幅度说明了中国制造业对新产品开发的重视。

不断投资研发是制造业企业保持竞争力的关键，新产品的开发离不开经费的支持。随着新产品开发项目的大幅增长，新产品研发经费也从 2006 年的 18 335 256 万元增长至 2014 年的 99 381 519 万元，这表明产品生命周期的短暂导致企业的运营成本和风险越来越大，而试图通过推出新产品来抢占市场和开拓经营领域的企业，不得不投入越来越多的资金进行新产品开发。

(3) 专利情况分析。中国制造业专利产出增长巨大，制造业发明专利拥有数年均增幅超过 30%。从专利申请数看，中国制造业专利申请数从 2006 年的 67 227 项增加至 2014 年的 601 771 项，专利产出增长巨大。专利数量的增加与政府对专利等知识产权的管理和保护密不可分。自“十一五”开始，中国多次对专利方面的法律法规进行修订，党的十七大报告中明确提出实施“知识产权战略”，2013 年工业和信息化部印发了《工业企业知识产权管理与评估指南》，提出积极强化产业知识产权管理与风险防控能力，全面培育企业知识产权创造与运用能力，是工业和信息化部实施知识产权战略的重点和落脚点。法律法规的完善对专利的发明创造提供了有力保障，间接促进了中国制造业对专利研发热情的高涨。

中国专利法规定可以获得专利保护的发明创造有发明、实用新型和外观设计三种，其中发明专利是最主要的一种。中国制造业发明专利拥有数在2006年为28 168项，2014年增加至436 862项，增幅巨大，表现了中国制造业在科技创新方面取得了长足的进步，说明国家和政府对知识产权战略的重视，也说明了制造业R&D的知识产权保护意识越来越强。从增长率方面来看，除2011年外，近几年制造业发明专利的增长率维持在21%—51%，2011年该指标增长率却达到79%的水平，比2010年增加了40%。另外，“十二五”(2011—2015年)时期，我国发明专利授权量118.9万件，比“十一五”增长1.5倍。2014年，我国共授权发明专利23.3万件，国内专利申请数量平稳增长，结构明显优化。这些成果与中国在2011年首次将“每万人口发明专利拥有量3.3件”这一指标纳入国家“十二五”规划纲要及各省份在2011年出台的相关举措密切相关。截至2014年年底，我国每万人口发明专利拥有量已达4.9件，比“十二五”规划纲要提出的目标提高了1.6件。

(4) 新产品效益情况分析。新产品产值指政府有关部门认定并在有效期内的新产品，也包括制造业企业自行采用新技术原理或新设计构思研制的从投产之日起一年之内的新产品产值。从图5-11来看，制造业新产品产值在2006—2014年一直呈稳步上升的趋势，这表明制造业新产品为制造业企业带来了可观的效益。

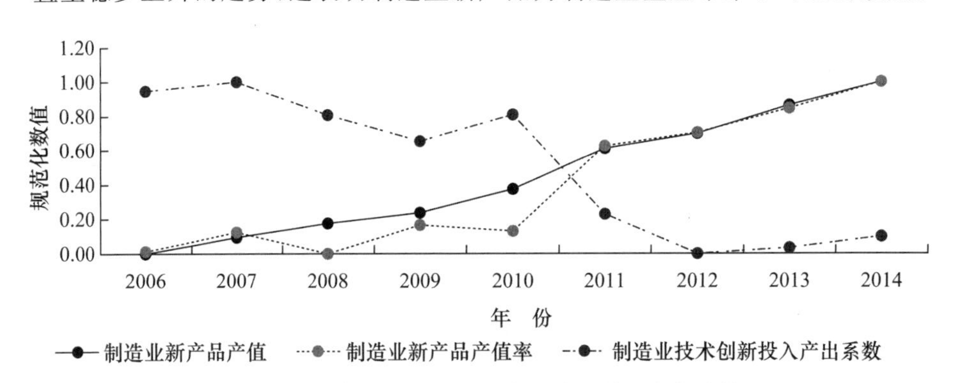

图5-11 制造业2006—2014年新产品效益变化趋势

制造业新产品产值率反映了新产品带来的产值所占的比重，也直接反映了R&D经费投资带来的效益情况，从图5-11可知，除在2008年和2010年有所回落之外，其余7年间尤其是在“十二五”期间，制造业新产品产值率都呈现出持续上升的趋势;从数值上来看,如表 5-2 所示,由 2006 年的 11.61%上升至 2014 年的 14.60%。这说明“十二五”规划中强化支持企业创新和科研成果产业化的财税金融政策,保持财政科技经费投入稳定增长,加大政府对基础研究投入等政策取得了可观的效益,科技创新在开拓新市场、优化制造业企业工业设计流程、降低成本、提高收入方面取得了显著的成绩,研发出的新产品成为改善企业产品结构、取得收入稳定增长的一股不容忽视的力量。

值得关注的是,制造业技术创新投入产出系数在 2006—2014 年始终处于不稳定状态,结合表 5-4 制造业技术创新投入产出系数所占的权重为 0.0969,可知该指标是在评价制造业企业科技创新能力过程中不容忽视。该指标在 2007 年达到最大值 17.5891,其余各年均低于该数值,并在 2007—2009 年、2010—2012 年期间一直呈下降趋势,这在一定程度上说明中国制造业创新效率正在不断下降,这表明随着科技的日益发展,通过科技创新投资获取收益越来越困难,这也表明科技创新需要越来越多的经费支出做支撑。造成这种现象的原因,一是中国制造业企业对创新研发积极性还不够高,这既与微观层面企业追求短期利益密切相关,又与宏观层面市场竞争不规范、在知识产权保护方面力度还不够息息相关;二是高等院校与科研机构在申请科研项目之后,只重视论文发表而忽略项目的过程管理,从而导致对原始创新的支持不足。

3. 中国制造业科技创新能力评价小结与建议

中国制造业科技创新投入力度在 2006—2014 年显著提升,产出也随之增加,除个别指标如技术创新投入产出系数较不理想外,中国制造业科技创新实力已达到新的水平,但提升空间较大。根据以上对中国制造业科技创新能力的分析,提出如下建议:

(1) 保持 R&D 投入增速,调整 R&D 经费配置结构。在近十年的制造业科技研究与发展实践中,中国制造业 R&D 经费支出规模获得了显著的增长,申请与拥有的专利数也成绩喜人,然而,在稳定 R&D 投入增速的同时,应该调整 R&D 经费配置结构。近年来,我国科学研究,也就是基础研究和应用研究经费占 R&D 经费比例持续下降。这一比例在主要发达国家普遍在 35%以上,而我国仅为 15%。科学研究经费长期不足势必会影响我国原始创新能力和科技发展总体水平的持续提升。此外,R&D 经费使用中“重物轻人”现象仍然严重。在发达国家 R&D 经费中,人员费占比通常保持在 40%—60%,而我国这一比例仅为 27%。有效调整 R&D 经费配置结构是更好地培养和留住人才,进一步提高科技创新效率的根本保证。

(2) 加大科技人员经费投入,重视知识产权保护。制造业科技研究与开发人员是优化制造业企业制造流程、促进产业升级、增强科技创新能力的中坚力量,加大科技研究与开发人员的经费投入，有利于更好地培养科技创新型人才，合理利用R&D经费投入而不至于浪费。国家应当继续出台发展知识产权战略，保护知识产权相关的政策，促进中国制造业企业及其研发人员对科技创新的积极性，提高制造业创新效率。

(3) 转变科技创新能力评价体系。中国片面强调R&D投入、专利拥有数、量化论文等与评价科技创新能力的体系有重大关联。只有转化为有竞争力的创新才是真正意义上的创新，因此，必须面向市场进行研发创新，促进科技转化为实实在在的生产力，从而促进“中国制造”向“中国智造”的巨大转变。

5.3.3 能源节约能力综合评价

经过改革开放三十多年的发展，中国制造业逐渐步入国际产业分工体系，在承接全球产业转移的同时，已逐渐成为世界第一制造大国。然而，当前中国制造业的发展依然面临着复杂的内外部环境，制造业本身就是一个对自然资源需求量极大的产业，再加上利用效率低，导致在经济发展过程中自然资源的消耗过快。2013年，全国一次能源消耗近37.5亿吨标准煤，用占世界21.3%的能源消耗量创造了占世界11.6%的GDP。煤炭等化石能源的消耗加剧了我国环境污染的状况，雾霾天气、温室效应早已成为社会公害。

近年来，我国政府出台了多部节能减排的决定和通知，这些政策的实施有效地减少了制造业产能过剩、产能落后的问题，我国也顺利迈入了产业结构调整升级的轨道；同时，服务业比重的不断提高促进了我国产业结构的优化，设备陈旧、工艺技术落后的高能耗型企业的发展进一步受到限制，减少了制造业中的高能耗与高污染排放量。更重要的是，中国GDP增速从2012年起开始回落，2012年、2013年、2014年上半年增速分别为7.7%、7.7%、7.4%，是经济增长阶段的根本性转换，中国告别过去三十多年平均10%左右的高速增长，中国经济呈现出新常态，这种新常态使得我国的发展模式从要素驱动、投资驱动转向创新驱动，使得我国制造业的科技创新能力不断增强，能源效率水平随之提高，单位产值能源消耗随之下降，这些因素都有效提高了制造业节约能源的能力。

本节主要是针对制造业能源消耗进行分析研究，对《中国统计年鉴》所统计的2006—2014年共9年的相关数据进行收集和计算分析。本节针对制造业2006—2014年能源消耗主要指标，采用离差最大化方法，计算各指标的权重，综合评价中国制造业能源消耗发展趋势。中国制造业2006—2014年能源消耗规范化数据的计算结果如表5-5所示，中国制造业2006—2014年能源消耗水平综合评价值计算结果如表5-6所示。

根据制造业2006—2014年各项能源消耗归一化数据表，建立其具体直线分布趋势折线图，如图5-12所示。

表 5-5　中国制造业 2006—2014 年能源消耗规范化数据

指标 / 年份	制造业能源消耗量	制造业单位产值能源消耗量	制造业电力消耗量
2006	1.0000	0	1.0000
2007	0.8709	0.2957	0.8180
2008	0.7151	0.4891	0.7858
2009	0.6319	0.5379	0.7127
2010	0.5544	0.7903	0.5007
2011	0.4377	0.9254	0.3239
2012	0.3861	0.9755	0.2376
2013	0.0588	0.9480	0.0935
2014	0	1.0000	0

表 5-6　中国制造业 2006—2014 年能源消耗水平综合评价

权重	0.327	0.3294	0.3436	评价值 Di(w)	排序号
指标 / 年份	制造业能源消耗量（万吨标准煤）	制造业单位产值能源消耗量（万吨标准煤/亿元）	制造业电力消耗量（亿千瓦/小时）		
2006	1.0000	0	1.0000	0.6705	1
2007	0.8709	0.2957	0.8180	0.6632	3
2008	0.7151	0.4891	0.7858	0.6649	2
2009	0.6319	0.5379	0.7127	0.6287	4
2010	0.5544	0.7903	0.5007	0.6137	5
2011	0.4377	0.9254	0.3239	0.5593	6
2012	0.3861	0.9755	0.2376	0.5293	7
2013	0.0588	0.9480	0.0935	0.3637	8
2014	0	1.0000	0	0.3295	9

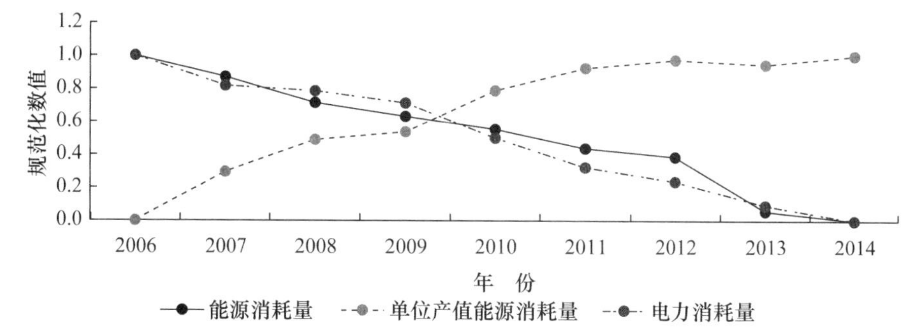

图 5-12　2006—2014 年能源消耗规范化数值图

1. 中国制造业能源消耗水平综合评价

中国制造业能源消耗综合评价值逐年降低，从表 5-6 可以看出，能源消耗综合评价值从 2006 年的 0.6705 降至 2014 年的 3 295，除了 2008 年相较 2007 年小幅度上升了 0.0017 之外其余各年份逐年递减，因而足以说明在中国可持续发展压力之下，中国制造业是可以通过调整产业结构和提高能源利用效率来降低能源消耗强度的。

2. 中国制造业能源消耗水平的单项指标评价

下面从能源消耗量、电力消耗量、单位产值消耗量三个方面对能源消耗水平进行评价：

(1) 中国制造业能源消耗总量逐年增多。从图 5-13 可以看出，制造业能源消耗总量逐年递增，从 2006 年的 143 051 万吨标准煤增加到 2014 年的 245 051 万吨标准煤。制造业能源消耗逐年增加表明，制造业中绝大多数行业都对能源保持着较高的依赖性，伴随着中国制造业的产能总量逐年增加，制造业对能源的需求量也越来越大，具体表现由图 5-13 可以看出。在可持续发展的压力逐渐增大的背景之下，调整产业结构、提高能源效率、降低能源消耗已成为制造业发展过程中不容忽视的重要问题。

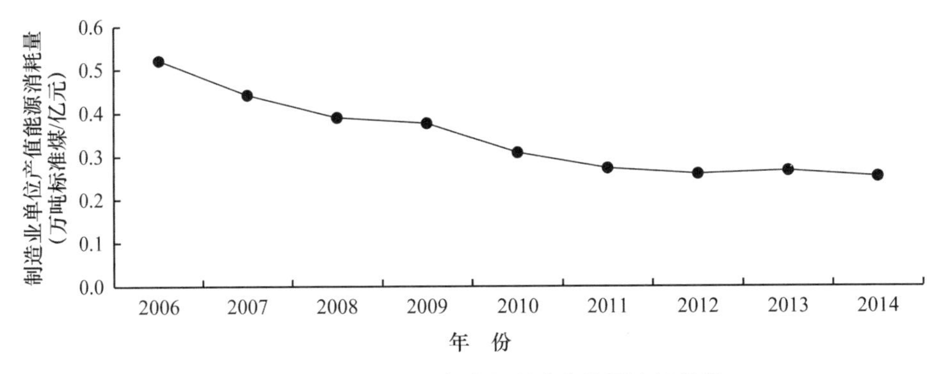

图 5-13 2006—2014 年中国制造业能源消耗总量

(2) 制造业电力消耗量逐年递增。中国制造业的电力消耗量呈递增趋势，由图 5-14 可以看出电力消耗量逐年递增，从 2006 年的 15 371 亿千瓦/小时增加到 2014 年的 30 390 亿千瓦/小时。制造业电力消耗量逐年递增表明，制造业行业对电力资源具有较强的依赖性，并且由于总量的迅速发展，对电力的依赖越来越大。因此，制造业为提高自身的竞争力必须降低电力资源消耗的水平。

(3) 制造业单位产值能源消耗量逐年降低。从图 5-15 可以看出，制造业单位产值能源消耗量从 2006 年的 0.5210 万吨标准煤/亿元逐年降低到 2014 年的 0.2531 万吨标准煤/亿元，表明了制造业近年来响应国家节能减排的政策，重视节

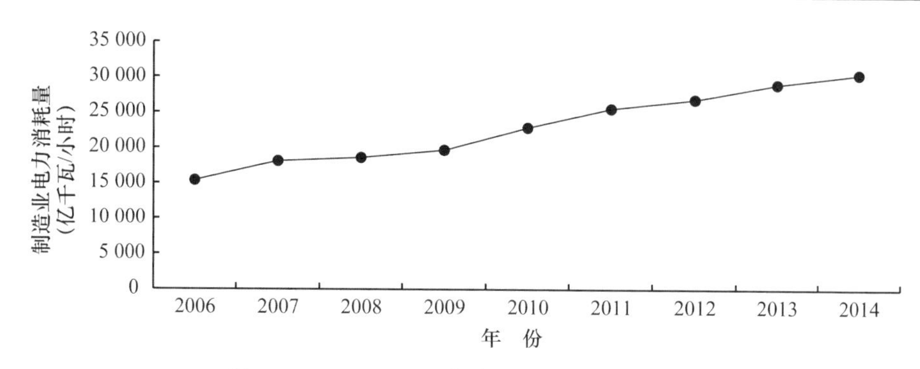

图 5-14　2006—2014 年中国制造业电力消耗量

能减排,注重能源的高效率应用,以提高行业资源的利用效率。“十二五”(2011—2015 年)规划中,大力推进节能降耗、抑制高耗能产业过快增长,突出抓好工业、建筑、交通、公共机构等领域节能,加强重点用能单位节能管理的政策在 2011 年之后得到了实行,由此可以看出通过政策约束可以进一步抑制高能耗行业发展,降低单位产值能源消耗量。

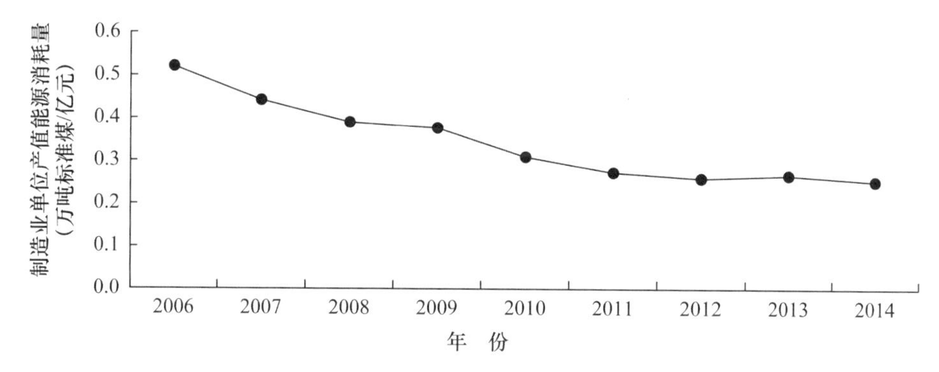

图 5-15　2006—2014 年中国制造业单位产值能源消耗量

3. 中国制造业资源消耗水平评价小结与建议

在能源消耗方面,我国制造业能源消耗总量和电力消耗量逐年增加,反映了在制造业产值增长发展的同时也对能源消耗提出了较大的需求;另外,制造业单位产值能源消耗的下降则说明了通过制定调整产业结构、限制高能耗产业发展、进行升级改造的政策,可以进一步减少我国能源消耗总量转变经济发展方式。

当前,我国制造业发展的资源能源在发生动态变化。在国内,我国资源相对不足,石油、铁矿石、铜等重要矿产资源的人均可采储量分别为世界人均水平的 7.7%、17%、17%。而在国外,我国制造业又面临着严峻的形势:发达国家高端制造回流与中低收入国家争夺中低端制造转移同时发生,对我国形成“双向挤压”的严峻挑战,高端制造领域出现向发达国家“逆转移”的态势。制造业重新成为全球经济竞争的制高点,各国纷纷制定以重振制造业为核心的再工业化战略。中国制造业在未来的发展势必对国家经济增长起到关键性的作用,发展是大势所趋,而在发展的同时又一定会对我国的能源消耗提出更大的要求。

根据以上对中国制造业资源能源消耗的分析,提出如下建议:

(1) 制造业行业需调整产业结构。当今中国制造业的发展正在面临前所未有的挑战,然而一些高能耗产业由于技术、设备的落后正在加剧单位产值能耗,同时对生态环境造成严重影响。因而我国需要制定相关政策来调整产业结构,严格限制高能耗产业的发展,对无生产许可的高能耗产业要坚决取缔;同时,制定政策降低经营成本,引导市场由资源、劳动要素驱动转变为以科技驱动,优化产业结构。

(2) 制造业行业需进行技术升级。科技一直是推动生产生活方式加速发展的重要力量。近年来,随着新技术、新材料、新能源的出现,世界制造业发展正在经历前所未有的改变,尤其是信息化技术与制造业的融合,正在悄然变革着传统制造业高能耗、大规模流水化的生产组织模式,而代之以更加节能化、智能化的高技术含量的工业制品,传统落后的高能耗的生产方式势必会被淘汰。当前我国科技在诸多领域都与世界技术领先国家处于历史最小值,应当参与到这场新技术主导的变革中来,进行产业升级,减少能源消耗。

(3) 制造业行业需提高生产效率。制造业行业需要改善生产技术、提高生产效率,增加制造业的产值,降低制造业的单位产值能源消耗量。一方面,对于那些生产效率低的企业,要么提高企业的生产效率,要么淘汰低效率的企业,从而提高整个行业的生产效率;另一方面,对于生产效率高的企业,鼓励其保持生产效率,带动其他企业的生产效率,从而增加整个行业的产值,提高资源的单位产值利用率。

5.3.4 环境保护能力评价

根据2006—2014年的统计数据,从废水、废气、固体废物三个层面,分析各自的变化趋势及其原因,并评价各方面防治工作的成效与不足,希望能为制造业污染控制、整治工作提供一些研究支持。采用离差最大化方法,将各指标归一化,进行综合比较,并分析环境效率变化趋势,从而提出提高环境效率的着力点。

1. 数据处理与计算

本节所用的环境指标2006—2014年数据主要来自历年的《中国统计年鉴》以及《中国环境统计年鉴》;2012—2014年制造业总产值以《中国工业统计年鉴》中的制造业销售产值代替,二者数值接近,替代不会对分析评价造成太大影响;2011—2013年的制造业固体废物排放量在各主要年鉴中均未查询到,因此,以2005—2010年的《中国统计年鉴》相应数据为原数据,用灰色GM(1,1)预测模型,进行相关推算,计算结果如表 5-7 所示。

表 5-7　中国制造业 2006—2014 年各项环境指标数据

年份＼指标	污染排放量(废水)(万吨)	单位产值污染排放量(废水)(万吨/亿元)	污染排放量(废气)(亿标立方米)	单位产值污染排放量(废气)(亿标立方米/亿元)	污染排放量(固体废物)(吨)	单位产值污染排放量(固体废物)(吨/亿元)
2006	1 666 639.00	6.07	217 628.00	0.79	3 881 210.00	13.95
2007	1 810 570.29	5.12	254 326.90	0.72	2 821 850.00	7.98
2008	1 791 223.00	4.06	273 702.00	0.62	2 140 000.00	4.85
2009	1 747 242.57	3.87	281 675.00	0.62	1 708 070.00	3.72
2010	1 766 872.10	2.66	328 155.00	0.54	997 860.00	1.64
2011	1 730 429.00	2.36	463 004.00	0.63	853 141.16	1.16
2012	1 702 421.00	2.15	420 576.00	0.53	630 946.31	0.80
2013	4 006 729.00	4.47	435 474.00	0.49	547 257.86	0.73
2014	1 545 835.00	1.60	469 366.00	0.48	105 152.20	0.11

资料来源:《中国环境统计年鉴》(2007—2015 年)。

根据公式(5.1)、(5.2)无量纲化方法,中国制造业环境指标无量纲化数据计算结果如表 5-8 所示。

表 5-8　中国制造业环境指标无量纲化数据

年份＼指标	污染排放量(废水)(万吨)	单位产值污染排放量(废水)(万吨/亿元)	污染排放量(废气)(亿标立方米)	单位产值污染排放量(废气)(亿标立方米/亿元)	污染排放量(固体废物)(吨)	单位产值污染排放量(固体废物)(吨/亿元)
2006	0.9509	0.0000	1.0000	0.0000	0.0000	0.0000
2007	0.8924	0.2124	0.8542	0.2384	0.2805	0.4315
2008	0.9003	0.4496	0.7773	0.5601	0.4611	0.6576
2009	0.9182	0.4913	0.7456	0.5469	0.5755	0.7391
2010	0.9102	0.7614	0.5609	0.8258	0.7636	0.8896
2011	0.9250	0.8298	0.0253	0.5255	0.8019	0.9239
2012	0.9364	0.8765	0.1938	0.8500	0.8608	0.9503
2013	0.0000	0.3576	0.1346	0.9828	0.8829	0.9551
2014	1.0000	1.0000	0.0000	1.0000	1.0000	1.0000

中国制造业环境指标综合评价值及排序计算结果如表 5-9 所示。

表 5-9 中国制造业环境指标综合评价值

年份\指标	制造业污染排放量（废水）（万吨）	制造业单位产值污染排放量（废水）（万吨/亿元）	制造业污染排放量（废气）（亿标立方米）	制造业单位产值污染排放量（废气）（亿标立方米/亿元）	制造业污染排放量（固体废物）（吨）	制造业单位产值污染排放量（固体废物）（吨/亿元）	综合评价值	排序
2006	0.9509	0.0000	1.0000	0.0000	0.0000	0.0000	0.3081	9
2007	0.8924	0.2124	0.8542	0.2384	0.2805	0.4315	0.4684	8
2008	0.9003	0.4496	0.7773	0.5601	0.4611	0.6576	0.6198	6
2009	0.9182	0.4913	0.7456	0.5469	0.5755	0.7391	0.6526	4
2010	0.9102	0.7614	0.5609	0.8258	0.7636	0.8896	0.7677	2
2011	0.9250	0.8298	0.0253	0.5255	0.8019	0.9239	0.6291	5
2012	0.9364	0.8765	0.1938	0.8500	0.8608	0.9503	0.7456	3
2013	0.0000	0.3576	0.1346	0.9828	0.8829	0.9551	0.5686	7
2014	1.0000	1.0000	0.0000	1.0000	1.0000	1.0000	0.7928	1
权重	0.1061	0.1804	0.2072	0.1783	0.1701	0.1579	—	

2. 中国制造业环境影响程度分析

（1）制造业废水排放水平。2007—2012 年中国制造业废水排放呈下降趋势，2012 年废水排放量重新降回 2006 年排放水平，但 2013 年的废水排放量又上升为 2012 年的两倍多。图 5-16 反映了中国制造业 30 多个行业总废水排放情况：2006 年中国制造业废水排放总量最低，2012—2013 年废水排放量陡增。主要是因为 2013 年黑色金属冶炼及压延加工业、化学原料和化学制品制造业这两个行业废水的大量增加。2013 年黑色金属冶炼及压延加工业的工业废水治理设施本年运行费用仅为 2012 年的 0.8%，工业废水处理量也只有 2012 年的 48%，而工业废水排放量为 2 186 335 万吨，是 2012 年排放量的 20.6 倍，占了制造业废水排放总量的 55%，超越造纸及纸制品业，成为废水排放量最多的行业；化学原料和化学制品制造业的工业废水治理设施本年运行费用仅为 2012 年的 0.2%，工业废水排放量为 409 677 万吨，占了制造业废水排放总量的 10%，成为废水排放量最多的第二行业。此外，2013 年工业废水治理设施本年运行费用总金额急剧减少，只有 25 642 万元，仅为上一年的 0.38%，用于治理废水的投资大量降低，废水排放的问题没有得到很好的管理，环境治理方面出现了一些反弹，而 2014 年我国加大了监管力度和处罚力度，以改革创新为动力、以解决突出问题为导向，环境保护各项工作取得积极进展，工业废水治理设施运行费用总额为 6 608 918 万元，因而 2014 年制造业污水排放得到了很好的控制。

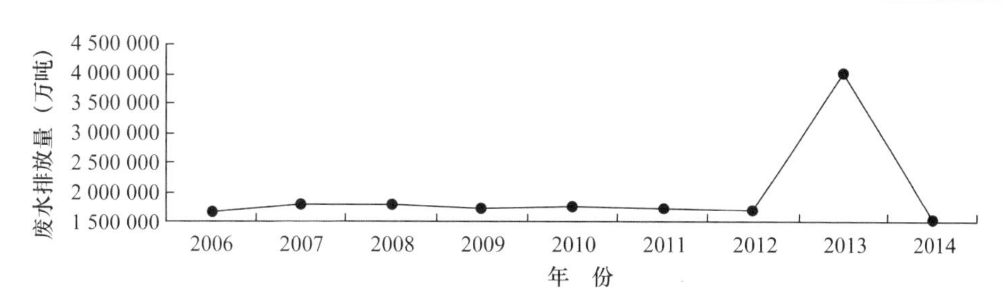

图 5-16 中国制造业废水排放量

由图 5-17 可知，2006—2012 年制造业废水单位产值排放量在逐年递减，表明我国每单位制造业企业产品所带来的废水污染程度在不断缩小，也表明国家在重视制造业企业经济发展的同时也同样把可持续发展放在首要位置。到了 2013 年，由于黑色金属冶炼及压延加工业、化学原料和化学制品制造业这两个行业废水的大量增加、工业废水治设施的投入金额的显著削减，加剧了工业废水污染情况，单位产值废水排放量达到了近七年来的最大值 4.47 万吨/亿元；而到了 2014 年，由于制造业废水排放总量回归到了正常水平，以及国家继续贯彻可持续发展战略，加大在污水治理方面的监管和处罚力度，加大污水治理投入，单位产值废水排放量重新回落到 1.60 万吨/亿元。

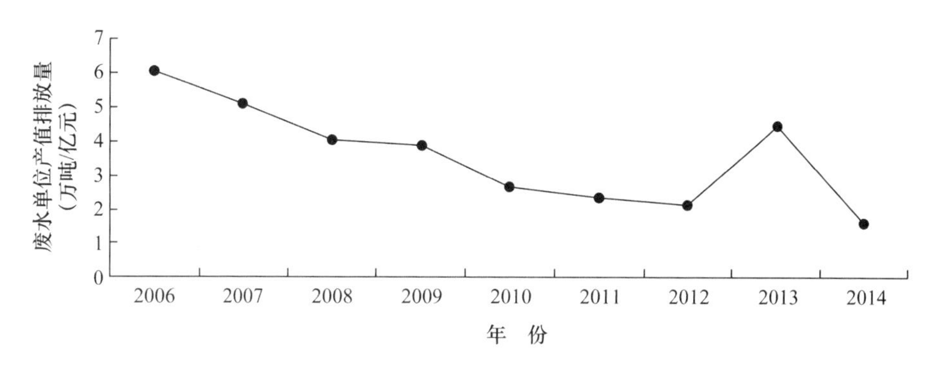

图 5-17 中国制造业废水单位产值排放量

（2）制造业废气排放水平。制造业废气排放量逐年递增，近两年增速放缓。由图 5-18 可知，2006—2011 年我国制造业废气排放量逐年递增，在 2011 年达到了峰值 217 628 亿立方米，废气污染问题一时成为我国当前环境污染治理的重点，也成为促进经济、社会和环境可持续发展的热点问题。自 2011 年之后，政府加大了对工业废气排放污染治理投资额，2010 年工业废气治理设施为 187 401 套，本年运行费用为 1 054.5 亿元；到了 2012 年，工业废气治理设施增加至 225 913 套，运行费用增加至 1 452.3 亿元，由此可见 2011 年为废气排放治理水平的一个转折点。而近两年来,政府在制造业废气治理投资的加大使得制造业废气排放情况得到了一定的控制,增速放缓。2014 年制造业废气排放量为 469 366 亿立方米,废气排放总量依旧在上升,因而仍需加大废气污染治理,通过增加环保治理投入和政府政策来加以管制,实现制造业经济的可持续发展。

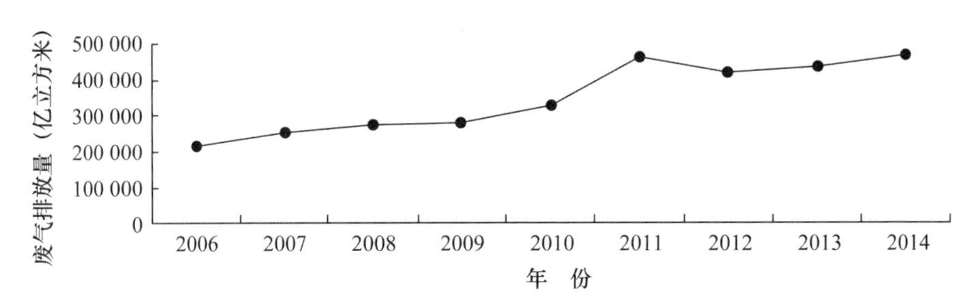

图 5-18 中国制造业废气排放量

中国制造业废气单位产值排放量总体呈缓慢下降趋势。中国制造业总产值和废气排放量在 2006—2014 年均呈增长趋势,但从图 5-19 中可以看出废气单位产值排放量总体呈缓慢下降趋势,在 2006—2008 年稳定下降,而在 2009—2012 年上下波动,但幅度较小,2014 年下降为 9 年中最低(0.48 亿立方米/亿元)。图 5-20 很好地反映了废气单位产值排放量的变化情况,2007 年、2008 年、2009 年、2010 年、2012 年、2013 年制造业总产值的增长率都大于废气排放量增长率,因此 2006—2008 年、2009—2010 年、2011—2014 年废气单位产值排放量呈下降趋势,而 2009 年两者的增长率相近,2008—2009 年废气单位产值排放量变化很小,2011 年废气排放量增长率大于制造业单位产值增长率,因此 2010—2011 年废气单位产值排放量呈上升趋势。2008—2012 年废气单位产值排放量上下波动,说明在这 5 年间中国的废气减排遇到了"瓶颈",主要是受技术水平限制,科研投入应适当增加。

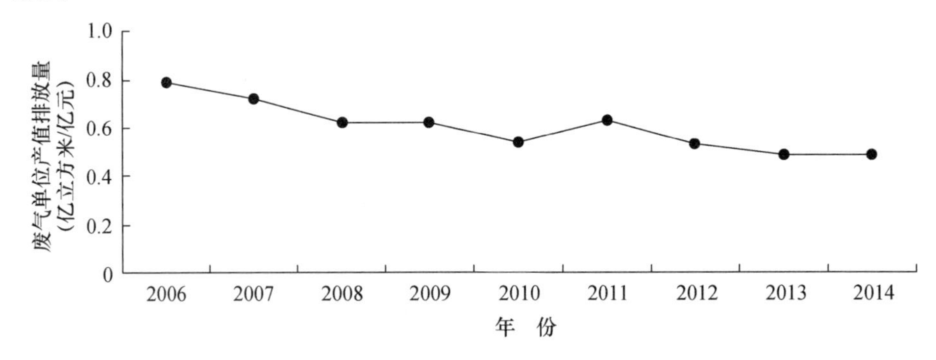

图 5-19 中国制造业废气单位产值排放量

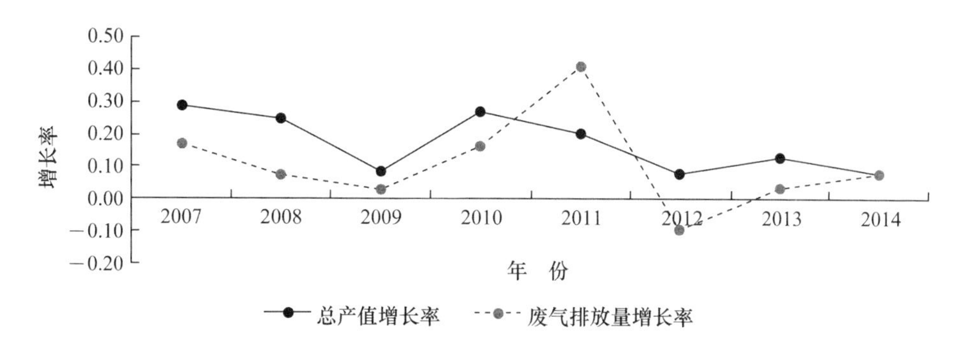

图 5-20　制造业总产值增长率与废气排放量增长率比较

(3) 制造业固体废物污染水平。2006—2014 年中国制造业固体废物排放量逐年递减,固体废物排放量下降趋势逐渐趋缓。图 5-21 是中国制造业固体废物排放量的逐年变化图,从图中可以看出:2006—2014 年制造业固体废物排放量逐年减少;从图中每两年间连线的直线斜率可以看出,固体废物排放量下降率也呈逐年减小的趋势,即固体废物排放量下降趋势逐渐趋缓。于 1996 年 4 月 1 日实施的《中华人民共和国固体废物污染环境防治法》确立了废物污染防治的"三化"原则和"全过程"管理原则,为固体废物处理提供了有力的法律保障。此外,制造业固体废物排放总量的持续下降还得益于以下诸多因素:从事固体废物处理的企业的大规模发展;国家不断加强法规建设的科学基础研究;危险废物集中处置设施的建设,以提高危险废物的处理率和处理水平;对于固体废物产生源的调查引进;相关的法律法规和污染控制标准的进一步完善;固体废物示范工程的建设和引导作用。而制造业固体废物排放总量的下降率趋缓,则是由于固体废物排放处理、整治措施的全面到位,所以,固体废物排放量的减少关键在于技术改革,而这一点还需中国制造业的不断探索。

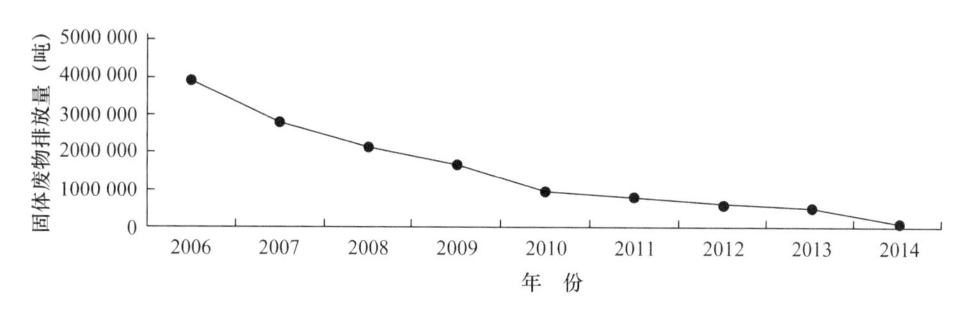

图 5-21　中国制造业固体废物排放量

中国制造业固体废物单位排放量逐年递减,固体废物单位产值排放量下降趋缓。从图 5-22 可以看出:2006—2014 年,固体废物单位排放量呈递减趋势,且每两年间连线的直线斜率逐年减小，即固体废物单位产值排放量下降趋缓，且从2014年数据来看，已达到一个较低水平。固体废物排放的主要制造业行业是黑色金属冶炼及压延加工业、非金属矿物制品业、化学原料及化学制品制造业、有色金属冶炼及压延加工业和石油加工、炼焦及核燃料加工业，其中，非金属矿物制品业对于制造业总产值的贡献率小于其固体废物排放的贡献率，而纺织业对于制造业总产值贡献率则大于其固体废物排放量贡献率，其他28个行业的总产值贡献率与固体废物排放量贡献率则近似成正比。从宏观制造业来看，固体废物排放得到了有效的减少，但是要想取得可持续的成效，就必须着眼于固体废物排放的主要行业，尤其是非金属矿物制品业，加大在这几个行业的监管力度。

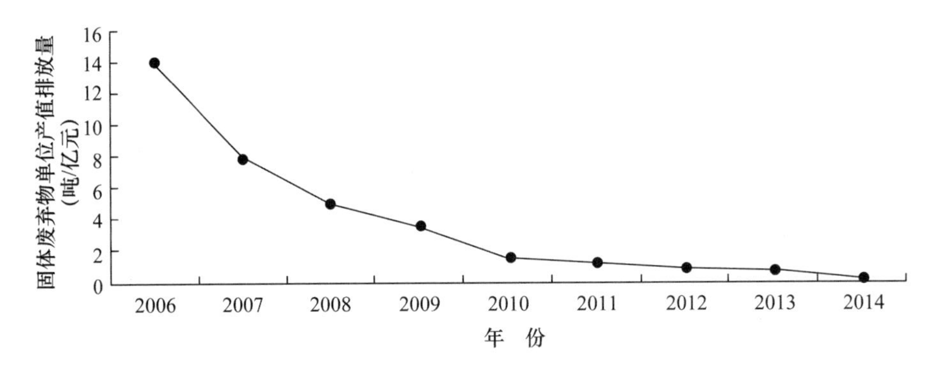

图 5-22　中国制造业固体废物单位产值排放量

3. 中国制造业环境效率综合分析与评价

(1) 环境效率综合分析。根据2006—2014年环境效率综合评价数据分析中国环境现状及前景。采用离差最大化方法，可求中国制造业各环境效率指标权重，进而确定这些权重对环境效率综合评价值的影响程度。从图5-23可以看出：依照从大到小排序，影响环境效率综合评价值的主要因子为废气排放量、废水单位产值排放量、废气单位产值排放量、固体废物排行量、固体废物单位产值排放量、废水排放量。

中国制造业环境效率综合评价值总体呈增长趋势，环境效率不断提高。环境效率指标加权规一化值的增长趋势说明其对环境效率提高有正面影响，而下降趋势则说明对环境效率提高有不利影响。从图5-24中可以看出，废水单位产值排放量、废气单位产值排放量、固体废物单位产值排放量、固体废物排放量四个指标总体均呈增长趋势，这四个指标变化趋势良好且稳定，其中废气单位产值排放量更是在2010—2011年有较大幅度的下降，状况开始改善。而就剩下的废气排放量指标来说，在2011—2012年略微增长，对环境效率综合评价值产生了一定的消极影响。而2012—2014年又有所下降，使得环境效率综合评价值逐渐增加，这与

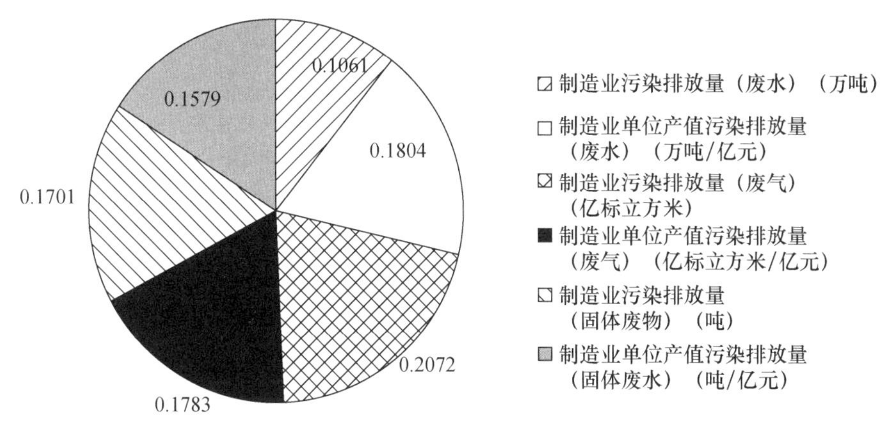

图 5-23　中国制造业各环境效率指标权重

2012 之后颁布的诸如《大气污染防治行动计划》等环境政策密切相关。

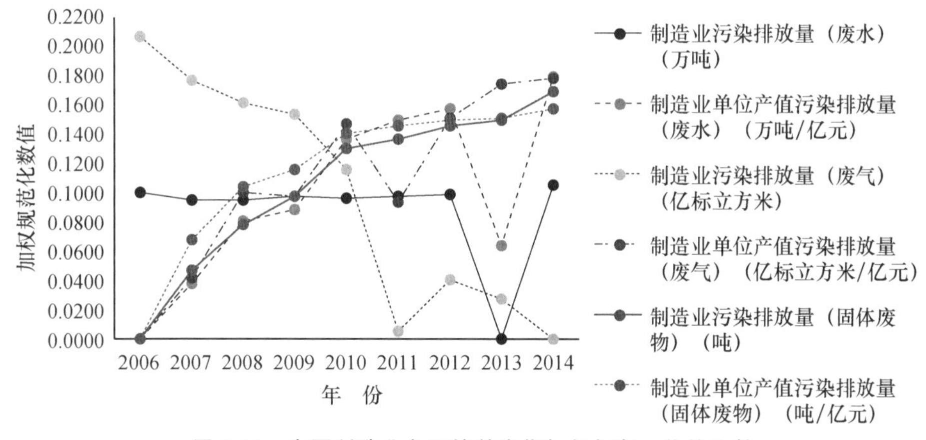

图 5-24　中国制造业各环境效率指标加权归一化值比较

从图 5-25 可以看出，中国制造业环境效率综合评价值在 2006—2010 年和 2011—2012 年以及 2013—2014 年呈增长趋势，在 2010—2011 年和 2012—2013 年有小幅下降，总体来看，呈增长趋势，环境效率不断提高，其排序按 2006—2014 年分别为 9、8、6、4、2、5、3、7、1。从图 5-24 中可知，2010—2011 年废气排放量和废气单位产值排放量这两个指标的加权归一化值都在下降，且减幅较大，从图 5-19 和图 5-20 可以知道，2010—2011 年废气排放量出现相对较大幅度的增长，且其增长率超过了当年制造业总产值的增长率，从而废气单位产值排放量由原来的下降转变为消极的增长现象，抵消了其他指标带来的有利影响，这是 2010—2011 年环境效率下降的原因。

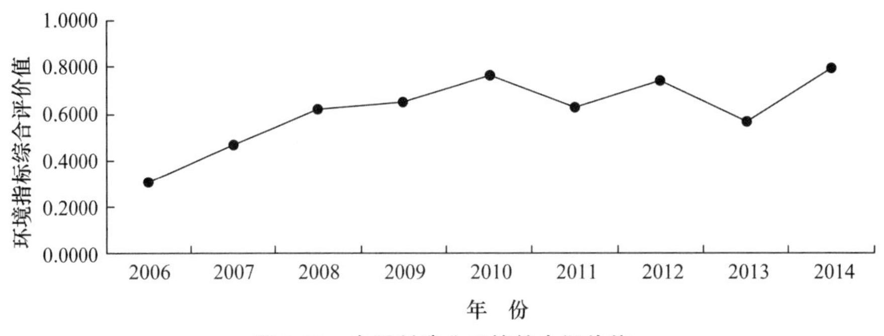

图 5-25 中国制造业环境综合评价值

(2) 环境效率综合评价。中国制造业的环境效率总体上不断提高,废气单位产值排放量总体呈波动式减缓,对环境效率的影响较大。我们所讨论的环境效率是指制造业增加的总产值与增加的环境影响的比值。环境效率的研究包括废水、废气和固体废物排放。环境效率与可持续发展息息相关,没有环境效率的发展是负发展。从前述分析可以知道,中国制造业的环境效率不断提高,从指标层面来看,固体废物的排放情况较好且变化趋势较稳定,尽管废气单位产值排放量总体呈良好的减少趋势,但有比较明显的波动,比较不稳定,对环境效率的影响较大;而废气排放更要引起重视,它是导致废气单位产值排放量波动的主要原因,更是阻碍环境效率增长的主要因素,应该更积极地采取加大力度研发除硫技术、完善碳交易市场体系等一系列举措;至于废水的排放,在 2006—2012 年呈现较为良好的发展趋势,由于 2013 年黑色金属冶炼及压延加工业、化学原料和化学制品制造业的废水量的急速增加而导致状况不佳,幸而在 2014 年政府加强了监管和处罚管制。从行业层面来看,通过制造业各行业在 2006—2014 年三废排放强度均值的比较,通用设备制造业、专用设备制造业,交通运输设备制造业,电气、机械及器材制造业,通信设备、计算机及其他电子设备制造业,仪器仪表及文化办公用机械制造业,属于低污染密集度行业。非金属矿物制品业,金属冶炼及压延加工业的污染排放,纺织业,造纸及纸制品业,印刷以及文教用品制造业,石油加工、炼焦及核燃料加工业,化学原料及化学制品制造业,属于高污染密集度行业,应成为防治污染和改善环境的重点关注行业。

尽管中国制造业的环境效率呈现良好势头,但是中国与其他发达国家的差距仍较明显。中国环境治理的投资额逐年增加,但与美国、德国相比,仍旧差距很大,2005 年中国治理环境污染的投入额仅略高于美国的 21%。中国制造业从 2006 年发展至今,污染治理投入已赶超英国,但从治理污染投入占制造业总产值的比重来看却无明显增长,环境污染治理仍需政府和企业共同努力。

(3) 中国制造业环境效率评价建议。综合上述分析，结合中国制造业发展特点提出提高环境效率与促进制造业可持续发展能力的建议：

实行清洁生产。清洁生产是促进环境与经济协调发展的新方法，其含义是对制造业生产过程的各环节采取污染预防战略的生产方式，即把环境污染问题解决在企业内部。

发展循环经济。发展循环经济要突破传统经济体制的束缚，同时保证科技创新达到必要水平，避免出现经济难以循环发展的问题。

在制定环境规制政策时，确保控制型环境规制与激励型环境规制协调进行。控制型的环境规制措施，如环境标准、基于环境标准的排放标准、技术标准以及其他形式的规章等，通过强制企业达标，保障排放量的控制。激励型的环境规制措施，如排污权交易制度、排污收税制度、补贴和押金返还制度、自愿性协议制度等，有利于刺激绿色技术和管理创新。

5.3.5 中国制造业新型化综合评价

中国制造业要实现可持续发展，必须依据科学发展观，走出一条具有中国特色的新型制造业发展道路。通过对 2006—2014 年制造业总体"新型化"程度进行评价，我们可以把握制造业历年的现实发展水平和未来发展潜力。采用离差最大化评价方法，可以得到中国制造业 2006—2014 年新型化综合指数，计算结果如表 5-10 所示。

表 5-10　中国制造业新型化综合指数

指标 年份	经济	科技	能源	环境	综合指数
权重	0.2480	0.4444	0.1098	0.1978	
2006	0.0000	0.0413	0.0736	0.0610	0.1759
2007	0.0474	0.0711	0.0728	0.0927	0.2840
2008	0.0688	0.0787	0.0730	0.1226	0.3432
2009	0.0923	0.1158	0.0690	0.1291	0.4062
2010	0.1446	0.1441	0.0674	0.1519	0.5079
2011	0.1653	0.2531	0.0614	0.1244	0.6043
2012	0.1762	0.3085	0.0581	0.1475	0.6903
2013	0.2063	0.3564	0.0399	0.1125	0.7151
2014	0.2480	0.4056	0.0362	0.1568	0.8466

根据表 5-10，从经济、科技、能源以及环境等四个维度的权重来看，最高的是科技，其权重为 0.4444，在对制造业新型化的评价中具有举足轻重的地位；其次是经济，其权重 0.2480；再者是环境，其权重为 0.1978；比重最小的是能源指标，为 0.1098。

实际上，科技创新能力是制造业“新型化”最重要的组成部分，对提高经济创造能力、能源节约能力与环境保护能力都起到不容忽视的作用。在面临技术创新正在给世界范围内的制造业带来深刻变革的今天，制造业的进一步发展需要科技创新带来新的的技术手段，促进产业结构优化升级，实现经济增长方式的转变；需要科技创新来提高能源使用效率，减少制造业单位产值的能源损耗，以达到节约能源的目的；需要科技创新来为环境污染的改善提供新思路、新技术，在减少制造业单位产值污染排放的同时，对环境污染进行科学有效的治理。因此，在计算中国制造业新型化综合指数时，加大科技指标的权重是完全合理的。

从总体排名情况看，2006—2014 年中国制造业“新型化”指数持续增长，从 2006 年的 0.1759 增加到 2014 年的 0.8466，说明我国制造业总体发展态势良好，新型化程度不断提高，保持了良性的发展势头（见图 5-26）。

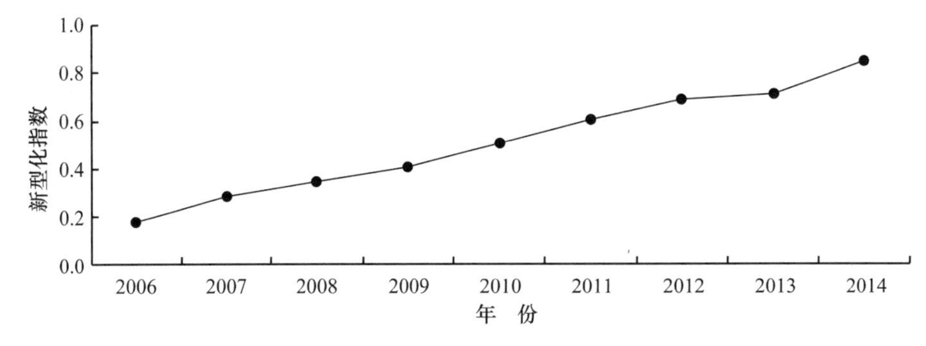

图 5-26　中国制造业新型化综合指数

中国制造业新型化道路曲折，但前景光明。当前中国制造业发展的国内外环境已经发生了变化，国内经济下行压力较大，经济增速放缓，国际上金融危机的影响仍然存在，这些因素对中国制造业的发展产生了冲击，使得制造业发展放缓。但对近 9 年的制造业新型化综合评价结果表明，我国制造业总体发展态势良好，新型化程度不断提高。上述制造业新型化评价结果可以为政府部门加强制造业发展的宏观调控、制定相关经济政策和考核制造业企业经营业绩提供决策依据。

5.4　本章小结

本章分别从经济创造能力、科技创新能力、能源节约能力以及环境保护能力四个维度阐述了制造业“新型化”的内涵。本节构建了由 4 个主指标、27 个子指标构成的制造业“新型化”评价指标体系。本节还运用经济指标、科技指标、能源指标、环境指标等 4 个指标对中国制造业发展状况进行评价。从经济创造能力分析，中国制造业经济指标不仅逐年提升，而且整体的增长的幅度也有明显的加快。

我国制造业就业人数逐年大幅度增加，体现出制造业蕴含的大量就业机会，切实地解决了大量的社会就业问题，并且制造业的利润总额每年也大幅度地增长，促进了我国国民经济的迅速发展，成为我国国民经济的支柱。从科技创新能力分析，中国制造业正由“中国制造”向“中国智造”转变，R&D经费和R&D人员全时当量也有了大幅度的增加，说明了我国政府越来越关注通过科研创新加快产业升级，在多种要素趋近、传统粗放式道路之外正努力寻找一条以科技为导向的新道路。从能源节约能力分析，由于制造业发展所面临的挑战与机遇同时增大，我国制造业对能源的依赖也越来越大，能源消耗总量正逐年递增，我国更应注重节能减排的工作，无论是政府还是企业都要对此认真地实施，并制定相应的政策以推动节能减排的实行，制定政策限制高能耗企业的发展并主动革新技术，加快产业升级。从单位产值能源消耗逐年降低也可以看出，我国制造业的发展已经注重能源的节约和高效利用。从环境保护能力分析，由于制造业各行业在近年来的蓬勃发展导致某些行业产值增长迅速，由于生产规模增加、技术水平存在不足引起了废气、废水、固体废物的排放量增加，幸而我国政府继续贯彻可持续发展战略，加大了污染治理力度，使得近两年间环境污染得到了一定的控制。近9年中国制造业新型化综合评价研究表明，制造业新型化前景广阔。当前中国制造业发展的国内外环境已经发生了变化：发达国家高端制造回流与中低收入国家争夺中低端制造转移同时发生，对我国形成“双向挤压”的严峻挑战，国内经济下行压力较大，经济增速放缓，尽管这些因素对中国制造业的发展产生了冲击，使得制造业发展放缓，但是我国制造业总体发展态势良好，尤其是我国在相当一些领域与世界前沿科技的差距都处于历史最小时期，已经有能力并行跟进新一轮科技革命和产业变革，实现制造业的转型升级和创新发展。

参考文献

[1] 李廉水，周勇. 中国制造业“新型化”状况的实证分析——基于我国30个地区制造业评价研究[J]. 管理世界，2005(6):76—88.

[2] 李廉水，臧志彭. 制造业“新型化”三维时序国际比较[J]. 第四届中国科学学与科技政策研究会学术年会论文集（Ⅱ），2008.

[3] 李廉水等.中国制造业发展研究报告 2012.北京:科学出版社.

[4] 国家统计局.中国统计年鉴 2007.北京:中国统计出版社.

[5] 国家统计局.中国统计年鉴 2008.北京:中国统计出版社.

[6] 国家统计局.中国统计年鉴 2009.北京:中国统计出版社.

[7] 国家统计局.中国统计年鉴 2010.北京:中国统计出版社.

[8] 国家统计局.中国统计年鉴 2011.北京:中国统计出版社.

[9] 国家统计局. 中国统计年鉴 2012. 北京：中国统计出版社.
[10] 国家统计局. 中国统计年鉴 2013. 北京：中国统计出版社.
[11] 国家统计局. 中国统计年鉴 2014. 北京：中国统计出版社.
[12] 徐盈之，张全振. 中国制造业能源消耗的分解效应：基于 LMDI 模型的研究[J]. 东南大学学报(哲学社会科学版)，2011(4)：55—60.
[13] 孙佳. 中国制造业：现状、存在的问题与升级的紧迫性[J]. 吉林省经济管理干部学院学报，2011(6)：10—14.
[14] 何霞，刘卫锋. 一种离差组合最大化多属性决策方法[J]. 统计与决策，2012(15)：74—76.
[15] 王应明. 运用离差最大化方法进行多指标决策与排序[J]. 系统工程与电子技术，1998(7)：26—28.
[16] 常中甫. 中国经济增长与能源消耗的现状分析与对策[J]. 经济研究导刊，2008(15)：107—108.
[17] 徐晓春. 江苏制造业“新型化”分析—基于环境保护的视角[J]. 产业与科技论坛，2010(9)：7.

撰稿人：孙薇
审核人：巩在武、姜彩楼

第6章　中国制造业发展:区域研究

区域制造业是国家制造业的组成部分,全国四大区域(东部、东北、中部、西部)31个省份的制造业发展各不相同,本章从区域层面对中国制造业的发展进行分析。以客观数据为基础,从经济创造、科技创新、能源集约、环境保护四个方面,对区域制造业"新型化"状况进行评价,全面系统地展现区域制造业的发展水平。在此基础上,通过区域制造业比较,分析特定区域制造业发展特点、发展经验,引导区域合理定位,可持续发展。

6.1　区域制造业发展总体评价

本章延续以往《中国制造业发展研究报告》的风格,按照相应的指标体系,评选出中国制造业[①]的"十大强省"和"十大强市",以便更加深入地认识中国制造业的发展状况和发展趋势,本章数据来自相应年份中国统计年鉴、各省统计年鉴、科技统计年鉴、工业统计年鉴和能源统计年鉴。

6.1.1　区域制造业增速放缓,获利能力降低

2014年,区域制造业增速放缓(见表6-1),从产值看,除中部区域,东部、东北、西部规模增速均为五年来最低,东北区域同比仅增长2.06%,为区域中最低。从利润看,除东部,各区域同比增幅也创五年来新低,东北和西部利润现负增长,区域制造业获利能力降低,单位产值利润率近年持续下降。以西部为例,2010年每万元产值利润719元,2014年每万元产值利润降至470元。

表6-1　2010—2014年区域制造业规模同比增速　　单位:%

区域	产值增长					利润增长				
	2010	2011	2012	2013	2014	2010	2011	2012	2013	2014
东部	24.13	15.41	8.32	11.37	7.84	45.97	10.13	−0.14	11.95	5.81
东北	27.44	20.76	17.15	5.97	2.06	63.62	5.42	1.08	16.80	−13.86
中部	37.24	33.28	12.17	−8.94	44.24	55.95	22.72	3.10	18.13	1.61
西部	28.66	30.25	10.16	17.66	8.91	69.69	22.82	−3.77	15.19	−11.71

① 本书涉及中国部分,如未特殊说明均不包括港、澳、台地区。

人民生活水平富裕程度提高,劳动力成本、土地成本上升等外部环境因素影响了制造业利润,而产能、库存过剩,市场响应速度过慢,附加值含量低是影响制造业获利能力的内在要因。各区域应当采取有效措施,加快推进制造业部门改革,提高区域制造业市场竞争力。

6.1.2 区域制造业就业人数下降①

2014年,各区域制造业就业人数除江苏、河南、江西、重庆、湖北、新疆、安徽、宁夏、西藏九个省份外,其他省份制造业就业人数均呈下降趋势。2010年制造业就业人数为3637.2万人,2013年为5257.8万人,2014年为5243.2万人,近年来首次出现下降,表6-2列出了2010—2014年各区域制造业就业人数增长,可以看出:2013年和2014年部分区域制造业就业人数负增长,就业人数减少主要集中在东北、中部、西部区域,东部经济发达区域制造业人数依然保持一定增长。

表6-2 2010—2014年区域制造业就业人数同比增速 单位:%

区域	2010	2011	2012	2013	2014
东部	—	14.78	8.91	205.70	0.31
东北	—	12.62	0.37	−47.58	−5.41
中部	—	13.23	4.35	−16.88	3.05
西部	—	10.08	2.69	−47.53	−4.79
全国	—	12.40	4.25	23.36	−0.28

我国处于工业化阶段,根据钱纳里标准结构理论,发展到后期,制造业就业人口会逐渐向服务业等第三产业部门转移,仔细分析可知,我国区域制造业就业人数下降明显不属于此类自然转移,观察表6-2中数据可知区域制造业就业人口的减少主要集中在东北和西部地区,它们的工业化程度明显低于东部发达区域,后者制造业就业人数未出现明显下降。而结合6.1.1分析可知:东北和西部地区制造业获利能力降低,2014年两区域利润分别同比下降了13.86、11.71%,导致了制造业就业人口的外流。

6.1.3 东部地区劳动生产率低于平均水平

制造业对地方经济起着主要拉动作用,东部、东北、中部、西部地区制造业差异更是造成地方经济差异的重要原因。四大区域制造业发展呈现东部强,东北、中部次之,西部弱的特点。2014年东部地区制造业销售产值为586552.0925亿元,占全国制造业的份额为59.51%;从业人员为3231.7000万,是制造业从业人数的61.64%,从业人数比重高出产值份额,说明东部地区制造业劳动生产率(人

① 制造业就业人数包含城镇和乡村就业人数,乡村制造业就业由于较大流动性和统计难度,影响了数据的准确性,为避免不同口径低质量就业数据误导分析结果,本章统一采用城镇单位就业人数作为制造业就业数据,对它的观察能够较为准确地反映制造业就业状况。

均产值)低于全国平均。表 6-3 列出了 2010—2014 年各区域制造业人均产值。东部地区 2014 年人均产值为 181.4995 万元,低于东北和中部地区。发达的经济、先进的技术通常对应高水平的劳动生产率,美国作为世界第一经济体,劳动生产率高于其他各国。

表 6-3 2010—2014 年区域制造业人均产值 单位:万元/人

区域	2010	2011	2012	2013	2014
东部	463.4065	465.9354	463.4169	168.8228	181.4995
东北	87.7502	94.0894	109.8168	222.0154	239.5396
中部	103.3399	121.6386	130.7521	143.2449	200.4933
西部	54.4299	64.4064	69.0923	154.9301	177.2185
全国	167.4748	179.4830	189.3213	165.5635	187.9783

那么,是什么原因导致经济发达的东部地区劳动生产率偏低?从表 6-3 中可以看出,2012 年东部地区人均产值为 463.4169 万元,2013 年仅为 168.8228 万元,相邻年份间劳动生产率有近 3 倍的差异,主要是官方发布的就业人口数据 2012 年与 2013 年有较大差距所致,2014 年延续了与 2012 年的差距,因此排除数据个别年份异常错误。差距或因某统计口径调整所致。那么排除数据错误因素,东部劳动生产率有悖于常理性偏低可从产业结构获得合理解释:东部地区多为出口加工型经济,凭借比较优势生产劳动密集型产品,因此劳动密集型产业比重大,经过几十年发展,中国人口红利逐渐消失,但是长期以来形成的劳动密集型的"路径依赖"使地方惯性发展劳动密集型产业,因而单位产出所需劳动力较多;东北、中部区域则是资本密集型产业占主导——钢铁、金属、重化工等资本密集型产业占有较大份额,资本对劳动力产生一定替代效应,单位产出所需劳动力较少。

6.2 中国制造业:"十大强省"

中国制造业强省评价,强调通过数字说话,力求内容的权威性、客观性、科学性、完整性,所用指标的数据均来自全国和各省份的统计年鉴及行业年鉴,各省份排名采用离差最大化进行综合评价。具体方法参见第 5 章。

6.2.1 制造业强省评价指标

关于各省份制造业发展的评价方法,通常局限于制造业的经济指标方面,主要是规模和效益两个板块,重点描述单项和总量指标。虽然这些评价方法可以一定程度上反映地区制造业发展状况,尤其是对国民经济发展和地区经济发展方面的贡献。然而,越来越多的能源超限耗费,越来越严重的环境污染,已经说明这样的评价存在缺陷。我们认为,对于各个地区制造业发展程度的评价,应当从"新型制造业"角度,即从经济、科技、能源和环境四维指标进行系统性评价,通过经济指标反映制造业对国民经济当前的贡献,通过科技指标反映制造业未来的竞争能力,通过能源指标反映资源紧缺背景下制造业对能源的合理利用和集约使用能力,通过环境指标反映制造业对环境的污染以及可持续发展能力。

在初选 60 个指标的基础上,采用专家调查和实际数据分析方法,可以对现阶段中国各省份制造业发展状况进行模拟计算和评价。考虑到评价指标应尽可能与国家统计年鉴中现有指标同步,满足科学性、可比性、系统性和可操作性的评价原则,我们构建了一套由 4 个主指标、32 个子指标构成的制造业强省排名评价指标体系(见表 6-4)。

表 6-4　中国制造业强省评价指标体系

总指标	序号	主指标	序号	子指标	
制造业强省指标体系	A	经济创造能力	A1	产值	制造业总产值
			A2		制造业总产值占工业总产值比重
			A3	利润	制造业企业利润总额
			A4		制造业就业人员人均利润率
			A5	效率	制造业就业人员劳动生产率
			A6	市场	制造业产品销售率
			A7	就业	制造业企业就业人数
			A8		制造业就业人员占地方就业人员比重
			A9	税收	制造业企业利税总额
			A10		制造业就业人员人均利税率
	B	科技创新能力	B1	R&D	制造业 R&D 经费支出
			B2		制造业 R&D 人员全时当量
			B3		制造业 R&D 投入强度
			B4		制造业 R&D 人员占就业人员人数比重
			B5	产品开发	制造业新产品开发项目数
			B6		制造业新产品开发经费
			B7	专利	制造业专利申请数
			B8		制造业有效发明专利数
			B9	技术转化	制造业新产品销售收入
			B10		制造业新产品销售收入占比
			B11		制造业技术创新投入产出系数
	C	能源集约能力	C1	能源	制造业能源消耗量
			C2		制造业单位产值能耗
			C3		制造业电力消耗占比
			C4		制造业煤炭消耗占比
	D	环境保护能力	D1	废水	制造业污染排放量(废水)
			D2		制造业单位产值污染排放量(废水)
			D3	废气	制造业污染排放量(废气)
			D4		制造业单位产值污染排放量(废气)
			D5	固体废物	制造业固体废弃物产生量
			D6		单位产值制造业固体废弃物产生量
			D7	综合	制造业固体废弃物综合利用率

1. 经济创造能力

经济创造能力是区域制造业发展的重要组成部分。对于处于工业化发展阶段的国家来说,经济效益更为重要;只有具有经济效益才会有持续发展的动力,才能为发展科技、提高效率、节约资源、保护环境提供支持(见表 6-5)。

表 6-5 制造业经济创造能力指标集

序号	制造业强省经济指标		单位
A1	产值	制造业总产值	亿元
A2		制造业总产值占工业总产值比重	%
A3	利润	制造业企业利润总额	亿元
A4		制造业就业人员人均利润率	万元/人
A5	效率	制造业就业人员劳动生产率	万元/人
A6	市场	制造业产品销售率	%
A7	就业	制造业企业就业人数	万人
A8		制造业就业人员占地方就业人员比重	%
A9	税收	制造业企业利税总额	亿元
A10		制造业就业人员人均利税率	万元/人

其中,A1、A2 为产值指标,用来反映制造业的规模水平(一般而言,规模大的企业年产值指标也大)和制造业生产活动的财富创造对国民经济的贡献。A3、A4 为利润指标,用来反映制造业企业经营活动的利润水平。A5 为效率指标,用来反映制造业企业的劳动生产效率。A6 为市场指标,反映了制造业产品已实现销售情况,以及制造业产品满足社会需要的程度和产品的社会竞争力。A7、A8 为制造业就业指标,A7 是制造业就业总量指标,反映制造业企业吸纳就业的能力;A8 是相对指标,反映制造业就业人员人数占总就业人数比重。A9、A10 为税收指标,反映制造业企业对国家的税收贡献。各项指标的计算方法为:

$$\text{制造业总产值} = \sum_{j=1}^{m} \text{TVP}_j$$

$$\text{制造业总产值占工业总产值比重} = \frac{\sum_{j=1}^{m} \text{TVP}_j}{\text{TP}} \times 100\%$$

$$\text{制造业单位企业产值} = \frac{\sum_{j=1}^{m} \text{TVP}_j}{N}$$

其中,TVP_j 为第 j 个制造业行业工业总产值;TP 为工业总产值;N 为国有及规模以上制造业企业个数。

$$制造业就业人员人均利润率 = \frac{S}{L}$$

$$制造业产值利润率 = \frac{S}{\sum_{j=1}^{m} \mathrm{TVP}_j} \times 100\%$$

$$制造业就业人员劳动生产率 = \frac{\sum_{j=1}^{m} \mathrm{TVP}_j}{L} \times 100\%$$

其中，S 为制造业企业利润总额；L 为制造业企业就业人员人数。

$$制造业产品销售率 = \frac{\sum_{k=1}^{m} \mathrm{SR}_k}{\sum_{j=1}^{m} \mathrm{TVP}_j} \times 100\%$$

其中，SR_k 为第 k 个制造业行业产品销售收入。

$$制造业就业人员人数占地方就业人员人数比重 = \frac{L}{L_q} \times 100\%$$

$$制造业就业人员人均利税率 = \frac{T}{L}$$

其中，T 为制造业企业利税总额；L 为制造业企业就业人员人数；L_q 为地方就业人员人数。

2. 科技创新能力

制造业科技创新能力指标集如表 6-6 所示。

表 6-6　制造业科技创新能力指标集

序号	制造业科技创新能力指标		单位
B1	R&D	制造业 R&D 经费支出	万元
B2		制造业 R&D 人员全时当量	人年
B3		制造业 R&D 投入强度	%
B4		制造业 R&D 人员占就业人员人数比重	%
B5	产品开发	制造业新产品开发项目数	项
B6		制造业新产品开发经费	万元
B7	专利	制造业专利申请数	项
B8		制造业有效发明专利数	项
B9	技术转化	制造业新产品销售收入	万元
B10		制造业新产品销售收入占比	%
B11		制造业技术创新投入产出系数	

其中，B1、B2、B3、B4、B5 为 R&D 指标，反映了制造业企业研发活动的总量和强度。B6 为产品开发指标，一定程度上揭示了目前制造业企业在新产品开发上的力度。B7、B8 为专利指标，反映了制造业企业科技创新活动的活跃性程度。B9、B10、B11 为技术转化指标，是制造业企业技术应用能力的体现。这 11 项指标分别从研发投入、科研人员投入、科技产出和科技进步等几个侧面反映了制造业科技力量、科技投入和科技产出的状况，是制造业强省程度的重要检验指标。其具体计算方法为：

$$\text{制造业 R\&D 投入强度}=\frac{\text{R\&D}}{\text{主要营业收入}}\times 100\%$$ [①]

$$\text{制造业 R\&D 人员占就业人员人数比重}=\frac{L'}{L}\times 100\%$$

其中，L' 为制造业 R&D 人员数；L 为制造业就业人员人数。

$$\text{制造业新产品销售收入占比}=\frac{\text{NPV}}{\sum_{j=1}^{m}\text{TVP}_j}\times 100\%$$

其中，NPV[②] 为制造业新产品销售收入（亿元）；TVP_j 为第 j 个制造业行业工业总产值，$j\in 1—30$。

$$\text{制造业技术创新投入产出系数}=\frac{\text{NPV}}{\text{NPR}}$$

其中，NPR 为制造业新产品开发经费（万元）。

3. 能源集约能力

能源资源是制造业生产活动的物质基础，具有有限可利用的特性，即资源具有不可再生性；同时，随着人类认识能力的提高、科学技术的进步，可利用资源的范围将不断扩大，能源资源利用的效率将不断提高。不合理的资源利用会造成资源短缺和环境恶化。在能源紧缺、环境污染形势严峻的大背景下，强化制造业能源资源的合理利用和集约使用已成为制造业企业提升竞争力、可持续发展的重要指标（见表 6-7）。

表 6-7 制造业能源集约能力指标集

序号	制造业环境资源状况指标集	单位
C1	制造业能源消耗量	万吨标准煤
C2	制造业单位产值能耗	万吨标准煤/亿元

① 由于统计口径的变化，根据第二次全国科学研究与试验发展（R&D）资源清查主要数据公报（第二号）所定义，制造业 R&D 投入强度由原先 R&D 经费与 GDP 之比变为 R&D 经费与主营业务收入之比。

② 之前 NPV 为新产品产值，由于统计年鉴数据之后无新产品产值数据，这里用新产品销售收入。

（续表）

序号	制造业环境资源状况指标集	单位
C3	制造业电力消耗占比	%
C4	制造业煤炭消耗占比	%

能源集约能力指标主要从C1能耗总量、C2单位产值能耗、C3电力消耗占比、C4煤炭消耗占比四个方面衡量。

4. 环境保护能力

环境和生态保护是实现经济社会可持续发展的前提。传统制造业高发展、高消耗、高污染的粗放型生产造成中国资源严重匮乏、生态急剧恶化。因此，环境保护指标是衡量制造业"绿化"程度的重要标准（见表6-8）。

表6-8 制造业环境保护能力指标集

序号	制造业环境保护能力指标集		单位
D1	废水	制造业污染排放量（废水）	万吨
D2		制造业单位产值污染排放量（废水）	万吨/亿元
D3	废气	制造业污染排放量（废气）	亿标立方米
D4		制造业单位产值污染排放量（废气）	亿标立方米/亿元
D5	固体废物	制造业固体废弃物产生量	万吨
D6		单位产值制造业固体废弃物产生量	吨/亿元
D7	综合利用	制造业固体废弃物综合利用率	%

其中，D1、D2反映了制造业企业在生产活动中的废水排放及强度；D3、D4反映制造业企业在生产活动中的废气排放及强度；D5、D6反映制造业企业在生产活动中的固体废弃物排放及强度；D7则体现制造业企业对废弃物的综合利用能力。

6.2.2 各省（直辖市、自治区）单项指标排名

1. 经济创造能力排名

（1）制造业总产值排名。作为衡量地区制造业生产规模和水平的重要指标，制造业总产值2014年增速放缓。由2013年的907 784.6461亿元上升至2014年的985 306.9583亿元，同比增长8.54%，低于上年12.50%的增速。其次，总产值排名基本延续了2012年及2013年的排名状况，个别省排名小幅变动。江苏、山东、广东、浙江四省份稳居前四，累计产值比重达44.73%，较2013年的44.97%的份额略有下降（见图6-1和表6-9）。

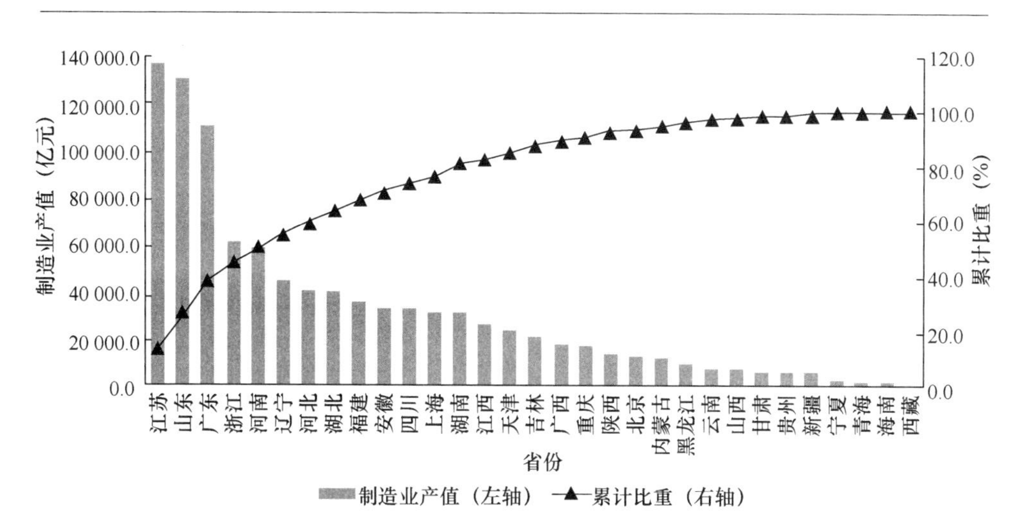

图 6-1　2014 年各省份制造业总产值帕累托分布

表 6-9　2014 年各省份制造业总产值

名次	省份	制造业总产值(亿元)	占总体制造业比重(%)	累计比重(%)
1	江苏	137 377.7300	13.94	13.94
2	山东	130 881.2310	13.28	27.23
3	广东	110 962.8700	11.26	38.49
4	浙江	61 514.8600	6.24	44.73
5	河南	58 842.1476	5.97	50.70
6	辽宁	44 664.0400	4.53	55.24
7	河北	40 338.4000	4.09	59.33
8	湖北	40 162.1700	4.08	63.41
9	福建	35 452.5656	3.60	67.00
10	安徽	33 388.6200	3.39	70.39
11	四川	33 344.1100	3.38	73.78
12	上海	31 220.9600	3.17	76.95
13	湖南	31 151.0000	3.16	80.11
14	江西	26 346.5138	2.67	82.78
15	天津	23 911.1613	2.43	85.21
16	吉林	21 178.8713	2.15	87.36
17	广西	18 298.5968	1.86	89.21
18	重庆	17 237.2974	1.75	90.96
19	陕西	13 675.3991	1.39	92.35

（续表）

名次	省份	制造业总产值(亿元)	占总体制造业比重(%)	累计比重(%)
20	北京	13 004.8158	1.32	93.67
21	内蒙古	11 997.9486	1.22	94.89
22	黑龙江	9 588.1000	0.97	95.86
23	云南	8 170.6700	0.83	96.69
24	山西	7 739.8046	0.79	97.48
25	甘肃	6 341.9946	0.64	98.12
26	贵州	6 265.7900	0.64	98.76
27	新疆	6 194.4806	0.63	99.39
28	宁夏	2 489.9124	0.25	99.64
29	青海	1 789.1620	0.18	99.82
30	海南	1 702.8287	0.17	99.99
30	西藏	72.9071	0.01	100.00

资料来源:《中国统计年鉴 2015》及 2015 年各省统计年鉴。

(2) 制造业总产值占工业总产值的比重排名。制造业总产值占工业总产值的比重作为衡量制造业对地区工业发展贡献大小的重要指标,一定程度上反映了制造业在工业中的地位。根据表 6-10 所示,近三成的省份制造业对地区工业发展贡献超过 90%,与上年相比大部分地区制造业占工业产值比重有所增加,其中吉林上升较显著。制造业产值比重下降的省份有上海、浙江、重庆、辽宁、甘肃、新疆等,比重出现小幅下降。比重的变化情况一定程度上反映了区域工业内产业结构的整体稳定程度。

表 6-10 2014 年各省市自治区制造业总产值占工业总产值比重

名次	省份	制造业总产值(亿元)	工业总产值(亿元)	制造业总产值占工业总产值比重(%)
1	上海	31 220.9600	32 665.1900	95.58
2	福建	35 637.0000	38 405.3244	92.79
3	广东	110 962.8700	119 713.0400	92.69
4	湖北	40 162.1700	43 393.8700	92.55
5	山东	130 881.2310	141 415.0200	92.55
6	江西	26 462.8130	28 792.3469	91.91
7	重庆	17 237.2974	18 782.3331	91.77
8	浙江	61 514.8600	67 039.7800	91.76
9	湖南	31 151.0000	34 393.6600	90.57

（续表）

名次	省份	制造业总产值（亿元）	工业总产值（亿元）	制造业总产值占工业总产值比重（%）
10	吉林	21 178.8713	23 540.9451	89.97
11	江苏	128 391.7100	143 016.9400	89.77
12	安徽	33 388.6200	37 420.6200	89.23
13	辽宁	44 664.0400	50 090.5600	89.17
14	广西	18 298.5968	20 640.0448	88.66
15	河南	58 842.1476	67 148.6700	87.63
16	四川	33 344.1100	38 358.6200	86.93
17	海南	1 702.8287	1 977.8322	86.10
18	天津	23 911.1613	28 035.0275	85.29
19	河北	40 338.4000	47 675.9000	84.61
20	云南	8 170.6700	10 022.0400	81.53
21	甘肃	6 341.9946	8 395.8685	75.54
22	黑龙江	9 588.1000	13 423.5000	71.43
23	北京	13 004.8158	18 452.8984	70.48
24	陕西	13 675.3991	20 015.8820	68.32
25	青海	1 789.1620	2 655.8558	67.37
26	宁夏	2 489.9124	3 748.0218	66.43
27	贵州	6 265.7900	9 507.3300	65.90
28	新疆	6 194.4806	9 431.7611	65.68
29	西藏	72.9071	115.4723	63.14
30	内蒙古	11 997.9486	19 969.3803	60.08
31	山西	7 739.8046	15 213.5122	50.87

资料来源：《中国统计年鉴 2015》及 2015 年各省份统计年鉴。

（3）制造业就业人员人均产值排名。采用制造业就业人员人均产值作为衡量一个地区制造业的劳动生产率水平，位居榜首的是山东省，人均产值为 307.3772 万元/人，河北、安徽、辽宁、内蒙古紧随其后，分别为 273.1104 万元/人、272.3378 万元/人、267.6096 万元/人、259.1350 万元/人。东部地区在这一项指标的排名中并没有体现出绝对优势，除江苏和新疆地区，其余省份劳动生产率均出现不同程度的提升，甘肃、贵州、吉林、广西等提升幅度较高，反映这些区域制造业劳动效率改善明显（见表 6-11）。

表 6-11　2014 各省市自治区制造业就业人员人均产值

名次	省份	制造业总产值（亿元）	制造业就业人数（万人）	制造业就业人员人均产值(万元/人)
1	山东	130 881.2310	425.8000	307.3772
2	河北	40 338.4000	147.7000	273.1104
3	安徽	33 388.6200	122.6000	272.3378
4	辽宁	44 664.0400	166.9000	267.6096
5	内蒙古	11 997.9486	46.3000	259.1350
6	吉林	21 178.8713	86.7000	244.2776
7	湖南	31 151.0000	130.7000	238.3400
8	广西	18 298.5968	78.2000	233.9974
9	江苏	137 377.7300	612.3000	224.3634
10	甘肃	6 341.9946	37.5000	223.8898
11	湖北	40 162.1700	193.3000	207.7712
12	天津	23 911.1613	119.0000	200.9341
13	江西	26 346.5138	133.5000	197.3522
14	重庆	17 237.2974	89.3000	193.0268
15	宁夏	2 489.9124	12.9000	193.0165
16	四川	33 344.1100	175.4000	190.1032
17	海南	1 702.8287	9.7000	175.5494
18	浙江	61 514.8600	350.6000	175.4560
19	河南	58 842.1476	337.1000	174.5540
20	新疆	6 194.4806	36.0000	172.0689
21	青海	1 789.1620	11.3000	158.3329
22	黑龙江	9 588.1000	61.3000	156.4127
23	上海	31 220.9600	206.1000	151.4845
24	福建	35 637.0000	245.3000	145.2792
25	贵州	6 265.7900	44.1000	142.0814
26	北京	13 004.8158	100.0000	130.0482
27	陕西	13 675.3991	106.1000	128.8916
28	云南	8 170.6700	72.1000	113.3241
29	山西	7 739.8046	69.1000	112.0087
30	广东	110 962.8700	1 015.2000	109.3015
30	西藏	72.9071	1.1000	66.2792

资料来源:《中国统计年鉴 2015》及 2015 年各省份统计年鉴。

（4）制造业单位企业产值排名。制造业单位企业产值反映了地区制造业企业的规模大小情况，较大的制造业单位产值表明该地区制造业企业规模较大，行业集中度高，容易形成规模效应；而较小的制造业单位产值表明该地区存在大量中小型规模的制造业企业，竞争比较激烈。表 6-12 显示海南、吉林、天津、青海、甘肃是制造业单位企业产值最高的省份，2014 年全国各地区制造业单位企业的产值平均为 3.14 亿元/个，大多数地区单位企业产值上升，仅甘肃、内蒙古、陕西、新疆、云南、河北、江苏、宁夏、黑龙江九个省份下降，下降主要集中在西部地区，反映这些地区制造业企业间竞争程度的加强。

表 6-12　2014 年各省市自治区制造业单位产值

名次	省份	国有及规模以上制造业企业个数(个)	制造业单位企业产值(亿元/个)
1	海南	321	5.3048
2	吉林	4 668	4.5370
3	天津	5 349	4.4702
4	青海	409	4.3745
5	甘肃	1 603	3.9563
6	内蒙古	3 049	3.9350
7	山西	1 987	3.8952
8	广西	4 872	3.7559
9	北京	3 686	3.5282
10	江西	7 480	3.5223
11	陕西	4 064	3.3650
12	山东	39 184	3.3402
13	上海	9 394	3.3235
14	辽宁	13 875	3.2190
15	重庆	5 497	3.1358
16	广东	36 129	3.0713
17	河北	13 271	3.0396
18	云南	2 761	2.9593
19	四川	11 446	2.9132
20	河南	20 261	2.9042
21	湖北	14 828	2.7085
22	江苏	48 183	2.6647
23	湖南	12 012	2.5933

（续表）

名次	省份	国有及规模以上制造业企业个数(个)	制造业单位企业产值(亿元/个)
24	新疆	2 401	2.5800
25	黑龙江	3 748	2.5582
26	宁夏	984	2.5304
27	贵州	2 714	2.3087
28	福建	16 744	2.1173
29	安徽	16 310	2.0471
30	浙江	39 975	1.5389
30	西藏	72	1.0126

资料来源:《中国统计年鉴 2015》及 2015 年各省份统计年鉴。

（5）制造业企业利润总额作为衡量区域制造业盈利能力的重要指标。数据显示,2013 年全国各地区制造业利润总额为 54 956.8817 亿元（不含西藏、海南),2014 年为 55 769.6542 亿元,同比增长 1.50％,低于产值规模 8.54％的增速,全球经济低迷,劳动力、土地等成本上升影响了制造业利润。山东、江苏、广东、河南、浙江全国前五,东部地区显示出较强的获利能力,以及对外部环境的抗压能力。在盈利能力减弱的背景下,相比上年,近一半区域利润呈现负增长,山西、青海、湖北、湖南、辽宁、安徽、四川、内蒙古、云南、等出现不同程度下降,下降多集中于中部、西部地区。部分地区降幅较大——山西和青海利润降幅近七成;相反,西部的重庆利润提高近一半(见表 6-13)。

表 6-13　2014 年制造业企业利润总额

名次	省份	制造业企业利润总额(亿元)
1	山东	7 932.9686
2	江苏	7 877.6100
3	广东	6 110.8900
4	河南	4 460.0000
5	浙江	3 369.0900
6	上海	2 553.4900
7	福建	2 113.1598
8	湖北	2 085.2900
9	河北	1 985.7000

（续表）

名次	省份	制造业企业利润总额(亿元)
10	江西	1 885.6262
11	辽宁	1 857.3800
12	安徽	1 816.6600
13	天津	1 510.6829
14	湖南	1 496.3500
15	四川	1 473.0500
16	吉林	1 385.2339
17	重庆	1 144.4529
18	北京	964.9870
19	广西	907.3233
20	陕西	762.4794
21	贵州	508.4200
22	内蒙古	462.3272
23	云南	351.2500
24	黑龙江	345.3114
25	新疆	187.6952
26	海南	60.1683
27	甘肃	59.7805
28	山西	37.6384
29	宁夏	35.2815
30	西藏	17.0899
30	青海	12.2678

资料来源:《中国统计年鉴 2015》及 2015 年各省份统计年鉴。

(6) 制造业就业人数占地方就业人数的比重排名。制造业就业人数占地方就业人数的比重反映了地区制造业在吸纳就业方面的贡献大小。从表 6-14 可以看出,排名前五位的是广东、天津、江苏、福建、山东,分别吸纳了当地 51.45%、40.27%、38.21%、37.47%、33.63%的就业人口,反映这些地区制造业对解决劳动力就业贡献大。从该指标的排名看出,中、西部地区制造业就业人口占比明显低于经济发达的东部区域。除江苏、河南、江西、安徽、重庆、宁夏、新疆七省份较上年上升,其余省份制造业就业人员占比呈不同程度的下降。

表 6-14 2014 年各省份制造业就业人数占地方就业人数比重

名次	省份	制造业就业人数(万人)	制造业就业人数占地方就业人数比重(%)
1	广东	1 015.2000	51.45
2	天津	119.0000	40.27
3	江苏	612.3000	38.21
4	福建	245.3000	37.47
5	山东	425.8000	33.63
6	浙江	350.6000	31.79
7	上海	206.1000	31.76
8	河南	337.1000	30.40
9	江西	133.5000	28.69
10	湖北	193.3000	27.35
11	吉林	86.7000	25.93
12	辽宁	166.9000	25.09
13	安徽	122.6000	23.50
14	河北	147.7000	22.51
15	湖南	130.7000	21.86
16	四川	175.4000	21.69
17	重庆	89.3000	21.54
18	陕西	106.1000	20.54
19	广西	78.2000	19.48
20	青海	11.3000	17.88
21	宁夏	12.9000	17.62
22	云南	72.1000	17.18
23	内蒙古	46.3000	15.36
24	山西	69.1000	15.28
25	贵州	44.1000	14.47
26	甘肃	37.5000	14.17
27	黑龙江	61.3000	13.60
28	北京	100.0000	13.23
29	新疆	36.0000	11.55
30	海南	9.7000	9.56
31	西藏	1.1000	3.38

资料来源:《中国统计年鉴 2015》及 2015 年各省份统计年鉴。

(7) 制造业企业利税总额反映了区域制造业对于国家税收的贡献能力，也是衡量制造业社会贡献能力的重要指标。通过对各省、自治区、直辖市制造业企业利税总额进行分析，排名前五位和上年出入不大，分别是江苏、山东、广东、河南、浙江五省。东部地区是贡献制造业税收的主力；全国整体的利税总额同比增长3.90%左右，高于利润1.50%的增幅。制造业利润增长低迷制约了对国家税收的贡献(见表6-15)。

表 6-15　2014 年制造业企业利税总额排名

名次	省份	制造业企业利税总额(亿元)
1	江苏	13 003.6900
2	山东	12 696.2539
3	广东	10 276.8100
4	河南	6 482.0000
5	浙江	5 716.2000
6	上海	4 372.0200
7	湖北	3 926.5200
8	福建	3 486.2209
9	湖南	3 480.7900
10	四川	3 289.2200
11	辽宁	3 140.7700
12	河北	3 111.7000
13	江西	3 080.0423
14	安徽	3 055.5500
15	天津	2 471.7088
16	吉林	2 420.9038
17	重庆	2 034.6888
18	北京	1 830.6301
19	广西	1 829.5413
20	陕西	1 608.6506
21	云南	1 473.5300
22	贵州	1 008.3200
23	内蒙古	911.0578
24	黑龙江	797.4250
25	新疆	612.1661
26	甘肃	459.6471

（续表）

名次	省份	制造业企业利税总额（亿元）
27	山西	244.5488
28	海南	178.3821
29	宁夏	150.2130
30	青海	59.6227
30	西藏	22.8412

资料来源：《中国统计年鉴 2015》及 2015 年各省份统计年鉴。

2. 科技创新能力排名①

(1) 制造业企业 R&D 活动经费支出直接反映了制造业科技经费投入状况，也间接反映了一个地区制造业的增长潜力和科学实力。表 6-16 数据显示，排在前五名的分别是江苏、广东、山东、浙江、上海，与上年保持一致。制造业经济创造能力强的区域 R&D 活动经费投入高，不同于经济表现的波动，发达地区制造业企业 R&D 活动经费投入排名与以往基本一致，说明这些区域制造业企业在 R&D 活动投入的稳定性。

表 6-16　2014 年各省份制造业规模以上企业 R&D 经费支出

名次	省份	制造业 R&D 经费（万元）	制造业 R&D 经费占整体 R&D 经费比重（%）
1	江苏	13 765 378	14.87
2	广东	13 752 869	14.86
3	山东	11 755 482	12.70
4	浙江	7 681 473	8.30
5	上海	4 492 192	4.85
6	湖北	3 629 506	3.92
7	河南	3 372 310	3.64
8	辽宁	3 242 303	3.50
9	天津	3 228 057	3.49
10	福建	3 153 831	3.41
11	湖南	3 100 446	3.35
12	安徽	2 847 303	3.08
13	河北	2 606 711	2.82
14	北京	2 335 010	2.52

① 现有官方公布数据没有全面的各省份制造业科技创新统计，本章统一采用工业口径数据作为代表。

（续表）

名次	省份	制造业 R&D 经费(万元)	制造业 R&D 经费占整体 R&D 经费比重(%)
15	四川	1 960 112	2.12
16	重庆	1 664 720	1.80
17	陕西	1 606 946	1.74
18	江西	1 284 642	1.39
19	山西	1 247 027	1.35
20	内蒙古	1 080 287	1.17
21	黑龙江	955 820	1.03
22	广西	848 808	0.92
23	吉林	789 431	0.85
24	云南	516 572	0.56
25	甘肃	464 410	0.50
26	贵州	410 132	0.44
27	新疆	357 812	0.39
28	宁夏	186 518	0.20
29	海南	111 010	0.12
30	青海	92 528	0.10
31	西藏	2 943	0.003

资料来源:《中国统计年鉴 2015》。

(2) 制造业规模以上企业 R&D 人员全时当量反映了制造业科技人员的投入现状。观察表 6-17,排名前五位的省份是广东、江苏、浙江、山东、河南,与 2013 年相比没有发生排名变化。后续排名发生了细微变化:安徽、天津、重庆上升了一个位次,上海、湖南、黑龙江下降了一个位次,前十位排名中,东部地区占了 6 席,中部地区占 4 席,西部地区无一入围。制造业科技人员的投入是制造业发展的动力,对其投入的不足恐进一步拉大东西部地区的差距。

表 6-17　2014 年各省份制造业规模以上企业 R&D 人员全时当量

名次	省份	制造业 R&D 人员全时当量(人年)	占整体比重(%)
1	广东	424 872	16.08
2	江苏	422 865	16.01
3	浙江	290 339	11.00
4	山东	230 800	8.74
5	河南	134 256	5.08

（续表）

名次	省份	制造业 R&D 人员全时当量（人年）	占整体比重（%）
6	福建	110 892	4.20
7	安徽	95 287	3.61
8	上海	93 868	3.55
9	湖北	91 456	3.46
10	天津	79 014	2.99
11	湖南	77 428	2.93
12	河北	75 142	2.84
13	辽宁	63 374	2.40
14	四川	62 145	2.35
15	北京	57 761	2.19
16	陕西	50 753	1.92
17	重庆	43 797	1.66
18	黑龙江	37 509	1.42
19	山西	35 775	1.35
20	江西	28 803	1.09
21	内蒙古	27 068	1.02
22	吉林	24 395	0.92
23	广西	22 793	0.86
24	贵州	15 659	0.59
25	甘肃	14 380	0.54
26	云南	12 980	0.49
27	新疆	6 688	0.25
28	宁夏	5 799	0.22
29	海南	3 484	0.13
30	青海	2 068	0.08
31	西藏	130	0.01

资料来源:《中国统计年鉴 2015》。

（3）制造业新产品开发项目数反映制造业的新产品开发状况和科技实力。观察表 6-18，排名前五位的省份是江苏、浙江、广东、山东、上海，上海 2014 年超越安徽跃居第五，安徽下降 1 个名次跌出前五。从表中可以看出，东部沿海省份的新产品开发项目数占据了很大的比重，一定程度上是因为该地区的制造业中高新技术产业占有较大的比重，经济实力和科技投入也远高于其他区域。对比 2013 年，各区域排名相对稳定,变化较大的只有吉林下降 5 个名次,居 22 位。

表 6-18　2014 年各省份制造业新产品开发项目数

名次	省份	制造业企业新产品开发项目数（项）	占整体百分比（%）
1	江苏	62 306	16.58
2	浙江	51 466	13.69
3	广东	49 177	13.08
4	山东	34 050	9.06
5	上海	18 927	5.04
6	安徽	18 185	4.84
7	四川	13 374	3.56
8	天津	13 213	3.52
9	北京	12 259	3.26
10	湖北	11 678	3.11
11	河南	11 341	3.02
12	福建	10 736	2.86
13	湖南	9 758	2.60
14	辽宁	8 857	2.36
15	重庆	8 580	2.28
16	河北	8 024	2.13
17	陕西	6 684	1.78
18	江西	5 139	1.37
19	黑龙江	3 624	0.96
20	广西	3 328	0.89
21	山西	2 426	0.65
22	吉林	2 356	0.63
23	云南	2 123	0.56
24	甘肃	1 817	0.48
25	贵州	1 802	0.48
26	内蒙古	1 570	0.42
27	宁夏	1 049	0.28
28	新疆	1 025	0.27
29	海南	843	0.22
30	青海	130	0.03
31	西藏	16	0.004

资料来源:《中国统计年鉴 2015》。

(4) 制造业有效发明专利数反映制造业的科技创新活动成效，从一定程度上反映着制造业的科技产出。从表 6-19 可以看出，排名前五位依次是广东、江苏、浙江、上海、山东。广东稳居排名第一的位置，虽然其 2013 年有效发明专利数占整体比重略有下降，但依然高达 28.28%，遥遥领先于其他四个省份，这主要得益于广东对科技人才的重视及科技创新奖励政策。排名前五的省份有效发明的专利数比重达 62.84%，表明了科技创新主要集中于少数重点区域。从排名变化上来看，江西上升 2 个位次，排名 19；贵州上升 3 个名次，排名 20；吉林下降 5 个名次，位次 24，其他省份排名相对稳定。

表 6-19　2014 年各省份制造业有效发明专利数

名次	省份	制造业有效发明专利数	占整体比重(%)
1	广东	126 936	28.28
2	江苏	73 252	16.32
3	浙江	28 235	6.29
4	上海	27 540	6.14
5	山东	26 122	5.82
6	安徽	21 667	4.83
7	北京	18 721	4.17
8	四川	15 893	3.54
9	湖南	14 415	3.21
10	湖北	12 444	2.77
11	天津	12 263	2.73
12	福建	9 176	2.04
13	辽宁	9 055	2.02
14	河南	8 497	1.89
15	陕西	6 675	1.49
16	重庆	6 272	1.40
17	河北	4 999	1.11
18	山西	3 505	0.78
19	江西	3 383	0.75
20	贵州	3 146	0.70
21	黑龙江	3 052	0.68
22	云南	2 865	0.64
23	广西	2 670	0.59
24	吉林	1 884	0.42

（续表）

名次	省份	制造业有效发明专利数	占整体比重(%)
25	内蒙古	1 660	0.37
26	甘肃	1 265	0.28
27	海南	1 217	0.27
28	新疆	1 111	0.25
29	宁夏	675	0.15
30	青海	246	0.05
31	西藏	44	0.01

资料来源:《中国科技年鉴 2015》。

(5) 制造业 R&D 投入强度以制造业企业 R&D 经费与主要营业收入的比值来衡量,反映了制造业 R&D 的投入力度。表 6-20 数据显示,与其他科技指标东部地区压倒性优势有所不同,R&D 投入强度指标排名,中西部皆有区域进榜,西部重庆一如既往该项指标排名突出,位列第 8;中部地区中,湖南、湖北都进入前 10,分别位列第 7、第 9。前 15 的区域中,中西部区域占据了 5 席,反映一些中西部地区对科技的重视,加大了 R&D 的投入力度。

表 6-20　2014 年各省份制造业 R&D 投入强度

名次	省份	制造业 R&D 投入强度(%)
1	上海	1.27
2	浙江	1.20
3	广东	1.19
4	北京	1.18
5	天津	1.15
6	江苏	0.97
7	湖南	0.92
8	重庆	0.90
9	湖北	0.88
10	福建	0.85
11	陕西	0.82
12	山东	0.82
13	安徽	0.77
14	黑龙江	0.71
15	山西	0.70
16	辽宁	0.66

（续表）

名次	省份	制造业 R&D 投入强度(%)
17	海南	0.63
18	河北	0.55
19	内蒙古	0.54
20	宁夏	0.53
21	四川	0.52
22	甘肃	0.51
23	河南	0.50
24	云南	0.49
25	贵州	0.47
26	广西	0.45
27	江西	0.41
28	青海	0.41
29	新疆	0.38
30	吉林	0.34
31	西藏	0.25

资料来源:《中国统计年鉴 2015》及 2015 年各省份统计年鉴。

(6) 制造业新产品销售收入反映制造业的新产品开发状况和科技创新转化成效。从表 6-21 来看,江苏、广东、浙江、山东、上海排在前列,这些地区的 R&D 经费、科技人员投入均排在前列。相比 2013 年,变化幅度较大的地区有:吉林上升 3 个位次,位于 18 名;其他省份排名相对稳定。

表 6-21 2014 年各省份制造业新产品销售收入

名次	省份	企业新产品销售收入(万元)
1	江苏	235 409 275
2	广东	203 133 184
3	浙江	165 078 596
4	山东	145 558 220
5	上海	84 469 638
6	湖南	63 103 689
7	天津	56 651 106
8	安徽	52 808 808
9	湖北	52 745 891
10	河南	51 689 500

（续表）

名次	省份	企业新产品销售收入(万元)
11	北京	42 470 008
12	辽宁	40 369 623
13	重庆	36 107 891
14	福建	35 117 053
15	河北	33 340 326
16	四川	27 112 961
17	江西	17 563 827
18	吉林	16 599 926
19	广西	13 484 220
20	陕西	11 267 648
21	山西	9 246 772
22	甘肃	7 193 529
23	内蒙古	5 573 230
24	黑龙江	5 272 813
25	云南	5 182 591
26	新疆	4 837 892
27	贵州	4 083 736
28	宁夏	1 912 824
29	海南	1 482 605
30	青海	85 659
31	西藏	—

资料来源:《中国科技统计年鉴 2015》。

(7) 制造业新产品销售收入占比由制造业新产品销售收入与制造业主营业务收入相比得到,反映制造业企业科技转化效果和技术的创新程度。2014 年具体数据见表 6-22,与上年相比,上海上升 1 个位次至第一名。与以往一样,该项指标的排名起伏波动较大,海南下降 3 个名次,广西下降 6 个名次,宁夏下降 11 个名次,辽宁上升 3 个名次,甘肃上升 5 个名次。东、中、西部地区均出现了较大的波动,说明短期内制造业企业科技转化的偶然性。

表 6-22 2014 年各省份制造业新产品销售收入占总销售收入比重

名次	省份	新产品销售收入占主营业务收入比重(%)
1	上海	25.86
2	浙江	24.62

（续表）

名次	省份	新产品销售收入占主营业务收入比重(%)
3	北京	23.02
4	天津	20.21
5	重庆	19.22
6	湖南	18.35
7	广东	16.97
8	江苏	16.46
9	安徽	14.11
10	湖北	12.16
11	山东	10.29
12	福建	9.14
13	甘肃	8.57
14	辽宁	8.06
15	河南	7.70
16	海南	7.50
17	四川	7.07
18	吉林	7.05
19	河北	6.99
20	广西	6.53
21	江西	6.10
22	山西	6.08
23	陕西	5.63
24	云南	5.17
25	新疆	5.13
26	宁夏	5.10
27	贵州	4.30
28	黑龙江	3.93
29	内蒙古	2.80
30	青海	0.32
31	西藏	0.00

资料来源:《中国科技统计年鉴 2015》。

(8) 制造业企业新产品开发经费反映制造业企业对于制造业新产品的经费投入情况。从表 6-23 可以看出,排名前五的均为东部省份,一方面因为东部地区经济基础高,另一方面与这些地区注重科技创新、重视新产品开发不无关系。2014

年制造业企业新产品开发经费同比增长了9.48%，绝大多数区域新产品开发经费较上年提高，仅辽宁、贵州、新疆有所下降。

表 6-23 2014 年各省份制造业企业新产品开发经费

名次	省份	新产品开发经费(万元)
1	江苏	17 649 058
2	广东	16 233 271
3	山东	11 603 104
4	浙江	8 960 543
5	上海	5 875 497
6	安徽	3 685 185
7	湖北	3 646 332
8	辽宁	3 173 187
9	湖南	3 151 100
10	河南	2 971 713
11	北京	2 971 203
12	福建	2 846 972
13	天津	2 559 440
14	四川	2 347 013
15	河北	2 334 622
16	重庆	1 863 801
17	陕西	1 710 125
18	江西	1 291 820
19	山西	1 004 459
20	广西	850 464
21	黑龙江	844 603
22	吉林	783 328
23	内蒙古	688 680
24	云南	605 668
25	甘肃	480 268
26	贵州	383 864
27	新疆	321 291
28	宁夏	176 515
29	海南	116 939
30	青海	99 766
31	西藏	1 752

资料来源:《中国科技年鉴 2015》。

3. 能源集约能力排名①

(1) 制造业能耗量排名。我国是个能源消耗大国，石油、电力、煤炭等均为我国常见的能源消耗种类，有些直接来自自然界，有些经过再次转换生成。各类能源的转化效率存在差异，仅以某一类能源实物消耗量衡量能源消耗情况，一方面有失全面性，另一方面，若对实物消耗量简单累加，计算单位难以统一。这里能耗量统一折算为标准煤后进行衡量。表 6-24 显示，山东超越河北成为制造业能源消耗最大的省份，其后是江苏、河北、广东、河南，前五个省份制造业能耗累计值达到总体的 37.70%；西藏、海南、北京、青海、重庆列后五位，累计能耗仅占 2.13%。能源消耗区域的不均衡分布说明大幅降低能源消耗，减少污染物排放，关键还在于少数高耗能区域能源的节约。

表 6-24 2014 年各省份制造业能源消耗量

名次	省份	制造业综合能源消耗量(万吨标准煤)
1	山东	28 919.00
2	江苏	23 080.21
3	河北	22 785.00
4	广东	17 358.86
5	河南	16 769.71
6	四川	14 191.00
7	内蒙古	12 973.82
8	山西	12 537.22
9	辽宁	12 494.22
10	新疆	11 467.90
11	湖北	10 570.00
12	浙江	10 208.00
13	湖南	9 329.02
14	福建	8 718.68
15	安徽	8 372.57
16	黑龙江	6 980.40
17	广西	6 848.42
18	陕西	6 804.09
19	云南	6 794.77
20	上海	6 021.57

① 现有官方统计数据未细化至区域制造业层面，能源集约能力排名数据均采用区域工业口径。

（续表）

名次	省份	制造业综合能源消耗量(万吨标准煤)
21	江西	5 761.35
22	天津	5 578.17
23	贵州	5 529.57
24	甘肃	5 516.83
25	吉林	5 141.15
26	宁夏	4 608.91
27	重庆	3 863.47
28	青海	3 205.84
29	北京	1 556.40
30	海南	951.63
31	西藏	0

资料来源:2015 年各省份统计年鉴。

(2) 制造业单位产值能耗反映地区制造业对能源的使用效率。单位产值能源消耗量越小,表明使用的效率越高。从表 6-25 中可以看出,北京的制造业单位产值能耗最少,为 0.08 万吨标准煤/亿元,比上年 0.1459 万吨/亿元略有下降。整体来看,全国大部分区域的单位产值能耗有所下降。制造业单位产值能源消耗量最高的五个省份是宁夏、新疆、青海、山西、云南,这些地区的制造业能源使用效率低,且前四个省份单位产值能耗高于上年度,地方经济和科技发展水平制约了这些省份制造业能源使用效率的提高;东部的制造业强势区域单位产值能耗低,凭借突出的技术水平,弱化了其能耗总量影响,一定程度上缓解了能源压力。

表 6-25 2014 年各省份制造业单位产值能源消耗量

名次	省份	制造业单位产值能耗(万吨标准煤/亿元)
1	宁夏	1.23
2	新疆	1.22
3	青海	1.21
4	山西	0.82
5	云南	0.68
6	甘肃	0.66
7	内蒙古	0.65
8	贵州	0.58
9	黑龙江	0.52
10	海南	0.48

（续表）

名次	省份	制造业单位产值能耗(万吨标准煤/亿元)
11	河北	0.48
12	四川	0.37
13	陕西	0.34
14	广西	0.33
15	湖南	0.27
16	河南	0.25
17	辽宁	0.25
18	湖北	0.24
19	福建	0.23
20	安徽	0.22
21	吉林	0.22
22	重庆	0.21
23	山东	0.20
24	江西	0.20
25	天津	0.20
26	上海	0.18
27	江苏	0.16
28	浙江	0.15
29	广东	0.15
30	北京	0.08
31	西藏	—

资料来源:2015年各省份统计年鉴。

4. 环境保护能力排名①

(1) 制造业工业废水排放量反映地区制造业对水环境的污染程度。从表6-26可以看出,江苏是中国制造业工业废水排放量最多的省份,山东、广东、浙江、河南列在其后。2014年中国制造业废水排放2 053 428万吨,同比下降2.14%。总体来看,东部制造业强势区域废水排放量明显高于其他地区,经济的高速发展,加大了污染的排放。广西依然表现特殊,制造业废水排放大,各项经济、科技表现却落后,发展化工、造纸、印染等高污染行业未能改变地方经济的落后状况,却加大了对环境的污染。

① 现有官方公布数据没有全面的各省份制造业污染物排放统计,本章统一采用工业口径污染物排放数据作为制造业污染物排放代表。

表 6-26 2014 年各省份制造业废水排放量

名次	省份	制造业废水排放量(万吨)
1	江苏	204 890
2	山东	180 022
3	广东	177 554
4	浙江	149 380
5	河南	128 048
6	河北	108 562
7	福建	102 052
8	辽宁	90 631
9	湖南	82 271
10	湖北	81 657
11	广西	72 936
12	安徽	69 580
13	四川	67 577
14	江西	64 856
15	山西	49 250
16	上海	43 939
17	吉林	42 192
18	黑龙江	41 984
19	云南	40 443
20	内蒙古	39 325
21	陕西	36 163
22	重庆	34 968
23	新疆	32 799
24	贵州	32 674
25	甘肃	19 742
26	天津	19 011
27	宁夏	15 147
28	北京	9 174
29	青海	8 214
30	海南	7 956
31	西藏	431

资料来源:《中国环境统计年鉴 2015》。

(2) 制造业单位产值污染排放量(废水)排名。制造业单位产值污水排放值是制造业污水排放值与产值的比,反映了地区制造业生产所付出的水环境代价。从表 6-27 中可以看出,北京、天津、山东、上海、江苏五个省份的制造业单位产值废水排放量较低,排最后 5 位。东部区域制造业表现强势,其单位产值污染排放(废水)低,反映了单位制造业生产付出的水环境代价较小,但庞大的废水总量排放不容忽视。宁夏、云南、海南、西藏、广西等省份单位产值制造业牺牲的水环境代价较大。当地政府应重视地方产业结构优化,限制那些高污染、高排放企业的数量,积极采取相关措施对水污染进行处理。2014 年大多数省份单位产值废水排放较上年下降,31 个省份平均每亿元排放 2.3630 万吨废水,低于 2013 年每亿元 2.5545 万吨的平均水平。

表 6-27　2014 年各省份制造业单位产值废水排放量

名次	省份	制造业单位产值废水排放量(万吨/亿元)
1	宁夏	4.0413
2	云南	4.0354
3	海南	4.0226
4	西藏	3.7325
5	广西	3.5337
6	新疆	3.4775
7	贵州	3.4367
8	山西	3.2373
9	黑龙江	3.1276
10	青海	3.0928
11	福建	2.6572
12	湖南	2.3920
13	甘肃	2.3514
14	河北	2.2771
15	江西	2.2525
16	浙江	2.2282
17	内蒙古	1.9693
18	河南	1.9069
19	湖北	1.8818
20	重庆	1.8617
21	安徽	1.8594
22	辽宁	1.8093

（续表）

名次	省份	制造业单位产值废水排放量(万吨/亿元)
23	陕西	1.8067
24	吉林	1.7923
25	四川	1.7617
26	广东	1.4832
27	江苏	1.4326
28	上海	1.3451
29	山东	1.2730
30	天津	0.6781
31	北京	0.4972

资料来源:《中国统计年鉴 2015》和《中国环境统计年鉴 2015》。

(3) 制造业废气排放量反映地区制造业对空气的污染程度。从表 6-28 中可以看出,制造业废气排放量较大的省份是河北、江苏、山东、河南、内蒙古,除内蒙古外,其余四省份制造业经济创造力较强,同时也带来了大量的制造业废气排放。而同为制造业强势省份的天津、上海废气排放量不高,反映了制造业发展与环境保护存在矛盾,但若政府合理引导,企业有效控制,能够从一定程度上缓解这一矛盾。

表 6-28 2014 年各省份制造业废气排放量

名次	省份	制造业废气排放量(亿标立方米)
1	河北	72 732.3
2	江苏	59 652.7
3	山东	52 095.3
4	河南	39 628.7
5	内蒙古	36 116.5
6	山西	36 024.7
7	辽宁	34 527.5
8	广东	29 793.8
9	安徽	29 232.6
10	浙江	26 958.3
11	贵州	23 207.9
12	新疆	22 116.1
13	湖北	21 701.8
14	四川	20 053.7

（续表）

名次	省份	制造业废气排放量(亿标立方米)
15	广西	18 631.3
16	福建	18 383.3
17	云南	16 664.1
18	陕西	16 542.5
19	湖南	16 050.5
20	江西	15 613.4
21	上海	13 007.4
22	甘肃	12 290.3
23	黑龙江	12 091.2
24	宁夏	10 717.0
25	吉林	9 450.7
26	重庆	9 289.6
27	天津	8 800.0
28	青海	6 439.4
29	北京	3 569.2
30	海南	2 638.2
31	西藏	170.4

资料来源:《中国环境统计年鉴 2015》。

(4) 制造业单位产值废气排放值是制造业废气排放值与产值的比,反映了地区制造业生产所付出的大气环境代价。表 6-29 数据显示,北京、广东、天津、山东、上海的制造业单位产值废气排放量较小,位居最后五位,这些均为制造业经济强省。宁夏、贵州、青海、山西、新疆等中、西部地区制造业单位产值废气排放量大。纵观 2014 年 31 个省份的单位产值废气排放量,除海南、安徽、辽宁、吉林、上海、山东、天津外,其余省份单位产值废气排放均有下降。与 2013 年相比,排名变化较大的有内蒙古、辽宁上升 4 位,位列第 6、第 16 名,海南下降 9 位列 11 名,其余省份排名相对稳定。

表 6-29 2014 年各省份制造业单位产值废气排放量

名次	省份	制造业单位产值废气排放量(亿标立方米/亿元)
1	宁夏	2.8594
2	贵州	2.4411
3	青海	2.4246
4	山西	2.3679

（续表）

名次	省份	制造业单位产值废气排放量(亿标立方米/亿元)
5	新疆	2.3449
6	内蒙古	1.8086
7	云南	1.6627
8	河北	1.5256
9	西藏	1.4757
10	甘肃	1.4639
11	海南	1.3339
12	广西	0.9027
13	黑龙江	0.9007
14	陕西	0.8265
15	安徽	0.7812
16	辽宁	0.6893
17	河南	0.5902
18	江西	0.5423
19	四川	0.5228
20	湖北	0.5001
21	重庆	0.4946
22	福建	0.4787
23	湖南	0.4667
24	江苏	0.4171
25	浙江	0.4021
26	吉林	0.4015
27	上海	0.3982
28	山东	0.3684
29	天津	0.3139
30	广东	0.2489
31	北京	0.1934

资料来源:《中国统计年鉴2015》和《中国环境统计年鉴2015》。

(5)制造业固体废弃物排放量反映地区制造业对空间环境的污染程度。从表6-30可以看出,工业固体废弃物产生量最多的省份依次为海南、西藏、新疆、广西、江西。广东、安徽、宁夏、云南、黑龙江为工业固体废弃物产生量最少的五个城市。不同于工业废水和废气排放总量东部地区居首,工业固体废弃物排放量最高的五个区域中西部占了三席,应采取措施有效遏制污染加剧;2014年各区域工业固体废弃物排放总量为325 620万吨，同比下降0.64%，小于废水和废气降幅，对比上年，各区域排放量和排名波动大，各地政府需加强对工业固体废弃物的管理。

表6-30　2014年各省份一般工业固体废弃物产生量

名次	省份	一般工业废弃物产生量(万吨)
1	海南	41 928
2	西藏	30 199
3	新疆	28 666
4	广西	23 191
5	江西	19 199
6	浙江	15 917
7	四川	14 481
8	陕西	14 246
9	山东	12 423
10	湖南	12 000
11	青海	10 925
12	河北	10 821
13	江苏	8 682
14	重庆	8 038
15	内蒙古	8 006
16	北京	7 790
17	吉林	7 394
18	河南	6 934
19	山西	6 312
20	上海	6 141
21	湖北	5 665
22	贵州	4 944
23	甘肃	4 835
24	福建	4 542
25	天津	3 694
26	辽宁	3 068
27	黑龙江	1 925
28	云南	1 735
29	宁夏	1 021
30	安徽	515
31	广东	383

资料来源：《中国环境统计年鉴2015》。

(6) 工业单位产值固体废弃物排放量，是工业固体废弃物排放量与工业产值的比，反映了工业生产所付出的空间环境代价。从表 6-31 可以看出，青海、西藏、山西、云南、内蒙古工业单位产值固体废弃物排放量高，广东、北京、上海、天津、浙江，排放量少，与以往一致，单位产值固体废弃物排放低的区域均是经济发达区域，说明这些区域制造业每获取单位经济效益对环境的伤害较小。

表 6-31 2014 年各省份制造业单位产值一般工业固体废弃物产生量

名次	省份	一般工业固体废弃物单位产值产生量(万吨/亿元)
1	青海	4.677 588
2	西藏	3.316 813
3	山西	1.985 012
4	云南	1.444 915
5	内蒙古	1.161 328
6	宁夏	0.985 587
7	河北	0.879 438
8	新疆	0.825 933
9	贵州	0.777 716
10	甘肃	0.731 431
11	辽宁	0.572 283
12	黑龙江	0.470 220
13	陕西	0.433 756
14	广西	0.389 437
15	江西	0.375 829
16	四川	0.371 390
17	安徽	0.320 679
18	海南	0.260 386
19	河南	0.237 041
20	吉林	0.210 017
21	湖南	0.201 607
22	湖北	0.184 496
23	重庆	0.163 345
24	山东	0.135 764
25	福建	0.125 894
26	江苏	0.076 390
27	浙江	0.067 751

（续表）

名次	省份	一般工业固体废弃物单位产值产生量(万吨/亿元)
28	天津	0.061 887
29	上海	0.058 931
30	北京	0.055 330
31	广东	0.047 321

资料来源:《中国统计年鉴 2015》和《中国环境统计年鉴 2015》。

(7) 制造业固体废弃物综合利用率指通过回收、加工、循环、交换等方式,从固体废物中提取或者使其转化为可以利用的资源、能源和其他原材料的固体废物数量占固体废弃物总量的百分比,反映了制造业生产对固体废弃物的循环利用能力。表 6-32 中综合利用率前五的省份是天津、上海、江苏、浙江、山东。排名末尾的西藏制造业固体废弃物综合利用率仅为 1.08%,与其他省份相比,存在一定的差距。天津和上海两市一般工业固体废弃物综合利用率高达 99.37%、97.41%,对固体废弃物的综合利用能力的提高,有助于增强对资源的循环利用,减少对环境的污染排放。

表 6-32　2014 年各省份制造业固体废物综合利用量及综合利用率

名次	省份	一般工业固体废弃物综合利用量(万吨)	固体废弃物综合利用率(%)
1	天津	1 724	99.365 994
2	上海	1 877	97.405 293
3	江苏	10 578	95.228 664
4	浙江	4 303	93.890 465
5	山东	18 380	93.646 507
6	北京	895	87.659 158
7	福建	4 278	87.556 283
8	重庆	2 648	84.33 121
9	广东	4 893	84.144 454
10	安徽	10 466	81.175 832
11	湖北	6 139	74.620 153
12	河南	12 319	74.059 156
13	宁夏	2 928	72.781 506
14	吉林	3 478	62.813 798
15	山西	19 681	59.520 353
16	湖南	4 410	57.714 959

（续表）

名次	省份	一般工业固体废弃物综合利用量（万吨）	固体废弃物综合利用率（%）
17	黑龙江	4 069	57.406 885
18	陕西	5 464	55.897 698
19	内蒙古	13 260	52.108 304
20	广西	5 058	51.454 730
21	贵州	4 313	46.814 284
22	甘肃	3 086	43.130 678
23	河北	18 228	41.961 326
24	云南	7 216	41.694 112
25	新疆	4 334	41.601 075
26	江西	6 121	40.014 382
27	青海	6 999	39.161 817
28	海南	274	37.950 139
29	四川	6 185	36.180 170
30	辽宁	10 719	28.667 326
31	西藏	8	1.079 622

资料来源:《中国统计年鉴 2015》和《中国环境统计年鉴 2015》。

6.2.3 各省份集类指标排名

在评价的方法上，本年度研究报告采用离差最大化方法取代了往年的主成分分析法，对相关指标进行测评，避免了由主成分分析法分析时数据信息的丢失。为适应“新型化”制造业的要求，同前几年的研究报告不同，本年度报告的指标体系做了一些调整。选取经济创造能力、科技创新能力、能源集约能力、环境保护能力四个主指标，考虑数据的可获取性与指标体系的凝练需要，最终确定了 32 个子指标进行制造业强省的综合排名。本综合评价指标体系与制造业强省评价指标体系(见表 6-4)一致。它采用总量指标和单位指标相结合，克服了单纯采用总量指标或单位指标评价的片面性，兼顾连贯性。

1. 经济创造能力排名

以 A1—A10 为基础指标，对各地区制造业经济创造能力进行综合评价。采用离差最大化方法，对衡量制造业经济创造能力的 10 项指标分配权重，并结合各指标的规范化数值得到 2014 年我国制造业经济创造能力的综合评价值。从表 6-33 可以看出，山东、江苏、广东沿袭上年仍位居前三，山东仍旧位居榜首。2014 年经济创造能力排名相比以往，多个省份出现较大位次波动。上海、北京、吉林、江西进步显著，均上升了 6 个以上位次，重庆提升 4 位。相反，辽宁、宁夏、陕西、新

疆退步明显，分别下降8、7、5、5位。

表 6-33　区域制造业经济创造能力综合评价

排名	省份	综合得分
1	山东	0.8482
2	江苏	0.7788
3	广东	0.6276
4	河南	0.5535
5	上海	0.5149
6	安徽	0.5131
7	吉林	0.5070
8	江西	0.5063
9	浙江	0.5027
10	河北	0.4856
11	湖南	0.4802
12	辽宁	0.4788
13	湖北	0.4729
14	天津	0.4677
15	重庆	0.4345
16	福建	0.4287
17	广西	0.4039
18	四川	0.4020
19	北京	0.3099
20	内蒙古	0.3060
21	甘肃	0.2916
22	云南	0.2681
23	贵州	0.2724
24	海南	0.2511
25	陕西	0.2506
26	黑龙江	0.2361
27	西藏	0.2295
28	新疆	0.2211
29	宁夏	0.1943
30	青海	0.1260
31	山西	0.1104

2. 科技创新能力排名

以 B1—B11 为基础指标,对各地区制造业科技竞争力进行综合评价。采用离差最大化方法计算,对衡量制造业科技创新能力的 11 项指标分配权重,并结合各指标的规范化数值得到 2014 年我国制造业科技创新能力的综合评价值。2014 年具体数据如表 6-34 所示,与 2013 年相比变化较大的省份有:黑龙江上升 3 个位次,甘肃上升 4 个位次,吉林上升幅度最高前进 7 位;江西下降 6 个位,宁夏下降 5 个位,广西下降 4 位。下降幅度大的均属中、西部地区,其他省份排名变化不大。前五强依旧是江苏、广东、浙江、山东、上海。江苏首次取代广东,在科技创新能力中占据首位。

表 6-34 区域制造业科技创新能力综合评价

排名	省份	综合得分
1	江苏	0.8453
2	广东	0.8161
3	浙江	0.7480
4	山东	0.5503
5	上海	0.5019
6	天津	0.4678
7	北京	0.4277
8	湖南	0.4155
9	安徽	0.4150
10	重庆	0.3579
11	湖北	0.3494
12	福建	0.3130
13	河南	0.2893
14	辽宁	0.2628
15	河北	0.2575
16	四川	0.2298
17	陕西	0.2201
18	山西	0.2059
19	黑龙江	0.1968
20	甘肃	0.1826
21	吉林	0.1782
22	广西	0.1706
23	内蒙古	0.1695

（续表）

排名	省份	综合得分
24	海南	0.1681
25	江西	0.1562
26	宁夏	0.1533
27	贵州	0.1383
28	新疆	0.1205
29	云南	0.1114
30	青海	0.0348
31	西藏	—

3. 能源集约能力排名

以C1—C4为基础指标，对各地区制造业能源集约能力进行综合评价。采用离差最大化方法，对衡量制造业经济创造能力的4项指标分配权重，并结合各指标的规范化数值得到2014年我国制造业能源集约能力的综合评价值。将综合得分汇总排序，得到各省份制造业能源集约能力综合排名。列前五名的分别是北京、浙江、广东、海南、上海；河北、山西、山东、新疆、四川则列后五位（除西藏外）（见表6-35）。北京、浙江和上海均为东部经济发达区域，高水平的能源集约能力反映区域经济发展制造业能源利用效率以及能源使用结构优于其他区域。山东与河北制造业不俗的经济创造实力（第1和第10）与能源集约能力（第28和第30）形成鲜明对比，反映了其制造业的粗放式发展。

表6-35　区域制造业能源集约能力综合评价

排名	省份	综合得分
1	北京	1.1358
2	浙江	1.0320
3	广东	0.9242
4	海南	0.8991
5	上海	0.8765
6	福建	0.8579
7	青海	0.8527
8	天津	0.7975
9	甘肃	0.7352
10	重庆	0.7279

（续表）

排名	省份	综合得分
11	江苏	0.7190
12	贵州	0.7006
13	吉林	0.6956
14	内蒙古	0.6918
15	陕西	0.6852
16	湖南	0.6847
17	江西	0.6845
18	广西	0.6805
19	安徽	0.6803
20	湖北	0.6785
21	河南	0.6735
22	黑龙江	0.6421
23	辽宁	0.6353
24	宁夏	0.6172
25	云南	0.6159
26	四川	0.5828
27	新疆	0.5562
28	山东	0.5112
29	山西	0.3961
30	河北	0.3411
31	西藏	—

4. 环境保护能力排名

以 D1—D7 为基础指标，对各地区制造业环境保护能力进行综合评价。采用离差最大化方法，对衡量制造业环境保护能力的 7 项指标分配权重，并结合各指标的规范化数值得到 2014 年我国制造业环境保护能力的综合评价值。将综合得分汇总排序，得到各省份制造业资源保护能力综合排名。区域制造业环境资源保护能力中，排名前五名的分别是北京、天津、上海、重庆、吉林；而河北、山西、青海、云南、新疆综合排名靠后，河北是制造业经济创造能力十强，但能源集约能力、环境保护能力倒数，反映河北制造业的粗放发展，转变当前高消耗、高污染的发展模式是摆在该区域的首要任务（见表 6-36）。

表 6-36　区域制造业环境资源保护能力综合评价

名次	省份	综合得分
1	北京	0.9671
2	天津	0.9498
3	上海	0.8830
4	重庆	0.8400
5	吉林	0.8035
6	湖北	0.7507
7	陕西	0.7406
8	福建	0.7370
9	安徽	0.7243
10	广东	0.7235
11	浙江	0.7229
12	湖南	0.7152
13	江西	0.6880
14	四川	0.6861
15	黑龙江	0.6859
16	甘肃	0.6759
17	山东	0.6552
18	海南	0.6508
19	河南	0.6504
20	江苏	0.6411
21	广西	0.6188
22	辽宁	0.5699
23	内蒙古	0.5669
24	宁夏	0.5612
25	西藏	0.5434
26	贵州	0.5338
27	新疆	0.5296
28	云南	0.5173
29	青海	0.4889
30	山西	0.4365
31	河北	0.3855

6.2.4　中国制造业“十大强省”排序

综合全部 32 个指标，对各地区制造业“新型化”能力进行综合评价。采用离差最大化方法，衡量 32 个指标的分配权重，并结合各指标的规范化数值得到 2014

年我国制造业各省份的综合评价值。将综合评价值汇总排序，得到我国制造业强省综合排名（见表 6-37）。

表 6-37　中国制造业强省排名

排名	省份	综合得分
1	江苏	0.7260
2	广东	0.7084
3	浙江	0.6633
4	山东	0.6395
5	上海	0.6044
6	天津	0.5910
7	北京	0.5566
8	安徽	0.5204
9	重庆	0.5037
10	湖南	0.5004
11	湖北	0.4863
12	福建	0.4769
13	河南	0.4633
14	吉林	0.4480
15	江西	0.4059
16	辽宁	0.4038
17	四川	0.3875
18	广西	0.3681
19	陕西	0.3659
20	甘肃	0.3547
21	海南	0.3440
22	黑龙江	0.3387
23	河北	0.3372
24	内蒙古	0.3321
25	贵州	0.2958
26	宁夏	0.2866
27	云南	0.2738
28	新疆	0.2574
29	青海	0.2237
30	山西	0.2228
31	西藏	—

通过对经济创造、科技创新、能源集约、环境保护四大方面32个指标的分析，运用离差最大化分析方法，我们得到了2014年中国制造业十大强省，依次为江苏、广东、浙江、山东、上海、天津、北京、安徽、重庆、湖南。综合2014年制造业强省排名，主要特征表现如下：

(1) 江苏综合实力超越广东重回榜首，广东第二。广东、江苏是制造业强省综合实力榜首位置出现频率最高的区域，2008年、2009年、2010年、2013年广东排名第一，2005年、2007年、2011年、2012年、2014年江苏占据榜首，近几年成绩回顾，经济创造能力江苏暂处上风，能源集约能力、环境保护能力广东略胜一筹，科技创新方面，2014年江苏首次超越广东。总体而言，两省是中国制造业新型化程度最高代表。

(2) 吉林、江西制造业表现活跃，两省经济创造能力不断提高，2005年以前两者经济创造能力在各省份中处中等偏下水平，此后不断提升，分别在2011年、2012年首次挤入十强榜单末位，2014年再获突破分列第7、8。然而，两省在制造业经济规模、效益扩张的同时，技术创新力度欠缺，制造业发展可持续动力不够，综合实力未能跟上经济创造能力提升的步伐。例如，吉林曾在2011年综合实力第十，此后便一直在十强榜单外围徘徊。这也反映了新兴区域发展不能单纯以增加资源要素规模扩张为主，应更多注入科技活力。

(3) 辽宁退步明显。老牌工业强省辽宁近几年呈现退步态势，在经济创造、科技创新、能源集约和环境保护四个方面，经济创造能力是辽宁的优势，一直以来，辽宁都处于经济创造能力排行十强榜单之列，2014年首次跌出前十，列12位。经济创造能力表现乏力，科技创新、能源集约和环境保护表现平平，使得辽宁在新型化综合实力排名中不断下滑，在2011年首次退出前十，排第12位，2012年维持在第12位，2013年第14位，2014年第16位。2004年温家宝总理提出“振兴东北”战略以来，辽宁制造业也出现过短暂上升，2006年、2007年科技创新能力分别第7、9位，环境保护能力第8、6位，此后便持续下降，2014年科技创新、环境保护能力分别为第14、22位。如何转变当前发展模式，注入新的活力是摆在辽宁制造业面前的一大难题。

6.3 江苏省城市制造业评价分析

6.3.1 江苏省13市制造业总体评价

江苏省是闻名全国的制造业大省，其制造业的产值规模连年稳居全国第一。2015年6月，江苏省省委、省政府发布的《中国制造2025江苏行动纲要》提出，到2025年建成国内领先、有国际影响力的制造强省。但是，受自然条件、资源禀赋和人文环境等影响，江苏省制造业南北差距较大，地级市制造业发展的不平衡性显著。

1. 制造业规模排名

(1) 制造业总产值反映了一个地区、一定时间内制造业生产的总规模和总水平。由表 6-38 可知,2014 年江苏排名前三位的城市依次为苏州、无锡和南京,占江苏制造业产值比重依次为 21.6%、10.31%和 9.37%。其中,苏州制造业在全省范围优势显著,其产值规模是排名第二的无锡市的 2 倍多。而排名靠后的城市依次为宿迁、连云港和淮安,占江苏省制造业产值比重依次为 1.99%、3.41%和 3.99%。尤其是宿迁,其产值规模不到苏州的 1/10,江苏省城市制造业的不平衡性可窥一斑。此外,全省有 6 个城市的制造业产值过万亿,可见江苏省制造业的大省地位名副其实。

表 6-38　2014 年江苏省城市制造业产值规模排名

排名	城市	制造业总产值(亿元)	占江苏省比重(%)
1	苏州	29 715.52	21.60
2	无锡	14 189.13	10.31
3	南京	12 894.79	9.37
4	南通	12 294.01	8.94
5	常州	10 914.72	7.93
6	徐州	10 859.42	7.89
7	泰州	9 556.98	6.95
8	扬州	9 261.11	6.73
9	镇江	7 849.89	5.71
10	盐城	7 106.30	5.17
11	淮安	5 490.95	3.99
12	连云港	4 694.67	3.41
13	宿迁	2 732.18	1.99

资料来源:2015 年各城市统计年鉴,统计口径为规模以上制造业。

(2) 固定资产是企业的劳动手段,也是企业赖以生产经营的主要资产。固定资产在生产过程中可以长期发挥作用,因此,制造业固定资产排名可以从资产角度衡量城市制造业的规模水平。由表 6-39 可以看到,制造业的资产规模排名与产值排名大体一致,其中,制造业资产规模排名前三的依然是苏州、无锡和南京。从具体数值看,苏州以 7 552.57 亿元的规模远远高于其他城市,占江苏省的 23.17%;而其他 12 市之间的差距相对来说较小,其中,7 个城市(盐城、镇江、扬州、泰州、连云港、淮安和宿迁)的资产规模均达一千亿规模。

表 6-39 2014 年江苏省城市制造业资产规模排名

排名	城市	固定资产合计(亿元)	占江苏省比重(%)
1	苏州	7 552.57	23.17
2	无锡	3 664.73	11.24
3	南京	3 228.77	9.90
4	徐州	2 879.90	8.83
5	南通	2 634.16	8.08
6	常州	2 288.28	7.02
7	盐城	1 904.90	5.84
8	镇江	1 841.12	5.65
9	扬州	1 698.84	5.21
10	泰州	1 409.37	4.32
11	连云港	1 222.16	3.75
12	淮安	1 196.00	3.67
13	宿迁	1 081.33	3.32

资料来源:《2015 中国城市统计年鉴》,统计口径为规模以上工业。

(3) 制造业是与人们的衣食住行密不可分的基础产业,对整个国民经济的运行有着举足轻重的作用,同样对就业有着重要影响。制造业可以为城市发展提供大量的就业机会,制造业的就业规模从就业角度反映出城市制造业的规模水平。由表 6-40 可以看到,与产值规模和资产规模排名一致,制造业从业人员数排名前三位的城市依次为苏州、无锡和南京。其中,苏州是江苏唯一制造业从业人员数超 200 万的城市,占江苏省比重为 35.84%。其他 12 市的制造业从业人员数均低于 100 万,其中连云港的制造业从业人员数最低,仅占江苏省的 1.91%。

表 6-40 2014 年江苏省城市制造业就业规模排名

排名	城市	制造业从业人员数(人)	占江苏省比重(%)
1	苏州	2 194 300	35.84
2	无锡	708 000	11.56
3	南京	557 100	9.10
4	南通	465 400	7.60
5	常州	324 600	5.30
6	扬州	309 800	5.06
7	泰州	295 300	4.82
8	盐城	261 100	4.26
9	镇江	253 400	4.14

（续表）

排名	城市	制造业从业人员数(人)	占江苏省比重(%)
10	淮安	234 300	3.83
11	徐州	233 800	3.82
12	宿迁	169 200	2.76
13	连云港	116 700	1.91

资料来源:《2015 中国城市统计年鉴》。

2. 制造业效益排名

(1) 制造业产值反映地区制造业的产出,制造业产值与就业人员的比值可以精确地反映一个地区制造业的劳动生产率水平。制造业劳动生产率是衡量制造业效益的重要指标之一。由表 6-41 可以看出,2014 年江苏制造业劳动生产率排名前三位的城市依次为徐州、连云港和常州,其制造业劳动生产率依次为 464.47、402.29 和 336.25;而苏州制造业的劳动生产率最低,仅为 135.42。究其原因,徐州是江苏装备制造业发展最早的地区,通用设备制造业、金属制造业、电气机械及器材制造业和交通运输设备制造业等已成为徐州的支柱产业,“徐州制造”在国内外已有一定声誉,装备制造业技术密集型的特点决定了其高劳动生产率的特点;而苏州制造业的竞争优势还主要集中于传统的劳动密集型产业,如纺织业等,从而造成苏州制造业劳动生产率低的现象,也突显了苏州制造业的“缺陷”,苏州制造业亟须转型升级。

表 6-41 2014 年江苏省城市制造业劳动生产率排名

排名	城市	制造业劳动生产率(万元/人)
1	徐州	464.47
2	连云港	402.29
3	常州	336.25
4	泰州	323.64
5	镇江	309.78
6	扬州	298.94
7	盐城	272.17
8	南通	264.16
9	淮安	234.36
10	南京	231.46
11	无锡	200.41
12	宿迁	161.48
13	苏州	135.42

资料来源:2015 年各城市统计年鉴及《2015 中国城市统计年鉴》。

(2) 制造业的资产贡献率反映制造业资产的获利能力，是制造业企业经营业绩和管理水平的集中体现，可以通过制造业利税总额与固定资产之比来反映。由表 6-42 可以看出，2014 年江苏省制造业资产贡献率最高的城市依次为泰州、扬州和南通三个“苏中”城市，而传统的制造业强市苏州的资产贡献率则排名最末。“苏中”三城市中，泰州的装备制造业为其传统的优势产业，生物医药、电子信息和新能源为其三大新兴产业；石油化工、汽车船舶和机械装备为扬州三大主导产业，此外，电子信息产业发展迅速；南通的海洋工程装备制造业发展迅速，其海洋工程业产值占全国的 1/3。可见，制造业的产业结构决定了制造业的资产贡献率，而苏州较低的资产贡献率也源于其产业结构。

表 6-42　2014 年江苏省城市制造业资产贡献率排名

排名	城市	资产贡献率(%)
1	泰州	85.57
2	扬州	59.22
3	南通	54.06
4	徐州	53.58
5	南京	51.47
6	盐城	46.26
7	连云港	46.24
8	淮安	44.16
9	常州	42.78
10	镇江	40.21
11	无锡	32.59
12	宿迁	30.08
13	苏州	25.68

资料来源：2015 年各城市统计年鉴及《2015 中国城市统计年鉴》。

3. 制造业能耗排名

(1) 制造业能耗总量排名。能源是世界发展和经济增长最基本的驱动力，制造业的发展更是离不开能源。能源种类众多，包括煤炭、原油、天然气等一次能源和电力、热力、成品油等二次能源，以及其他新能源和可再生能源。仅以某一类能源实物消耗量衡量能源消耗情况有失全面性，因此，这里采用综合能源消耗量来衡量制造业的能源消耗。由表 6-43 可以看出，2014 年江苏省制造业能耗总量最大的三个城市依次为苏州、南京和无锡，其综合能耗总量均超过 2 000 万吨标准煤；宿迁的能耗总量则最低，仅为苏州的 18.5%。

表 6-43 2014 年江苏省城市制造业能耗总量排名

排名	城市	综合能源消耗量(万吨标准煤)
1	苏州	3 701.79
2	南京	2 862.86
3	无锡	2 377.30
4	常州	1 456.94
5	徐州	1 339.34
6	盐城	1 192.89
7	南通	824.26
8	扬州	756.24
9	泰州	683.18
10	镇江	645.49
11	连云港	593.71
12	宿迁	245.04
—	淮安	—

资料来源:2015 年各城市统计年鉴,其中,淮安无数据。

(2) 制造业能源强度排名。制造业单位产值能源消耗量,可以反映地区制造业对能源的使用效率。其中,单位产值能源消耗量越小,表明制造业能源使用效率越高。根据表 6-44,2014 年江苏省制造业能源消耗强度最小的城市为南通;而制造业能源消耗强度最大的城市依次为南京、盐城和无锡,显示其能源消耗的低效率。

表 6-44 2014 年江苏省城市制造业能源强度排名

排名	城市	单位产值能耗(吨标准煤/万元)
1	南京	0.2220
2	盐城	0.1679
3	无锡	0.1675
4	常州	0.1335
5	连云港	0.1265
6	苏州	0.1246
7	徐州	0.1233
8	宿迁	0.0897
9	镇江	0.0822
10	扬州	0.0817
11	泰州	0.0715
12	南通	0.0670
—	淮安	—

资料来源:2015 年各城市统计年鉴,其中,淮安无数据。

4. 制造业环境保护排名

(1) 制造业污染治理总额排名。近年来,中国制造业快速发展,在消耗大量能源的同时,也给环境带来了巨大的影响。一个地区的污染治理总额体现了该地区对污染治理、环境保护的基本决心。以当年完成环保验收项目环保投资(工业企业项目)为衡量指标,根据表6-45,2014年,苏州以约为54亿元的环保验收项目环保投资排名江苏省第一,南京、南通排名二、三位;泰州、常州、扬州、连云港、淮安和镇江六个城市环保验收项目环保投资均低于10亿元,其中镇江的治理总额不足2亿元,排名末位。

表6-45 2014年江苏省城市制造业污染治理总额排名

排名	城市	制造业污染治理总额(万元)
1	苏州	543 947
2	南京	331 413
3	南通	236 184
4	无锡	225 298
5	宿迁	123 631
6	盐城	116 778
7	徐州	114 369
8	泰州	79 241
9	常州	63 117
10	扬州	58 991
11	连云港	51 120
12	淮安	33 128
13	镇江	17 450

资料来源:《2015中国城市统计年鉴》。

(2) 制造业污染治理强度排名。污染治理强度是污染治理总额与制造业总产值的比,反映一个地区制造业对污染治理的投入和绩效。根据表6-46,2014年江苏13市中,宿迁的污染治理强度排名第一,为45.25元/万元,远高于其他城市,南京、南通分列第二、三位;污染治理强度最小的三个城市依次为镇江、常州、淮安和扬州,其治理强度均低于7元/万元,尤其是镇江,其污染治理强度仅为2.22元/万元。

表 6-46　2014 年江苏省城市制造业污染治理强度排名

排名	城市	污染治理强度(元/万元)
1	宿迁	45.25
2	南京	25.70
3	南通	19.21
4	苏州	18.31
5	盐城	16.43
6	无锡	15.88
7	连云港	10.89
8	徐州	10.53
9	泰州	8.29
10	扬州	6.37
11	淮安	6.03
12	常州	5.78
13	镇江	2.22

资料来源:《2015 中国城市统计年鉴》。

6.3.2　江苏省 13 市制造业潜力评价

技术创新能力是一个国家和地区制造业发展的根本,是制造业未来发展的重要出路。“中国制造 2025”提出了制造业发展的“创新驱动”的基本方针,要求“坚持把创新摆在制造业发展全局的核心位置”。一个国家和地区制造业的可持续发展,离不开制造业的科技创新。因此,制造业的科技创新能力是衡量一个国家或地区制造业发展潜力的重要衡量。本部分从制造业的创新投入、创新产出以及新产品开发三方面评价江苏省 13 市制造业的发展潜力。

1. 制造业创新投入排名

(1) 制造业创新经费投入排名。制造业企业 R&D 活动经费支出,直接反映制造业科技经费投入状况,也间接反映一个地区制造业的增长潜力和科学实力。制造业 R&D 投入强度,即制造业企业 R&D 经费与主营业务收入的比值,则反映制造业 R&D 的投入力度。从表 6-47 可见,R&D 经费内部支出排名前三位的分别是苏州、无锡和南京,排名末位的依次为宿迁、连云港和淮安;R&D 经费投入强度排名前三位的依次为无锡、南京和南通,排名末位的依次为淮安、连云港和徐州。总体来看,无锡、南京、南通等城市的制造业发展科技创新经费投入较高,而淮安、连云港等城市制造业发展的科技动力缺乏,需要警惕制造业陷入未来发展的困境。

表 6-47　2014 年江苏省城市制造业 R&D 经费投入排名

排名	城市	R&D 经费内部支出(万元)	排名	城市	R&D 经费投入强度(%)
1	苏州	3 135 422	1	无锡	1.5315
2	无锡	2 136 139	2	南京	1.1150
3	南京	1 416 150	3	南通	1.1111
4	南通	1 349 998	4	常州	1.0971
5	常州	1 234 838	5	苏州	1.0522
6	徐州	795 796	6	镇江	0.9405
7	扬州	745 896	7	宿迁	0.8946
8	泰州	728 663	8	盐城	0.8912
9	镇江	720 875	9	扬州	0.8410
10	盐城	630 732	10	泰州	0.7865
11	淮安	321 232	11	徐州	0.7365
12	连云港	301 009	12	连云港	0.6484
13	宿迁	238 704	13	淮安	0.5871

资料来源:2015 年各城市统计年鉴,统计口径为规模以上工业。

(2) 制造业创新人员投入排名。科技创新,人才先行。制造业 R&D 活动人员数,反映制造业创新的人员投入。R&D 活动人员数是要制造业科技工作者的投入,体现了制造业创新的人才资源。由表 6-48 可见,2014 年江苏省制造业 R&D 人员投入最高的三个城市依次为苏州、无锡和常州,其中苏州是江苏省 R&D 人员投入唯一超过 10 万的城市;而宿迁的 R&D 人员投入不足 1 万,仅为 9210 人,排在末位。可见,江苏省制造业的创新人员投入差距较大。

表 6-48　2014 年江苏省城市制造业 R&D 人员投入排名

排名	城市	R&D 活动人员数
1	苏州	137 151
2	无锡	73 782
3	常州	58 684
4	南京	58 591
5	南通	55 175
6	镇江	32 516
7	扬州	27 138
8	盐城	24 692
9	泰州	23 069

（续表）

排名	城市	R&D 活动人员数
10	徐州	14 231
11	连云港	13 575
12	宿迁	9 210
13	淮安	—

资料来源：2015 年各城市统计年鉴，统计口径为规模以上工业。其中，淮安无数据。

2．制造业创新产出排名

由于专利授权数受行政效率等人为因素的影响较大，有一定的滞后期，因此，专利申请数比专利授权数更适于衡量创新的产出水平。制造业专利申请数，能够反映一个地区制造业创新的积极程度和能力。由表 6-49 可知，苏州以专利申请数 34 936 项的绝对优势排在江苏省第一，南京、常州、南通次之，其专利申请数也都在 1 万以上；相比较，连云港、盐城和宿迁等城市的专利申请数则较低，不到苏州的 1/10。

表 6-49 2014 年江苏省城市制造业专利申请数排名

排名	城市	专利申请数(项)
1	苏州	34 936
2	南京	12 270
3	常州	11 287
4	南通	10 739
5	泰州	6 272
6	扬州	5 281
7	徐州	3 973
8	宿迁	3 144
9	盐城	2 721
10	连云港	1 266
—	无锡	—
—	淮安	—
—	镇江	—

资料来源：2015 年各城市统计年鉴，统计口径为规模以上工业。其中，无锡、淮安、镇江无数据。

3．制造业新产品开发情况排名

新产品产值既反映一个地区新产品的开发情况和科技实力，又反映该地区在新产品投入上的回报，体现了制造业新产品的市场价值。由表 6-50 可知，除苏州、盐城无数据外，2014 年江苏省城市制造业新产品产值排名前三的依次是无锡、南通和常州，其新产品均达到 2 000 亿元以上的产值水平；扬州、淮安、宿迁等地的新产品产值水平较低，均低于 500 亿元。尤其是扬州，其新产品产值水平不及无锡的 5%，制造业的发展潜力堪忧。

表 6-50　2014 年江苏省城市制造业新产品产值排名

排名	城市	新产品产值(亿元)
1	无锡	2 947.17
2	南通	2 144.02
3	常州	2 007.26
4	镇江	1 905.14
5	南京	1 842.69
6	泰州	1 088.86
7	徐州	553.89
8	连云港	534.13
9	宿迁	461.23
10	淮安	339.24
11	扬州	121.21
—	苏州	—
—	盐城	

资料来源：2015 年各城市统计年鉴，统计口径为规模以上工业。其中，苏州、盐城无数据。

6.3.3　江苏省 13 市制造业产业评价

1. 南京

(1) 制造业产业规模排名。图 6-2 绘制了南京市按行业分规模以上制造业产值排名情况，可以直观反映南京市制造业的产业规模情况。由图 6-2，南京市产值规模最大的十大行业依次为计算机、通信和其他电子设备制造业，化学原料和化学制品制造业，汽车制造业，石油加工、炼焦和核燃料制造业，电气机械和器材制造业，黑色金属冶炼和压延加工业，通用设备制造业，纺织服装、服饰业，金属制品业，铁路、船舶、航空航天和其他运输设备制造业。

分析南京市产值规模最大的十大行业可以发现：第一，计算机、通信和其他电子设备制造业，化学原料和化学制品制造业，汽车制造业是南京市制造业的三大主导产业，且优势显著；第二，计算机、通信和其他电子设备制造业以超过 2 000 亿元的产值规模遥遥领先，显示了南京市制造业以科技化、信息化领头；第三，传统的重化工业和装备制造业仍然是南京市制造业的重要支柱。

(2) 制造业产业经济效益排名。资产贡献率反映企业资产的获利能力，是企

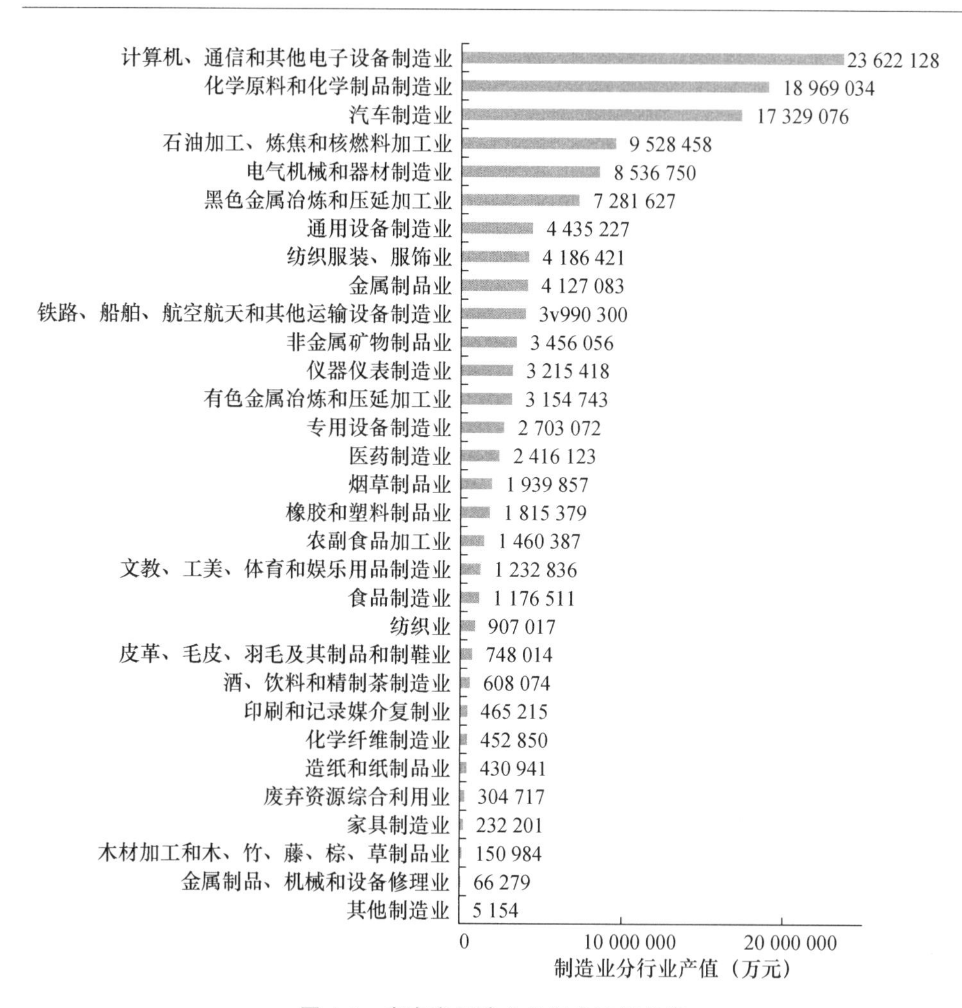

图 6-2　南京市制造业分行业产值规模

资料来源:《南京统计年鉴 2015》。

业经营业绩和管理水平的集中体现,是评价和考核企业盈利能力的核心指标。以各行业的利税总额与固定资产的比率来衡量制造业的资产贡献率,得到南京市制造业各行业的资产贡献率排名(见图 6-3)。其中,南京市资产贡献率最高的行业是烟草制造业,其资产贡献率高达 449.12%,远远超出其他行业。其他排名前十位的行业依次为石油加工、炼焦和核燃料加工业,汽车制造业,仪器仪表制造业,皮革、毛皮、羽毛及其制品和制鞋业,文教、工美、体育和娱乐用品制造业,金属制品、机械和设备修理业,医药制造业,电气机械和器材制造业,木材加工和木、竹、藤、棕、草制品业。

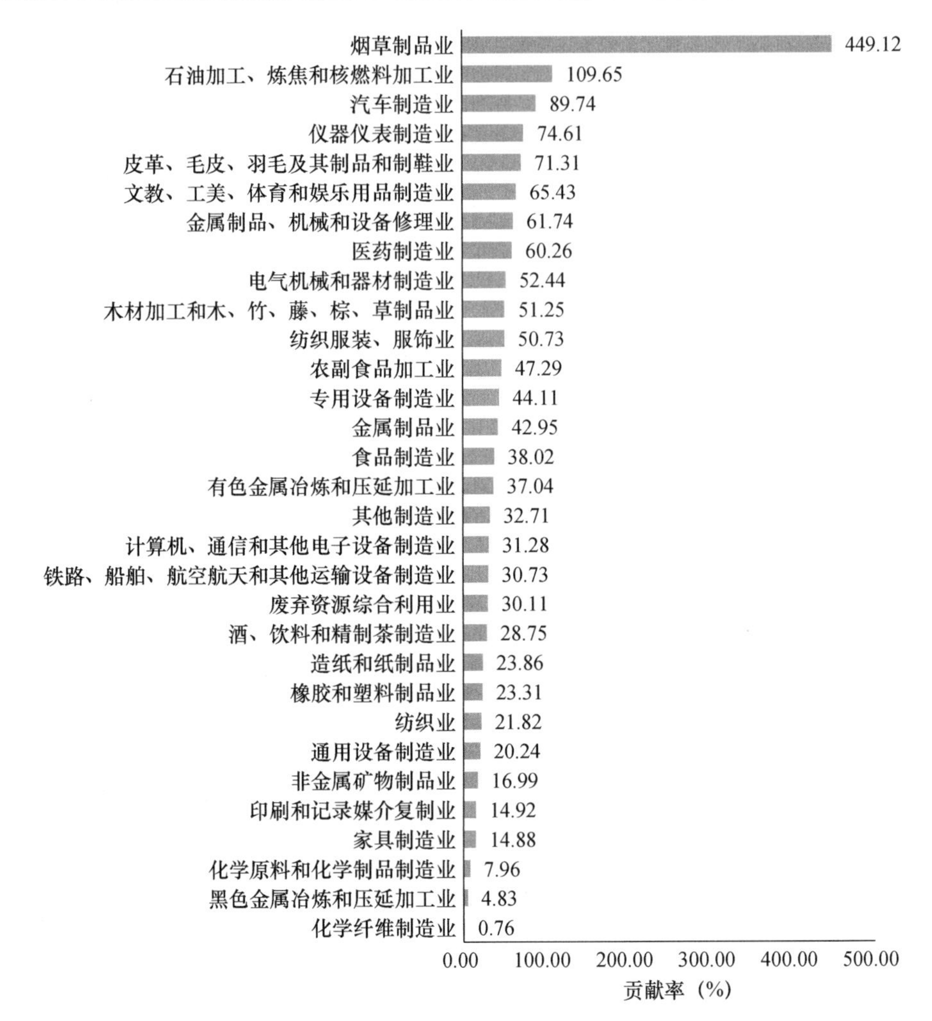

图 6-3　南京市制造业分行业资产贡献率排名

劳动生产率是劳动者在一定时期内创造的劳动成果与其相适应的劳动消耗量的比值，衡量劳动者生产的劳动效率。以工业总产值与从业人员数之比衡量各行业的劳动生产率，得到南京市制造业各行业劳动生产率排名（见图 6-4）。其中，石油加工、炼焦和核燃料加工业是南京市劳动生产率最高的制造业行业，高达 1 402 万元/人；烟草制造业次之，为 958 万元/人。此外，劳动生产率排名前十位的行业还包括有色金属冶炼和压延加工业，汽车制造业，化学原料和化学制品制造业，黑色金属冶炼和压延加工业，计算机、通信和其他电子设备制造业，农副食品加工业，电气机械和器材制造业，金属制品业。

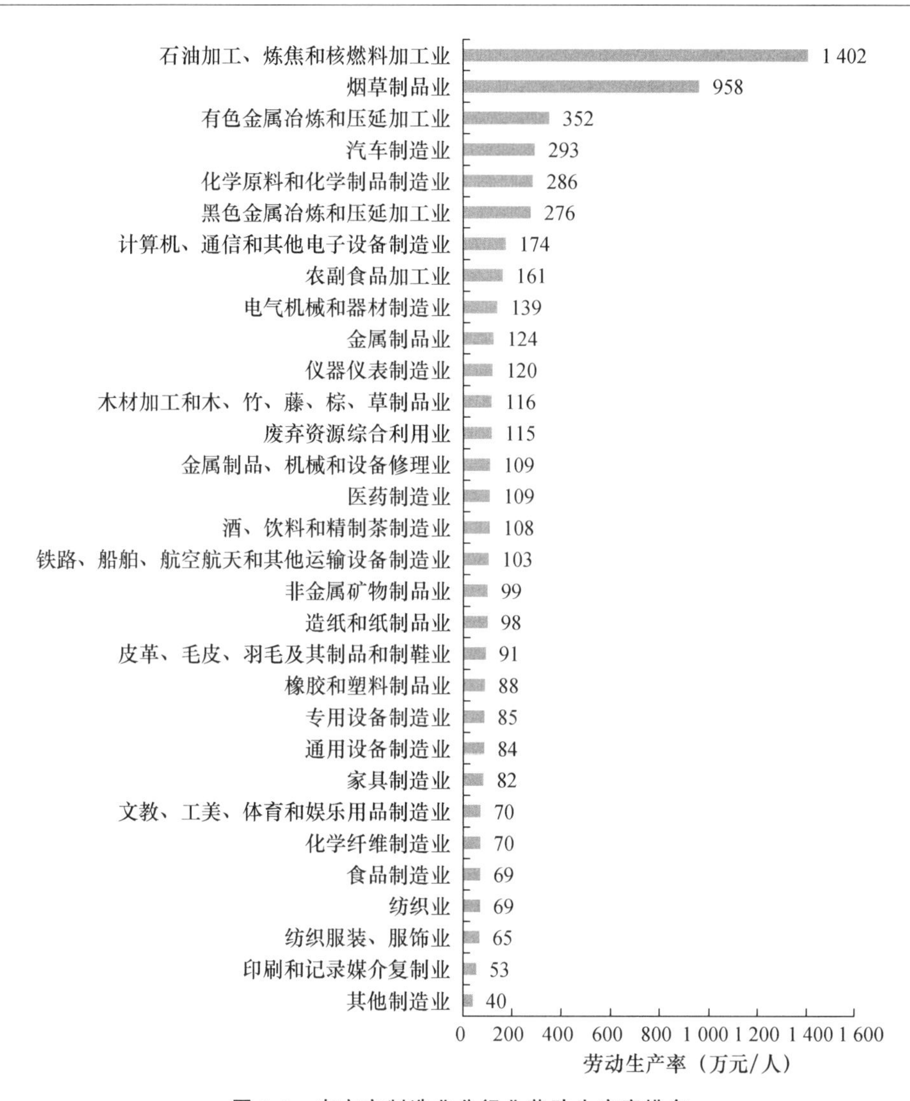

图 6-4　南京市制造业分行业劳动生产率排名

综合资产贡献率和劳动生产率的排名，南京市经济效益较好的制造业行业为烟草制造业，石油加工、炼焦和核燃料加工业，汽车制造业，电气机械和器材制造业，农副食品加工业。

(3) 制造业产业比较优势排名。地区专门化率和区位商可以用来衡量某一区域要素的空间分布情况，反映某一产业部门的专业化程度和比较优势。城市制造业各行业的专门化率可以表示为，城市制造业行业主营业务收入占城市制造业主营业务收入的比重与全国制造业同行业主营业务收入占全国制造业主营业务收入的比重之比。一般来说，当地区专门化率大于1时，则说明该地区的某产业在全国具有比较优势；当地区专门化率小于1时，则说明其处于劣势。图6-5反映南京市各制造业行业的地区专门化率排名，其中地区专门化率大于1的行业，即具有产业比较优势的制造业行业共有8个行业，依次为仪器仪表制造业，计算机、通信和其他电子设备制造业，烟草制品业，石油加工、炼焦和核燃料加工业，化学原料和化学制品制造业，汽车制造业，铁路、船舶、航空航天和其他运输设备制造业，纺织服装、服饰业。

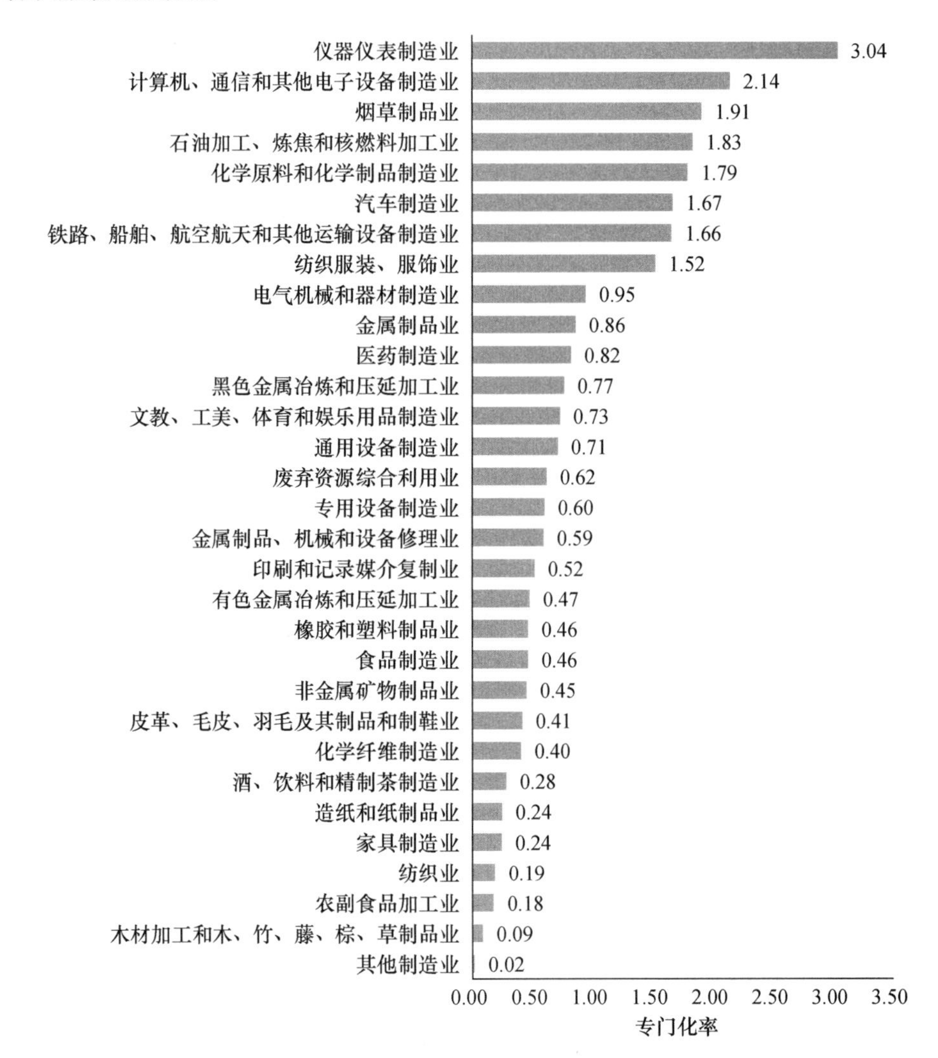

图6-5 南京市制造业分行业地区专门化率排名

区位商是指城市制造业行业从业人员占城市制造业从业人员的比重与全国制造业同行业从业人员占全国制造业从业人员的比重之比。区位商是用来判断一个产业是否构成地区专业化部门、是否具有比较优势的另一重要指标。图 6-6 反映南京市制造业分行业的区位商排名,其中大于 1 的行业共 14 个,依次为仪器仪表制造业,铁路、船舶、航空航天和其他运输设备制造业,计算机、通信和其他电子设备制造业,废弃资源综合利用业,纺织服装、服饰业,化学纤维制造业,化学原料和化学制品制造业,汽车制造业,通用设备制造业,医药制造业,电气机械和器材制造业,烟草制品业,印刷和记录媒介复制业,专用设备制造业。

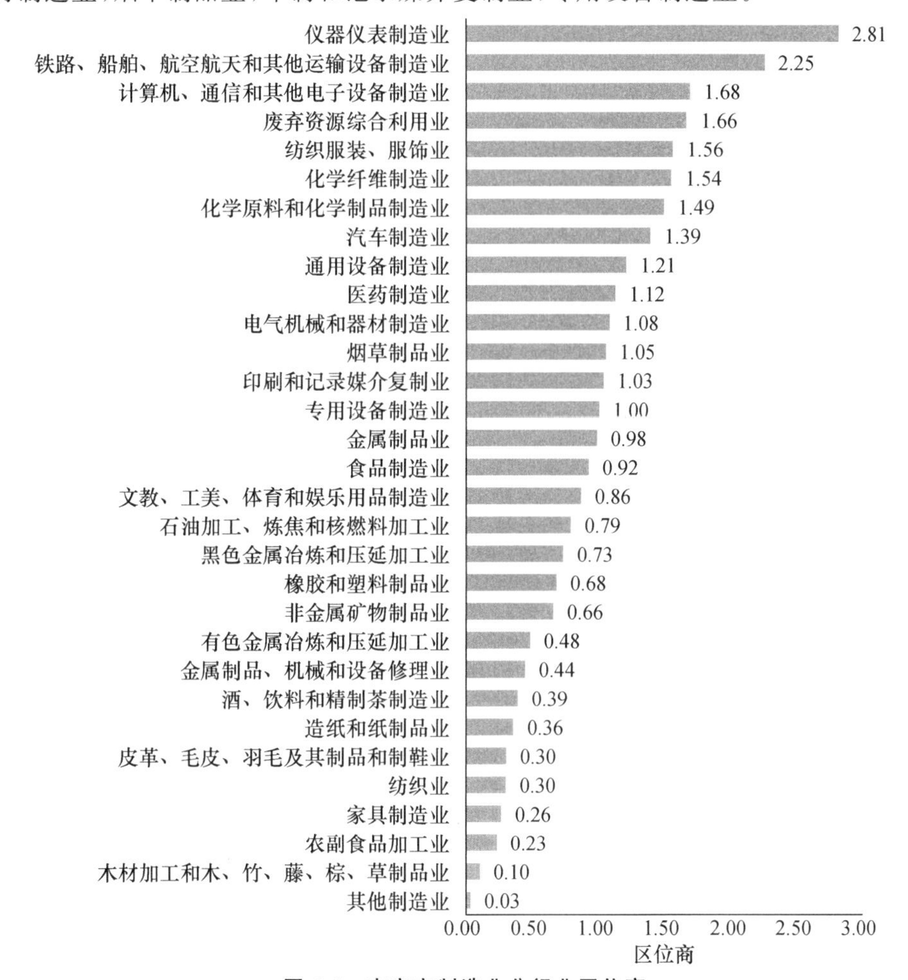

图 6-6 南京市制造业分行业区位商

综合地区专门化率和区位商的排名结果,可以得到结论:南京市具有比较优势的制造业行业包括 7 个行业:仪器仪表制造业,计算机、通信和其他电子设备制造业，烟草制造业，化学原料和化学制品制造业，汽车制造业，铁路、船舶、航空航天和其他运输设备制造业，纺织服装、服饰业。

(4) 制造业产业技术创新能力排名。R&D经费投入强度，即R&D经费内部支出与工业总产值(主营业务收入)之比，是国际上用于衡量一个地区或一个产业在科技创新方面努力程度的重要指标。图6-7是以R&D经费内部支出与主营业务收入之比来衡量南京市制造业各行业的R&D经费投入强度排名。根据排名结果，南京市技术创新能力较强的制造业行业依次为其他制造业，医药制造业，化学

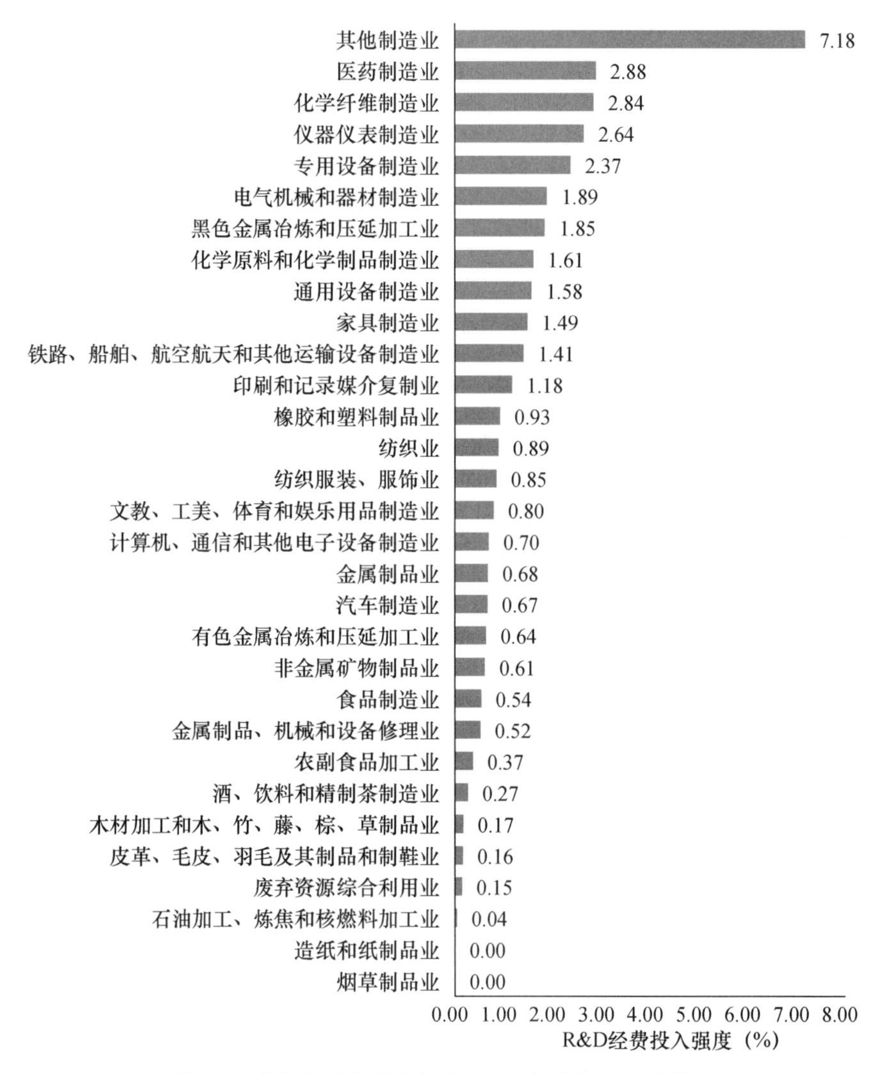

图6-7 南京市制造业分行业R&D经费投入强度排名

纤维制造业，仪表仪器制造业，专用设备制造业，电气机械和器材制造业，黑色金属冶炼和压延加工业，化学原料和化学制品制造业，通用设备制造业，家具制造业。

（5）制造业产业能源利用效率排名。单位产值能耗是一定时期企业综合能源消费量与工业总产值的比例，是用来反映企业能源经济效益高低的综合指标。其中，单位产值能耗越低，说明其产业能源利用效率越高。图 6-8 是南京市制造业各行业的单位产值能耗排名，单位产值能耗较低的行业依次为其他制造业，烟草制品业，金属制品、机械和设备修理业，仪器仪表制造业，文教、工美、体育和娱乐用品制造业，皮革、毛皮、羽毛及其制品和制鞋业，纺织服装、服饰业，家具制造业，计

行业	单位产值能耗（吨标准煤/万元）
其他制造业	0.0000
烟草制品业	0.0044
金属制品、机械和设备修理业	0.0050
仪器仪表制造业	0.0075
文教、工美、体育和娱乐用品制造业	0.0083
皮革、毛皮、羽毛及其制品和制鞋业	0.0085
纺织服装、服饰业	0.0088
家具制造业	0.0089
计算机、通信和其他电子设备制造业	0.0096
电气机械和器材制造业	0.0117
木材加工和木、竹、藤、棕、草制品业	0.0117
汽车制造业	0.0117
铁路、船舶、航空航天和其他运输设备制造业	0.0126
专用设备制造业	0.0157
金属制品业	0.0184
废弃资源综合利用业	0.0189
医药制造业	0.0198
通用设备制造业	0.0240
有色金属冶炼和压延加工业	0.0243
农副食品加工业	0.0305
印刷和记录媒介复制业	0.0350
橡胶和塑料制品业	0.0409
食品制造业	0.0536
酒、饮料和精制茶制造业	0.0670
造纸和纸制品业	0.0677
纺织业	0.0826
石油加工、炼焦和核燃料加工业	0.3192
非金属矿物制品业	0.3441
化学纤维制造业	0.3743
化学原料和化学制品制造业	0.7115
黑色金属冶炼和压延加工业	1.2859

0.00 0.20 0.40 0.60 0.80 1.00 1.20 1.40

单位产值能耗（吨标准煤/万元）

图 6-8　南京市制造业分行业单位产值能耗

算机、通信和其他电子设备制造业，电气机械和器材制造业。

黑色金属冶炼和压延加工业，化学原料和化学制品制造业，化学纤维制造业，非金属矿物制品业，石油加工、炼焦和核燃料加工业则是南京市制造业单位产值能耗较高的制造业行业。

2. 无锡

(1) 制造业产业规模排名。图 6-9 绘制了无锡市按行业分规模以上制造业产值排名情况，可以直观反映无锡市制造业的产业规模情况。由图 6-9 可知，无锡市产值规模最大的 10 个行业依次为电气机械和器材制造业，计算机、通信和其他电

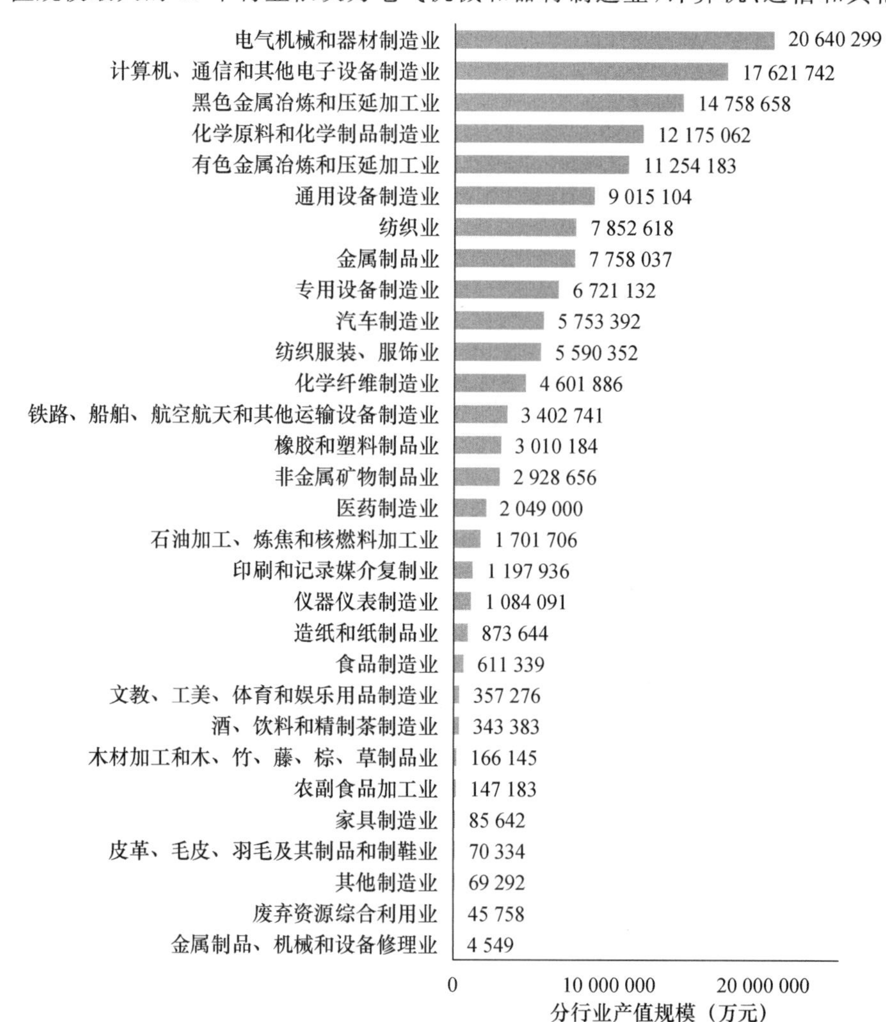

图 6-9 无锡市制造业分行业产值规模排名

子设备制造业，黑色金属冶炼和压延加工业，化学原料和化学制品制造业，有色金属冶炼和压延加工业，通用设备制造业，纺织业，金属制品业，专用设备制造业，汽车制造业。可见，从产值规模看，无锡市的制造业支柱产业以资源加工工业和机械电子制造业为主；此外，轻纺制造业也是无锡市制造业的重要组成部分。

（2）制造业产业经济效益排名。同样地，以各行业的利税总额与固定资产的比值来衡量制造业的资产贡献率，得到无锡市制造业各行业的资产贡献率排名（见图 6-10）。其中，无锡市资产贡献率较高的 10 个行业依次为石油加工、炼焦和核燃料加工业，木材加工和木、竹、藤、棕、草制品业，铁路、船舶、航空航天和其他运输设备制造业，纺织服装、服饰业，医药制造业，酒、饮料和精制茶制造业，仪器

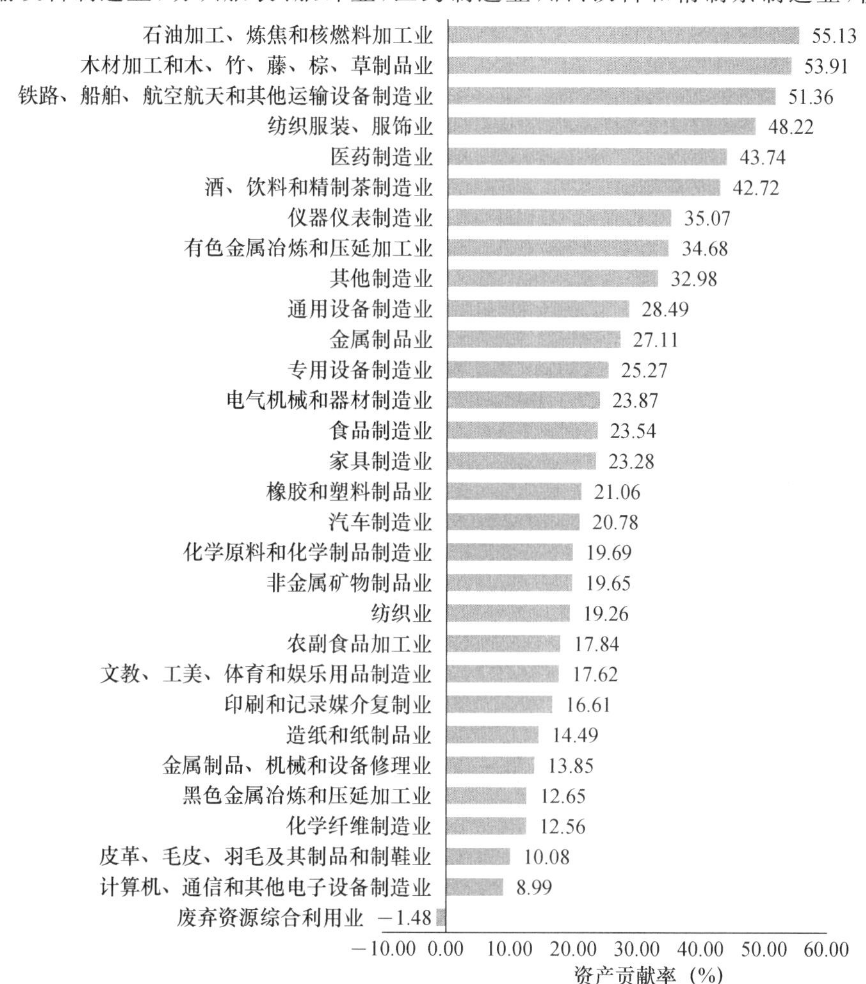

图 6-10　无锡市制造业分行业资产贡献率排名

仪表制造业，有色金属冶炼和压延加工业，其他制造业，通用设备制造业。此外，由于无锡市的废弃资源综合利用业的利税总额为负，导致其资产贡献率为负。

以工业总产值与从业人员数之比衡量各行业的劳动生产率，得到无锡市制造业各行业劳动生产率排名（见图6-11）。由图6-11可知，无锡市劳动生产率最高的制造业行业是石油加工、炼焦和核燃料加工业，为688.95万元/人，劳动生产率优势明显；此外，有色金属冶炼和压延加工业，酒、饮料和精制茶制造业，黑色金属冶炼和压延加工业，化学纤维制造业，化学原料和化学制品制造业，医药制造业，电气设备和器材制造业，废弃资源综合利用业，造纸和纸制品业也是无锡市劳动生产率较高的行业。

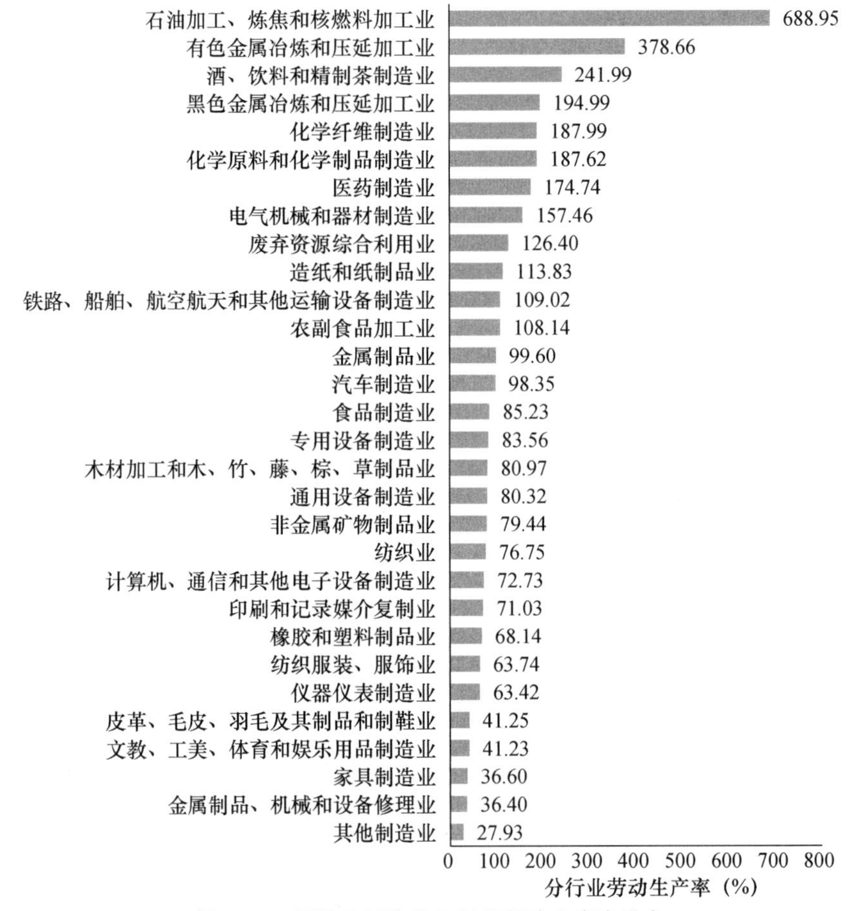

图6-11　无锡市制造业分行业劳动生产率排名

综合资产贡献率和劳动生产率的排名情况，无锡市制造业经济效益较高的行业为石油加工、炼焦和核燃料加工业，医药制造业，酒、饮料和精制茶制造业，有色金属冶炼和压延加工业。

（3）制造业产业比较优势排名。首先，分析无锡市制造业行业的地区专门化率，即城市制造业行业主营业务收入占城市制造业主营业务收入的比重与全国制造业同行业主营业务收入占全国制造业主营业务收入的比重之比，排名结果如图6-12所示。无锡市地区专门化率大于1（即具有产业比较优势）的制造业行业共有13个行业，分别为化学纤维制造业，电气机械和器材制造业，纺织服装、服饰业，有色金属冶炼和压延加工业，金属制品业，纺织业，计算机、通信和其他电子设备制造业，通用设备制造业，黑色金属冶炼和压延加工业，专用设备制造业，印刷和记录媒介复制业，铁路、船舶、航空航天和其他运输设备制造业，化学原料和化学制品制造业。

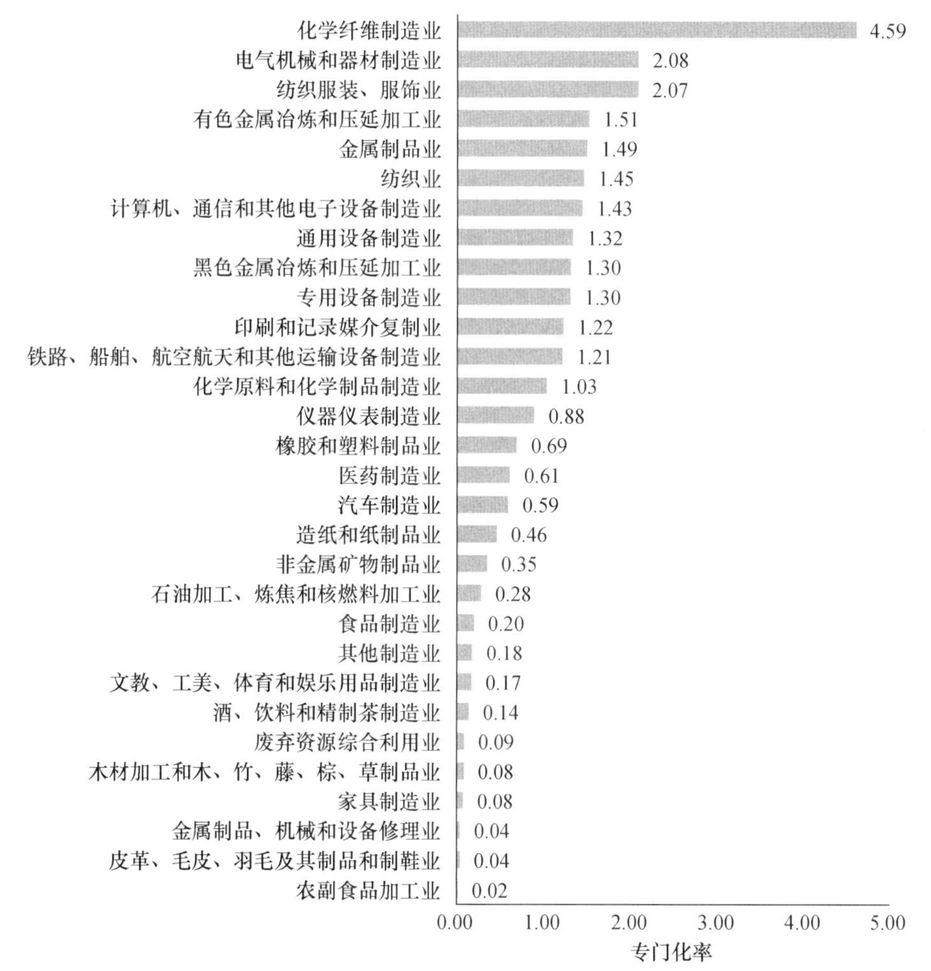

图6-12 无锡市制造业分行业地区专门化率排名

其次，分析无锡市制造业行业的区位商，即城市制造业行业从业人员占城市制造业从业人员的比重与全国制造业同行业从业人员占全国制造业从业人员的比重之比。由图 6-13 可知,无锡市区位商大于 1(即具有产业比较优势)的制造业行业共有 12 个行业,分别为化学纤维制造业,计算机、通信和其他电子设备制造业,通用设备制造业,专用设备制造业,纺织业,电气机械和器材制造业,金属制品业,纺织服装、服饰业,黑色金属冶炼和压延加工业,印刷和记录媒介复制业,铁路、船舶、航空航天和其他运输设备制造业,仪器仪表制造业。

图 6-13 无锡市制造业分行业区位商

综合无锡市制造业行业的地区专门化率以及区位商的排名情况,可以得到结论:无锡市具有比较优势的制造业行业共有 10 个行业,即化学纤维制造业,计算机、通信和其他电子设备制造业，专用设备制造业，纺织业，电气机械和器材制造业，金属制品业，纺织服装、服饰业，黑色金属冶炼和压延加工业，印刷和记录媒介复制业，铁路、船舶、航空航天和其他运输设备制造业。

(4) 制造业产业技术创新能力排名。由于《无锡市统计年鉴 2015》缺乏制造业分行业的技术创新指标数据，因此，无法对其制造业的产业技术创新能力进行排名。

(5) 制造业产业能源利用效率排名。行业的单位产值能耗能够反映其能源利用效率，图 6-14 是无锡市制造业各行业的单位产值能耗排名。其中，无锡市单位

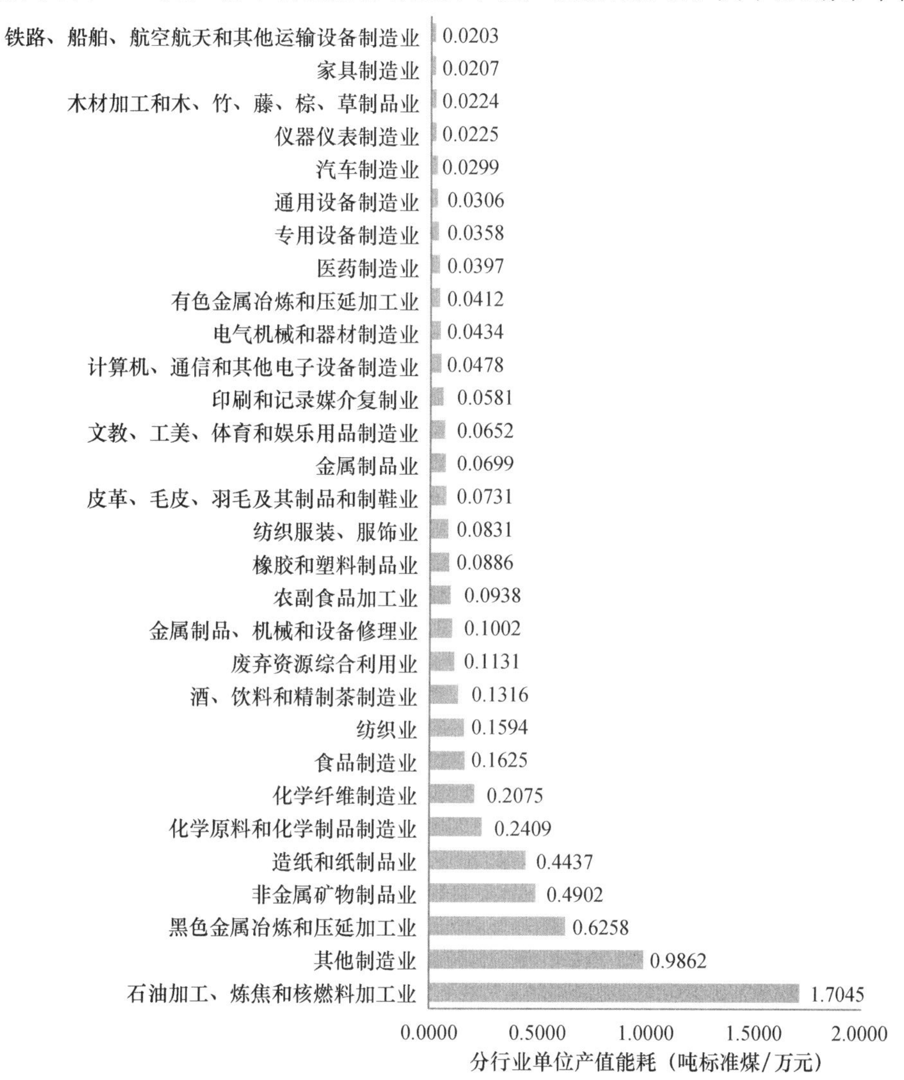

图 6-14 无锡市制造业分行业单位产值能耗排名

产值能耗较低的行业依次为铁路、船舶、航空航天和其他运输设备制造业，家具制造业，木材加工和木、竹、藤、棕、草制品业，仪器仪表制造业，汽车制造业，通用设备制造业，专用设备制造业，医药制造业，有色金属冶炼和压延加工业，电气机械和器材制造业；而单位产值能耗较高的行业则包括石油加工、炼焦和核燃料加工业，其他制造业，黑色金属冶炼和压延加工业等。

3. 徐州

（1）制造业产业规模排名。图 6-15 绘制了徐州市按行业分规模以上制造业产值排名情况，可以直观反映徐州市制造业的产业规模情况。由图 6-15 可见，徐

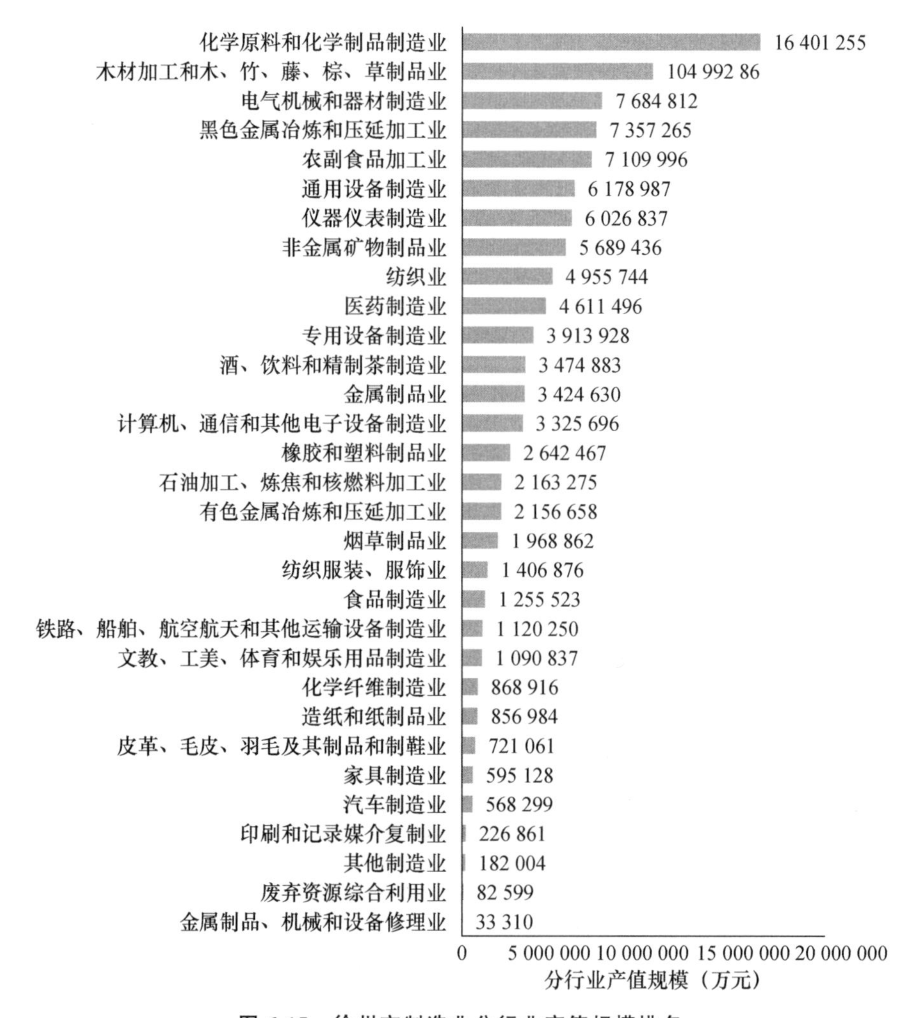

图 6-15 徐州市制造业分行业产值规模排名

州市产值规模最大的10个行业依次为化学原料和化学制品制造业，木材加工和木、竹、藤、棕、草制品业，电气机械和器材制造业，黑色金属冶炼和压延加工业，农副食品加工业，通用设备制造业，仪器仪表制造业，非金属矿物制品业，纺织业，医药制造业。徐州市产值规模较大的制造业行业既包含了部分重化工业，又包含了轻工业行业。

（2）制造业产业经济效益排名。以各行业的利税总额与固定资产的比值来衡量制造业的资产贡献率，得到徐州市制造业各行业的资产贡献率排名，如图6-16所示。徐州市制造业中资产贡献率最高的行业为烟草制品业，其资产贡献率高达449.12%，远高于制造业其他行业；此外，资产贡献率较高的行业还包括铁路、船舶、航空航天和其他运输设备制造业，皮革、毛皮、羽毛及其制品和制鞋业，纺织服

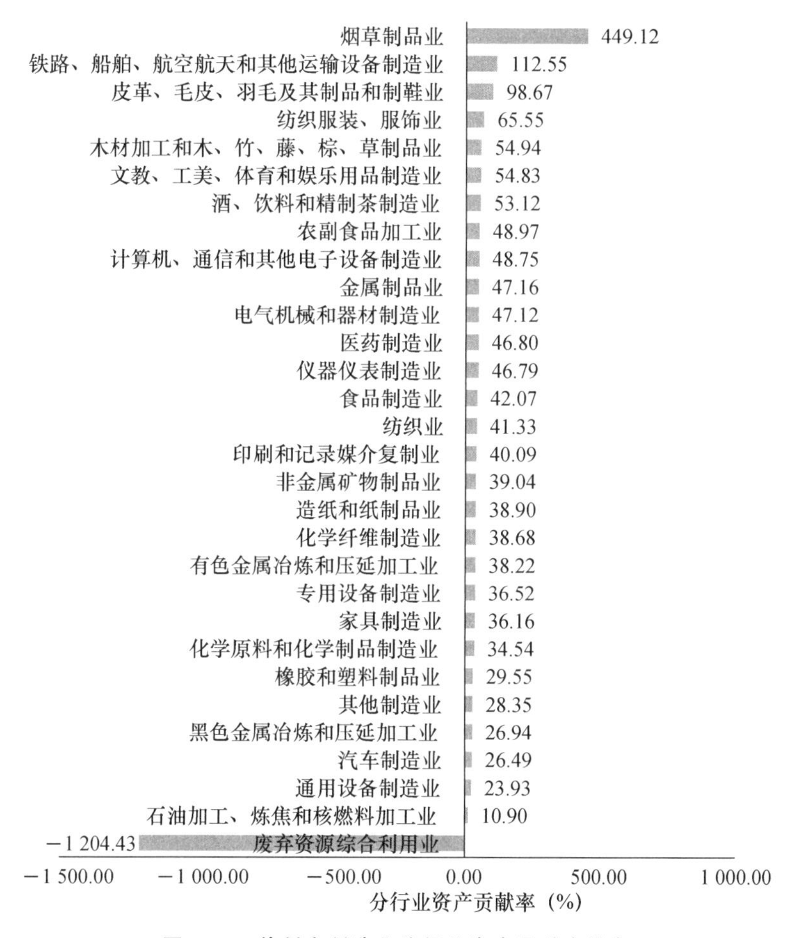

图6-16　徐州市制造业分行业资产贡献率排名

装、服饰业，木材加工和木、竹、藤、棕、草制品业，文教、工美、体育和娱乐用品制造业，农副食品加工业，计算机、通信和其他电子设备制造业，金属制品业。

此外，值得注意的是徐州市的废弃资源综合利用业，由于其利税总额为负，严重亏损，导致其资产贡献率为负，且数额较大。

以工业总产值与从业人员数之比衡量各行业的劳动生产率，得到徐州市制造业各行业劳动生产率排名（见图6-17）。由图6-17可知，与资产贡献率排名一致，徐州市劳动生产率最高的行业仍然是烟草制品业，其劳动生产率高达1 011.75万元/人，远高于其他行业。此外，仪器仪表制造业，化学原料和化学制品制造业，医药制造业，电气机械和器材制造业，石油加工、炼焦和核燃料加工业，计算机、通信和其他电子设备制造业，有色金属冶炼和压延加工业，黑色金属冶炼和压延加工业，农副食品加工业均属于徐州市劳动生产率较高行业。

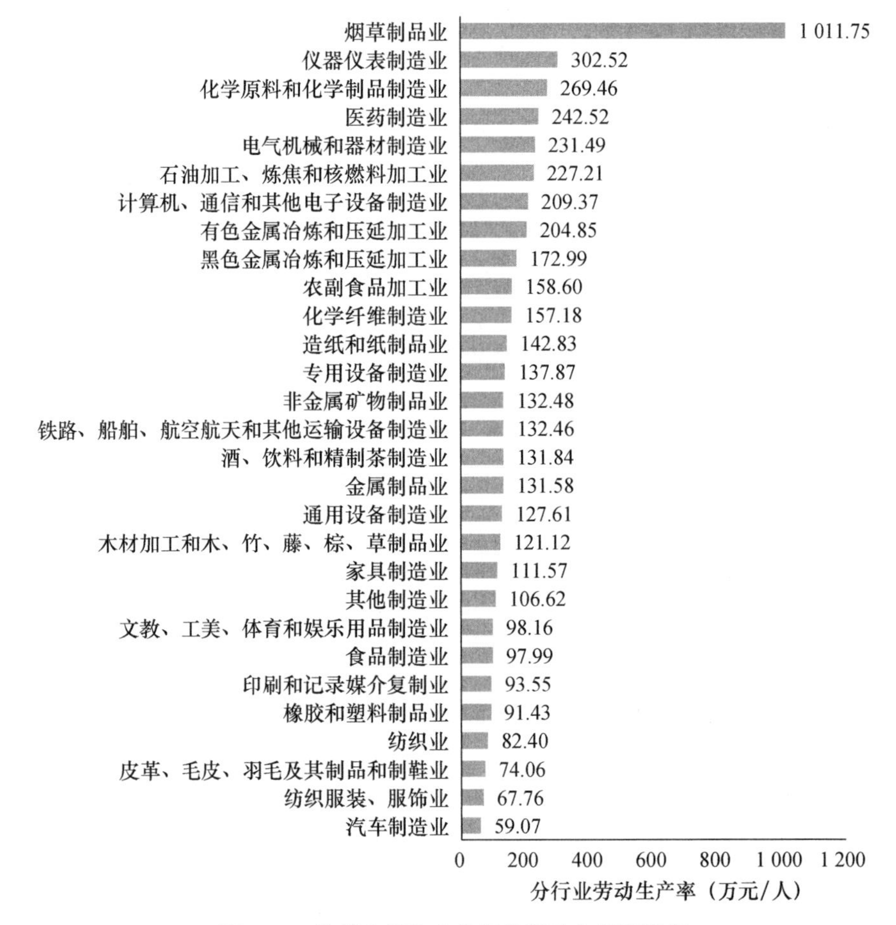

图6-17　徐州市制造业分行业劳动生产率排名

综合资产贡献率和劳动生产率的排名，徐州市经济效益较高的制造业行业为烟草制品业，计算机、通信和其他电子设备制造业，农副食品加工业。

(3) 制造业产业比较优势排名。地区专门化率，即城市制造业行业主营业务收入占城市制造业主营业务收入的比重与全国制造业同行业主营业务收入占全国制造业主营业务收入的比重之比，可以反映某一产业部门的专业化程度和比较优势。图 6-18 是徐州市制造业行业的地区专门化率排名情况，其中大于 1(即有比较优势)的行业共 11 个，分别是木材加工和木、竹、藤、棕、草制品业，仪器仪表制造业，烟草制品业，酒、饮料和精制茶制造业，医药制造业，化学原料和化学制品制造业，通用设备制造业，纺织业，化学纤维制造业，电气机械和器材制造业，专用设备制造业。

图 6-18　徐州市制造业分行业地区专门化率排名

区位商，即城市制造业行业从业人员占城市制造业从业人员的比重与全国制造业同行业从业人员占全国制造业从业人员的比重之比，则是衡量产业专业化程度和比较优势的另一指标。徐州市制造业行业的区位商排名如图 6-19 所示，其中，大于 1（即有比较优势）的行业共 14 个，分别是木材加工和木、竹、藤、棕、草制品业，仪器仪表制造业，酒、饮料和精制茶制造业，纺织业，化学原料和化学制品制造业，化学纤维制造业，黑色金属冶炼和压延加工业，农副食品加工业，通用设备制造业，石油加工、炼焦和核燃料加工业，烟草制品业，医药制造业，橡胶和塑料制品业，专用设备制造业。

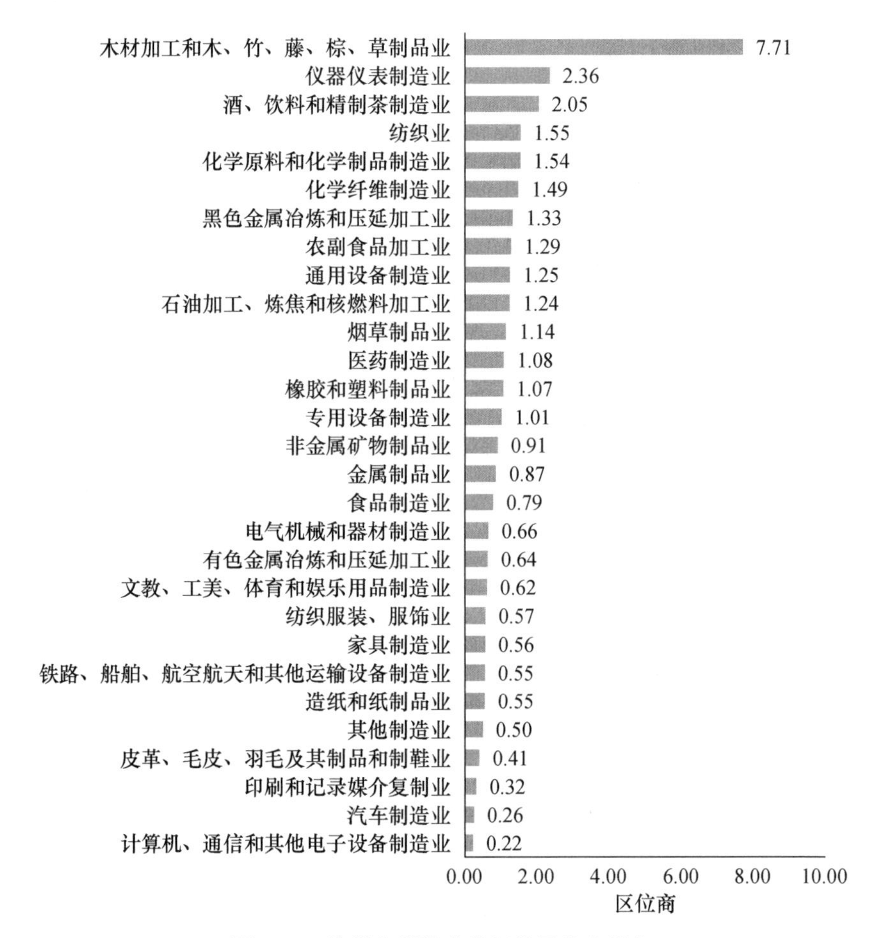

图 6-19 徐州市制造业分行业区位商排名

综合地区专门化率排名和区位商排名，徐州市具有比较优势的制造业行业包括 10 个行业，分别是木材加工和木、竹、藤、棕、草制品业，仪器仪表制造业，烟草制品业，酒、饮料和精制茶制造业，医药制造业，化学原料和化学制品制造业，通用设备制造业，纺织业，化学纤维制造业，专用设备制造业。

(4) 制造业产业技术创新能力排名。R&D 投入强度，即 R&D 经费内部支出与主营业务收入之比，可以用来衡量产业的技术创新能力。图 6-20 为徐州市制造业的 R&D 投入强度排名，根据排名结果，徐州市技术创新能力较强的行业依次为：通用设备制造业，酒、饮料和精制茶制造业，汽车制造业，文教、工美、体育和娱乐用品制造业，专用设备制造业，化学原料和化学制品制造业，食品制造业，电气机械和器材制造业，化学纤维制造业，有色金属冶炼和压延加工业。

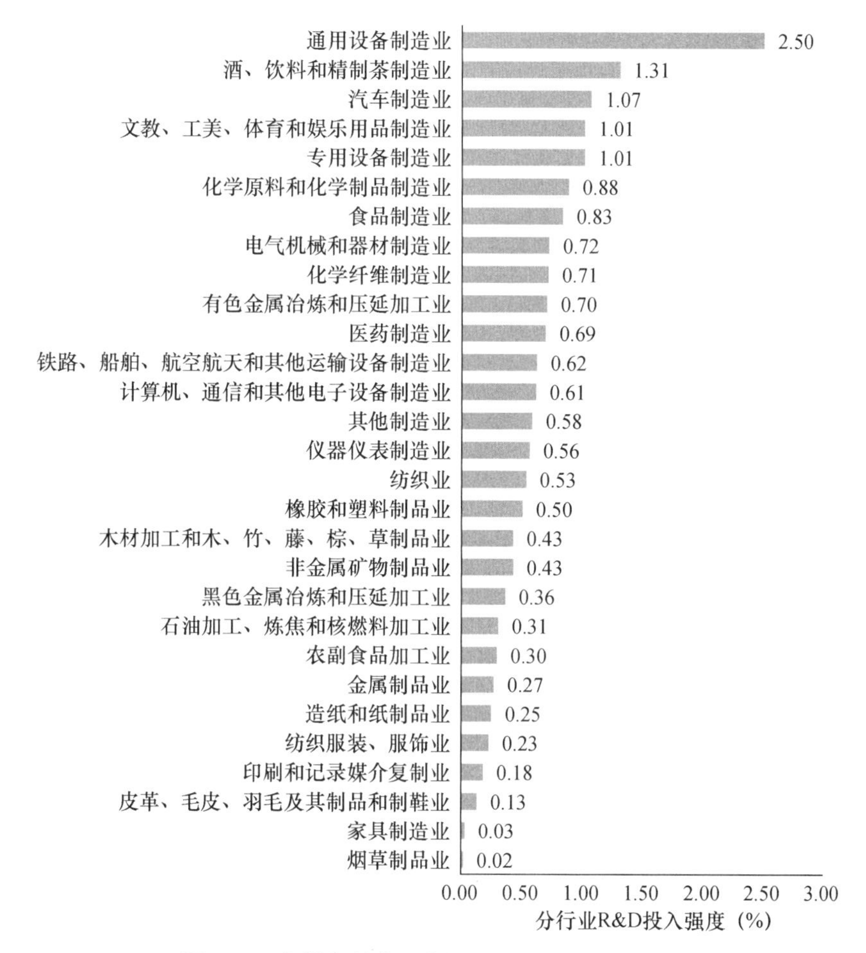

图 6-20 徐州市制造业分行业 R&D 投入强度排名

技术创新能力较弱的行业则包括烟草制品业，家具制造业，皮革、毛皮、羽毛及其制品和制鞋业，印刷和记录媒介复制业等。

(5) 制造业产业能源利用效率排名。图 6-21 是徐州市制造业各行业的单位产值能耗排名，其中，单位产值能耗较低的行业依次为烟草制品业，仪器仪表制造业，计算机、通信和其他电子设备制造业，家具制造业，废弃资源综合利用业，通用设备制造业，汽车制造业，专用设备制造业，纺织服装、服饰业；单位产值能耗较高的行业则集中在重化工业部门，包括：黑色金属冶炼和压延加工业，非金属矿物制品业，石油加工、炼焦和核燃料加工业，化学原料和化学制品制造业等。

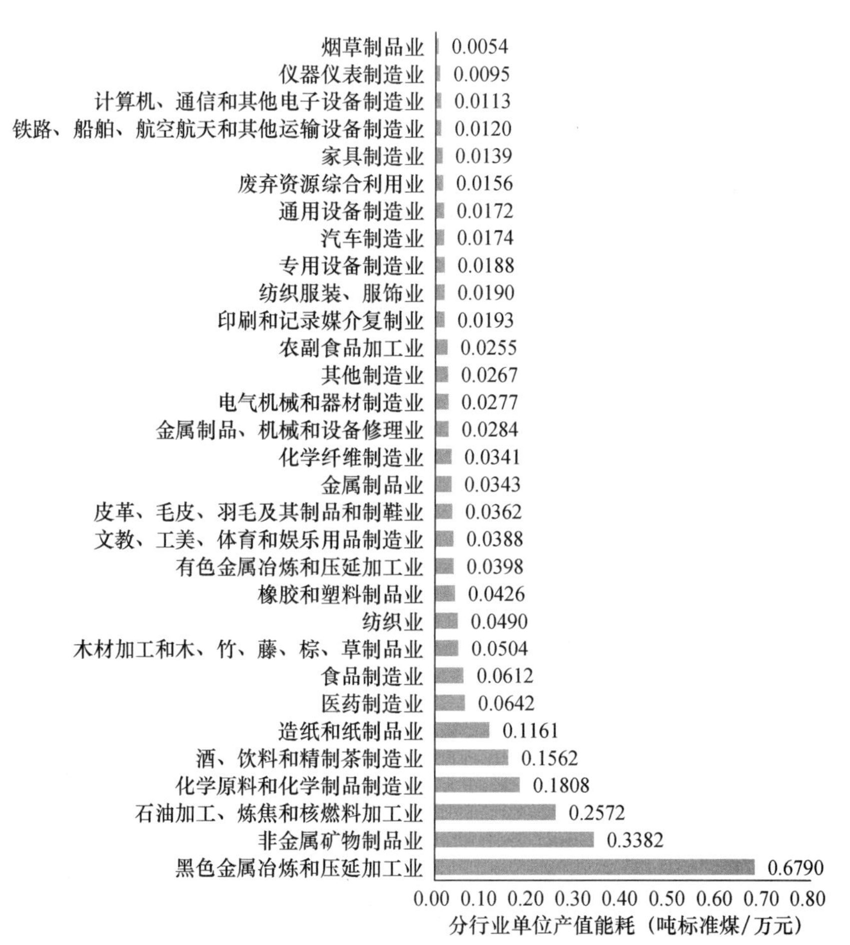

图 6-21　徐州市制造业分行业单位产值能耗

4. 常州

(1) 制造业产业规模排名。常州市按行业分规模以上制造业产值排名情况如图 6-21 所示，常州市产值规模最大的 10 个行业依次为电气机械和器材制造业，黑色金属冶炼和压延加工业，化学原料和化学制品制造业，计算机、通信和其他电子设备制造业，通用设备制造业，纺织业，专用设备制造业，金属制品业，非金属矿物制品业，铁路、船舶、航空航天和其他运输设备制造业。并且相对其他产业，排名前三位的电气机械和器材制造业、黑色金属冶炼和压延加工业以及化学原料和化学制品制造业产值规模优势显著。

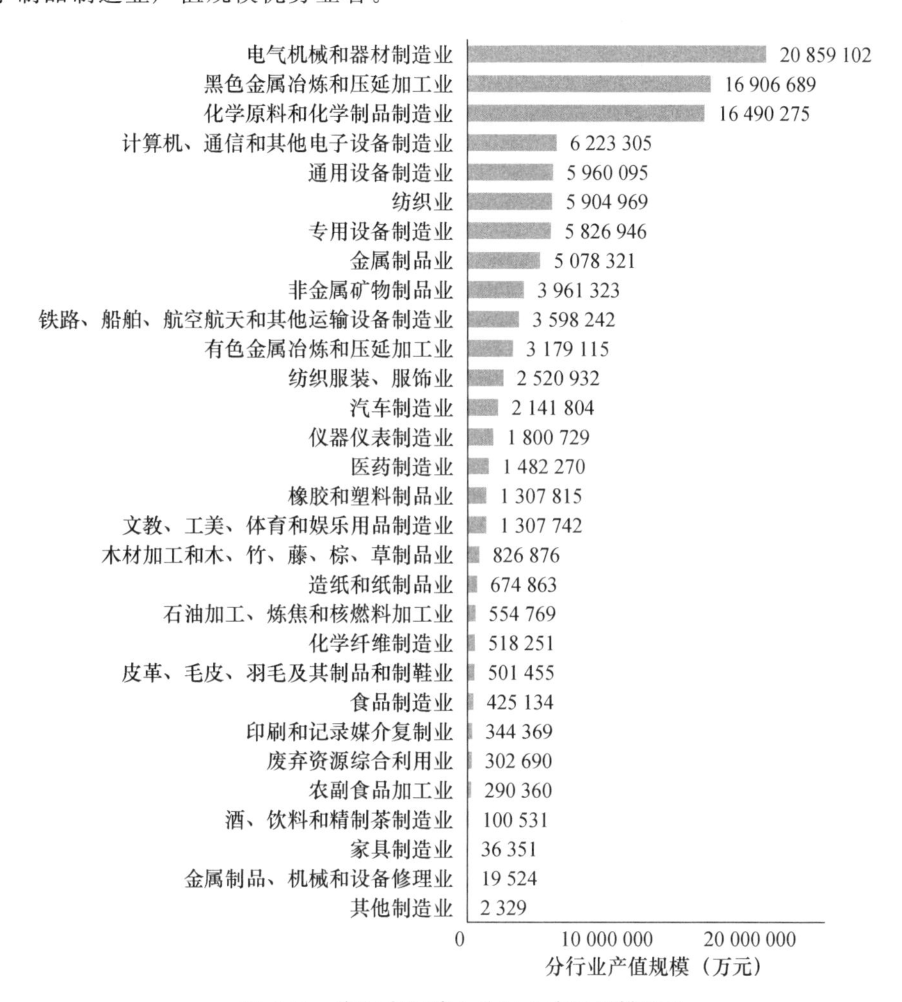

图 6-22 常州市制造业分行业产值规模排名

(2) 制造业产业经济效益排名。由于缺乏常州市制造业分行业从业人员数的统计，因此，无法对常州市制造业行业劳动生产率进行分析。本部分通过对常州市制造业行业的资产贡献率进行分析，以分析常州市制造业的产业经济效益。

由图 6-23 可知，常州市制造业资产贡献率最高，即产业经济效益最高的 10 个行业依次为皮革、毛皮、羽毛及其制品和制鞋业，木材加工和木、竹、藤、棕、草制品业，医药制造业，纺织服装、服饰业，酒、饮料和精制茶制造业，仪器仪表制造业，造纸和纸制品业，食品制造业，电气机械和器材制造业，计算机、通信和其他电子设备制造业。其中，皮革、毛皮、羽毛及其制品和制鞋业以及木材加工和木、竹、藤、棕、草制品业具有明显的优势。

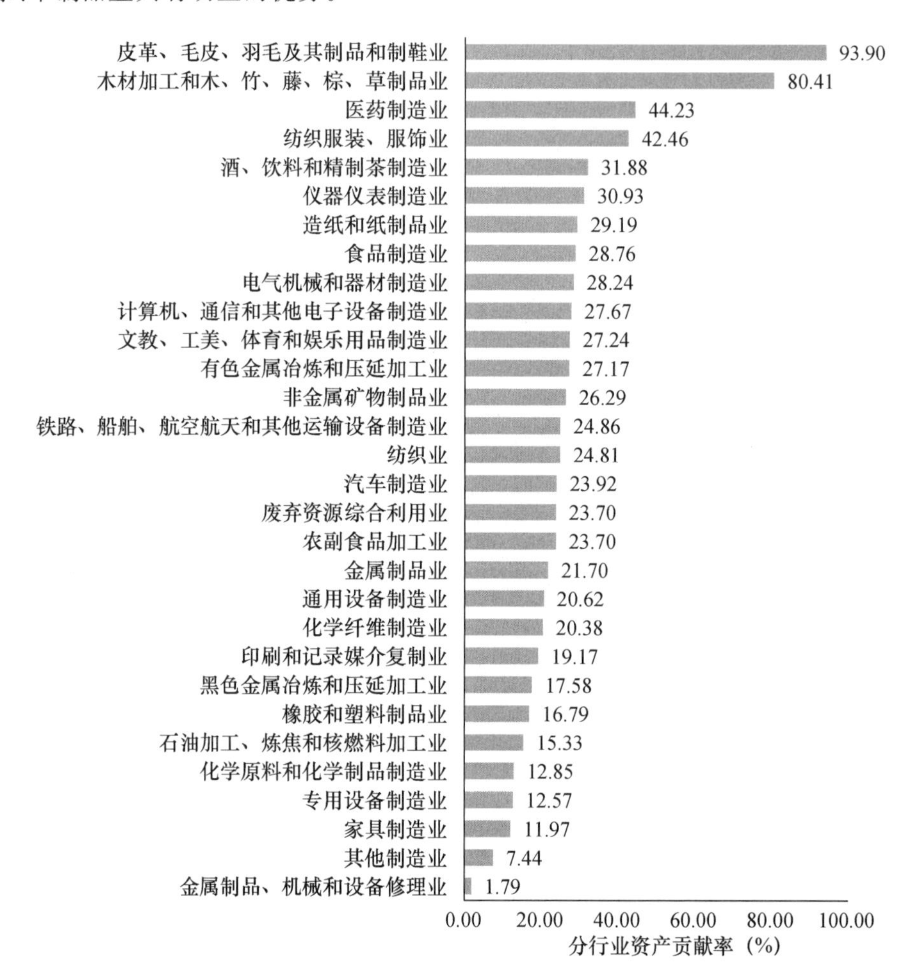

图 6-23　常州市制造业分行业资产贡献率排名

（3）制造业产业比较优势排名。同样地，由于缺乏分行业从业人员数的统计，因此，无法获得常州市制造业行业的区位商统计。本部分以制造业行业的地区专门化率，统计和分析常州市制造业行业的专业化程度和比较优势，其排名结果如图 6-24 所示。其中，专门化率大于 1（即有比较优势）的行业有 10 个，分别是电气机械和器材制造业，黑色金属冶炼和压延加工业，仪器仪表制造业，化学原料和化学制品制造业，铁路、船舶、航空航天和其他运输设备制造业，专用设备制造业，纺

织业,金属制品业,通用设备制造业,纺织服装、服饰业。

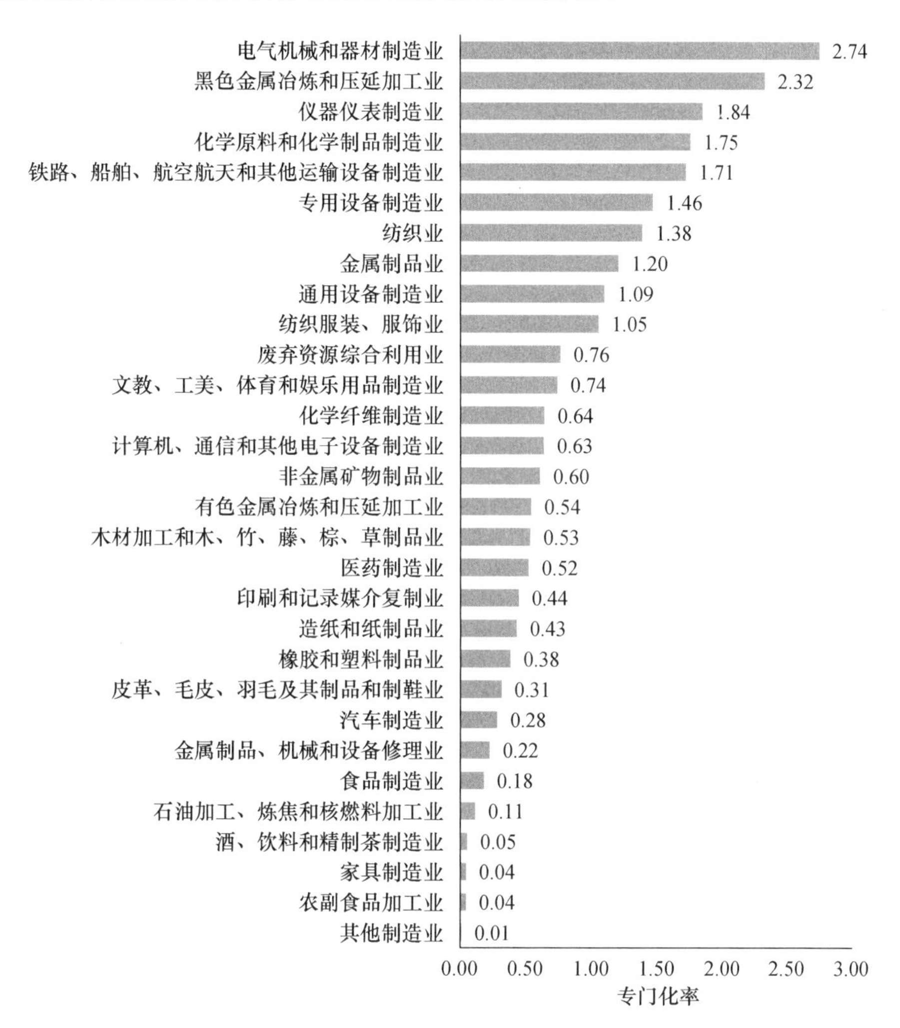

图 6-24 常州市制造业分行业地区专门化率

(4) 制造业产业技术创新能力排名。由于缺乏常州市制造业分行业科技创新指标的统计数据,无法对常州市制造业的产业创新能力进行计算和分析。

(5) 制造业产业能源利用效率排名。根据常州市制造业分行业单位产值能耗的排名(见图 6-25),常州市制造业单位产值能耗较低的行业为废弃资源综合利用业,石油加工、炼焦和核燃料加工业,家具制造业,木材加工和木、竹、藤、棕、草制品业,电气机械和器材制造业,铁路、船舶、航空航天和其他运输设备制造业,汽车制造业,仪器仪表制造业,皮革、毛皮、羽毛及其制品和制鞋业。

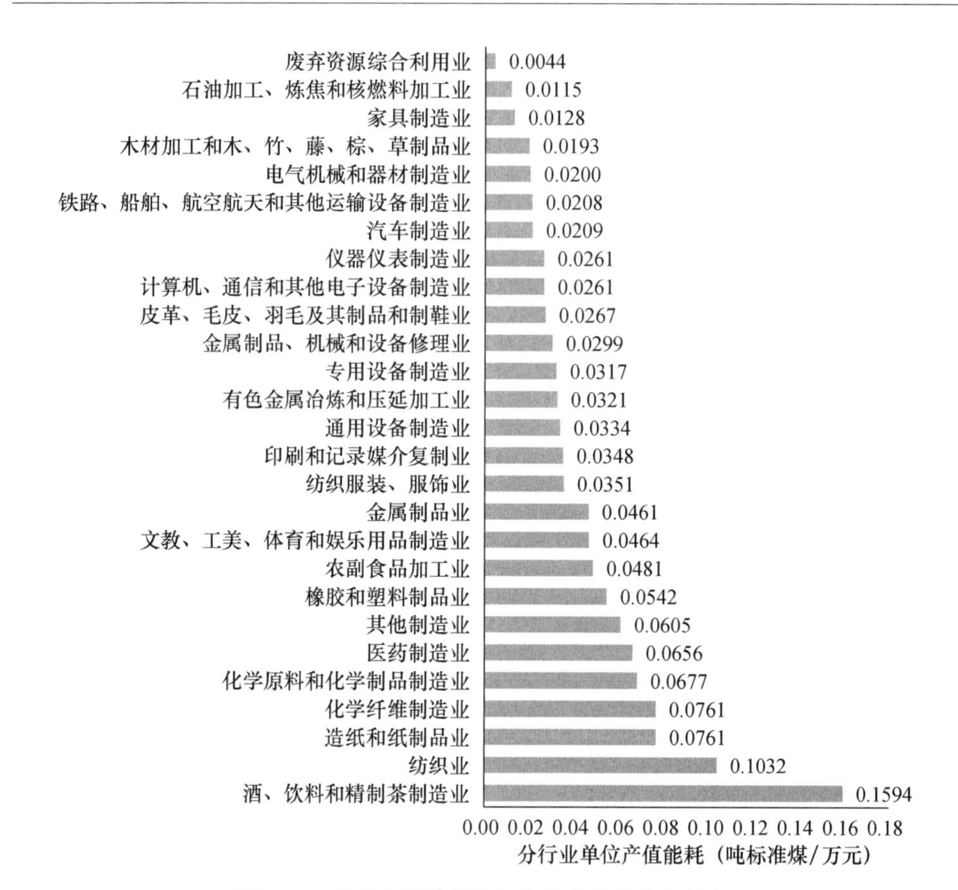

图 6-25　常州市制造业分行业单位产值能耗排名

常州市制造业单位产值能耗较高的行业包括酒、饮料和精制茶制造业，纺织业，造纸和纸制品业，化学纤维制造业等。尤其是酒、饮料和精制茶制造业，相比其他产业，其单位产值能耗过大。

5. 苏州

（1）制造业产业规模排名。图 6-26 绘制了苏州市按行业分规模以上制造业产值排名情况，以直观反映苏州市制造业的产业规模情况。其中，苏州市产值规模最大的 10 个行业依次为计算机、通信和其他电子设备制造业，黑色金属冶炼和压延加工业，电气机械和器材制造业，通用设备制造业，化学原料和化学制品制造业，纺织业，化学纤维制造业，汽车制造业，专用设备制造业，金属制品业。尤其是计算机、通信和其他电子设备制造业，其产值规模远超苏州市其他制造业行业，产值优势显著。从产值规模看，装备制造业已经成为苏州制造业的重要支柱。

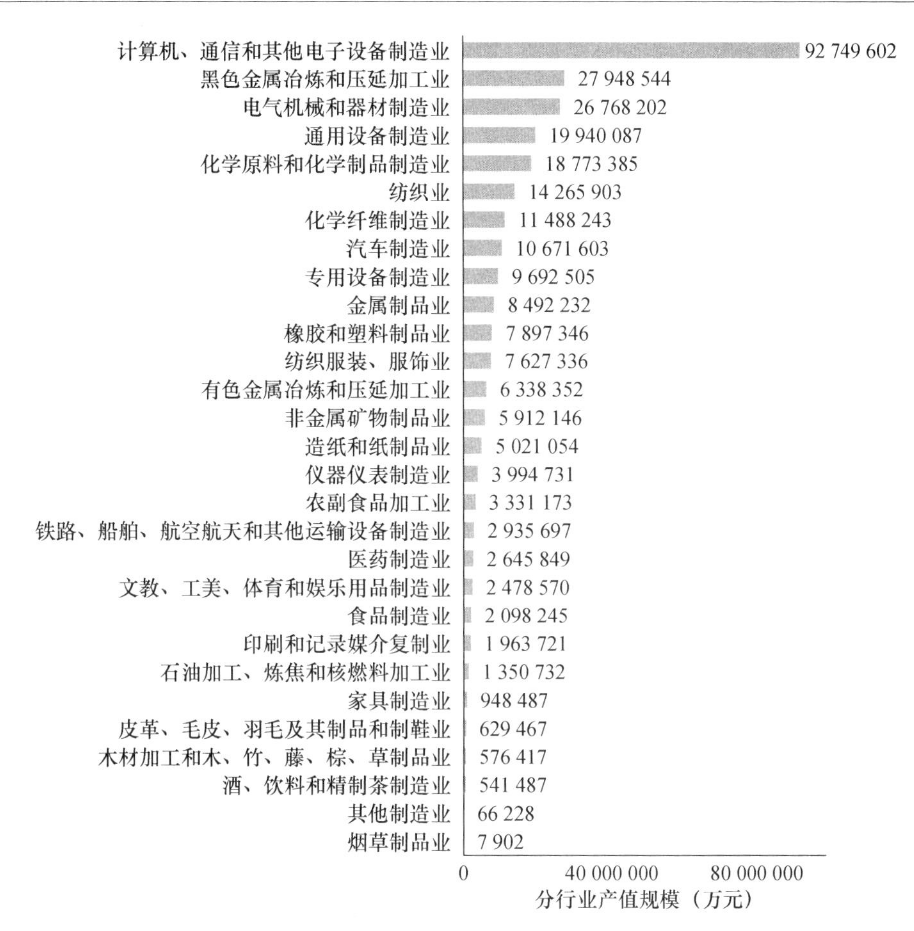

图 6-26　苏州市制造业分行业产值规模排名

(2) 制造业产业经济效益排名。由于缺乏苏州市制造业分行业从业人员数的统计，因此，无法对苏州市制造业行业劳动生产率进行分析。本部分通过对苏州市制造业行业的资产贡献率进行分析，以分析苏州市制造业的产业经济效益。

图 6-27 是苏州市制造业分行业资产贡献率排名，其中，资产贡献率最高的行业为石油加工、炼焦和核燃料加工业，其资产贡献率高达 85.45%，也是资产贡献率唯一超过 50%的行业。此外，苏州市资产贡献率较高的行业还包括铁路、船舶、航空航天和其他运输设备制造业，纺织服装、服饰业，通用设备制造业，木材加工和木、竹、藤、棕、草制品业，医药制造业，仪器仪表制造业，食品制造业，电气机械和器材制造业，专用设备制造业。

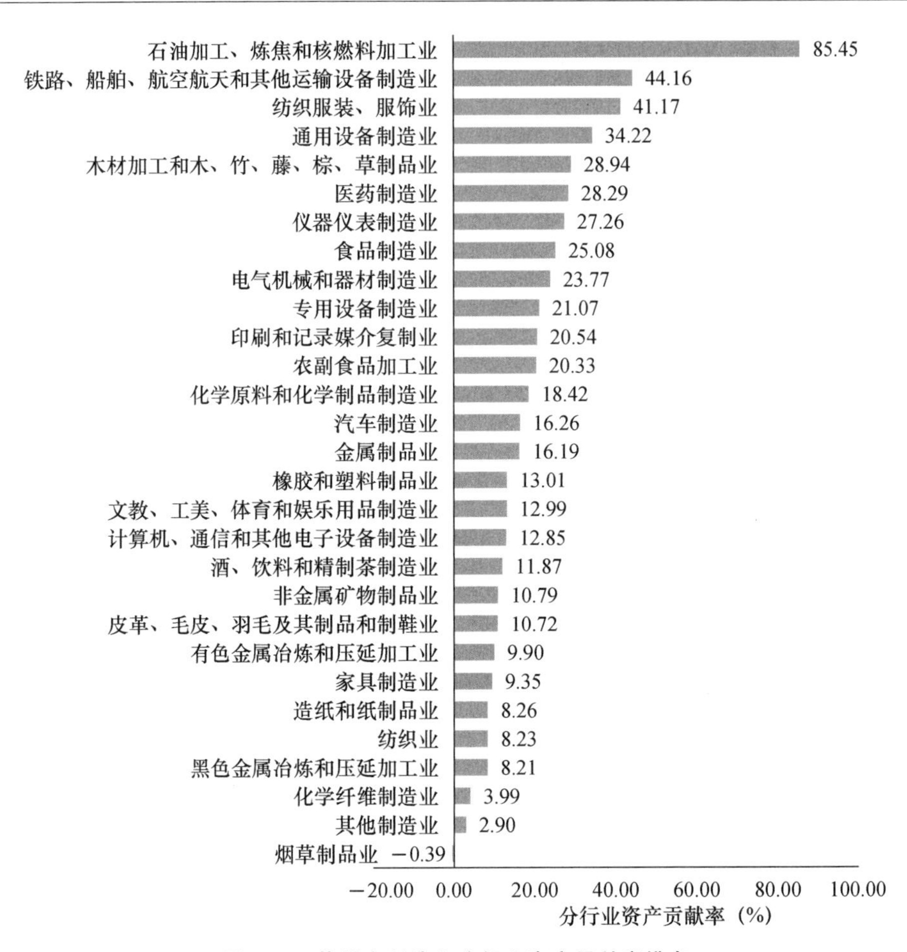

图 6-27　苏州市制造业分行业资产贡献率排名

（3）制造业产业比较优势排名。同样地，由于缺乏分行业从业人员数的统计，因此，无法对苏州市制造业行业的区位商进行分析比较。因此，本部分以制造业行业的地区专门化率，对苏州市制造业行业的专业化程度和比较优势进行分析，其排名结果如图 6-28 所示。苏州市专门化率大于 1(即有比较优势)的行业有 9 个，分别是化学纤维制造业，计算机、通信和其他电子设备制造业，仪器仪表制造业，通用设备制造业，电气机械和器材制造业，黑色金属冶炼和压延加工业，纺织业，造纸和纸制品业，纺织服装、服饰业。其中，化学纤维制造业以及计算机、通信和其他电子设备制造业的比较优势尤其显著。

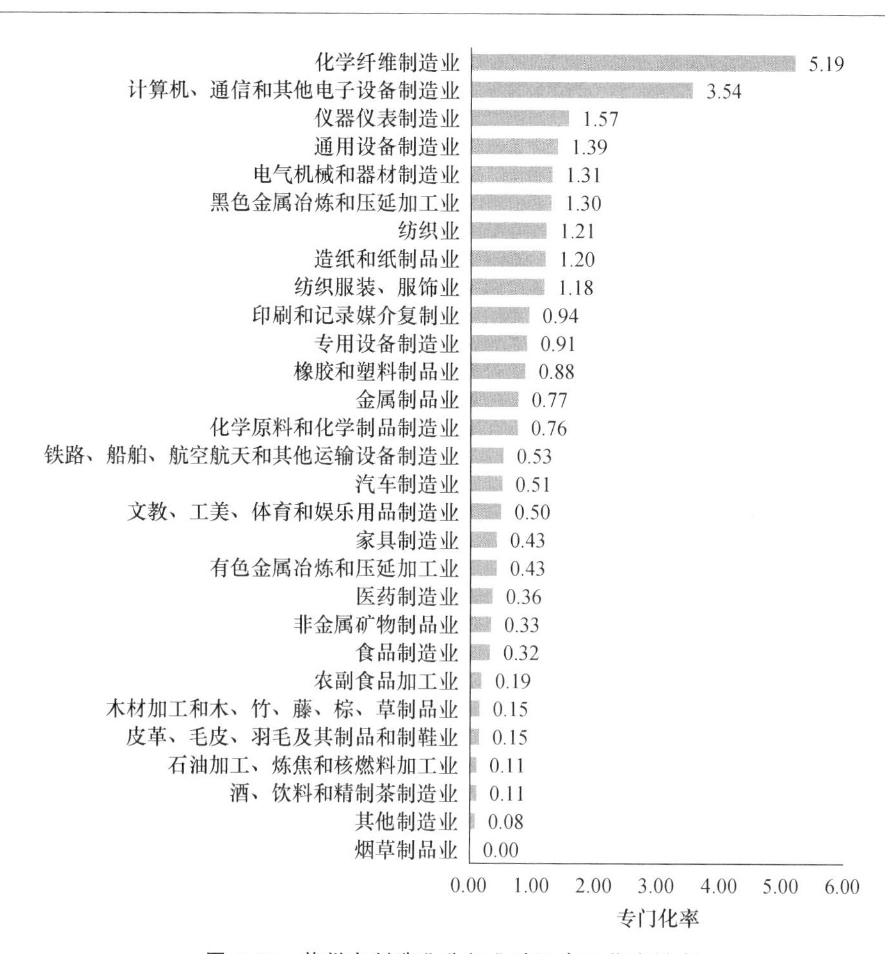

图 6-28　苏州市制造业分行业地区专门化率排名

（4）制造业产业技术创新能力排名。以 R&D 经费内部支出与主营业务收入之比，即 R&D 经费投入强度来衡量苏州市制造业各行业的技术创新能力，如图 6-29 所示。苏州市技术创新能力较强的制造业行业依次为仪器仪表制造业，医药制造业，专用设备制造业，造纸和纸制品业，电气机械和器材制造业，化学纤维制造业，汽车制造业，橡胶和塑料制品业，文教、工美、体育和娱乐用品制造业，化学原料和化学制品制造业。

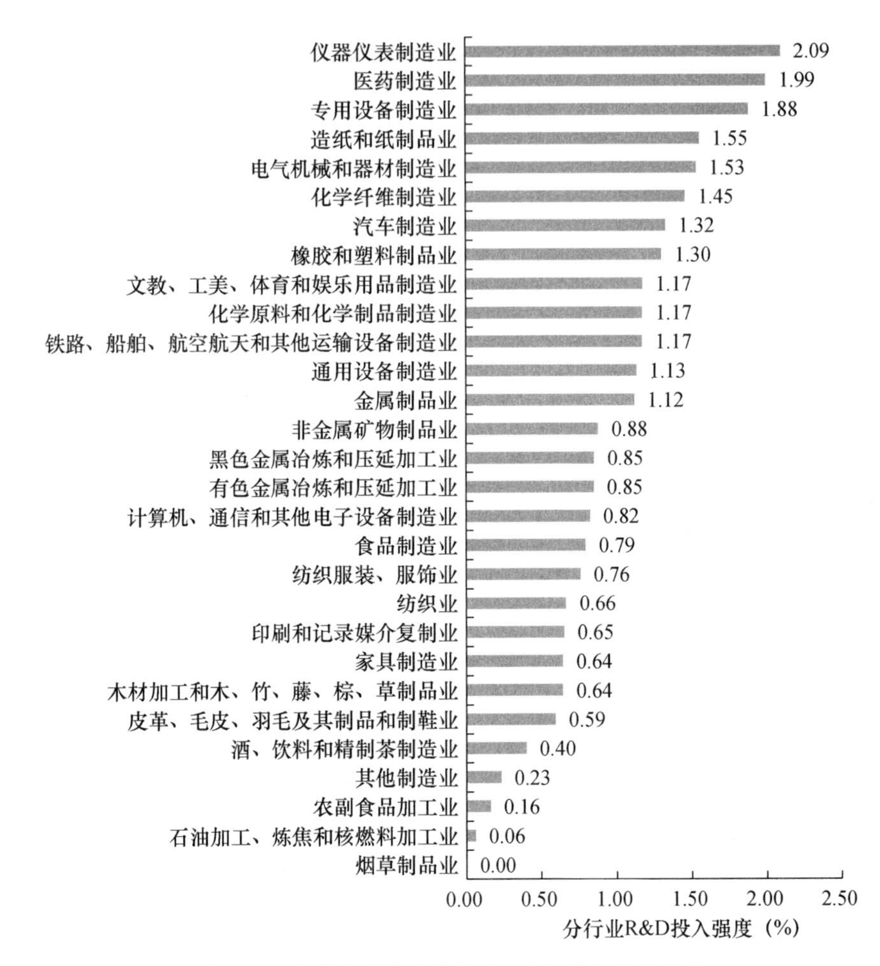

图 6-29 苏州市制造业分行业 R&D 投入强度排名

（5）制造业产业能源利用效率排名。图 6-30 是苏州市制造业各行业的单位产值能耗排名，其中，单位产值能耗较低的行业，即能源利用效率较高的行业依次为：石油加工、炼焦和核燃料加工业，电气机械和器材制造业，通用设备制造业，计算机、通信和其他电子设备制造业，专用设备制造业，铁路、船舶、航空航天和其他运输设备制造业，纺织服装、服饰业，家具制造业，仪器仪表制造业，皮革、毛皮、羽毛及其制品和制鞋业；而黑色金属冶炼和压延加工业，造纸和纸制品业，烟草制品业等行业的单位产值能耗较高。

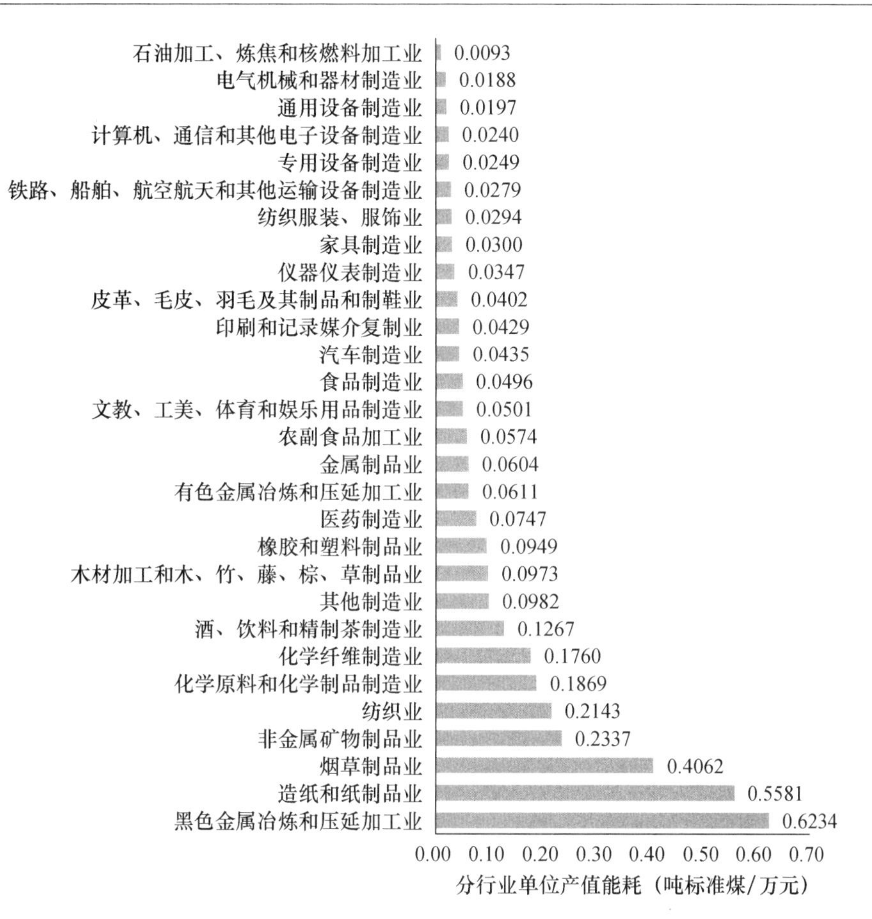

图 6-30　苏州市制造业分行业单位产值能耗排名

6. 南通

（1）制造业产业规模排名。图 6-31 绘制了南通市按行业分规模以上制造业产值排名情况，以直观反映南通市制造业的产业规模情况。其中，南通市产值规模最大的 10 个行业依次为化学原料和化学制品制造业，电气机械和器材制造业，纺织业，通用设备制造业，金属制品业，计算机、通信和其他电子设备制造业，专用设备制造业，仪器仪表制造业，文教、工美、体育和娱乐用品制造业，纺织服装、服饰业。从产值规模看，南通市制造业的支柱产业中装备制造业和传统产业并重。

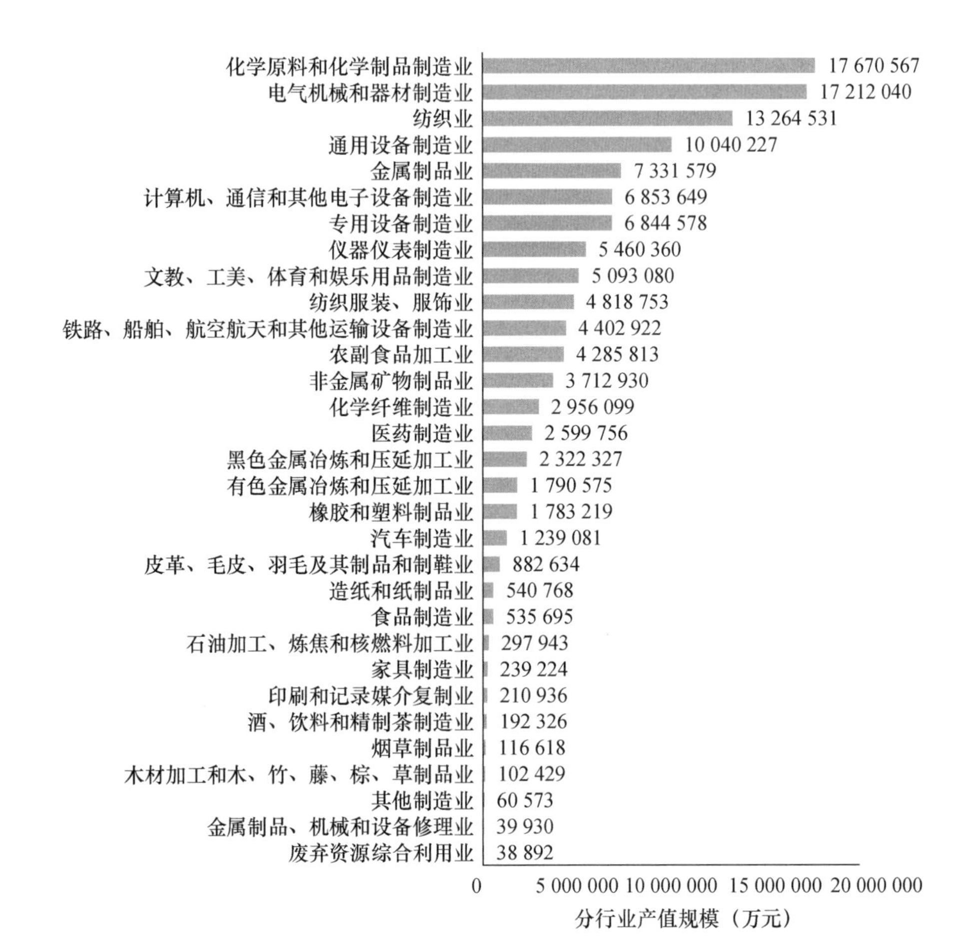

图 6-31　南通市制造业分行业产值规模排名

(2) 制造业产业经济效益排名。以各行业的利税总额与固定资产的比率来衡量制造业的资产贡献率，得到南通市制造业各行业的资产贡献率排名（见图6-32）。其中，南通市资产贡献率较高的行业包括文教、工美、体育和娱乐用品制造业，电气机械和器材制造业，仪器仪表制造业，皮革、毛皮、羽毛及其制品和制鞋业，食品制造业，有色金属冶炼和压延加工业，金属制品业，纺织服装、服饰业，黑色金属冶炼和压延加工业，医药制造业。

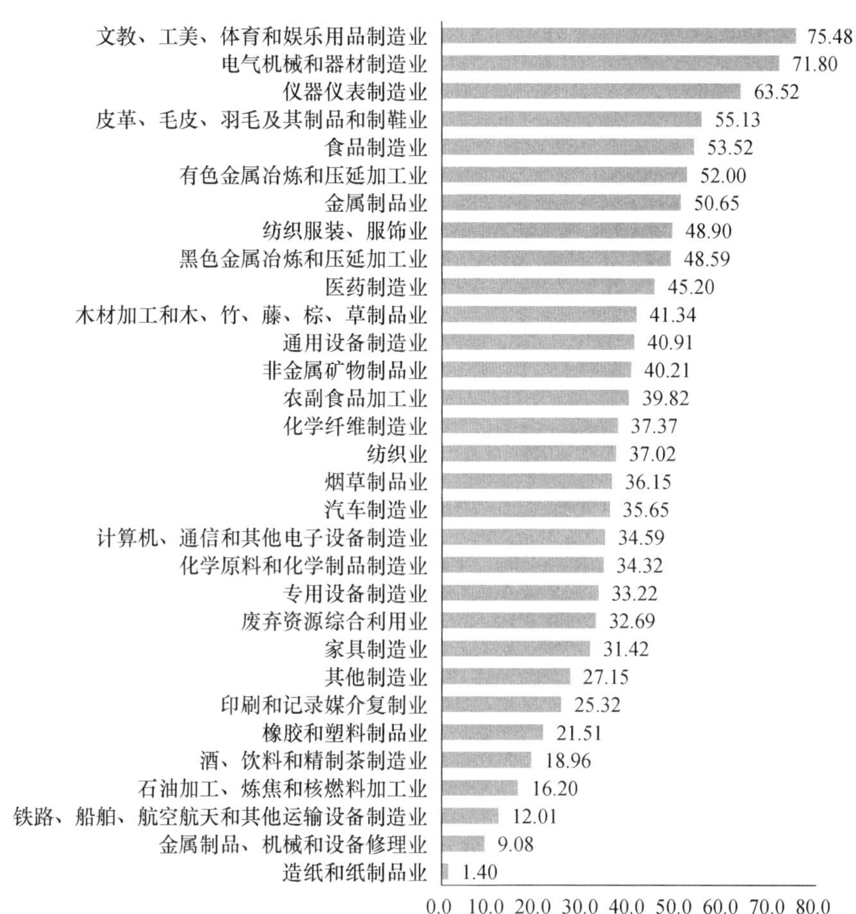

图 6-32 南通市制造业分行业资产贡献率

以工业总产值与从业人员数之比衡量各行业的劳动生产率，得到南通市制造业各行业劳动生产率排名（见图 6-33）。南通市劳动生产率较高的行业包括石油加工、炼焦和核燃料加工业，化学原料和化学制品制造业，烟草加工业，农副食品加工业，化学纤维制造业，黑色金属冶炼和压延加工业，有色金属冶炼和压延加工业，电气机械和器材制造业，仪器仪表制造业，医药制造业。

综合资产贡献率和劳动生产率两项指标的分析结果，南通市经济效益较好的制造业行业包括黑色金属冶炼和压延加工业，有色金属冶炼和压延加工业，电气机械和器材制造业，仪器仪表制造业，医药制造业。

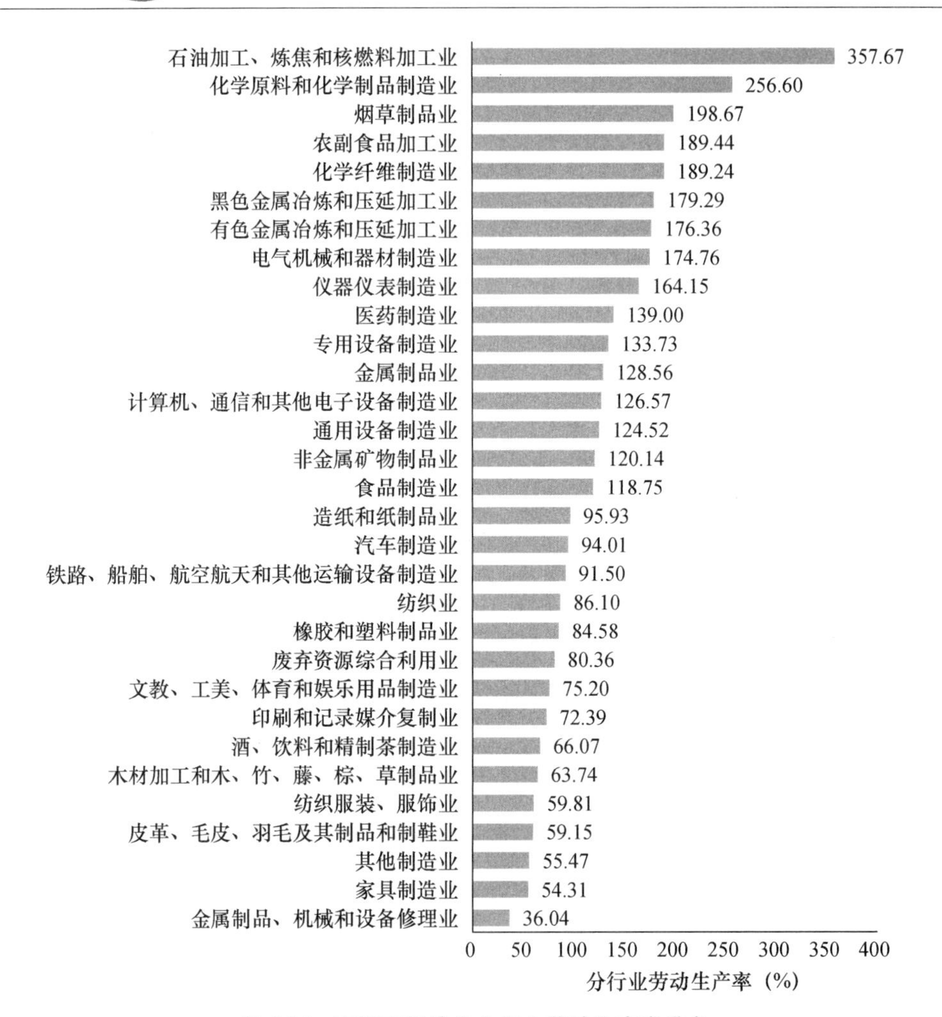

图 6-33　南通市制造业分行业劳动生产率排名

（3）制造业产业比较优势排名。首先，以制造业行业的地区专门化率，统计和分析南通市制造业行业的专业化程度和比较优势，其排名结果如图 6-34 所示。南通市制造业地区专门化率大于 1（即具有比较优势）的行业包括 11 个行业：仪器仪表制造业，化学纤维制造业，纺织业，文教、工美、体育和娱乐用品制造业，电气机械和器材制造业，铁路、船舶、航空航天和其他运输设备制造业，纺织服装、服饰业，通用设备制造业，化学原料和化学制品制造业，金属制品业。其中，仪器仪表制造业的比较优势尤为显著。

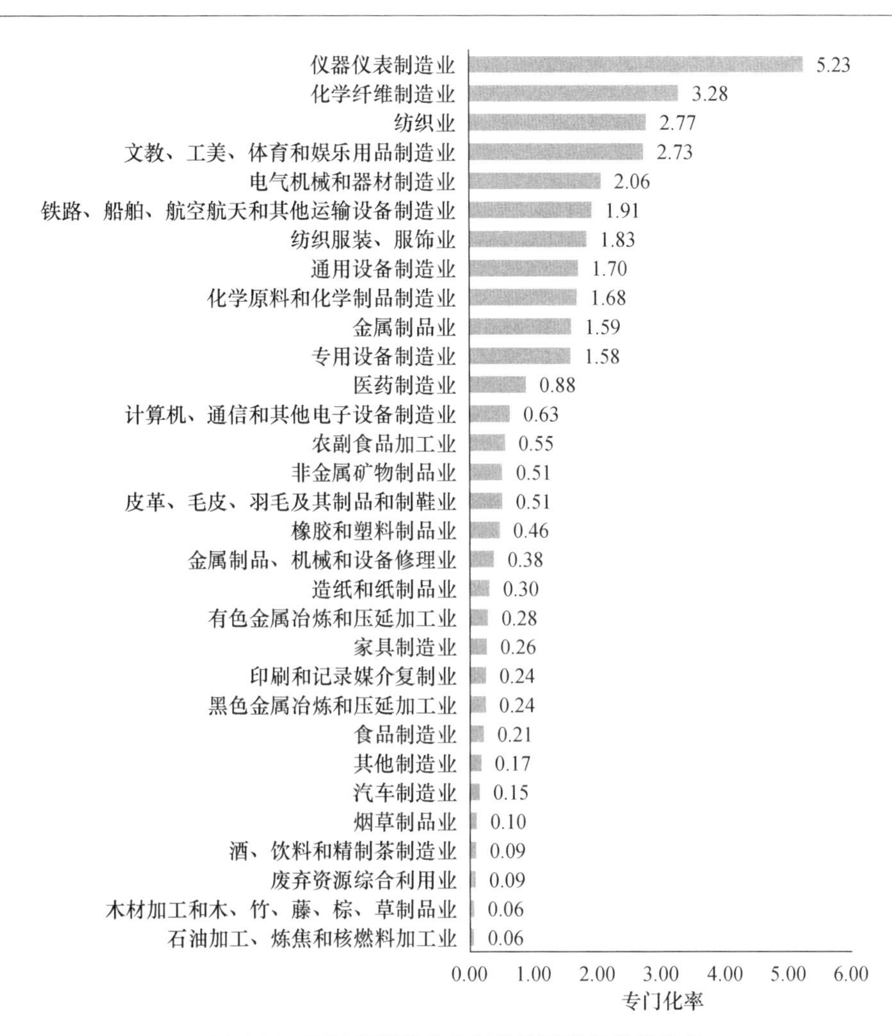

图 6-34　南通市制造业分行业地区专门化率排名

其次，以制造业行业的区位商来衡量南通市制造业行业的专业化程度和比较优势，如图 6-35 所示，区位商大于 1(即具有比较优势)的行业包括 11 个行业：化学纤维制造业，纺织业，仪器仪表制造业，文教、工美、体育和娱乐用品制造业，铁路、船舶、航空航天和其他运输设备制造业，纺织服装、服饰业，通用设备制造业，电气机械和器材制造业，金属制品业，专用设备制造业，化学原料和化学制品制造业。

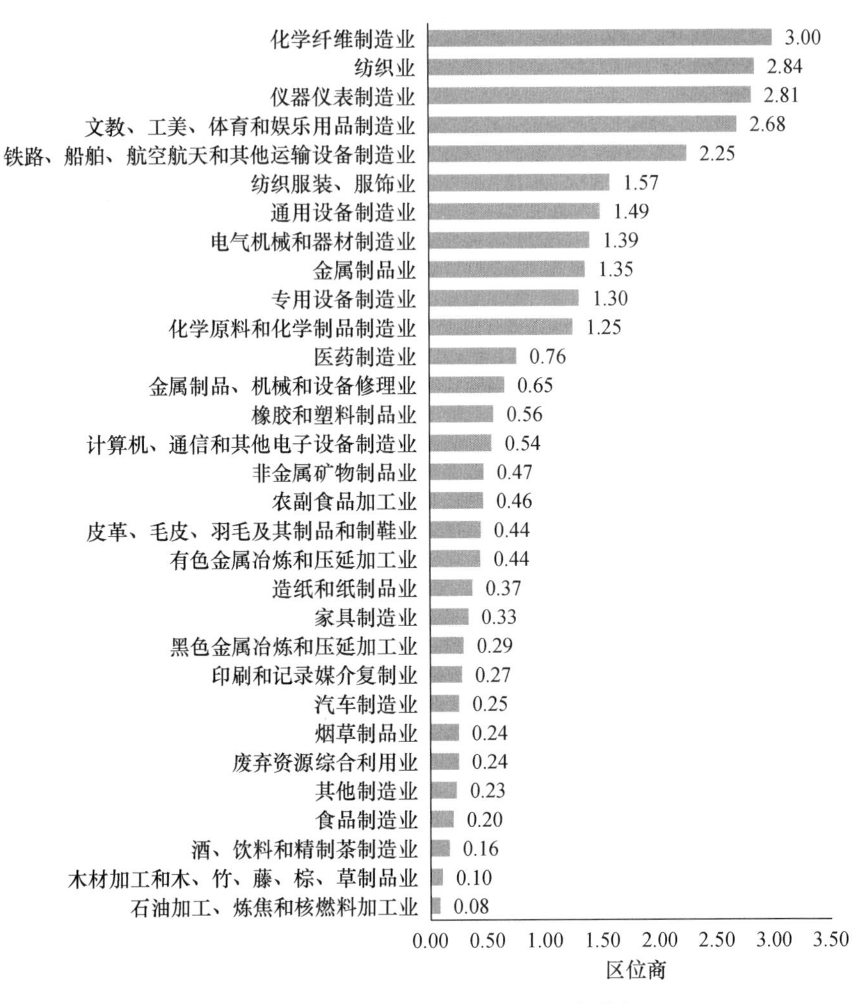

图 6-35 南通市制造业分行业区位商排名

综合地区专门化率和区位商的分析，南通市具有比较优势的制造业行业包括化学纤维制造业，纺织业，仪器仪表制造业，文教、工美、体育和娱乐用品制造业，铁路、船舶、航空航天和其他运输设备制造业，纺织服装、服饰业，通用设备制造业，电气机械和器材制造业，金属制品业，化学原料和化学制品制造业等十大行业。

(4) 制造业产业技术创新能力排名。以 R&D 经费投入强度，即 R&D 经费内部支出与主营业务收入之比来衡量制造业的产业技术创新能力。南通市技术创新能力较强的制造业行业依次为废弃资源综合利用业，金属制品、机械和设备修理业，专用设备制造业，医药制造业，家具制造业，化学纤维制造业，木材加工和木、竹、藤、棕、草制品业，电气机械和器材制造业，酒、饮料和精制茶制造业，仪器仪表制造业（见图 6-36）。

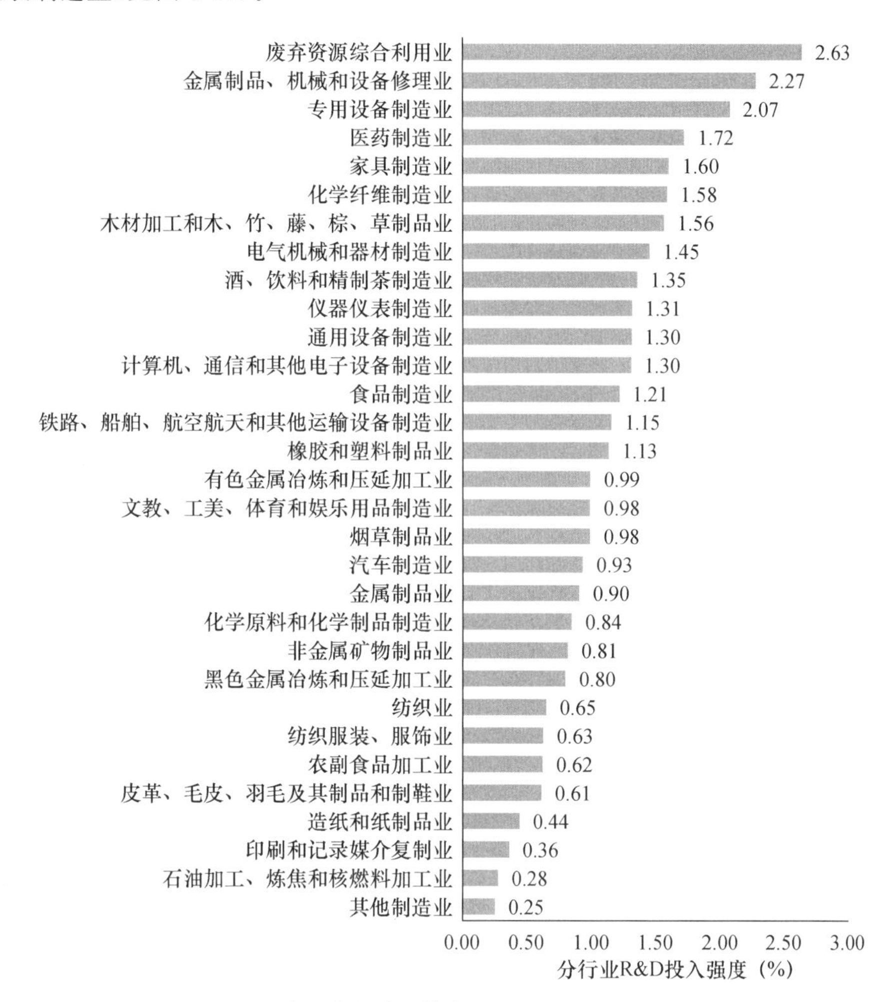

图 6-36 南通市制造业的分行业 R&D 投入强度排名

（5）制造业产业能源利用效率排名。根据南通市制造业分行业单位产值能耗的排名（见图 6-37），南通市制造业单位产值能耗较低的行业为烟草制品业，石油加工、炼焦和核燃料加工业，家具制造业，仪器仪表制造业，通用设备制造业，专用设备制造业，铁路、船舶、航空航天和其他运输设备制造业，其他制造业，电气机械和器材制造业，汽车制造业；与之对比，造纸和纸制品业，化学纤维制造业，黑色金属冶炼和压延加工业等行业的单位产值能耗较高，尤其是造纸和纸制品业以及化学纤维制造业单位产值能耗过高。

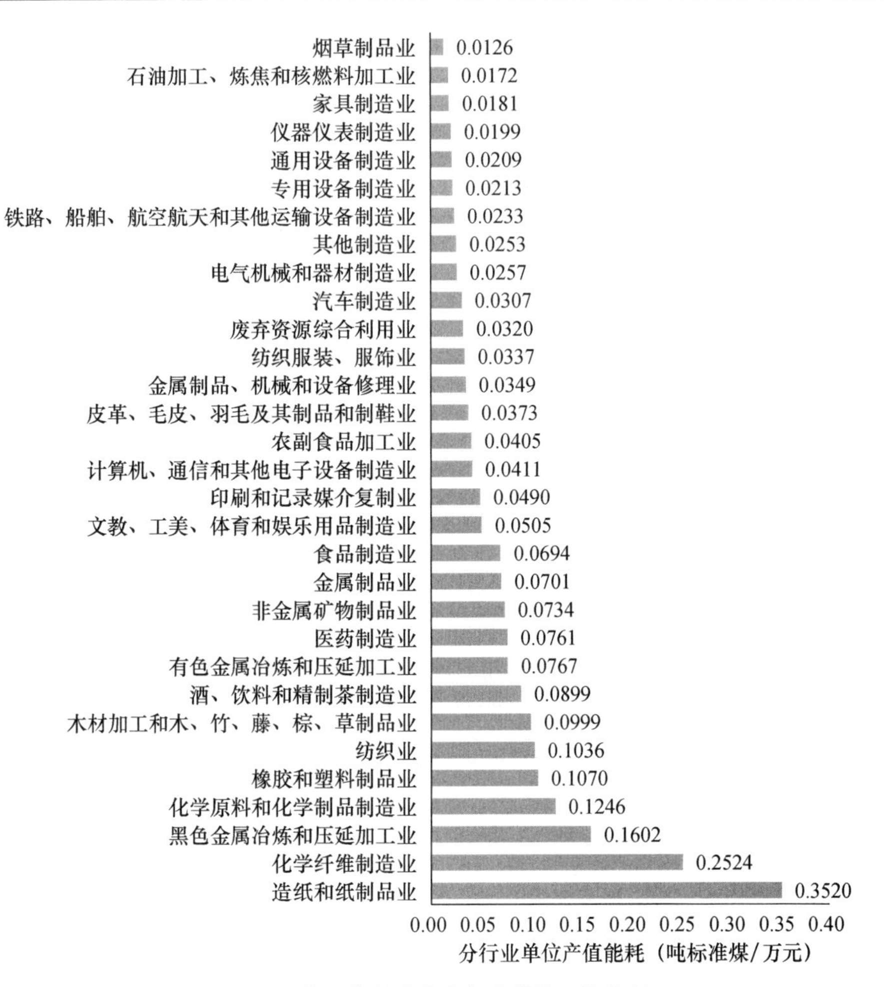

图 6-37 南通市制造业分行业单位产值能耗

7. 连云港

(1) 制造业产业规模排名。图 6-38 绘制了连云港按行业分规模以上制造业产值排名情况，以直观反映连云港制造业的产业规模情况。由图 6-38 可知，连云港产值规模最大的 10 个行业依次为化学原料和化学制品制造业，黑色金属冶炼和压延加工业，非金属矿物制品业，医药制造业，农副食品加工业，石油加工、炼焦和核燃料制造业，电气机械和器材制造业，金属制品业，专用设备制造业，有色金属冶炼和压延加工业。其中，化学原料和化学制品制造业以及黑色金属冶炼和压延加工业产值优势明显。

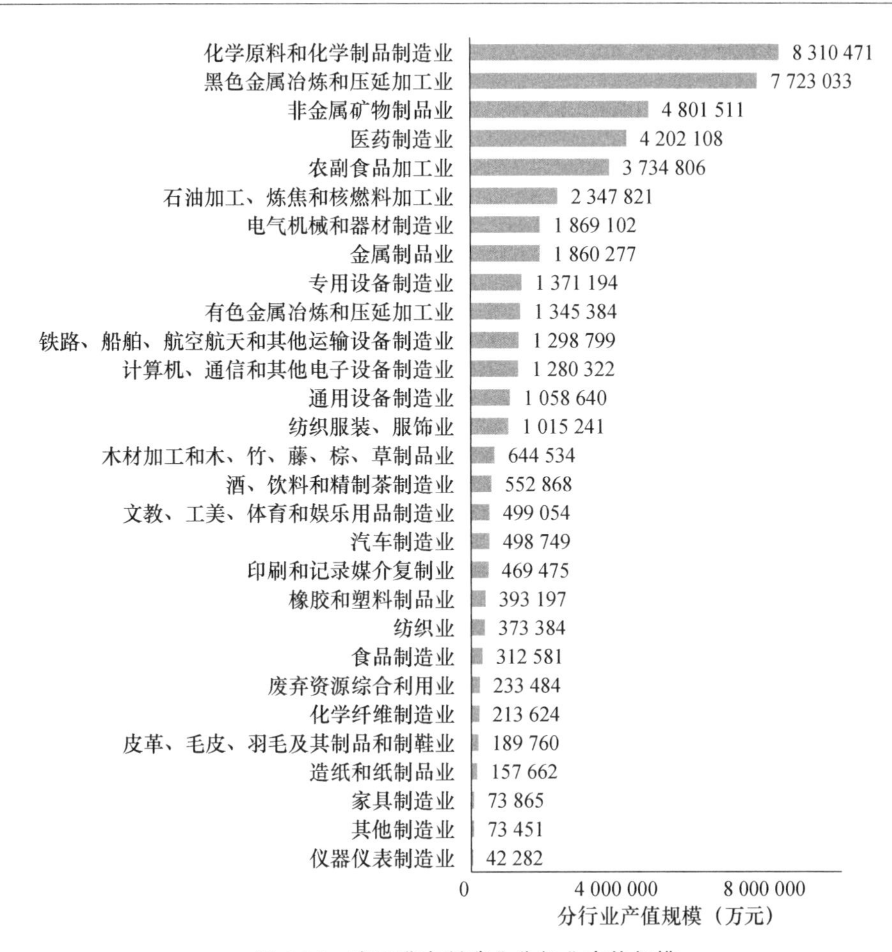

图 6-38　连云港市制造业分行业产值规模

(2) 制造业产业经济效益排名。由于缺乏有关的指标数据,无法计算连云港制造业行业的资产贡献率和劳动生产率,因此,无法对连云港制造业的产业经济效益进行排名和比较。

(3) 制造业产业比较优势排名。由于缺乏分行业从业人员数的统计,因此,无法对连云港市制造业行业的区位商进行分析比较。因此,本部分以制造业行业的地区专门化率,对连云港市制造业行业的专业化程度和比较优势进行分析,如图 6-39 所示。连云港市专门化率大于 1(即有比较优势)的行业有 12 个,分别是医药制造业,黑色金属冶炼和压延加工业,化学原料和化学制品制造业,非金属矿物制品业,铁路、船舶、航空航天和其他运输设备制造业,印刷和记录媒介复制业,废弃资源综合利用业,农副食品加工业,石油加工、炼焦和核燃料加工业,金属制品业,木材加工和木、竹、藤、棕、草制品业，纺织服装、服饰业。尤其是医药制造业，其比较优势十分显著。

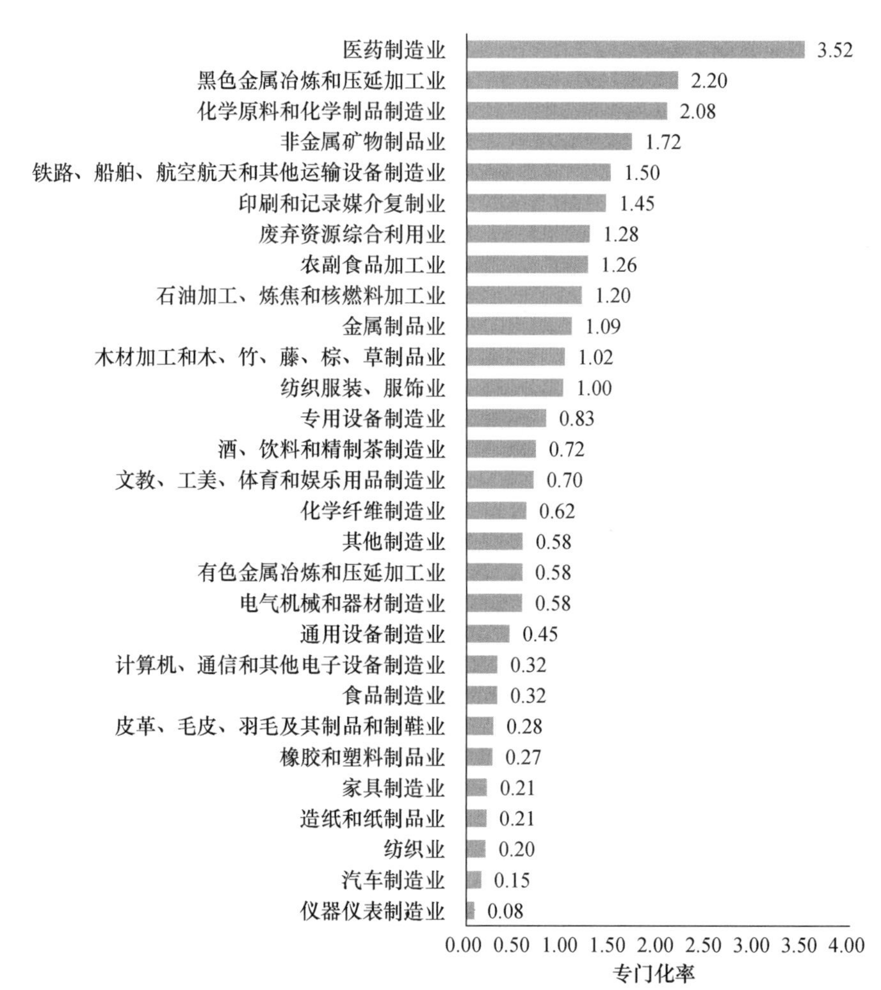

图 6-39 连云港市制造业分行业地区专门化率排名

（4）制造业产业技术创新能力排名。以 R&D 经费内部支出与主营业务收入之比，即 R&D 经费投入强度来衡量连云港市制造业各行业的技术创新能力，如图 6-40 所示。连云港市技术创新能力较强的制造业行业依次为仪器仪表制造业，医药制造业，专用设备制造业，家具制造业，电气机械和器材制造业，化学纤维制造业，通用设备制造业，皮革、毛皮、羽毛及其制品和制鞋业，汽车制造业，食品制造业。尤其是仪器仪表制造业，其 R&D 经费投入强度远远高于其他行业。

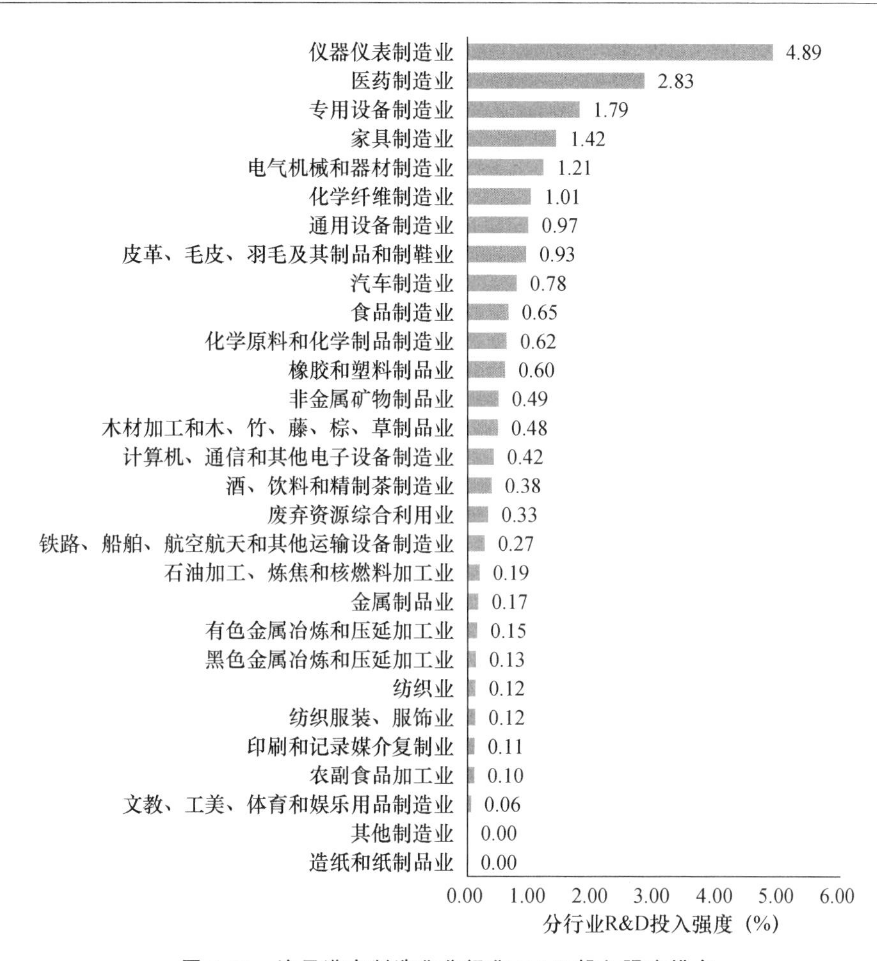

图 6-40 连云港市制造业分行业 R&D 投入强度排名

（5）制造业产业能源利用效率排名。图 6-41 是连云港市制造业各行业的单位产值能耗排名，其中，单位产值能耗较低的行业，即能源利用效率较高的行业依次为其他制造业，仪器仪表制造业，家具制造业，文教、工美、体育和娱乐用品制造业，纺织服装、服饰业，计算机、通信和其他电子设备制造业，铁路、船舶、航空航天和其他运输设备制造业，印刷及记录媒介复制业，医药制造业，通用设备制造业；而黑色金属冶炼和压延加工业，化学纤维制造业，化学原料和化学制品制造业等行业的单位产值能耗较高。尤其是黑色金属冶炼和压延加工业以及化学纤维制造业，其单位产值能耗过高。

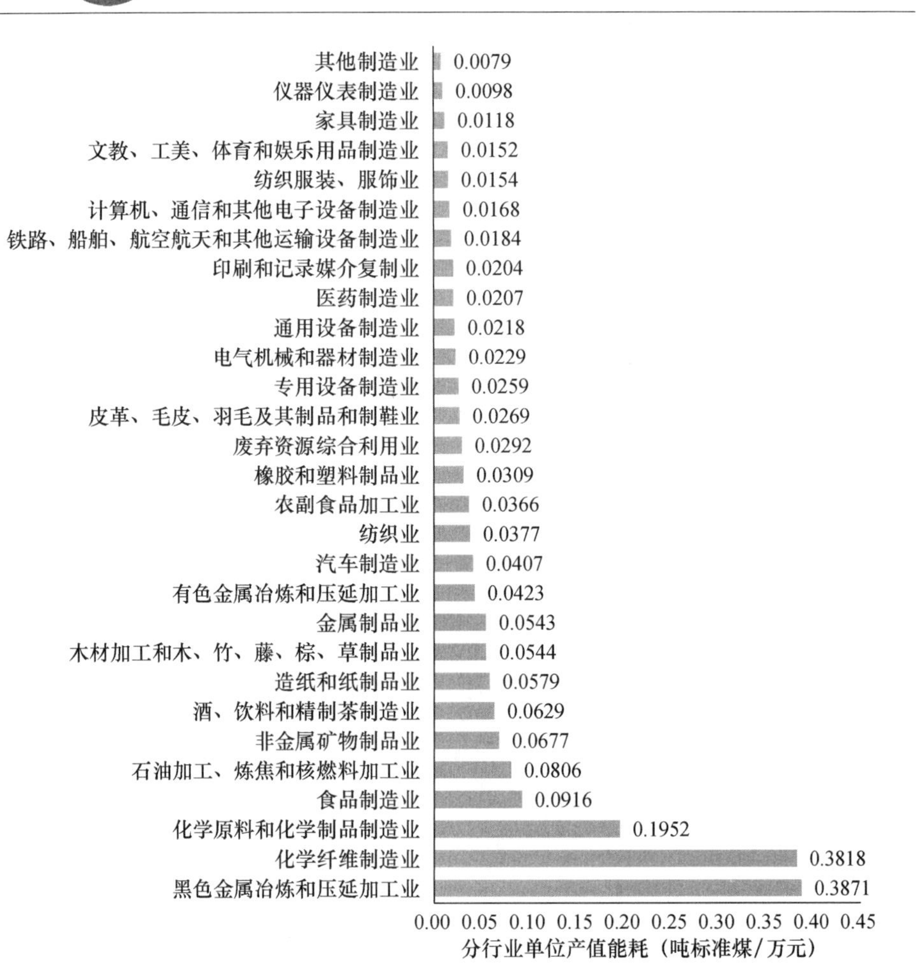

图 6-41 连云港市制造业分行业单位产值能耗

8. 淮安

(1) 制造业产业规模排名。淮安市按行业分规模以上制造业产值排名情况如图 6-42 所示，其中，产值规模最大的 10 个行业依次为计算机、通信和其他电子设备制造业，农副食品加工业，电气机械和器材制造业，化学原料和化学制品制造业，黑色金属冶炼和压延加工业，纺织服装、服饰业，通用设备制造业，非金属矿物制品业，纺织业，专用设备制造业。其中，计算机、通信和其他电子设备制造业作为淮安市产值规模最大的行业，在淮安市的制造业中具有明显的产值优势。从产值看，淮安市制造业的支柱产业既有计算机、通信和其他电子设备制造业等装备制造业，也有传统的轻纺和资源加工产业，如农副食品加工业、纺织业等。

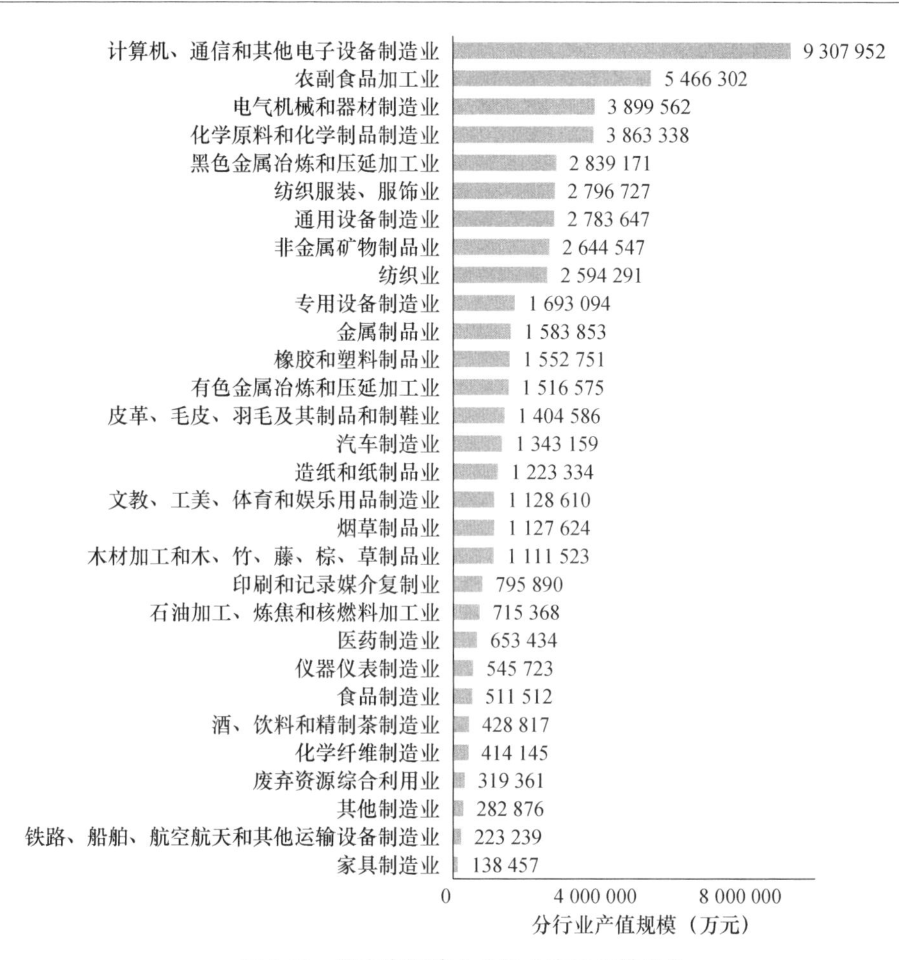

图 6-42 淮安市制造业分行业产值规模排名

(2) 制造业产业经济效益排名。因为缺乏淮安市有关指标的统计数据，无法对淮安市制造业行业的资产贡献率和劳动生产率进行分析、排名，因此，淮安市制造业的产业经济效益排名无法获得。

(3) 制造业产业比较优势排名。由于缺乏分行业从业人员数的统计，因此，无法对淮安市制造业行业的区位商进行分析比较。因此，本部分以制造业行业的地区专门化率，对淮安市制造业行业的专业化程度和比较优势进行分析，其排名结果如图 6-43 所示。

其中，专门化率大于 1(即具有比较优势)的行业共有 16 个：纺织服装、服饰业，烟草制品业，印刷和记录媒介复制业，其他制造业，计算机、通信和其他电子设备制造业，皮革、毛皮、羽毛及其制品和制鞋业，废弃资源综合利用业，造纸和纸制品业，农副食品加工业，木材加工和木、竹、藤、棕、草制品业，文教、工美、体育和娱乐用品制造业，纺织业，化学纤维制造业，仪器仪表制造业，通用设备制造业，电气机械和器材制造业。虽然从总量看，淮安市具有比较优势的制造业行业较多，但没有优势非常显著的行业。

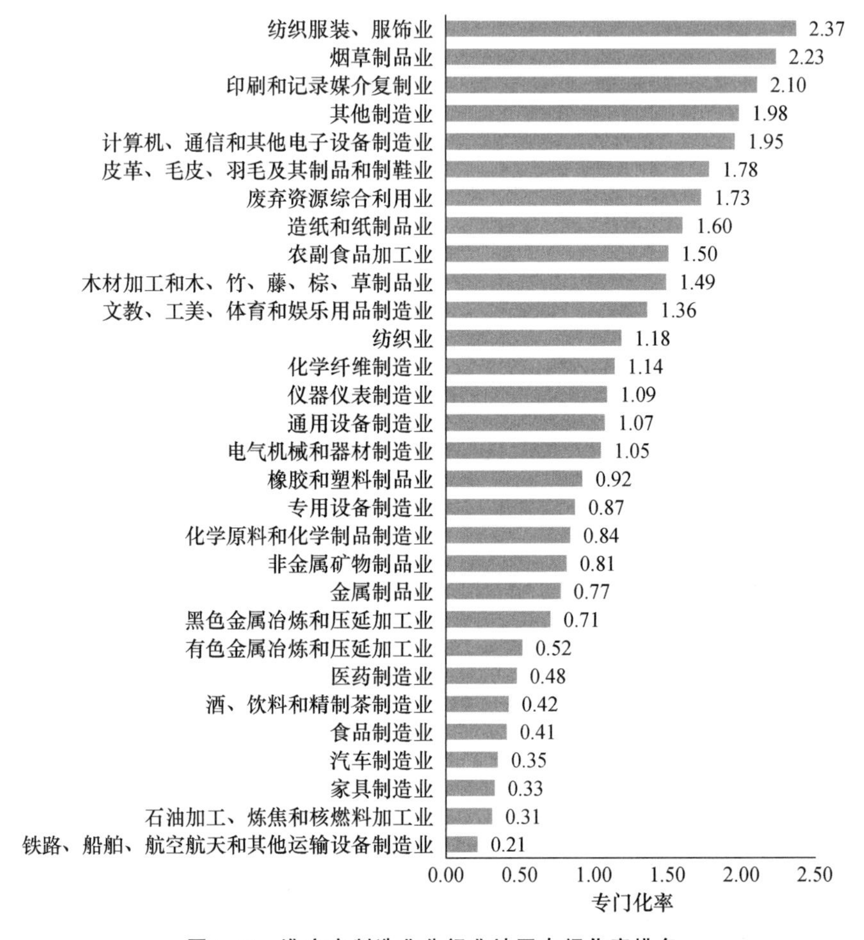

图 6-43 淮安市制造业分行业地区专门化率排名

(4) 制造业产业技术创新能力排名。图 6-44 是淮安市具有数据的制造业行业 R&D 经费投入强度，以衡量淮安市制造业各行业的技术创新能力。其中，淮安市 R&D 经费投入强度大于 1 的行业只有 4 个：酒、饮料和精制茶制造业，医药制造业，仪器仪表制造业，化学原料和化学制品制造业。其中，酒、饮料及精茶制造业以 2.71 排在首位。

总体上,淮安市制造业的 R&D 经费投入强度不高,说明淮安市制造业的研发投入偏低,反映出淮安市制造业的产业技术创新能力较低。

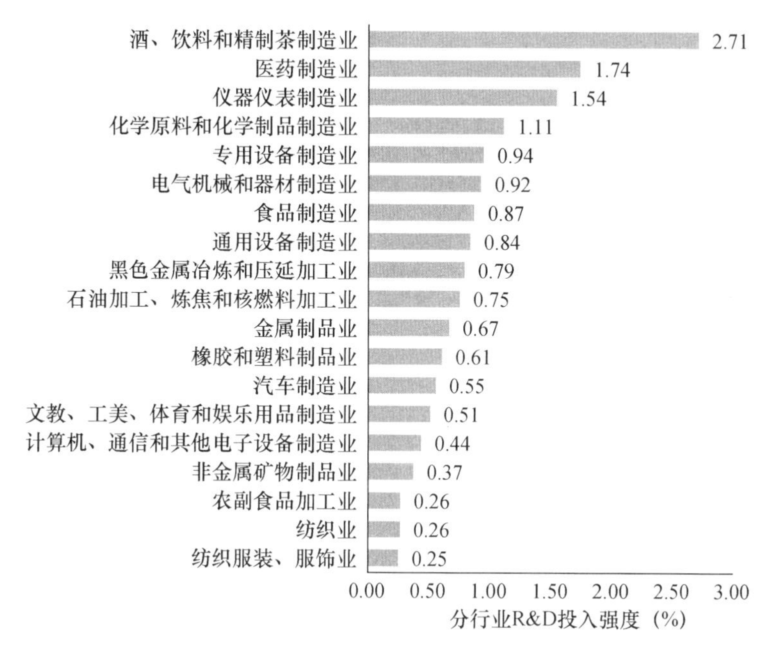

图 6-44　淮安市制造业分行业 R&D 投入强度排名

(5) 制造业产业能源利用效率排名。由于缺乏淮安市制造业分行业能源消耗量指标的数据,因此,无法获得淮安市制造业的单位产值能耗数据,也就无法对其制造业的产业能源利用效率进行分析和排名。

9. 盐城

(1) 制造业产业规模排名。盐城市按行业分规模以上制造业产值排名情况如图 6-45 所示,其中,产值规模最大的 10 个行业依次为汽车制造业,化学原料和化学制品制造业,纺织业,通用设备制造业,专用设备制造业,非金属矿物制品业,农副食品加工业,电气机械和器材制造业,黑色金属冶炼和压延加工业,纺织服装、服饰业。其中,排名前四位的汽车制造业,化学原料和化学制品制造业,纺织业,通用设备制造业在盐城市制造业中的产值优势明显。此外,装备制造业与传统制造业产业并重发展,是盐城市制造业的一大特点。

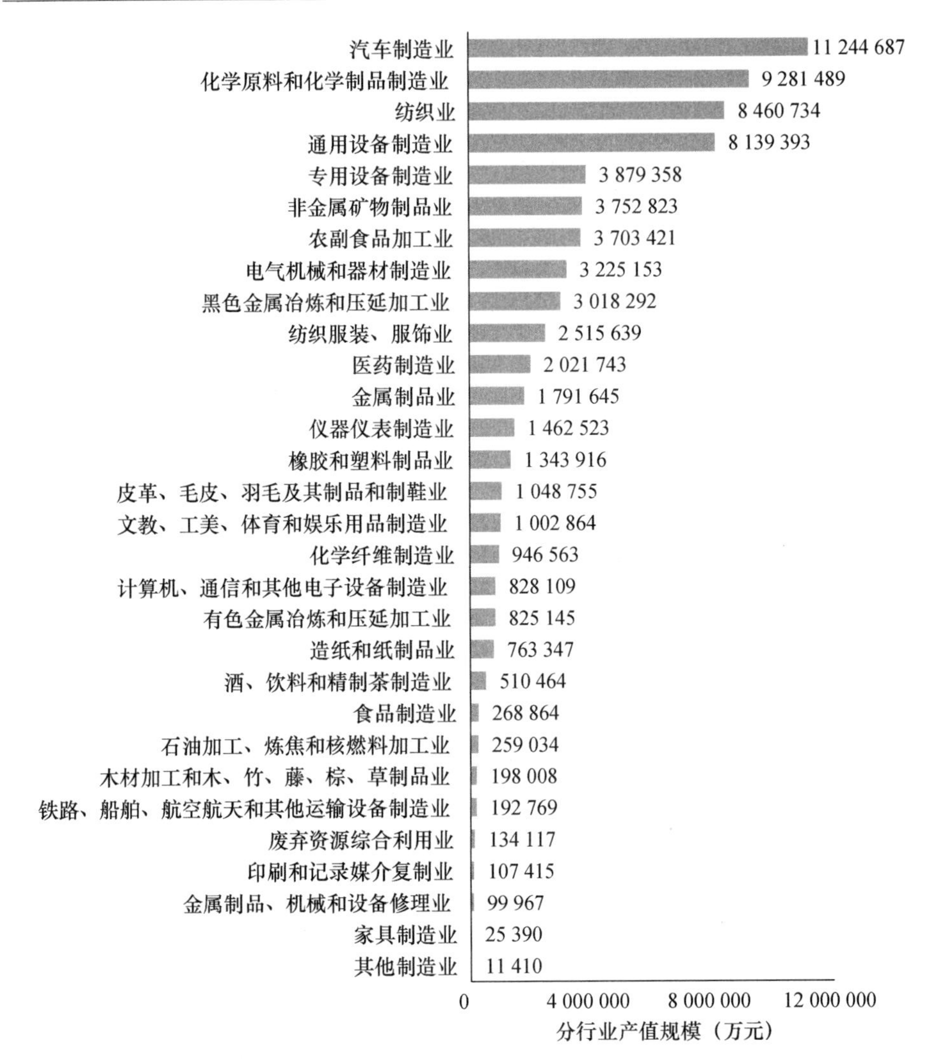

图 6-45　盐城市制造业分行业产值规模排名

(2) 制造业产业经济效益排名(资产贡献率、劳动生产率)。由于缺乏盐城市制造业分行业固定资产指标的统计,因此,无法对盐城市制造业的行业资产贡献率进行分析。因此,本部分通过对盐城市制造业行业的劳动生产率进行分析,以分析盐城市制造业的产业经济效益。

由图 6-46 可知,盐城市制造业劳动生产率较高的行业依次为汽车制造业,有色金属冶炼和压延加工业,化学原料和化学制品制造业,仪器仪表制造业,酒、饮料和精制茶制造业,化学纤维制造业,医药制造业,农副食品加工业,皮革、毛皮、羽毛及其制品和制鞋业,黑色金属冶炼和压延加工业。其中,排名第一位的汽车制造业劳动生产率优势非常显著。

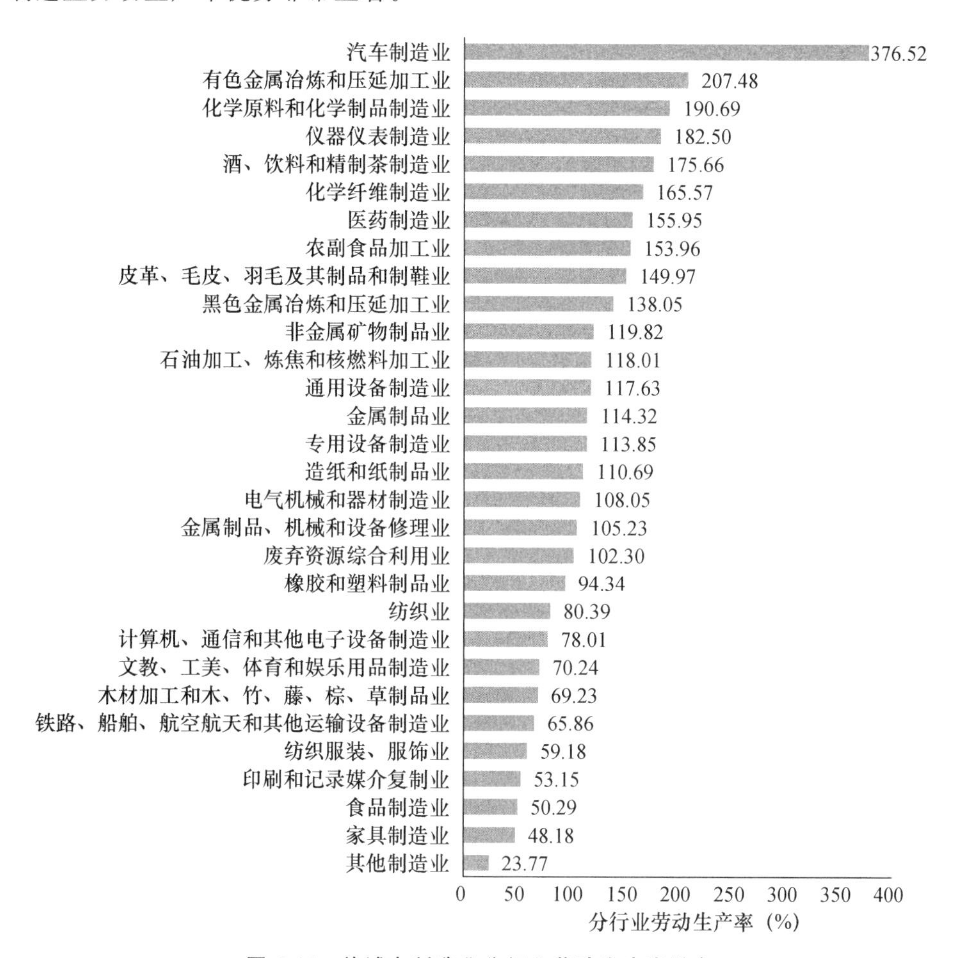

图 6-46 盐城市制造业分行业劳动生产率排名

（3）制造业产业比较优势排名。图 6-47 是盐城市各制造业行业的地区专门化率排名，其中地区专门化率大于 1 的行业，即具有产业比较优势的制造业行业共有 10 个，依次为纺织业，仪器仪表制造业，通用设备制造业，汽车制造业，化学纤维制造业，纺织服装、服饰业，化学原料和化学制品制造业，专用设备制造业，金属制品业、机械和设备修理业，医药制造业。

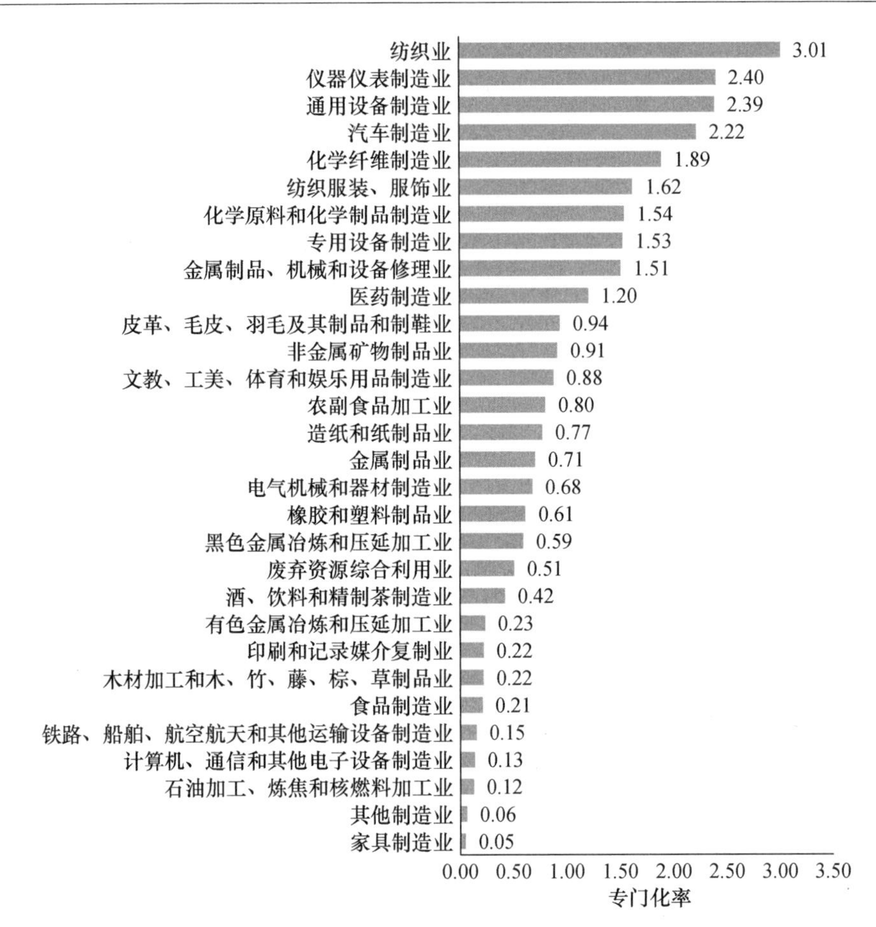

图 6-47　盐城市制造业分行业地区专门化率排名

图 6-48 是盐城市制造业分行业的区位商排名,其中大于 1（即具有比较优势）的行业共 8 个,分别为纺织业,通用设备制造业,化学纤维制造业,化学原料和化学制品制造业,化学原料和化学制品制造业,专用设备制造业,纺织服装、服饰业,仪器仪表制造业,废弃资源综合利用业。

综合资产贡献率和劳动生产率的分析,盐城市具有比较优势的制造业行业包括 7 个行业:纺织业,通用设备制造业,化学纤维制造业,化学原料和化学制品制造业,专用设备制造业,纺织服装、服饰业,仪器仪表制造业。其中,盐城市的纺织业比较优势尤为显著。

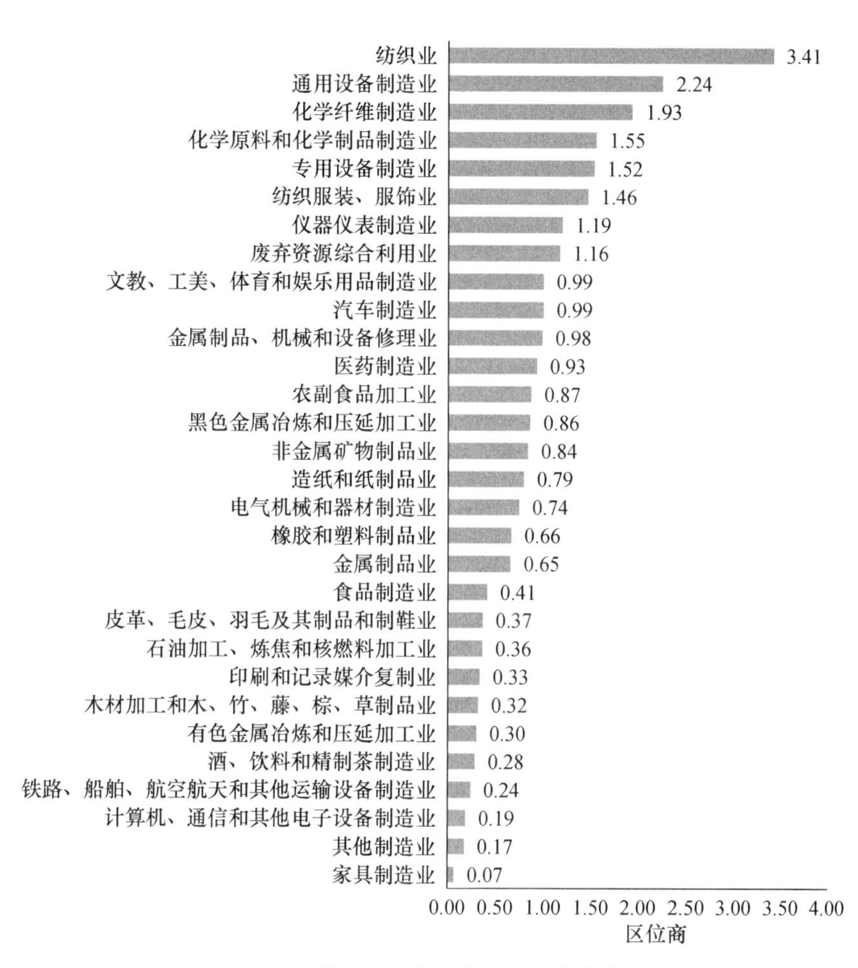

图 6-48 盐城市制造业分行业区位商排名

(4) 制造业产业技术创新能力排名。以 R&D 经费投入强度,即 R&D 经费内部支出与主营业务收入之比来衡量制造业的产业技术创新能力。盐城市技术创新能力较强的制造业行业依次为:铁路、船舶、航空航天和其他运输设备制造业,电气机械和器材制造业,仪器仪表制造业,食品制造业,专用设备制造业,医药制造业,计算机、通信和其他电子设备制造业,木材加工和木、竹、藤、棕、草制品业,通用设备制造业,金属制品业。可见,盐城市在装备制造业中的研发投入较高,体现出其制造业发展的方向(见图 6-49)。

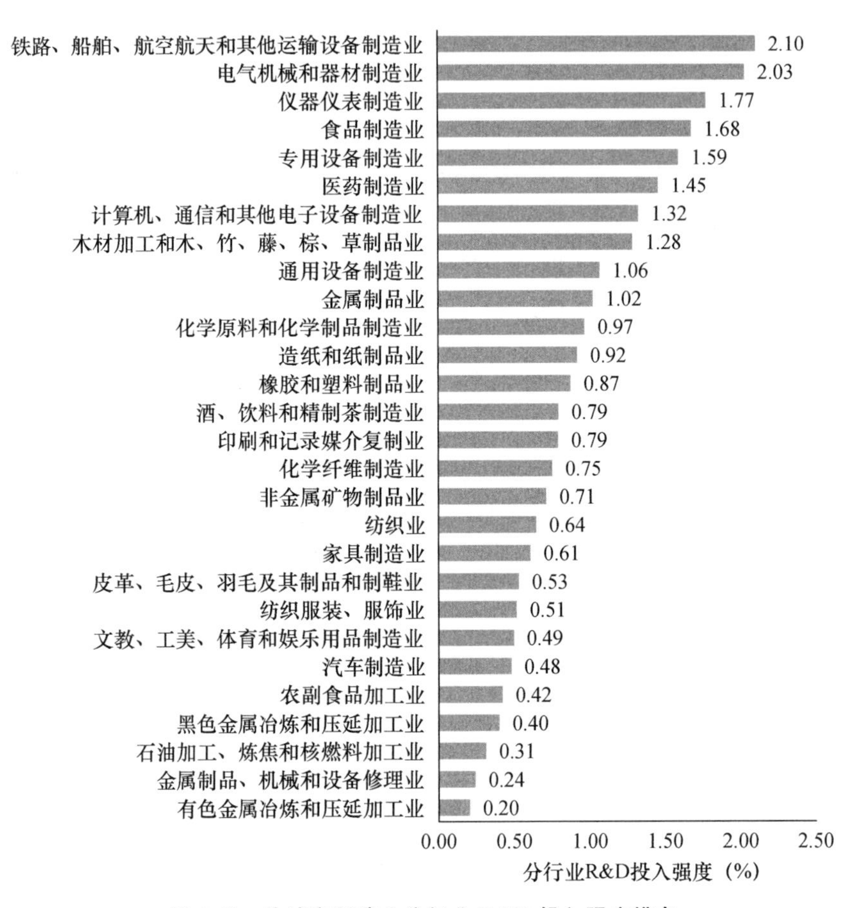

图 6-49 盐城市制造业分行业 R&D 投入强度排名

(5) 制造业产业能源利用效率排名。根据盐城市制造业分行业单位产值能耗的排名(见图 6-50),盐城市制造业单位产值能耗较低的行业依次为家具制造业,皮革、毛皮、羽毛及其制品和制鞋业,汽车制造业,金属制品、机械和设备修理业,其他制造业,电气机械和器材制造业,计算机、通信和其他电子设备制造业,纺织服装、服饰业,专用设备制造业,仪器仪表制造业。

与之对比,农副食品加工业,石油加工、炼焦和核燃料加工业,黑色金属冶炼及压延加工业,食品制造业等行业的单位产值能耗较高。尤其是农副食品加工业,其单位产值能耗高达 1.6105 吨标准煤/万元,产业的能源利用效率亟须提高。

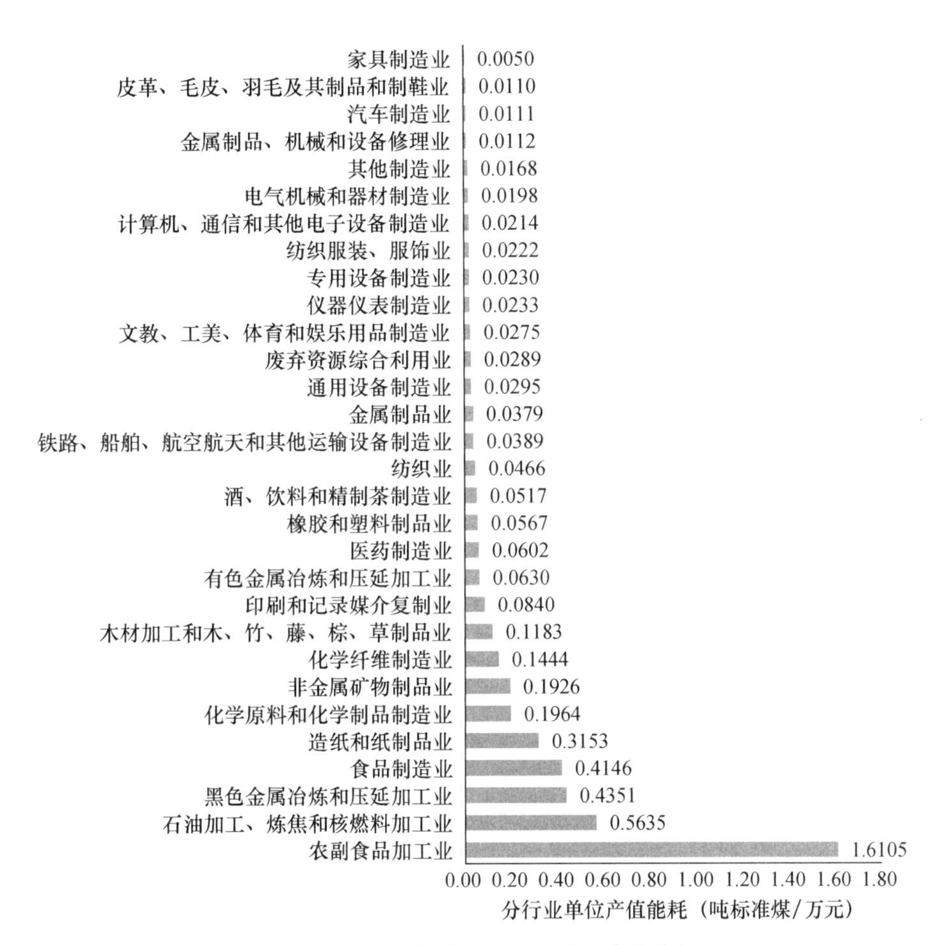

图 6-50 盐城市制造业分行业单位产值能耗

10. 扬州

（1）制造业产业规模排名。扬州市按行业分规模以上制造业产值排名情况如图 6-51 所示，其中，产值规模最大的 10 个行业依次为电气机械和器材制造业，化学原料和化学制品制造业，汽车制造业，专用设备制造业，仪器仪表制造业，计算机、通信和其他电子设备制造业，铁路、船舶、航空航天和其他运输设备制造业，通用设备制造业，纺织服装、服饰业，黑色金属冶炼和压延加工业。可见，装备制造业已经成为扬州市制造业的支柱产业。

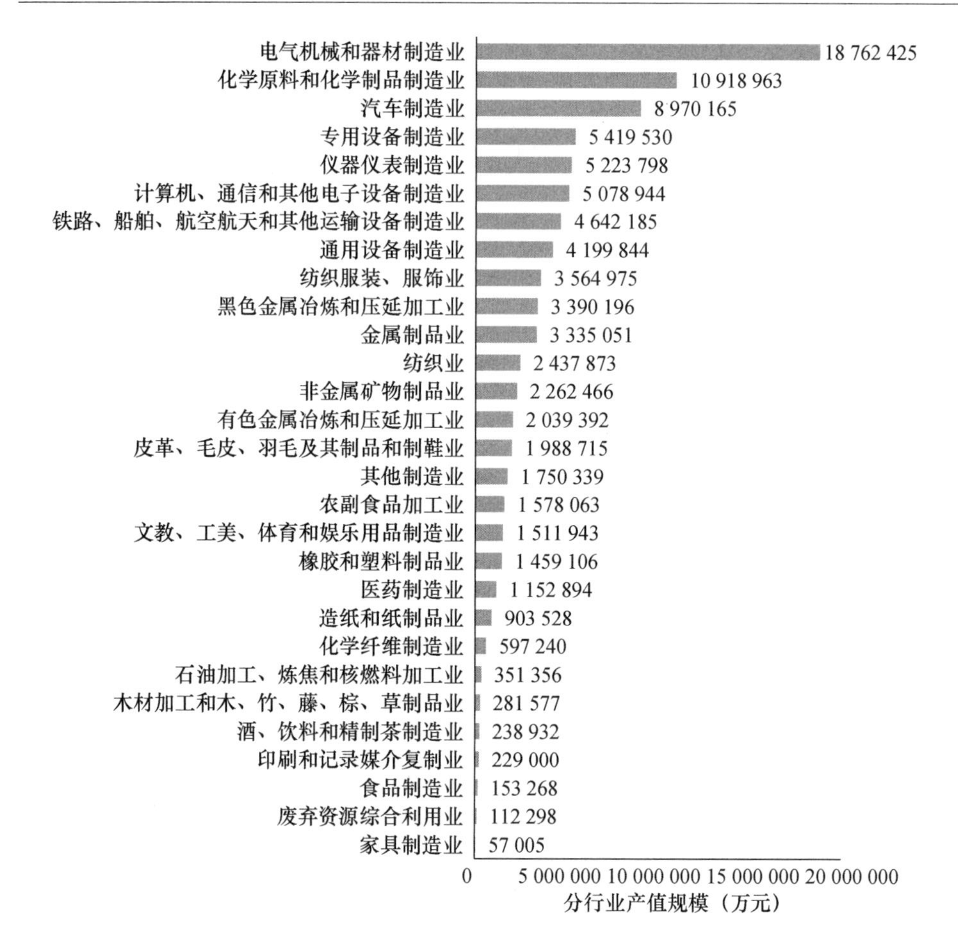

图 6-51　扬州市制造业分行业产值规模

(2) 制造业产业经济效益排名(资产贡献率、劳动生产率)。由于缺乏扬州市制造业分行业固定资产指标的统计,无法对扬州市制造业的行业资产贡献率进行分析。因此,本部分通过对扬州市制造业行业的劳动生产率进行分析,来说明扬州市制造业的产业经济效益。

由图 6-52 可知,扬州市制造业劳动生产率较高的行业依次为废弃资源综合利用业,石油加工、炼焦和核燃料加工业,化学原料和化学制品制造业,黑色金属冶炼和压延加工业,电气机械和器材制造业,造纸和纸制品业,有色金属冶炼和压延加工业,农副食品加工业,汽车制造业,医药制造业。其中,排名首位的废弃资源综合利用业,以及排名第二位的石油加工、炼焦和核燃料加工业,在扬州市制造业中具有显著的劳动生产率优势。

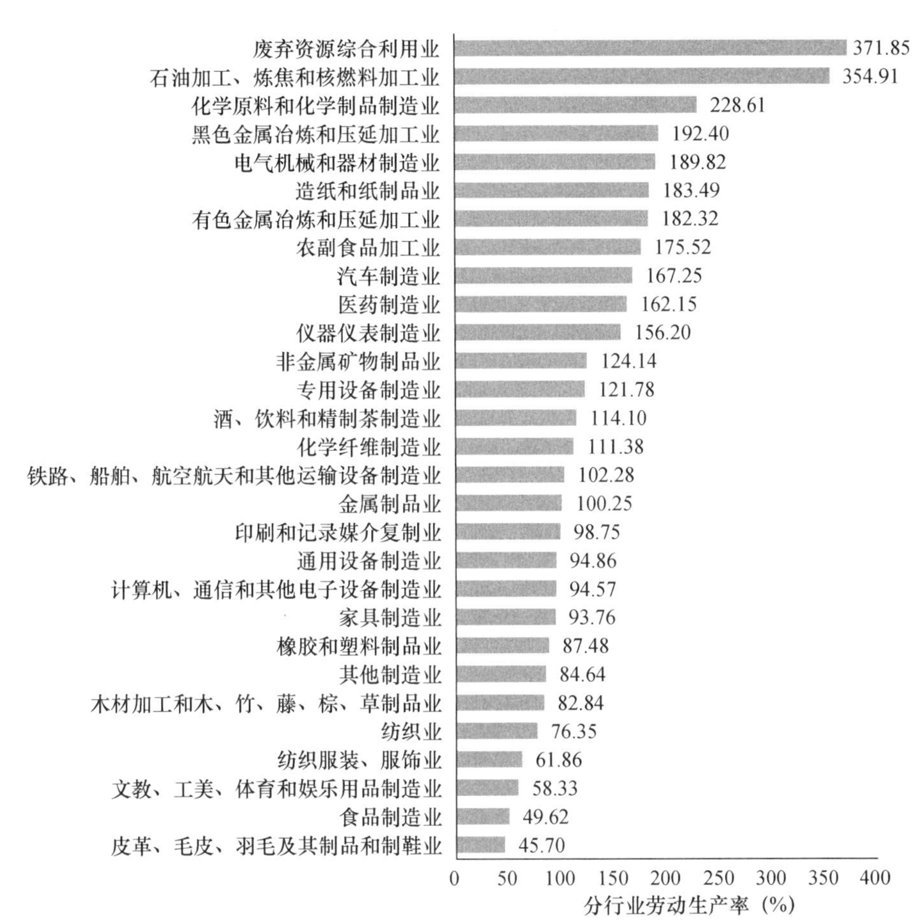

图 6-52 扬州市制造业分行业劳动生产率排名

(3) 制造业产业比较优势排名。图 6-53 是扬州市各制造业行业的地区专门化率排名，其中地区专门化率大于 1 的行业，即具有产业比较优势的制造业行业共有 9 个，依次为其他制造业，仪器仪表制造业，电气机械和器材制造业，铁路、船舶、航空航天和其他运输设备制造业，纺织服装、服饰业，专用设备制造业，皮革、毛皮、羽毛及其制品和制鞋业，汽车制造业，文教、工美、体育和娱乐用品制造业。

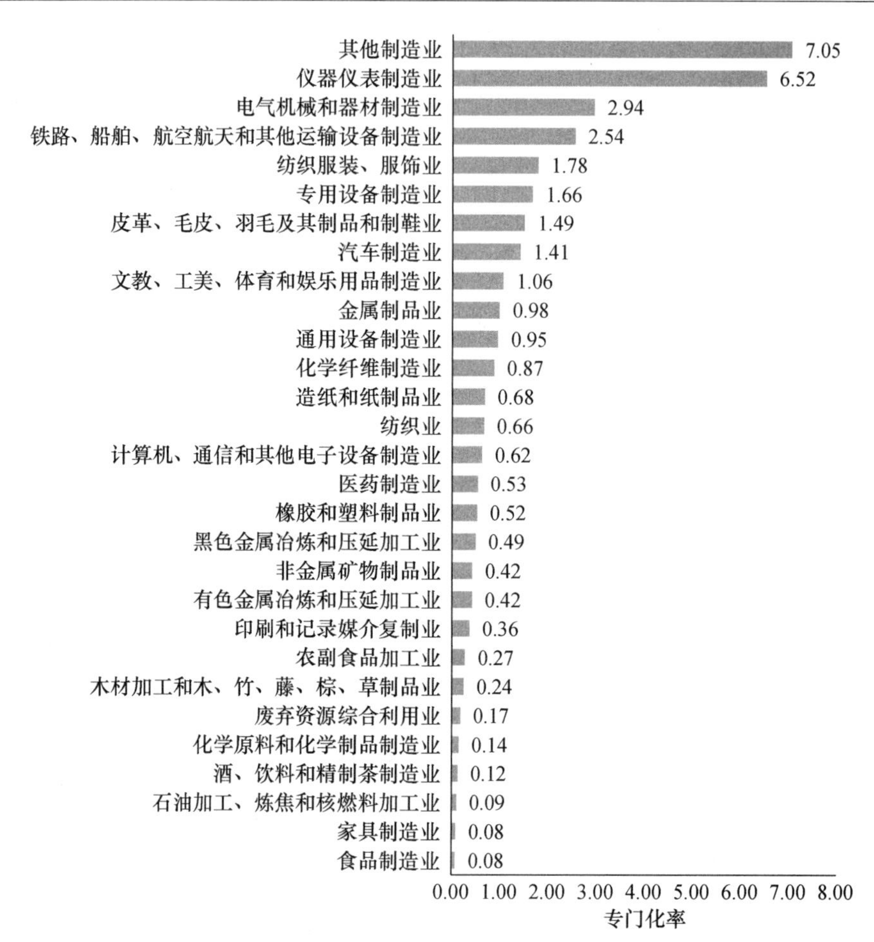

图 6-53 扬州市制造业分行业地区专门化率排名

图 6-54 是扬州市各制造业行业的区位商排名，其中区位商大于 1(即具有比较优势)的行业共有 13 个，分别为其他制造业，仪器仪表制造业，铁路、船舶、航空航天和其他运输设备制造业，电气机械和器材制造业，皮革、毛皮、羽毛及其制品和制鞋业，专用设备制造业，纺织服装、服饰业，化学纤维制造业，文教、工美、体育和娱乐用品制造业，汽车制造业，化学原料和化学制品制造业，通用设备制造业，金属制品业。

综合地区专门化率和区位商的分析结果，扬州市具有比较优势的制造业行业包括 9 个行业：其他制造业，仪器仪表制造业，铁路、船舶、航空航天和其他运输设备制造业，电气机械和器材制造业，皮革、毛皮、羽毛及其制品和制鞋业，专用设备制造业，纺织服装、服饰业，文教、工美、体育和娱乐用品制造业，汽车制造业。其

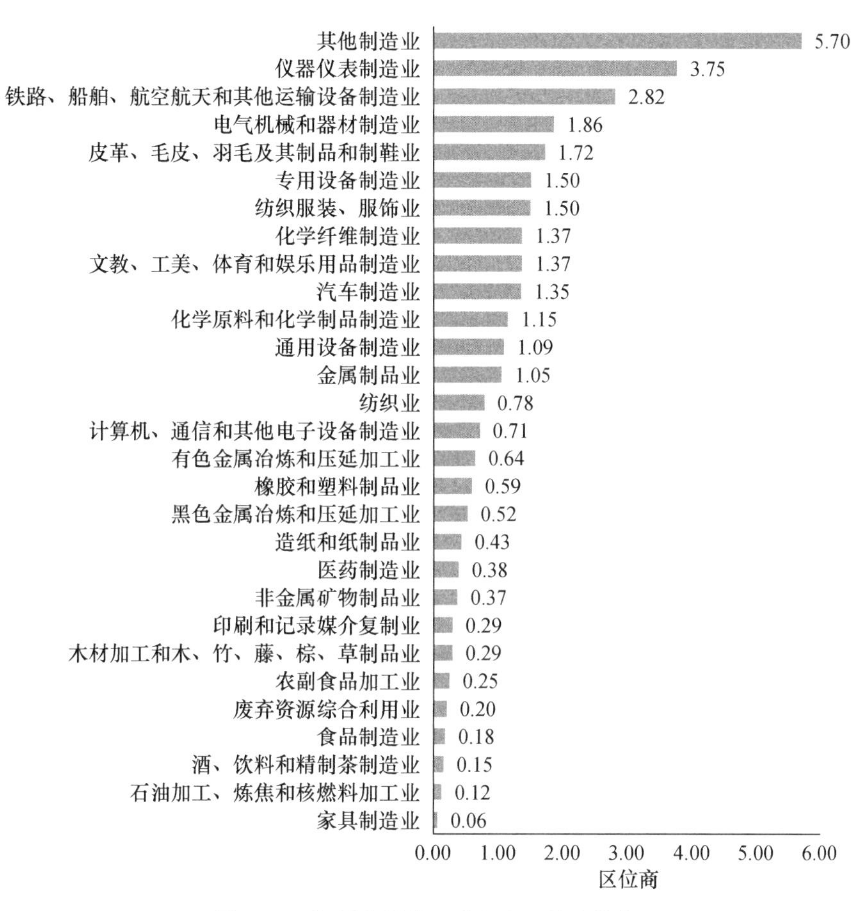

图 6-54 扬州市制造业分行业区位商排名

中,其他制造业和仪器仪表制造业的比较优势非常显著。

(4) 制造业产业技术创新能力排名。由于缺乏扬州市制造业行业的技术创新数据,因此,无法对扬州市制造业的技术创新能力进行分析和比较。

(5) 制造业产业能源利用效率排名。根据扬州市制造业分行业单位产值能耗的排名(见图 6-55),扬州市制造业单位产值能耗较低的行业为家具制造业,农副食品加工业,电气机械和器材制造业,仪器仪表制造业,废弃资源综合利用业,纺织服装、服饰业,皮革、毛皮、羽毛及其制品和制鞋业,通用设备制造业,印刷和记录媒介复制业,汽车制造业等。

同时,石油加工、炼焦和核燃料加工业,化学原料和化学制品制造业,黑色金属冶炼和压延加工业、造纸和纸制品业等行业的单位产值能耗较高。尤其是石油加工、炼焦和核燃料加工业，其单位产值能耗高达 2.0653 吨标准煤/万元，远远高于扬州市制造业的其他产业。

图 6-55 扬州市制造业分行业单位产值能耗排名

11. 镇江

(1) 制造业产业规模排名。镇江市按行业分规模以上制造业产值排名情况如图 6-56 所示，其中，产值规模最大的 10 个行业依次为化学原料和化学制品制造业，电气机械和器材制造业，计算机、通信和其他电子设备制造业，通用设备制造业，金属制品业，非金属制品业，仪器仪表制造业，铁路、船舶、航空航天和其他运输设备制造业，黑色金属冶炼和压延加工业，汽车制造业。

由图 6-56 可知，装备制造业和资源加工业是镇江市制造业的支柱产业。其中，排名前两位的化学原料和化学制品制造业以及电气机械和器材制造业，在镇江市制造业中产值优势非常显著。

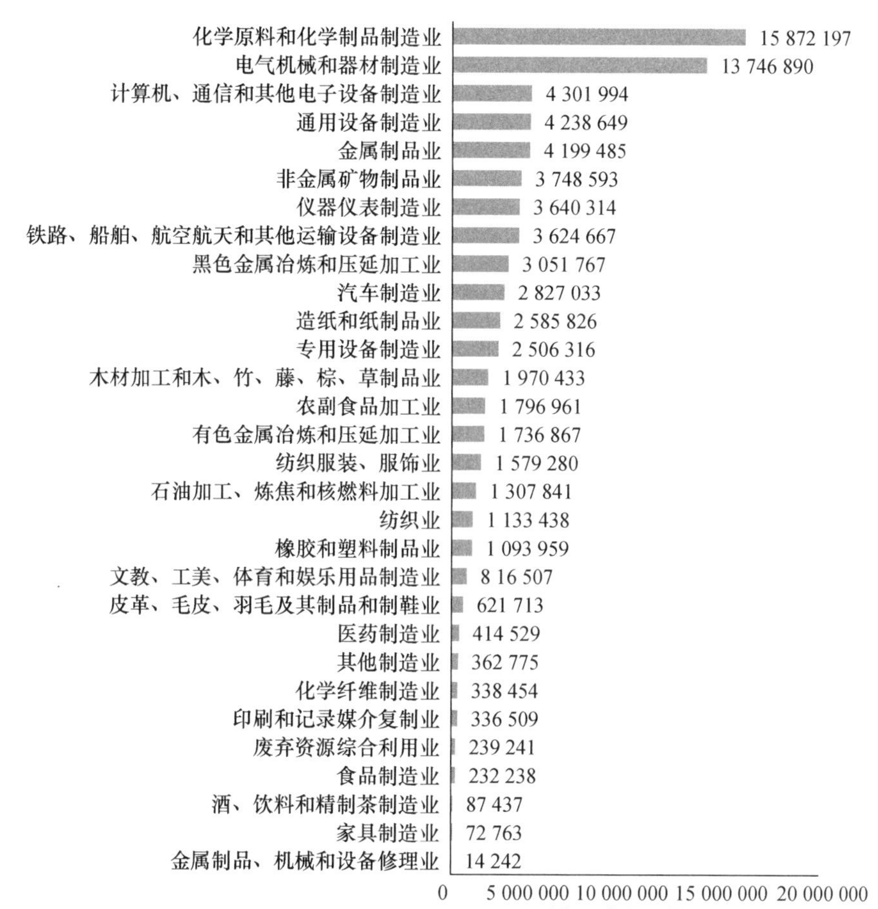

图 6-56　镇江市制造业分行业产值规模

（2）制造业产业经济效益排名(资产贡献率、劳动生产率)。由于缺乏镇江市制造业分行业固定资产指标的统计,无法对镇江市制造业的行业资产贡献率进行分析。因此,本部分通过对镇江市制造业行业的劳动生产率进行分析,以分析镇江市制造业的产业经济效益。

由图 6-57 可知,镇江市制造业劳动生产率较高的行业依次为石油加工、炼焦和核燃料加工业,农副食品加工业,化学原料和化学制品制造业,废弃资源综合利用业,造纸和纸制品业,电气机械和器材制造业,化学纤维制造业,铁路、船舶、航空航天和其他运输设备制造业,黑色金属冶炼和压延加工业,有色金属冶炼和压延加工业。其中,排名前四位的行业,即石油加工、炼焦和核燃料加工业,农副食品加工业，化学原料和化学制品制造业，废弃资源综合利用业，在镇江市制造业中具有显著的劳动生产率优势。

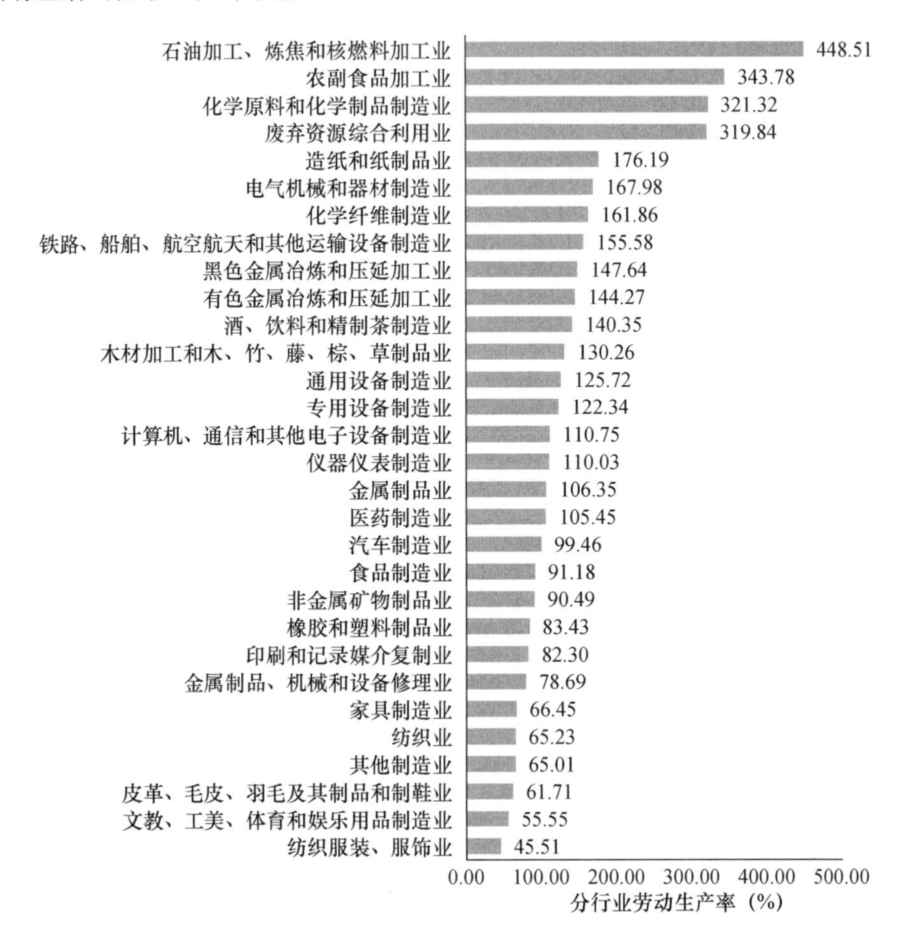

图 6-57 镇江市制造业分行业劳动生产率排名

(3) 制造业产业比较优势排名。图 6-58 是镇江市各制造业行业的地区专门化率排名，其中地区专门化率大于 1 的行业，即具有产业比较优势的制造业行业共有 9 个，包括仪器仪表制造业，电气机械和器材制造业，铁路、船舶、航空航天和其他运输设备制造业，造纸和纸制品业，化学原料和化学制品制造业，木材加工和木、竹、藤、棕、草制品业，其他制造业，金属制品业，通用设备制造业，纺织服装、服饰业。

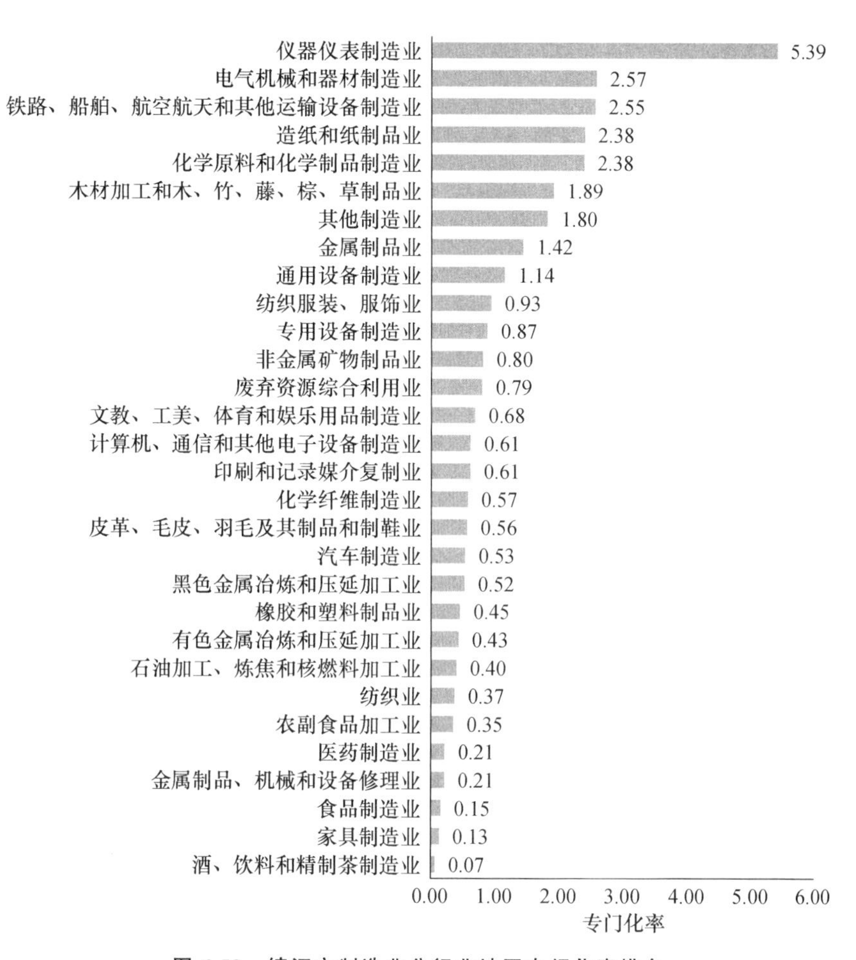

图 6-58　镇江市制造业分行业地区专门化率排名

图 6-59 是镇江市各制造业行业的区位商排名，其中区位商大于 1 的行业，即具有产业比较优势的制造业行业共有 12 个，包括仪器仪表制造业，电气机械和器材制造业，其他制造业，铁路、船舶、航空航天和其他运输设备制造业，木材加工和木、竹、藤、棕、草制品业，造纸和纸制品业，金属制品业，化学原料和化学制品制造业，纺织服装、服饰业，非金属矿物制品业，通用设备制造业，文教、工美、体育和娱乐用品制造业。

综合地区专门化率和区位商的分析结果，镇江市具有比较优势的制造业产业包括 11 个行业：仪器仪表制造业，电气机械和器材制造业，其他制造业，铁路、船舶、航空航天和其他运输设备制造业，木材加工和木、竹、藤、棕、草制品业，造纸和纸制品业，金属制品业，化学原料和化学制品制造业，纺织服装、服饰业，通用设备

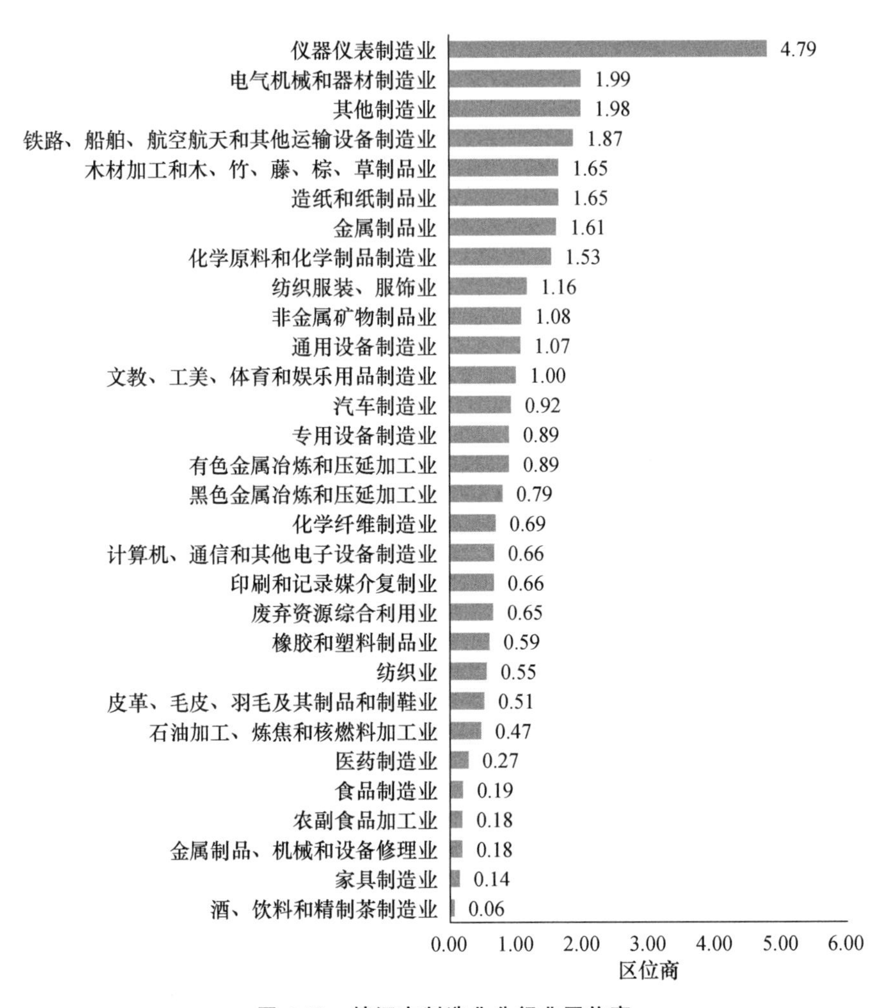

图 6-59 镇江市制造业分行业区位商

制造业。其中,仪器仪表制造业的比较优势非常显著。

(4) 制造业产业技术创新能力排名。以 R&D 经费投入强度,即 R&D 经费内部支出与主营业务收入之比来衡量制造业的产业技术创新能力。镇江市技术创新能力较强的制造业行业依次为医药制造业,木材加工和木、竹、藤、棕、草制品业,食品制造业,有色金属冶炼和压延加工业,专用设备制造业,计算机、通信和其他电子设备制造业,汽车制造业,非金属矿物制品业,通用设备制造业,橡胶和塑料制品业。其中,医药制造业的 R&D 经费投入强度排名第一,高达 2.94%。

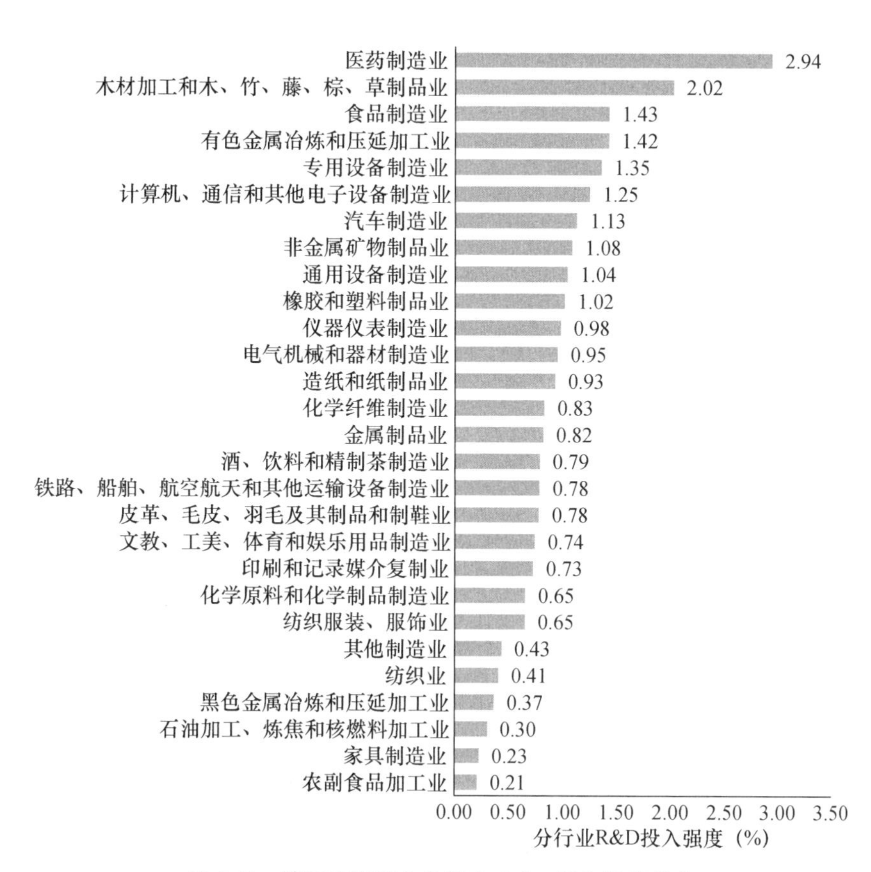

图 6-60 镇江市制造业分行业 R&D 投入强度排名

（5）制造业产业能源利用效率排名。根据镇江市制造业分行业单位产值能耗的排名（见图 6-61），镇江市制造业单位产值能耗较低的行业依次为金属制品、机械和设备修理业，文教、工美、体育和娱乐用品制造业，农副食品加工业，家具制造业，纺织服装、服饰业，皮革、毛皮、羽毛及其制品和制鞋业，通用设备制造业，汽车制造业，仪器仪表制造业。

同时，非金属矿物制品业，化学纤维制造业，造纸和纸制品业，黑色金属冶炼及压延加工业，石油加工、炼焦和核燃料加工业等行业的单位产值能耗偏高，是镇江市能源利用效率较低的行业。

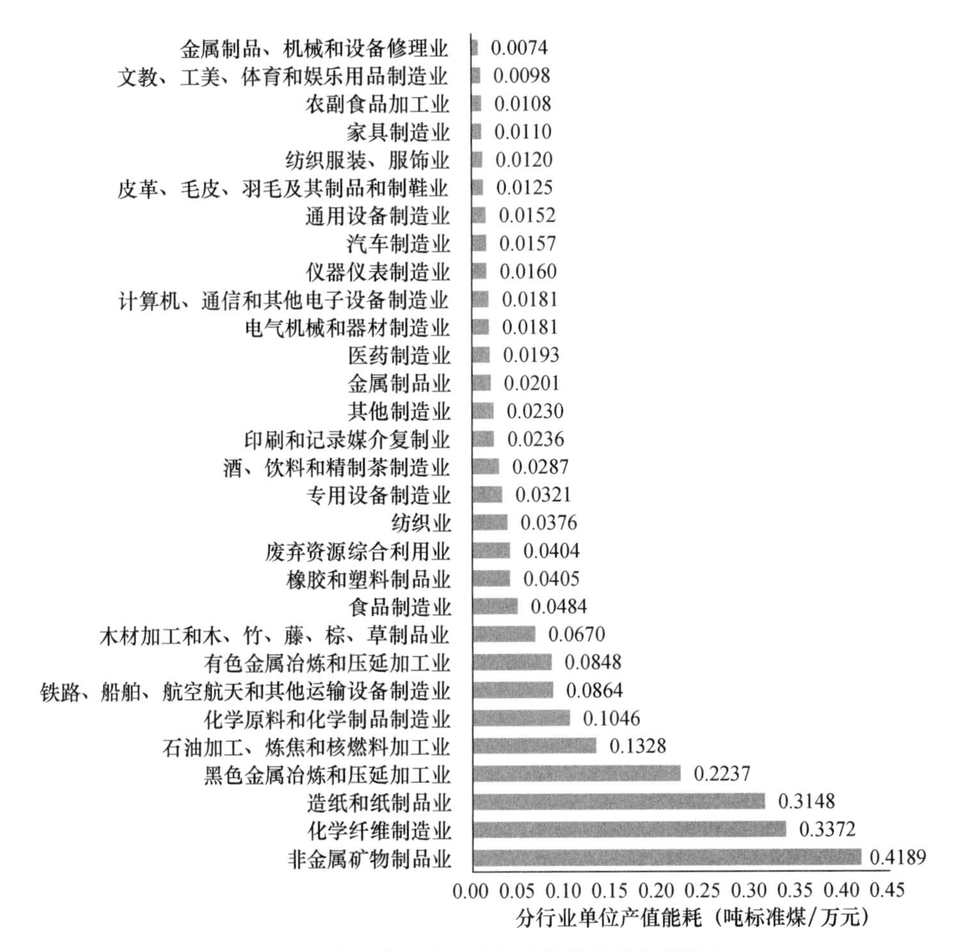

图 6-61　镇江市制造业分行业单位产值能耗排名

12. 泰州

(1) 制造业产业规模排名。图 6-62 绘制了泰州市按行业分规模以上制造业产值排名情况，以直观反映泰州市制造业的产业规模情况。其中，泰州市产值规模最大的 10 个行业依次为电气机械和器材制造业，化学原料和化学制品制造业，铁路、船舶、航空航天和其他运输设备制造业，金属制品业，医药制造业，农副食品加工业，通用设备制造业，专用设备制造业，黑色金属冶炼和压延加工业，计算机、通信和其他电子设备制造业。由产业规模看，泰州市制造业的支柱产业既包括装备制造业，又包括传统的制造业产业。

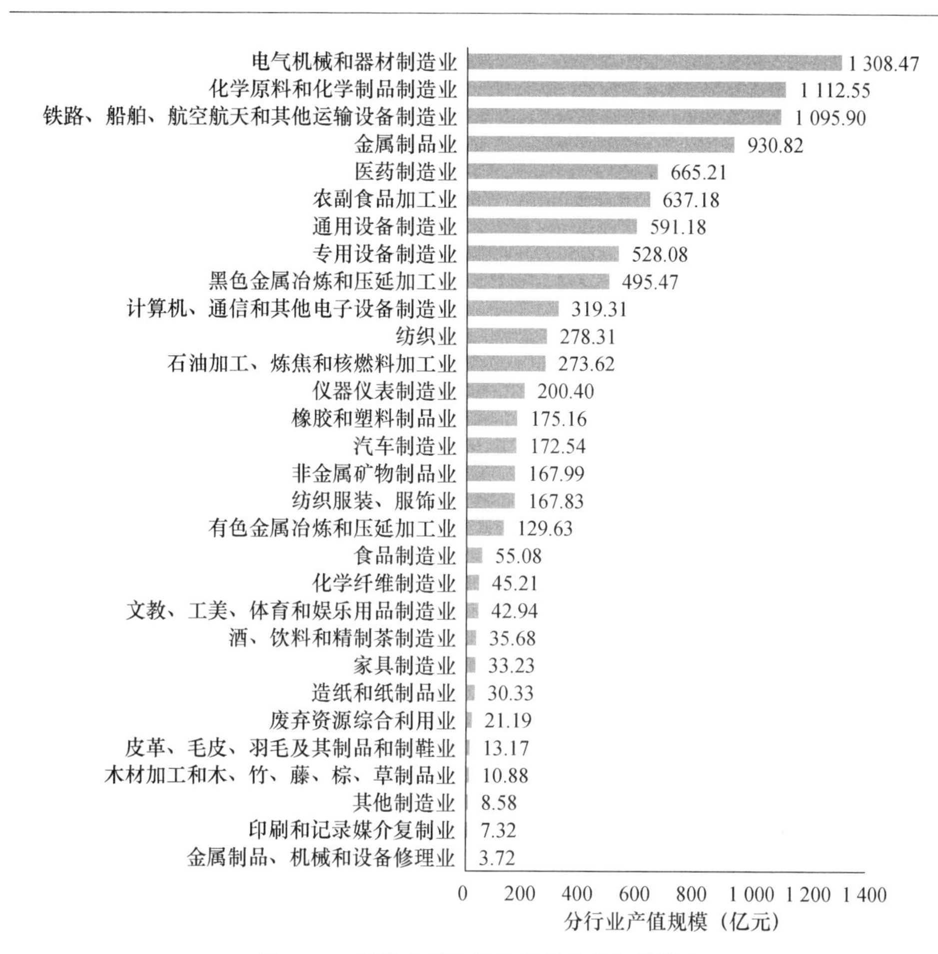

图 6-62　泰州市制造业分行业产值规模排名

(2) 制造业产业经济效益排名。由于缺乏泰州市制造业分行业从业人员数的统计，因此，无法对泰州市制造业行业劳动生产率进行分析。本部分通过对泰州市制造业行业的资产贡献率进行分析，以分析泰州市制造业的产业经济效益。

由图 6-63 可知，泰州市制造业资产贡献率最高，即产业经济效益最高的 10 个行业依次为金属制品、机械和设备修理业，石油加工、炼焦和核燃料加工业，化学纤维制造业，仪器仪表制造业，电气机械和器材制造业，专用设备制造业，其他制造业，家具制造业，医药制造业，有色金属冶炼和压延加工业。其中，金属制品、机械和设备修理业的资产贡献率高达 642.86%，远超过排名第二位的石油加工、炼焦和核燃料加工业(184.69%)。

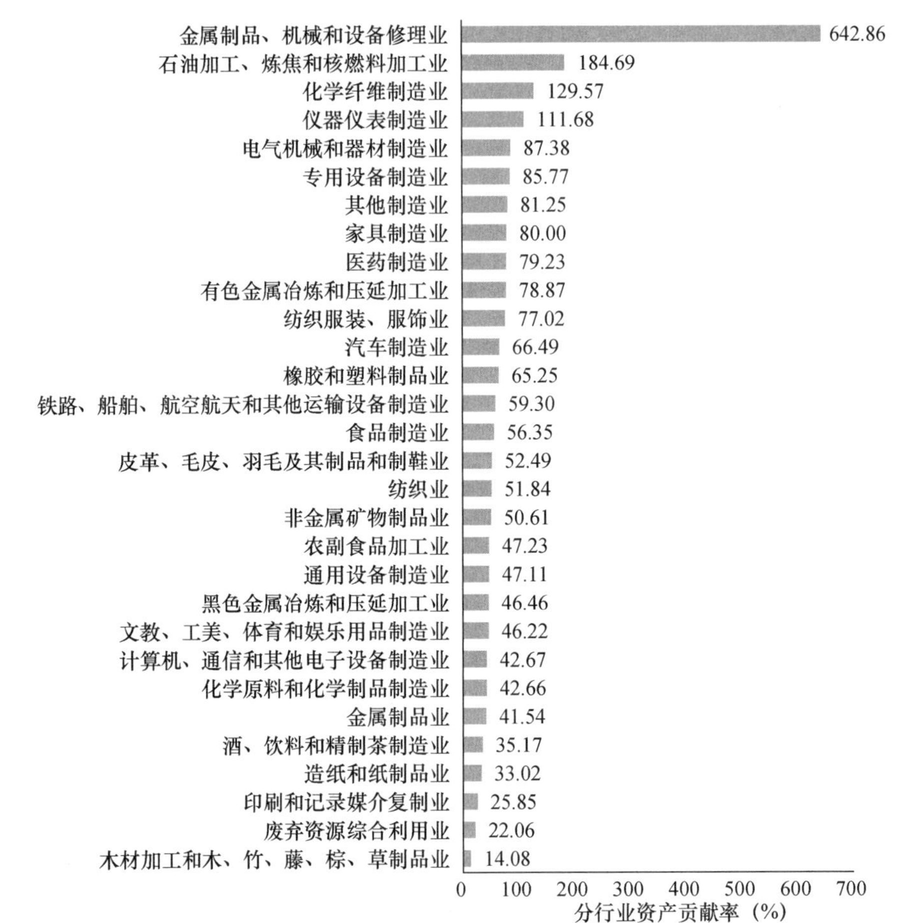

图 6-63 泰州市制造业分行业资产贡献率排名

（3）制造业产业比较优势排名。由于缺乏分行业从业人员数的统计，因此，无法对泰州市制造业行业的区位商进行分析比较。因此，本部分以制造业行业的地区专门化率，对泰州市制造业行业的专业化程度和比较优势进行分析，其排名结果如图 6-64 所示。

其中，专门化率大于 1（即具有比较优势）的行业共有 9 个行业：铁路、船舶、航空航天和其他运输设备制造业，医药制造业，金属制品业，仪器仪表制造业，电气机械和器材制造业，专用设备制造业，化学原料和化学制品，通用设备制造业，农副食品加工业。排名第一位的铁路、船舶、航空航天和其他运输设备制造业的专门化率高达 5.92，其产业比较优势非常显著。

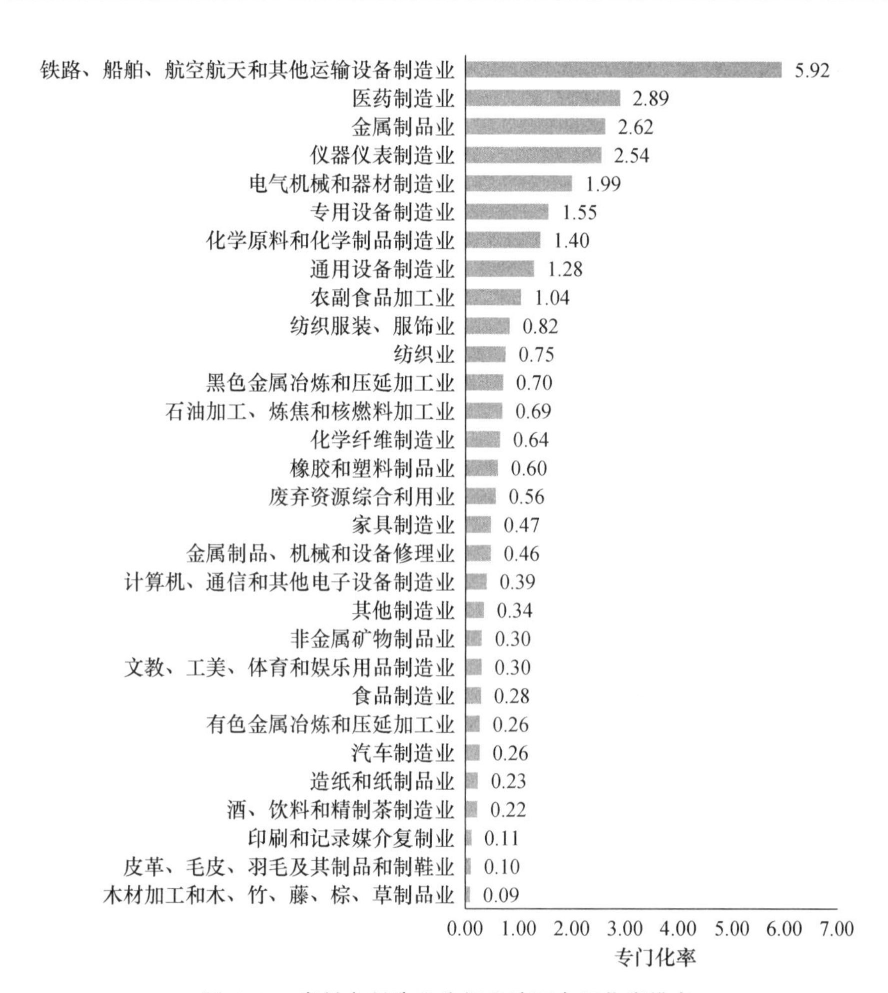

图 6-64　泰州市制造业分行业地区专门化率排名

(4) 制造业产业技术创新能力排名。以 R&D 经费投入强度,即 R&D 经费内部支出与主营业务收入之比来衡量制造业的产业技术创新能力。泰州市 R&D 经费投入强度较大的行业依次为医药制造业,汽车制造业,电气机械和器材制造业,仪器仪表制造业,通用设备制造业等,表明泰州市在这些产业上的研发投入较大、技术创新能力较强。与之对比,石油加工、炼焦和核燃料加工业,其他制造业,家具制造业等的 R&D 经费投入强度较低,说明其产业技术创新能力有待提高(见图 6-65)。

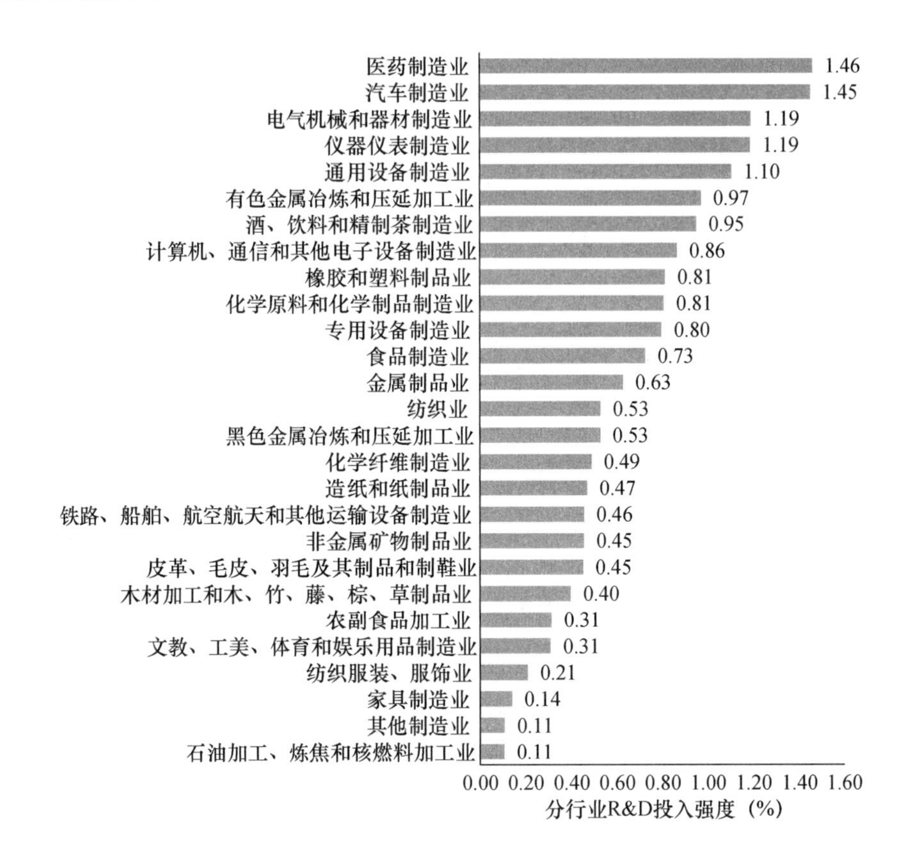

图 6-65 泰州市制造业分行业 R&D 投入强度排名

（5）制造业产业能源利用效率排名。由于缺乏泰州市制造业行业的能源消耗指标数据，无法获得泰州市制造业的单位产值能耗数据，因此无法对泰州市制造业的产业能源利用效率进行分析和比较。

13. 宿迁

（1）制造业产业规模排名。图 6-66 绘制了宿迁市按行业分规模以上制造业产值排名情况，以直观反映宿迁市制造业的产业规模情况。其中，宿迁市产值规模最大的 10 个行业依次为木材加工和木、竹、藤、棕、草制品业，农副食品加工业，纺织业，酒、饮料和精制茶制造业，化学原料和化学制品制造业，计算机、通信和其他电子设备制造业，非金属矿物制品业，纺织服装、服饰业，电气机械和器材制造业，化学纤维制造业。可见，宿迁市的制造业仍以传统制造业为主。

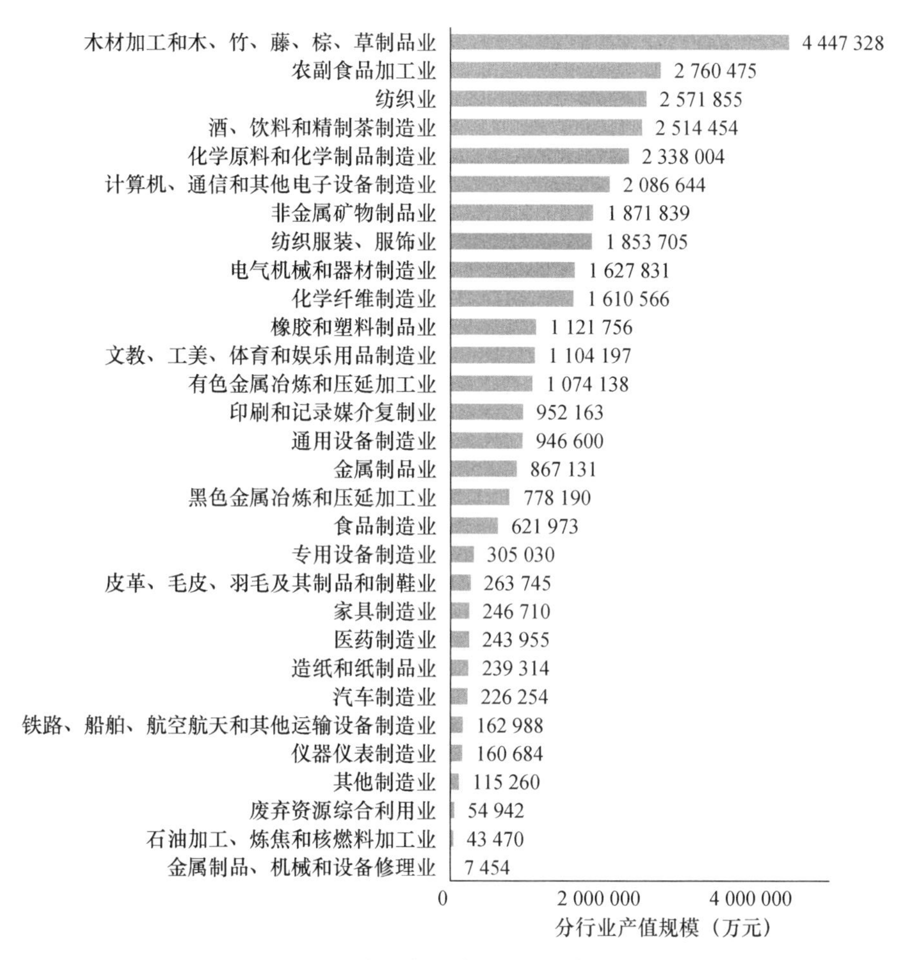

图 6-66　宿迁市制造业分行业产值规模

(2) 制造业产业经济效益排名。由于缺乏宿迁市制造业分行业固定资产指标的统计，无法对宿迁市制造业的行业资产贡献率进行分析，因此本部分通过对宿迁市制造业行业的劳动生产率进行分析，以分析宿迁市制造业的产业经济效益。

由图 6-67 可知，宿迁市制造业劳动生产率较高的行业依次为有色金属冶炼和压延加工业，黑色金属冶炼和压延加工业，石油加工、炼焦和核燃料加工业，金属制品、机械和设备修理业，农副食品加工业，化学原料和化学制品制造业，化学纤维制造业，金属制品业，仪器仪表制造业，造纸和纸制品业。可见，宿迁市劳动生产率较高的行业以资源密集型产业、资源加工型产业为主。

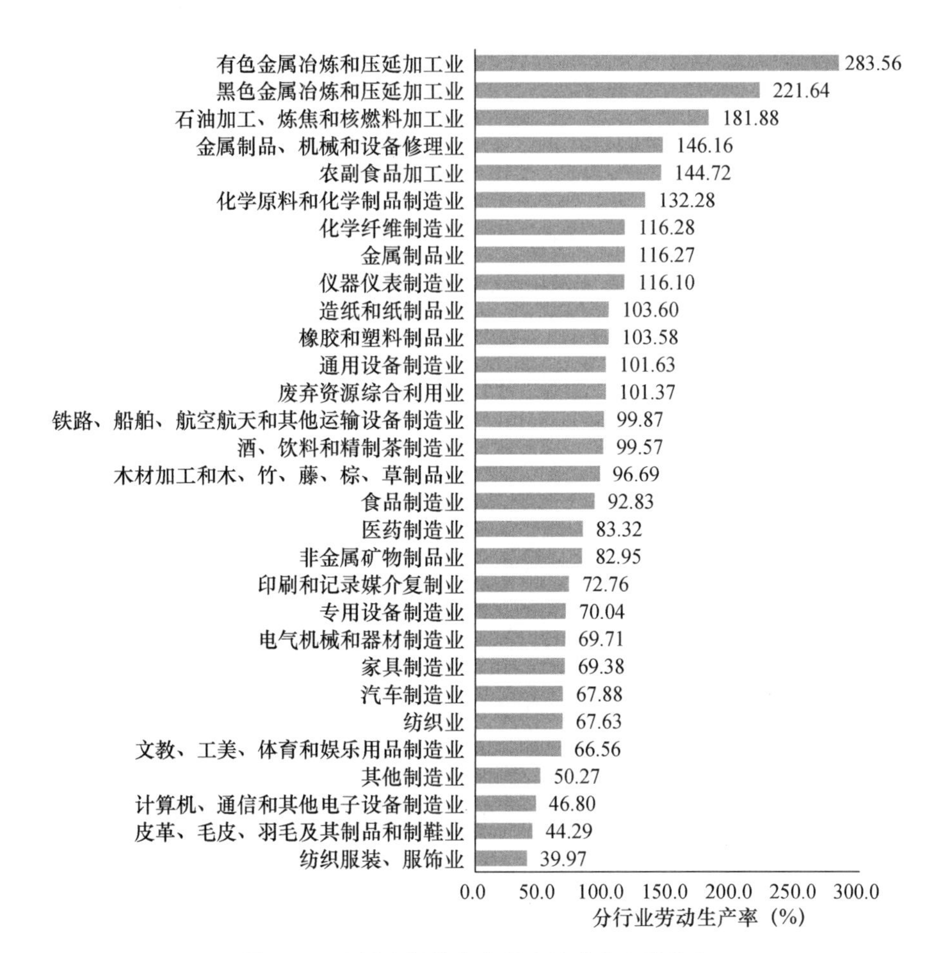

图 6-67 宿迁市制造业分行业劳动生产率排名

(3) 制造业产业比较优势排名。图 6-68 反映了宿迁市各制造业行业的地区专门化率排名，其中地区专门化率大于 1 的行业，即具有产业比较优势的制造业行业共有 14 个，包括木材加工和木、竹、藤、棕、草制品业，化学纤维制造业，酒、饮料和精制茶制造业，印刷和记录媒介复制业，纺织服装、服饰业，文教、工美、体育和娱乐用品制造业，纺织业，其他制造业，农副食品加工业，橡胶和塑料制品业，家具制造业，非金属矿物制品业，食品制造业，化学原料和化学制品制造业。

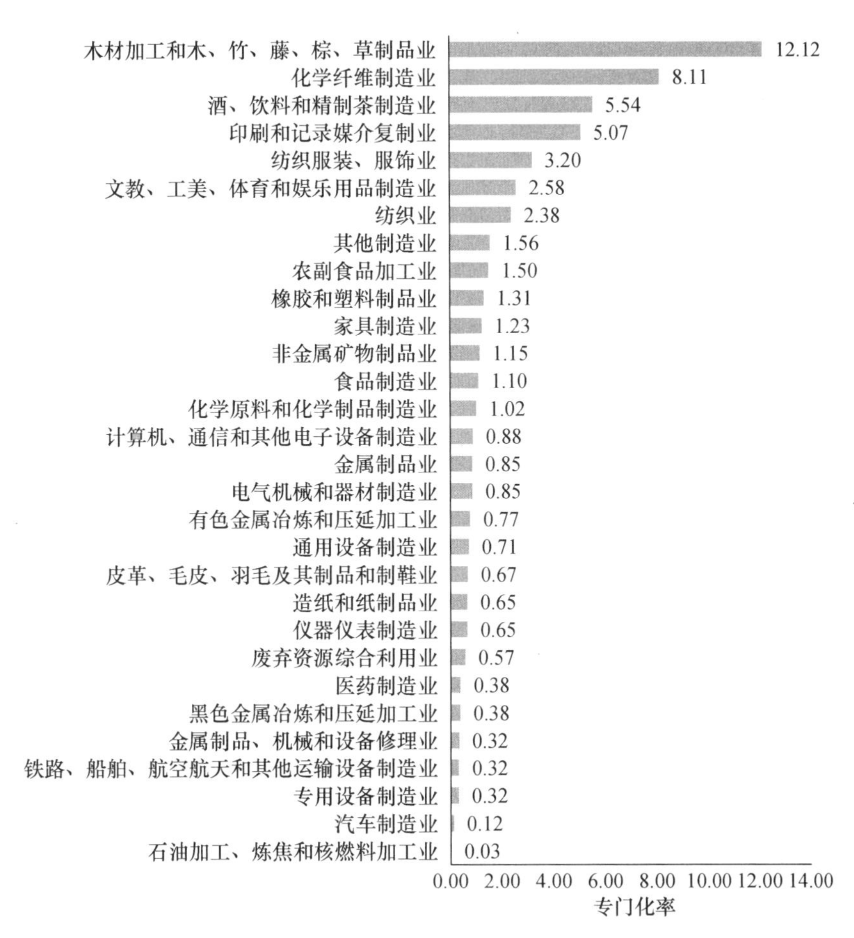

图 6-68 宿迁市制造业分行业地区专门化率

图 6-69 反映了宿迁市各制造业行业的区位商排名，其中区位商大于 1 的行业，即具有产业比较优势的制造业行业共有 9 个，包括木材加工和木、竹、藤、棕、草制品业，化学纤维制造业，酒、饮料和精制茶制造业，印刷和记录媒介复制业，纺织服装、服饰业，纺织业，文教、工美、体育和娱乐用品制造业，其他制造业，计算机、通信和其他电子设备制造业。

综合地区专门化率和区位商的分析结果，宿迁市具有比较优势的行业共有 8 个：木材加工和木、竹、藤、棕、草制品业，化学纤维制造业，酒、饮料和精制茶制造业，印刷和记录媒介复制业，纺织服装、服饰业，纺织业，文教、工美、体育和娱乐用品制造业，其他制造业。尤其是，木材加工和木、竹、藤、棕、草制品业，化学纤维制造业，酒、饮料和精制茶制造业三大行业比较优势明显。

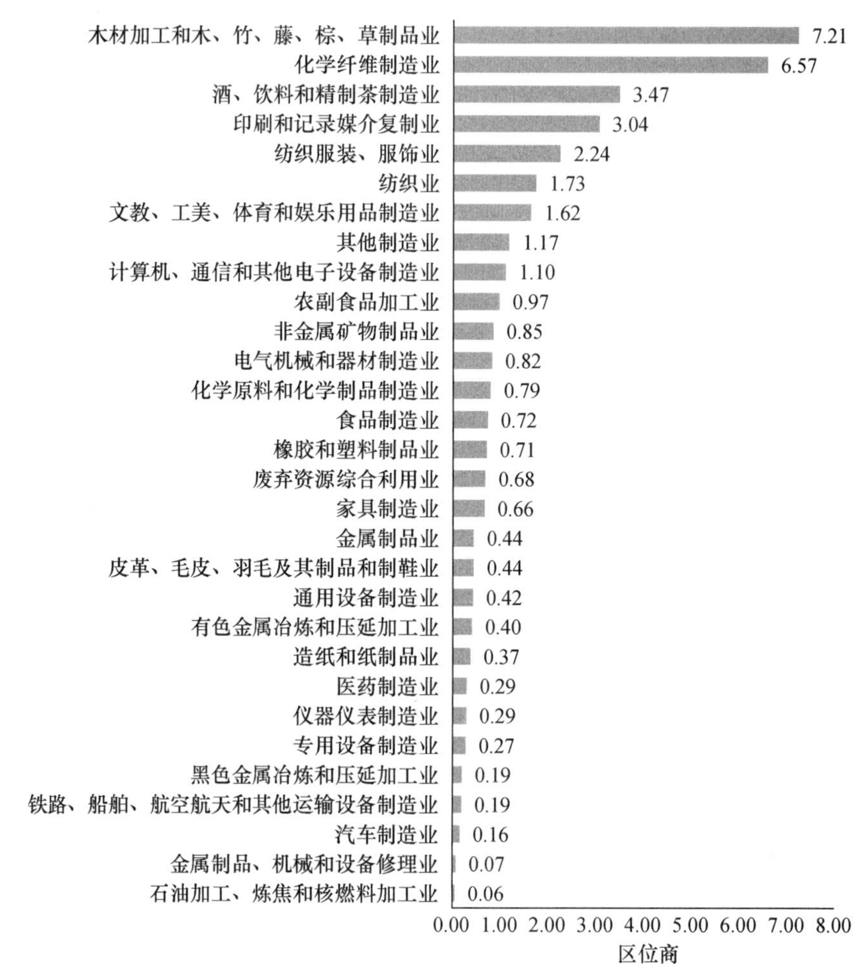

图 6-69　宿迁市制造业分行业区位商排名

(4) 制造业产业技术创新能力排名。由于缺乏宿迁市制造业行业的技术创新有关指标数据,因此无法对其制造业的技术创新能力进行分析和比较。

(5) 制造业产业能源利用效率排名。根据宿迁市制造业分行业单位产值能耗的排名(见图 6-70),宿迁市制造业单位产值能耗较低的行业依次为:石油加工、炼焦和核燃料加工业,仪器仪表制造业,铁路、船舶、航空航天和其他运输设备制造业,专用设备制造业,皮革、毛皮、羽毛及其制品和制鞋业,农副食品加工业,汽车制造业等。同时,黑色金属冶炼和压延加工业,化学原料和化学制品制造业,有色金属冶炼和压延加工业,化学纤维制造业等行业的单位产值能耗较高,反映了这些产业的能源利用效率较低。

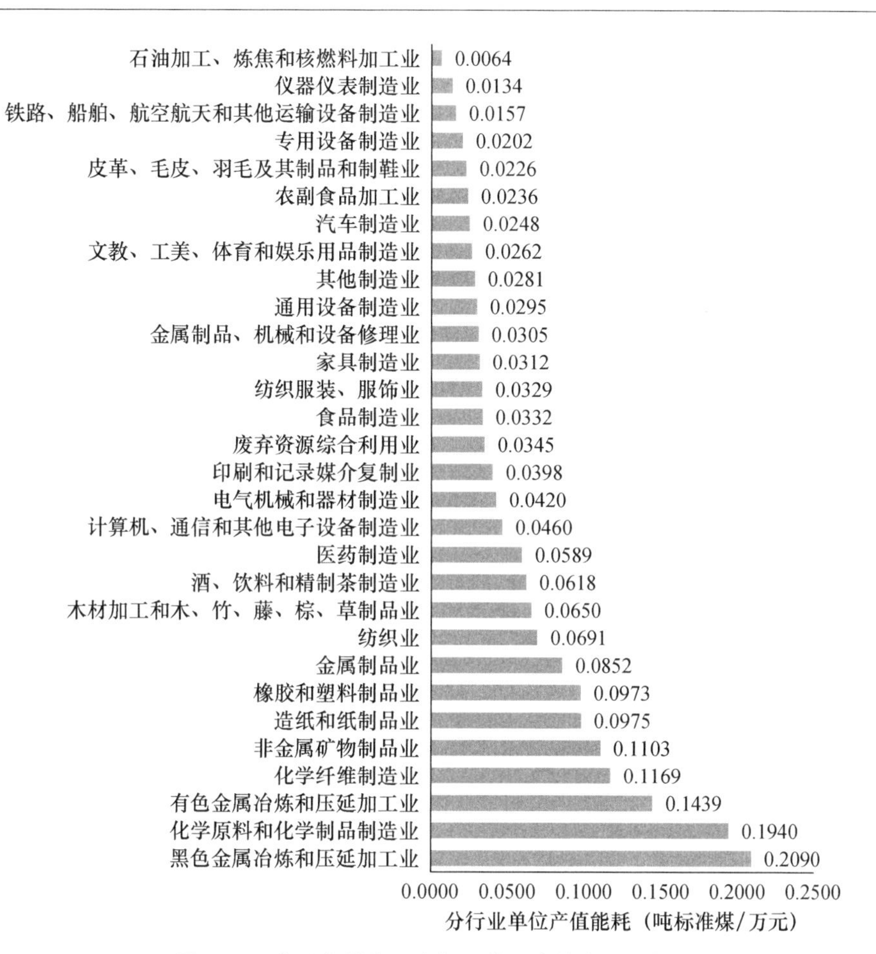

图 6-70 宿迁市制造业分行业单位产值能耗排名

撰稿人：吴敏洁、徐常萍

审核人：巩在武、周飞雪、张明杨

第7章　中国制造业发展:产业研究

本章共分为六部分:第一部分是中国制造业产业发展状况,第二部分是中国制造业产业发展新型化综合评价,第三部分是科技创新对中国制造业产业发展的影响,第四部分是能源强度对中国制造业产业发展的影响,第五部分是环境保护对中国制造业产业发展的影响,第六部分是本章小结。

7.1　中国制造业产业发展状况

本节根据新型制造业的发展要求,基于中国制造业行业分类并结合四维评价指标体系,分别从制造业的经济创造、科技创新、能源效率和环境污染状况四个维度分析中国制造业产业发展的总体状况,并对产业的新型化程度进行了评价。

7.1.1　制造业产业经济创造能力分析

衡量制造业的最重要指标就是经济创造能力,经济效益是企业乃至行业发展中最关注的问题。为了确定制造业产业在经济创造方面的发展程度,本部分将从产业规模、利润总额、产值增幅等方面对制造业产业的经济创造能力进行分析研究。

7.1.1.1　中国制造业产业规模分析

首先对制造业行业分类进行说明。根据《国家统计局关于执行新国民经济行业分类国家标准的通知》要求,新《国民经济行业分类》(GB/T4757—2011)从2012年统一开始使用。该标准[①]采用线分类法和分层次编码方法,将国民经济行业划分为门类、大类、中类和小类四级。代码由一位拉丁字母和四位阿拉伯数字组成。其中门类代码用一位拉丁字母表示,即用字母A、B、C…依次代表不同门类;大类代码用两位阿拉伯数字表示,打破门类界限,从01开始按顺序编码;中类代码用三位阿拉伯数字表示,前两位为大类代码,第三位为中类顺序代码;小类代码用四位阿拉伯数字表示,前三位为中类代码,第四位为小类顺序代码。根据此标准,中国制造业属于门类C,下属31个大类。本章制造业行业分类采用此标准,具体如

① 国家统计局,国民经济行业分类和代码(GB/T 4754—2011)。

表 7-1 所示。

表 7-1　中国制造业行业分类

行业代码	行业名称
C	制造业
C13	农副食品加工业
C14	食品制造业
C15	酒、饮料和精制茶制造业
C16	烟草制品业
C17	纺织业
C18	纺织服装、服饰业
C19	皮革、毛皮、羽毛及其制品和制鞋业
C20	木材加工和木、竹、藤、棕、草制品业
C21	家具制造业
C22	造纸及纸制品业
C23	印刷和记录媒介复制业
C24	文教、工美、体育和娱乐用品制造业
C25	石油加工、炼焦和核燃料加工业
C26	化学原料和化学制品制造业
C27	医药制造业
C28	化学纤维制造业
C29	橡胶和塑料制品业
C30	非金属矿物制品业
C31	黑色金属冶炼和压延加工业
C32	有色金属冶炼和压延加工业
C33	金属制品业
C34	通用设备制造业
C35	专用设备制造业
C36	汽车制造业
C37	铁路、船舶、航空航天和其他运输设备制造业
C38	电气机械和器材制造业
C39	计算机、通信和其他电子设备制造业
C40	仪器仪表制造业
C41	其他制造业
C42	废弃资源综合利用业
C43	金属制品、机械和设备修理业

资料来源:《国民经济行业分类》(GB/T 4754—2011),国家统计局,2011 年 8 月。

表 7-2 列出了 2014 年中国分行业规模以上制造业主营业务收入排名情况。

表 7-2 2014 年分行业规模以上制造业主营业务收入增幅排名

排名	指标	主营业务收入(亿元)	占比(%)
1	计算机、通信和其他电子设备制造业	85 486.30	8.74
2	化学原料和化学制品制造业	83 104.14	8.50
3	黑色金属冶炼和压延加工业	74 332.77	7.60
4	汽车制造业	67 818.48	4.93
5	电气机械和器材制造业	66 977.77	6.85
6	农副食品加工业	63 665.12	6.51
7	非金属矿物制品业	57 436.70	5.87
8	有色金属矿物制品业	51 312.09	5.25
9	通用设备制造业	47 016.78	4.81
10	石油加工、炼焦和核燃料加工业	41 094.41	4.20
11	纺织业	38 294.75	3.91
12	金属制品业	36 396.44	3.72
13	专用设备制造业	34 826.39	3.56
14	橡胶和塑料制品业	29 919.12	3.06
15	医药制造业	23 350.33	2.39
16	纺织服装、服饰业	21 054.40	2.15
17	食品制造业	20 399.89	2.09
18	铁路、船舶、航空航天和其他运输设备制造业	18 158.64	1.86
19	酒、饮料和精制茶制造业	16 369.97	1.67
20	文教、工美、体育和娱乐用品制造业	14 939.35	1.53
21	皮革、毛皮、羽毛及其制品和制鞋业	13 896.08	1.42
22	造纸和纸制品业	13 535.18	1.38
23	木材加工和木、竹、藤、棕、草制品业	13 246.85	1.35
24	烟草制品业	8 962.65	0.92
25	仪器仪表制造业	8 347.58	0.85
26	家具制造业	7 273.41	0.74
27	化学纤维制造业	7 158.81	0.73
28	印刷和记录媒介复制业	6 765.30	0.69
29	废弃资源综合利用业	3 668.55	0.38
30	其他制造业	2 579.38	0.26
31	金属制品、机械和设备修理业	842.33	0.09

资料来源:国家数据,http://data.stats.gov.cn/。

可以看出,规模以上制造业主营业务收入排名前十的行业依次为计算机、通信和其他电子设备制造业,化学原料和化学制品制造业,黑色金属冶炼和压延加工业,汽车制造业,电气机械和器材制造业,农副食品加工业,非金属矿物制品业,有色金属冶炼和压延加工业,通用设备制造业以及石油加工、炼焦和核燃料加工业,这十个行业的主营业务收入占整个制造业主营业务收入的 65.24%。排名后十的依次为金属制品、机械和设备修理业,其他制造业,废弃资源综合利用业,印刷和记录媒介复制业,化学纤维制造业,家具制造业,仪器仪表制造业,烟草制品业，木材加工和木、竹、藤、棕、草制品业，造纸和纸制品业，这十个行业的主营业务收入仅占整个制造业主营业务收入的7.40%，可见制造业各行业间主营业务收入差距很大。

7.1.1.2　中国制造业产值增幅分析

在工业化过程中，制造业增长通常要依次经历以非耐用消费品工业、中间投入品工业和资本品及耐用消费品工业的增长为主导的时期。为此，我们需要了解产值增幅最快的行业有哪些，具备什么样的特征。表7-3是分行业规模以上制造业主营业务收入增幅排名情况。

表7-3　2014年分行业规模以上制造业主营业务收入增幅排名

增幅排名	行业	增幅(%)
1	文教、工美、体育和娱乐用品制造业	15.49
2	医药制造业	13.99
3	汽车制造业	13.61
4	印刷和记录媒介复制业	12.48
5	铁路、船舶、航空航天和其他运输设备制造业	10.98
6	非金属矿物制品业	10.53
7	木材加工和木、竹、藤、棕、草制品业	10.35
8	仪器仪表制造业	10.30
9	食品制造业	9.99
10	其他制造业	9.99
11	皮革、毛皮、羽毛及其制品和制鞋业	9.91
12	金属制品业	9.53
13	家具制造业	9.51
14	电气机械和器材制造业	8.81
15	有色金属冶炼和压延加工业	8.73
16	计算机、通信和其他电子设备制造业	8.46
17	化学原料和化学制品制造业	8.43
18	纺织服装、服饰业	8.22
19	通用设备制造业	7.90
20	烟草制造业	7.88
21	橡胶和塑料制品业	7.43
22	酒、饮料和精制茶制造业	6.80
23	废弃资源综合利用业	6.53
24	专用设备制造业	6.45
25	纺织业	6.15
26	农副食品加工业	5.90
27	造纸和纸制品业	4.99
28	化学纤维制造业	1.47
29	石油加工、炼焦和核燃料加工业	0.28
30	黑色金属冶炼和压延加工业	−2.32
31	金属制品、机械和设备修理业	−8.24

资料来源：国家数据，http://data.stats.gov.cn/。

从排名看，增幅最快的前十个行业依次是医药制造业，汽车制造业，文教、工美、体育和娱乐用品制造业，木材加工和木、竹、藤、棕、草制品业，印刷和记录媒介复制业，非金属矿物制品业，仪器仪表制造业，食品制造业，废弃资源综合利用业和农副食品加工业。这十个行业的平均增幅为16.29%。增幅最慢的十个行业依次是其他制造业，皮革、毛皮、羽毛及其制品和制鞋业，计算机、通信和其他电子设备制造业，烟草制品业，化学纤维制造业，造纸和纸制品业，黑色金属冶炼及压延加工业，铁路、船舶、航空航天和其他运输设备制造业，金属制品、机械和设备修理业和石油加工及炼焦和核燃料加工业。这十个行业的平均增幅为7.71%。

7.1.2 制造业科技创新能力分析

本节主要分析制造业科技创新的现状、投入及产出状况，有助于了解目前中国制造业的科技创新能力，明确今后的发展方向。

7.1.2.1 制造业科技创新的投入结构

选取R&D经费支出(万元)、R&D人员全时当量(人年)和新产品开发经费等指标分析科技创新投入结构。

为了便于对统计结果进行对比分析，选取中国制造业科技创新投入数据的样本时间为2013—2014年(见表7-4)。2014年中国制造业规模以上工业企业R&D经费支出为69 632 244.3万元，比2013年增长10.68%；R&D人员全时当量为1 951 827.7人年，比2013年增长6.58%；R&D项目数为259 466项，比2013年增长5.59%；新产品开发经费达77 332 860.9万元，比2013年增加9.20%。

表7-4 2013—2014年中国制造业规模以上工业企业科技创新投入

指标	单位	2013年	2014年	增长率(%)
R&D经费支出	万元	62 913 419.7	69 632 244.3	10.68
R&D项目数	项	245 737.0	259 466.0	5.59
R&D人员全时当量	人年	1 831 337.4	1 951 827.7	6.58
新产品开发经费	万元	70 817 502.9	77 332 860.9	9.20

资料来源：国家数据，http://data.stats.gov.cn/。

1. 各行业R&D活动经费支出

制造业各个行业的R&D活动经费支出，直接反映了制造业行业科技经费投入状况，也间接反映一个行业的增长潜力和科学实力。2013年制造业各行业R&D经费(包括内部支出与外部支出总和)排名如表7-5所示，其中由于《中国科技统计年鉴2015》中不包含废弃资源综合利用业的相关数据，因此下述分析只针对除废弃资源综合利用业外的其余30个制造业行业进行分析。从表7-5可以明显地发现，计算机、通信和其他电子设备制造业，电气机械和器材制造业，汽车制造业，化学原料和化学制品制造业，黑色金属冶炼和压延加工业，通用设备制造业，专用设备制造业这七个行业的 R&D 经费支出占制造业 R&D 经费支出的一半以上，高达 63.65%。

表 7-5　2014 年制造业分行业规模以上工业企业 R&D 经费支出排名

排名	行业	R&D 经费(万元)	占比(%)
1	计算机、通信和其他电子设备制造业	13 925 133.0	15.68
2	电气机械和器材制造业	9 228 515.0	10.39
3	汽车制造业	7 871 709.0	8.86
4	化学原料和化学制品制造业	7 465 350.0	8.41
5	黑色金属冶炼和压延加工业	6 420 463.0	7.23
6	通用设备制造业	6 206 000.0	6.99
7	专用设备制造业	5 408 743.0	6.09
8	铁路、船舶、航空航天和其他运输设备制造业	4 261 468.0	4.80
9	医药制造业	3 903 161.0	4.40
10	有色金属冶炼和压延加工业	3 305 506.0	3.72
11	金属制品业	2 512 352.0	2.83
12	非金属矿物制品业	2 464 630.0	2.78
13	橡胶和塑料制品业	2 279.020.0	2.57
14	农副食品加工业	1 959 217.0	2.21
15	纺织业	1 776 979.0	2.00
16	仪器仪表制造业	1 690 342.0	1.90
17	食品制造业	1 126.691.0	1.27
18	石油加工、炼焦和核燃料加工业	1 065 743.0	1.20
19	酒、饮料和精制茶制造业	988 016.0	1.11
20	造纸和纸制品业	964 247.0	1.09
21	化学纤维制造业	750 081.0	0.84
22	纺织服装、服饰业	741 592.0	0.84
23	文教、工美、体育和娱乐用品制造业	655 441.0	0.74
24	皮革、毛皮、羽毛及其制品和制鞋业	400 944.0	0.45
25	印刷和记录媒介复制业	342 369.0	0.39
26	木材加工和木、竹、藤、棕、草制品业	327 157.0	0.37
27	家具制造业	270 705.0	0.30
28	烟草制品业	209 204.0	0.24
29	其他制造业	186 147.0	0.21
30	金属制品、机械和设备修理业	100 384.0	0.11

资料来源：根据《中国科技统计年鉴》(2015)数据计算、整理所得。

从 R&D 经费的投入结构来看，2014 年中国制造业的科技创新投入在行业间呈现出不平衡的局面。2014 年制造业的科技创新投入较多的行业主要分布在计算机、通信和其他电子设备制造业(15.68%)、电气机械和器材制造业(10.39%)、汽车制造业(8.86%)、化学原料和化学制品制造业(8.41%)、黑色金属冶炼及压延加工业(7.23%)、通用设备制造业(6.99%)、专用设备制造业(6.09%)等几个主要行业上,这七个行业的研发经费内部支出额占了制造业总额的 63.65%。同时也有很多行业的研发经费投入不足,如金属制品、机械和设备修理业(0.11%),其他制造业(0.21%),烟草制品业(0.24%),家具制造业(0.30%),木材加工及木、竹、藤、棕、草制品业(0.37%)等传统产业。

2. 各行业 R&D 活动人员全时当量

制造业规模以上企业 R&D 人员全时当量反映了制造业科技人员的投入状况。表 7-6 显示了各个行业 2014 年 R&D 活动人员全时当量的排名情况,由此可以看出,计算机、通信和其他电子设备制造业,电气机械和器材制造业,汽车制造业,通用设备制造业,专用设备制造业,化学原料和化学制品制造业和医药制造业这七个行业的 R&D 活动人员全时当量占制造业 R&D 活动人员全时当量的一半以上,高达 63.60%。

同制造业各行业规模以上工业企业 R&D 经费支出一样,制造业各行业规模以上企业 R&D 人员全时当量也极不平衡,其中烟草制品业(0.15%),金属制品、机械和设备修理业(0.19%),其他制造业(0.29%),木材加工和木、竹、藤、棕、草制品业(0.40%),家具制造业(0.45%)这五个行业的 R&D 人员全时当量最少,占制造业 R&D 人员全时当量的比重均不足 0.5%。从表 7-6 可以看出计算机、通信和其他电子设备制造业(16.36%),电气机械和器材制造业(10.92%),通用设备制造业(8.47%),汽车制造业(8.39%),化学原料和化学制品制造业(7.23%),专用设备制造业(6.90%)这六个行业 R&D 人员全时当量之和占制造业 R&D 人员全时当量的比重较大,达到 58.27%。

3. 各行业新产品开发经费

新产品开发是指从研究选择适应市场需要的产品开始到产品设计、工艺制造设计,直到投入正常生产的一系列决策过程。从广义而言,新产品开发既包括新产品的研制,也包括原有的老产品改进与换代。新产品开发是企业研究与开发的重点内容,也是企业生存和发展的战略核心之一。新产品开发经费的高低也反映了制造业科技经费投入状况,间接反映一个行业的增长潜力和未来发展能力。2014 年制造业各行业规模以上工业企业新产品开发经费排名如表 7-7 所示。

表 7-6　2014 年制造业分行业规模以上企业 R&D 人员全时当量排名

排名	行业	R&D 人员全时当量(人年)	占比(%)
1	计算机、通信和其他电子设备制造业	411 861	16.36
2	电气机械和器材制造业	274 936	10.92
3	通用设备制造业	213 178	8.47
4	汽车制造业	211 213	8.39
5	化学原料和化学制品制造业	182 051	7.23
6	专用设备制造业	173 745	6.90
7	医药制造业	133 902	5.32
8	黑色金属冶炼和压延加工业	114 220	4.54
9	铁路、船舶、航空航天和其他运输设备制造业	107 562	4.27
10	金属制品业	85 223	3.39
11	非金属矿物制品业	80 459	3.20
12	仪器仪表制造业	72 992	2.90
13	橡胶和塑料制品业	69 419	2.76
14	有色金属冶炼和压延加工业	59 276	2.35
15	纺织业	56 859	2.26
16	农副食品加工业	42 985	1.71
17	纺织服装、服饰业	28 841	1.15
18	食品制造业	28 769	1.14
19	文教、工美、体育和娱乐用品制造业	24 140	0.96
20	酒、饮料和精制茶制造业	23 331	0.93
21	造纸及纸制品业	22 602	0.90
22	化学纤维制造业	17 836	0.71
23	石油加工、炼焦和核燃料加工业	16 554	0.66
24	皮革、毛皮、羽毛及其制品和制鞋业	15 882	0.63
25	印刷和记录媒介复制业	12 267	0.49
26	家具制造业	11 327	0.45
27	木材加工和木、竹、藤、棕、草制品业	10 122	0.40
28	其他制造业	7 267	0.29
29	金属制品、机械和设备修理业	4 874	0.19
30	烟草制品业	3 657	0.15

资料来源：根据《中国科技统计年鉴》(2015)数据计算、整理所得。

表 7-7　2014 年制造业各行业规模以上工业企业新产品开发经费排名

排名	行业	开发新产品经费(万元)	占比(%)
1	计算机、通信和其他电子设备制造业	17 822 715	18.99
2	电气机械和器材制造业	11 286 992	12.03
3	汽车制造业	9 204 121	9.81
4	通用设备制造业	7 015 416	7.48
5	化学原料和化学制品制造业	6 934 590	7.39
6	专用设备制造业	6 370 377	6.79
7	铁路、船舶、航空航天和其他运输设备制造业	4 893 949	5.22
8	医药制造业	4 079 308	4.35
9	有色金属冶炼和压延加工业	2 721 549	2.90
10	金属制品业	2 701 305	2.88
11	橡胶和塑料制品业	2 520 277	2.69
12	非金属矿物制品业	2 506 638	2.67
13	农副食品加工业	2 250 687	2.40
14	仪器仪表制造业	2 060 106	2.20
15	纺织业	2 046 846	2.18
16	食品制造业	1 315 864	1.40
17	石油加工、炼焦和核燃料加工业	1 037 902	1.11
18	化学纤维制造业	1 002 439	1.07
19	纺织服装、服饰业	869 242	0.93
20	酒、饮料和精制茶制造业	841 500	0.90
21	造纸及纸制品业	828 186	0.88
22	文教、工美、体育和娱乐用品制造业	817 990	0.87
23	黑色金属冶炼和压延加工业	615 502	0.66
24	皮革、毛皮、羽毛及其制品和制鞋业	488 973	0.52
25	木材加工和木、竹、藤、棕、草制品业	370 635	0.39
26	家具制造业	343 029	0.37
27	印刷和记录媒介复制业	341 469	0.36
28	其他制造业	225 811	0.24
29	烟草制品业	201 413	0.21
30	金属制品、机械和设备修理业	126 688	0.14

资料来源:根据《中国科技统计年鉴》(2015)数据计算、整理所得。

由表 7-7 可以明显发现，计算机、通信和其他电子设备制造业(18.99%)，电气机械和器材制造业(12.03%)，汽车制造业(9.81%)，通用设备制造业(7.48%)，化学原料和化学制品制造业(7.39%)，专用设备制造业(6.79%)以及铁路、船舶、航空航天和其他运输设备制造业(5.22%)这七个行业的新产品开发经费高达67.70%。而金属制品、机械和设备修理业(0.14%)，烟草制品业(0.21%)，其他制造业(0.24%)，印刷和记录媒介复制业(0.36%)，家具制造业(0.37%)，木材加工和木、竹、藤、棕、草制品业(0.39%)，皮革、毛皮、羽毛及其制品和制鞋业(0.52%)以及黑色金属冶炼和压延加工业(0.66%)这八个行业的新产品开发经费仅占 2.89%，可见，新产品开发经费在制造业各行业间也存在极大的分布不均情况。

7.1.2.2 制造业科技创新的产出结构

选取新产品开发项目数(项)、新产品销售收入(万元)和发明专利数(项)等指标分析科技创新产出结构分布，如表 7-8 所示。

表 7-8 2013—2014 年中国制造业规模以上工业企业科技创新产出情况

科技创新产出指标	单位	2013 年	2014 年	增长率(%)
新产品开发项目数	项	245 737	259 466	5.59
新产品销售收入	万元	977 903 741.9	1 078 789 756	10.32
有效发明专利数	项	280 321	371 805	32.64

资料来源：国家数据，http://data.stats.gov.cn/。

2014 年中国制造业的科技创新产出依旧保持高速增长，这与其科技创新投入相一致，其中新产品开发项目数达到 259 466 项，比 2013 年增长了 5.59%；发明专利数为 371 805 项，比 2013 年增长了 32.64%；新产品销售收入 1 078 789 756 万元，比 2013 年增长了 10.32%。

1. 各行业新产品开发项目数

制造业新产品开发项目数反映出制造业新产品的开发状况和科技实力。表 7-9 列出了 2014 年制造业各行业规模以上工业企业新产品开发项目数排名情况。

表 7-9　2014 年制造业各行业规模以上工业企业新产品开发项目数排名

排名	行业	新产品项目数(项)	占比(%)
1	电气机械和器材制造业	45 860	12.41
2	计算机、通信和其他电子设备制造业	45 358	12.27
3	通用设备制造业	36 206	9.80
4	专用设备制造业	32 814	8.88
5	汽车制造业	27 765	7.51
6	化学原料和化学制品制造业	25 539	6.91
7	医药制造业	24 414	6.61
8	仪器仪表制造业	13 540	3.66
9	金属制品业	13 507	3.65
10	铁路、船舶、航空航天和其他运输设备制造业	13 340	3.61
11	橡胶和塑料制品业	12 546	3.39
12	非金属矿物制品业	11 048	2.99
13	黑色金属冶炼和压延加工业	9 733	2.63
14	纺织业	8 844	2.39
15	农副食品加工业	7 594	2.05
16	有色金属冶炼和压延加工业	7 096	1.92
17	食品制造业	5 471	1.48
18	纺织服装、服饰业	4 497	1.22
19	文教、工美、体育和娱乐用品制造业	4 339	1.17
20	酒、饮料和精制茶制造业	3 028	0.82
21	造纸及纸制品业	2 417	0.65
22	皮革、毛皮、羽毛及其制品和制鞋业	2 151	0.58
23	化学纤维制造业	2 056	0.56
24	印刷和记录媒介复制业	2 044	0.55
25	家具制造业	2 028	0.55
26	石油加工、炼焦和核燃料加工业	1 887	0.51
27	木材加工和木、竹、藤、棕、草制品业	1 462	0.40
28	其他制造业	1 281	0.35
29	烟草制品业	923	0.25
30	金属制品、机械和设备修理业	798	0.22

资料来源:根据《中国科技统计年鉴》(2015)数据计算、整理所得。

从表 7-9 可以看出,电气机械和器材制造业(12.41%),计算机、通信和其他电子设备制造业(12.27%),通用设备制造业(9.80%),专用设备制造业(8.88%),汽车制造业(7.51%),化学原料和化学制品制造业(6.91%),医药制造业(6.61%)这七个行业项目数几乎全在 20 000 项以上,明显高于其他行业,占整体的百分比高达 64.38%。而排名后十位的行业新产品开发项目数占整体百分比均不足 1%,这十个行业新产品开发项目数总和占整体的百分比仅为 4.61%,且从排名第八的行业(仪器仪表制造业)开始,新产品开发项目数急剧减少。

2. 各行业新产品销售收入

制造业新产品产值反映制造业的新产品开发状况和科技创新转化成效,由于2014年《中国统计年鉴》中没有这一指标,因而用新产品销售收入近似代替。表7-10列出了制造业各行业规模以上工业企业新产品销售收入排名情况。

表 7-10 2014 年制造业各行业规模以上工业企业新产品销售收入排名

排名	行业	新产品销售收入(万元)	占比(%)
1	计算机、通信和其他电子设备制造业	267 651 601	18.93
2	汽车制造业	181 807 814	12.86
3	电气机械和器材制造业	161 569 917	11.43
4	化学原料和化学制品制造业	101 691 213	7.19
5	黑色金属冶炼和压延加工业	80 428 618	5.69
6	通用设备制造业	76 409 127	5.41
7	专用设备制造业	61 128 090	4.32
8	有色金属冶炼和压延加工业	59 403 446	4.20
9	铁路、船舶、航空航天和其他运输设备制造业	56 819 407	4.02
10	纺织业	43 107 327	3.05
11	医药制造业	43 018 345	3.04
12	金属制品业	32 051 316	2.27
13	橡胶和塑料制品业	28 988 358	2.05
14	石油加工、炼焦和核燃料加工业	28 647 575	2.03
15	非金属矿物制品业	26 010 895	1.84
16	农副食品加工业	24 650 632	1.74
17	仪器仪表制造业	17 680 463	1.25
18	纺织服装、服饰业	17 076 416	1.21
19	化学纤维制造业	15 845 080	1.12
20	造纸及纸制品业	15 410 582	1.09
21	烟草制品业	15 222 667	1.08
22	食品制造业	11 587 057	0.82
23	文教、工美、体育和娱乐用品制造业	10 508 795	0.74
24	酒、饮料和精制茶制造业	10 501 766	0.74
25	皮革、毛皮、羽毛及其制品和制鞋业	8 143 975	0.58
26	印刷和记录媒介复制业	5 133 461	0.36
27	家具制造业	5 093 832	0.36
28	木材加工和木、竹、藤、棕、草制品业	4 728 976	0.33
29	其他制造业	2 056 916	0.15
30	金属制品、机械和设备修理业	1 234 248	0.09

资料来源:根据《中国科技统计年鉴》(2015)数据计算、整理所得。

表7-10显示,计算机、通信和其他电子设备制造业(18.93%),汽车制造业

(12.86%)，电气机械和器材制造业(11.43%)，化学原料和化学制品制造业(7.19%)以及黑色金属冶炼和压延加工业(5.69%)这五个行业新产品销售收入名列前茅。排名前五的行业新产品产值总额占制造业整体的一半以上，达56.11%，而新产品销售收入排名后十个行业的总和仅占5.25%。

3. 各行业有效发明专利数

制造业有效发明专利数反映制造业的科技创新活动成效。表7-11列出了制造业各行业规模以上工业企业有效发明专利数排名情况。

表7-11　2014年制造业各行业规模以上工业企业有效发明专利数排名

排名	行业	有效发明专利数(项)	占比(%)
1	计算机、通信和其他电子设备制造业	126 488	28.95
2	电气机械和器材制造业	51 467	11.78
3	专用设备制造业	39 555	9.05
4	通用设备制造业	33 014	7.56
5	化学原料和化学制品制造业	29 433	6.74
6	医药制造业	24 799	5.68
7	汽车制造业	18 840	4.31
8	仪器仪表制造业	14 335	3.28
9	金属制品业	12 514	2.86
10	铁路、船舶、航空航天和其他运输设备制造业	12 236	2.80
11	非金属矿物制品业	11 574	2.65
12	黑色金属冶炼和压延加工业	9 543	2.18
13	橡胶和塑料制品业	8 744	2.00
14	有色金属冶炼和压延加工业	8 361	1.91
15	农副食品加工业	4 858	1.11
16	食品制造业	4 411	1.01
17	纺织业	4 338	0.99
18	文教、工美、体育和娱乐用品制造业	3 829	0.88
19	家具制造业	2 073	0.47
20	纺织服装、服饰业	1 984	0.45
21	石油加工、炼焦和核燃料加工业	1 900	0.43
22	造纸及纸制品业	1 877	0.43
23	酒、饮料和精制茶制造业	1 817	0.42
24	印刷和记录媒介复制业	1 610	0.37
25	烟草制品业	1 605	0.37
26	皮革、毛皮、羽毛及其制品和制鞋业	1 506	0.34
27	其他制造业	1 474	0.34
28	化学纤维制造业	1 394	0.32
29	木材加工和木、竹、藤、棕、草制品业	991	0.23
30	金属制品、机械和设备修理业	292	0.07

资料来源：根据《中国科技统计年鉴》(2015)数据计算、整理所得。

由表 7-11 可知，计算机、通信和其他电子设备制造业的有效发明专利数占整体比重高达 28.95%，远远高于其他行业。排名前五的制造业行业依次为计算机、通信和其他电子设备制造业(28.95%)，电气机械和器材制造业(11.78%)，专用设备制造业(9.05%)，通用设备制造业(7.56%)，化学原料及化学制品制造业(6.74%)，这五个行业有效发明专利数之和(64.08%)超过制造业整体有效发明专利数的一半。有 14 个行业有效发明专利数不足整体的 1%，如金属制品、机械和设备修理业仅占 0.07%，木材加工和木、竹、藤、棕、草制品业仅占 0.23%，化学纤维制造业仅占 0.32%。由此可见各个行业之间有效发明专利数分布极度不均衡，排名第一的行业有效发明专利数是排名最后一位行业的 433 倍以上。

7.1.2.3　制造业各行业科技创新指标排名分析

制造业行业各个科技创新指标排名情况如表 7-12 所示。

表 7-12　2014 年制造业各行业科技创新各指标排名情况

行业	R&D经费排名	R&D活动人员全时当量排名	新产品开发项目数排名	有效发明专利数排名	新产品销售收入排名
农副食品加工业	14	16	15	15	16
食品制造业	17	18	17	16	22
酒、饮料和精制茶制造业	19	20	20	23	24
烟草制品业	28	30	29	25	21
纺织业	15	15	14	17	10
纺织服装、服饰业	22	17	18	20	18
皮革、毛皮、羽毛及其制品和制鞋业	24	24	22	26	25
木材加工和木、竹、藤、棕、草制品业	26	27	27	29	28
家具制造业	27	26	25	19	27
造纸及纸制品业	20	21	21	22	20
印刷和记录媒介复制业	25	25	24	24	26
文教、工美、体育和娱乐用品制造业	23	19	19	18	23
石油加工、炼焦和核燃料加工业	18	23	26	21	14
化学原料和化学制品制造业	4	5	6	5	4
医药制造业	9	7	7	6	11
化学纤维制造业	21	22	23	28	19

（续表）

行业	R&D经费排名	R&D活动人员全时当量排名	新产品开发项目数排名	有效发明专利数排名	新产品销售收入排名
橡胶和塑料制品业	13	13	11	13	13
非金属矿物制品业	12	11	12	11	15
黑色金属冶炼和压延加工业	5	8	13	12	5
有色金属冶炼和压延加工业	10	14	16	14	8
金属制品业	11	10	9	9	12
通用设备制造业	6	3	3	4	6
专用设备制造业	7	6	4	3	7
汽车制造业	3	4	5	7	2
铁路、船舶、航空航天和其他运输设备制造业	8	9	10	10	9
电气机械和器材制造业	2	2	1	2	3
计算机、通信和其他电子设备制造业	1	1	2	1	1
仪器仪表制造业	16	12	8	8	17
其他制造业	29	28	28	27	29
金属制品、机械和设备修理业	30	29	30	30	30

资料来源：根据《中国科技统计年鉴》(2015)数据计算、整理所得。

根据层次聚类分析（见图7-1），可以把30个行业分为四类。其中，第一类有6个行业，包括电气机械和器材制造业，计算机、通信和其他电子设备制造业，化学原料和化学制品制造业，汽车制造业，通用设备制造业，专用设备制造业。这6个行业R&D人员全时当量排名、新产品开发项目数排名、有效发明专利数排名和新产品产值排名均较为靠前，从总体上来看，这一类行业的科技创新投入与产出处于较高水平，且均为技术密集型产业。第二类包含10个行业，即金属制造业，铁路、船舶、航空航天和其他运输设备制造业，医药制造业，黑色金属冶炼和压延加工业，纺织业，有色金属冶炼和压延加工业，橡胶和塑料制品业，非金属矿物制品业，农副食品加工业，仪器仪表制造业。这一类行业科技投入与产出水平均处于中上水平。第三类包含了皮革、毛皮、羽毛及其制品和制鞋业，印刷和记录媒介复制业，家具制造业，其他制造业，金属制品业，木材加工和木、竹、藤、棕、草制品业，烟草制品业。这一类行业技术含量不是很高，科技投入和产出水平处于制造业中下游水平。最后一类有7个行业，依次为酒、饮料和精制茶制造业，造纸及纸制品业，纺织业，文教、工美、体育和娱乐用品制造业，食品制造业，石油加工、炼焦和核燃料加工业，化学纤维制造业。第一类行业 R&D 经费支出和 R&D 活动人员全时当量排名相对靠后。

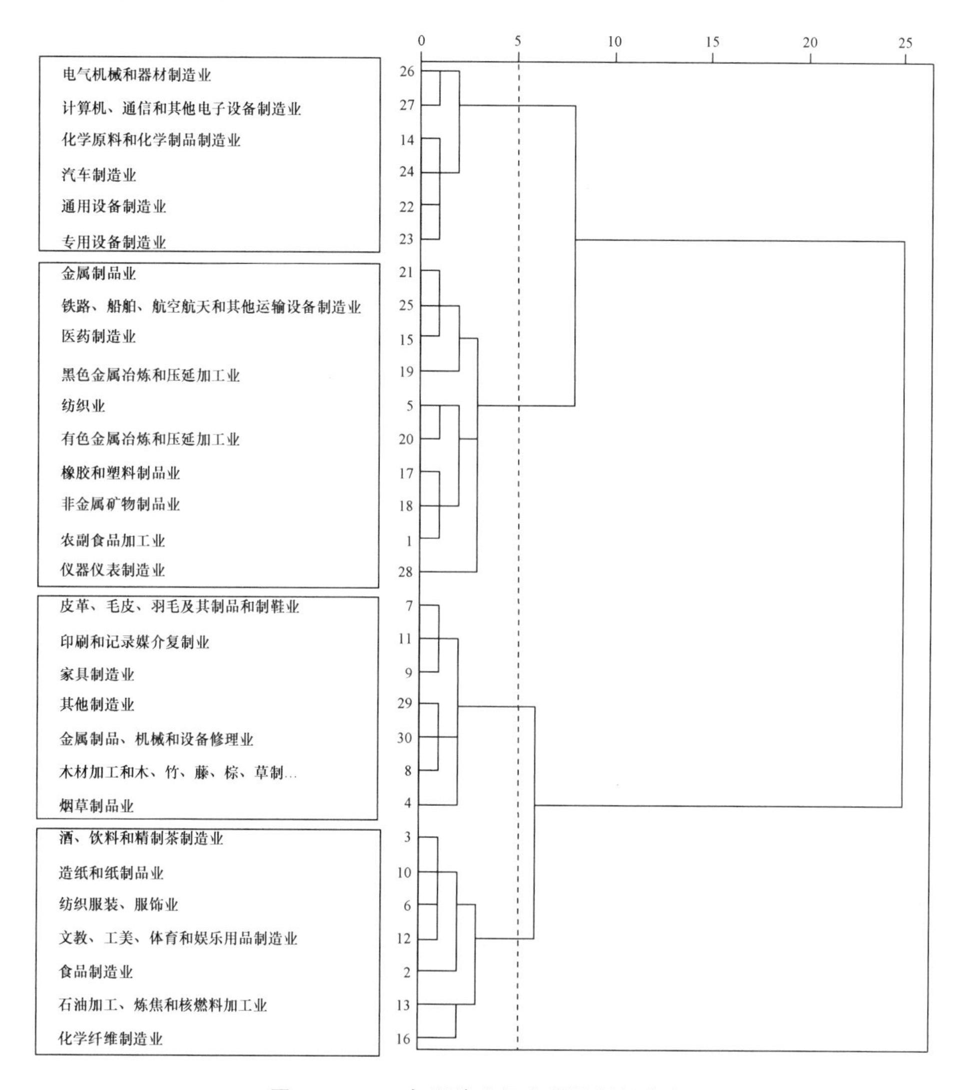

图 7-1　2014 年制造业行业科技创新分类图

以上分析表明，电气机械和器材制造业，计算机、通信和其他电子设备制造业，化学原料和化学制品制造业，汽车制造业，通用设备制造业，专用设备制造业是科技创新投入与产出较高的行业，其他行业科技创新投入产出普遍不高。

7.1.3　制造业能源消耗状况分析

目前，伴随着中国经济增速放缓，中国对于矿产资源、能源的需求也出现了下滑。本部分主要从制造业能源消耗总量、制造业电力消耗量和能源使用效率这三个方面来研究。万元营业收入能耗是反映工业能源经济效益高低的综合指标,它是以吨标准煤来衡量制造业每万元主营业务收入消耗的能源数,该数值越低越好。如表7-13所示,2014年万元营业收入能耗为0.2565吨标准煤,与2013年相比下降了2.64%。与2013年相比,中国制造业2014年电力消耗量增加了4.84%,低于2013年8.07%的增幅。

表7-13 中国制造业能源消耗情况

能耗及环境指标	2013年	2014年	增长率(%)
能源消耗总量(万吨标准煤)	239 591	250 918	4.73
电力消耗量(亿千瓦小时)	28 987.01	30 390.97	4.84
万元营业收入能耗(吨标准煤)	0.2634	0.2565	−2.64

资料来源:根据历年《中国统计年鉴》和《中国能源统计年鉴》数据计算、整理所得。

制造业能源耗费结构。根据统计数据,2014年制造业各行业中能源消耗最大的前五个行业同前7年完全一样,依次为黑色金属冶炼和压延加工业,化学原料和化学制品制造业,非金属矿物制品业,有色金属冶炼和压延加工业,石油加工、炼焦和核燃料加工业,这五个行业占制造业能源消费总量的78.75%,而消费能源最少的六个行业也和2013年一样,依次为金属制品、机械和设备修理业,废弃资源综合利用业,烟草制品业,仪器仪表制造业,家具制造业,文教、工美、体育和娱乐用品制造业,总和仅占0.62%(见表7-14)。可见制造业各行业对能源的消耗是很不平衡的。对制造业能源消耗总量进行排序,整理如表7-14所示。

由表7-14可以看出,能源消耗总量大的行业主要集中于黑色金属冶炼和压延加工业,化学原料和化学制品制造业,非金属矿物制品业,有色金属冶炼和压延加工业,石油加工、炼焦和核燃料加工业等重工业领域。其中,黑色金属冶炼和压延加工业在制造业能源消耗中所占比重的32.02%,位居能源消耗总量排名第一,这是因为黑色金属冶炼和压延加工业的主体就是钢铁行业,我国是世界上最大的钢铁生产国和消费国。重工业能耗占比偏大也说明了我国产业结构不合理、技术含量偏低等问题。化学原料和化学制品制造业在制造业能源消耗中所占比重为18.60%,位居能源消耗总量排名第二,行业能耗相当高,节能减排形势严峻。非金属矿物制品业在制造业能源消耗中所占的比重为14.79%,位居能源消耗总量排名第三,因此,在制造非金属矿物的同时,也需要追求更高技术含量、更低环境负荷以适应社会的发展需要。

表 7-14　制造业各行业能源消耗总量排名

名次	行业	能源消费总量(万吨标准煤)	占比(%)
1	黑色金属冶炼和压延加工业	80 336.07	32.02
2	化学原料和化学制品制造业	46 660.19	18.60
3	非金属矿物制品业	37 105.42	14.79
4	有色金属冶炼和压延加工业	17 222.19	6.86
5	石油加工、炼焦和核燃料加工业	16 281.00	6.49
6	纺织业	6 884.65	2.74
7	金属制品业	4 811.45	1.92
8	橡胶和塑料制品业	4 432.85	1.77
9	农副食品加工业	4 178.16	1.67
10	造纸和纸制品业	4 019.95	1.60
11	通用设备制造业	3 634.21	1.45
12	汽车制造业	3 169.27	1.26
13	计算机、通信和其他电子设备制造业	2 967.64	1.18
14	电气机械和器材制造业	2 561.34	1.02
15	医药制造业	2 154.68	0.86
16	专用设备制造业	1 986.52	0.79
17	化学纤维制造业	1 793.91	0.71
18	食品制造业	1 763.13	0.70
19	酒、饮料和精制茶制造业	1 518.27	0.61
20	木材加工和木、竹、藤、棕、草制品业	1 510.24	0.60
21	其他制造业	1 448.71	0.58
22	纺织服装、服饰业	934.28	0.37
23	铁路、船舶、航空航天和其他运输设备制造业	896.22	0.36
24	皮革、毛皮、羽毛及其制品和制鞋业	618.68	0.25
25	印刷和记录媒介复制业	466.17	0.19
26	文教、工美、体育和娱乐用品制造业	398.91	0.16
27	家具制造业	357.71	0.14
28	仪器仪表制造业	318.04	0.13
29	烟草制品业	237.86	0.09
30	废弃资源综合利用业	195.41	0.08
31	金属制品、机械和设备修理业	54.51	0.02

资料来源:根据《中国能源统计年鉴》(2015)数据计算、整理所得。

制造业电力消费结构。经济的发展离不开能源的支持。电力作为一种最基本的能源形式,被广泛运用于国民经济各个领域。用电量是经济运行的“晴雨表”,用电量与经济增长同步是正常的。分析制造业与电力消费的关系,对寻求制造业结构调整优化方向和节能降耗对策措施,促进我国经济又好又快发展都具有重要意义。从表 7-15 可以看出,黑色金属冶炼和压延加工业,化学原料和化学制品制造业,有色金属冶炼和压延加工业,非金属矿物制品业这四个行业的用电量消费约占整个制造业用电量的 60%,可见,用电量的波动同钢铁、水泥、石化等高耗能产业的生产形势有很大关系。

表 7-15 制造业各行业电力消费量排名

名次	行业	电力消耗量(亿千瓦小时)	占比(%)
1	黑色金属冶炼和压延加工业	7 122.79	19.07
2	化学原料和化学制品制造业	5 687.54	15.23
3	有色金属冶炼和压延加工业	5 406.83	14.48
4	非金属矿物制品业	4 085.71	10.94
5	纺织业	1 894.11	5.07
6	金属制品业	1 600.90	4.29
7	橡胶和塑料制品业	1 438.68	3.85
8	计算机、通信和其他电子设备制造业	1 070.10	2.87
9	通用设备制造业	973.24	2.61
10	汽车制造业	898.79	2.41
11	石油加工、炼焦和核燃料加工业	883.43	2.37
12	电气机械和器材制造业	841.38	2.25
13	造纸和纸制品业	777.05	2.08
14	农副食品加工业	752.05	2.01
15	专用设备制造业	544.24	1.46
16	其他制造业	541.61	1.45
17	化学纤维制造业	432.14	1.16
18	医药制造业	371.56	0.99
19	木材加工和木、竹、藤、棕、草制品业	324.95	0.87
20	食品制造业	283.24	0.76
21	纺织服装、服饰业	261.81	0.70
22	铁路、船舶、航空航天和其他运输设备制造业	221.88	0.59
23	酒、饮料和精制茶制造业	196.51	0.53
24	皮革、毛皮、羽毛及其制品和制鞋业	186.11	0.50
25	印刷和记录媒介复制业	136.84	0.37
26	家具制造业	109.26	0.29
27	仪器仪表制造业	104.11	0.28
28	文教、工美、体育和娱乐用品制造业	89.58	0.24
29	烟草制品业	64.45	0.17
30	废弃资源综合利用业	36.58	0.10
31	金属制品、机械和设备修理业	13.04	0.03

资料来源：根据《中国能源统计年鉴》(2015)数据计算、整理所得。

能源利用效率分析。能源强度是衡量能源利用效率常用的指标之一，是每生产一个单位的 GDP(或产品)所消耗的能源。由于《中国统计年鉴 2015》未报告各行业工业总产值数据，故本报告中：能源强度＝能源消耗总量(万吨标准煤)/主营业务收入(亿元)。一般而言，能源强度越高，能源利用效率越低。表 7-16 反映了 2014 年制造业各行业能源利用效率情况。

表 7-16 制造业各行业能源利用效率排名

行业	能源强度	能源效率排名
黑色金属冶炼和压延加工业	1.08	1
非金属矿物制品业	0.65	2
其他制造业	0.56	3
化学原料和化学制品制造业	0.56	4
石油加工、炼焦和核燃料加工业	0.40	5
有色金属冶炼和压延加工业	0.34	6
造纸和纸制品业	0.30	7
化学纤维制造业	0.25	8
纺织业	0.18	9
橡胶和塑料制品业	0.15	10
金属制品业	0.13	11
木材加工和木、竹、藤、棕、草制品业	0.11	12
酒、饮料和精制茶制造业	0.09	13
医药制造业	0.09	14
食品制造业	0.09	15
通用设备制造业	0.08	16
印刷和记录媒介复制业	0.07	17
农副食品加工业	0.07	18
金属制品、机械和设备修理业	0.06	19
专用设备制造业	0.06	20
废弃资源综合利用业	0.05	21
铁路、船舶、航空航天和其他运输设备制造业	0.05	22
家具制造业	0.05	23
汽车制造业	0.05	24
皮革、毛皮、羽毛及其制品和制鞋业	0.04	25
纺织服装、服饰业	0.04	26
电气机械和器材制造业	0.04	27
仪器仪表制造业	0.04	28
计算机、通信和其他电子设备制造业	0.03	29
文教、工美、体育和娱乐用品制造业	0.03	30
烟草制品业	0.03	31

资料来源：根据《中国能源统计年鉴》(2015)数据计算、整理所得。

从表 7-16 可以看出，黑色金属冶炼和压延加工业，非金属矿物制品业，其他制造业，化学原料和化学制品制造业，石油加工、炼焦和核燃料加工业，有色金属冶炼和压延加工业等行业的能源利用效率较低，而烟草制品业，文教、工美、体育和娱乐用品制造业，计算机、通信和其他电子设备制造业等行业的能源利用效率较高。

7.1.4 制造业环境污染状况分析

“三废”排放量是衡量环境污染状况的重要指标。本部分主要选取工业“三废”排放量对我国制造业环境污染状况进行分析研究。表 7-17 列出了 2012—2014 年我国制造业“三废”排放情况。从表中可以看出，2014 年废水的排放量与 2013 年相比有较大降幅，从 4 006 736 万吨下降至 2 053 430 万吨，降幅达到 48.75%。

废气排放量与2013年相比小幅上涨7.78%，从435 475亿立方米降至469 366亿立方米，一般固体废物产生量105 152.2万吨，与2013年相比上涨12.59%。

表7-17　制造业“三废”排放量

环境指标	2012	2013	2014
废水排放总量(万吨)	1 703 015	4 006 736	2 053 430
废气排放量(亿立方米)	421 000	435 475	469 366
一般固体废物产生量(万吨)	99 219.6	93 394.1	105 152.2

资料来源：根据《中国环境统计年鉴》(2015)数据计算、整理所得。

制造业“三废”排放结构。为了分析制造业“三废”的行业结构分布，绘制了2014年制造业“三废”排放的行业分布表(见表7-18至表7-20)。

表7-18　制造业废水排放总量的行业分布

排名	行业	制造业废水排放量(万吨)	占比(%)
1	造纸和纸制品业	275 501	17.82
2	化学原料和化学制品制造业	263 665	17.06
3	纺织业	196 144	12.69
4	农副食品加工业	139 166	9.00
5	黑色金属冶炼和压延加工业	85 751	5.55
6	石油加工、炼焦和核燃料加工业	84 019	5.44
7	酒、饮料和精制茶制造业	68 899	4.46
8	食品制造业	57 109	3.69
9	医药制造业	55 700	3.60
10	计算机、通信和其他电子设备制造业	52 013	3.36
11	化学纤维制造业	39 846	2.58
12	金属制品业	33 385	2.16
13	有色金属冶炼和压延加工业	30 986	2.00
14	非金属矿物制品业	28 333	1.83
15	皮革、毛皮、羽毛及其制品和制鞋业	22 628	1.46
16	汽车制造业	17 853	1.15
17	纺织服装、服饰业	17 777	1.15
18	橡胶和塑料制品业	12 324	0.80
19	铁路、船舶、航空航天和其他运输设备制造业	11 493	0.74
20	通用设备制造业	10 336	0.67
21	电气机械和器材制造业	10 020	0.65
22	专用设备制造业	7 949	0.51
23	其他制造业	7 092	0.46
24	木材加工和木、竹、藤、棕、草制品业	5 343	0.35
25	仪器仪表制造业	2 434	0.16
26	烟草制品业	2 177	0.14
27	废弃资源综合利用业	2 077	0.13
28	文教、工美、体育和娱乐用品制造业	1 991	0.13
29	印刷和记录媒介复制业	1 578	0.10
30	金属制品、机械和设备修理业	1 357	0.09
31	家具制造业	888	0.06

资料来源：根据《中国环境统计年鉴》(2015)数据计算、整理所得。

从2014年制造业各行业废水排放及处理情况的统计数据来看(见表7-18),造纸和纸制品业(17.82%)、化学原料和化学制品制造业(17.06%)、纺织业(12.69%)、农副食品加工业(9.00%)、黑色金属冶炼和压延加工业(5.55%)是排放废水最多的五个行业,它们排放的废水总量占制造业废水排放总量的62.12%;而排放废水最少的五个行业是家具制造业(0.06%),金属制品、机械和设备修理业(0.08%),印刷和记录媒介复制业(0.10%),文教、工美、体育和娱乐用品制造业(0.13%),废弃资源综合利用业(0.13%),这五个行业仅占制造业排放总量的0.51%。

表7-19 制造业废气排放总量的行业分布

排名	行业	废气排放量(亿立方米)	占比(%)
1	黑色金属冶炼和压延加工业	181 694	38.71
2	非金属矿物制品业	128 460	27.37
3	化学原料和化学制品制造业	41 783	8.90
4	有色金属冶炼和压延加工业	36 166	7.71
5	石油加工、炼焦和核燃料加工业	21 291	4.54
6	计算机、通信和其他电子设备制造业	6 958	1.48
7	造纸和纸制品业	6 700	1.43
8	农副食品加工业	5 742	1.22
9	金属制品业	5 677	1.21
10	汽车制造业	4 979	1.06
11	橡胶和塑料制品业	3 943	0.84
12	木材加工和木、竹、藤、棕、草制品业	3 198	0.68
13	医药制造业	3 139	0.67
14	纺织业	2 864	0.61
15	食品制造业	2 371	0.51
16	电气机械和器材制造业	2 246	0.48
17	化学纤维制造业	2 222	0.47
18	酒、饮料和精制茶制造业	2 145	0.46
19	铁路、船舶、航空航天和其他运输设备制造业	1 539	0.33
20	通用设备制造业	1 513	0.32
21	专用设备制造业	1 063	0.23
22	其他制造业	810	0.17
23	烟草制品业	562	0.12
24	废弃资源综合利用业	456	0.10
25	家具制造业	406	0.09
26	皮革、毛皮、羽毛及其制品和制鞋业	365	0.08
27	纺织服装、服饰业	269	0.06
28	印刷和记录媒介复制业	245	0.05
29	金属制品、机械和设备修理业	196	0.04
30	文教、工美、体育和娱乐用品制造业	191	0.04
31	仪器仪表制造业	173	0.04

资料来源:根据《中国环境统计年鉴》(2015)数据计算、整理所得。

从表7-19可知,2013年制造业废气排放集中在黑色金属冶炼和压延加工业

(38.71%)，非金属矿物制品业(27.37%)，化学原料和化学制品制造业(8.90%)；有色金属冶炼和压延加工业(7.71%)，石油加工、炼焦和核燃料加工业(4.54%)等五个行业，占制造业排放总量的87.22%。而废气排放最少的五个行业是仪器仪表制造业(0.04%)，文教、工美、体育和娱乐用品制造业(0.04%)，金属制品、机械和设备修理业(0.04%)，印刷和记录媒介复制业(0.05%)，纺织服装、服饰业(0.06%)，这五个行业仅占制造业排放总量的0.23%。

从表7-20可以看出，2013年制造业固体废弃物排放状况很集中，排放量最大

表7-20　一般固体废物产生的行业分布

排名	行业	废气排放量(亿立方米)	占比(%)
1	黑色金属冶炼和压延加工业	43601.4	41.47
2	化学原料和化学制品制造业	28996.8	27.58
3	有色金属冶炼和压延加工业	11923.7	11.34
4	非金属矿物制品业	6914.5	6.58
5	石油加工、炼焦和核燃料加工业	3745.3	3.56
6	造纸和纸制品业	2170.3	2.06
7	农副食品加工业	2148.5	2.04
8	酒、饮料和精制茶制造业	901.2	0.86
9	纺织业	666.2	0.63
10	金属制品业	625.0	0.59
11	食品制造业	481.1	0.46
12	化学纤维制造业	379.9	0.36
13	汽车制造业	333.9	0.32
14	医药制造业	324.1	0.31
15	木材加工和木、竹、藤、棕、草制品业	255.1	0.24
16	废弃资源综合利用业	234.6	0.22
17	铁路、船舶、航空航天和其他运输设备制造业	227.7	0.22
18	烟草制品业	201.1	0.19
19	橡胶和塑料制品业	195.9	0.19
20	通用设备制造业	183.0	0.17
21	专用设备制造业	177.2	0.17
22	计算机、通信和其他电子设备制造业	145.3	0.14
23	电气机械和器材制造业	99.7	0.09
24	其他制造业	59.8	0.06
25	皮革、毛皮、羽毛及其制品和制鞋业	58.5	0.06
26	纺织服装、服饰业	33.2	0.03
27	印刷和记录媒介复制业	26.9	0.03
28	金属制品、机械和设备修理业	17.2	0.02
29	家具制造业	12.4	0.01
30	仪器仪表制造业	6.9	0.01
31	文教、工美、体育和娱乐用品制造业	5.8	0.01

资料来源：根据《中国环境统计年鉴》(2015)数据计算、整理所得。

的五个行业依次为黑色金属冶炼和压延加工业(41.47%),化学原料和制品制造业(27.58%),有色金属冶炼和压延加工业(11.34%),非金属矿物制品业(6.58%),石油加工、炼焦和核燃料加工业(3.56%),这五个行业的一般工业固体废物产生总量占总排放量的90.52%,而排放量最小的文教、工美、体育和娱乐用品制造业(0.01%),仪器仪表制造业(0.01%),家具制造业(0.01%),金属制品、机械和设备修理业(0.02%),印刷和记录媒介复制业(0.03%)等五个行业仅占排放总量的0.07%。

7.2　制造业产业新型化综合评价研究

行业的发展直接关系到制造业的健康发展,行业的制造业新型化程度关系到制造业整体的新型化,行业新型化程度的判断也直接关系到未来行业结构调整的方向。本章采用多指标综合评价方法,对制造业两位数行业的新型化程度进行评价并据此揭示近年来制造业产业新型化的历史轨迹、发展趋势以及动态特征,为制造业产业新型化发展指明方向。

7.2.1　文献综述

自"新型制造业"概念提出以来,关于制造业"新型化"研究的文献大量出现。综合来看,主要集中于制造业新型化内涵和制造业新型化评价等方面的研究。

7.2.1.1　制造业新型化内涵的研究

李廉水和杜占元(2005)在分析中国制造业发展瓶颈的基础上,首次阐明了"新型制造业"的概念和内涵。所谓"新型制造业",就是依靠科技创新、降低能源消耗、减少环境污染、增加就业、提高经济效益、提升竞争能力,能够实现可持续发展的制造业;新型制造业的内涵体现在以人为本、科技创新、环境友好、面向未来四个方面。"新型制造业"概念的提出,为研究制造业提供了新的基点、新的研究视角,拓展了研究空间。

曹克(2005)针对构建和谐社会的取向要求,就大力推进新型制造业的必要性以及新型制造业与和谐社会之构建的关系问题进行了简要阐述。刘翀(2006)从循环经济理念出发,在阐述循环经济的内涵和原则的基础上,探讨了基于循环经济理念发展我国新型制造业的必要性,并且提出了基于循环经济理念发展我国新型制造业的思路。袁建辉(2010)借助对新型制造业内涵与框架的陈述分析指出,发展新型制造业是对"李约瑟问题"的最好回答,也是文化演进传承的具体体现。

从以上文献可以看出,"新型制造业"理论的提出符合时代发展和社会趋势,是指导中国制造业实现可持续发展的重要理论,是中国制造业崛起于世界的重要指导理论。

7.2.1.2 制造业新型化评价的研究

对制造业"新型化"进行评价遵循的研究思路是通过建立评价指标体系，采用某种综合评价方法，对制造业新型化发展进行行业比较、区域比较或国际比较。

面向全国制造业新型化评价研究。李廉水和周勇(2005)界定了新型制造业的概念，在大量的统计数据基础上，建立了制造业"新型化"程度的评价指标体系，应用主成分分析方法对我国30个地区制造业经济创造能力、科技竞争能力、资源环境保护能力和制造业"新型化"程度进行了比较分析和聚类分析，归纳了各类地区的制造业发展特征。郑伟和李廉水(2008)基于新型制造业概念构建制造业强省三维评价指标体系，应用主成分分析方法对我国区域制造业经济创造、科技创新和资源环境保护能力进行评价及综合排名。徐建中和谢晶(2013)利用动态因子分析方法，构建了制造业先进性的评价指标体系，从经济、科技、能源、环境、社会五个方面，对我国制造业先进性属性进行了初探，发现我国制造业先进性体现的程度在总体上呈现上升趋势，但是存在明显的阶段性特征。

重点区域制造业新型化评价研究。李廉水和袁克珠(2007)基于新型制造业的要求，借助涉及经济创造能力、科技创新能力以及资源环境保护能力三方面的23个指标运用因子分析法得出全国制造业强省排名，并比较分析长三角苏、浙、沪三地的制造业强省地位，在此基础上探讨长三角制造业区域一体化发展问题。李萍(2008)应用主成分分析方法对我国四大都市圈10个地区制造业经济创造能力、科技竞争能力、资源环境保护能力和制造业"新型化"程度进行了比较分析和聚类分析。郑伟(2008)在新型制造业的概念下重新审视江苏制造业发展。王怀明和李廉水(2009)构建了湖北省新型制造业的四维综合评价指标体系，从经济创造、科技创新、能源利用和环境保护四维角度分别评价了2000—2006年湖北制造业新型化状况，揭示了近年来湖北制造业新型化的历史轨迹、发展趋势以及基本特征。王怀明(2010)对湖北省制造业"新型化"发展进行了评价研究。陈涛和郑伟(2010)对江苏省13个地级市新型制造业发展程度进行了单维评价及三维综合评价，对江苏13地市的新型制造业程度有了准确把握并得到相关启示。

城市制造业新型化研究。侯峻等(2007)从城市"新型制造业"的概念内涵出发，探讨了城市"新型制造业"竞争力评价指标体系的定位及设立的原则要求。郑伟和张昕(2009)基于新型制造业的概念，应用主成分分析方法分别对我国31城市制造业的经济创造能力、科技创新能力、资源环境保护能力进行了评价以及强市综合排名，并对我国主要城市制造业发展特征和模式进行了归纳。

综上所述，学者们对中国及部分重点区域制造业新型化的发展程度进行综合评价与分析，采用的方法以主成分分析法为主；对行业新型化的研究较少。大部分文献在对制造业新型化发展程度进行评价时，仅对区域间进行横向评价或对某一区域按时间发展进行评价，所使用的数据都是一维数据。本文以制造业两位数行业为研究对象，对其进行时间和行业两个维度上的新型化综合评价，因而对制造业新型化发展特征的把握更为精确。

7.2.2 制造业产业新型化指标体系

7.2.2.1 指标体系

基于制造业“新型化”内涵，本文建立包括经济创造能力、科技创新能力、环境保护能力和能源集约能力等四大指标的制造业行业新型化评价指标体系。经济指标反映制造业经济创造的效率和效益；科技指标反映制造业科技产出的数量和质量，是制造业可持续发展的重要保障；环境指标反映制造业对环境的影响和损害程度，是制造业能否实现绿色发展的重要体现；能源指标反映了制造业发展对能源消耗的依赖程度，实现经济增长与能源消费的脱钩，是判断制造业新型化的一个重要依据。

与制造业综合评价部分不同，本部分不但要考虑单一行业新型化的时序发展特征，还要对行业进行横向比较，但制造业各行业间规模大小不同是客观存在的事实，为避免行业规模对评价结果的影响，依据系统性、科学性、目的性与可操作性等原则，四个主指标下建立了18个子指标，各子指标除经济指标外均为相对指标，这些指标构成制造业“新型化”行业评价指标体系，具体如表7-21所示。

表7-21 制造业“新型化”行业评价指标体系

主指标	序号	子指标	指标解释	
经济指标	A1 A2	规模	主营业务收入(亿元) 就业人数(万人)	分行业主营业务收入 全部从业人员年平均数
	A3 A4	利润	利润总额(亿元) 企业利润率(%)	行业利润总额 利润总额/主营业务收入
	A5 A6	效率	劳动生产率(万元/人) 工业成本费用利润率(%)	主营业务收入/就业人数 行业成本费用利润率
科技指标	B1 B2	R&D	R&D投入强度(%) R&D人员占就业人员比重(%)	R&D经费内部支出/主营业务收入 R&D人员全时当量/就业人数
	B3 B4	新产品	新产品开发经费比重(%) 新产品比重(%)	新产品开发经费/主营业务收入 新产品主营业务收入/主营业务收入
	B5 B6	专利	万人发明专利拥有数(项/万人) 万人专利申请数(项/万人)	发明专利拥有数/就业人数 发明专利申请数/就业人数

（续表）

主指标	序号	子指标	指标解释	
环境指标	C1	废水	单位产值污染排放量（废水）（吨/万元）	废水排放量/主营业务收入
	C2	废气	单位产值污染排放量（废气）（标立方米/元）	废气排放量/主营业务收入
	C3	固废	单位产值污染产生量（固体废弃物）（吨/万元）	固体废弃物产生量/主营业务收入
能源指标	D1	能源强度	单位产值能源消耗量（吨标准煤/万元）	能源消耗总量/主营业务收入
	D2		单位产值电力消耗量（吨标准煤/万元）	电力消耗总量/主营业务收入
	D3	清洁程度	能源结构（%）	煤炭消耗量/能源消耗总量

7.2.2.2 数据来源与处理

本部分所考察行业，因缺少数据，“其他制造业”“废弃资源综合利用业”“金属制品、机械和设备修理业”没有考察，2001—2011 年中的“橡胶制品业”和“塑料制品业”两个行业合并为“橡胶和塑料制品业”，2012—2014 年的“汽车制造业”“铁路、船舶、航空航天和其他运输设备制造业”两个行业合并为“交通运输设备制造业”，共有 27 个行业。

经济数据来自《中国统计年鉴》《中国经济普查年鉴 2004》和《中国工业统计年鉴》；科技数据来自《中国科技统计年鉴》；环境数据来自《中国环境统计年鉴》；能源数据 2001—2013 年来源于《中国能源统计年鉴 2014》，2014 年的来自《中国能源统计年鉴 2015》，为其中的工业分行业终端能源消费。经济绝对数据均调整为 2000 年不变价格。

7.2.3 综合评价方法

“纵横向”拉开档次方法由郭亚军（2002）提出。这一类的评价问题既要综合比较 n 个方案 $s_i(i=1,2,\cdots,n)$ 在某一年份 $t_k(k=1,2,\cdots,T)$ 的发展状况，又要综合比较某个方案在不同年份 t_k 的发展状况，这类含有时序特征的多指标综合评价问题称为动态综合评价。

对 n 个被评价对象 $(s_1,s_2,\cdots,s_n)$，m 个评价指标 $(x_1,x_2,\cdots,x_m)$，且按时间顺序 $(t_1,t_2,\cdots,t_T)$ 获得的原始资料 $\{x_{ij}(t_k)\}$ 构成一个时序立体数据表（即面板数据表）。由时序立体数据表支持的综合评价问题，即为动态综合评价问题。表示为：

$$y_i(t_k) = F(\lambda_1(t_k),\lambda_2(t_k),\cdots,\lambda_m(t_k);x_{i1}(t_k),x_{i2}(t_k),\cdots,x_{im}(t_k)),$$
$$k = 1,2,\cdots,T;\ i = 1,2,\cdots,n \tag{7.1}$$

$y_i(t_k)$ 为 s_i 在时刻 t_k 处的综合评价值。

与大部分多指标综合评价方法只能针对单维数据进行评价不同,“纵横向”拉开档次综合评价方法可以对时序立体数据表——按时间顺序排列的平面数据表序列,即具有时间和截面两个维度的面板数据表,进行评价。

利用“纵横向”拉开档次法进行综合评价的步骤为(王常凯,2016):

(1) 对数据进行同向化、无量纲化和标准化:无量纲化是针对同一指标的所有时间,标准化是针对某个指标的一个时间;

(2) 确定权重向量:计算矩阵 $\boldsymbol{H}_k = \boldsymbol{X}_k^T \boldsymbol{X}_k (k = 1,2,\cdots,T)$,$\boldsymbol{H} = \sum_{k=1}^{T} \boldsymbol{H}_k$,矩阵 $\boldsymbol{H}$ 的最大特征值对应的特征向量即为权重向量 ω;

(3) 计算综合评价值。

(4) 对评价对象进行排序、分析。

7.2.4 综合评价结果

本文以中国制造业 27 个两位数行业为研究对象,以这些数据构成的面板数据为样本。建立了一个包含 18 个指标的制造业新型化评价指标体系,其中经济指标和科技指标皆为极大型指标,环境指标和能源指标皆为极小型指标,首先对指标进行一致化、规范化处理,方法如下(柳卸林和高太山,2013):

效益型:

$$x_{ij}^{*}(t_k) = \frac{x_{ij}(t_k) - x_j^{\min}}{x_j^{\max} - x_j^{\min}} \times 100, \quad i = 1,2,\cdots,n;\ j = 1,2,\cdots,m$$

成本型:

$$x_{ij}^{*}(t_k) = \frac{x_j^{\max} - x_{ij}(t_k)}{x_j^{\max} - x_j^{\min}} \times 100, \quad i = 1,2,\cdots,n;\ j = 1,2,\cdots,m$$

利用 Matlab 7 进行计算得到各指标的权重,从而得到 2001—2014 年 27 个行业的经济创造能力指数、科技创新能力指数、环境保护能力指数、能源节约能力指数和新型化综合指数,依据指数大小对各行业进行分析。

7.2.4.1 经济创造能力

横向比较,从 2001—2014 年经济创造综合指数平均值看,交通运输设备制造业遥遥领先,经济创造综合指数达到 7.6785,表明其经济创造能力最强;计算机、通信和其他电子设备制造业排名第 2,综合指数为 6.7479;化学原料和化学制品制造业排名第 3,综合指数为 6.6397;排名第 4、第 5 的是黑色金属冶炼和压延加工业及电气机械和器材制造业,指数分别为 5.7906 和 5.7567。排在第 6—10 位的行业是非金属矿物制品业、通用设备制造业、农副食品加工业、纺织业、烟草制品业。排名较为靠后的是印刷和记录媒介复制业(1.8187),木材加工和木、竹、藤、棕、草制品业(1.7656),家具制造业(1.3640),文教、工美、体育和娱乐用品制造业

(1.3592),化学纤维制造业(1.1588);较低的还有纺织服装、服饰业,石油加工、炼焦和核燃料加工业,造纸和纸制品业,皮革、毛皮、羽毛及其制品和制鞋业,仪器仪表制造业等行业。由此可见中国制造业的发展是以重化工业为主。

纵向看,27 个行业经济创造指数都在上升,上升最快的行业是石油加工、炼焦和核燃料加工业,年均增长率为 12.90%,增长率超过 12%的行业还有农副食品加工业、化学原料和化学制品制造业两个行业;有色金属冶炼和压延加工业年均增长 11.76%;非金属矿物制品业、通用设备制造业、交通运输设备制造业、黑色金属冶炼和压延加工业、专用设备制造业等五个行业在 10%以上。可见部分重化工业和装备制造业经济发展较快。增长最慢的是印刷和记录媒介复制业,仅有 1.68%;医药制造业,家具制造业,文教、工美、体育和娱乐用品和烟草制品业等行业的增长率在 3%—5%,也是增长较慢的行业。

7.2.4.2 科技创新能力综合评价

横向比较,从 27 个行业 2001—2014 年科技创新综合指数平均值看,计算机、通信和其他电子设备制造业为 28.2447,远高于其他行业;专用设备制造业和交通运输设备制造业排在第 2、3 位,分别为 25.5190、25.3056;电气机械和器材制造业和医药制造业分列第 4、5 位,科技创新综合指数在 24 以上;通用设备制造业和仪器仪表制造业的指数也超过了 20。科技创新能力较低的行业除石油加工、炼焦和核燃料加工业(为 4.3429,名列倒数第 3)外,其他行业都是轻工业,其中皮革、毛皮、羽毛及其制品和制鞋业为最低,仅为 3.1551;农副食品加工业为 3.4389,排在倒数第 2 位;石油加工、炼焦和核燃料、加工业,家具制造业和纺织服装、服饰业排在倒数第 3—5 位,分别为 4.3429、4.6153、4.6762。较低的行业还有木材加工和木、竹、藤、棕、草制品业,文教、工美、体育和娱乐用品制造业,食品制造业,纺织业,印刷和记录媒介复制业等。

纵向看,2001—2014 年,皮革、毛皮、羽毛及其制品和制鞋业与木材加工和木、竹、藤、棕、草制品业两个行业的科技创新能力出现了下降,其他 25 个行业都在上升,烟草制品业年均增长率为 10.61%,远高于其他行业;黑色金属冶炼和压延加工业年均增长率为 4.50%,排在第 2 位;化学原料和化学制品制造业,酒、饮料和精制茶制造业,医药制造业,食品制造业,化学纤维制造业,专用设备制造业等行业的增长率均高于 3%,分列第 3—8 位。增长较慢的是家具制造业,造纸和纸制品业,文教、工美、体育和娱乐用品制造业,石油加工、炼焦和核燃料加工业,电气机械和器材制造业,计算机、通信和其他电子设备制造业等六个行业,年均增长率均在 1%以下。

7.2.4.3 环境保护能力综合评价

横向比较,从 27 个行业 2001—2014 年的平均值看,电气机械和器材制造业,印刷和记录媒介复制业，计算机、通信和其他电子设备制造业，纺织服装、服饰业，通用设备制造业，仪器仪表制造业，交通运输设备制造业，专用设备制造业，烟草制品业，皮革、毛皮、羽毛及其制品和制鞋业，橡胶和塑料制品业，金属制品业，文教、工美、体育和娱乐用品制造业，家具制造业，木材加工和木、竹、藤、棕、草制品业等 15 个行业居于前 15 位，但环境保护能力相差不大，都为 10—10.3。黑色金属冶炼和压延加工业、造纸和纸制品业、有色金属冶炼和压延加工业 3 个行业的环境保护能力较差，分别为 7.2354、7.7748、7.8778；有色金属冶炼和压延加工业、化学原料和化学制品制造业的环境保护综合指数分别为 8.3612、8.7470，排在倒数第 4、5 位。

纵向看，2001—2014 年，仪器仪表制造业，金属制品业，文教、工美、体育和娱乐用品制造业 3 个行业的环境保护能力出现了下降，但下降幅度较小，都低于 0.1%。其他 24 个行业都有增长，有色金属冶炼和压延加工业与黑色金属冶炼和压延加工业年均增长率分别为 3.68%、3.44%，增长最快；造纸和纸制品业、非金属矿物制品业年均增长 2.85%、2.25%，化学纤维制造业及化学原料和化学制品制造业的增长率在 1.5%左右。由此可见，部分重化工业环境保护能力虽低，但增长较快，其环境保护能力正加速改善。交通运输设备制造业，皮革、毛皮、羽毛及其制品和制鞋业，印刷和记录媒介复制业，石油加工、炼焦和核燃料加工业，电气机械和器材制造业，家具制造业，烟草制品业，计算机、通信和其他电子设备制造业，橡胶和塑料制品业，纺织服装、服饰业等 10 个行业增长较慢，都在 0.1%以下。

7.2.4.4 能源节约能力综合评价

横向比较，从 27 个行业 2001—2014 年能源节约能力的平均值看，计算机、通信和其他电子设备制造业和仪器仪表制造业分别为 11.7837 和 11.1134，位居前 2 位；文教、工美、体育和娱乐用品制造业，电气机械和器材制造业，交通运输设备制造业，通用设备制造业，印刷和记录媒介复制业，石油加工、炼焦和核燃料加工业，金属制品业，专用设备制造业，家具制造业等 9 个行业的值为 10—10.8，彼此之间差距不大。非金属矿物制品业能源节约能力最差，仅为 4.4857；然后是造纸和纸制品业，化学原料和化学制品制造业，酒、饮料和精制茶制造业 3 个行业，指数分别为 7.3767、7.4803、7.9335；较差的还有有色金属冶炼和压延加工业、黑色金属冶炼和压延加工业等行业。

纵向看，从 2001—2014 年 27 个行业的变化看，皮革、毛皮、羽毛及其制品和制鞋业与纺织服装、服饰业两个行业能源节约能力出现了下降，其他行业都在上升。非金属矿物制品业、黑色金属冶炼和压延加工业与有色金属冶炼和压延加工业 3 个行业增长最快，年均增长率分别为 4.83%、3.49%、2.76%；化学原料和化学制品制造业、造纸和纸制品业、化学纤维制造业 3 个行业年均增长也超过了 1%。其他行业增长率低于1%,其中酒、饮料和精制茶制造业,仪器仪表制造业,金属制品业,烟草制品业,电气机械和器材制造业,医药制造业,计算机、通信和其他电子设备制造业,文教、工美、体育和娱乐用品制造业等8个行业低于0.4%,增长较慢。

7.2.4.5 新型化综合评价

横向比较,从27个两位数行业2001—2014年新型化综合指数平均值看,最高的是计算机、通信和其他电子设备制造业,综合指数为57.0558;排在第2位的是交通运输设备制造业,新型化指数为53.8353;排第3位的是电气机械和器材制造业,指数为51.4368;第4位和第5位的是专用设备制造业和通用设备制造业,指数分别为49.4786、47.7663;第6—10位的是医药制造业、仪器仪表制造业、化学原料和化学制品制造业、橡胶和塑料制品业、化学纤维制造业,指数分别为46.6452、43.8506、36.5565、34.1532、33.8208。

新型化综合指数最低的是非金属矿物制品业,皮革、毛皮、羽毛及其制品和制鞋业与造纸和纸制品业,综合指数分别为24.9403、25.0778、25.6571。家具制造业,木材加工和木、竹、藤、棕、草制品业,农副食品加工业,石油加工,炼焦和核燃料加工业等排在倒数第4—7位,指数为26.1—26.7。较低的还有文教、工美、体育和娱乐用品制造业,食品制造业,纺织服装、服饰业等行业。

纵向来看,27个两位数行业新型化指数2001—2014年都在波动中上升,增加最快的是黑色金属冶炼和压延加工业,年均增长率为4.72%;有色金属冶炼和压延加工业、化学原料和化学制品制造业、非金属矿物制品业年均分别增长3.73%、3.66%、3.51%,排在第2—4位;化学纤维制造业、烟草制品业、专用设备制造业、造纸和纸制品业、医药制造业等行业年均增长为2%—3%,增长也较快。增长较慢的是石油加工、炼焦和核燃料加工业,印刷和记录媒介复制业,计算机、通信和其他电子设备制造业,纺织服装、服饰业,家具制造业,文教、工美、体育和娱乐用品制造业,皮革、毛皮、羽毛及其制品和制鞋业,木材加工和木、竹、藤、棕、草制品业等8个行业,增速均低于1%(见图7-2)。

7.2.4.6 新型化指数比较

新型化是由4个维度,即经济创造能力、科技创新能力、环境保护能力和能源节约能力组成的,要提升行业的新型化水平,就要提升新型化4个维度的水平。但是由于行业特点、技术水平等因素的影响,行业新型化4维度的发展水平并不均衡。因此提升行业的新型化水平,就要找准行业发展的相对短板,如计算机、通信和其他电子设备制造业和交通运输设备制造业要提升环境保护能力,电气机械和器材制造业要提升科技创新能力和能源节约能力等,具体如表7-22黑体部分所示。

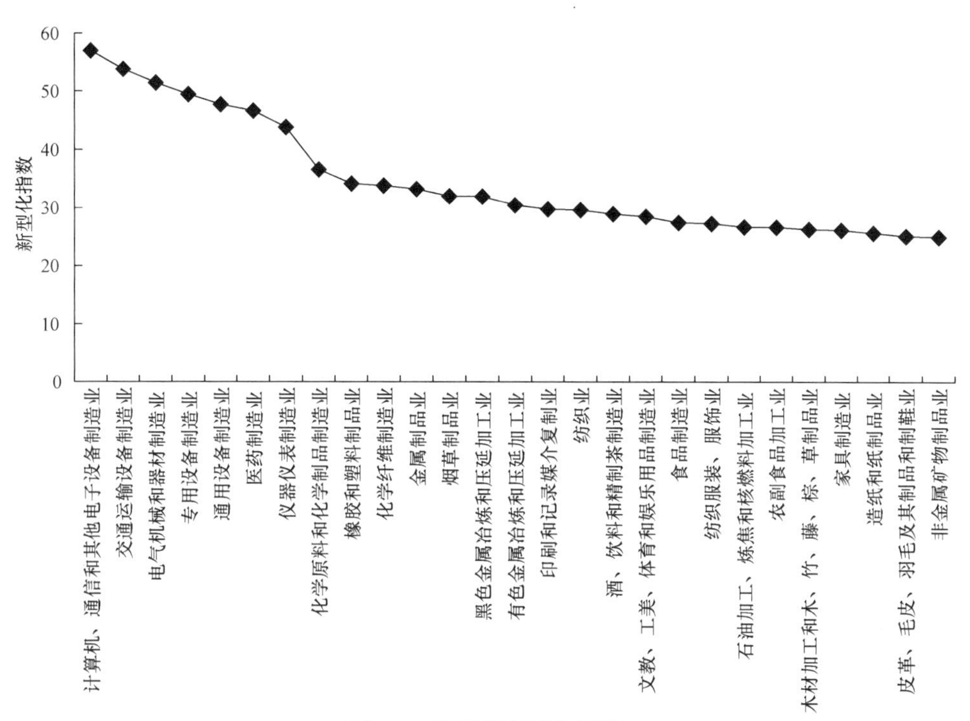

图 7-2　各行业新型化指数

表 7-22　2014 年行业指数名次对比

	新型化	经济	科技	环境	能源
计算机、通信和其他电子设备制造业	1	2	2	**10**	1
交通运输设备制造业	2	1	5	**9**	3
电气机械和器材制造业	3	4	**6**	3	**5**
专用设备制造业	4	**11**	4	6	7
通用设备制造业	5	**7**	**7**	4	4
医药制造业	6	13	3	**15**	**22**
仪器仪表制造业	7	**23**	1	2	2
化学原料和化学制品制造业	8	3	9	**24**	**24**
橡胶和塑料制品业	9	**14**	13	13	**15**
化学纤维制造业	10	**27**	8	**21**	**19**
金属制品业	11	12	**14**	**14**	9
烟草制品业	12	**18**	10	12	8
黑色金属冶炼和压延加工业	13	8	11	**27**	**25**
有色金属冶炼和压延加工业	14	10	12	**23**	17

（续表）

	新型化	经济	科技	环境	能源
印刷和记录媒介复制业	15	**25**	17	7	10
纺织业	16	9	**19**	**19**	16
酒、饮料和精制茶制造业	17	16	18	**20**	**26**
文教、工美、体育和娱乐用品制造业	18	**22**	**20**	1	12
食品制造业	19	15	16	18	**21**
纺织服装、服饰业	20	17	**25**	5	14
石油加工、炼焦和核燃料加工业	21	19	**22**	**22**	11
农副食品加工业	22	6	**24**	17	20
木材加工和木、竹、藤、棕、草制品业	23	21	**27**	16	18
家具制造业	24	**26**	23	8	6
造纸和纸制品业	25	**24**	15	**25**	**23**
皮革、毛皮、羽毛及其制品和制鞋业	26	**20**	26	11	13
非金属矿物制品业	27	5	**21**	**26**	**27**

7.2.5 结论与启示

行业的发展直接关系到制造业的健康发展，行业的制造业新型化程度关系到制造业整体的新型化，行业新型化程度的判读也直接关系到未来行业结构调整的方向。本节采用纵横向拉开档次综合评价方法，通过建立评价指标体系，对制造业2001—2014年27个两位数行业的新型化程度进行评价并分析了制造业新型化的行业动态特征。主要结论为：

（1）各产业新型化程度逐渐提高，制造业产业良性发展。制造业是国民经济的基础，是社会发展的重要保障，是国家综合竞争能力的重要体现，也是促进国民就业的主要手段，制造业的作用无可替代。中国制造业经过几十年的快速发展，与国外发达国家的差距不断缩小，但在不少领域还是有较大差距；同时，中国制造业还存在不少阻碍其可持续发展的因素。政府应继续加大对制造业的重视程度，做好顶层设计，扩大扶持力度，为制造业的可持续发展保驾护航，促进制造业各产业的新型化水平。

（2）行业间新型化发展不均衡，装备制造业等行业新型化程度较高。对于装备制造业、高技术制造业等行业，应以科技创新为核心，以重大专项为突破口，完善平台建设，促进科研成果转化等方式，提高高精尖重大装备生产能力，促进中国高端装备制造发展。对于食品饮料、纺织服装、轻工造纸等传统行业实施新一轮技术改造，通过提升产品质量、品牌和效益，培育大型骨干龙头企业等方式，提高其增加值率，推动传统优势产业发展。钢铁、煤炭、水泥、玻璃、石油、石化、铁矿石、有色金属等几大行业存在严重的产能过剩问题，在国家积极进行“供给侧结构性改革”背景下，建立有效的过剩产能退出机制，积极淘汰落后和过剩产能促使行业健康发展。

(3) 行业内新型化各维度发展不均衡。部分行业虽然经济创造能力较强，但其科技创新能力较弱，或环境保护和能源节约能力较差。提升行业技术创新水平，促进信息化与工业化融合、互联网与产业融合，加强信息技术、新材料、新工艺等的应用，提高制造业的智能化和服务化水平，以技术创新提升制造业新型化水平。环境保护和能源节约方面，鼓励传统产业应用资源节约和替代技术、能量梯级利用技术、环保与资源再利用等共性技术，积极开展废水、废气、固体废弃物等资源综合利用；政府提高环境规制强度，加大监督检查力度；推进产业绿色循环协同生产方式，推动资源循环利用。

7.3 科技创新对中国制造业产业发展的影响

7.3.1 文献综述

制造业作为我国国民经济的支柱产业，是我国经济增长的主导部门和经济转型的基础。新中国成立后，我国政府一直重视发展制造业。通过历年国家重大发展计划的推动，我国制造业创新活力日益增强，创新投入和产出持续增加，创新能力和水平不断提高，已发展成为门类齐全、具有相当规模和水平的制造业体系。近年来我国制造业更是实现了快速增长，已然成为全球制造业大国，但在总体上仍然是“大而不强”的局面，主要原因就在于我国制造业中的科技创新成分相对偏弱。中国制造业创新能力仍然不强，主要表现在三个方面：一是关键核心技术自给率低，突出表现在制造业关键核心技术及共性制造技术薄弱，设计技术、可靠性技术、制造技术及工艺流程、基础材料、基础机械零部件和电子元器件、基础制造装备、仪器仪表及标准体系等发展滞后；制造装备所需核心零部件/元器件和关键材料主要依赖于进口。二是重点行业研发创新受制于制造强国（美、日、德等）的局面没有根本改变。三是研发基础薄弱，共性技术研究缺位，顶尖人才不足。

产业创新能力是提升产业国际竞争力的必然途径，也是促进区域经济发展的重要推手，与之相关的问题一直受到国内外学术界的广泛关注。创新能力的概念也经历了从“创新”到“技术创新”到“科技创新”的不断细化、完善与丰富的过程，“创新”是熊彼特创新理论中最早提出的基本概念（熊彼特，2008），“技术创新”侧重强调技术的应用以及技术价值的市场实现；“科技创新”强调的是将科学发现和技术发明应用到生产体系，创造新价值的过程。科技创新是科学研究和技术创新的总称，强调原创性，是创造和应用新知识、新技术和新工艺，采用新的生产、经营管理模式，开发新产品、提供新服务的过程（李廉水，2014）。

科技创新驱动我国制造业转型发展是重塑制造业竞争优势、巩固提升我国制造业国际地位的必由之路，也是全球制造业产业链日益延伸、不断拓展的必然选择。中国工程院(2015)在制造业创新驱动发展战略中指出：创新是我国制造业实现大而强的关键和应对严峻国际挑战的根本出路，基于我国的制造业现状，应该大力发展智能制造，积极推进绿色制造，促进"四基"(基础零部件/元器件、基础材料、基础工艺、质量技术基础)发展，突破优势和战略必争行业核心技术，提高创新设计能力，从而建立制造业技术创新体系(制造业创新驱动发展战略研究课题组，2015)。黄群慧、贺俊(2015)从差异化优势构建一国制造业竞争力的角度提出通过架构创新和标准创新加强将一体化架构产品转化为模块化架构的能力，缩短或者破坏产品生命周期演进的一般路径；针对国外技术与中国本土市场需求不匹配的机会，充分利用中国的市场和制造优势，不断提升复杂装备的架构创新和集成能力。

科技创新包含基础研究、开发研究和应用研究三个方面，每个环节都关系到产品的创新和行业总体的转型。基础研究的新理论和新观点在开发研究中得以运用，将科学理论知识运用到新的产品和设备之中，在此基础上进行应用研究和开发，将研究成果最终转换为具备现实生产效率的生产设备或技术。这种内在的科技创新逻辑促使新旧技术不断更替，推动生产系统、产品系统和市场的不断更迭，进而促进制造业整体结构的改善和转型。

很多学者已经就科技创新对制造业转型升级的影响进行了一定的研究，李廉水、程中华(2015)将科技创新从 R&D、产品开发、专利、技术转化的角度对我国制造业的现状进行了分析，分析认为未来中国制造业必须走"新型化"发展道路，不断增强经济创造能力、科技创新能力、能源节约能力、环境保护能力和社会服务能力。马洪福(2015)在技术创新对制造业升级的作用中分析认为技术创新对制造业升级的作用整体上呈现正相关，研发投入、专利申请和新产品销售收入对制造业升级的作用有明显的正向关，但是研发人员对于制造业升级具有明显的负相关，说明我国制造业升级缺乏相关的高素质人才，未来需要进一步提升我国的人力资本水平，进一步提高研发投入强度，优化研发投入结构，鼓励科技创新成果产业化，提高科技创新转化率。

7.3.2 科技创新对制造业影响的实证研究

7.3.2.1 科技创新与制造业就业

自 20 世纪 90 年代以来，我国的就业问题越来越被重视。失业问题已经成为我国经济社会发展中亟待解决的突出问题。制造业对就业具有强大的吸纳作用，如制造业发展较好的珠三角和长三角地区，每年都吸引了大量外来务工人员。中国作为第一制造大国，制造业一直是吸纳就业人口的主导产业，但经济环境下行后，制造业受到的影响也首当其冲，中国制造业就业难题日渐凸显。从经济转型的角度考虑，当前中国制造业正面临着向高技术高附加值的产业转型的压力。低水平的传统劳动密集型产业正在逐渐通过技术进步和在产业链中位置的调整进行升级，从而导致大规模的传统劳动密集型产业就业人员失业的隐患。扩大就业和治理失业是我国政府关心的重要问题和施政目标。同时，就业在企业和行业间的有效配置对生产率提高和经济增长至关重要(Hsieh et al.，2009)。因此，准确了解总就业、就业结构及变动是重要的研究课题，有助于提出有针对性的政策建议。

7.3.2.2 研究设计

1. 计量模型设定

为了较为精确地探究我国科技创新对制造业就业的影响，结合已有文献的研究，本文把计量模型设定为以下形式：

$$\ln Employment_{it} = \alpha_0 + \alpha_1 \ln Inovation_{it} + \alpha_2 \ln Wage_{it} + \alpha_3 \ln k_{it} + \varepsilon_{it} \quad (7.2)$$

其中，Employment 为被解释变量，表示制造业就业人数；Innovation 为解释变量，表示科技创新能力；Wage、k 为控制变量，分别表示工资水平、资本投入，下标 i 和 t 分别表示地区和年份，其他字母则分别表示常数项、变量系数和残差。

2. 变量说明与数据来源

我们对上述计量模型中各变量做简要说明，如表 7-23 所示。

表 7-23 变量说明

变量类型	变量	变量名	说明
被解释变量	制造业就业人数	Employment	采用地区城镇制造业从业人员年末数来衡量
解释变量	科技创新能力	Innovation	采用地区专利授权数来衡量
控制变量	工资水平	Wage	采用地区制造业城镇职工年平均工资来衡量
	资本投入	k	采用地区制造业固定资产投资总额来衡量

7.3.2.3 实证结果及分析

本文选取 2005—2015 年上海、江苏、浙江和广东这四个制造业发达地区的面板数据为样本，采用 Eviews 进行实证研究。数据来自《中国统计年鉴》(2005—2015)、《中国劳动统计年鉴》(2005—2015)、《上海统计年鉴》(2005—2015)、《江苏统计年鉴》(2005—2015)、《浙江统计年鉴》(2005—2015)、《广东统计年鉴》(2005—2015)和《中国科技统计年鉴》(2005—2015)。其中个别年份缺失的数据，用插值法进行补充。

本文对各解释变量的系数进行总体估计，表 7-24 的方程 1、方程 2 和方程 3 分别给出了固定效应(FE)、随机效应(RE)、可行的广义最小二乘法(FGLS) 的估计结果。

表 7-24 回归结果分析

解释变量	方程 1(FE)	方程 2(RE)	方程 3(FGLS)
ln Innovation	−0.160 784**	0.080 446	−0.162 516***
	(−2.196 579)	(1.536 425)	(−3.233 872)
ln Wage	0.527 146**	0.324 658***	0.618 790***
	(2.737 384)	(2.919 524)	(3.499 261)
ln k	0.481 690**	0.063 651	0.433 666**
	(2.268 302)	(1.431 052)	(0.0436)
常数项	−1.726 487	1.126 315	−2.264 922**
	(−1.405 562)	(1.159 341)	(−2.369 298)
Hausman 检验 P 值	0.0000		
R^2	0.797 420	0.341 740	0.839 959
Obs.	36	36	36

注:括号内的数值为 t 值;***、**、* 分别表示变量系数通过了 1%、5%、10% 的显著性检验;Obs. 表示样本观察值个数。

首先,根据 Hausman 检验,p 值为 0. 0000,小于 0. 05,因此,我们在方程 1 和方程 2 之间选择方程 1。

其次,方程 3 的估计结果显示,各解释变量系数符号均与方程 1 一致。由于方程 3 的估计结果在一定程度上能够消除可能存在的异方差性和序列相关性,因此,我们在方程 3 估计结果的基础上讨论整体面板数据回归分析的发现,科技创新能够显著减少制造业就业(通过了 1%的显著性检验)。

7.3.3 科技创新对制造业影响的原因分析

针对上一节的结论,科技创新能够显著减少制造业就业,其主要原因在于:

1. 工业机器人对我国制造业以及就业的冲击和影响

自 18 世纪工业革命以来,机器不断替代人类劳动,把人类从繁重和重复的体力劳动中解放出来。从前两次工业革命的历史看,机器的采用会造成某个行业的结构性失业,但是很快又会因为新技术创造出新的就业岗位。劳动力必然会从传统工作岗位向一些新兴岗位快速转移。例如,2010 年美国需求最为迫切的十种岗位,在 2004 年的时候根本不存在。富士康董事长郭台铭表示,十年之内富士康工厂 47%的组装工作会被机器取代,公司已经有了关灯生产的工厂。此前,江苏昆山富士康工厂也说,已经利用机器人技术,将昆山工厂的员工人数从 11 万减少到 5 万,成功减少人力成本。

随着中国庞大的制造业工厂增加自动化设备的使用,中国自 2013 年以来,成为世界上最大的工业机器人市场。据国际机器人协会的数据预计,中国 2015 年的工业机器人设备的销售量达到 6.6 万套,比 2014 年增长了 16%。环中国南海岸线制造产业带,有数千家工厂正在向自动化转型,这场由中国政府支持、机器人驱动的工业革命,在全世界从未有过先例。2013 年以来,中国每年购买的工业机器人数量已经超过了其他任何一个国家,包括高科技制造业巨头德国、日本和韩国。据国际机器人联合会(IFR,位于德国,一个工业游说组织)预测,2016 年年底,中国将会赶超日本成为全世界最大的工业机器人运行者。中国的颠覆性创新步伐“从机器人历史上看,独一无二”。

由于工业机器人价格锐降和功能的稳步提升,全世界范围内的机器人都在加快前进步伐。波士顿咨询预测,到 2020 年,由先进机器人完成的任务比重将由现在的 8%上升到十年后的 26%。中国、德国、日本、韩国、美国购入的机器人数量将占市场总量的 80%。近些年,中国决策者一直在推广自动化,把它作为一种弥合劳动力鸿沟的办法。2014 年,习近平主席提到“机器人革命”,这项革命首先会变革中国,然后改变世界。广东省已经承诺,2015—2017 年,政府要在自动化方面投入 80 亿美元。由于政府发放补助等一系列支持政策使中国公司的机器人革命之路更为平坦。

2. 制造业的就业再分配

中国的制造业在样本期间的每一年都存在较高的就业转换,既有大量的就业创造,也有大量的就业消失。平均而言,每一年每 100 个就业职位中有 14 个职位是新创造的,有 12.5 个职位会消失。可以看到,在适度就业净增长率的背后是大量的就业创造和就业消失的同时发生。

Davis 等(1996)对一些发达国家的就业变动率进行了概括和总结。他们发现,德国的就业再分配率最低(16%)、瑞典最高(23.5%)。Baldwin 等(1998)对加拿大和美国在 1973—1992 年的就业变动率进行了比较,发现两者的年均就业再分配率分别为 21.9% 和 18.9%。发展中国家也不例外,甚至就业变动幅度更大。还有一部分文献研究的是转型中的经济体,如中欧和东欧国家以及俄罗斯。这些国家的情况略有不同,所有国家都经历了大规模的就业再分配,然而,在转型的初级阶段就业再分配却表现的极其不平衡,就业消失率远远大于就业创造率,从而使得这些国家在转型的初期阶段经历了严重的就业负增长,只有在转型的后期,这一过程才变得更加平衡(Haltiwanger 等,2003)。

制造业的就业消失带动了其他行业的就业创造,对本行业的就业创造影响不大。广州《21 世纪经济报道》报道,近年来,随着“机器代人”大举推开,东莞制造业企业对普通工人的需求明显减少,而对“机器人技工”的需求开始旺盛。为了培训新型的技术工人,职业培训行业的就业需求增加了。例如 2015 年前三个季度,数据显示,广东省全省制造业企业岗位平均每季减少 22.54 万个,但制造业服务化推动第三产业平均每个季度增加25.18万个岗位。

7.3.4 结论

本节采用了上海、江苏、浙江和广东五个省份的数据就科技创新对我国制造业就业的影响进行研究。所选取的省份是我国制造业发达的省份，科技创新的影响最为明显。基于上述分析，我们可以得出以下政策启示：

(1) 应重视科技创新带来的制造业就业再分配，实现科技创新与就业增长的协同发展。如何发挥科技创新带来的就业创造效应非常重要。由于科技创新，传统工人面临失业，而同时制造业需要大量的新型技术工人。制造业的招工往往出现的是冰火两重天。一方面传统的工人找不到工作，另一方面企业却招不到能操作机器人的技术工人。我国政府应进一步加大教育投入，努力提高劳动者的技术水平，为转型后的制造业提供人才。职业培训必须为经济结构调整和技术进步服务，大力开展技能振兴行动，加强技术技能人才的培养，推进现代制造业基地的建设与发展。

(2) 就业创造效应一方面体现在制造业本行业的就业减少，另一方面还会引起其他行业的就业创造。因此，在看到制造业就业人数减少的同时，结合服务业的就业人数增加，我们可以发现科技创新对整体就业的正面影响。因此，政府应给予技术创新更大的政策支持。

7.4 能源效率对中国制造业产业发展的影响

制造业发展是实施强国战略的基础，虽然我国服务业已经超越制造业成为国民经济的第一大产业，但是不能因此而忽视制造业在经济体系中的基础性地位。随着《中国制造2025》等规划的出炉，"智能制造""智慧工厂"成了近期世界范围内炙手可热的概念，国家"十三五"规划中提出要建设制造强国，构建产业新体系，实施工业强基工程。然而，制造业快速发展的同时，其能源消耗量在所有行业能源消耗量中占比居高不下，中国能源消费随着GDP的增长呈现出总量大、增长快的趋势，并且根据发达国家能源消费经验预期中国能源消费总量还将继续攀升。

资源和环境约束不断强化，劳动力等生产要素成本不断上升，投资和出口增速明显放缓，主要依靠资源要素投入、规模扩张的粗放发展模式难以为继，调整结构、转型升级、提质增效刻不容缓。《中国制造2025》提出，到2025年重点行业单位工业增加值能耗、物耗及污染物排放达到世界先进水平。《中国制造2025》还确定了4个定量指标，即规模以上单位工业增加值能耗2020年和2025年分别较"十二五"末期降低18%和34%；单位工业增加值二氧化碳排放量分别下降22%和40%；单位工业增加值用水量分别降低23%和41%；工业固体废物综合利用率由"十二五"末的65%分别提高到73%和79%。本部分将研究在资源和环境约束下能源效率对中国制造业发展的影响。

7.4.1　文献综述

能源效率研究单位能源所带来的经济效益多少的问题，世界能源委员会对能源效率的定义为“减少提供同等能源服务源投入”。普遍认为能源效率表示在生产过程中期望产出与能源投入的比值。近年来，对能源效率的研究可以归为两类，一类是没有考虑其他要素影响的单要素能源效率；另一类是基于多投入—多产出的全要素能源效率。

单要素能源效率指标在国际上有代表性的主要是能源消耗强度，简称能源强度。能源强度是反映能源利用效率高低的主要指标，剔除了生产规模的影响，是对比不同国家和地区能源综合利用效率的最常见指标之一，体现了能源利用的经济效益。而全要素能源效率主要考察资本、劳动力、能源等多种投入和 GDP 产出之间的生产关系，其评价指标可以定义为目标投入能源与实际投入能源的比值。

国内外许多学者对能源效率问题进行了大量的研究，归纳如下：

7.4.1.1　区域差异研究

区域差异会带来能源效率的差异，普遍认为中国区域能源效率差异呈收敛特征。如张志辉(2015)测算 2000—2012 年的中国区域能源效率，并分析其演变趋势及影响因素，结果表明中国区域能源效率东部地区最高，中部地区次之，西部地区最低，呈现梯状空间分布。地区间产业分工和产业转移不仅造成区域能源效率差异，而且使得各地区内部省际能源效率也发生明显分化。罗会军等(2015)利用时空加权回归模型测度中国能源效率演化中的时空局域特征，并用新古典经济学方法估算中国能源反弹效应情况，研究表明，中国能源效率演化过程受到各因素的共同驱动，但在局部区域和阶段上存在异质性。

李梦蕴等(2014)采用中国 1995—2011 年的省份面板数据，对中国区域能源效率差异及其影响因素进行了研究，结果发现中国区域能源效率差异呈收敛特征，地区经济发展差距的缩小导致了地区能源效率差异的收敛，而能源消费结构差异对能源效率差异的影响则呈现区域特征。赵金楼等(2013)分析了我国能源效率地区差异现状及变化趋势，在随机前沿分析框架下，对 1980—2010 年 29 个省份的能源效率进行测算，并对能源效率地区差异、影响因素，运用面板单位根法做了随机收敛分析，结果显示我国能源效率地区差异较明显。

孙广生等(2012)对 1986—2010 年我国各地区能源效率及其影响因素的变化情况的研究证实地区结构差异表现出一定的地带性，研究认为投入替代变化的差异是影响地区间能源效率差异的首要因素。陈德敏等(2012)通过对能源效率与经济增长的收敛性关系的研究揭示了能源效率在我国地区经济增长中的作用，研究发现中国省域全要素能源效率差异显著，但总体上各省份之间的差异呈现缩小趋势，研究认为能源效率对经济发达地区作用更为显著。

马海良等(2012)使用1995—2008年长三角和珠三角以及环渤海区域的面板数据，选取超效率DEA模型和Malmquist指数法，测算出三大经济区域的能源效率和全要素生产率，并回归分析全要素生产率分解的各指标对能源效率的影响。结果显示长三角和珠三角区域能源效率普遍要高于环渤海区域。

从区域差异的角度对能源效率进行的研究，较早期和近期的研究结果基本保持一致，即经济发展的区域差异通常与能源效率的差异相伴。除此之外，近期的研究大多都认同区域差异对能源效率的影响逐渐削弱，能源效率差异具有收敛特征。

7.4.1.2 经济结构变动研究

经济结构的变动对能源效率的影响效果比较复杂，不同分析角度下的研究结果具有不确定性。部分研究者认为经济结构变动对能源效率存在积极作用，如林伯强和杜克锐(2013)利用面板数据的固定效应SFA模型和反事实计量方法，对我国1997—2009年要素市场扭曲的能源效应进行实证分析。研究结果表明，要素市场扭曲对我国能源效率的提升有显著负面影响，要素市场扭曲的能源损失量占总能源损失的24.9%—33.1%，换言之，改变要素市场扭曲状况有助于提升能源效率。师博和沈坤荣(2013)对政府干预背景下能源效率的研究表明市场机制主导的企业集聚能够显著提高能源效率。刘佳骏等(2011)从空间角度探讨产业结构变动对区域能源效率提高的贡献，结合数学模型和利用空间分析方法，以中国大陆31个省(直辖市、自治区)相关数据为样本，研究发现中国大陆31省(直辖市、自治区)产业结构变动对能源效率提高有贡献。胡秋阳(2014)也发现改善高能耗产业或低能耗产业的能源效率对中国总体能耗的可能影响，低能耗产业能效提高的总体节能绩效优于高能耗产业。

然而，有一些研究者认为能源效率提高带来的能源节约会部分被新增加的能源需求抵消掉，即存在回弹效应。由于能源回弹效应的存在，能源效率回弹效应论者则不认同上述观点，如查冬兰和周德群(2010)通过构建能源效率影响下的可计算一般均衡模型，模拟了不同能源种类能源效率提高4%对能源消费的影响。模拟结果显示煤炭、石油和电力在七部门的加权平均能源效率回弹效应分别为32.17%、33.06%和32.28%，说明能源效率回弹效应在我国显著存在。关于能源回弹效应实证研究的研究综述可以参考Greening等(2000)、Dimitropoulos(2007)、Sorrell等(2009)；更多相关研究参见胡秋阳(2014)、Graziano等(2015)、Nevenka等(2016)、Ibrahim和Tugrul(2016)等。

7.4.1.3 技术进步研究

技术进步的变动对能源效率也会产生影响。一些研究者充分肯定了技术进步对能源效率提升的积极作用(李廉水等,2006;龙如银等,2009;姜磊等,2011;唐安保等,2014)。然而,由于回弹效应日渐受到关注,技术进步对能源效率的负面作用也日益被发现。一些研究者认为只有充分考虑能源效率演化路径的时空差异,同时结合节能政策来减缓能源反弹的冲击,才能实现区域能源效率提高和能源消费的平衡发展,如张伟和吴文元(2011)对长三角都市圈城市群 1996—2008 年全要素能源效率及其成分和影响因素进行的实证分析证实了这一点。

还有研究则证实了技术进步对能源效率影响的阶段性、区域性特征,如孙久文和肖春梅(2012)以 1992—2010 年长三角地区能源消费与经济增长数据为样本,研究了长三角地区全要素能源效率及其变动的分解和变化趋势。结果表明技术进步指数的上升没有使得能源效率变化。研究发现长三角地区全要素能源效率主要依赖于技术进步驱动,并且表现为阶段性波动,这与国家加大节能减排力度、区域产业结构调整、经济发展方式转变有关。从区域看,上海全要素能源效率指数最高,浙江次之;江苏全要素能源效率表现为负增长。

7.4.1.4　能源消费结构研究

能源消费结构的变化对能源效率的提高也会产生影响。陈关聚(2014)运用随机前沿技术测度了中国制造业 30 个行业的全要素能源效率,研究发现能源结构显著影响能源效率。王兵等(2013)运用数据包络分析方法和生产率指数对中国工业行业传统能源效率指标进行了测度和分解,研究发现能源结构效应是阻碍能源效率增长的主要因素。杨冕等(2011)考察能源相对价格、产业结构、能源结构以及科技进步四个因素在时序维度上对我国能源效率影响的动态特征,研究结果显示能源结构显著影响了能源效率。

7.4.1.5　环境规制研究

环境规制实际上形成提高节能减排效率的倒逼机制,对建设"两型社会"具有不可替代的作用。陈德敏和张瑞(2012)以全国 29 个省级单位 2000—2010 年面板数据为样本,测算并对比两种情形下我国全要素能源效率值,利用 Tobit 模型计算了环境规制对全国和区域全要素能源效率指数的影响。研究发现环境污染会使全要素能源效率值降低,我国全要素能源效率指数经历了波动和下降两个阶段,区域全要素能源效率值和收敛性存在差异;并且环境规制相关变量对全要素能源效率影响存在较大差异。

孙广生等(2011)在对行业的资本存量进行详细核算的基础上,从节能规划的角度提出要关注"高效率高损失量"和"低效率高损失量"行业。王维国和范丹(2012)的研究表明不考虑碳排放约束下的全要素能源效率被高估。李兰冰(2012)研究认为我国全要素能源效率总体上仍处于较低水平,能源节约潜力大约为能耗现值的 30%—40%;管理无效率和环境无效率是能源低效的共同成因。

通过对上述文献的梳理可以发现对于能源效率的相关研究已经取得了丰富的成果，不仅有助于理解中国及各地区的能源效率及其影响因素的变化趋势，而且将为节能减排政策的制定与完善提供一定的参考依据，但也存在不足之处。首先，对能源效率评价的研究只是考虑了经济产出，忽略了能源消费过程中的环境成本，如二氧化碳、二氧化硫、烟尘废气等非期望产出对经济发展的负面作用未被充分重视，评价结果缺乏科学性。其次，绝大多数研究没有考虑所有决策对象可能的资源禀赋、制度环境、技术水平、产业结构等因素的差异对研究结果的影响，直接降低了研究结果的置信度。最后，大多数研究以省际截面数据为样本，少部分以年度面板数据为研究对象，在数据样本处理上较少考虑数据本身的置信度和异方差问题，间接影响了统计分析结果的可信度。

在现有研究基础上，本部分尝试在因素影响方面进一步深化研究，通过对相关数据的收集与初步处理，产生适当的分析样本，使用方差分析的方法研究各种假定影响因素对能源效率的作用是否显著以及影响作用的强度大小；进一步，分析交互效应，判断各种因素与能源效率之间的综合效果；并结合回归分析模型对能源效率进行研究。

7.4.2 影响能源效率的因素分析

现有文献研究普遍认为影响能源效率的因素主要有技术水平、行业资源依赖度、能源消费结构、经济结构、区域差异、环境制约等内容。此处，使用方差分析方法研究因素对能源效率的作用。方差分析是一种用于研判分类型变量和数值型变量之间关系的统计方法。这里，选择各类影响内容中最常被研究的技术水平和行业资源依赖度两个因素作为影响因素的研究对象，将两者设计成分类变量，把能源效率设计成数值型变量，即通过方差分析研究技术水平和行业资源依赖度是否影响能源效率，并且通过关系强度的计算判断影响作用的大小。样本数据来自中国制造业系列报告等公开数据源，使用软件为SAS统计分析系统。

7.4.2.1 数据样本定义

1. 能源效率变量设计

能源强度是衡量能源利用效率的常用指标之一，反映每生产一单位GDP或者产出所消耗的能源的多少，能源强度剔除了规模效益的影响，是比较分析能源综合利用效率的最常见指标之一。一般而言，能源强度越高，能源利用效率越低。由于中国统计年鉴资料中没有制造业各个行业的GDP数据，这里遵循2014年中国制造业报告中能源强度的计算方法，使用主营业务收入作为制造业各个行业的GDP替代数据进行计算。表7-25中我国制造业不同行业2012年和2013年能源利用效率年度数据分别来自2014年和2015年中国制造业报告。

2. 技术水平变量设计

在早期研究中，大部分学者认为技术进步会促进能源效率的提升，然而，由于诸如空间效应、区域影响、回弹作用等因素的影响，较近期的部分学者认为技术进步对能源效率的提升作用可能会小于预期。虽然回弹效应等影响因素在越来越多的研究中被确认，但是技术水平对能源效率提高的积极作用不会因为回弹效应等影响因素的存在而发生根本性改变，即技术水平对能源效率的提高仍然起到积极作用，但是这种积极作用的效果正在降低。因此，我们假设技术水平与能源效率之间仍旧存在正相关性。参考中国统计局关于高技术产业的分类标准，按照是否高技术行业将 21 个行业分为两类，即高技术行业和非高技术行业，分别以 HT 和 NHT 表示，形成两个水平的分类型自变量。数据如表 7-25 所示。

表 7-25 产业技术分类及能源强度

<table>
<tr><th colspan="4">高技术产业 HT</th><th colspan="4">非高技术产业 NHT</th></tr>
<tr><th rowspan="2">制造业名称</th><th colspan="3">能源强度</th><th rowspan="2">制造业名称</th><th colspan="3">能源强度</th></tr>
<tr><th>2012</th><th>2013</th><th>2014</th><th>2012</th><th>2013</th><th>2014</th></tr>
<tr><td rowspan="3">化学原料及化学制品制造业</td><td rowspan="3">0.5460</td><td rowspan="3">0.5775</td><td rowspan="3">0.5615</td><td>农副食品加工业</td><td>0.0527</td><td>0.0656</td><td>0.0656</td></tr>
<tr><td>食品制造业</td><td>0.1024</td><td>0.1040</td><td>0.0864</td></tr>
<tr><td>酒、饮料和精制茶制造业</td><td>0.0871</td><td>0.1060</td><td>0.0927</td></tr>
<tr><td rowspan="3">医药制造业</td><td rowspan="3">0.0928</td><td rowspan="3">0.1058</td><td rowspan="3">0.0923</td><td>纺织业</td><td>0.1972</td><td>0.2037</td><td>0.1798</td></tr>
<tr><td>纺织服装、服饰业</td><td>0.0498</td><td>0.0504</td><td>0.0444</td></tr>
<tr><td>皮革、皮毛、羽毛及其制品和制鞋业</td><td>0.0510</td><td>0.0522</td><td>0.0445</td></tr>
<tr><td rowspan="4">石油加工、炼焦和核燃料加工制造业</td><td rowspan="4">0.4598</td><td rowspan="4">0.4733</td><td rowspan="4">0.3962</td><td>木材加工和木竹藤棕草制造业</td><td>0.1122</td><td>0.1266</td><td>0.1140</td></tr>
<tr><td>化学纤维制造业</td><td>0.2310</td><td>0.2622</td><td>0.2506</td></tr>
<tr><td>通用设备制造业</td><td>0.0911</td><td>0.0835</td><td>0.0773</td></tr>
<tr><td>电气机械和器材制造业</td><td>0.0427</td><td>0.0427</td><td>0.0382</td></tr>
<tr><td rowspan="3">计算机、通信和其他电子设备制造业</td><td rowspan="3">0.0379</td><td rowspan="3">0.0363</td><td rowspan="3">0.0347</td><td>家具制造业</td><td>0.0352</td><td>0.0382</td><td>0.0492</td></tr>
<tr><td>造纸及纸制品业</td><td>0.3077</td><td>0.3083</td><td>0.2970</td></tr>
<tr><td>印刷和记录媒介复制业</td><td>0.0882</td><td>0.0847</td><td>0.0689</td></tr>
<tr><td rowspan="3">仪器仪表制造业</td><td rowspan="3">0.0468</td><td rowspan="3">0.0428</td><td rowspan="3">0.0381</td><td>文教、工美、体育、娱乐用品制造业</td><td>0.0273</td><td>0.0306</td><td>0.0267</td></tr>
<tr><td>橡胶和塑料制品业</td><td>0.1613</td><td>0.1593</td><td>0.1482</td></tr>
<tr><td>非金属矿物制品业</td><td>0.6684</td><td>0.7129</td><td>0.6460</td></tr>
</table>

（续表）

高技术产业 HT				非高技术产业 NHT			
制造业名称	能源强度			制造业名称	能源强度		
	2012	2013	2014		2012	2013	2014
				黑色金属冶炼及压延加工业	0.8338	0.9020	1.0808
专用设备制造业	0.0621	0.0597	0.0570	有色金属冶炼及压延加工业	0.3593	0.3571	0.3356
				金属制品业	0.1326	0.1432	0.1322

资料来源：李廉水. 中国制造业发展研究报告 2014 [M]. 北京：科学出版社，2015；根据 2015 年中国能源统计年鉴计算整理。

3. 行业资源依赖度

对能源的依赖程度也会影响能源效率，大量能源依赖程度较高的高能耗行业往往相对其他类型的制造业消耗更多的能源，在节能减排的背景下，这一因素对提升我国能源使用效率和政策抉择将会产生重要影响。不同制造业行业对能源依赖形式比较不同，我们参考《中国制造业发展研究报告 2004》中的分类方法，将 27 个行业分为三类，即轻纺制造业、资源加工工业和机械电子制造业。与之前研究结果类同，我们认为行业的资源依赖程度和能源效率之间存在正向相关性。相关数据样本整理如表 7-26 所示。

表 7-26 制造业按照能源消耗形式分类

制造业分类	制造业名称	能源强度		
		2012	2013	2014
轻纺制造业	农副食品加工业	0.0527	0.0656	0.0656
	食品制造业	0.1024	0.1040	0.0864
	酒、饮料和精制茶制造业	0.0871	0.1060	0.0927
	纺织制造业	0.1972	0.2037	0.1798
	纺织服装、鞋帽制造业	0.0498	0.0504	0.0444
	皮革、毛皮、羽毛及制品	0.0510	0.0522	0.0445
	木材加工和木竹藤棕草制造业	0.1122	0.1266	0.1140
	家具制造业	0.0352	0.0382	0.0492
	造纸及纸制品业	0.3077	0.3083	0.2970
	印刷和记录媒介复制业	0.0882	0.0847	0.0689
	文教、工美、体育、娱乐用品制造业	0.0273	0.0306	0.0267

（续表）

制造业分类	制造业名称	能源强度		
		2012	2013	2014
资源加工业	石油加工、炼焦和核燃料加工制造业	0.4598	0.4733	0.3962
	化学原料及化学制品制造业	0.5460	0.5775	0.5615
	医药制造业	0.0928	0.1058	0.0923
	化学纤维制造业	0.2310	0.2622	0.2506
	橡胶和塑料制品业	0.1613	0.1593	0.1482
	非金属矿物制品业	0.6684	0.7129	0.6460
	黑色金属冶炼及压延加工业	0.8338	0.9020	1.0808
	有色金属冶炼及压延加工业	0.3593	0.3571	0.3356
机械电子制造业	金属制品业	0.1326	0.1432	0.1322
	通用设备制造业	0.0911	0.0835	0.0773
	专用设备制造业	0.0621	0.0597	0.0570
	交通运输设备制造业	0.0730	0.0632	0.0494
	电气机械和器材制造业	0.0427	0.0427	0.0382
	计算机、通信和其他电子设备制造业	0.0379	0.0363	0.0347
	仪器仪表制造业	0.0468	0.0428	0.0381

资料来源：李廉水. 中国制造业发展研究报告 2014 [M]. 北京：科学出版社，2015；根据 2015 年中国能源统计年鉴计算整理。

7.4.2.2 方差分析结果

方差分析通过构建 F 统计量来分析分类型自变量和数值型因变量之间的关系，并且通过关系强度的测量评价分类型自变量对数值型因变量的影响程度的大小。针对不同年份的数据样本得到的方差分析结果如表 7-27 和表 7-28 所示。

表 7-27　技术水平与能源强度之间关系方差分析结果

H_0	技术水平分类型自变量对能源强度数值型因变量没有显著影响					
样本	误差来源	平方和	自由度	均方	F 值	P 值
2012	组间	0.00123566	1	0.00123566	0.03	0.8756
	组内	1.13323168	23	0.04927094		
	总和	1.13446734	24			
样本	误差来源	平方和	自由度	均方	F 值	P 值
2013	组间	0.00091335	1	0.00091335	0.02	0.8995
	组内	1.28894965	23	0.05604129		
	总和	1.28986300	24			
样本	误差来源	平方和	自由度	均方	F 值	P 值
2014	组间	0.00002235	1	0.00002235	0.00	0.9853
	组内	1.47690140	23	0.06421310		
	总和	1.47692375	24			

由表 7-27 可知，2012 年、2013 年和 2014 年的 F 统计量值分别为 0.03、0.02 和 0.00，相对应的 P 值分别为 0.8756、0.8995 和 0.9853，无法拒绝 H_0，可以认为技术水平不影响能源强度。同时，2012 年、2013 年和 2014 年的关系强度 R^2 的测量值分别为 0.001 089、0.000 708 和 0.000 015，技术水平对能源强度差异的解释的比例接近为 0，进一步证明技术水平对能源强度的影响作用微乎其微。

表 7-28　行业资源依存度与能源强度之间关系方差分析结果

H_0	行业资源依存度分类型自变量对能源强度数值型因变量没有显著影响					
样本	误差来源	平方和	自由度	均方	F 值	P 值
2012	组间	0.61087754	2	0.30543877	12.90	0.0002
	组内	0.54437291	23	0.02366839		
	总和	1.15525044	25			
样本	误差来源	平方和	自由度	均方	F 值	P 值
2013	组间	0.69493337	2	0.34746668	13.01	0.0002
	组内	0.61430280	23	0.02670882		
	总和	1.30923617	25			
样本	误差来源	平方和	自由度	均方	F 值	P 值
2014	组间	0.70667852	2	0.35333926	10.27	0.0007
	组内	0.79156829	23	0.03441601		
	总和	1.49824681	25			

由表 7-28 可知，2012 年、2013 年和 2014 年的 F 统计量值分别为 12.90、13.01 和 10.27，相对应的 P 值分别为 0.0002、0.0002 和 0.0007，无法拒绝 H_O，可以认为行业资源依存度影响能源强度。同时，2012 年、2013 年和 2014 年的关系强度 R^2 的测量值分别为 0.528784、0.530793 和 0.471670，行业资源依存度对能源强度差异解释的比例平均高达 50%以上，进一步证明行业资源依存度对能源强度的影响作用是统计上显著的。

考虑到分类变量之间有可能共同影响能源强度，因此，再一次进行包含交互作用的双因素方差分析，分类变量技术水平的取值为“HT”和“NHT”，取值“HT”表示高技术行业，取值“NHT”表示非高技术行业；行业资源依存度分类变量的取值分别为“1”、“2”和“3”，取值“1”表示轻纺制造业，取值“2”表示资源加工业，取值“3”表示机械电子制造业。设计的数据样本以及分析结果如表 7-29 和表 7-30 所示。

表 7-29 包含交互作用的双因素方差分析数据样本

技术水平分类变量	行业资源依存度分类变量	制造业名称	能源强度		
			2012	2013	2014
NHT	"1"轻纺制造业	农副食品加工业	0.0527	0.0656	0.0656
NHT		食品制造业	0.1024	0.1040	0.0864
NHT		酒、饮料和精制茶制造业	0.0871	0.1060	0.0927
NHT		纺织制造业	0.1972	0.2037	0.1798
NHT		纺织服装、鞋帽制造业	0.0498	0.0504	0.0444
NHT		皮革、毛皮、羽毛及其制品和制鞋业	0.0510	0.0522	0.0445
NHT		木材加工和木竹藤棕草制造业	0.1122	0.1266	0.1140
NHT		家具制造业	0.0352	0.0382	0.0492
NHT		造纸及纸制品业	0.3077	0.3083	0.2970
NHT		印刷和记录媒介复制业	0.0882	0.0847	0.0689
NHT	"2"资源加工业	文教、工美、体育、娱乐用品制造业	0.0273	0.0306	0.0267
HT		石油加工、炼焦和核燃料加工制造业	0.4598	0.4733	0.3962
HT		化学原料及化学制品制造业	0.5460	0.5775	0.5615
HT		医药制造业	0.0928	0.1058	0.0923
NHT		化学纤维制造业	0.2310	0.2622	0.2506
NHT		橡胶和塑料制品业	0.1613	0.1593	0.1482
NHT	"3"机械电子制造业	非金属矿物制品业	0.6684	0.7129	0.6460
NHT		黑色金属冶炼及压延加工业	0.8338	0.9020	1.0808
NHT		有色金属冶炼及压延加工业	0.3593	0.3571	0.3356
NHT		金属制品业	0.1326	0.1432	0.1322
NHT		通用设备制造业	0.0911	0.0835	0.0773
HT		专用设备制造业	0.0621	0.0597	0.0570
NHT		交通运输设备制造业	0.0730	0.0632	0.0494
NHT		电气机械和器材制造业	0.0427	0.0427	0.0382
HT		计算机、通信和其他电子设备制造业	0.0379	0.0363	0.0347
HT		仪器仪表制造业	0.0468	0.0428	0.0381

表 7-30 包含交互作用的双因素方差分析结果

H_0	技术水平和行业资源依存度交互作用对能源强度数值没有显著影响					
年份	误差来源	平方和	自由度	均方	F 值	P 值
2012	技术水平	0.0023	1	0.0023	0.09	0.7641
	行业资源依存	0.6086	2	0.3043	12.18	0.0003
	交互效应	0.0133	1	0.0133	0.53	0.4735

（续表）

年份	误差来源	平方和	自由度	均方	F 值	P 值
2013	技术水平	0.00205	1	0.00205	0.07	0.7906
	行业资源依存	0.69493	2	0.34747	12.25	0.0003
	交互效应	0.01656	1	0.01656	0.58	0.4543
年份	误差来源	平方和	自由度	均方	F 值	P 值
2014	技术水平	0.00012762	1	0.00012762	0.00	0.9530
	行业资源依存	0.70667852	2	0.35333926	9.87	0.0010
	交互效应	0.03945611	1	0.03945611	1.10	0.3058

由交互作用方差分析表可知，2012 年、2013 年和 2014 年用于检验技术水平的 F 统计量的值分别为 0.09、0.07 和 0.00，相应 P 值分别为 0.7641、0.7904 和 0.9530，在 0.05 显著水平上均不显著，不能拒绝零假设，表明技术水平对能源强度没有影响；用于检验行业资源依存度的 F 统计量的值分别为 12.18、12.25 和 9.87，相应 P 值分别为 0.0003、0.0003 和 0.0010，在 5%置信水平上高度显著，拒绝零假设，表明行业资源依存度显著影响能源强度；交互作用反映的是技术水平因素和行业资源依存因素联合产生的对能源强度的附加影响效应，用于检验交互作用的 F 统计量的值分别为 0.53、0.58 和 1.10，相应的 P 值分别为 0.4735、0.4543 和 0.3058，均大于 0.05 的显著水平，因此不能拒绝原假设，没有证据表明技术水平和行业资源依存度的交互作用对能源强度有影响作用。

综上对三个年份的方差分析结果可知，行业技术程度并非如预期对能源强度有影响，而行业资源依赖程度如预期对能源强度有显著影响。

7.4.3 能源效率影响因素的回归分析

方差分析确认了变量之间存在关系，在此基础上，进一步对能源效率问题进行研究，结合回归分析模型对能源强度、技术水平以及行业资源依存度之间关系进行分析。以 2012 年和 2013 年数据分别回归并进一步对回归分析的结果进行比较研究，定量判断因素变化弹性。

7.4.3.1 变量设计

回归分析侧重于考察变量之间的数量关系，并通过具体的数学解析式将这种关系描述出来，进而确定一个或者几个变量的变化对另一个特定变量的影响程度。这里将能源强度确定为因变量，将技术水平和行业资源依存度作为自变量，确定三者之间的定量变化规律。由于技术水平和行业资源依存度均是分类型自变量，我们创建了虚拟变量而不是使用原来的各个水平。

同上节说明，以技术水平衡量的行业被分为高技术行业和非高技术行业，分别以 HT 和 NHT 表示，形成两个水平的分类型自变量。确定相应的虚拟变量为：

$D_{1i}=\begin{cases}1, & \text{HT}\\0, & \text{NHT}\end{cases}$。以行业资源依存度衡量的行业被分为轻纺制造业、资源加工业和机械电子制造业三类，将机械电子制造业作为参考基底，设置了两个虚拟变量为：$D_{2i}=\begin{cases}1, & \text{轻纺制造业}\\0, & \text{其他类型}\end{cases}$，$D_{3i}=\begin{cases}1, & \text{资源加工业}\\0, & \text{其他类型}\end{cases}$。变量 y 表示能源强度。样本数据集如表 7-31 所示，使用 SAS 统计分析系统。

表 7-31　回归分析样本数据表

制造业名称	技术水平	行业资源依存	能源强度			D_1	D_2	D_3
			2012	2013	2014			
农副食品加工业	NHT	轻纺制造业	0.0527	0.0656	0.0656	0	1	0
食品制造业	NHT		0.1024	0.1040	0.0864	0	1	0
酒、饮料和精制茶制造业	NHT		0.0871	0.1060	0.0927	0	1	0
纺织制造业	NHT		0.1972	0.2037	0.1798	0	1	0
纺织服装、鞋帽制造业	NHT		0.0498	0.0504	0.0444	0	1	0
皮革、毛皮、羽毛及制品业	NHT		0.0510	0.0522	0.0445	0	1	0
木材加工和木竹藤棕草制品业	NHT		0.1122	0.1266	0.1140	0	1	0
家具制造业	NHT		0.0352	0.0382	0.0492	0	1	0
造纸及纸制品业	NHT		0.3077	0.3083	0.2970	0	1	0
印刷和记录媒介复制业	NHT		0.0882	0.0847	0.0689	0	1	0
文教、工美、体育、娱乐用品制造业	NHT		0.0273	0.0306	0.0267	0	1	0
石油加工、炼焦和核燃料加工制造	HT	资源加工业	0.4598	0.4733	0.3962	1	0	1
化学原料及化学制品制造业	HT		0.5460	0.5775	0.5615	1	0	1
医药制造业	HT		0.0928	0.1058	0.0923	1	0	1
化学纤维制造业	NHT		0.2310	0.2622	0.2506	0	0	1
橡胶和塑料制品业	NHT		0.1613	0.1593	0.1482	0	0	1
非金属矿物制品业	NHT		0.6684	0.7129	0.6460	0	0	1
黑色金属冶炼及压延加工业	NHT		0.8338	0.9020	1.0808	0	0	1
有色金属冶炼及压延加工业	NHT		0.3593	0.3571	0.3356	0	0	1
金属制品业	NHT	机械电子制造业	0.1326	0.1432	0.1322	0	0	0
通用设备制造业	NHT		0.0911	0.0835	0.0773	0	0	0
专用设备制造业	HT		0.0621	0.0597	0.0570	1	0	0
交通运输设备制造业	NHT		0.0730	0.0632	0.0494	0	0	0
电气机械和器材制造业	NHT		0.0427	0.0427	0.0382	0	0	0
计算机、通信、其他电子设备制造业	HT		0.0379	0.0363	0.0347	1	0	0
仪器仪表制造业	HT		0.0468	0.0428	0.0381	1	0	0

7.4.3.2 回归结果

为了避免行业竞争与技术进步等变量之间可能存在的共线性问题，建立的多元线性回归模型为：

$$y_i = a + \beta_1 D_{1i} + \beta_2 D_{2i} + \beta_3 D_{3i} + \beta_4 (D_{1i} D_{2i}) + \beta_5 (D_{1i} D_{3i}) + \varepsilon_i \qquad (7.3)$$

其中，α 为模型截距，β_1、β_2、β_3 分别为级差截距系数，β_4 和 β_5 反映交互作用效用大小的截距系数，ε 为残差。由于 $D_{1i}D_{2i}$ 乘积项为零，导致模型不满秩，参数最小二乘方法得到的参数估计值并非唯一，所以模型中删除了 $D_{1i}D_{2i}$ 项，最终估计的模型为：

$$y_i = a + \beta_1 D_{1i} + \beta_2 D_{2i} + \beta_3 D_{3i} + \beta_4 (D_{1i} D_{3i}) + \varepsilon_i \qquad (7.4)$$

如果估计的系数 β_1、β_2 和 β_3 统计意义上为 0，则表明技术水平、行业资源依存度不影响能源强度；反之，则表明这些因素影响能源强度，系数的大小量化了这种影响的大小。两组年份数据样本的回归结果如表 7-32 所示。

表 7-32 含有交互作用效应的回归分析结果

样本数据	变量	摘要	参数估计值	标准误差	t 统计量	概率值
2012	α	截距	0.08485	0.07903	1.07	0.2951
	β_1	技术水平	−0.03592	0.12071	−0.30	0.7690
	β_2	行业资源依存度	0.01613	0.09228	0.17	0.8629
	β_3		0.36591	0.10602	3.45	0.0024
	β_4	交互作用	−0.04864	0.16702	−0.29	0.7737
2013	α	截距	0.08315	0.08421	0.99	0.3347
	β_1	技术水平	−0.03688	0.12864	−0.29	0.7771
	β_2	行业资源依存度	0.02324	0.09834	0.24	0.8155
	β_3		0.39555	0.11298	3.50	0.0021
	β_4	交互作用	−0.05628	0.17798	−0.32	0.7549
2014	α	截距	0.07428	0.09462	0.79	0.4412
	β_1	技术水平	−0.03101	0.14453	−0.21	0.8322
	β_2	行业资源依存度	0.02292	0.11049	0.21	0.8376
	β_3		0.41796	0.12694	3.29	0.0035
	β_4	交互作用	−0.11123	0.19997	−0.56	0.5839

根据表 7-32 可以知道三个不同年份的数据样本的回归结果一致表明技术水平不影响能源强度，反映技术水平的虚拟变量的回归系数分别为 −0.03592、−0.03688 和 −0.03101，相应的概率值分别为 0.7690、0.7771 和 0.8322，在 5% 置信水平上不显著。行业资源依存度显著影响能源强度，虚拟变量的回归系数分

别为 0.36591、0.39555 和 0.41796，相应的概率值分别为 0.0024、0.0021、0.0035，在 0.05 的显著水平上是高度显著的。反映交互作用的虚拟变量的回归系数分别为－0.04864、－0.05628 和－0.11123，相应概率值分别为 0.7737、0.7549 和 0.5839，在 0.05 的显著水平上交互作用不显著。回归分析的结果与上文方差分析的结果完全相互印证，进一步可以认为能源强度对行业资源依存度的弹性系数约为 0.40。

7.4.4　结论

当前研究者对能源效率影响因素的研究通常包括多种因素，如行业竞争、技术进步、能源结构、开放程度以及环境规制等，但是这些因素之间可能存在相互关联，如行业的竞争程度会影响技术进步的水平，越是竞争激烈的行业，行业内部的企业众多，越能够刺激技术革新，促进技术进步，两者之间存在正向相关性；同时，行业的竞争与开放程度也存在类似的关联关系，开放程度越高，竞争程度也就越大。同样，资源环境限制与能源结构和行业资源依存度之间也存在着复杂的关联关系，由于环境约束，煤炭等高污染能源的使用受到限制，而以煤炭为主要能源来源的产业也会受到影响，其能源结构也会因此而改变。因素之间的这种复杂内在联系在众多文献研究中常常被提及。为了避免因素之间潜在关系可能导致的多重共线性问题，在回归模型中设置了两类典型因素进行分析。综合方差分析和回归分析的结果，我们可以得出结论：

一方面，技术进步并非如预期能够带来能源消耗的降低。在方差分析模型中，技术进步与能源强度之间不存在相关性，而在回归分析模型中，技术进步甚至与能源强度之间呈现出轻微的负相关性。这与我们预期技术进步对能源消耗的影响结果不同。产生这一结果的原因可能在于众多研究者提及的诸如空间效应、区域影响、回弹作用等因素的影响日渐加强使得技术进步对能源效率提升的积极作用被大大抑制，以至于技术水平对能源效率提高的积极作用发生了根本性的改变。

另一方面，行业资源依存度如预期能够影响能源消耗水平。根据回归分析的结果可以知道，只有资源加工业类型的行业资源依存型制造业才对能源强度的影响作用显著，我们认为这类行业大多数属于高技术产业，技术壁垒水平高，技术更新快，研发能力较强，产品附加值较高，对能源的依赖程度相对较高，这类制造业的快速发展能够显著影响能源效率。另外，技术水平和行业能源依存度之间的交互作用并不显著，这使得模型中同时设置这两个因素变量是适当的，含有交互作用的方差分析结果对此也有印证。

基于以上结论，本节得到了以下两点启示：(1) 两个样本年份的实证分析结果高度一致表明能源效率的变化是极其缓慢的，在未来较长的一段时期内能源效率现状仍将持续，这意味着能源政策的效果可能需要较长的时期才能显现。(2) 影响能源效率的因素本身是复杂的，因素与因素之间存在众多不确定关系。虽然现有的样本数据未能探测到交互效应，但是根据相关的经济理论，有充分的理由相信这种交互效应是存在的，因此在制定能源政策时应当考虑到政策之间的协调性。

7.5 环境规制对中国制造业产业绿色增长的影响

改革开放以来，制造业作为中国经济的中坚力量，获得了长足的发展，但以高污染、高能耗的粗放型增长模式带来的制造业超常规发展也导致中国出现了西方发达国家工业化进程中的环境污染问题。尤其是近年来，大气污染、水污染、固体废物污染等呈现出不断严重的趋势，已成为亟待解决的环境问题。事实上，这一问题也日益受到各界的重视，表现在不断加大对工业污染治理的投资，如 2000 年中国工业污染治理投资额为 234.79 亿元，到 2014 年时这一数值已达到 997.65 亿元[①]。同时，在五年规划中，也制定了一系列关于环境保护和节能减排的约束性指标等，这些举措显示着中国正不断地加大环境规制的强度。那么，这些环境规制是否会影响制造业的增长，特别是将污染等非期望产出涵盖在内的绿色增长？另外，由于行业差异的存在，环境规制对制造业各行业的绿色增长是否存在着不同的影响效果？对这些问题的探索和回答可以为当前中国制造业环境规制提供有益的参考，以实现环境改善和经济发展的双赢。

7.5.1 文献综述

早期学者们普遍认为，环境规制对产业发展有一定的抑制作用，认为环境规制一方面加大了企业的“遵循成本”，另一方面企业用于污染处理的投资会对其他生产投入产生一定的“挤出”，最终降低了企业的生产率和竞争力。如 Gray(1987) 研究美国 20 世纪 70 年代的环境规制政策后发现，环境规制导致美国制造业生产率年均增速下降 0.17%—0.28%。Jorgenson 等(1990)认为环境规制会导致生产率降低和经济增长放缓。但 Porter(1991)认为，环境规制增加企业成本只是一种短期现象，从长期来看，合理规制能在一定程度上刺激企业提升资源优化配置水平和技术创新能力。如对污染物的循环利用可提高企业的生产效率，而环境规制带来的压力也会促使企业关注资源使用中的潜在创新机会，形成一种“创新补偿效应”，进而提高产业的绩效。

环境规制与生产率的关系不仅有理论上的争议，在实证研究方面也并未得出一致的结论。Berman 等(2001)研究美国的石油冶炼业发现，空气质量管制更为

---

① 资料来自《中国统计年鉴 2015》。

严格的洛杉矶在该行业比美国其他地区有更高的生产率。Hamamoto(2006)利用日本的造纸等五大制造行业在1972—1982年的污染控制支出数据研究发现,污染控制支出对R&D活动有显著的积极影响,而R&D投资的增加能够显著提升生产率。Zarate-Marco et al.(2015)分别研究了1989—2001年西班牙的环境税和环境监管对其生产率和经济增长的影响。运用动态面板数据模型估计后发现,实证结果支持波特假说。通过执行环保税而非监管的严格环境政策可以提高生产率,因为前者促使企业进行组织和技术变革以降低税负。但另一些学者却认为,环境规制对生产率没有影响甚至有负的影响。Shadbegian等(2005)利用1979—1990年美国造纸、炼油以及钢铁行业的工厂数据,研究了污染减排支出对生产率的影响,结果发现减排支出对生产率只有微小甚至没有影响。Lanoie等(2008)基于1985—1994年加拿大魁北克省17个制造业行业数据的研究结果表明,环境规制对当期生产率存在负面影响,当提高环境规制强度时,高污染行业的生产率长期看来是下降的。Becher(2011)利用1980—1994年的制造业普查数据研究发现,环境规制对美国制造业的生产率不存在统计上的显著影响。Rubashkina等(2015)基于1997—2009年17个欧洲国家的制造业部门数据,考察了环境规制对创新以及生产力的影响,认为对生产率的影响是“强”波特假说最相关的指标。利用污染治理和控制支出作为环境规制的代理变量,发现其对创新有积极作用,但生产率不受污染控制和减排努力的影响。

面对环境的不断恶化,国内学者对环境规制与生产率的关系也进行了深入的研究。王兵等(2008)测度了1980—2004年APEC 17个国家和地区的全要素生产率增长,发现考虑环境管制后,APEC成员的全要素生产率增长水平有所提高。陈诗一(2010)利用1980—2008年的中国工业数据进行估算后发现,中国实行的节能减排政策有效地推动了工业绿色生产率的持续改善。李树等(2013)采用倍差法评估发现,《大气污染防治法》的修订显著提高了空气污染密集型工业行业的全要素生产率,且其边际效应随着时间的推移呈递增趋势。Zhao等(2016)以2007—2012年中国污染密集型企业的面板数据,探索“波特假说”在中国的实际情况。结果表明,灵活的调控政策已初见成效,环境规制对企业创新有显著的积极作用,但其负面效应的存在也部分解释了环境规制何以对企业的竞争力有负面影响,尽管并不显著。同时仅有东部地区和中部地区有弱波特假说现象,而西部地区并不显著。但有学者提出了不同的看法,认为环境规制与生产率并非简单的线性关系,如殷宝庆(2012)研究表明,环境规制与制造业绿色全要素生产率总体上符合“U”形关系,且其对生产率的影响在清洁型部门和污染密集型部门中存在差异性。李斌等(2013)基于2001—2010年中国工业行业数据发现,环境规制可以通过作用于绿色全要素生产率而影响中国工业的发展方式,但却存在环境规制强度的“门槛效应”。还有一些研究表明，环境规制抑制了生产率的提高。李钢等(2012)运用一般均衡模型评估环境规制对中国经济的影响，结果显示提高环境规制强度会导致经济增长率的下降。陈超凡(2016)以2004—2013年中国工业行业数据，运用动态面板模型研究发现，环境规制对工业行业绿色全要素生产率的影响是负面的且不显著，尚未越过“波特拐点”。

这些研究为探索环境规制与生产率之间的关系提供了有益的指引，但研究结论仍然存在较大的分歧。为明确环境规制对制造业绿色全要素生产率的影响，在本研究中，不仅将环境污染作为非期望产出引入生产过程中，解决不考虑环境因素时对生产率的度量偏差，而且将环境规制对绿色生产率的影响深入到制造业行业内部，观察其对不同行业类型的影响。

7.5.2 制造业行业类型的划分

由于不同行业在污染排放技术构成和产业周期方面存在较大差异，不同的行业绩效对环境政策的响应亦有所区别(沈能，2012)，因而对于污染程度不同的行业，环境规制对其影响程度可能也不尽相同。在放松行业同质的假定后，研究者针对特定研究目的对制造业采取了不同的分类标准。涉及环境规制问题时，往往根据行业排污强度进行行业划分，但在具体的算法上会有所差异。如沈能以工业废水和工业废气排放量为基础，以各行业废水废气治理运行比例作为两者的权重测算出行业污染排放强度，并取2001—2010年行业排污强度的平均值将工业行业划分为污染密集型和清洁生产型两类。李玲等(2012)采用先对各类污染物单位产值的排放量进行线性标准化，再等权加和平均的方法计算各产业的污染排放强度，据此将制造业产业分为重度污染、中度污染以及轻度污染行业三类。韩晶等(2014)采取改进的标准差标准化法，并利用层次分析法确定各污染物的权重，进而测算污染物排放强度，同样将制造业产业分为重度、中度以及轻度污染行业三类。可以看到，这些方法都是以污染物排放量作为测算的基础数据，区别只是在于赋予权重的不同。因此，本文选取废气、废水、废物三类污染物的排放量作为测算指标，然后使用离差最大化方法确定各指标的权重。因为该方法是一种完全客观的评价方法，消除了主观评价方法中人为因素的影响，从而保证评价结果的可靠性。同时该方法可以对不同年份的指标赋予不同的权重，能够反映各指标重要程度的变化。具体处理过程为：

首先，由于污染物的不可相加性，采用式(7.5)对各种污染物排放总量进行边标准化处理，有：

$$Z_{ij} = \frac{y_{ij} - y_j^{\min}}{y_j^{\max} - y_j^{\min}} \tag{7.5}$$

其中，i表示制造业细分行业($i=1,2,\cdots,29$)，j为污染物来源($j=1,2,3$)。

其次，采用离差最大化方法确定各种污染物的权重，其原理在于选择的加权向量 $\boldsymbol{W}=(w_1, w_2, w_3)$ 能够使得各项指标对所有行业的离差之和最大。

再次，将标准化后的污染物排放量 Z_{ij} 与对应污染物指标权重相乘，再求和，即可得到某一年份各行业的污染排放强度指数 r_t。

最后，将 2003—2014 年各行业的污染排放强度指数全部求出后取平均值，即得 29 个行业[①]的实际污染排放强度指数 r。

2003—2014 年各行业的废气、废水、废物排放量来自《中国环境统计年鉴》，遵循上述步骤，测算出各行业的污染排放强度指数，并根据该指数的大小将制造业行业进行分类，表 7-33 为制造业产业分类结果。

表 7-33　制造业行业分类

污染排放强度指数	类型	具体行业
$r \geqslant 0.0874$	重度污染行业	黑色金属业、化学制品业、造纸制品业、非金属矿物业、纺织业、食品加工业、有色金属业、石油加工业、饮料制造业
$0.0177 \leqslant r < 0.0874$	中度污染行业	食品制造业、医药制造业、化学纤维业、通信设备业、金属制品业、运输设备业、皮毛制品业、通用设备业、橡胶塑料业、纺织服装业
$r < 0.0177$	轻度污染行业	专用设备业、电气机械业、木材加工业、仪器仪表业、工艺品业、烟草制品业、废弃资源业、印刷业、家具制造业、文教体育业

除个别行业外，表 7-33 中的分类结果与李玲等、韩晶等的分类结果基本相同。可以看出，重度污染行业主要包括造纸制品业、化学制品业、黑色或有色金属业、石油加工业等一些污染密集型产业和重化工业，其行业特性决定了它们资源消耗较多，环境污染较大。中度污染行业主要包括食品制造业、医药制造业、化学纤维业、金属制品业等行业，这些行业多属于生活资料行业，行业需求量决定其规模较大，因而造成较高的污染。轻度污染行业主要包括专用设备业、电气机械业、仪器仪表业等技术含量较高的行业以及木材加工业、工艺品业、烟草制品业等较为清洁的行业，这些行业所需能耗较小，造成的污染也较小。

---

① 《国民经济行业分类》国家标准在 1984 年首次发布后，分别于 1994 年、2002 年、2011 年进行了修订。由于 2002 年以前的产业标准分类与后续修订版的差异较大，难以进行拆分或合并，为保证可比性，将研究区间设定为 2003—2014 年。同时对部分产业进行合并统一，将 2003—2011 年的橡胶制品业和塑料制品业合并为“橡胶塑料业”，2012—2014 年的汽车制造业与铁路、船舶、航空航天和其他运输设备制造业合并为“运输设备业”，由于“机械修理业”的 2003—2011 年指标数据缺失，将其剔除，共得到 29 个二分位数制造业行业。

7.5.3 中国制造业绿色全要素生产率的测算

在观察制造业增长时，传统的做法是只考虑工业总产值、工业增加值或是主营业务收入等期望产出，而当涉及绿色增长时，环境影响也应被纳入研究框架，即污染的生产、排放等非期望产出也需要被考虑。因此，需要测算绿色全要素生产率替代传统的全要素生产率，以考察其对能源消耗和环境污染的影响。

7.5.3.1 绿色全要素生产率的测度方法

在测度绿色全要素生产率时，目前主流的方法是使用方向性距离函数(DDF)，该函数将污染排放等非期望产出与工业产值等期望产出一起引入生产过程，然后结合 Malmquist-Luenberger(ML)指数进行测量。参照 Fare 等(2007)定义的环境技术函数，设定投入向量为 $\boldsymbol{x}$，期望产出向量为 $\boldsymbol{y}$，非期望产出为 $\boldsymbol{b}$，则包含期望产出和非期望产出的产出集合形式 $p(x)$ 可以表达为：

$$p(x)=\{(y,b):x \text{ 能生产出的}(y,b)\},\quad x\in R_{+}^{W} \tag{7.6}$$

式(7.6)中，$p(x)$ 给出了既定投入 x 之下，“好”产出与“坏”产出的生产可能性边界。若将各制造业细分行业视为一个生产决策单元(DMU)，即可利用 DDF 算出 DMU 的相对效率，如式(7.7)所示：

$$\vec{D}_0(x,y,b;g)=\sup\{\beta:(y,b)+\beta g\in p(x)\} \tag{7.7}$$

式(7.7)中，将 g 定义为 $g=(y,-b)$，表示期望产出和非期望产出增减的方向性向量，则 DDF 表示当投入向量一定时，沿方向向量 g，产出向量 (y,b) 所能扩张的最大倍数。因而，对于某一具体制造业产业 k 来说，第 t 期的 DDF 可通过求解式(7.8)的线性规划而得出：

$$\begin{aligned}
&\vec{D}_0(x^t,y^t,b^t;y^t,-b^t)=\max\beta\\
\text{s. t.}\quad &\sum_{k=1}^{K}\theta_k^t y_{km}^t\geqslant(1+\beta)y_{km}^t,\quad m=1,2,\cdots,M\\
&\sum_{k=1}^{K}\theta_k^t b_{kn}^t\geqslant(1+\beta)b_{kn}^t,\quad n=1,2,\cdots,N\\
&\sum_{k=1}^{K}\theta_k^t x_{kw}^t\geqslant x_{kw}^t,\quad w=1,2,\cdots,W\\
&\theta_k^t\geqslant 0
\end{aligned} \tag{7.8}$$

式(7.8)中，θ_k^t 为第 t 期的权重值，m、n、w 分别表示期望产出、非期望产出、投入要素的种类，$k=1,2,\cdots,K$，即为决策单元。在求解出 DDF 后，参照 Chung 等(1997)的做法，即可构造第 t 期到第 $t+1$ 期的 Malmquist-Luenberger(ML)指数：

$$\mathrm{ML}_t^{t+1}=\left\{\frac{1+\vec{D}^t{}_0(x^t,y^t,b^t;g^t)}{1+\vec{D}^t{}_0(x^{t+1},y^{t+1},b^{t+1};g^{t+1})}\times\frac{1+\vec{D}^{t+1}{}_0(x^t,y^t,b^t;g^t)}{1+\vec{D}^{t+1}{}_0(x^{t+1},y^{t+1},b^{t+1};g^{t+1})}\right\}^{1/2} \tag{7.9}$$

7.5.3.2 变量说明及数据来源

2003—2014 年,制造业 29 个行业的投入、期望产出和非期望产出的衡量指标及数据来源说明如下:(1) 劳动投入。借鉴大多学者的做法(陈超凡,2016),使用制造业各行业年平均从业人员数来表示,数据来自国研网—工业统计数据库。(2) 资本投入。对于该指标的衡量是一个较为复杂的问题,有一些学者如李小平等(2005)直接使用固定资产作为资本投入,将固定资产账面价值按照固定资产投资价格指数进行折算,但是固定资产投资价格指数同样需要进行估算。他将固定资产价格指数分为建筑安装工程价格指数和设备价格指数,并以建筑安装工程费用和设备费用占固定资产总值的比例作为各自的权重,这两个指数代理变量的选择仍存在争议。也有一些研究者使用永续盘存法估算物质资本存量数据,这涉及基期资本存量和折旧率的确定问题,不同学者对此的处理大不相同,由此测算出来的资本存量数据差异较大。为减少数据估算造成的偏差,借鉴李斌等(2013)的做法,采用各行业固定资产净值年平均余额近似估计。2003—2008 年的各行业数据来自国研网,2009—2013 年仅有制造业各行业固定资产净值数据,故以年初(即上年末)固定资产净值和本年末固定资产净值之和的平均值计算而得。(3) 能源投入。一般采用制造业各行业的能源消费总量来衡量(李玲等,2012),数据来自历年的《中国统计年鉴》。(4) 期望产出。考虑到中间投入品,应使用工业总产值而非工业增加值作为各行业的期望产出(陈超凡,2016),由于 2012—2014 年《中国统计年鉴》和《中国工业统计年鉴》不再列示各产业工业总产值的数据,故以主营业务收入数据替代。对比 2003—2011 年的各行业工业总产值和主营业务收入可知,两者数值比较接近,主营业务收入仅略小于工业总产值,因而用其替代是合适的。(5) 非期望产出。同时采用工业废气排放量、工业废水排放量以及工业固体废弃物排放量作为非期望产出的衡量指标,数据来自历年的《中国环境统计年鉴》。

7.5.3.3 测算结果

利用 2003—2014 年制造业 29 个行业的投入产出指标数据,根据方向性距离函数以及 ML 指数测算出相对效率,所用软件是 MAXDEA。由于 ML 指数反映的是上一期到本期的绿色全要素生产率的变化,因此参照邱斌等(2008)的做法,设定 2002 年的绿色全要素生产率为 1,将其与测算所得的 ML 指数(2002—2003)相乘即得 2003 年的绿色全要素生产率,2003 年的绿色全要素生产率与 ML 指数(2003—2004)相乘即得 2004 年的值,以此类推,即得到 2003—2014 年制造业各行业的绿色全要素生产率。测算结果显示,2003—2014 年绿色全要素生产率均值最高的是低度污染行业,重度污染行业次之,最低的是中度污染行业。由于低度污染行业多属于技术密集行业或是清洁行业,期望产出较高而非期望产出较低,从而有较高的绿色全要素生产率。从分行业的结果看,各个行业的绿色全要素生产率都有不同程度的增长,这与我国节能减排的战略导向密切相关。自“十一五”规划以来,国家在五年规划中不断强调加快改善生态环境,要求推进资源节约集约利用以及加大环境综合治理力度,由此促进了行业绿色全要素生产率的提高。

7.5.4 计量模型建立与回归结果分析

7.5.4.1 实证模型

本研究重点探讨环境规制对制造业绿色全要素生产率的影响,由于制造业生产率的大小受多种因素影响,因此建立如下面板数据模型:

$$\ln GTFP_{it} = c + \alpha \ln ER_{it} + \beta ln\ (X_j)_{it} + \varepsilon_{it} \tag{7.10}$$

其中,GTFP 表示绿色全要素生产率;ER 表示行业环境规制水平;X 表示控制变量,根据相关的研究文献,选择要素禀赋(KL)、行业规模(IS)、研发投入(RD)、外商投资(FDI)和市场化水平(MAR)作为影响制造业绿色全要素生产率的控制因素;c 表示常数项;ε 表示随机扰动项;α 表示解释变量的回归系数;β 表示各个控制变量的回归系数;i 表示制造业细分行业,由于废弃资源业的技术创新数据缺失,此处 $i=1,2,\cdots,28$;t 表示年份,$t=2003,2004,\cdots,2014$。

7.5.4.2 变量选择

1. 绿色全要素生产率 GTFP

该指标包含了非期望产出的生产率,考虑了环境污染和能源投入,具体测算方法与结果前文已给出。

2. 环境规制 ER

目前对于环境规制强度的度量有多种方式,如以地方政府颁布的法令或环境规制法律政策的数量来度量环境规制强度;用不同的污染物排放密度或是排放达标率衡量环境规制强度(Cole 等,2003;李玲等,2012;殷宝庆,2012);用治污投资占企业总成本或产值的比重度量环境规制强度(Lanoie 等,2008);用排污费收入度量环境规制强度(Levinson,1996)。此处借鉴沈能(2012)、陈超凡(2016)的处理方法,以行业污染治理运行成本占工业产值的比重作为环境规制强度的代理指标。由于《中国环境年鉴》中并未列示分行业的工业固体废物治理成本数据,因而污染治理运行成本主要包括各行业废水和废气污染治理费用。一个行业的制造业污染治理比例越大,说明该行业的环境规制强度越强。为了保证回归结果的稳健性,除采用制造业污染治理比例衡量环境规制外,还参考李勃昕等(2013)的做法,使用制造业能源消费指数来测度中国制造业行业环境规制强度,即以制造业行业工业总产值与行业能源消费总量之比来表示,当一个行业的制造业能源消费指数越大时,该行业的环境规制强度越强。根据历年《中国环境统计年鉴》中收集到的相关数据,计算出各行业的环境规制强度,并将两种测度结果分别与各行业

绿色全要素生产率进行了拟合(见图 7-3)。

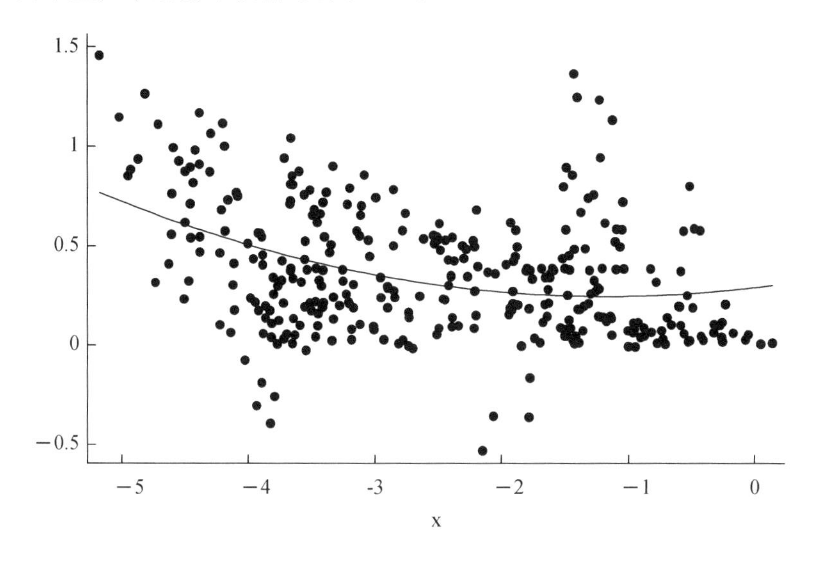

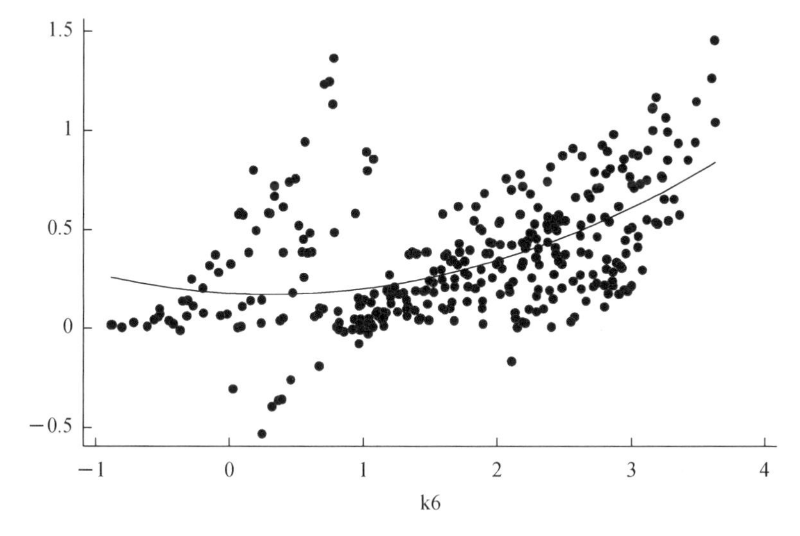

图 7-3　环境规制与绿色全要素生产率的拟合曲线

拟合结果显示,环境规制与绿色全要素生产率并非简单的线性关系,而是近似于“U”形。因而需要对设定的模型进行修正,将环境规制的平方项加入到模型中,以检验两者是否存在非线性关系,模型变化为:

$$\ln GTFP_{it} = c + \alpha \ln ER_{it} + \delta(\ln ER_{it})^2 + \beta \ln\ (X_j)_{it} + \varepsilon_{it} \tag{7.11}$$

3. 要素禀赋 KL

制造业的增长需要资本、劳动等要素的投入,当要素之间的组合配比关系比较协调时，同等条件下要素的使用效率也会更高，进而有助于提高生产率。有研究者以行业总资产与行业年末从业人数之比表示要素禀赋（王珊珊，2011），但更多地采用行业固定资产净值与从业人员规模之比（涂正革，2008；章秀琴等，2012）进行测度，本文同样使用后一种方法，数据来自国研网。

4. 行业规模 IS

波特认为，产业增长是规模经济、范围经济以及外部经济共同作用的结果，因而行业规模的大小对生产率有一定的影响。借鉴李伟娜等（2011）的做法，以各行业的固定资产投资净值表示行业规模，数据来自国研网。

5. 技术创新 RD

技术创新可以通过对原有生产工具进行更新改造升级，形成新的工艺，从而降低物耗能耗；通过改变生产要素存在形态，提高生产要素质量来扩大资源的利用范围，深化生产要素的利用程度，并通过优化要素组合，提高要素间的组合配置效率；创新还能促进劳动者素质和技能的提升，这些对生产率的提高有重要的影响。对技术创新的衡量一般从研发投入或产出的角度，如以研发经费占固定资产投资或工业增加值的比值衡量（沈能，2012；李伟娜等，2011），或以各行业科技活动人员数占行业从业人员数的比例来度量（李树等，2013），或以专利拥有数等衡量。此处借鉴韩晶等（2014）的做法，以 R&D 研发经费测度技术创新水平。数据来自历年《中国科技统计年鉴》。

6. 外商直接投资（FDI）

FDI 不仅直接增加了资本量，而且外资企业的示范效应、竞争效应和技术溢出也有可能带来本地企业生产效率的提高。对于外商直接投资的测度，一般采用外商资本总额、外商投资或总产值占工业总产值的比重（涂正革，2008；韩晶等，2014）或是三资企业资产数占行业资产数的比例（李树等，2013）等指标衡量，借鉴岳书敬等（2009）的做法，采用三资企业占行业总产出（由于总产值数据有缺失，故以主营业务收入表示）的比例测度。数据来自历年《中国统计年鉴》。

7. 市场化水平 MAR

市场化水平可以用多种指标来说明，但其本质特征在于产权制度的变化。产权制度的不同会产生不同的激励机制，进而对生产过程中的资源要素的配置效率和利用水平产生影响，最终可能影响制造业的生产效率。一般采用国有及国有控股企业生产总值占规模以上工业企业生产总值的比值来表示市场化程度。由于2012—2014 年制造业各行业的工业总产值数据缺失，而比较 2003—2011 年各行业的主营业务收入与工业总产值的数据，发现两者相差较小，为保证数据的可比性，此处以行业内国有及国有控股工业企业主营业务收入与该行业主营业务收入之比衡量市场化水平。数据来自历年《中国统计年鉴》。

7.5.4.3 实证结果与分析

进行面板数据参数估计时，为避免参数估计结果出现较大偏差，要选择正确的面板数据模型形式。固定效应模型和随机效应模型是常用的两种面板数据模型，前者考虑了群组间的差异，估计量具有一致性，后者利用了更多的信息，估计量具有效应性（涂正革，2008）。根据 Hausman 检验，可在两者中选择合适的模型。另外，为消除可能存在的异方差性和序列相关性，同时采用可行的广义最小二乘法（FGLS）进行回归，分析软件是 Stata12.0，模型回归结果如表 7-34 所示。

表 7-34 估计结果

模型	以制造业污染治理比例测度 ER			以制造业能源消费指数测度 ER		
解释变量	FE	RE	FGLS	FE	RE	FGLS
ER	0.1762***	0.1128***	−0.0502**	0.2116***	0.1133***	0.0651**
	(3.70)	(2.62)	(−2.05)	(4.25)	(3.23)	(2.37)
ER^2	0.0488***	0.0421***	0.0139***	0.0443***	0.0403***	0.0396***
	(6.43)	(5.84)	(2.92)	(5.00)	(4.74)	(4.59)
KL	0.2473***	0.2420***	0.2193***	0.2711***	0.2525***	0.2178***
	(4.60)	(6.04)	(12.79)	(4.84)	(6.32)	(9.59)
IS	0.0616**	0.0799***	0.0741***	−0.0020	0.0647**	0.1280***
	(2.01)	(2.94)	(5.62)	(−0.06)	(2.34)	(6.93)
RD	0.0744**	0.0335	0.0129	0.0041	−0.0143	−0.0552***
	(2.45)	(1.37)	(1.31)	(0.13)	(−0.58)	(−3.64)
FDI	0.0044	−0.0078	−0.0287***	−0.0011	0.0093	−0.0005
	(0.23)	(−0.44)	(−2.82)	(−0.06)	(0.52)	(−0.04)
MAR	−0.0113	−0.0574***	−0.0890***	0.0216	−0.0137	−0.0315**
	(−0.45)	(−2.77)	(−9.41)	(0.81)	(−0.62)	(−2.14)
常数项	−0.9553***	−1.1459***	−1.2645***	−0.8265***	−1.0652***	−1.2436***
	(−7.27)	(−9.71)	(−19.83)	(−6.74)	(−10.20)	(−14.41)
Hausman 检验	0.0000			0.0113		
Obs.	336	336	336	336	336	336

注：系数下方的值是 t 或 z 统计量；***、**、* 分别表示变量系数通过了 1%、5%和 10%的显著性检验；Obs. 表示样本观察值个数。

回归结果显示，Hausman 检验拒绝了随机效应的原假设，应选择固定效应，但由于 FGLS 模型能消除异方差性，故将该模型估计的结果作为主要说明对象，固定效应模型的结果作为参考。当以制造业污染治理比例测度 ER 时，环境规制平方项的系数为正，且通过了显著性检验，证实了环境规制与制造业全要素生产率的“U”形关系。这与殷宝庆(2012)的发现是一致的,即随着环境规制强度由弱变强,绿色全要素生产率也经历先降低后提升的过程。即当环境规制强度较小时,环境规制带来的遵循成本要大于其创新补偿效应,从而使得绿色全要素生产率不断降低,伴随着环境规制强度的不断增加,创新补偿效应逐渐超过了遵循成本,从而使得绿色全要素生产率有所提高。当以制造业能源消费指数测度 ER 时,各变量的回归系数及显著性并未发生较大变化,进一步佐证了回归结果的稳健性。

其他控制变量对绿色全要素生产率的影响存在较大差异。要素禀赋的系数显著为正,表明资本深化促进了绿色全要素生产率的提高,这与韩晶等(2014)的发现相同。人均资本的提高往往伴随着技术进步,同时也可能带来要素配置效率的提高,从而对绿色全要素生产率有正向作用。行业规模的系数为正,且通过了1%的显著性检验,表明行业规模的增大有助于绿色全要素生产率的提高。可能的原因在于,行业规模的扩大有利于形成规模经济,使得要素投入更加集约。技术创新的系数为正,但未通过显著性检验,说明制造业行业研发投入的提高并未显著提升绿色全要素生产率。这与袁天天等(2012)的研究结果一致,一直以来,中国研发的投入产出比不高,且技术成果转化率也较低,使得行业研发经费投入的增长并未有效地促进技术进步,技术创新对生产率的影响有待进一步提高。外商直接投资的系数显著为负,说明其抑制了绿色全要素生产率的提升,在一定程度上证实了“污染避难所”假说。相对而言,中国的环境规制强度远低于发达国家,因而外国污染企业可能会选择在环境标准较低的中国进行生产,反映了中国制造业的引资质量仍不高。市场化水平的系数也显著为负,表明国有化率的提高不利于绿色全要素生产率的提高。这与沈能(2012)的研究结论相同,较之私营企业,国有企业遵循环境规制的意愿更强,因而其治污投资力度和承担的治污成本也越高,可能会降低其绩效。同时,国有企业产权模糊和经营机制僵化也使其饱受“效率低下”的诟病,这些均抑制了绿色全要素生产率的提高。

由于行业污染程度的不同,环境规制对不同行业绿色全要素生产率产生的影响也存在着差异(李钢等,2012),为此,以重度、中度以及轻度污染行业为考察对象,引入行业虚拟变量,分别考察制造业污染治理比例以及能源消费指数对不同行业类型绿色全要素生产率的影响。具体来说,以轻度污染行业为参照系,引入行业虚拟变量 ER×high 和 ER×mean,以确定环境规制对绿色全要素生产率的影响是否存在行业差异(见表 7-35)。

表 7-35 不同行业类型的回归结果

模型	以制造业污染治理比例测度 ER			以制造业能源消费指数测度 ER		
解释变量	FE	RE	FGLS	FE	RE	FGLS
ER	−0.0097	0.0483	−0.0589**	0.2799***	0.1571***	0.1242***
	(−0.13)	(0.95)	(−2.12)	(4.90)	(3.81)	(4.09)
ER^2	0.0273**	0.0337***	0.0130**	0.0331***	0.0346***	0.0259***
	(2.55)	(4.08)	(2.33)	(3.13)	(3.52)	(2.83)
KL	0.2745***	0.2320***	0.2119***	0.2742***	0.2316***	0.2165***
	(5.15)	(5.66)	(11.60)	(5.02)	(5.73)	(9.55)
IS	0.0541*	0.0780***	0.0684***	−0.0021	0.0609**	0.1313***
	(1.82)	(2.87)	(4.93)	(−0.07)	(2.24)	(7.21)
RD	0.0774***	0.0470*	0.0206*	0.0276	0.0092	−0.0428***
	(2.61)	(1.89)	(1.86)	(0.88)	(0.37)	(−2.81)
FDI	0.0050	−0.0007	−0.0317***	0.0085	0.0179	0.0055
	(0.26)	(−0.04)	(−2.90)	(0.43)	(1.02)	(0.44)
MAR	−0.0001	−0.0503**	−0.0929***	−0.0031	−0.0242	−0.0405***
	(−0.01)	(−2.42)	(−9.41)	(−0.12)	(−1.10)	(−2.83)
ER×high	0.1135*	0.0425	−0.0214*	−0.1109**	−0.0503	−0.0549***
	(1.77)	(1.08)	(−1.93)	(−2.31)	(−1.34)	(−2.87)
ER×mean	0.1581***	0.0693***	0.0051	−0.1934***	−0.1159***	−0.0570***
	(4.35)	(3.15)	(0.71)	(−4.76)	(−4.22)	(−4.93)
常数项	−1.0605***	−1.1441***	−1.2657***	−0.8660***	−1.0391***	−1.3118***
	(−7.69)	(−9.38)	(−18.31)	(−7.20)	(−9.68)	(−14.67)
Hausman 检验	0.0000			0.0030		
Obs.	336	336	336	336	336	336

回归结果显示，当加入行业虚拟变量后，无论是以制造业污染治理比例还是制造业能源消费指数测度的环境规制，其平方项系数仍为正，且均通过了显著性检验，其他控制变量的系数也基本保持一致。观察 ER×high 的系数可以发现，其系数显著为负，而当以污染治理比例测度 ER 时，ER×mean 的系数为正但不显著，当以制造业能源消费指数测度 ER 时，ER×mean 的系数则显著为负，这意味着环境规制对重度污染行业和中度污染行业的绿色全要素生产率的提高水平低于轻度污染行业。原因在于，当环境规制强度提高时，轻度污染行业本身能耗低，污染小，所需承担的“遵循成本”上升不大，但是正如前文分析，轻度污染行业中包含较多的技术密集型行业，具有创新的基础，因而环境规制带来的“创新补偿效

应”会有较大提高，使得创新补偿大于遵循成本，最终促使全要素生产率的提高幅度更大。重度污染行业和中度污染行业由于付出的“遵循成本”更高，“创新补偿效应”更低，因而这两类行业的环境规制对绿色全要素生产率的提升作用较小。

7.5.5 结论与启示

本文根据2003—2014年中国制造业29个行业的污染排放强度将其划分为重度、中度以及轻度污染行业，并采用方向性距离函数测算了制造业各行业的绿色全要素生产率，在此基础上，运用面板回归模型研究了环境规制对制造业绿色全要素生产率的影响，并探讨了该影响是否存在行业差异。主要结论有以下两点：一是环境规制强度与制造业绿色全要素生产率存在非线性关系，具体表现为“U”形特征，当环境规制强度逐步增强时，绿色全要素生产率也出现先降低后上升的变化过程；二是环境规制对绿色全要素生产率的影响存在行业差异性，即对轻度污染行业绿色全要素生产率的提升作用要高于重度及中度污染行业。这些结论蕴含一定的政策启示：

（1）合理设计环境规制水平，发挥环境规制对制造业全要素生产率的提升作用。波特假说的合理性存在较大争议的原因之一，就是其“适当设计的环境规制”这一基本前提被大多研究者所忽视。环境规制能否促进效率改进，关键在于环境规制强度的正确选择。本文的研究结论表明，环境规制强度与绿色全要素生产率存在“U”形关系，因而需要合理设计环境规制水平，使其越过“U”形曲线的底部拐点，迅速达到“U”形曲线的右端，从而有效促进制造业绿色全要素生产率的提升，实现环境保护与经济发展的双重目标。除此之外，环境规制工具的选择也十分重要，目前主要存在如排放限额、环境标准等“控制型”工具以及环境补贴、排污权交易等“激励型”工具，选择何种类型工具或工具组合才能最大限度地促进绿色全要素生产率的提高，是后续研究的问题之一。

（2）在实施环境规制时，要考虑到行业异质性。鉴于在重度和中度污染行业中，环境规制对绿色全要素生产率的提升作用较小，因而需要加大这两类行业的环境规制强度。特别是对重度污染行业而言，其能耗高，污染大，对环境的破坏作用明显，较低的环境规制强度会使其“遵循成本”较小，在总成本中仅占据较小的比例，难以刺激企业进行创新，对绿色全要素生产率的提升效果有限。只有加大环境规制强度，提高其“遵循成本”，才能真正激发其创新热情。对于轻度污染行业，只要保证其环境规制强度越过“U”形曲线底部，适当放松其环境规制水平并不会对环境造成较大威胁，但能降低企业的“遵循成本”，进而实现环境效益与经济效益的共同提高。因此，只有对不同行业实施有差别的环境规制强度，才能更好地实现节能减排的目的。

参考文献

[1] Becker, R. A. Local Environmental Regulation and Plant-level Productivity [J]. Ecological Economics, 2011, 70(12): 2516—2522.

[2] Berman, E., Bui, L. T. M. Environmental Regulation and Productivity: Evidence from Oil Refineries [J]. Review of Economics and Statistics, 2001, 83(3): 498—510.

[3] Chung, Y. H., Fare, R., Grosskopf, S. Productivity and Undesirable Outputs: a Directional Distance Function Approach[J]. Journal of Environmental Management, 1997(51): 229—240.

[4] Cole, M. A., Elliott, R. J. R. Determining the Trade-environment Composition Effect: The Role of Capital, Labor and Environmental Regulations [J]. Journal of Environmental Economics and Management, 2003, 46(3): 363—383.

[5] Dimitropoulos. J. Energy Productivity Improvement and the Rebound Effect: An Overview of the State of Knowledge [J]. Energy Policy, 2007, 35: 6354—6363.

[6] Fare, R., Grosskopf, S., Pasurka Jr., C. A. Environmental Production Functions and Environmental Directional Distance Functions [J]. Energy, 2007(32): 1055—1066.

[7] Gray, W. B. The Cost of regulation: OSHA, EPA and the Productivity Slow Down [J]. The American Economic Review, 1987, 77(5): 998—1006.

[8] Greening L. A., Greene, D. L., Difiglio, C. Energy and Consumption: The Rebound Effect a Survey [J]. Energy Policy, 2000, 28: 389—401.

[9] Hamamoto, M. Environmental Regulation and the Productivity of Japanese Manufacturing industries [J]. Resource and Energy Economics, 2006, 28(4): 299—312.

[10] Hrovatin, N., Dolsak, N., Zori, J. Factors Impacting Investments in Energy Efficiency and Clean Technologies: Empirical Evidence from Slovenian Manufacturing Firms [J]. Journal of Cleaner Production, 2016, 127: 475—486.

[11] Hsieh, C., Klenow, P. Misallocation and Manufacturing TFP in China and India [J]. Quarterly Journal of Economics, 2009, 124(4): 1403—1448.

[12] Iskin, I., Daim, T. U. An Assessment Model for Energy Efficiency Program Planning in Electric Utilities: Case of Northwest U. S. Sustainable Energy Technologies and Assessments [J]. 2016, 15: 42—59.

[13] Jorgenson, D. W., Wilcoxen, P. J. Environmental Regulation and U. S. Economic Growth [J]. The Rand Journal of Economics, 1990, 21(2): 314—340.

[14] Lanoie, P., Patry, M., Lajeunesse, R. Environmental Regulation and Productivity: New findings on the Porter Hypothesis [J]. Journal of Productivity Analysis, 2008, 30(2): 121—128.

[15] Levinson, A. Environmental Regulations and Manufacturers' Location Choices: Evidence

from the Census of Manufactures [J]. Journal of Public Economics, 1996, 62(1—2): 5—29.

[16] Porter, M. E. Towards a Dynamic Theory of Strategy [J]. Strategic Management Journal, 1991(12): 95—117.

[17] Rubashkina, Y., Galeotti, M., Verdolini, E. Environmental Regulation and Competitiveness: Empirical Evidence on the Porter Hypothesis from European Manufacturing Sectors [J]. Energy Policy, 2015, 83: 288—300.

[18] Shadbegian, R., Gray, W. Pollution Abatement Expenditures and Plant-level Productivity: a Production Function Approach [J]. Ecological Economics, 2005, 54(2—3): 196—208.

[19] Salvalai, G., Masera, G., Sesana, M. M. Italian Local Codes for Energy Efficiency of Buildings: Theoretical Definition and Experimental Application to a Residential Case Study [J]. Renewable and Sustainable Energy Reviews, 2015, 42: 1245—1259.

[20] Sorrell, S., J. Dimitropoulos, M. Sommerville, Empirical Estimates of the Direct Rebound Effect: A Review [J]. Energy Policy, 2009, 37: 1356—1371.

[21] Zarate-Marco, A., Valles-Gimenez, J. Environmental Tax and Productivity in a Decentralized Context: New Findings on the Porter Hypothesis [J]. European Journal of Law and Economics, 2015, 40(2): 313—339.

[22] Zhao, X., Sun, B. The influence of Chinese Environmental Regulation on Corporation Innovation and Competitiveness [J]. Journal of Cleaner Production, 2016, 112: 1528—1536.

[23] 曹克. 发展新型制造业、促进和谐社会建设[J]. 中共南京市委党校学报,2005:73—77.

[24] 曹鹏. 中国制造业新型化评价研究——基于28个细分产业的实证分析[J]. 南京航空航天大学学报:社会科学版,2009,11(2):39—44.

[25] 陈超凡. 中国工业绿色全要素生产率及其影响因素——基于ML生产率指数及动态面板模型的实证研究[J]. 统计研究,2016,33(3):53—62.

[26] 陈德敏,张瑞. 环境规制对中国全要素能源效率的影响——基于省际面板数据的实证检验[J]. 经济科学,2012(4):49—65.

[27] 陈德敏,张瑞,谭志雄. 全要素能源效率与中国经济增长收敛性——基于动态面板数据的实证检验[J]. 中国人口·资源与环境,2012,22(1):130—137.

[28] 陈关聚. 中国制造业全要素能源效率及影响因素研究——基于面板数据的随机前沿分析[J]. 中国软科学,2014(1):180—192.

[29] 陈诗一. 中国的绿色工业革命:基于环境全要素生产率视角的解释(1980—2008)[J]. 经济研究, 2010(11): 21—34.

[30] 陈涛,郑伟. 江苏新型制造业发展状况研究——基于江苏13个地级市数据的实证分析[J]. 现代管理科学, 2010(12):68—70.

[31] 韩晶,陈超凡,施发启. 中国制造业环境效率、行业异质性与最优规制强度[J]. 统计研究,

2014(3):61—67.
[32] 侯峻,胡俊成,季斌. 中国城市新型制造业评价指标体系研究[J]. 现代城市研究,2007(7):35—42.
[33] 胡秋阳. 回弹效应与能源效率政策的重点产业选择[J]. 经济研究,2014(2):128—138.
[34] 黄群慧,贺俊. 中国制造业的核心能力、功能定位与发展战略[J]. 中国工业经济,2015,327(6):5—17.
[35] 李斌,彭星,欧阳铭珂. 环境规制、绿色全要素生产率与中国工业发展方式转变——基于36个工业行业数据的实证研究[J]. 中国工业经济,2013(04):56—68.
[36] 李勃昕,韩先锋,宋文飞. 环境规制影响清洁生产型产业技术的创新效率吗?[J]. 中国科技论坛,2013(5):68—75.
[37] 李钢,董敏杰,沈可挺. 强化环境管制政策对中国经济的影响——基于CGE模型的评估[J]. 中国工业经济,2012(11):5—17.
[38] 李兰冰. 中国全要素能源效率评价与解构——基于"管理—环境"双重视角[J]. 中国工业经济,2012(6):57—69.
[39] 李廉水. 中国制造业发展研究报告[M]. 北京:科学出版社,2014.
[40] 李廉水,程中华,刘军. 中国制造业"新型化"及其评价研究[J]. 中国工业经济,2015,323(2):63—75.
[41] 李廉水,袁克珠. 长三角制造业区域一体化研究——基于制造业强省的比较分析[J]. 江海学刊,2007(1):81—87.
[42] 李廉水,周勇. 中国制造业"新型化"状况的实证分析——基于我国30个地区制造业评价研究[J]. 管理世界,2005(6):76—81.
[43] 李玲,陶锋. 中国制造业最优环境规制强度的选择——基于绿色全要素生产率的视角[J]. 中国工业经济,2012(5):70—82.
[44] 李梦蕴,谢建国,张二震. 中国区域能源效率差异的收敛性分析——基于中国省区面板数据研究[J].经济科学,2014(1):23—38.
[45] 李萍. 我国"新型制造业"状况的实证分析——基于四大都市圈制造业的评价研究[C]. 中国科学学与科技政策研究会学术年会,2008.
[46] 李树,陈刚. 环境管制与生产率增长——以APPCL2000的修订为例[J]. 经济研究,2013(1):17—31.
[47] 李伟娜,金晓雨. 中国制造业的环境技术效率研究[J]. 中国科技论坛. 2011(2):33—38.
[48] 李小平,朱钟棣. 中国工业行业的全要素生产率测算——基于分行业面板数据的研究[J]. 管理世界,2005(4):56—64.
[49] 林伯强,杜克锐. 要素市场扭曲对能源效率的影响[J]. 经济研究,2013(9):125—135.
[50] 刘佳骏,董锁成,李宇. 产业结构对区域能源效率贡献的空间分析——以中国大陆31省(直辖市、自治区)为例[J]. 自然资源学报,2011,26(12):1999—2011
[51] 刘翀. "新型制造业"产业评价指标体系研究[J]. 技术经济,2006,25(7):90—93.
[52] 马海良,黄德春,姚惠泽. 中国三大经济区域全要素能源效率研究——基于超效率DEA

模型和 Malmquist 指数[J]. 中国人口·资源与环境,2011,21(11):38—43
[53] 马洪福. 技术创新对制造业升级的作用[D]. 南京:南京财经大学, 2015.
[54] 邱斌,杨帅,辛培江. FDI 技术溢出渠道与中国制造业生产率增长研究:基于面板数据的分析[J]. 世界经济,2008(8):20—31.
[55] 沈能. 环境效率、行业异质性与最优规制强度——中国工业行业面板数据的非线性检验[J]. 中国工业经济,2012(3):56—68.
[56] 师博,沈坤荣. 政府干预、经济集聚与能源效率[J]. 管理世界,2013(10):6—18.
[57] 孙广生,黄祎,田海峰,王凤萍. 全要素生产率、投入替代与地区间的能源效率[J]. 经济研究,2012(9):99—112.
[58] 孙广生,杨先明,黄祎. 中国工业行业的能源效率(1987—2005)——变化趋势、节能潜力与影响因素研究[J]. 中国软科学,2011(11):29—39.
[59] 孙久文,肖春梅. 长三角地区全要素能源效率变动的实证分析[J]. 中国人口·资源与环境,2012,22(12):67—72.
[60] 涂正革. 环境、资源与工业增长的协调性[J]. 经济研究,2008(2):93—105.
[61] 王兵,吴延瑞,颜鹏飞. 环境管制与全要素生产率增长:APEC 的实证研究[J]. 经济研究,2008(5):19—32.
[62] 王兵,於露瑾,杨雨石. 碳排放约束下中国工业行业能源效率的测度与分解[J]. 金融研究,2013(10):128—141.
[63] 王常凯,巩在武. "纵横向"拉开档次法中指标规范化方法的修正[J]. 统计与决策,2016(2):77—79
[64] 王怀明,李廉水. 基于四维综合评价的湖北制造业新型化研究[J]. 河海大学学报:哲学社会科学版,2009,11(4):61—65.
[65] 王怀明. 湖北省制造业"新型化"评价实证研究[J]. 华中科技大学学报:社会科学版,2010,24(1):65—71.
[66] 王姗姗,屈小娥. 基于环境效应的中国制造业全要素能源效率变动研究[J]. 中国人口·资源与环境,2011(8):130—137.
[67] 王维国,范丹. 中国区域全要素能源效率收敛性及影响因素分析——基于 Malmqulist-Luenberger 指数法[J]. 资源科学,2012,34(10):1816—1824.
[68] 熊彼特. 孔伟艳(译). 经济发展理论[M]. 北京:北京出版社,2008.
[69] 徐建中,谢晶. 基于属性视角的我国制造业先进性的判断与测度[J]. 科学学与科学技术管理,2013,34(5):53—60.
[70] 杨冕,杨福霞,陈兴鹏. 中国能源效率影响因素研究——基于 VEC 模型的实证检验[J]. 资源科学,2011,33(1):163—168.
[71] 殷宝庆. 环境规制与我国制造业绿色全要素生产率——基于国际垂直专业化视角的实证[J]. 中国人口·资源与环境,2012(12):60—66.
[72] 袁建辉. 李约瑟问题、文化基因与中国新型制造业[J]. 阅江学刊,2010,2(2):31—38.
[73] 袁天天,石奇,刘玉飞. 环境约束下的中国制造业全要素生产率及其影响因素研究——基

于经济转型期的经验研究[J]. 武汉理工大学学报(社会科学版),2012,25(6):860—867.
[74] 岳书敬,刘富华. 环境约束下的经济增长效率及其影响因素[J]. 数量经济技术经济研究. 2009(5):94—106.
[75] 查冬兰,周德群. 基于 CGE 模型的中国能源效率回弹效应研究[J]. 数量经济技术经济研究,2010(11):39—66.
[76] 张伟,吴文元. 基于环境绩效的长三角都市圈全要素能源效率研究[J]. 经济研究,2011(10):95—109.
[77] 张志辉. 中国区域能源效率演变及其影响因素[J]. 数量经济技术经济研究,2015(8):73—88.
[78] 章秀琴,张敏新. 环境规制对我国环境敏感性产业出口竞争力影响的实证分析[J]. 国际贸易问题. 2012(5):128—135.
[79] 赵金楼,李根,苏屹,刘家国. 我国能源效率地区差异及收敛性分析——基于随机前沿分析和面板单位根的实证研究[J]. 中国管理科学,2013,21(2):175—184.
[80] 郑伟,李廉水. 中国制造业强省评价研究——基于我国 29 个地区制造业的实证分析[J]. 中国科技论坛, 2008(10):73—78.
[81] 郑伟,张昕. 中国制造业强市评价研究——基于我国 31 个城市制造业的实证[J]. 统计与决策, 2009(2):76—78.
[82] 郑伟. 江苏制造业的三大指标分析——基于新型制造业概念的江苏制造业发展再审视[C]. 中国科学学与科技政策研究会学术年会,2008.
[83] 制造业创新驱动发展战略研究课题组. 制造业创新驱动发展战略[J]. 中国工程科学 2015,17(7):20—23.

撰稿人:盛济川、王常凯、季良玉、蔡玫、郭建平
审核人:巩在武、吴敏洁、徐常萍

第8章　中国制造业发展:企业研究

本章包括2015年度制造业上市企业基本情况的评价分析和最应受到尊敬的制造业上市企业的推选两部分内容。第一部分主要是评价分析中国制造业上市企业在行业和地区中的数量分布、规模、效益、成长性和创新性等方面的发展情况;第二部分主要是采用两步综合评选体系推选出50家最应受到尊敬的制造业上市企业。这里所指制造业上市企业的行业类别是依据中国证监会的《上市公司行业分类指引》(2012年修订)所列的行业门类来划分的,所用数据主要来自制造业上市企业的2015年年报数据、中华人民共和国国家知识产权局专利检索系统的查询数据和同花顺的金融数据库,共收集到了占全部上市公司比例63%的1 811家制造业上市企业的相关样本数据[①],这些数据为制造业上市企业的分析提供了客观依据(见表8-1)。

8.1　中国制造业上市企业发展基本评价

本节主要围绕中国制造业上市企业2015年度的企业数量分布、规模、效益、成长性和创新性等方面的情况进行评价,了解中国制造业上市企业发展的基本现状。

8.1.1　中国制造业上市企业发展数量分布

中国制造业上市企业数量分布情况可反映出当前制造业上市企业的地区和行业分布特征,一定程度上是衡量地区和行业的制造业企业发展水平的重要依据。

1. 中国制造业上市企业地区分布

中国制造业上市企业占全部上市企业比例为63.28%,其中青海、河南、江西、江苏、浙江、河北、贵州、宁夏等地区的制造业上市企业占比高达75%以上,而海南、北京和上海等省份的制造业上市企业占比低于50%。

从中国制造业上市企业的地区分布来看,广东、浙江、江苏和山东四省位列前

---

① 制造业上市企业主要数据信息收集截止日期为2016年5月3日。

四,制造业上市企业数量都在 100 家以上。其中广东省最多,有 282 家制造业上市企业,占全国的 15.57%;浙江有 231 家,占全国的 12.76%;江苏有 213 家,占全国 11.76%;山东有 122 家,占全国的 6.74%;四省共有 848 家,占全国的 46.82%。排名前十的依次还有上海、北京、四川、安徽、河南和福建,前十个省份共有制造业上市企业 1 303 家,占全国总数的 71.95%。全国 31 个省份中,西藏制造业上市企业数量最少,仅有 6 家,占全国总数的 0.33%;青海有 8 家,占 0.44%;海南有 7 家,占 0.39%;宁夏有 9 家,占 0.5%。排名后十位的还有天津(22 家)、黑龙江(21 家)、内蒙古(18 家)、云南(19 家)、甘肃(18 家)和贵州(15 家)。

表 8-1　2015 年 1 811 家中国制造业上市企业省份分布

序号	省份	制造业上市企业数(家)	所占比例(%)	全部上市企业数(家)	制造业上市企业占比(%)
1	广东	282	15.57	433	65.13
2	浙江	231	12.76	305	75.74
3	江苏	213	11.76	281	75.80
4	山东	122	6.74	164	74.39
5	上海	104	5.74	227	45.81
6	北京	102	5.63	268	38.06
7	四川	70	3.87	105	66.67
8	安徽	64	3.53	88	72.73
9	河南	58	3.20	73	79.45
10	福建	57	3.15	101	56.44
11	湖北	55	3.04	87	63.22
12	湖南	52	2.87	83	62.65
13	辽宁	45	2.48	76	59.21
14	河北	40	2.21	53	75.47
15	江西	27	1.49	35	77.14
16	陕西	26	1.44	43	60.47
17	吉林	26	1.44	40	65.00
18	新疆	25	1.38	43	58.14
19	重庆	25	1.38	42	59.52
20	天津	22	1.21	42	52.38
21	山西	22	1.21	37	59.46
22	广西	22	1.21	35	62.86

（续表）

序号	省份	制造业上市企业数（家）	所占比例（%）	全部上市企业数（家）	制造业上市企业占比（%）
23	黑龙江	21	1.16	35	60.00
24	云南	19	1.05	31	61.29
25	甘肃	18	0.99	28	64.29
26	内蒙古	18	0.99	26	69.23
27	贵州	15	0.83	20	75.00
28	宁夏	9	0.50	12	75.00
29	青海	8	0.44	10	80.00
30	海南	7	0.39	27	25.93
31	西藏	6	0.33	12	50.00
总计		1 811	100	2 862	—

资料来源：根据上海证券交易所、深圳证券交易所 2015 年度年报相关资料整理、计算得出。

从东、中、西部地区分布来看，东部地区的广东、浙江、江苏、上海、山东、北京、福建、河北、辽宁、天津、海南等 11 个省份共有 1 225 家制造业上市企业，约占全国制造业上市企业总数量的 67.64%；中部地区的安徽、湖北、河南、湖南、江西、吉林、山西、黑龙江 8 省份共有制造业上市企业 325 家，占全国的 17.95%；西部地区的四川、内蒙古、云南、重庆、贵州、广西、新疆、陕西、甘肃、宁夏、青海、西藏等 12 个省份共有制造业上市企业 261 家，占全国的 14.41%。

从地区分布总体来看，中、东部地区在制造业上市企业数量上占有绝对优势，尤其广东、浙江、江苏、山东、上海和北京等六省份的制造业上市企业数量占比就接近了 60%。

2. 中国制造业企业行业分布

根据《上市公司行业分类指引》（2012 年修订），这里制造业上市企业共分为计算机、通信和其他电子设备制造业，化学原料和化学制品制造业，电气机械和器材制造业，医药制造业，专用设备制造业，通用设备制造业，汽车制造业，非金属矿物制品业，有色金属冶炼和压延加工业，橡胶和塑料制品业，纺织业，金属制品业，农副食品加工业，酒、饮料和精制茶制造业，铁路、船舶、航空航天和其他运输设备制造业，黑色金属冶炼和压延加工业，纺织服装、服饰业，造纸和纸制品业，仪器仪表制造业，食品制造业，化学纤维制造业，石油加工、炼焦和核燃料加工业，其他制造业，文教、工美、体育和娱乐用品制造业，木材加工和木、竹、藤、棕、草制品业，印刷和记录媒介复制业，皮革、毛皮、羽毛及其制品和制鞋业，家具制造业和废弃资源综合利用业等 29 个行业。

从行业分布来看，上述29个行业均有制造业上市企业。其中计算机、通信和其他电子设备制造业上市企业数量最多，共有243家，占全部制造业行业的13.42%；化学原料和化学制品制造业第二，拥有195家制造业上市企业，占全部行业的10.77%；电气机械和器材制造业第三，有188家企业，占全部制造业行业的10.38%。前三位行业共有制造业上市企业626家，所占比重为34.57%，超过1/3，再加上医药制造业、专用设备制造业、通用设备制造业等行业的制造业上市企业数量达到了1 064家，所占比重接近60%；这六类行业在数量分布上成为制造业上市企业的优势行业。

制造业上市企业数量后三位的行业分别是皮革、毛皮、羽毛及其制品和制鞋业（7家，占比0.39%）、印刷和记录媒介复制业（7家，占比0.39%）和废弃资源综合利用业（2家，占比0.11%），所占比重不足1%。这三类行业的制造业上市企业在数量分布上占比非常小，是同类制造业企业的重要标杆（见表8-2）。

表8-2 2015年1 811家中国制造业上市企业行业分布

序号	行业	企业数（家）	所占比例（%）	累计比例（%）
1	计算机、通信和其他电子设备制造业	243	13.42	13.42
2	化学原料和化学制品制造业	195	10.77	24.19
3	电气机械和器材制造业	188	10.38	34.57
4	医药制造业	162	8.95	43.51
5	专用设备制造业	166	9.17	52.68
6	通用设备制造业	110	6.07	58.75
7	汽车制造业	94	5.19	63.94
8	非金属矿物制品业	82	4.53	68.47
9	有色金属冶炼和压延加工业	59	3.26	71.73
10	橡胶和塑料制品业	52	2.87	74.60
11	纺织业	39	2.15	76.75
12	金属制品业	47	2.60	79.35
13	农副食品加工业	38	2.10	81.45
14	酒、饮料和精制茶制造业	38	2.10	83.55
15	铁路、船舶、航空航天和其他运输设备制造业	34	1.88	85.42
16	黑色金属冶炼和压延加工业	32	1.77	87.19
17	纺织服装、服饰业	31	1.71	88.90

（续表）

序号	行业	企业数（家）	所占比例（%）	累计比例（%）
18	造纸和纸制品业	27	1.49	90.39
19	仪器仪表制造业	35	1.93	92.32
20	食品制造业	34	1.88	94.20
21	化学纤维制造业	22	1.21	95.42
22	石油加工、炼焦和核燃料加工业	20	1.10	96.52
23	其他制造业	17	0.94	97.46
24	文教、工美、体育和娱乐用品制造业	12	0.66	98.12
25	木材加工和木、竹、藤、棕、草制品业	9	0.50	98.62
26	印刷和记录媒介复制业	7	0.39	99.01
27	皮革、毛皮、羽毛及其制品和制鞋业	7	0.39	99.39
28	家具制造业	9	0.50	99.89
29	废弃资源综合利用业	2	0.11	100.00
	总计	1 811	—	100.00

资料来源：根据上海证券交易所、深圳证券交易所2015年度年报相关资料整理、计算得出。

3. 中国制造业企业地区行业分布

表8-3和表8-4反映了省、自治区、直辖市及东、中、西三大经济地带的1 811家制造业上市企业行业分布情况。在省份层面看，制造业上市企业行业分布与表8-2的行业分布大体一致，但是广东省在计算机、通信和其他电子设备制造业（83家）、电气机械和器材制造业（43家）、食品制造业（8家）上市企业数量相比其他省份来说所占数量最多；江苏省则在化学原料和化学制品制造业（24家）、有色金属冶炼和压延加工业（6家）、金属制品业（12家）上市企业数量是最多的；浙江省在通用设备制造业（28家），汽车制造业（18家），纺织服装、服饰业（9家）等行业上市企业数量是最多的。

东部地区的制造业上市企业在数量上具有明显优势，占比超过60%，其中计算机、通信和其他电子设备制造业，电气机械和器材制造业，专用设备制造业，通用设备制造业等行业占比超过70%。

表 8-3 2015 年 1811 家中国制造业上市企业地区行业分布

单位：家

东、中、西部地区	省份	计算机、通信和其他电子设备制造业	化学原料和化学制品制造业	电气机械和器材制造业	医药制造业	专用设备制造业	通用设备制造业	汽车制造业	非金属矿物制品业	有色金属冶炼和压延加工业	橡胶和塑料制品业	纺织业	金属制品业	农副食品加工业
东部地区	广东	83	17	43	16	23	7	6	8	4	8	1	5	5
	浙江	24	18	26	19	19	28	18	4	5	8	9	8	2
	江苏	28	24	32	10	21	21	10	6	6	9	7	12	0
	山东	5	21	11	9	13	8	10	6	3	5	5	4	6
	上海	9	11	14	10	8	6	8	3	1	5	3	2	1
	北京	30	3	6	11	13	1	2	9	3	0	0	2	2
	福建	10	2	6	2	6	3	3	4	2	2	2	1	1
	辽宁	1	4	5	1	6	8	3	1	2	0	0	1	2
	河北	3	8	3	3	5	1	2	1	1	2	1	2	1
	天津	3	0	5	6	4	0	2	0	0	1	0	1	0
	海南	0	0	0	3	0	0	1	1	1	0	1	0	0
	行业总计	196	108	151	90	118	82	65	43	28	40	29	38	20
中部地区	安徽	3	10	8	3	3	6	5	4	3	5	2	4	1
	河南	3	5	5	5	6	2	4	7	5	1	1	1	2
	湖北	13	11	3	5	7	3	2	3	0	1	0	0	0
	湖南	4	4	4	7	7	2	1	3	2	1	3	1	4
	江西	1	5	2	4	2	1	1	1	3	0	0	0	2
	吉林	1	1	1	7	1	0	4	2	3	0	0	0	0
	黑龙江	1	1	3	4	2	0	1	0	1	1	0	0	1
	山西	1	4	0	4	2	0	0	2	2	0	0	0	0
	行业总计	27	41	26	39	30	14	18	22	19	9	6	6	10

（续表）

东、中、西部地区	省份	计算机、通信和其他电子设备制造业	化学原料和化学制品制造业	电气机械和器材制造业	医药制造业	专用设备制造业	通用设备制造业	汽车制造业	非金属矿物制品业	有色金属冶炼和压延加工业	橡胶和塑料制品业	纺织业	金属制品业	农副食品加工业
西部地区	广西	0	6	1	4	1	0	2	0	0	0	0	0	1
	贵州	2	3	1	3	0	1	1	0	0	1	0	1	0
	甘肃	1	1	1	2	2	0	0	3	0	1	1	0	0
	内蒙古	0	5	0	4	1	0	0	1	1	0	1	0	1
	宁夏	0	2	0	0	0	1	0	2	1	0	1	1	0
	陕西	4	2	4	1	5	1	0	1	2	0	0	0	0
	四川	11	16	1	4	8	7	3	2	1	1	1	1	2
	新疆	1	4	1	0	1	1	0	5	0	0	0	0	4
	青海	0	1	1	2	0	1	0	0	0	0	0	0	0
	西藏	0	0	0	3	0	0	0	0	1	0	0	0	0
	重庆	1	3	1	6	0	0	4	2	0	0	0	0	0
	云南	0	3	0	4	0	2	1	1	6	0	0	0	0
	行业总计	20	46	11	33	18	14	11	17	12	3	4	3	8

（续表）

东、中、西部地区	省份	酒、饮料和精制茶制造业	铁路、船舶、航空航天和其他运输设备制造业	黑色金属冶炼和压延加工业	纺织服装、服饰业	造纸和纸制品业	仪器仪表制造业	食品制造业	化学纤维制造业	石油加工、炼焦和核燃料加工业	其他制造业	文教、工美、体育和娱乐用品制造业	木材加工和木、竹、藤、棕、草制品业	印刷和记录媒介复制业
东部地区	广东	3	4	1	9	5	5	8	2	1	1	8	1	2
	浙江	2	1	2	7	3	6	2	6	0	6	2	1	0
	江苏	3	5	2	3	0	6	1	5	1	0	0	2	0
	山东	2	0	1	1	5	0	1	2	1	0	0	1	1
	上海	1	4	2	2	2	2	3	0	1	3	2	0	1
	北京	2	5	1	3	0	5	1	0	0	1	0	0	1
	福建	1	0	1	3	3	0	2	0	0	1	0	0	1
	辽宁	0	0	4	1	1	0	1	1	2	1	0	0	0
	河北	2	0	1	0	0	2	0	0	1	0	0	0	0
	天津	0	0	0	0	0	0	0	0	0	0	0	0	0
	海南	0	0	0	0	0	0	0	0	0	0	0	0	0
	行业总计	16	19	15	29	19	26	19	16	7	13	12	5	6
中部地区	安徽	4	0	1	0	1	0	0	1	0	0	0	0	0
	河南	0	0	1	0	1	3	3	2	0	0	0	0	0
	湖北	0	1	2	1	0	0	1	0	1	1	0	0	0
	湖南	1	1	2	0	1	1	2	0	1	0	0	0	0
	江西	0	1	2	0	0	2	0	0	0	0	0	0	0
	吉林	1	0	0	0	1	1	0	1	1	0	0	1	0
	黑龙江	0	2	0	0	1	0	0	0	2	1	0	0	0
	山西	1	1	2	0	0	0	0	0	3	0	0	0	0
	行业总计	7	6	10	1	5	7	6	4	8	2	0	1	0

（续表）

东、中、西部地区	省份	酒、饮料和精制茶制造业	铁路、船舶、航空航天和其他运输设备制造业	黑色金属冶炼和压延加工业	纺织服装、服饰业	造纸和纸制品业	仪器仪表制造业	食品制造业	化学纤维制造业	石油加工、炼焦和核燃料加工业	其他制造业	文教、工美、体育和娱乐用品制造业	木材加工和木、竹、藤、棕、草制品业	印刷和记录媒介复制业
西部地区	广西	0	0	1	0	1	1	2	1	0	0	0	1	0
	贵州	1	0	0	0	0	0	0	1	0	0	0	0	0
	甘肃	4	0	1	0	0	0	0	0	0	1	0	0	0
	内蒙古	0	1	2	0	0	0	1	0	0	0	0	0	0
	宁夏	0	0	0	0	1	0	0	0	0	0	0	0	0
	陕西	0	2	0	0	0	0	0	0	1	1	0	0	1
	四川	4	2	0	1	1	0	1	0	1	0	0	2	0
	新疆	3	0	1	0	0	0	2	0	1	0	0	0	0
	青海	1	0	1	0	0	0	1	0	0	0	0	0	0
	西藏	1	0	0	0	0	0	1	0	0	0	0	0	0
	重庆	1	4	1	0	0	1	1	0	0	0	0	0	0
	云南	0	0	0	0	0	0	0	0	2	0	0	0	0
	行业总计	15	9	7	1	3	2	9	2	5	2	0	3	1

表 8-4 2015 年 1811 家中国制造业上市企业地区行业分布 单位:家

东、中、西部地区	省份	皮革、毛皮、羽毛及其制品和制鞋业	家具制造业	废弃资源综合利用业	行业总计
东部地区	广东	1	4	1	282
	浙江	2	3	0	231
	江苏	0	0	0	213
	山东	1	0	0	122
	上海	0	0	0	104
	北京	0	1	0	102
	福建	1	0	0	57
	辽宁	0	0	0	45
	河北	1	0	0	40
	天津	0	0	0	22
	海南	0	0	0	7
	行业总计	6	8	1	1 225
中部地区	安徽	0	0	0	64
	河南	1	0	0	58
	湖北	0	0	0	55
	湖南	0	0	0	52
	江西	0	0	0	27
	吉林	0	0	0	26
	黑龙江	0	0	0	21
	山西	0	0	0	22
	行业总计	1	0	0	325
西部地区	广西	0	0	0	22
	贵州	0	0	0	15
	甘肃	0	0	0	18
	内蒙古	0	0	0	18
	宁夏	0	0	0	9
	陕西	0	0	1	26
	四川	0	0	0	70
	新疆	0	1	0	25
	青海	0	0	0	8
	西藏	0	0	0	6
	重庆	0	0	0	25
	云南	0	0	0	19
	行业总计	0	1	1	261

资料来源:根据上海证券交易所、深圳证券交易所 2015 年度年报相关资料整理、计算得出。

8.1.2 中国制造业上市企业规模评价

企业规模是企业生产和经营达到一定水平的重要经济指标。在市场竞争环境中立足的企业须具备一定规模化水平，多数研究文献指出了企业规模所具有的资源禀赋条件与企业的成长性和企业的创新等方面的因素具有密切关系；在企业规模指标设计上，上述文献大多采用了国家统计部门的企业规模划分标准指标即资产总额（即总资产）、销售额（即主营业务收入）和雇员总数（即员工总数）等指标，其中较多文献在采用单一指标来表示企业规模时，选择了“总资产”指标。总资产是指某一经济实体拥有或控制的、能够带来经济利益的全部资产，从资源占用和生产要素的层面上反映出企业规模，在以往的中国制造业发展研究报告中也都曾以总资产为依据将制造业上市企业划分为特大型（50 亿元以上）、大型（5 亿元以上）、中型（5 000 万元以上）和小型（5 000 万元以下）四种类型。主营业务收入则主要是指企业经常性的、主要业务所产生的基本收入，具体来说对工业企业而言是指“产品销售收入”，而对制造业企业而言是指销售产品、非成品和提供工业性劳务作业的收入等，这是企业积累和发展的基础。该指标越高，表明企业积累的基础越牢，可持续发展能力越强，发展的潜力越大，可以客观反映企业的经营规模和市场竞争能力，也是我国现行统计指标中数据比较完整的指标，容易操作。对制造业上市企业来说，由于不同企业之间的雇员结构、雇员质量差异性较大，雇员数又被认为不是很好的衡量指标（任海云等，2010）。因此，这里采用总资产与主营业务收入作为制造业规模评价指标。

1. 中国制造业上市企业总规模结构

2015 年中国制造业 1 811 家上市公司主营业务收入总规模达到 9.35 万亿元，较 2014 年 1 656 家企业的总主营业务收入规模降低 0.11%；平均规模为 51.60 亿元，比 2014 年减少 4.9%。这说明 2015 年中国制造业上市企业的主营业务收入规模与 2014 年相比有较明显的缩小。

从企业层面看，主营业务收入规模排名前十的制造业上市企业从大到小分别为上汽集团、中国中车、江西铜业、宝钢股份、美的集团、中国铝业、TCL 集团、中兴通讯、格力电器和华域汽车等，而排名后五的制造业上市企业从大到小分别为 ST 宜纸、博闻科技、* ST 山水、万福生科和 * ST 新亿等，其中主营业务收入最高的为上汽集团，达到 6 613.74 亿元，最小的为 * ST 新亿，仅为 390.28 万元。

从行业来看，计算机、通信和其他电子设备制造业的规模最大，2015 年该行业 243 家上市企业的主营业务收入达到 10 570.13 亿元，占 11.3%；电气机械和器材制造业排第二，2015 年该行业 188 家上市企业的主营业务收入达到 8 648.11 亿元，占 9.25%；化学原料和化学制品制造业排第三，2015 年该行业 195 家上市企业的主营业务收入达到 6 560.74 亿元，占 7.02%；废弃资源综合利用业最小，2015

年该行业 2 家上市企业的主营业务收入只有 67.24 亿元，仅占全部行业的 0.07%。由此看出，行业规模结构与行业数量分布具有基本一致的行业特征。

从地区分布来看，按照主营业务收入总计排名，上海位列第一，其 104 家制造业上市企业的主营业务收入达到 15 024.02 亿元；广东排第二，其 282 家制造业上市企业的主营业务收入达到 13 876.29 亿元；北京排第三，其 102 家制造业上市企业的主营业务收入达到 9 308.86 亿元；排后三名的依次为山东、江苏和浙江。按照主营业务收入平均规模排名，上海、江西、云南、北京以及河北分别位于前五，而浙江、西藏、福建、天津和宁夏位于后五名。

从东、中、西部地区来看，东部地区的 1 125 家制造业上市企业的主营业务收入达到 63 403.06 亿元，占全国制造业上市企业主营业务收入合计的 67.83%；中部地区 325 家制造业上市企业主营业务收入达到 16 443.38 亿元，占比仅为 17.59%；西部地区 261 家制造业上市企业主营业务收入达到 13 617.51 亿元，占比仅为 14.58%。由此可以看出，东部地区制造业上市企业规模总量最大，中部地区次之，西部地区最小。

2. 中国制造业企业规模（总资产）分布

我国国家统计部门以销售收入和资产总额两个指标为标准，将工业企业划分为特大型（50 亿元以上）、大型（5 亿元以上）、中型（5 000 万元以上）和小型（5 000 万元以下）四种类型；我们分别以总资产和主营业务收入为标准对 2015 年中国制造业 1 811 家上市公司的规模进行了统计，结果见表 8-5 与表 8-6。

表 8-5　2014—2015 年中国制造业上市企业规模比较（总资产）

类别	企业数（家）		所占比例（%）		规模（亿元）		所占比例（%）	
	2014	2015	2014	2015	2014	2015	2014	2015
特大型	450	529	27.17	29.21	101 282.60	115 918.37	79.92	80.54
大型	1 156	1 240	69.81	68.47	25 270.75	27 868.01	19.94	19.36
中型	49	40	2.96	2.21	172.30	144.99	0.14	0.10
小型	1	2	0.06	0.11	0.32	0.81	0.00	0.00
总计	1 656	1 811	100.00	100.00	126 726.00	143 932	100.00	100.00

资料来源：根据《中国制造业发展研究报告 2014》、上市公司 2015 年年度年报数据整理得出。

表 8-5 是按总资产对制造业上市企业的规模进行统计，可以发现，我国制造业上市企业总资产规模总量和企业平均规模具有不断扩大的趋势。2014 年 1 656 家制造业总资产的规模总量和平均规模分别为 126 726 亿元和 66.16 亿元，而 2015 年 1 811 家制造业总资产的规模总量和平均规模分别上升到 143 932 亿元和

79.48 亿元。尤其特大型制造业上市企业也持续保持了一定程度的增长，在其企业数目所占比例上升 2.04%的情况下，其总资产规模总量占全部制造业上市企业总资产规模总量超过 3/5，达到 80.54%，所占比例明显增加，增加比例达到 0.62 个百分点，但其 2015 年平均规模却降低到 219.13 亿元(2014 年特大型企业平均规模为 225.07 亿元)。总体来说，2015 年我国制造业上市企业从资源占用和生产要素的层面上保持了一定规模总量增长趋势。

3. 中国制造业企业规模(主营业收入)分布

表 8-6 是按主营业务收入排序的制造业上市企业规模情况。2014 年主营业务收入 50 亿元以上的制造业上市企业有 303 家，2015 年有 320 家，企业数量所占比例上升了 0.56 个百分点。2014 年 50 亿元以上的企业规模占全部制造业上市企业的 78.62%，2015 年 50 亿元以上的企业规模占全部制造业上市企业的 76.92%，比上年减少了 1.7 个百分比，主营业务收入比上年减少了 1 666.63 亿元。从表 8-6 中数据可知，5 亿—50 亿元企业的规模占总数的 22%，比上年增加了 7.8 个百分点，平均规模上升了 0.47 亿元；0.5—5 亿元以下的企业的数量从 2014 年的 288 家上升至 2015 年的 318 家。

表 8-6　2014—2015 年中国制造业上市企业规模比较(主营业务收入)

类别	企业数(家)		所占比例(%)		规模(亿元)		所占比例(%)	
	2014	2015	2014	2015	2014	2015	2014	2015
50 亿元以上	303	320	18.30	17.67	73 559.43	71 892.80	78.62	76.92
5 亿—50 亿元	1 050	1 160	63.41	64.05	19 086.32	20 557.90	20.40	22.00
0.5 亿—5 亿元	288	318	17.39	17.56	919.42	1 010.34	0.98	1.08
0.5 亿元以下	15	13	0.91	0.72	3.30	2.92	0.00	0.00
总计	1 656	1 811	100.00	100.00	93 568.47	93 463.96	100.00	100.00

资料来源：根据《中国制造业发展研究报告 2014》、上市公司 2015 年年度年报数据整理得出。

从主营业务收入看，2015 年中国制造业全部 1 811 家上市公司主营业务收入的总体规模较上年降低 0.11%，但在企业数量上增加 9.36%。微观上，大型企业和中型企业无论在数量还是主营业务收入规模上都呈现上升趋势，而特大型企业和小型企业则在数量以及主营业务收入规模上呈现下降趋势。这说明制造业上市企业具有较大规模集中发展趋势。

8.1.3　中国制造业上市企业效益评价

企业经营目的是实现利润最大化，而且提高经济效益既是企业经营持续发展的基本保证，又是企业竞争力增强的表现之一。由于企业是以盈利为目的从事生产经营活动的组织,因此盈利能力是衡量企业经济效益的最重要因素,主要反映企业经营业务创造利润的能力,较强的盈利能力为公司将来迅速发展壮大、创造更好的经济效益打下了坚实的基础。利润是企业内外有关各方都关心的中心问题,利润是投资者取得投资收益、债权人收取本息的资金来源,是经营者经营业绩和管理效能的集中表现,也是职工集体福利设施不断完善的重要保障。因此,企业盈利能力分析十分重要。

在指标设计上,盈利能力指标有净资产收益率(ROE)、资产收益率(ROA)、主营业务利润率以及息税前利润(EBIT)等,其中,总资产收益率指标衡量了企业总资产的回报率,反映了资产使用效率;净资产收益率指标加入了企业经营效率、资本结构的影响,衡量了股东投资的回报率,因此有文献指出净资产收益率是反映盈利能力的核心指标,但也有文献指出中国上市公司为迎合监管部门的规定对净资产收益率存在大量的利润操纵行为;而在主营业务利润率指标判断选择上,文献认为以产品经营为主的企业,其主导产品或主导业务被认为是集中体现企业核心竞争力的盈利对象,其核心利润应是一定时期财务业绩的主体,核心利润率是企业核心盈利能力的综合体现,可以更为恰当地分析企业核心盈利能力的发展态势。因此,这里沿用《中国制造业发展研究报告 2015》继续使用净资产收益率(ROE)、资产收益率(ROA)以及主营业务利润率等指标评价制造业上市企业的盈利能力,其中主营业务利润率=(主营业务收入－主营业务成本－主营业务税金及附加)/主营业务收入。

下面将根据上述三个指标从行业和地区角度分析 2015 年中国制造业的企业盈利能力。

1. 行业分析

按行业分类,2015 年中国制造业的企业盈利能力如表 8-7 所示。

表 8-7　行业盈利能力指标

行业	企业数量(家)	主营业务利润率(%)	总资产净利率(%)	净资产收益率(%)
计算机、通信和其他电子设备制造业	243	27.07	4.43	6.74
化学原料和化学制品制造业	195	21.36	2.69	−13.94
电气机械和器材制造业	188	26.18	5.07	8.92
医药制造业	162	50.49	7.72	10.78
专用设备制造业	166	30.03	2.73	3.60
通用设备制造业	110	24.19	2.80	4.11

（续表）

行业	企业数量（家）	主营业务利润率（%）	总资产净利率（%）	净资产收益率（%）
汽车制造业	94	21.03	5.02	8.68
非金属矿物制品业	82	23.39	2.80	4.60
有色金属冶炼和压延加工业	59	10.19	−0.22	−4.32
橡胶和塑料制品业	52	21.67	5.63	10.19
纺织业	39	17.33	1.29	−3.27
金属制品业	47	21.98	4.16	6.85
农副食品加工业	38	17.23	3.11	5.60
酒、饮料和精制茶制造业	38	41.81	5.21	7.30
铁路、船舶、航空航天和其他运输设备制造业	34	18.17	−0.0029	11.22
黑色金属冶炼和压延加工业	32	1.91	−4.53	−60.74
纺织服装、服饰业	31	38.94	4.86	7.27
造纸和纸制品业	27	17.92	2.12	−4.60
仪器仪表制造业	35	42.71	6.58	9.33
食品制造业	34	33.97	6.04	5.32
化学纤维制造业	22	13.14	2.66	5.13
石油加工、炼焦和核燃料加工业	20	7.51	−2.84	20.80
其他制造业	17	22.42	5.18	8.71
文教、工美、体育和娱乐用品制造业	12	31.16	7.63	10.12
木材加工和木、竹、藤、棕、草制品业	9	21.41	3.18	5.17
印刷和记录媒介复制业	7	31.63	7.39	9.47
皮革、毛皮、羽毛及其制品和制鞋业	7	29.82	4.96	7.10
家具制造业	9	34.92	9.99	3.17
废弃资源综合利用业	2	37.09	4.95	27.70
总计平均值	—	25.40	3.81	4.17

资料来源：根据上市公司2015年年度报告数据整理、计算得出；其中有4家上市企业的主营业务利润率数据不详。

本次统计得到的制造业上市企业的平均主营业务利润率为25.4%，平均总资产净利率为3.81%，平均净资产收益率为4.17%。

2015年29个制造业行业平均主营业务利润率为25.4%，其中医药制造业的162家上市公司的平均主营业务利润率最高，为50.49%；黑色金属冶炼和压延加工业的32家上市公司的平均主营业务利润率最低，为1.91%。其中，医药制造业，仪器仪表制造业，酒、饮料和精制茶制造业，纺织服装、服饰业，废弃资源综合利用业，家具制造业，食品制造业，印刷和记录媒介复制业，文教、工美、体育和娱乐用品制造业，专用设备制造业，皮革、毛皮、羽毛及其制品和制鞋业，计算机、通信和其他电子设备制造业，电气机械和器材制造业等13个行业的主营业务利润率高于全行业平均水平，表明这13个行业制造业上市企业核心盈利能力高于全行业平均水平。

2015年29个制造业行业的平均总资产净利率为3.81%，其中家具制造业的9家上市公司的平均总资产净利率最高，为9.99%；黑色金属冶炼和压延加工业32家上市公司的平均总资产净利率最低，仅为−4.53%。其中家具制造业，医药制造业，文教、工美、体育和娱乐用品制造业，印刷和记录媒介复制业，仪器仪表制造业，食品制造业，橡胶和塑料制品业，酒、饮料和精制茶制造业，其他制造业，电气机械和器材制造业，汽车制造业，皮革、毛皮、羽毛及其制品和制鞋业，废弃资源综合利用业，纺织服装、服饰业，计算机、通信和其他电子设备制造业，金属制品业等16个行业的总资产净利率高于全行业平均水平，表明这16个行业的制造业上市企业资产使用效率相对较高，资产运营相比全行业平均水平更有效，成本费用的控制水平更高。

2015年29个制造业行业平均净资产收益率为4.17%，其中废弃资源综合利用业的2家上市公司的平均净资产收益率最高，为27.7%；黑色金属冶炼和压延加工业的32家上市公司的平均净资产收益率最低，为−60.74%。其中，废弃资源综合利用业，石油加工、炼焦和核燃料加工业，铁路、船舶、航空航天和其他运输设备制造业，医药制造业，橡胶和塑料制品业，文教、工美、体育和娱乐用品制造业，印刷和记录媒介复制业，仪器仪表制造业，电气机械和器材制造业，其他制造业，汽车制造业，酒、饮料和精制茶制造业，纺织服装、服饰业，皮革、毛皮、羽毛及其制品和制鞋业，金属制品业，计算机、通信和其他电子设备制造业，农副食品加工业，食品制造业，木材加工和木、竹、藤、棕、草制品业，化学纤维制造业，非金属矿物制品业等21个行业的净资产收益率高于全行业平均水平，表明这21个行业的制造业上市企业投资所带来的收益高于全行业平均水平。

2. 地区分析

按地区分类，2015年中国制造业的企业盈利能力如表8-8所示。

表 8-8　地区盈利能力指标

省份	企业数量（家）	主营业务利润率（%）	总资产净利率（%）	净资产收益率（%）
安徽	64	22.80	3.30	4.57
北京	102	33.42	4.95	6.94
福建	57	27.41	4.76	7.10
甘肃	18	26.62	1.68	1.90
广东	282	28.32	4.67	6.77
广西	22	23.50	1.68	−9.08
贵州	15	32.83	2.68	3.30
海南	7	27.89	0.21	−0.18
河北	40	25.68	3.64	5.90
河南	58	25.22	2.96	3.00
黑龙江	21	25.90	2.88	15.00
湖北	54	24.53	3.08	4.63
湖南	50	31.26	1.82	−0.65
吉林	26	33.27	3.15	3.79
江苏	211	26.02	4.50	8.50
江西	27	21.57	4.08	5.34
辽宁	45	20.14	1.18	0.13
内蒙古	17	22.31	−0.92	−1.51
宁夏	9	7.75	−5.43	−38.81
青海	8	29.65	1.95	−5.82
山东	122	24.00	4.10	−19.42
山西	21	23.57	−0.87	−7.11
陕西	26	22.75	1.49	3.56
上海	103	27.84	5.82	4.01
四川	69	27.19	2.84	6.61
天津	22	26.76	2.81	4.22
西藏	6	47.10	10.70	17.87
新疆	24	19.42	0.20	−36.72
云南	19	17.06	−0.82	17.34
浙江	231	27.88	5.31	7.44
重庆	25	24.79	4.16	5.73
总计平均值	—	25.95	2.66	0.79

资料来源：根据上市公司 2015 年年度报告数据整理、计算得出；其中有 4 家上市企业的主营业务利润率数据不详。

2015 年全国 31 个省份制造业的平均主营业务利润率为 25.95％（2014 年为 24.61％），其中西藏的 6 家上市公司的平均主营业务利润率最高，为 47.1％；宁夏的 9 家上市公司的平均主营业务利润率最低，仅为 7.75%。31 个省份中北京、吉林、贵州、湖南、青海、广东、海南、浙江、上海、福建、四川、天津、甘肃、江苏等 15 个省份的主营业务利润率高于整个行业的平均水平，表明这 15 个省份制造业上市企业从主营业务收入中获取利润的能力高于全国平均水平。

2015 年全国 31 个省份制造业的平均总资产净利率为 2.66%（2014 年为 3.41%），其中安徽的 64 家上市公司平均净资产收益率最高，为 10.7%；重庆的 25 家上市公司平均净资产收益率最低，仅为−5.43%。众多省份中，北京、福建、甘肃、广东、广西、贵州、海南、河北、河南、黑龙江、湖北、湖南、吉林、江苏、江西、辽宁、内蒙古、宁夏等 19 个省份的总资产净利率高于整个行业的平均水平，表明这 19 个省份的制造业上市企业投入产出水平较高，资产运营相比全国平均水平更有效，成本费用的控制水平更高。

2015 年全国 31 个省份制造业的平均净资产收益率为 0.79%（2014 年为 2.63%），其中西藏的 6 家上市公司平均总资产净利率最高，为 17.87%；宁夏的 9 家上市公司平均总资产净利率最低，仅为−38.81%。众多省份中，云南、黑龙江、江苏、浙江、福建、北京、广东、四川、河北、重庆、江西、湖北、安徽、天津、上海、吉林、陕西、贵州、河南、甘肃等 21 个省份的净资产收益率高于整个行业的平均水平，表明这 21 个省份的制造业上市企业投资所带来的收益高于全行业平均水平。

总体上看，中国制造业上市企业的盈利能力保持了一定增长态势，但行业和地区层面上的盈利能力还存在明显差异。

8.1.4　中国制造业上市企业成长性评价

中国制造业上市企业成长性评价就是判断企业今后是否具有较强的发展后劲，最终判断出不同企业各自的成长状况和成长潜力，而最终显见性的成长性目标应归结到企业财务的成长性。评价制造业上市企业成长能力的财务指标有很多，如销售收入增长率、资本积累率、总资产增长率、固定资产成新率、三年利润平均增长率、三年资本平均增长率以及 Tobin's Q 值等；在多数文献里企业成长性指标是用总资产增长和销售收入增长来衡量，例如在高新技术企业认证办法中对企业成长性的评价也主要是根据企业近三年的销售收入和总资产的增长速率，但考虑到许多制造业上市企业的非主营业务收入也有很大增长，导致营业总收入和总资产等的增长不能很好地衡量企业成长（唐跃军等，2008）。因此，本书拟采用销售收入增长率（这里是指三年主营业务收入平均增长率）作为制造业上市企业成长能力指数，即以（本年度主营业务收入−上年度主营业务收入）/上年度主营业务收入的连续三年均值作为三年主营业务收入平均增长率，依据此指标说明产业或产品增长或变迁的潜力和预期，反映企业的主营业务增长趋势和稳定程度，体现企业的连续发展状况和发展能力，该指标越高，表明企业主营业务持续增长势头越好,市场扩张能力越强,企业成长性越好。下面将根据三年主营业务收入平均增长率指标从行业和地区角度衡量2015年中国制造业上市企业的成长性。

1. 行业分析

按行业分类,2015年中国制造业的成长性如表8-9和图8-1所示。

表8-9 2015年中国制造业上市企业行业平均成长性

排名	行业	企业数量(家)	行业平均成长能力指数
1	非金属矿物制品业	82	2.3589
2	木材加工和木、竹、藤、棕、草制品业	9	2.2439
3	食品制造业	34	0.6494
4	废弃资源综合利用业	2	0.5277
5	医药制造业	160	0.2591
6	计算机、通信和其他电子设备制造业	243	0.2568
7	其他制造业	17	0.2269
8	汽车制造业	94	0.1954
9	家具制造业	9	0.1788
10	电气机械和器材制造业	188	0.1672
11	化学原料和化学制品制造业	195	0.145
12	专用设备制造业	166	0.1434
13	仪器仪表制造业	35	0.1401
14	橡胶和塑料制品业	52	0.1269
15	纺织服装、服饰业	31	0.1202
16	铁路、船舶、航空航天和其他运输设备制造业	33	0.1176
17	文教、工美、体育和娱乐用品制造业	12	0.1025
18	有色金属冶炼和压延加工业	59	0.0919
19	金属制品业	47	0.089
20	黑色金属冶炼和压延加工业	32	0.0693
21	印刷和记录媒介复制业	7	0.0651
22	农副食品加工业	38	0.0533
23	造纸和纸制品业	27	0.0465
24	通用设备制造业	109	0.0269
25	皮革、毛皮、羽毛及其制品和制鞋业	7	0.0259
26	石油加工、炼焦和核燃料加工业	20	0.0146
27	酒、饮料和精制茶制造业	38	0.0105
28	化学纤维制造业	22	0.0062
29	纺织业	39	0.0046
	综合平均值		0.2918

资料来源:根据上海证券交易所、深圳证券交易所2015年度年报相关资料整理、计算得出。

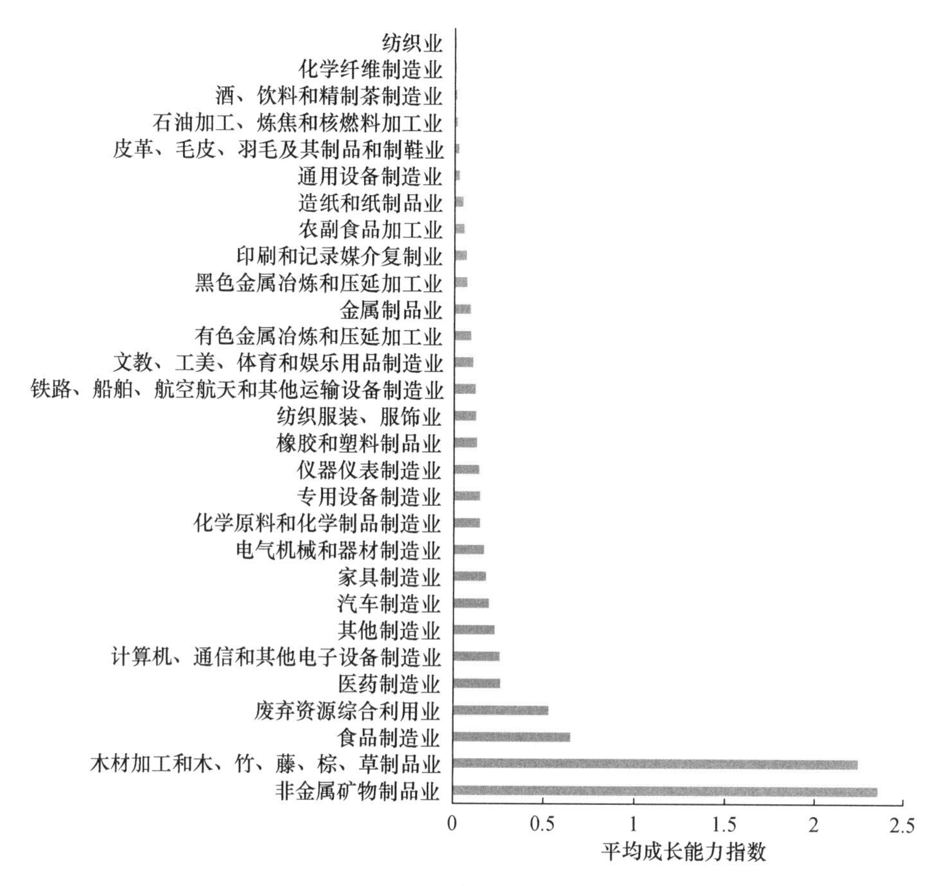

图 8-1　行业成长性

选取每家企业 2012—2015 年的主营业务收入数据，计算得到 1 811 家制造业上市企业的三年主营业务收入平均增长率为 0.2918，反映出整个制造业行业具有稳健的成长能力；其中，非金属矿物制品业、食品制造业这两个行业的收入平均增长率较高，其数值都大于 2，表明这些行业近几年销售收入增长较快，企业市场扩张能力强，但也有两个行业的收入平均增长率接近于零，分别是化学纤维制造业和纺织业，说明这两个行业近年的成长能力不强，有必要加快新型化转型升级。

2. 地区分析

按地区分类，2015 年中国制造业的企业成长性如表 8-10 和图 8-2 所示。

表 8-10 地区平均成长性

排名	省份	企业数量	地区平均成长能力指数
1	内蒙古	18	7.6269
2	青海	8	2.1696
3	甘肃	18	0.7981
4	上海	104	0.5512
5	吉林	26	0.4033
6	海南	7	0.3948
7	山东	122	0.2707
8	北京	102	0.2473
9	湖北	55	0.2436
10	广东	282	0.2013
11	陕西	26	0.1710
12	新疆	25	0.1617
13	湖南	52	0.1577
14	江苏	213	0.1533
15	广西	22	0.1440
16	四川	70	0.1313
17	河北	40	0.1289
18	贵州	15	0.1242
19	云南	19	0.1238
20	安徽	64	0.1206
21	浙江	231	0.1167
22	天津	22	0.1130
23	黑龙江	21	0.1062
24	福建	57	0.1029
25	宁夏	9	0.0767
26	山西	22	0.0686
27	江西	27	0.0674

（续表）

排名	省份	企业数量	地区平均成长能力指数
28	西藏	6	0.0638
29	河南	58	0.0614
30	重庆	25	0.0602
31	辽宁	45	0.0215
总计平均值		—	0.489732258

资料来源：根据上海证券交易所、深圳证券交易所 2015 年度年报相关资料整理、计算得出。

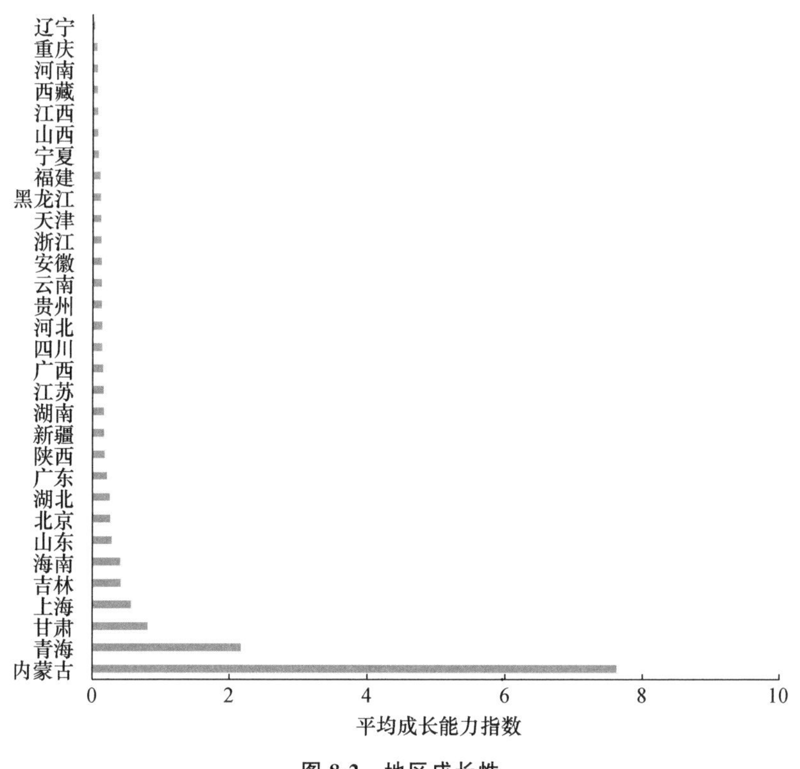

图 8-2　地区成长性

2015 年全国 31 个省份制造业的地区平均成长能力指数为 0.4893，其中大部分地区的收入平均增长率都比较合理，反映这些地区的整体制造业上市企业的经营状况稳定可靠，成长能力较强；其中，内蒙古、青海和甘肃、上海这 4 个省份的收入增长率相对较高，其数值都大于 0.5，表明这些省份制造业上市企业具有较好的成长性。同时，江西、西藏、河南、重庆、辽宁几个省份平均成长能力指数偏小，表明这些省份制造业上市企业的成长能力相对较弱。

结合单个制造业上市企业的成长性水平情况，我们发现西水股份(600291)、中技控股(600634)和康欣新材(600076)等三家制造业上市企业的成长能力指数分别高达131.75、34.66和19.69，拉高了这三家企业所在的行业(例如非金属矿物制品业和木材加工业)和地区(例如内蒙古、上海市和山东省)的平均成长性水平。另外，江苏省的三年主营业务收入平均增长率为0.1533，低于全国平均水平，但在全国省份中仅排在第14位，说明江苏制造业上市企业的平均成长性并不高。

总体上，无论是从行业还是地区层面的平均成长能力指数来看，中国制造业上市企业整体依旧具有稳健的成长能力。

8.1.5 中国制造业上市企业创新性评价

中国制造业上市企业创新性评价就是考察企业的科技创新能力，反映制造业上市企业科技创新能力的主要指标主要是科技创新的投入与产出两个维度指标。这里拟借鉴多数文献做法(何强等，2013；王文翌等，2015，等)，采用研发经费投入强度作为评价制造业上市企业的科技创新投入指标。研发经费投入强度是指研发费用总额与主营业务收入的比值，用来反映研发经费投入在企业主营业务收入中的比重。其计算公式为：研发经费投入强度＝企业研发费用/企业主营业务收入。而采用专利相关指标作为科技创新产出的指标，反映了企业的研发能力及对创新的重视程度，也是衡量企业发展潜力的重要标准，是企业保持市场份额、创造利润、维持行业地位的重要因素，研究表明专利产出对产业增长的长期作用最强。在专利指标设计上，由于含技术方案的专利主要分为发明和实用新型两种，发明专利要通过审查员的新颖性和创新性的实质审查，实用新型专利则不需要，相对来说发明专利技术含量较高，因此本节也采用有效的发明授权专利数量/每亿元主营业务收入作为评价科技创新产出的重要指标。

下面将根据上述两个科技创新投入产出指标从行业和地区角度分析2015年中国制造业上市企业的创新性。

1. 科技创新投入水平

下面以研发经费投入强度指标来反映中国制造业上市企业科技创新投入水平。

(1) 行业分析。按行业分类，2015年中国制造业的研发经费投入强度如表8-11和图8-3所示。

表 8-11　2015 年中国制造业上市企业研发经费投入强度

排名	行业	企业数量	研发经费投入强度
1	计算机、通信和其他电子设备制造业	240	0.0777
2	仪器仪表制造业	35	0.0702
3	专用设备制造业	165	0.0554
4	通用设备制造业	110	0.0479
5	医药制造业	161	0.0461
6	电气机械和器材制造业	187	0.0457
7	铁路、船舶、航空航天和其他运输设备制造业	32	0.0438
8	汽车制造业	94	0.0416
9	文教、工美、体育和娱乐用品制造业	12	0.0400
10	非金属矿物制品业	69	0.0349
11	金属制品业	45	0.0336
12	废弃资源综合利用业	1	0.0322
13	印刷和记录媒介复制业	7	0.0317
14	橡胶和塑料制品业	50	0.0316
15	化学原料和化学制品制造业	189	0.0285
16	家具制造业	9	0.0243
17	化学纤维制造业	21	0.0240
18	纺织服装、服饰业	30	0.0232
19	造纸和纸制品业	25	0.0228
20	食品制造业	33	0.0228
21	黑色金属冶炼和压延加工业	32	0.0220
22	有色金属冶炼和压延加工业	57	0.0211
23	纺织业	38	0.0211
24	皮革、毛皮、羽毛及其制品和制鞋业	6	0.0209
25	其他制造业	15	0.0189
26	农副食品加工业	34	0.0152
27	木材加工和木、竹、藤、棕、草制品业	8	0.0135
28	石油加工、炼焦和核燃料加工业	16	0.0132
29	酒、饮料和精制茶制造业	34	0.0108
	综合平均值		0.0322

资料来源：根据上海证券交易所、深圳证券交易所 2015 年度年报相关资料整理、计算得出；另外，1 811 家企业中有 56 家研发经费投入强度不明，此处制造业上市企业仅采用了 1 755 家企业数据。

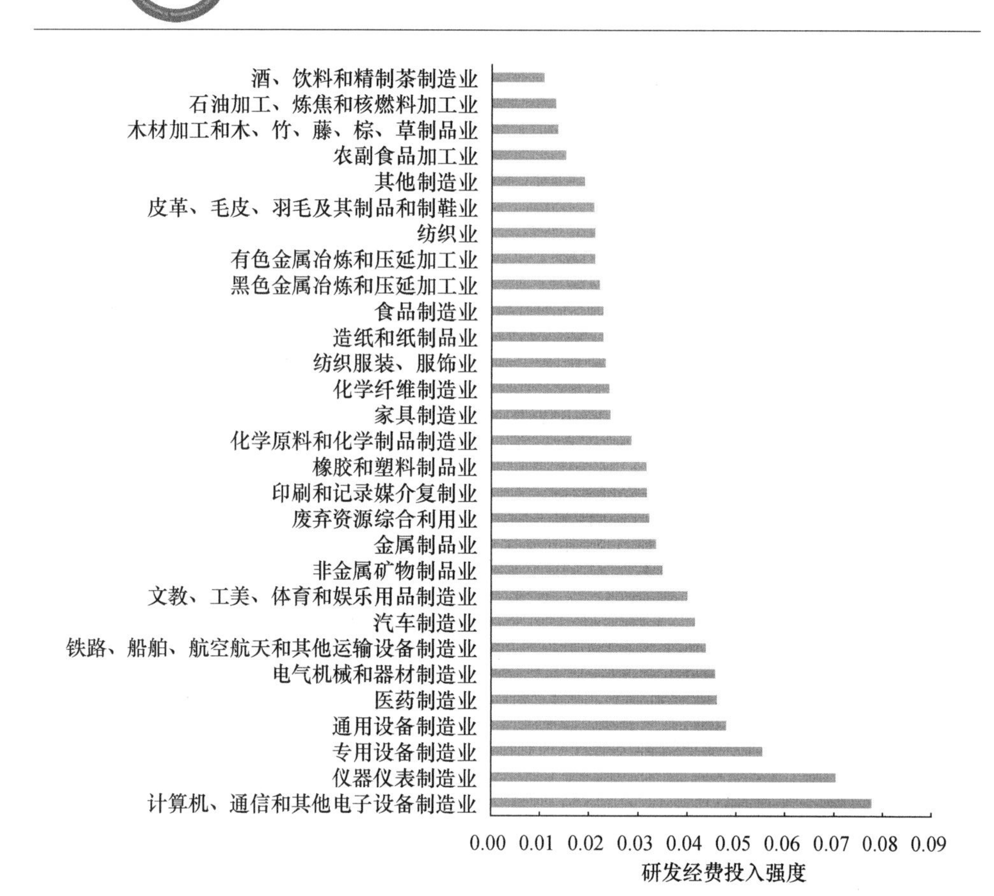

图 8-3　行业研发投入强度

2015 年 29 个制造业行业平均研发投入强度为 3.22%(2014 年为 2.96%),表明行业研发投入有所加强。其中计算机、通信和其他电子设备制造业的 243 家上市公司的平均研发投入强度最高,为 7.67%;酒、饮料和精制茶制造业的 34 家上市公司的平均研发投入强度最低,为 1.08%。

(2) 地区分析。按地区分类,2015 年中国制造业上市企业的研发经费投入强度如表 8-12 和图 8-4 所示。

表 8-12　地区研发经费投入强度

排名	省份	企业数量	研发经费投入强度
1	陕西	24	0.0994
2	西藏	4	0.0751
3	湖北	52	0.0683

（续表）

排名	省份	企业数量	研发经费投入强度
4	北京	101	0.0671
5	天津	22	0.0546
6	海南	7	0.0515
7	广东	274	0.0488
8	福建	54	0.0458
9	湖南	52	0.0445
10	河南	57	0.0422
11	河北	38	0.0406
12	江苏	212	0.0406
13	浙江	231	0.0398
14	云南	18	0.0378
15	上海	101	0.0374
16	贵州	15	0.0366
17	山东	120	0.0366
18	吉林	24	0.0364
19	四川	66	0.0360
20	辽宁	44	0.0357
21	重庆	25	0.0356
22	安徽	61	0.0348
23	江西	26	0.0320
24	黑龙江	20	0.0300
25	山西	19	0.0247
26	内蒙古	16	0.0239
27	新疆	21	0.0225
28	广西	19	0.0221
29	宁夏	8	0.0217
30	甘肃	16	0.0185
31	青海	8	0.0129
总计平均值		—	0.0404

资料来源：根据上海证券交易所、深圳证券交易所 2015 年度年报相关资料整理、计算得出，其中 2015 年 1 811 家制造业上市企业中有 56 家企业研发经费投入强度不明，那么此处制造业上市企业仅采用了 1 755 家企业数据。

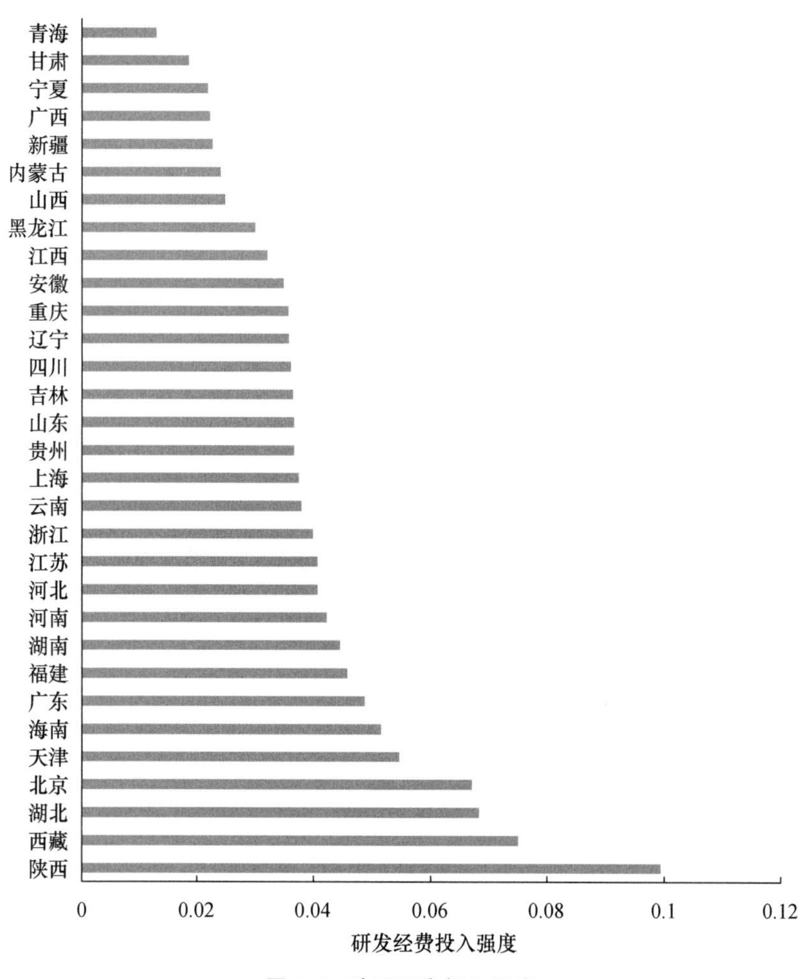

图 8-4　地区研发投入强度

2015 年全国 31 个省份制造业的平均研发经费投入强度为 4.04%(2014 年为 3.54%),表明各省份研发投入有所加强。其中,陕西的 24 家上市公司平均研发经费投入强度最高,为 9.94%;青海的 8 家上市公司平均研发经费投入强度最低,仅为 1.29%。众多省份中,陕西、西藏、湖北、北京、天津、海南、广东、福建、湖南、河南、河北、江苏等 12 个省份的平均总研发经费投入强度高于整个行业的平均水平,表明这 12 个省份的制造业上市企业科研投入水平较高,发展潜力较大。

结合单个制造业上市企业的创新投入情况,彩虹股份(600707)等制造业上市企业的创新投入水平比较突出,其研发经费投入强度高达 0.89,拉高了企业所在行业(例如计算机、通信和其他电子设备制造业)和地区(例如陕西省)的平均创新投入水平;另外,总体上看,江苏省的研发经费投入强度为4.06%,超出全国平均水平,排在第12位,表明江苏省制造业上市企业普遍较重视科技创新研发投入。

2. 科技创新产出水平

下面以每亿元主营业务收入的有效的发明授权专利数量指标来反映中国制造业上市企业科技创新产出水平。

(1) 行业分析。按行业分类,2015年中国制造业上市企业的科技创新产出如表8-13和图8-5所示。

表8-13 2015年中国制造业上市企业科技创新产出

排名	行业	企业数量	科技创新产出水平
1	金属制品业	47	6.7017
2	仪器仪表制造业	35	5.2267
3	专用设备制造业	110	4.8853
4	计算机、通信和其他电子设备制造业	166	4.8379
5	电气机械和器材制造业	243	4.5524
6	通用设备制造业	188	3.3407
7	其他制造业	17	3.0379
8	医药制造业	162	2.8907
9	铁路、船舶、航空航天和其他运输设备制造业	34	2.8800
10	化学原料和化学制品制造业	195	2.1583
11	农副食品加工业	38	1.8852
12	化学纤维制造业	22	1.8574
13	橡胶和塑料制品业	52	1.6399
14	造纸和纸制品业	27	1.6128
15	食品制造业	34	1.5249
16	有色金属冶炼和压延加工业	59	1.5059
17	废弃资源综合利用业	2	1.3093
18	非金属矿物制品业	82	1.2205
19	汽车制造业	94	1.1252
20	纺织业	39	1.0521
21	印刷和记录媒介复制业	7	1.0033
22	石油加工、炼焦和核燃料加工业	20	0.9269
23	黑色金属冶炼和压延加工业	32	0.8089
24	酒、饮料和精制茶制造业	38	0.7317
25	纺织服装、服饰业	31	0.6614
26	木材加工和木、竹、藤、棕、草制品业	9	0.5468

（续表）

排名	行业	企业数量	科技创新产出水平
27	皮革、毛皮、羽毛及其制品和制鞋业	7	0.4796
28	文教、工美、体育和娱乐用品制造业	12	0.4785
29	家具制造业	9	0.4530
综合平均值			2.0603

资料来源：根据上海证券交易所、深圳证券交易所2015年度年报及国家知识产权局相关资料整理、计算得出；此处制造业上市企业采用了1811家企业数据。

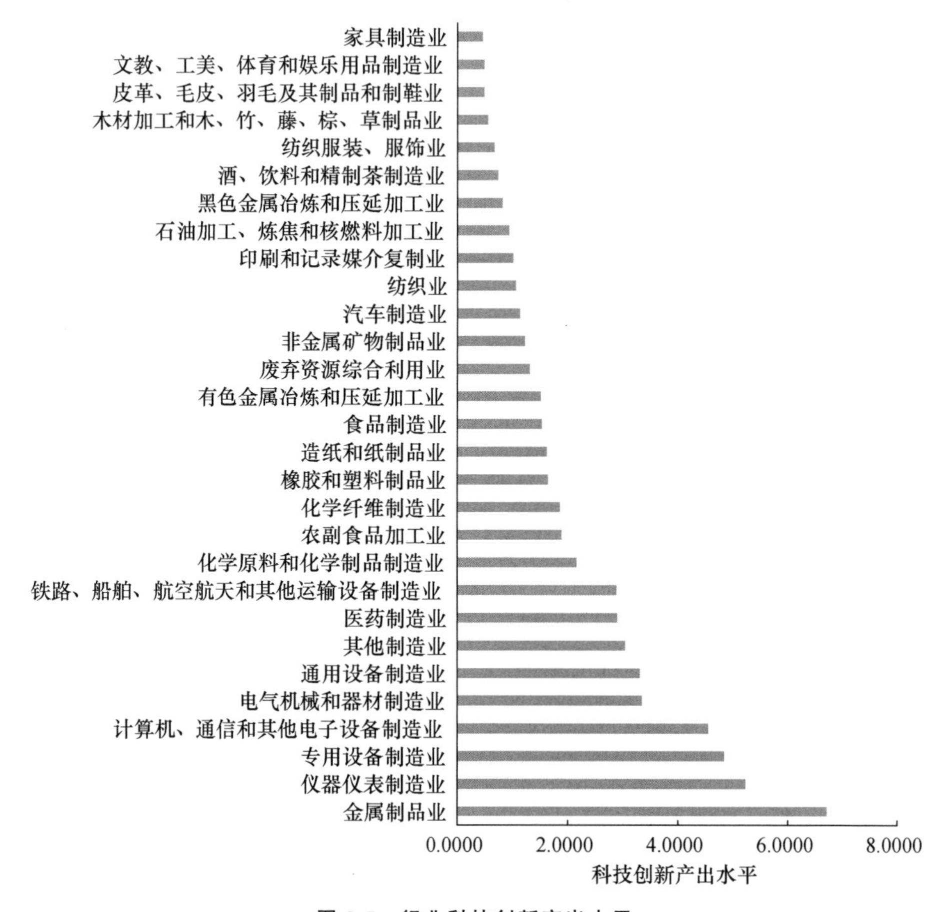

图 8-5 行业科技创新产出水平

中国制造2025还提出了衡量创新能力的另一个指标，即每亿元主营业务收入有效发明专利数。经计算，2015年29个制造业行业平均科技创新产出为2.0603项/亿元，其中金属制品业的47家上市公司的平均创新产出最高，为

6.7017 项/亿元；家具制造业的 9 家上市公司的平均创新产出最低，为 0.453 项/亿元。制造业中金属制品业，仪器仪表制造业，专用设备制造业，计算机、通信和其他电子设备制造业，电气机械和器材制造业，通用设备制造业，其他制造业，医药制造业，铁路、船舶、航空航天和其他运输设备制造业，化学原料和化学制品制造业等 10 个行业的平均“每亿元主营业务收入有效发明专利数”高于全行业平均水平，表明这 10 个行业制造业上市企业创新产出能力较强。其他的 19 个行业均低于平均水平，表明发明授权专利的数量在不同行业中的差距较大，大部分行业仍然处于较低的科技产出水平。

(2) 地区分析。按地区分类，2015 年中国制造业的科技创新产出如表 8-14 和图 8-6 所示。

表 8-14 地区科技创新产出

排名	省份	企业数量(家)	科技创新产出水平
1	西藏	6	10.9698
2	天津	22	6.4845
3	陕西	26	4.7208
4	北京	102	4.6623
5	广东	282	4.4527
6	湖南	52	3.7426
7	黑龙江	21	3.5722
8	宁夏	9	3.3081
9	福建	57	3.2190
10	河南	58	3.1745
11	四川	70	2.8013
12	贵州	15	2.5024
13	浙江	231	2.4651
14	湖北	55	2.3241
15	河北	40	2.2624
16	海南	7	2.2300
17	江苏	213	2.2132
18	山西	22	2.0928
19	上海	104	2.0732
20	重庆	25	2.0154
21	吉林	26	1.9698
22	新疆	25	1.8426
23	辽宁	45	1.7687

（续表）

排名	省份	企业数量(家)	科技创新产出水平
24	安徽	64	1.6961
25	山东	122	1.6559
26	内蒙古	18	1.5989
27	广西	22	1.5976
28	江西	27	1.5600
29	云南	19	1.2238
30	甘肃	18	0.9080
31	青海	8	0.3952
总计平均值		—	2.8227

资料来源：根据上海证券交易所、深圳证券交易所2015年度年报及国家知识产权局相关资料整理、计算得出；此处制造业上市企业采用了1 811家企业数据。

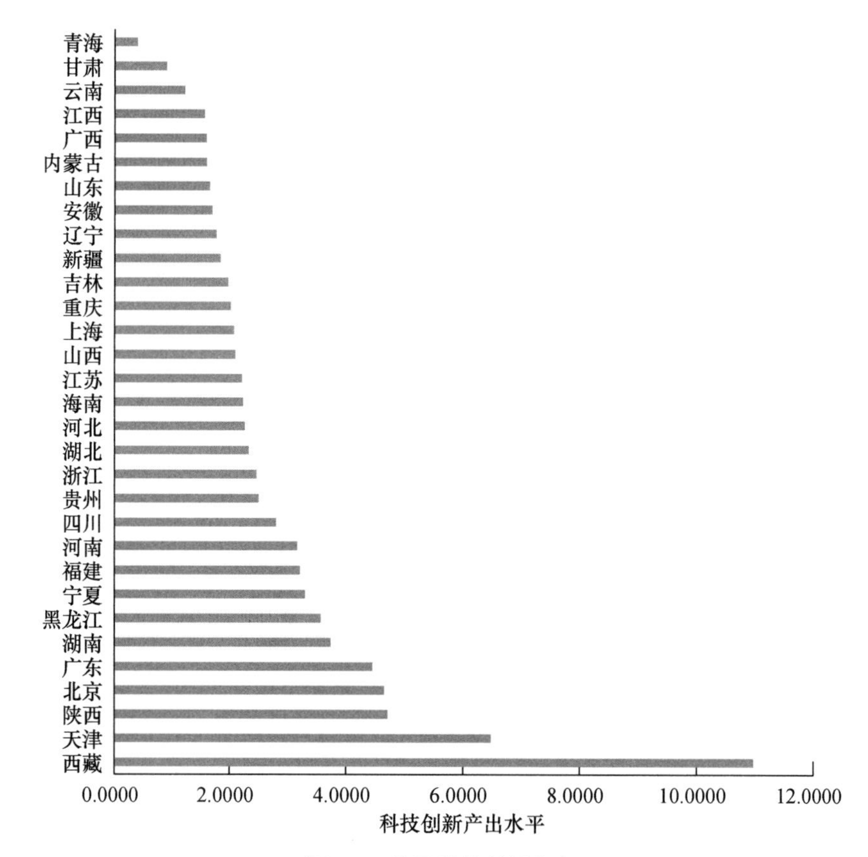

图 8-6　地区科技创新产出

2015 年全国 31 个省份制造业的平均科技创新产出为 2.8227 项/亿元，其中西藏的 6 家上市公司平均科技创新产出最高，为 10.9698 项/亿元；青海的 8 家上市公司平均科技创新产出最低，仅为 0.3952 项/亿元。西藏、天津、陕西、北京、广东、湖南、黑龙江、宁夏、福建、河南等 10 个省份的平均科技创新产出高于平均水平，表明这 10 个省份的制造业上市企业创新产出能力较强；甘肃、青海等地区的创新产出数值略小，表明这些省份创新产出能力略显薄弱。其中，江苏省制造业上市企业的科技创新产出水平(2.2132 项/亿元)低于全国平均水平，排在全国省份的第 19 位，表明江苏省制造业上市企业 2015 年度的平均创新产出能力仅处于中等水平。

总体来说，无论是从行业还是地区层面，中国制造业上市企业科技创新投入产出水平整体上都有所提升。

8.2 最应受到尊敬的制造业上市企业推选

中国制造业发展研究历年报告(2004—2015)都曾系统性地分析并推选出了“最应受到尊敬”的制造业上市企业，从“最应受到尊敬”的内涵界定、指标体系设计、推选步骤设计到评价分析等方面进行了持续十二年的评选工作，并采用了多指标、多阶段、多步骤的推选体系以及定性定量相结合的综合评价方法，客观务实地对制造业上市企业进行了最应受到尊敬的推选，具有积极的理论和实践意义。本节将继续秉持客观务实的立场，在以往报告的“最应受到尊敬”分析推选的理论实践基础上再次进行“最应受到尊敬”的制造业上市企业推选活动。

8.2.1 最应受到尊敬的制造业上市企业推选依据

本研究报告“最应受到尊敬”的制造业企业推选活动已持续了十二年，不仅借鉴了国际国内评选机构的最受尊敬企业评选活动的做法，也在推选历程中逐渐积累起了具有独特特色的推选经验，并结合了产业发展形势、规划要求以及行业分类标准等方面的依据，形成了客观务实、特色鲜明的推选体系。

国际国内“最受尊敬企业”评选机构的推选体系包含指标体系设计和评选过程两部分内容，其中财务绩效、技术创新、社会责任、产品质量以及管理质量等是“最受尊敬企业”推选的相关指标，多数机构的评选过程则采用了两步综合评价分析方法，即先采用关键指标筛选出候选企业，缩小评选企业范围，然后采用可量化的指标体系进行综合排名分析(详见中国制造业发展研究院 2014 年研究报告)。

中国制造业发展研究院自 2004 年首届“最应受到尊敬”的制造业上市企业推选活动以来，始终强调了“最应受到尊敬”的内涵要与制造业“新型化”发展相吻合的评判经验依据。这不仅符合制造业发展特征，也能从经济、技术、环境、社会等方面来真正体现制造业企业的"最应受到尊敬"情况，以反映全社会利益相关主体的企业价值认同感，表现出一种社会认可的道德评价标准。

另外，"最应受到尊敬"的制造业上市企业推选活动也应与当前时代发展要求相一致。当前的产业发展形势、产业发展规划要求以及相关行业分类标准等方面的信息为"最应受到尊敬"的制造业企业推选活动提供了客观依据。其中，《"十二五"国家战略性新兴产业发展规划》《国家重点支持的高新技术领域》以及《中国制造 2025》等规划文件就明确指出了制造业产业高新技术发展方向，其中信息化、网络化、智能化、高端化和绿色化将成为制造业企业发展的重要价值取向，当然这也是制造业新型化发展的重要内容之一，理应成为"最应受到尊敬"的推选活动的思路方向，即那些符合新型化发展特征的高新技术产业或企业理应受到特别重视和优先发展，并通过提升经济创造和技术创新等新型化能力，从而获得更多的尊敬，而朝着新型化发展方向实现转型升级的其他制造业产业或企业也应获得肯定和尊敬。针对制造业上市企业，已有相关性较强的分类标准，例如《上市公司行业分类指引》(2012 年修订)、《高新技术企业认定管理办法》(2008)、高技术产业(制造业)分类(2013)等，这些标准可以成为制造业上市企业行业差别推选的主要依据，在制造业上市企业认定指标的具体采用上，R&D 投入强度(即 R&D 经费支出占主营业务收入的比重)或者研发费用支出投入强度、专利情况、科技成果转化能力以及销售与总资产成长性等指标成为上述规划和标准文件中的重要分析指标，也应成为"最应受到尊敬"的制造业上市企业推选指标选择的重要依据。

因此，根据上述"最应受到尊敬"推选依据分析，每年"最应受到尊敬"的制造业上市企业应符合当前国家战略产业发展要求，继续秉持制造业"新型化"发展方向，强调那些具有综合效益好、成长性好、知识技术密集等特征的企业，应获得社会、公众以及企业行业内外的尊敬。

根据"最应受到尊敬"制造业上市企业推选操作可行性原则，此推选活动将继续采用国际国内通用做法，继承往年的推选步骤方式和推选指标体系，即采取"初步筛选"和"综合评价排名"两个阶段来展开，这也是符合制造业上市企业发展特点的。实际上制造业上市企业在入市时就被要求必须具备一定的规模水平、持续盈利能力以及符合产品质量、环境保护及其他法律法规等方面的基本条件，在行业内外就已经具备了相当的知名度，获得了基本认可和尊敬。因此，"最应受到尊敬"制造业上市企业推选活动必定是"好中选优"的两阶段推选活动，其中制造业上市企业的经济创造能力和技术创新能力等新型化发展特性指标将是"好中选优"的重要区分指标。

具体来说在初步筛选阶段上除了筛选掉那些在社会责任履历方面欠缺的制造业上市企业(例如被特别处理的 ST 企业、违规企业、审计意见类型为非标准保留意见的企业以及规模效益成长性为负数的企业等)之外,还倾向考虑将更多的高新技术产业类别的企业纳入候选企业范畴以体现那些具有较好规模效益成长性和创新性的企业更应受到尊敬。在此基础上再采用综合评价法对筛选出的各行各业相对优秀的制造业上市企业展开推选排名分析,进而突显出制造业上市企业的"最应受到尊敬"的企业价值标杆。

8.2.2 最应受到尊敬的制造业上市企业推选指标设计

"最应受到尊敬"的制造业上市企业推选活动继承历年报告中所坚持的新型化发展理念,结合制造业上市企业的特点和推选依据,采用主客观和定性定量相结合的方法,借鉴历年报告涉及的指标,最终目的就是推选出具有标杆意义的最应受到尊敬的制造业上市企业,为制造业企业新型化发展确定合适的价值标杆。

因此,在指标设计上继续采用顾基发教授提倡的物理—事理—人理系统分析指导方法,并纳入以往报告推选经验及其相关指标,来反映"最应受到尊敬"的内涵。作为推选对象的制造业上市企业尤其是高新技术制造业企业在进入门槛中就提出了严格的产品质量、环境保护和缴纳税款等方面的入市入选条件,同时在制度设计上对违规违法以及不符合标准的企业设计了惩罚退出机制,因此那些继续存在的、符合标准和制度规范的制造业上市企业在社会责任和企业形象等方面都应该受到基本的尊重,同时这些信息披露缺乏的社会责任和企业形象等内涵指标,最终多会反映在财务指标上。

因此,综上情况,在指标体系选择上着重以经济创造能力指标和技术创新能力等指标来反映制造业上市企业在最应受到尊敬评价方面的各自比较优势,最终设置出的三层最应受到尊敬的制造业上市企业推选指标体系,包括物理层指标、事理层指标和人理层指标。

(1) 物理层指标,反映基本事实的总量指标,如总资产、主营业务收入、净利润、研发费用、有效发明专利授权数等绝对指标。

(2) 事理层指标,主要以效率性指标来反映,包括主营业务利润率、三年主营业务收入平均增长率、研发费用总额/主营业务收入、发明授权专利数量/每亿元主营业务收入、实用新型授权专利数量/每亿元主营业务收入等相对指标。

(3) 人理层指标,考虑到"最应受到尊敬"的推选过程本身具有一定的主观价值取向成分,这里适当结合专家评价或者结合产品质量、环境保护以及其他社会责任等主观性量化方法在筛选阶段及综合评价阶段对结果进行合理的修正。

8.2.3 最应受到尊敬的制造业上市企业推选方法和过程

根据上述分析内容，最应受到尊敬的制造业上市企业的推选活动是“好中选优”，适宜采取两阶段来展开。

第一阶段，推选出“最应受到尊敬”的制造业上市企业候选企业。

此阶段推选活动纳入了2015年12月31日之前上市的1 784家制造业上市企业，包括1 775家有A股和9家仅有B股的制造业上市企业。

(1) 首先筛选掉那些在社会责任履历和企业形象等方面有待完善的制造业上市企业(例如被特别处理过ST、违规以及审计意见类型为非标准保留意见的制造业上市企业等)，此过程余下1 539家企业。

(2) 同时考虑到候选企业具有相对较好的规模效益成长性更符合利益相关者的期望，更应获得尊敬，因此拟筛选掉最近三年净利润、主营业收入增长率和净利润增长率为负数的制造业上市企业，此过程可余下经济创造能力相对优秀的制造业上市企业281家。

(3) 另外，还考虑到相同行业规模较大的以及创新性较强的高新技术行业企业，其“最应受到尊敬”的认同度更高。因此，依据主营业务收入规模推选出“医药制造业”“计算机、通信和其他电子设备制造业”“仪器仪表制造业”“铁路、船舶、航空航天和其他运输设备制造业”及“专用、通用设备制造业”等高新技术行业的主营业务收入处于前15的制造业上市企业，为均衡兼顾各行业，也推选出其他行业中企业主营业务收入处于前10的制造业上市企业。

(4) 经研究组最终确认推选出159家制造业上市企业进入第二阶段“最应受到尊敬”企业排名分析，认为这候选的159家制造业上市企业是“最应受到尊敬”的优秀企业。

第二阶段，从候选的制造业上市企业中分析获得“最应受到尊敬”的优先推荐企业排名。

此阶段分析工作主要是“好中选优”。针对上述推选出的159家制造业上市企业，此阶段主要采用“最应受到尊敬”制造业上市企业推选指标体系中可获取的量化指标，即以“主营业务收入、总资产、净利润、主营业务利润率、三年主营业务收入平均增长率、研发费用总额/主营业务收入、研发费用、有效发明专利授权数、发明授权专利数量/每亿元主营业务收入、实用新型授权专利数量/每亿元主营业务收入”等经济创造能力和技术创新能力指标进行综合排名分析，并最终优先推选出了前50家“最应受到尊敬”的制造业上市企业，如表8-15所示。

表8-15 2015年前50家最应受到尊敬的制造业上市企业排名

排名	代码	股票简称	行业	省份
1	600104.SH	上汽集团	汽车制造业	上海
2	601766.SH	中国中车	铁路、船舶、航空航天和其他运输设备制造业	北京
3	000625.SZ	长安汽车	汽车制造业	重庆
4	600519.SH	贵州茅台	酒、饮料和精制茶制造业	贵州
5	600100.SH	同方股份	计算机、通信和其他电子设备制造业	北京
6	002415.SZ	海康威视	计算机、通信和其他电子设备制造业	浙江
7	601238.SH	广汽集团	汽车制造业	广东
8	600535.SH	天士力	医药制造业	天津
9	002202.SZ	金风科技	通用设备制造业	新疆
10	600887.SH	伊利股份	食品制造业	内蒙古
11	600879.SH	航天电子	专用设备制造业	湖北
12	600089.SH	特变电工	电气机械和器材制造业	新疆
13	600276.SH	恒瑞医药	医药制造业	江苏
14	002179.SZ	中航光电	计算机、通信和其他电子设备制造业	河南
15	600066.SH	宇通客车	汽车制造业	河南
16	300445.SZ	康斯特	仪器仪表制造业	北京
17	002152.SZ	广电运通	通用设备制造业	广东
18	000977.SZ	浪潮信息	计算机、通信和其他电子设备制造业	山东
19	002050.SZ	三花股份	通用设备制造业	浙江
20	002236.SZ	大华股份	计算机、通信和其他电子设备制造业	浙江
21	002603.SZ	以岭药业	医药制造业	河北
22	002465.SZ	海格通信	计算机、通信和其他电子设备制造业	广东
23	600703.SH	三安光电	计算机、通信和其他电子设备制造业	湖北
24	600380.SH	健康元	医药制造业	广东
25	002215.SZ	诺普信	化学原料和化学制品制造业	广东
26	002002.SZ	鸿达兴业	化学原料和化学制品制造业	江苏
27	002294.SZ	信立泰	医药制造业	广东
28	002242.SZ	九阳股份	电气机械和器材制造业	山东
29	300171.SZ	东富龙	专用设备制造业	上海
30	300026.SZ	红日药业	医药制造业	天津
31	600332.SH	白云山	医药制造业	广东
32	002121.SZ	科陆电子	仪器仪表制造业	广东

（续表）

排名	代码	股票简称	行业	省份
33	600522.SH	中天科技	电气机械和器材制造业	江苏
34	002450.SZ	康得新	橡胶和塑料制品业	江苏
35	000418.SZ	小天鹅 A	电气机械和器材制造业	江苏
36	300072.SZ	三聚环保	化学原料和化学制品制造业	北京
37	600517.SH	置信电气	电气机械和器材制造业	上海
38	002032.SZ	苏泊尔	金属制品业	浙江
39	002475.SZ	立讯精密	计算机、通信和其他电子设备制造业	广东
40	002470.SZ	金正大	化学原料和化学制品制造业	山东
41	600525.SH	长园集团	计算机、通信和其他电子设备制造业	广东
42	603288.SH	海天味业	食品制造业	广东
43	600271.SH	航天信息	计算机、通信和其他电子设备制造业	北京
44	000413.SZ	东旭光电	计算机、通信和其他电子设备制造业	河北
45	300417.SZ	南华仪器	仪器仪表制造业	广东
46	600079.SH	人福医药	医药制造业	湖北
47	300024.SZ	机器人	通用设备制造业	辽宁
48	603601.SH	再升科技	非金属矿物制品业	重庆
49	300416.SZ	苏试试验	仪器仪表制造业	江苏
50	002292.SZ	奥飞娱乐	文教、工美、体育和娱乐用品制造业	广东

资料来源：根据上海证券交易所、深圳证券交易所 2015 年度年报及国家知识产权局相关资料整理、计算得出。

8.3 最应受到尊敬的制造业上市企业评价分析

将表 8-15 中 2015 年前 50 家制造业上市企业“最应受到尊敬”排名结果与 2014 年的排名结果进行比较发现，此次 2015 年“最应受到尊敬”排名前 20 名企业中就有 17 家企业依旧位列其中，其中上汽集团依旧保持在第一位，中国南车和中国北车合并的中国中车依旧保持名单的前列，其他较多企业排名次序都有所上升。因此可以说，“最应受到尊敬”两阶段综合推选方法和过程保持了较好的延续性，其结果变化也反映了那些符合新型化发展方向的制造业上市企业“最应受到尊敬”。

从主营业务收入规模来看，2015 年中国制造业 1 811 家上市公司主营业务收入合计约为 93 463.96 亿元，其中排名前 50 位的企业主营业务收入合计约为 15 166.71 亿元，占 1 811 家制造业上市企业主营业务收入合计的 16.23%。

从行业分布来看，此 50 家企业主要分布在计算机、通信和其他电子设备制造业(11 家)、医药制造业(8 家)、电气机械和器材制造业(5 家)、仪器仪表制造业(4 家)、通用设备制造业(4 家)等 15 个行业。

从地区分布来看，此 50 家企业多数集中在广东(13 家)、江苏(6 家)、北京(5 家)、浙江(4 家)、上海(3 家)等 15 个省份。

其中广东省入选的 13 家制造业上市企业主要集中在计算机、通信和其他电子设备制造业(3 家)、医药制造业(3 家)、仪器仪表制造业(2 家)和通用设备制造业(1 家)等高新技术行业；江苏省入选的 6 家制造业上市企业分布在 6 个不同的行业中，既有高新技术行业企业(医药制造业和仪器仪表制造业企业各 1 家)，也有较多的传统制造业行业企业(4 家)；而北京市入选的 5 家制造业上市企业中有 4 家企业所属行业为高新技术行业。

总体来看，评选出来的最应受到尊敬的前 50 家制造业上市企业多属于高新技术行业，占有 3/5 的比例，也主要分布在广东、江苏、北京、浙江、上海、山东等东部地区。这说明高新技术行业和东部地区的制造业企业在全国制造业企业的新型化发展过程依旧是最重要的价值标杆(见图 8-7 和图 8-8)。

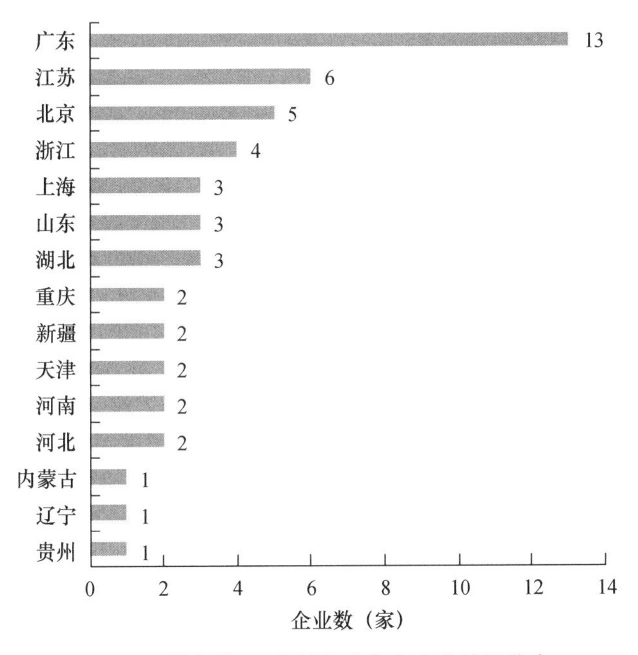

图 8-7　排名前 50 家制造业上市企业地区分布

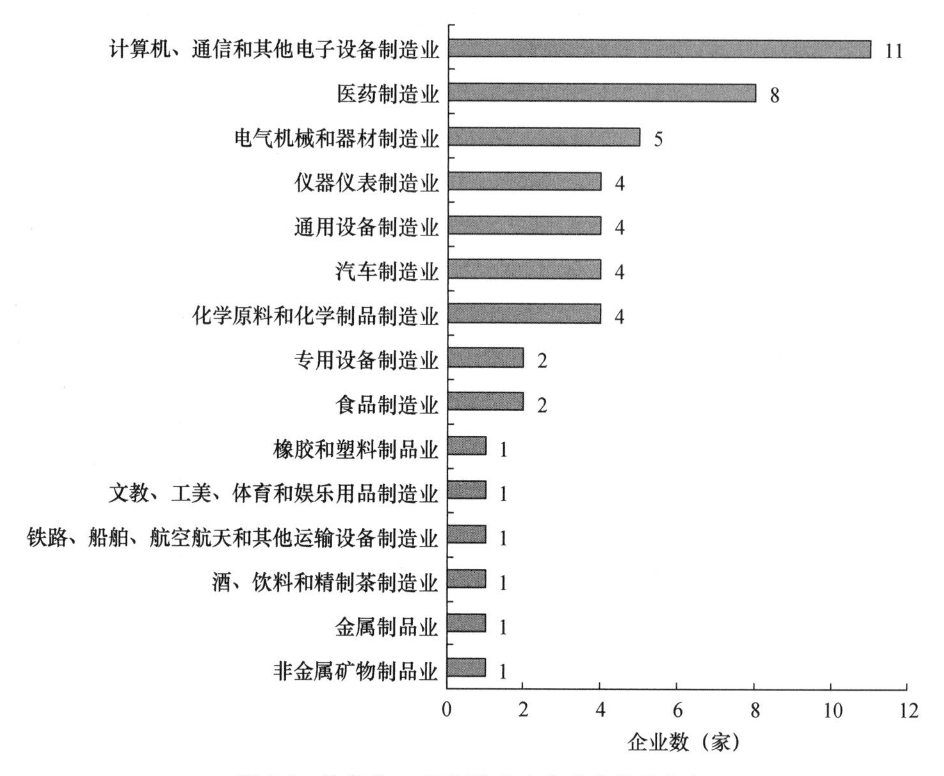

图 8-8 排名前 50 家制造业上市企业行业分布

下面分别对前 50 家最应受到尊敬的制造业上市企业进行评价。

上汽集团（600104.SH）。上汽集团（即上海汽车集团股份有限公司）成立于 1997 年 11 月 20 日，主要从事汽车、摩托车和拖拉机等各种机动车整车、机械设备、总成及零部件的生产和销售。公司 2015 年整车销量达到 590.2 万辆，同比增长 5.0%，在国内汽车市场继续保持领先优势，在本次评选中公司总资产、主营业务收入和净利润等指标都位列 50 家企业之首。

中国中车（601766.SH）。中国中车是中国南车与中国北车于 2014 年 12 月 30 日合并成立的公司，是一家交通运输装备机械制造企业，其主营业务包括铁路机车、客车、货车、动车组、城轨地铁车辆及重要零部件的研发、设计、制造以及轨道交通装备专有技术延伸产业等，是中国最大的电力机车研发制造基地。该基地也是世界领先的电力机车研发制造基地之一；全球技术领先的高速动车组研发制造基地；行业领先的大功率内燃机车及柴油机研发制造基地；国内高档客车研制的领先企业；全球领先的铁路货车研发制造基地；三家城轨车辆国产化定点企业。中国“南车”“CSR”品牌在国内外轨道交通装备制造行业已经具有很高知名度和认同度。公司 2015 年其有效发明专利授权数、研发费用以及净利润增长率等指标都位于 50 家企业之首。

长安汽车(000625.SZ)。长安汽车(即重庆长安汽车股份有限公司)成立于 1996 年 10 月 31 日,是一家乘用车、商用车开发、制造和销售的综合性企业,主要从事汽车(含轿车)、汽车发动机系列产品、配套零部件的制造、销售等业务。其自主品牌轿车奔奔 Mini 入选国家首批“节能产品惠民工程”节能汽车推广目录,连续获得了“2010 年最佳中国新车质量奖”“自主品牌营销创新大奖”“最佳微型车”等奖项。长安金牛星也获得了“年度最佳微客”“年度风云微型客车”等大奖。2010 年公司荣获科技部、国务院国资委、中华全国总工会联合评选的“国家创新奖”、中国企业评价协会评选的“中国企业自主创新 TOP100”、中国国防科技工业评选的“企业社会责任贡献奖”以及中国汽车报和汽车网评选的“年度优秀电动汽车企业”等荣誉。公司 2015 年其净资产收益率、净利润和每股收益等项指标位于交运设备行业前列。

贵州茅台(600519.SH)。贵州茅台(即贵州茅台酒股份有限公司)成立于 1999 年 11 月 20 日,是国内白酒行业的标志性企业,主要生产销售世界三大名酒之一的茅台酒,同时进行饮料、食品、包装材料的生产和销售,防伪技术开发,信息产业相关产品的研制开发,是白酒行业龙头企业,是中国白酒行业唯一集绿色食品、有机食品、国家地理标志保护产品和国家非物质文化遗产为一身的民族品牌,入选中欧地理标志互认产品名单公司。公司还继续加强环境治理和生态建设,并决定自 2014 年起每年出资 5 000 万元,连续 10 年出资保护与治理赤水河环境。2015 年,公司主营业务利润率和总资产利润率处在 50 家企业前列。

同方股份(600100.SH)。同方股份(即同方股份有限公司)立足于信息技术和能源与环保两个核心行业领域,在实施结构调整后,形成了计算机系统、数字城市、安防系统、物联网应用、微电子与核心元器件、多媒体、知识网络、军工、数字电视系统、建筑节能和半导体与照明 11 个产业。2014 年,公司还获得了由工业和信息化部颁发的“国家安全可靠计算机信息系统集成重点企业”证书。截至 2015 年 12 月底,公司总资产为 863 亿元,净利润为 164 亿元,位于计算机设备行业第一名。

海康威视(002415.SZ)。海康威视(即杭州海康威视数字技术股份有限公司)成立于 2001 年 11 月 30 日,是一家专业从事安防视频监控产品研发、生产和销售的高科技企业,其产品包括硬盘录像机、视音频编解码卡等数据存储及处理设备,以及监控摄像机、监控球机、视频服务器等视音频信息采集处理设备,是国内视频监控行业的龙头企业,曾获得 2014 年度国家技术发明奖二等奖,其销售规模连续数年居于国内全行业第一位。报告期内,公司实现主营业务收入 252.71 亿元,同比增长46.64%;在入选50家企业中净资产收益率位列第一,净利润在计算机设备中仅次于同方股份,研发费用占主营业务收入等指标排名靠前。

广汽集团(601238.SH)。广汽集团(即广州汽车集团股份有限公司)是国内汽车行业领先的汽车制造商之一,也是华南地区的汽车制造商,其主营业务是汽车及配套产品的研发、制造、销售和相关服务,形成了以整车制造为中心,涵盖上游的汽车研发、零部件和下游的汽车服务与金融投资的产业链闭环,以及立足华南,辐射华北、华中、华东以及环渤海地区的产业战略布局,成为国内产业链最为完整、产业布局最为优化的汽车集团之一。截至2015年12月31日,公司主营业务收入294亿元,较上年同期增长约31.47%,净利润为40亿元,在乘用车行业中处在前列。

天士力(600535.SH)。天士力(即天士力制药集团股份有限公司)成立于1998年4月30日,是以制药业为中心的高科技企业,是天津市重点支持的大企业集团之一,主营现代中药和化学药等的科研、种植、提取和销售等。公司作为国家级企业技术中心先后承担了国家级和国家重大新药创制研究与开发等重点科研项目,自行研制成功具有国际先进水平的大型自动化滴丸生产线,率先建立了现代中药和植物药提取生产质量管理规范(GEP),建立了通过国家药品生产质量管理规范(GMP)认证的现代中药生产基地,荣获"2014年度央视财经50指数十佳治理公司样本股"和"亚太地区最佳上市公司50强"等荣誉称号。2015年实现主营业务收入132亿元,增长5.21%,净利润保持连续多年增长。

金风科技(002202.SZ)。金风科技(即新疆金风科技股份有限公司)是目前国内最大的风力发电机组整机制造商,主营产品为风机及零部件开发等。公司近三年市场占有率持续占国产风力发电机组产品的80%以上。2014年公司获得由中国机械工业联合会颁发的"大功率风电机组研制与示范项目"中国机械工业科学技术特等奖;截至2015年12月31日,公司总资产为525.72亿元,主营业务收入为300.62亿元,同比上升69.8%,净利润28.75亿元,同比上升55.13%,净利润在电源设备行业排名第二。

伊利股份(600887.SH)。伊利股份(即内蒙古伊利实业集团股份有限公司)成立于1993年6月4日,是一家主要经营液体乳及乳制品和混合饲料制造业务的公司,是国家520家重点工业企业和国家八部委首批确定的全国151家农业产业化龙头企业之一,其1 000多种产品均通过了国家绿色食品发展中心的绿色食品认证。公司已成为国内年销售过百亿仅有的两家奶制品生产企业之一。公司实现主营业务收入598.63亿元,较上年同期增长10.94%,净利润为46.54亿元,较上年同期增长84.39%。在50家企业中,研发费用位列第六。

航天电子(600879.SH)。航天电子(即航天时代电子技术股份有限公司)是中国航天科技集团旗下从事航天电子测控、航天电子对抗、航天制导的高科技上市公司，主营产品为民用航天与运载火箭技术及配套设备、计算机技术及软硬件、电子测量与自动控制、新材料、通信产品、记录设备、仪器仪表、卫星导航与卫星应用技术及产品、卫星电视接收和有线电视产品及上述产品的开发、生产销售、技术转让、咨询和服务等。截至 2015 年，公司实现营业总收入 56.09 亿元，较上年同期增长 14.43%，归属于上市公司股东的净利润为 2.65 亿元，较上年同期增长 7.68%，基本每股收益 0.26 元，较上年同期增长 8.33%。在 50 家企业中，主营业务收入排名靠前。

特变电工(600089.SH)。特变电工(即特变电工股份有限公司)是中国变压器行业首家上市公司，主营产品为变压器及电抗器、电线电缆、国际成套工程承包、太阳能硅片、光伏组件及太阳能系统工程，建成了公司首个境外科技研发制造基地——印度特高压研发、生产基地。2015 年，公司总资产达到 702.59 亿元，实现主营业务收入 374.52 亿元，实现净利润为 20.25 亿元，与 2014 年相比增长 11.8%。此三项指标在输变电设备行业中位于第一。

恒瑞医药(600276.SH)。恒瑞医药(即江苏恒瑞医药股份有限公司)成立于 1997 年 4 月 28 日，主营产品为医学药品，是国内最大的抗肿瘤药和手术用药的研究和生产基地，国内最具创新能力的大型制药企业之一，是国内首次通过国家新版 GMP 认证的制药企业之一，同时也是国内第一家注射剂获准在欧美上市销售的制药企业。截至 2015 年 12 月 31 日，其总资产为 114.97 亿元，主营业务收入为 93.16 亿元，净利润为 22.24 亿元，其净利润指标位于化学制剂行业中第一。

中航光电(002179.SZ)。中航光电(即中航光电科技股份有限公司)是国内专业致力于光、电连接器技术研发、生产、销售，并全面提供整套连接器应用解决方案的知名军工企业，拥有高密度圆形电连接器、圆形线簧电连接器、矩形线簧结构电连接器、光纤光缆连接器四条国军标生产线，GJB599 系列型谱被列入总装科研项目，尤其公司研制的连接器在航空、航天等领域得到广泛应用，在“神舟”五号载人飞船的成功应用，证明了公司产品的高可靠特性。截至 2015 年 12 月 31 日，其主营业务收入为 47.25 亿元，净利润为 6.03 亿元，同比上年增长 61.13%，位于电子制造行业前列。

宇通客车(600066.SH)。宇通客车(即郑州宇通客车股份有限公司)成立于 1997 年 5 月 8 日，主营产品为客车产品等。2014 年，公司在纯电动客车方面取得突破性进展，国家电动客车电控与安全工程技术研究中心落户公司。公司的新能源客车技术处于行业领先地位，大中型客车总销量的增长高于行业、高于主要竞争对手，是中国客车工业领军品牌。2015 年，公司主营业务收入为 312.11 亿元，总资产为 301.39 亿元，净利润为 35.88 亿元，在商用载客车行业持续位列第一。

康斯特(300445.SZ)。康斯特(即北京康斯特仪表科技股份有限公司)是一家专注于数字压力、温度校准仪表的研究开发和产业化的企业,公司主营业务为数字压力、温度校准仪表产品的研究、开发、生产、销售、技术服务、技术转让,是目前国内同行业中少数几家通过CE认证、防爆认证等认证的企业之一,公司凭借自身的技术积累和研发实力,参与制定了2项国家标准、3项行业标准、3项国家检定规程及4项国家校准规范。截至2015年12月31日,其营业总收入为1.63亿元,净利润为0.27亿元,同比增长22.46%,其资产收益率指标在仪器仪表行业中位于第二位。

广电运通(002152.SZ)。广电运通(即广州广电运通金融电子股份有限公司)是一家专业从事银行自动柜员机(ATM)等货币自动处理设备及相关系统软件的研发、生产、销售和服务的高新技术企业。公司主导产品ATM的生产能力和销售规模在国产厂商中均名列第一。目前,公司已发展成为我国ATM行业经营规模最大、技术实力最强的龙头企业,并成功跻身全球ATM供应商前列。截至2015年12月31日,其营业总收入为39.73亿元,同比增长26.05%;净利润为8.98亿元,同比增长11.27%。

浪潮信息(000977.SZ)。浪潮信息(即浪潮电子信息产业股份有限公司)是中国领先的计算平台与IT应用解决方案供应商,同时也是中国最大的服务器制造商和服务器解决方案提供商,其主营产品为电子,并连续第10年蝉联国产服务器销量与销售额第一名,同时是亚太区最大的服务器生产基地。截至2015年12月31日,公司总资产为78.19亿元,净利润为4.47亿元,同比增长31.95%。

三花股份(002050.SZ)。三花股份(即浙江三花股份有限公司)成立于2001年12月19日,主营产品为家用电器控制元器件及部件。公司作为行业的龙头企业,具有良好的品牌形象、销售渠道、研发和制造基础,在海外主要空调整机制造商中市场占比很高,具备极强竞争优势,产品四通换向阀、截止阀品种齐全,市场占有率均位居全球第一;公司先后获得国家级重点高新技术企业、浙江省高新技术企业100强以及中国500最具价值品牌等荣誉和称号。2015年,公司主营业务收入为61.6亿元,同比上升5.78%,净利润为6.08,同比上升,24.46%,在其他白色家电行业中净利润和净资产收益率排名第一。

大华股份(002236.SZ)。大华股份(即浙江大华技术股份有限公司)是我国安防视频监控行业的龙头企业,其主营业务产品为安防视频监控产品的研发、生产和销售,其产品被应用于世界最大水电工程三峡葛洲坝电厂远程监控项目、国内最大直流500KV换流站宜昌龙泉换流站项目等重大项目。公司曾获国家火炬计划重点高新技术企业、国家规划布局内重点软件企业等称号。截至2015年12月31日,公司总资产为115.03亿元,净利润为13.81亿元,同比增长20.70%,处于计算机设备行业中第二位。

以岭药业(002603.SZ)。以岭药业(即石家庄以岭药业股份有限公司)是一家主要致力于中成药的研发、生产与销售的企业。公司是国家高新技术企业,曾荣获中国上市公司中小板50强,多次承担国家专项和国家科技攻关、支撑及生物医药重大专项等国家及省部级重大项目,研发专利新药10余个,获国内外发明专利200余项。截至2015年12月31日,其总股本11.28亿股,主营业务收入为31.85亿元,净利润为4.30亿元,同比增长21.44%。

海格通信(002465.SZ)。海格通信(即广州海格通信集团股份有限公司)是一家无线通信产品制造公司,主要产品为军用通信设备、导航设备等。公司是我国军用无线通信行业重要的技术装备研发基地,技术水平处于国内领先地位,部分产品达到甚至超过国际先进水平,是行业内唯一的国家规划布局内重点软件企业。截至2015年12月31日,其净利润为6.54亿元,同比增长24.18%;主营业务收入为38.07亿元,同比增长28.86%。公司净利润在通信传输设备处于行业第4位。

三安光电(600703.SH)。三安光电(即三安光电股份有限公司)是一家以LED发光器件为主的高科技光电能源公司。公司拥有由国内外光电技术顶尖人才组成的技术研发团队,掌握了领先的外延片生长及芯片等核心技术,是国内规模最大的全色系超高亮度LED芯片生产企业之一,拥有在国内光电领域的龙头地位,在高倍聚光太阳能发电技术上拥有国际领先优势。截至2015年12月31日,主营业务收入为48.58亿元,总资产为207.8亿元,净利润为17.47亿元,其净利润处于光学光电子行业第一位。

健康元(600380.SH)。健康元(即健康元药业集团股份有限公司)是一家专注于医药及保健品生产销售的公司。公司曾获"中国医药板块上市公司核心竞争力50强以及化学制剂类上市公司核心竞争力20强等称号。截至2015年12月31日,其净利润为8.21亿元,同比增长20.18%,主营业务收入为86.42亿元,同比增长16.50%,其规模处在化学制药行业前列。

诺普信(002215.SZ)。诺普信(即深圳诺普信农化股份有限公司)是一家从事农业生物高新技术产品的研发、生产和销售的公司。公司曾获得国家级高新技术企业、中国农药企业100强前十强等称号。截至2015年12月31日,其净利润为2.33亿元,同比增长20.23%,主营业务收入为22.10亿元,其净资产收益率为14.04%,处在同行业前列。

鸿达兴业(002002.SZ)。鸿达兴业(即鸿达兴业股份有限公司)是一家氯碱类基础化工原料生产型企业,主营化学原料及化学制品制造,其综合经营实力在国内塑料化工行业名列前茅。截至2015年12月31日,其总股本为9.72亿股,总资产为116.31亿元,净利润为5.4亿元,净资产收益率为14.86%,指标位于基础化学行业前列。

信立泰(002294.SZ)。信立泰(即深圳信立泰药业股份有限公司)是一家从事化学原料药、粉针剂、片剂和胶囊的研发、生产和销售的医药技术企业,主营业务为心血管类、头孢类抗生素、骨吸收抑制剂类等药物的研发、生产和销售。公司曾被评为深圳市知名品牌,其新药硫酸氢氯吡格雷片(泰嘉)和地氯雷他定片(信敏汀)被认定为国家重点新产品。截至2015年12月31日,公司主营业务收入为34.78亿元,净利润为12.7亿元,同比增长21.69%,净资产收益率为30.25%,处于化学制药行业第一位。

九阳股份(002242.SZ)。九阳股份(即九阳股份有限公司)是一家主要从事厨房小家电系列产品的研发、生产和销售的公司。公司是国家大豆行动计划领导小组认定的示范企业、国家级星火计划重点扶持企业和中国专利山东省明星企业,曾荣获中国最具成长性的中小企业未来之星称号,被评为中国名牌产品。截至2015年12月31日,其总资产为58.9亿元,主营业务收入为70.6亿元,同比增长18.79%,净利润为6.71亿元,同比增长9.02%,处于白色家电行业前列。

东富龙(300171.SZ)。东富龙(即上海东富龙科技股份有限公司)是一家以医用冻干机及冻干系统的研发、设计、生产、销售和服务为一体的高新技术企业。公司是国内最大的冻干机设备制造商,是我国替代进口冻干系统产品的代表企业,冻干机产销量居国内行业首位,曾获上海市高新技术成果转化项目百佳企业和中国制药装备科技成果一等奖。截至2015年12月31日,公司总资产为40.62亿元,主营业务收入为15.56亿元,同比增长23.59%,净利润为3.95亿元,同比增长12.59%,处于医疗器械行业前列。

红日药业(300026.SZ)。红日药业(即天津红日药业股份有限公司)是一家主要从事药品及医疗器械的生产经营和研究开发的公司。公司曾被评为天津市的高新技术企业,相关国家发明专利曾被科技部和国家保密局联合认定为"秘密级国家秘密技术"。截至2015年12月31日,公司总资产为64.73亿元,主营业务收入为33.48亿元,同比增长16.93%,净利润为5.36亿元,同比增长19.45%,处于相关行业前列。

白云山(600332.SH)。白云山(即广州白云山医药集团股份有限公司)以医药制造为主,主营产品为中成药、西药、预包装食品。截至2015年12月31日,其总资产为158.71亿元,主营业务收入为191.25亿元,同比增长1.72%,净利润为13.45亿元,同比增长11.12%,净利润、营业收入和总资产三项均居中药行业前列。

科陆电子(002121.SZ)。科陆电子(即深圳市科陆电子科技股份有限公司)成立于 2000 年 11 月 30 日，是一家专业从事用电管理系统、电子式电能表、标准仪器仪表及软件产品的研发、制造及销售的公司。公司是国家科技部认定的国家火炬计划重点高新技术企业，是国内智能电网产业的龙头企业，是业内公认的智能电网领域产业链最完整的 A 股上市公司。截至 2015 年年底，其总资产为 103.13 亿元，主营业务收入为 22.61 亿元，同比增长 15.7%，净利润为 2.02 亿元，同比增长 56.63%，研发费用投入强度达到 8.07%。

中天科技(600522.SH)。中天科技（即江苏中天科技股份有限公司）是一家从事光电缆产品的国家级重点高新技术企业，主营光纤通信和电力传输。公司在国内率先建成海底光缆完整生产线，拥有海底光缆制造的核心技术，是我国第一家拥有完全自主知识产权的海底光缆厂商。截至 2015 年 12 月 31 日，其总资产为 157.02 亿元，主营业务收入为 165.23 亿元，同比增长 91.21%，净利润为 10.11 亿元，同比增长 70.91%，净利润、营业收入和总资产三项均居通信设备行业前列。

康得新(002450.SH)。康得新（即江苏康得新复合材料股份有限公司）是一家有机材料高新技术公司，主要从事预涂膜及覆膜设备的开发、生产及销售。公司通过 ISO 9001:2000 国际质量体系认证及 ISO 14001:2004 环境管理体系认证以及欧盟 RoHS 认证，产品质量达到国际先进水平。截至 2015 年 12 月 31 日，其总资产为 183.68 亿元，主营业务收入为 74.59 亿元，同比增长 91.21%，净利润为 14.05 亿元，同比增长 40.46%，净利润、主营业务收入和总资产三项均居化工合成材料行业前列

小天鹅 A(000418.SZ)。小天鹅 A（即无锡小天鹅股份有限公司）是一家以家用电器及零配件的生产、销售和技术服务为主的企业。公司曾荣获江苏省名牌产品及江苏质量诚信会员企业等称号。截至 2015 年 12 月 31 日，其总资产为 143.28 亿元，主营业务收入为 131.32 亿元，同比增长 21.54%，净利润为 10.53 亿元，同比增长 33.17%，净利润、主营业务收入和总资产三项均居白色家电行业前列。

三聚环保(300072.SZ)。三聚环保（即北京三聚环保新材料股份有限公司）是一家为基础能源工业的产品清洁化、产品质量提升及生产过程的清洁化提供产品、技术、服务的国家级高新技术企业。公司为国家级高新技术企业、中关村科技园区创新型试点企业和中关村 TOP100 创新榜上榜企业。截至 2015 年 12 月 31 日，其总资产为 102.31 亿元，主营业务收入为 56.98 亿元，同比增长 89.31%，净利润为 8.14 亿元，同比增长 98.07%，净利润、主营业务收入和总资产三项均居其他化学制品行业前列。

置信电气(600517.SH)。置信电气（即上海置信电气股份有限公司）是国内唯一一家专业化生产非晶合金变压器的企业。公司的主要产品是非晶合金配电

变压器等，其中多项产品填补了国内空白，性能和产量均处于全球领先水平。截至2015年12月31日，其总资产为88.88亿元，主营业务收入为63.77亿元，同比增长51.78%，净利润为4.6亿元，同比增长50.47%，净利润、主营业务收入和总资产三项均居输变电设备行业前列。

苏泊尔(002032.SZ)。苏泊尔(即浙江苏泊尔股份有限公司)是一家主要从事厨房炊具和厨卫小家电、大家电、健康家电的研发、制造和销售的企业。公司是中国较大的炊具研发、制造商，是国内炊具行业第一家上市的企业和省级高新技术企业，在全行业首家通过了ISO 9002、ISO 14000、GB/T 28001认证体系。截至2015年12月31日，其总资产为73.96亿元，主营业务收入为109.1亿元，同比增长14.42%，净利润为9.87亿元，同比增长28.96%，净利润、主营业务收入和总资产三项均居小家电行业第一位。

立讯精密(002475.SZ)。立讯精密(即立讯精密工业股份有限公司)是一家专注于连接器的研发、生产和销售的公司。公司是目前中国综合实力最强的连接器、连接线设计制造商，行业龙头企业，国家级高新技术企业，2010年公司生产的台式电脑连接器已覆盖全球20%以上的台式电脑。截至2015年12月31日，其总资产为115.87亿元，主营业务收入为101.39亿元，同比增长38.97%，净利润为11.31亿元，同比增长53.2%，净利润、主营业务收入和总资产三项均居电子制造行业前列。

金正大(002470.SZ)。金正大(即金正大生态工程集团股份有限公司)是一家从事复(混)合肥、缓控释肥及其他新型肥料的研发、生产和销售的公司。公司取得了领先的行业地位，曾被评为“国家火炬计划重点高新技术企业”、国家创新型试点企业以及“中国肥料业十大品牌”等称号。截至2015年12月31日，其总资产为115.87亿元，主营业务收入为117.46亿元，同比增长30.94%，净利润为11.12亿元，同比增长26.31%，净利润、主营业务收入和总资产三项均居复合肥行业第一。

长园集团(600525.SH)。长园集团(即长园集团股份有限公司)是一家专业从事辐射功能材料和电网设备的研发、生产及销售的企业。公司已成为国内最大的热缩材料和高分子PTC制造商以及优秀的电网设备供应商之一，连续五年六次入选《福布斯》“中国潜力100强”“亚太潜力200强”和“中国上市公司最佳老板”等榜单。截至2015年12月31日，其总资产为93.42亿元，主营业务收入为41.62亿元，同比增长24.28%，净利润为5.13亿元，同比增长32.47%，净利润、主营业务收入和总资产三项均居电器自控设备行业前列。

海天味业(603288.SH)。海天味业(即佛山市海天调味食品股份有限公司)是一直从事调味品的生产和销售的企业。公司连续多年获得中国食品工业协会颁发的中国食品工业质量效益卓越奖，并被中国食品工业协会评为食品安全信用等级 A 级企业。截至 2015 年 12 月 31 日，其总资产为 114.98 亿元，主营业务收入为 112.94 亿元，同比增长 30.94%，净利润为 25.1 亿元，同比增长 20.08%，净利润、主营业务收入和总资产三项均居食品加工制造业行业前列。

航天信息(600271.SH)。航天信息(即航天信息股份有限公司)是一家集技、工、贸于一体的具有现代化企业管理体制的高新技术企业，主要业务包括防伪税控系统、IC 卡、系统集成业务等。公司具备信息产业部计算机系统集成一级资质，承担了“金税工程”“金卡工程”“金盾工程”等国家重点工程，是国家大型信息化工程和电子政务领域的主要参与者。截至 2015 年 12 月 31 日，其总资产为 144.92 亿元，主营业务收入为 223.83 亿元，同比增长 12.15%，净利润为 21.4 亿元，同比增长 27.98%，净利润、主营业务收入和总资产三项均居同行业第一。

东旭光电(000413.SZ)。东旭光电(即东旭光电科技股份有限公司)是国内最大的集液晶玻璃基板装备制造、技术研发及生产销售于一体的高新技术企业。公司曾获中国上市公司资本品牌溢价百强、中国上市公司市值管理绩效百佳以及福布斯中国最具潜力中小企业等荣誉。截至 2015 年 12 月 31 日，其总资产为 288 亿元，主营业务收入为 46.5 亿元，同比增长 117%，净利润为 13.93 亿元，同比增长 53.16%，净利润、主营业务收入和总资产三项均居光学光电子前列。

南华仪器(300417.SZ)。南华仪器(即佛山市南华仪器有限公司)于 1996 年 4 月 24 日成立，是一家机动车环保和安全检测用分析仪器及系统研发、生产和销售的公司，是目前国内自主拥有核心技术、制造全部检测线主体设备的专业化企业。截至 2015 年 12 月 31 日，其总资产为 3.89 亿元，主营业务收入为 1.69 亿元，同比增长 15.86%，净利润为 0.32 亿元，同比增长 7.36%，其每股收益为 0.81 元，居仪器仪表行业第一位。

人福医药(600079.SH)。人福医药(即人福医药集团股份公司)是以生殖健康、医药等为主要产业的集团公司，主要生产药品、安全套等产品。公司曾于 2010 年获批“国家级企业技术中心”称号，取得国家“重大新药创制”支持，公司主要控股子公司宜昌人福药业有限责任公司、葛店人福药业有限责任公司继续保持行业领先地位。截至 2015 年 12 月 31 日，公司总资产为 181.52 亿元，主营业务收入为 100.54 亿元，同比增长 42.58%，净利润为 8.53 亿元，同比增长 34.21%，其总资产、主营业务收入及净利润等指标居于化学制药行业前列。

机器人(300024.SZ)。机器人(即沈阳新松机器人自动化股份有限公司)是一家工业机器人系统与自动化成套装备供应商。公司主要从事工业机器人、物流与仓储自动化成套装备、自动化装配与检测生产线及系统集成、交通自动化系统等产品的设计、制造和销售，生产多个型号的国家重点新产品，承担了国家八六三计划智能机器人主题产业化基地等多个项目任务，曾在《福布斯》发布的“中国潜力100榜”上名列第48位。截至2015年12月31日，公司总资产为65.65亿元，主营业务收入为16.85亿元，同比增长10.62%，净利润4.03亿元，同比增长21.21%，其净利润指标居于通用设备行业前列。

再升科技(603601.SH)。再升科技(即重庆再升科技股份有限公司)的主营业务为微纤维玻璃棉制品的研发、生产和销售。其产品主要应用于洁净和节能保温领域。公司曾被评为“重庆市第二批企业知识产权工作试点单位”“创新基金重点培育企业”“重庆市创新型试点企业”以及“重庆市技术创新示范企业”等。截至2015年12月31日，公司总资产为4.46亿元，主营业务收入为2.34亿元，同比增长9.46%，净利润0.51亿元，同比增长39.97%，其净资产收益率指标居于化工新材料行业前列。

苏试试验(300416.SZ)。苏试试验(即苏州苏试试验仪器股份有限公司)是一家力学环境试验设备及解决方案提供商，主要从事力学环境试验设备的研发、生产及服务的公司。公司凭借雄厚的研发实力和技术水平，主持或参与制定了多项国家标准和行业标准，曾获“江苏省创新型企业”“创新先锋企业”“国家火炬计划重点高企”“中国机械工业最具影响力品牌”以及“振兴装备制造业中小企业之星明星企业”等称号。截至2015年12月31日，公司总资产为6.14亿元，主营业务收入为3.13亿元，同比增长23.21%，净利润0.53亿元，同比增长27.6%，其每股收益指标居于仪器仪表行业前列。

奥飞娱乐(002292.SZ)。奥飞娱乐(即奥飞娱乐股份有限公司)是一家动漫玩具企业，主要从事动漫玩具和非动漫玩具的开发、生产与销售，下属子公司涉足动漫影视片制作、发行以及动漫图书业等。公司是国家火炬计划重点高新技术企业，曾被评为“广东省著名商标”“中国驰名商标”“广东省专利工作先进单位”和“广东省知识产权优势企业”等。截至2015年12月31日，公司总资产48.09亿元，主营业收入25.89亿元，同比增长6.56%，净利润4.81亿元，同比增长16.52%，处在同行业前列。

本章小结

本部分主要采用定量统计分析方法，对中国制造业上市企业的数量分布、规模、效益、成长性、创新性以及最应受到尊敬的推选活动进行了评价分析，主要得到了以下结论：

(1) 从中国制造业上市公司的地区分布来看，上市公司主要集中在东部沿海地区，其中，广东、浙江、江苏和山东四省依旧位列前四；从行业分布来看，计算机、通信和其他电子设备制造业，化学原料和化学制品制造业，电气机械和器材制造业，医药制造业，专用设备制造业，通用设备制造业前六行业共有制造业上市企业1 064 家，所占比重接近 60%，在数量分布上成为制造业上市企业的优势行业。制造业上市企业数量最后三位的行业分别是皮革、毛皮、羽毛及其制品和制鞋业（7 家，占比 0.39%）、印刷和记录媒介复制业（7 家，占比 0.39%）和废弃资源综合利用业（2 家，占比 0.11%），所占比重不足 1%。这三类行业的制造业上市企业在数量分布上占比非常小，是同类制造业企业的重要标杆。

（2）按照主营业务收入规模分析，2015 年中国制造业上市企业的主营业务收入规模与上年相比有较明显的缩减，上市企业平均规模为 51.60 亿元，比 2014 年减少 4.9%；上海、广东、北京、山东、江苏和浙江等六个省份制造业上市企业的主营业务收入规模总量最大；从东、中、西部地区来看，东部地区上市企业规模总量最大，中部地区次之，西部地区最小；从行业来看，计算机、通信和其他电子设备制造业的规模总量最大，而仅 2 家上市企业的废弃资源综合利用业总规模最小。按总资产规模分析，2015 年 1 811 家企业总资产规模总量和企业平均规模都具有不断扩大的趋势，尤其特大型制造业上市企业出现了一定程度的增长，占总规模超 3/5 以上，但特大型企业平均规模降低到 219.13 亿元。总体来说，我国制造业上市企业虽然收入规模有一定的减少，但从资源占用和生产要素的层面上依旧保持了一定的规模总量增长趋势。

（3）从效益情况来看，本部分采用净资产收益率（ROE）、资产收益率（ROA）以及主营业务利润率等三个指标评价制造业上市企业的盈利能力；本次统计得到的制造业上市企业的平均主营业务利润率为 25.4%，平均总资产净利率为 3.81%，平均净资产收益率为 4.17%。其中，医药制造业的平均主营业务利润率最高，为 50.49%；家具制造业的平均总资产净利率最高，为 9.99%；废弃资源综合利用业的平均净资产收益率最高，为 27.7%；黑色金属冶炼和压延加工业的盈利能力都表现最低，平均主营业务利润率、平均总资产净利率和平均净资产收益率分别为 1.91%、−4.53%和−60.74%。从地区层面来看，西藏的企业平均主营业务利润率和平均总资产净利率都最高，分别达到了 47.1%和 17.87%；宁夏的企业平均主营业务利润率和平均总资产净利率都为最低，分别为 7.75%和−38.81%；安徽的企业平均净资产收益率最高，为 10.7%，重庆的企业平均净资产收益率最低，仅为−5.43%。总体上中国制造业上市企业的盈利能力保持了一定增长态势，但行业和地区层面上的盈利能力还存在明显差异。

（4）在成长性方面，本部分依旧采用三年主营业务收入平均增长率来衡量制造业上市企业的成长性。通过分析认为，非金属矿物制品业和食品制造业这 2 个行业的收入平均增长率较高，企业市场扩张能力强，但化学纤维制造业和纺织业这 2 个行业近年的成长能力不强；内蒙古、青海和甘肃、上海这 4 个省份的收入增长率相对较高，而江西、西藏、河南、重庆、辽宁几个省份的制造业上市企业的成长能力相对较弱，江苏制造业上市企业的成长能力指数排在全国第14位，处在中等水平。但总体上，无论是从行业还是地区层面的平均成长能力指数来看，中国制造业上市企业整体依旧具有稳健的成长能力。

(5) 在创新性方面，本部分以研发经费投入强度和每亿元主营业务收入的有效发明授权专利数量指标来反映中国制造业上市企业科技创新投入产出水平。2015年29个制造业行业平均研发投入强度为3.22%(2014年为2.96%)。其中，计算机、通信和其他电子设备制造业的平均研发投入强度最高，为7.67%；酒、饮料和精制茶制造业的平均研发投入强度最低，为1.08%。2015年全国31个省份制造业的平均研发经费投入强度为4.04%(2014年为3.54%)，其中，陕西的平均研发经费投入强度最高，为9.94%；青海的平均研发经费投入强度最低，仅为1.29%。2015年29个制造业行业平均科技创新产出为2.0603项/亿元(2014年为1.2836项/亿元)，其中金属制品业的47家上市公司的平均创新产出最高，为6.7017项/亿元；家具制造业的9家上市公司的平均创新产出最低，为0.453项/亿元。2015年全国31个省份制造业的平均科技创新产出为2.8227项/亿元(2014年为2.1857项/亿元)，其中西藏的6家上市公司平均科技创新产出最高，为10.9698项/亿元；青海的8家上市公司平均科技创新产出最低，仅为0.3952项/亿元；总体来说无论是从行业还是地区层面来看，中国制造业上市企业科技创新投入产出水平整体上都有所提升。

(6) “最应受到尊敬”的制造业上市企业的推选活动是“好中选优”，采取两阶段综合评选法进行推选评价，最终优先推选出了前50家“最应受到尊敬”的制造业上市企业，其中排名前5家企业分别是上汽集团、中国中车、长安汽车、贵州茅台、同方股份等；从行业分布来看，此前50家企业主要集中在计算机、通信和其他电子设备制造业(11家)、医药制造业(8家)、电气机械和器材制造业(5家)、仪器仪表制造业(4家)、通用设备制造业(4家)等15个行业。从地区分布来看，此50家企业多数集中在广东(13家)、江苏(6家)、北京(5家)、浙江(4家)、上海(3家)等15个省份。这说明高新技术行业和东部地区的制造业企业在全国制造业企业的新型化发展过程依旧是最重要的价值标杆。

参考文献

[1] 上海证券交易所. 上市公司2011—2015年度年报. http://www.sse.com.cn. 2016年5月3日.

[2] 深证证券交易所. 上市公司2011—2015年度年报. http://www.szse.com.cn. 2016年5月

3 日.
[3] 国家知识产权局.专利检索及分析. http://www.pss-system.gov.cn/. 2016 年 5 月 1 日.
[4] 中国证监会.上市公司行业分类指引(2012 年修订). http://www.csrc.gov.cn/. 2012 年 10 月 26 日.
[5] 于成永,施建军,方红. 控制权、规模与并购绩效——基于沪深制造业上市公司的实证研究[J]. 国际贸易问题,2013(5):128—142.
[6] 唐跃军,宋渊洋. 中国企业规模与年龄对企业成长的影响——来自制造业上市公司的面板数据[J]. 产业经济研究,2008(06):28—35.
[7] 任海云,师萍,张琳. 企业规模与R&D投入关系的实证研究——基于沪市A股制造业上市公司的数据分析[J]. 科技进步与对策,2010(04):68—71.
[8] 王文翌,安同良. 中国制造业上市公司规模与R&D绩效[J]. 中国科技论坛,2014(05):62—67,73.
[9] 刘欣,陈松. 企业规模对工艺创新的影响——基于中国制造业上市公司的实证研究[J]. 科技进步与对策,2014(21):83—86.
[10] 李洪亚,史学贵,张银杰. 融资约束与中国企业规模分布研究——基于中国制造业上市公司数据的分析[J]. 当代经济科学,2014(02):95—109+127—128.
[11] 张福明,孟宪忠. 基于系统广义矩估计的中国制造业上市公司企业成长与盈利能力关系实证研究[J]. 现代管理科学,2011(04):31—33.
[12] 贺远琼,陈昀. 不确定环境中高管团队规模与企业绩效关系的实证研究——基于中国制造业上市公司的证据[J]. 科学学与科学技术管理,2009(02):123—128.
[13] 曹燕. 中国家电制造业上市公司盈利能力研究——来自 2009 年年报数据[J]. 山西财经大学学报,2011(S1):134—135.
[14] 袁卫秋. 融资约束下的营运资本管理效率与盈利能力——基于制造业上市公司的经验证据[J]. 上海经济研究,2013(10):22—34+133.
[15] 贺远琼,陈昀. 不确定环境中高管团队规模与企业绩效关系的实证研究——基于中国制造业上市公司的证据[J]. 科学学与科学技术管理,2009(02):123—128.
[16] 钱爱民,张新民,周子元. 盈利结构质量、核心盈利能力与盈利持续性——来自我国A股制造业上市公司的经验证据[J]. 中国软科学,2009(08):108—118.
[17] 何强,陈松. 创新发展、董事创新偏好与研发投入——基于中国制造业上市公司的经验证据[J]. 产业经济研究,2013(06):99—110.
[18] 王文翌,安同良. 产业集聚、创新与知识溢出——基于中国制造业上市公司的实证[J]. 产业经济研究,2014(04):22—29.
[19] 顾基发.物理事理人理系统方法论的实践[J].管理学报,2011,8(3):317—322.

撰稿人:周飞雪
审核人:巩在武、孙薇

第三部分
专题研究篇

第9章 中国制造业升级动力培育研究

改革开放以来,中国制造业充分发挥要素禀赋优势参与国际分工,在全球价值链的加工、制造和装配等环节迅速集聚生产要素,形成了巨大的生产规模。由于缺乏自主技术,中国制造业高附加值的技术密集型产品供给相对不足,在国际高端市场上缺乏竞争力。自2008年金融危机以来,中国制造业发展的全球化动力逐渐减弱,发达国家也开始聚焦绿色制造技术,并出台规划促进本国绿色技术创新,以获得新一轮产业竞争优势。在新的发展态势下,对中国制造业升级动力进行研究,具有重要的现实意义。

9.1 中国制造业升级的测度

产业升级是产业要素和产业生产过程不断高级化的过程。在国外学者的研究中,产业R&D支出、R&D人员和专利等是产业升级的重要判断指标。此外,还可以根据技术与产品、要素密集度(Pavitt,1984)等进行判断。我国学者刘华富(2010)从附加值和技术两个维度来阐释传统产业高端化,即从低附加值向高附加值的转化,从低端技术、简单技术向高级技术、复杂技术、精密技术的转化。在新形势下,中国制造业面临的结构性问题在于改善生产要素效率和提高高附加值产品供给(李扬,2013;吕政,2015),提高要素生产率和产品附加值率是中国制造业升级的重要实践内涵。本文主要从要素生产率和产品附加值率视角考察中国制造业的演化状态,分析框架如图9-1所示。

在具体计算中,要素生产率用工业增加值除以平均从业人数来表示,能够反映对应工业活动增加值的人均效率。考虑到制造业企业存在投资收益等大量非主营业务收入,这里采用[(主营业务收入－主营业务成本)/主营业务成本]计算附加值率。由于2011年以后缺乏工业增加值和从业人数数据,这里采用应交增值税除以增值税率得到工业增加值数据,采用总利润除以人均利润得到从业人员数据,获得人均劳动生产率数据。为了剔除价格因素的影响,这里以2000年为基期对数据进行了平减。

中国制造业部门中,烟草制品业和石油加工、冶炼和核燃料加工业具有较强的行政垄断特征。图9-2显示,烟草制品业和石油加工、冶炼和核燃料加工业的人

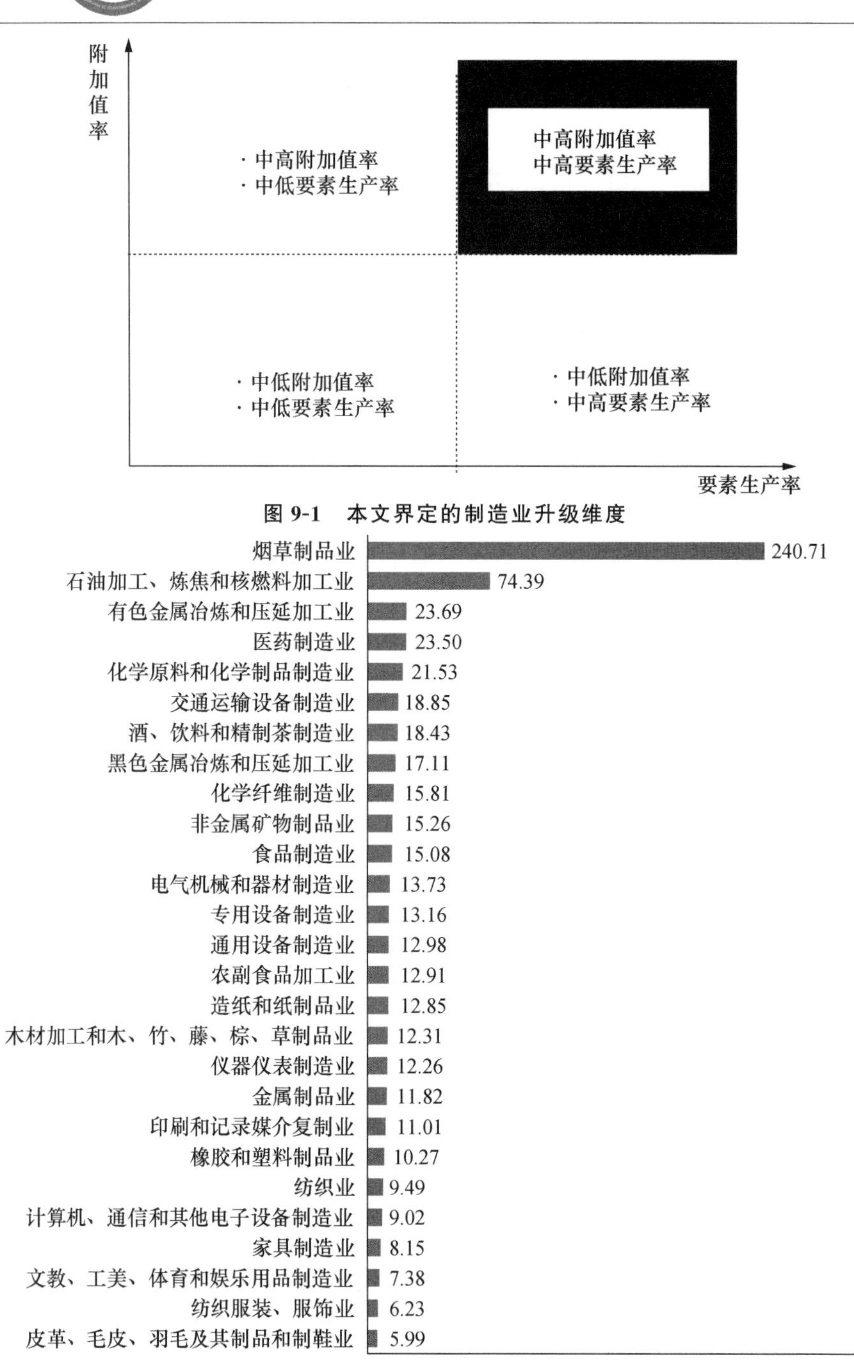

图 9-1　本文界定的制造业升级维度

图 9-2　2014 年中国制造业劳动生产率

均劳动生产率远远高于其他行业，分别达到 240.71 万元/人和 74.39 万元/人，为最低行业劳动生产率的 40.2 倍和 12.4 倍。

其余制造业部门的人均劳动生产率分布较为均衡。其中，人均劳动生产率在 20 万—25 万元的有 3 个行业，分别是有色金属冶炼和压延加工业（23.69 万元/人）、医药制造业（23.50 万元/人）及化学原料和化学制品制造业（21.53 万元/人）。人均劳动生产率在 15 万—20 万元的行业共有 6 个，分别是交通运输设备制造业（18.85 万元/人），酒、饮料和精制茶制造业（18.43 万元/人），黑色金属冶炼和加工压延业（17.11 万元/人），化学纤维制造业（15.81 万元/人），非金属矿物制品业（15.26 万元/人）和食品制造业（15.08 万元/人）。

人均生产率在 15 万元以下的制造业行业共有 16 个，占总数的 59.3%，是分布最集中的区域。其中，人均劳动生产率在 10 万元以下制造业行业共有 6 个，分别是纺织业、计算机和通信电子设备业，家具制造业，文教、工美、体育和娱乐用品制造业，纺织服装、服饰业，皮革、毛皮、羽毛及其制品和制鞋业等，分别为 9.49 万元/人、9.02 万元/人、8.15 万元/人、7.38 万元/人、6.23 万元/人和 5.99 万元/人。

附加值率反映了企业在生产过程中创造新价值的能力，是产品技术、知识和品牌的综合体现。图 9-3 显示了 2014 年我国制造业附加值率的整体情况。可以发现，烟草制品业附加值率远远高于其他行业，高达 0.733，显示出了较为突出的盈利能力。

其余制造业部门中，附加值率为 0.10—0.17 的行业共有 4 个，分别是医药制造业（0.290），酒、饮料和精制茶制造业（0.257），食品制造业（0.201）和仪器仪表制造业（0.195）。

附加值为 0.10—0.17 的制造业行业共有 19 个，占总数的 70.4%，是分布最集中的区域，说明我国制造业整体盈利能力偏低。其中，附加值率在 0.10 以下的行业有化学纤维制造业（0.095）、黑色金属冶炼和压延加工业（0.081）及有色金属冶炼和压延加工业（0.080）。

值得注意的是，尽管我国有色金属冶炼和压延加工业、黑色金属冶炼和压延加工业、化学纤维制造业三个行业具有较高的劳动生产率，但是附加值率却居于制造业部门的后三位，说明这类制造业盈利能力较低，应该注重调节产能和市场需求的关系，提高行业利润。

图 9-3　2014 年中国制造业附加值率

对制造业部门劳动生产率的变化趋势进行分析[①]，可以发现我国制造业劳动生产率处于稳定上升趋势，其中，石化冶炼业的劳动生产率明显高于设备制造业和普通制造业，而设备制造业的劳动生产率又略高于普通制造业。从变化趋势来看，受 2008 年金融危机的影响，石化冶炼业和普通制造业劳动生产率在 2008—

① 为获得不同制造业部门劳动生产率的变化趋势，我们将金属制品业，通用设备制造业，专用设备制造业，交通运输设备制造业，电气机械和器材制造业，计算机、通信和其他电子设备制造业，仪器仪表制造业等合并为设备制造业，将石油加工、炼焦和核燃料加工业，化学原料和化学制品制造业，医药制造业，化学纤维制造业，橡胶和塑料制品业，非金属矿物制品业，黑色金属冶炼和压延加工业和有色金属冶炼和压延加工业等合并为石化冶炼业，其余行业合并为普通制造业。

2009 年间出现了明显的波动，2009 年以后呈现稳定上升趋势（见图 9-4）。

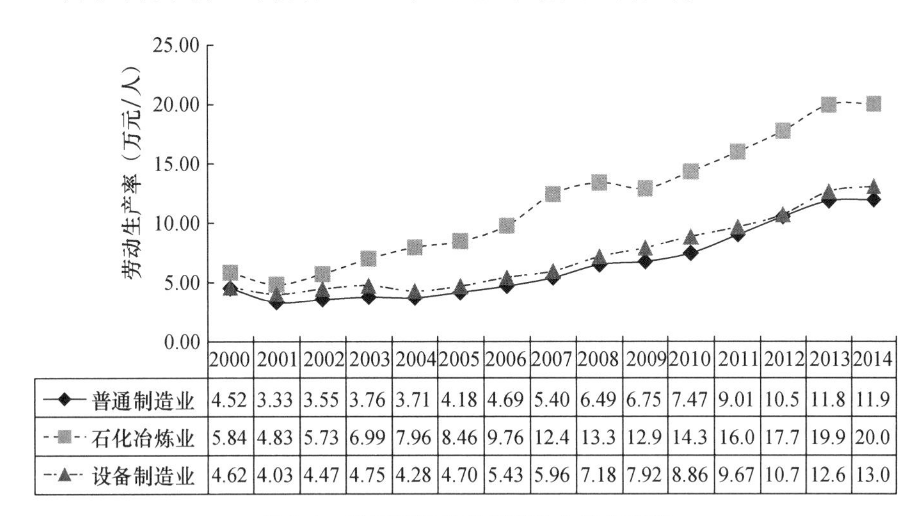

	2000	2001	2002	2003	2004	2005	2006	2007	2008	2009	2010	2011	2012	2013	2014
普通制造业	4.52	3.33	3.55	3.76	3.71	4.18	4.69	5.40	6.49	6.75	7.47	9.01	10.5	11.8	11.9
石化冶炼业	5.84	4.83	5.73	6.99	7.96	8.46	9.76	12.4	13.3	12.9	14.3	16.0	17.7	19.9	20.0
设备制造业	4.62	4.03	4.47	4.75	4.28	4.70	5.43	5.96	7.18	7.92	8.86	9.67	10.7	12.6	13.0

图 9-4　我国制造业部门劳动生产率变化

分部门来看，石化冶炼业劳动生产率在 2007 年以前保持了快速增长态势，2007—2009 年进入调整期，2009 年之后又进入稳定增长区间。设备制造业和普通制造业的变化趋势较为一致，2004 年之前变化趋势较为缓慢，2004—2008 年进入稳定上升阶段，2008—2010 年增长缓慢，2010 年以后又进入快速增长阶段（见图 9-5）。

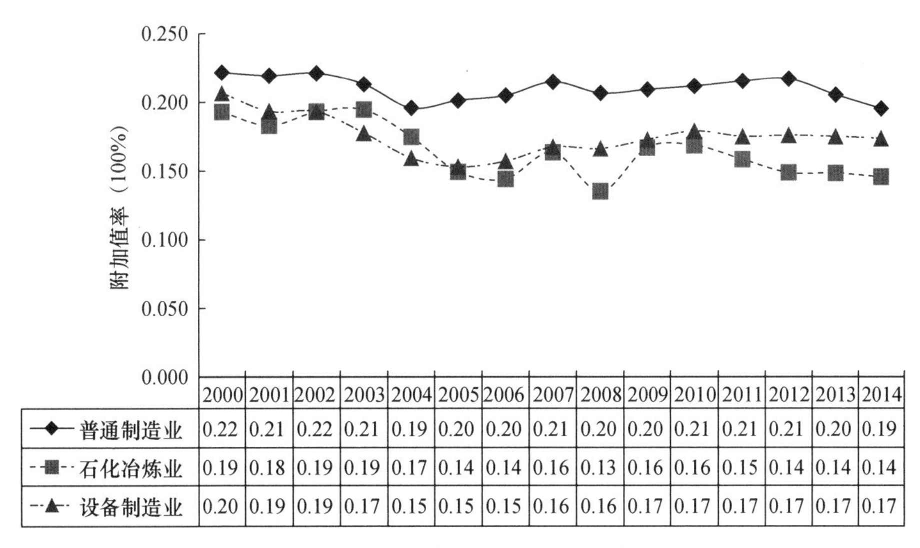

	2000	2001	2002	2003	2004	2005	2006	2007	2008	2009	2010	2011	2012	2013	2014
普通制造业	0.22	0.21	0.22	0.21	0.19	0.20	0.20	0.21	0.20	0.20	0.21	0.21	0.21	0.20	0.19
石化冶炼业	0.19	0.18	0.19	0.19	0.17	0.14	0.14	0.16	0.13	0.16	0.16	0.15	0.14	0.14	0.14
设备制造业	0.20	0.19	0.19	0.17	0.15	0.15	0.15	0.16	0.16	0.17	0.17	0.17	0.17	0.17	0.17

图 9-5　我国制造业部门附加值率变化

图 9-5 显示，我国制造业部门附加值率整体上出现缓慢向下的趋势。其中，普通制造业附加值率高于石化冶炼业和设备制造业。2004 年之前石化冶炼业和普通制造业附加值率出现交替变化的趋势，2005 年以后设备制造业附加值率一直高于石化冶炼业。

分部门来看，我国普通制造业附加值率出现波动式下降趋势，2000—2004 年的下降趋势较为明显，2004—2012 年进入平稳增长阶段，2012 年以后又出现下降趋势。设备制造业和石化冶炼业在 2000—2004 年出现了明显的下降，2004 年以后设备制造业出现缓慢上升趋势。石化冶炼业在 2004—2009 年出现短暂的波动以后，出现了明显的下降。

就具体行业而言，2000—2014 年中国制造业劳动生产率实现了整体提升，增长最快的二个行业分别为烟草制品业(6.68 倍)，石油加工、炼焦和核燃料加工业(5.52 倍)；提升最慢的四个行业是专用设备制造业(3.96 倍)，化学原料和化学制品制造业(3.35 倍)，仪器仪表制造业(3.01 倍)，计算机、通信和其他电子设备制造业(0.18)。

从变化趋势来看，中国制造业附加值率在 2000—2014 年中出现了明显的分化，附加值率上升的行业仅有 6 家，占总数的 22.2%，分别为烟草制品业(0.38)，皮革、毛皮、羽毛及其制品和制鞋业(0.31)，石油加工、炼焦和核燃料加工业(0.3)，仪器仪表制造业(0.12)，纺织服装、服饰业(0.3)，木材加工和木、竹、藤、棕、草制品业(0.02)。附加值率出现下降的行业共有 22 家，占总数的 77.8%。下降最快的行业分别为有色金属冶炼和压延加工业(−0.44)，黑色金属冶炼和压延加工业(−0.43)，化学纤维制造业(−0.35)，计算机、通信和其他电子设备制造业(−0.25)，酒、饮料和精制茶制造业(−0.23)。

9.2 影响中国制造业升级的因素检验

中国制造业升级最终是通过改善创新能力实现的。早期的线性模型认为研发投入是技术创新的先决条件，强调通过基础研究来增强技术供给(Bush，1945)。Schumpeter(1939)认为企业创新是为了获得市场垄断地位并获取超额利润，在超额利润的推动下，企业会集中力量不断地创新，因此，市场需求是重要的反馈动力。Schmookler(1966)认为技术创新动力主要来自需求端，如追求利润、克服要素稀缺性等。Rosenberg(1982)认为技术创新是市场需求和技术可能性综合作用的结果，如铁路、房屋建筑和计算机等行业的创新动力主要来自需求端，而激光等行业主要受技术推动影响。Kline 和 Rosenberg(1986)提出了创新的“链环—回路”模型，将技术创新过程分解为技术创新链和市场反馈链。综合上述分析，中国制造业升级需要考虑研发驱动和市场拉动两个方面。

在研发驱动方面,研发经费是产业创新的重要内生性投入,是创新链上的重要"推动力"。由于研发经费投入来自政府、企业和金融机构等不同渠道,难以进行统一计算,我们采用规模以上企业内部 R&D 经费支出(RD)表示,用于反映研发投入对制造业升级的"推动效应"。

为了克服自身技术的不足,中国制造业部门发展长期引进国外技术作为补充,这里采用引进国外技术的经费(Techbuy)作为补充变量,检验引进外国技术是否对中国制造业升级产生影响。

在研发投入不断增加的情况下,有效需求逐渐上升为中国制造业升级的外部反馈动力。由于我国制造业有效需求主要来自国内市场和国外市场,这里采用制造业销售产值来反映国内市场需求(DD),采用制造业出口交货值来反映国外市场需求(ID)。

我国制造业主要从发达国家招商引资,使得制造业新形成的资本中含有较高水平的"物化技术",因此,我国制造业资本形成是有待检验的重要内生性变量,这里采用资本形成(FIXED)作为检验变量。

在估计方法上,通过构建 VAR 模型,采用脉冲响应函数估计上述变量对中国制造业升级的冲击响应强度。该方法的优势在于能够运用各变量之间关系的非结构建模方法,将系统中的每一个内生变量作为所有内生变量的滞后值的函数进行回归,估计出所有内生变量的动态关系。

本文首先估计研发投入、技术引进和固定资本形成等供给侧变量对劳动生产率的影响。经过整理后的结果如图 9-6 所示。

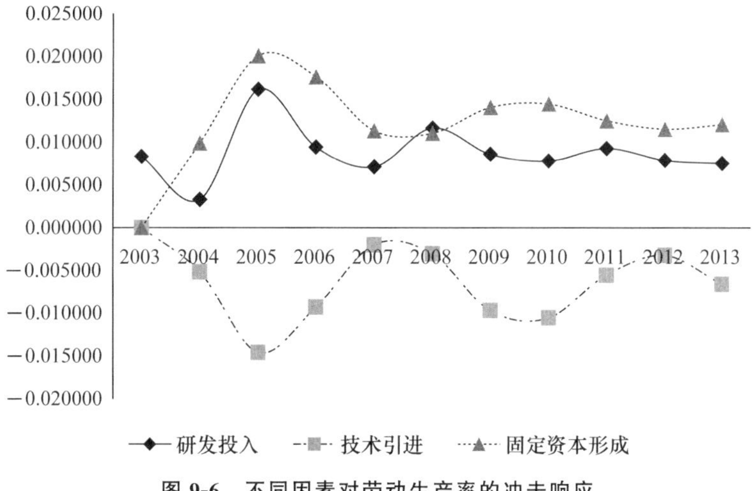

图 9-6　不同因素对劳动生产率的冲击响应

图 9-6 显示，研发投入和固定资本形成总体上对中国制造业劳动生产率产生了显著的正向冲击，而且变化趋势较为一致。从变化趋势来看，研发投入和固定资本形成对拉动生产率的冲击在 2003 年处于较低水平，随后迅速上升，在 2005 年达到峰值后迅速下降，2008 年后开始进入缓慢下降的状态。从影响幅度来看，固定资本形成的正向冲击幅度一直高于研发投入，说明与研发投入相比较，固定资本形成对中国制造业生产率的促进作用更加显著。这也提示我们，我国制造业劳动生产率改善不仅依赖于企业研发投入，由固定资本形成带来的“物化技术”也发挥着重要的作用。

技术引进对中国制造业劳动生产率产生了显著的负向冲击，与我们的预期不符。对技术引进经费进行统计分析，可以发现研究区间内技术引进经费呈逐年递减趋势，2013 年技术引进经费较 2003 年减少 54.4%，导致技术引进经费波动与劳动生产率呈反向变动关系。总体而言，我们认为中国制造业劳动生产率提高主要是由固定资本投资和研发投入推动的。

在经济全球化背景下，市场是驱动全球价值链演化的重要动力，市场质量是影响中国制造业升级的重要因素。图 9-7 表明，国内市场和国外市场对中国制造业劳动生产率都产生了显著的正向冲击，其中，国外市场对劳动生产率的冲击效应远高于国内市场，说明以国外市场为导向的中国制造业部门容易形成较高的劳动生产率，而以国内市场为导向的中国制造业部门容易形成较低的劳动生产率。从变化趋势来看，市场力量对劳动生产率的影响主要集中于 2008 年以前，2008 年以后市场对中国制造业劳动生产率的正向冲击逐渐衰退。

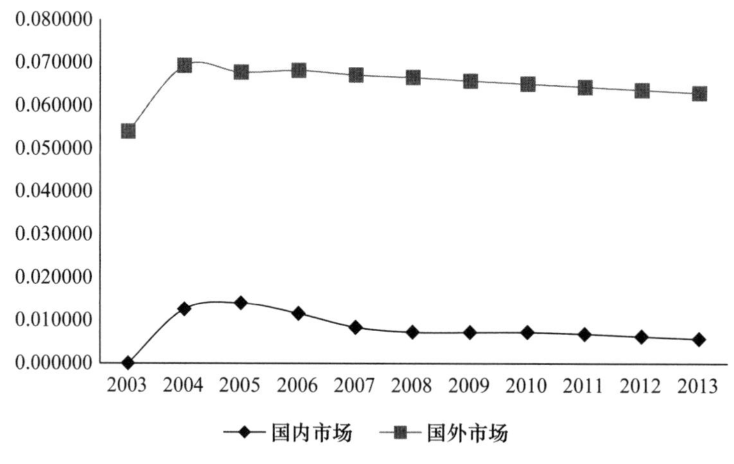

图 9-7　市场对劳动生产率的冲击响应函数

1978 年改革开放以来，中国制造业长期处于供不应求的状态，市场对劳动生产率的牵引作用较为显著。随着投资增加和劳动生产率的提高,中国制造业逐渐从短缺向过剩转变,在2008年金融危机的影响下尤为显著,国外市场和国内市场对制造业劳动生产率的影响开始下降。

附加值率是反映中国制造业盈利能力的重要指标,是由技术能力和市场能力共同决定的。图9-8显示研发投入和固定资本形成对制造业附加值率的冲击为正向,具有前高后低的趋势,且研发投入的冲击效应略高于固定资本形成,说明研发投入和固定资本投资是改善中国制造业附加值率的重要因素,研发投入的促进作用略高于固定资本形成。从变化趋势来看,这种推动效应在2004年达到峰值,2005年迅速下降,进入相对平稳的水平。这是由于中国制造业发展初期与发达国家产品竞争力差距比较大,研发投入和固定资本形成带来的产品竞争力改善较为显著。随着产品差距缩小,研发投入和固定资本形成对产品竞争力改善的影响呈下降趋势。

技术引进对附加值率的冲击为负,冲击效应在2004年达到负向峰值,随后迅速降低。考虑统计因素,说明技术引进未对中国制造业附加值率产生正向促进作用。

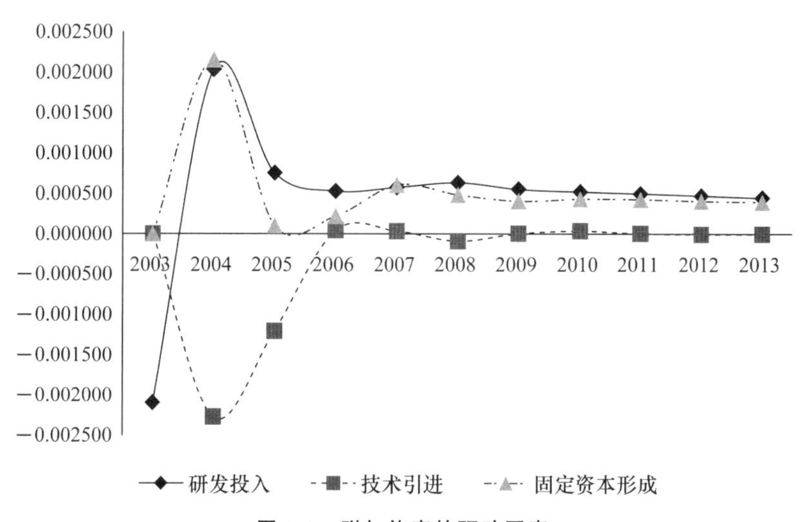

图9-8　附加值率的驱动因素

图9-9显示,2005年以前国内市场和国外市场对附加值率的冲击具有较大的不确定性。2005年以后,国内市场和国外市场对中国制造业附加值率产生了显著的正向冲击,然后缓慢下降,且国外市场对附加值率的正向冲击效应显著高于国内市场的冲击效应。说明我国面向国外市场的制造业部门具有更强的盈利能力,面向国内市场的制造业部门盈利能力相对较低。

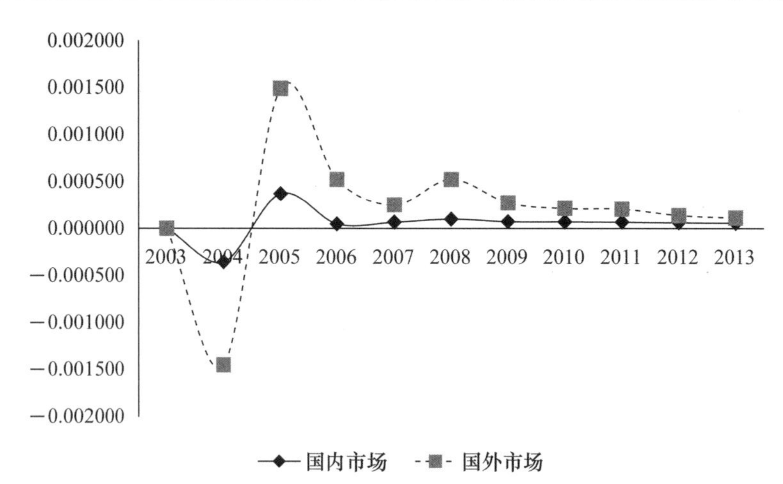

图 9-9 市场类型对附加值率的影响

9.3 我国制造业升级动力培育措施

在我国制造业部门中,除了烟草制品业由于专卖制度而获得持续高附加值率以外(张文峰,马茜,2014),其余部门大都出现劳动生产率上升而附加值率下降的情况。其中,固定资本积累带来的"物化技术"和企业研发投入对中国制造业升级具有正向作用,国外市场的正向影响要大于国内市场。结合上述研究,应该注重从以下方面培育制造业升级动力:

第一,加大技术密集行业的自主研发投入力度,促进关键领域技术突破。随着中外制造业技术差距的缩小,自主研发成为我国制造业在新一轮竞争中获取主动权的关键。加大对我国制造业技术密集型行业的研发投入,借此带动相关部门技术进步,对于促进制造业升级具有积极意义。

第二,加强国际技术合作交流,引进消化国外先进技术。发达国家为了维护高附加值的技术密集型产品在国际市场上的垄断地位,通常会通过知识产权战略限制先进技术的出口和转让。随着我国国际经济合作和技术合作不断深化,要把引进制造业核心技术作为工作重点,通过国际合作等多种形式引进核心技术,促进我国制造业核心技术提升。

第三,培育国内市场促进我国制造业发展。近年来,我国政府提出建设名列世界前茅的国内市场要求。在全球化动力减弱的条件下,我国制造业发展要抓住培育国内市场的良好契机,挖掘国内市场潜力促进我国制造业升级。

参考文献

[1] Bush V. *Science*, *The Endless Frontie*r. Washington, D. C. : U. S. Government Printing Office, 1945.

[2] Schmookler,J. Invention and Economic Growth [M]. Harvard University Press,Cambridge. 1966.

[3] KLINE, S. , ROSENBER, G. (1986), An Overview of Innovation, in Landau, R. , Rosenberg, N. (eds), The Positive Sum Strategy: Harnessing Technology for Economic Growth, Washington, DC, National Academy Press, 275—305.

[4] Pavitt K. Sectoral Patterns of Technical Change: Towards a Taxonomy and a Theory[J]. Research Policy, 1984,13(6):343—373.

[5] Rosenberg N. Inside the Black Box: Technology, Economies and History. Cambridge, New York: Cambridge University Press. 1982.

[6] Schumpeter J A. Business Cycle: A Theoretical, Historical and Statistical Account of the capital Process[M]. New York: McGraw Hill. 1939.

[7] 刘华富.传统产业高端化的路径分析[J].成都行政学院学报.2010, 71(5):67—68.

[8] 吕政.中国经济新常态与制造业升级[J].财经问题研究.2015, 383(10):3—8.

[9] 李扬.中国经济发展的新阶段[J].财贸经济.2013(11):5—12.

[10] 张文峰,马茜.后烟草时代烟草行业如何寻找新的利润增长点[J].东方企业文化. 2014, 236—238.

撰稿人:姜彩楼

审核人:余莱花、蔡银寅

第10章　信息化对中国制造业企业劳动生产率的影响研究

10.1　引言

20世纪90年代以来，信息和通信技术（ICT）成为推动各国经济发展的主要力量，对一国经济增长和生产率提升具有显著的促进作用（Jorgenson and Stiroh，1999；Ark and Piatkowski，2004；Venturini，2009）。持续的经济增长也依赖于企业生产率的持续增长，当前，中国制造业增加值率偏低的一个重要原因就在于效率的缺失。若能实现生产效率的提升，将有助于加快中国制造业增强国际竞争力、迈向价值链中高端的进程。对正处于经济快速发展和转型期的中国而言，ICT的独特优势，决定了其可以广泛应用到工业生产的各个环节。信息化与工业化的融合也已成为中国制造业企业经营管理的常规手段之一，并在我国制造业生产效率提升进程中发挥着重要作用，那么信息化会对企业劳动生产率产生怎样的影响，是一个亟须分析的问题。

本文从企业信息化投资对企业劳动生产率的影响进行探讨。为了避免企业全要素生产率TFP估计偏差对研究结论的影响，选择“劳动生产率”这一单要素生产率作为分析对象。因为劳动生产率直接关系到社会福利的提高，一国劳动生产率水平可以反映该国的技术或生产率水平（邵敏，2012）。

与已有文献相比，本文的边际贡献主要体现在两个方面：首先，本文的分析为如何进一步深化我国制造业企业资本有机构成，特别是针对中小制造业企业的资本构成随技术的变动而变化提供了经验证据。其次，本文从微观企业层面分析了企业信息化投资、信息化设备应用对企业劳动生产率的影响机制，并使用工具变量法和处理效应模型缓解了模型中存在的内生性，研究表明企业信息化投资增加1%，会带动企业劳动生产率提升0.25%，从而可以探究信息化与劳动生产率之间的因果关系。

本文的余下部分安排如下：第二部分是对信息化与劳动生产率的关系相关文献进行归纳梳理；第三部分是研究设计，包括模型建立、变量选取和数据来源及描述性统计；第四部分是实证检验结果与解释；最后是本文的研究结论与政策含义。

10.2 文献述评

已有关于信息化与企业劳动生产率的研究主要集中于OECD成员，研究对象也以大型企业为主，以下是对与本文研究紧密相关的文献进行的归纳述评。

在以美国公司为对象的研究中，Black 和 Lynch(2001、2004)肯定了工作过程中信息通信技术和创新机制对企业生产率的重要性，特别是合作创新机制被引进到具有工会组织的企业中时，工会组织为了保护工作安全会采取一定的措施来应对。Bresnahan 等(2002)发现，在工作中使用通信技术较为集中和流程创新较为先进(如教育、培训、自主决定和分权治理)的企业比其他企业具有较高的劳动生产率。另外，若企业工作中没有电子技术的使用和组织结构方面的创新，则劳动力本身对其工作生产效率的影响几乎为零。Brynjolfsson 和 Hitt(2003)认为，当企业将这一系列的组织实践(如信息和通信技术自由、自主决定权、绩效考评、教育与职业培训投入等)与数码创新相结合时，企业的劳动生产效率将会有很大的提高。Atrostic 和 Nguyen(2005)发现，企业工作中采用电信通信和网络办公等方式会对企业的劳动生产效率带来积极的影响。

除对美国企业进行分析之外，另外的一系列研究也在试图寻找其他地区和其他企业组织中合作创新与企业效率之间的因果关系。Gretton 等(2004)以澳大利亚的企业数据为研究样本，认为公司信息与通信技术的使用、组织形式的革新、劳动资格认证都对劳动生产率具有积极的影响。Grimes 等(2009)以新西兰企业为研究对象，也发现宽带互联网的使用对企业生产率具有显著的正向影响。

在以英国或英法企业为样本的研究中，发现虽然影响程度会有所变化，但信息通信技术的投入和使用对企业生产效率具有显著的影响，其中信息通信技术对跨国企业和采用先进技术的企业影响最大。以德国企业为样本的分析也显示，信息通信技术的投入和使用对工业企业的生产效率促进作用较大，而对服务企业生产效率的影响则要取决于员工使用电脑办公的情况。

Leoni(2008)发现在意大利企业中，信息通信技术的使用能够促使企业在产品生产流程、战略规划、组织结构和外部关系交流上做出改变；同时，还能确保这些改变的顺利实行。Crestin 等(2003)认为信息通信技术的使用和组织变革被单独执行的话，并不能带来企业价值的增加；但当信息通信技术和其他实践活动结合时，如鼓励责任授权、扩大员工权力，或者更通俗地讲，将信息通信技术与方法的传播活动结合起来，将大大促进企业劳动生产率的提高，而且对企业员工的培训和信息通信技术的交流都会对企业劳动生产率的提高具有促进作用。Becchetti 等(2003)分析了意大利中小企业中信息通讯技术组件的投入(如硬件、

软件、通信设备)对企业劳动生产率的影响后,发现软件投入的重要作用,而硬件投入则对企业中流程创新和产品创新具有重要的影响。

在德国,一些工业企业时间序列样本数据的分析也肯定了劳动生产效率和数码技术、组织流程创新之间的依赖关系,尽管劳动生产效率和合作创新机制之间的互补性只在信息通讯技术和人力资本中体现。

在日本,Miyazaki 等(2012)将信息通信技术的使用分为四个复杂的阶段(非信息通信技术资产、部门系统应用、企业系统应用和跨企业系统应用),并发现,信息通信技术对企业劳动生产率的影响随着各阶段之间的过渡而不断加强。在韩国,Jung 等(2013)肯定了信息通信技术对工业企业劳动生产率的直接影响,以及宽带互联网对工业企业全要素生产率的间接影响。在新近的一篇文献中,Jimenez-Rodriguez(2012)分析了信息通信技术的分解效应,发现在美国和一些欧盟国家,信息通信技术对劳动生产率具有冲击作用,因而信息通信技术的影响要在对其敏感和非敏感企业中相区分。对此的反应模式类似于我们之前考虑的两种企业类型。在 20 世纪 90 年代中期以后,信息通信技术对企业生产率的积极影响在频繁使用信息通信技术的企业中越来越大,而美国是其中最受益的国家。

在西班牙,Hernando 和 Nunez(2004)认为,信息通信技术的投入对企业劳动生产率和企业产出具有积极的影响,且这种影响在 20 世纪 90 年代中期以后最为重大;Lopez-Sanchez(2006)指出,随着信息通信技术使用的增加,特别是企业加大对网络投资并促使其快速发展的过程中,信息通信技术对企业劳动生产率具有积极并不断加深的影响。然而,对于那些较少使用网络办公的企业来说,应采用其他措施来提高企业生产效率。

事实上,信息通信技术对企业劳动生产率的消极影响随着时间的推移也逐渐显现出来。例如,Badescu 和 Garces-Ayerbe(2009)在研究中并没有发现信息通信技术投资与企业劳动生产率之间的因果关系,这可能归因于数码技术的实施过程和效率影响之间具有时间滞后性。事实上,企业信息通信技术的低使用率,数字创新、组织变革和职业培训之间互补性的低存在性,已经成为西班牙企业生产率提高的主要障碍。Brasini 和 Freo(2012)研究了印度制造业企业中信息与通信技术的使用程度,主要有两个发现:一是广泛实施的信息通信技术并没有充分发挥其潜力;二是采用信息通信技术的企业比那些没有采用的企业具有较高的技术效率,但是在生产力方面并没有大的优势,这就造成了公司层面的一个生产性悖论。

表 10-1 主要总结了国内外关于企业信息化与劳动生产率方面的研究成果。首先,我们要认识到该研究的本质,考虑到所分析的多样性,不仅要有企业和部门的分析,还要有研究年限的设置和模型的构建,因而在分析中要保持一定的谨慎性。通过上述的文献回顾,可以得出两个结论:第一,大多数研究认为,信息通信

技术的投资与使用、新型的组织结构都对企业生产效率具有积极的作用;第二,在影响因素中加入了人力资本,即人力资本对企业的劳动生产效率也具有积极的影响。

然而,国际上已有的实证研究主要集中于OECD成员的大型企业,对发展中国家中小企业的研究涉及较少。基于此,本文旨在借鉴已有研究的基础上,以中国中小企业为研究对象,分析信息化投资对中国企业劳动生产效率的影响。

表 10-1 企业信息化对劳动生产率的影响代表性文献总结

国家	文献	研究方法	研究结论
瑞士	Arvanitis(2005)	OLS方法和IV方法	正向影响
美国	Black and Lynch(2001) Bresnahan et al. (2002) Brynjolfsson and Hitt(2003)	GMM方法 OLS方法和IV方法 OLS方法和IV方法	正向影响 正向影响 正向影响
英国	Bloom et al. (2005) Clayton et al. (2007) De Stefano(2016)	GMM方法 GMM方法 IV方法	正向影响 正向影响 正向影响
澳大利亚	Gretton et al. (2004)	面板回归方法	正向影响
新西兰	Grimes et al. (2009)	处理效应模型	正向影响
德国	Hempell(2005) Hempell and Zwick(2008)	GMM方法 GMM方法	正向影响 正向影响
意大利	Cristini et al. (2003) Hall et al. (2013)	OLS方法 OLS、Probit等多种方法	关系不显著 正向影响
日本	Miyazaki et al. (2012)	OLS方法	正向影响
西班牙	Hernando and Núñez(2004) López-Sánchez et al. (2006) Badescu and Garcés-Ayerbe(2009) Díaz-Chao et al. (2015)	OLS方法 OLS方法 GLS方法 结构方程	正向影响 正向影响 关系不显著 正向影响

资料来源:作者整理。

10.3 研究设计

1. 模型建立

根据上文分析及研究设计,并借鉴已有研究成果,本文使用公式(10-1)、(10-2)为回归方程考察信息化投资对企业劳动生产率的影响:

$$\text{lprod}_{ij} = \alpha_0 + \alpha_1 \text{lnict}_{ij} + \alpha_3 \text{lnict}_{ij} \times rd_{ij} + \beta_i \sum X_{ij} + \eta_{\text{city}} + \lambda_{\text{industry}} + \mu_i \tag{10-1}$$

$$lprod_{ij} = \alpha_0 + \alpha_1 lnict_{ij} + \alpha_3 lnict_{ij} \times train_{ij} + \beta_i \sum X_{ij} + \eta_{city} + \lambda_{industry} + \varepsilon_i \quad (10\text{-}2)$$

其中，$lprod_{ij}$ 表示 j 城市第 i 企业劳动生产率；lnict 表示过去三年企业在电脑和其他信息处理设备方面的投资额，为缓解其中可能的异方差，我们对该变量取自然对数；$lnict_{ij} \times rd_{ij}$ 和 $lnict_{ij} \times train_{ij}$ 分别表示企业在信息化方面的投资与过去3年企业内外部是否有R&D活动变量、2011年企业是否对员工进行正式的培训变量的交互项；X 表示文中影响企业劳动生产率的一系列控制变量，包括企业成立年限、企业规模、企业R&D活动、企业所有制、企业信息化设备应用频率等；回归中还包含了城市和行业虚拟变量，分别使用 η 和 λ 表示；μ 和 ε 为回归模型的随机误差项。

2. 变量选取

首先，关于因变量劳动生产率(lprod)，通常而言，企业的劳动生产率是用来衡量企业员工在生产过程中效用水平的高低，它是企业生产技术水平、经营管理水平、员工技术熟练程度和生产积极性的综合体现(朱平芳和李磊，2006)。本文采用人均产品销售收入的对数作为该变量的代理变量。

其次，企业信息化变量(lnict)，这是本文的核心变量，遵循国外已有文献的做法，以信息化投资数额代理，采用企业在电脑和其他信息处理设备的投资额来度量(Arvanitis，2005；Badescu and Garcés-Ayerbe，2009)。在后文的稳健性检验中，本文还采用企业中经常运用电脑工作的员工占企业员工比例(use)来代理企业信息化状况。

再次，其他控制变量。本文的回归中还包含了一些影响企业劳动生产率的变量。

(1) 企业成立年限(age)。本文使用企业年龄表示。企业的生命周期对企业生产率的影响有两个方面：一是处于成长阶段的企业可能会伴随企业的成长而提升企业劳动生产率；二是处于成熟阶段的企业由于生产经营的各方面已经较为完备，其对员工提供了更为全面的培训，从而有助于提高企业劳动生产率。

(2) 企业规模(size)。一般而言，随着企业规模的扩大，企业产出的规模效应就会凸显，因为随着企业规模的扩大，企业内部专业化分工更加细化，而且规模小的企业在其生长期往往更容易得到快速发展，随着企业经验的积累，工人对生产过程越来越熟悉，企业的劳动生产率将逐渐提高。本文使用2011年年底企业员工数的自然对数来进行度量。为考察企业规模与企业劳动生产率的非线性关系，本文在模型中也控制了企业规模的平方项($size^2$)。

(3) 企业是否出口(exp)。根据新新贸易理论，企业在是否选择进入国际市场时，主要是根据其自身的生产经营状况进行决策。如果企业的劳动生产率较高，那么其就倾向于进入国际市场，参与国际竞争。而且参与国际市场也可能会通过“干中学”推动企业技术进步，从而提高企业劳动生产率。在本文中，如果企业在问卷中回答有出口则赋值为 1，否则赋值 0。

（4）企业的 R&D 活动（rd）。企业通过 R&D 改进企业生产流程或产品特性，从而增强企业的生产能力，进而在其他条件不变的情况下，企业技术创新的益处可以直接体现为促进企业劳动生产率的提高。在本文中，如果企业在问卷中回答“过去三年中，企业引入过新的产品或服务”则赋值为 1，否则赋值 0。

（5）企业 ICT 的使用频率（pse）。一般而言，如果企业的信息化设备在生产或提升服务上的使用频率较高，则意味着 ICT 与企业生产经营活动有较深程度的融合，从而减少企业的生产经营运行成本，进而有助于提高企业劳动生产率。在问卷中，有关于企业 ICT 在企业生产服务能力提升中的使用频率（分为 5 个等级，0 表示从不使用、1 表示偶尔使用、2 表示较少使用、3 表示较多使用、4 表示全天使用）的问题，本文据此设置企业 ICT 在企业生产运营中的使用频率变量。

（6）企业管理流程创新（man）。如果企业在生产经营过程中引入了新的管理流程，则有助于节约企业内部管理成本，而且管理流程创新也表明企业在生产经营中比较重视管理要素对企业绩效的提升作用。在问卷中，有“过去三年，企业是否引入新的管理流程”问题，如果企业回答“是”，则赋值为 1，否则为 0。

（7）企业员工培训变量（train）。一般而言，员工在企业内接受相应的工序或技术培训，则在生产过程中会增强其劳动技能，进而会提升其劳动生产率。在本文使用的问卷中有关于“在 2011 年，企业是否为正式和非正式员工进行正式的培训”的问题，企业回答“是”则赋值为 1，否则赋值为 0。

（8）企业人力资本变量（educ）。根据人力资本理论，高素质的员工对企业的生产经营至关重要，企业雇用的员工具备较好素质，会在企业生产过程中减少中间投入品的损耗，而且还有助于产品质量的提升。结合本文使用的调查数据，本文采用企业员工平均受教育年限作为企业人力资本的代理变量。

（9）企业所有制（own）。改革开放以来，不同类型所有制企业在国民经济中的占比发生了根本性的变革，通常而言，相对于国有企业，外资企业和私营企业的劳动生产率会相对较高。本文根据调查问卷中企业资本的结构，以国有企业为参照组，设置了外资企业（own1）和私营企业（own2）两个虚拟变量。

3. 数据来源与描述性统计

本文使用的微观企业数据来自 2012 年世界银行“中国投资环境调查”（WBES）提供的 2011 年企业数据，本轮调查的方法采用的是分层随机抽样法，对中国大陆 12 个省份的 25 个城市[①]中分属于 11 个制造业行业和 7 个服务业行业的 2 848 家企业进行调查[②]。需要说明的是,相对于已被研究者广泛使用的国家统计局规模以上国有和非国有工业企业年度数据,世界银行抽样调查数据自身的优点也很明显,特别是受调查的企业详细报告了企业信息化投资与使用、企业所有制、供应链关系、企业雇佣、企业 R&D、与政府的关系和企业的财务绩效等情况,对于企业的信息化投资和使用情况,调查主要包括企业在计算机与其他信息处理设备上的投资情况、企业中经常使用电脑工作员工所占比例、信息化设备在企业生产和运营中使用的频率等。更为重要的是,世界银行调查数据中包含了更多的中小型私营企业。利用企业层面的这些信息,我们就可以在控制其他影响企业劳动生产率变量的情况下,分析信息化对企业劳动生产率的影响。

需要指出的是,世界银行企业调查数据对企业历史信息的调查并不充分,本轮调查中也仅对企业的经常使用电脑工作的员工占比、企业的销售收入和员工人数等问题追溯了 2009 年的信息,其他问题则是 2011 年调查时点的信息。本文对样本数据进行了相应的清理,在保留了详细汇报企业销售收入、信息化状况及企业员工数量等数据后,样本最后有 1 646 家企业的数据。

最后,本文还在模型中引入了企业所在城市的虚拟变量(city,由此产生 24 个虚拟变量,并以北京为参照组)和企业所属行业(ind,以企业所在二分位行业代码进行分组,并以食品加工业为参照组)的虚拟变量,用以控制企业所处区位的城市经济发展水平、行业的异质性对企业劳动生产率的影响。对本文各变量的定义和描述性统计如表 10-2 所示。

表 10-2 变量定义与描述性统计

变量	样本数	均值	标准差	变量定义
lprod	1 646	12.470	1.052	2011 年企业销售收入/2011 年年底本企业员工人数(取对数)
lnict	1 327	11.610	1.728	过去三年企业在电脑和其他信息处理设备投资额(取对数)
use	1 641	27.080	20.440	2011 年企业经常使用电脑工作的员工占比
age	1 646	14.080	8.321	2012 年企业开始运营年份
size	1 646	4.444	1.288	截至 2011 年年底企业全部员工人数(取对数)

① 调查城市包括北京、广州、深圳、东莞、佛山、唐山、石家庄、郑州、洛阳、合肥、武汉、南京、苏州、无锡、南通、上海、沈阳、大连、济南、烟台、青岛、杭州、宁波、温州和成都。

② 调查样本包括 2 700 家私营或外资企业和 148 家国有企业,根据研究目的,纳入本文研究样本的仅限于制造业企业。

（续表）

变量	样本数	均值	标准差	变量定义
exp	1 645	0.329	0.470	企业是否出口，是赋值为 1，否则为 0
rd	1 623	0.437	0.496	过去三年企业内外部是否有研发活动，是赋值 1，否则为 0
pse	1 617	3.066	1.292	企业信息化设备在生产或提升服务上的使用频率
man	1 634	0.457	0.498	过去三年企业是否采用新的管理流程，是赋值 1，否则为 0
train	1 642	0.857	0.350	2011 年，企业是否对员工进行过正式的培训，是赋值 1，否则为 0
educ	1 612	10.180	1.886	截至 2011 年年底，企业员工平均受教育年限
own1	1 646	0.067	0.250	国有企业为参照，外资企业赋值 1，其他为 0
own2	1 646	0.925	0.263	国有企业为参照，私营企业赋值 1，其他为 0

10.4　回归结果与解释说明

为了更为清晰地分析企业信息化对其劳动生产率的影响，在回归分析之前，我们绘制了两个变量关系的散点图（见图 10-1）。图 10-1 中横轴分别表示企业信息化投资水平的自然对数和企业中经常使用电脑工作的员工占比，纵轴是企业劳动生产率的自然对数。从中可以看出，企业信息化投资与经常使用电脑工作的员工占比均与企业劳动生产率呈现明显的正相关关系。

1. 基本的回归结果与解释

为缓解模型存在的异方差问题，本文使用 White（1980）提出的异方差稳健标准误方法对模型的标准误差进行了修正。具体的回归结果汇报如表 10-3 所示，从回归结果可以看出，在其他条件不变的情况下，企业在信息化方面投资变量在 1% 水平上显著为正，并且该变量的符号和显著性水平都保持相当的稳健性，这意味着企业信息化投资与企业劳动生产率存在显著的正相关关系。可能的解释是，在激烈的市场竞争中，企业为增强其产品的竞争力，首先需要提升企业的生产力水平，理想的提升方式就是采用资本代替劳动的方式，那么在企业增加了包含技术进步的资本投入后，就会要求员工素质的提升，以适应企业技术进步或工艺创新，从而实现员工与新技术、设备的协调性，最终提高企业劳动生产率水平。

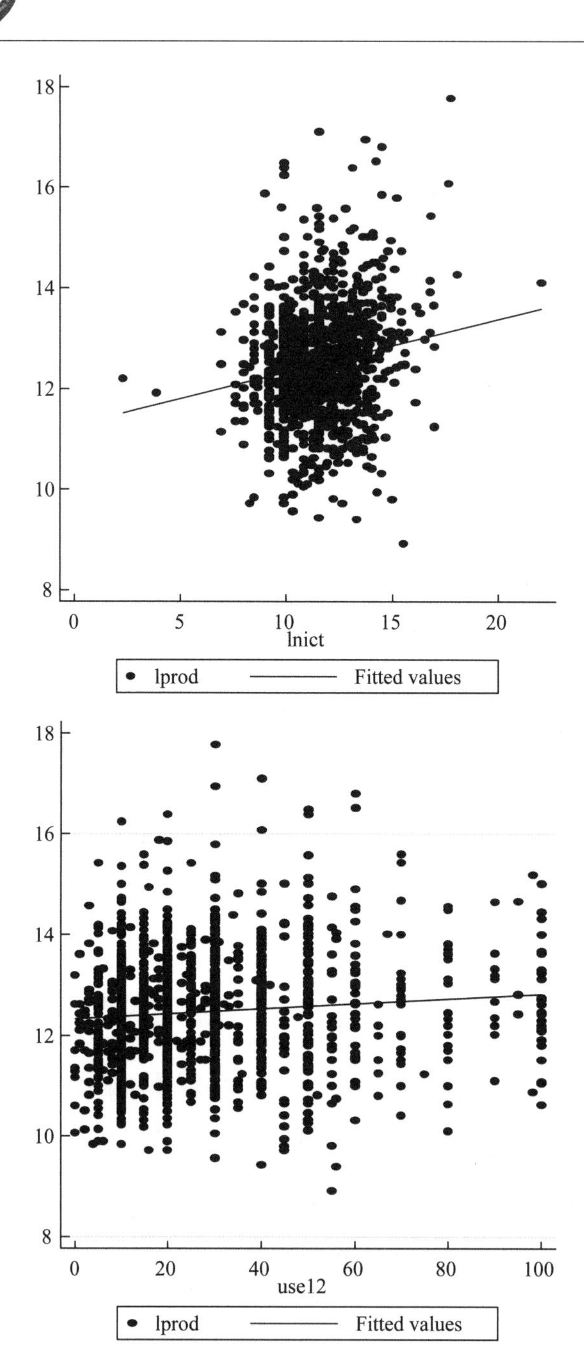

图 10-1 企业信息化与企业劳动生产率的关系散点图

需要说明的是,已有关于企业信息化促进企业劳动生产率提升的文献发现,信息技术的投入和使用并不会直接引起生产力的提高(Díaz-Chao 等,2015),只有企业在技术、教育培训、组织结构、商业运转、劳动力文化能力等方面都达到要求之后,信息技术才会对劳动生产率产生积极的影响。换句话说,信息化作为企业发展的一个目标,需要企业不断调整其技术与商业运作模式来充分挖掘信息化度对企业劳动生产率的影响。在回归中,本文分别加入了企业信息化投资与企业 R&D 活动、企业对员工提供正式培训两个变量的交互项。结果显示(见表 10-3 中第(4)、(5)所示),对中国制造业企业而言,企业的研发活动会调节企业信息化对劳动生产率的影响,而对员工进行培训则不起调节作用。可能的解释是企业进行的 R&D 活动与企业的信息化投资紧密相关,而企业的 R&D 又会带来技术进步,这最终会体现为企业劳动生产率水平的提高。而企业对员工进行培训渠道作用不显著,可能是因为本文样本企业中绝大多数是私营企业,虽然企业在员工培训方面较为重视(表 10-3 描述性统计显示企业是否对员工进行培训变量的均值达到了 0.86),但私营企业员工流动性也相对较高,从而抵消了信息化对劳动生产率的正向促进作用。

表 10-3 信息化与企业劳动生产率关系的初步回归结果

	(1)	(2)	(3)	(4)	(5)
	OLS	OLS	OLS	OLS	OLS
lnict	0.105***	0.154***	0.216***	0.206***	0.218***
	(4.137)	(7.838)	(8.623)	(8.091)	(8.187)
age			0.003	0.003	0.003
			(0.823)	(0.843)	(0.821)
size			−0.458***	−0.455***	−0.466***
			(−3.466)	(−3.444)	(−3.533)
$size^2$			0.025*	0.025*	0.026*
			(1.865)	(1.829)	(1.919)
export			0.134**	0.128**	0.134**
			(2.227)	(2.124)	(2.232)
rd			0.289***		0.286***
			(4.480)		(4.435)
train			0.067*	0.065	
			(1.801)	(0.780)	
pse			0.052*	0.051*	0.051*
			(1.846)	(1.808)	(1.816)

（续表）

	(1)	(2)	(3)	(4)	(5)
	OLS	OLS	OLS	OLS	OLS
man			−0.020	−0.022	−0.021
			(−0.299)	(−0.330)	(−0.315)
educ			0.003	0.002	0.003
			(0.171)	(0.130)	(0.165)
lnict×rd				0.026***	
				(4.618)	
lnict×train					0.003
					(0.355)
city	N	Y	Y	Y	Y
industry	N	Y	Y	Y	Y
own	N	N	Y	Y	Y
constant	11.28***	11.07***	11.55***	11.68***	11.52***
	(38.477)	(46.232)	(17.948)	(18.190)	(17.722)
obs	1 327	1 327	1 272	1 272	1 272
R-squared	0.030	0.136	0.210	0.212	0.210

注：*、** 和 *** 分别表示在 10%、5%和 1%的统计水平上显著；括号中数值是稳健性修正的 t 值。

对于其他控制变量，企业规模及其平方项变量至少在 10%水平上显著，并且企业规模的平方项系数为正，这表明企业规模对企业劳动生产率的影响存在非线性关系。这说明企业在成长过程中，其规模效应并非从一开始就出现的，而是在企业员工与资本的匹配程度达到最优时才会带来劳动生产率的提升。企业出口变量系数的符号在 5%水平上显著为正，这在一定程度上证实了我国制造业企业出口存在“选择效应”和“学习效应”，也即生产率高的企业会倾向于进入国际市场，同时进入国际市场的企业也会进一步促进劳动生产率的提升（李坤望等，2015；刘军，2016）。企业 R&D 变量在 1%水平上显著为正，该变量系数大小表明，如果企业有 R&D 活动，则企业劳动生产率会提升 0.28 个百分点。这也比较容易理解，因为企业的创新总是伴随着技术进步，在其他条件一定的情况下，技术进步会促进生产率的提升。企业信息化设备在生产和服务上的使用频率变量符号显著为正，说明企业的信息化设备在生产和服务中广泛使用，将有助于提高企业产品和服务的效率及质量，减少企业的运营成本，从而提升企业生产率（Brynjolfsson 和 Hitt，2000）。企业对员工进行培训变量，虽然系数的符号为正，但其显著性并不稳定。企业的人力资本和是否引入新的管理流程两个变量在所有的回归中都不显著，不再赘述。

2. 内生性问题

首先，采用工具变量方法。在上述初步的回归模型中，企业信息化投资变量可能存在内生性问题。企业信息化投资和劳动生产率可能与一些其他不可观测因素有关，从而导致最小二乘法的估计量不一致。遵循 Fisman 和 Svensson(2007)的思路，我们使用同城市同行业企业在信息化方面投资的均值作为一个企业信息化投资的工具变量，这是因为同一个城市同一个行业的企业所采取的投资策略应该具有很大的相似之处，但这并不会影响到一个企业的劳动生产率，从而符合工具变量的相关性和外生性要求。表 10-4 汇报了采用工具变量法进行回归的一阶段和二阶段回归结果。根据 Stock 等(2002)提出的方法进行的弱工具变量检验看，本文所采用的一个工具变量的 F 值大于显著性程度为 10%的临界值(临界值=16.38)，这说明模型不存在弱工具变量的问题。

从回归结果看，企业信息化投资变量在 1%水平上显著为正，并且该变量的系数比采用最小二乘估计所得系数要大，这表明不是采用工具变量时最小二乘法估计低估了信息化对企业劳动生产率的影响。这意味着企业在信息化方面投资每增加 1%，企业劳动生产率将提升 0.25%。这一结果与 Hall 等(2013)及 Mitra 和 Véganzonès-Varoudakis(2016)、De Stefano 等(2016)、Badescu 等(2009)分别对意大利、印度、英国、西班牙企业层面数据进行分析所得结论相符合，他们的研究也表明企业在信息设备方面的投资可以促进劳动生产率的提升。

其次，运用处理效应模型估计方法。如上所述，不可观测的因素既可以影响企业在信息化方面的投资，也可以影响企业劳动生产率，那么企业信息化投资变量的内生性也就表现为样本选择偏误，本文采用处理效应模型解决企业信息化投资的选择性偏误。本文依据企业在信息化方面的投资情况，产生企业是否在信息化方面投资的虚拟变量(ict)，如果企业在信息化方面投资超过 1 000 元人民币，赋值为 1，否则为 0。处理效应模型与 Heckit 的两步法相似，第一步是利用 probit 模型估计企业是否在信息化方面进行投资；第二步是估计信息化投资对企业劳动生产率的影响。为了更为有效地估计，在第二步估计时，本文运用最大似然估计法(MLE)进行估计。回归结果呈现在表 10-4 中，而且模型具有内生性的 Wald 检验也拒绝原假设，意味着本文使用处理效应模型可以纠正由于样本选择偏差造成的估计偏误。处理效应模型估计结果显示，企业在信息化方面投资变量的系数及符号与之前的回归结果保持一致。这再一次表明，企业在信息化方面进行投资，将有助于企业劳动生产率的提升。

表 10-4 信息化对企业劳动生产率影响的内生性处理回归结果

	工具变量方法		处理效应模型	
	一阶段	二阶段	一阶段	二阶段
iv	0.812***			
	(17.88)			
lnict		0.253***		
		(5.51)		
ict				0.920***
				(4.742)
nage	0.001	0.003	0.005	0.003
	(0.329)	(0.856)	(0.747)	(0.753)
lnsize	0.412***	−0.498***	0.619***	−0.335**
	(3.168)	(−4.709)	(4.136)	(−2.562)
size²	0.006	0.027***	−0.051***	0.024*
	(0.470)	(2.645)	(−3.416)	(1.802)
export	0.040	0.124**	0.267**	0.101
	(0.502)	(1.981)	(2.383)	(1.639)
rd2	−0.006	0.266***	−0.131	0.317***
	(−0.071)	(4.066)	(−1.310)	(5.192)
pse	0.144***	0.024	0.127***	0.046*
	(4.237)	(0.878)	(2.952)	(1.656)
man	0.150*	0.000	0.273**	0.019
	(1.838)	(0.003)	(2.413)	(0.282)
train	0.245**	0.048	0.077	0.032
	(2.179)	(0.532)	(0.581)	(0.395)
educ	0.015	0.005	0.043*	0.004
	(0.739)	(0.284)	(1.850)	(0.232)
city	Y	Y	N	Y
Industry	Y	Y	N	Y
own	Y	Y	Y	Y
constant	0.0489	11.38***	12.56***	−0.204
	(0.073)	(21.263)	(27.705)	(−0.397)
observations	1 287	1 287	1 415	1 415
R-squared	0.556	0.200		
Cragg-Donald Wald F statistic	260.933			
Wald test of indep. eqns			chi2(1)=11.31 Prob>chi2=0.0008	

注：*、** 和 *** 分别表示在 10%、5% 和 1% 的统计水平上显著；括号中数值是稳健性修正的 t 值。

3. 稳健性检验

为保证研究结论的可靠性，本文还采取以下三种方式对回归结果进行稳健性检验：

首先，改变企业信息化的度量方式。在已有文献中，企业信息化状况可以采用企业 ICT 在企业的应用状况来代理，本文使用企业中经常使用电脑工作的员工占比(use)来代理企业信息化状况。这是因为如果企业员工在日常工作中使用电脑进行工作占企业员工占比越多，一方面意味着该企业的 ICT 技术使用率较高，另一方面也表明该企业的 ICT 资本存量也较多。同时，如果企业员工经常使用电脑进行工作也体现了 ICT 技术与企业的生产经营融合程度较高(宁光杰和林子亮，2014)。回归结果呈现在表 10-5 中的第(1)和(2)列，结果表明，在其他条件不变的情况下，以经常使用电脑工作的员工占比表示的企业信息化变量与企业劳动生产率至少在 10%水平上存在显著正相关关系。而且前文提出的信息化影响企业劳动生产率的两个渠道也再次得到证实。其他控制变量的系数及符号也没有发生系统性的变化。

其次，对企业所处区位进行区分。由于我国各地区经济发展水平存在明显差异，那么各地区企业所使用的机器设备、劳动生产率以及对 ICT 的重视程度也将存在不同。我们按照惯常的做法，将受调查企业所处城市划分为东部和中西部地区，然后再分别进行回归。结果呈现在表 10-5 中的第(3)和(4)列，从回归结果看，东部地区的企业 ICT 投资对企业劳动生产率的促进作用大于中西部地区，这可能与东部地区劳动力成本上升有关，也即企业增加对 ICT 设备的投资替代劳动力投入，会增强企业的劳动生产率。不过，第(4)列结果也显示，对中西部地区企业而言，信息化并不会通过企业 R&D 影响劳动生产率，可能的原因是中西部地区企业的 R&D 投入较少，从而信息化对企业带来的好处还不能显现出来。

最后，区分企业的不同规模。如前文所述，不同规模的企业劳动生产率是存在差异的，而且不同规模的企业在信息化水平及在对待信息化投资的策略上也有异质性。本文以 2011 年年底企业全部员工的自然对数(size)来测度企业规模。如果企业规模小于平均值，本文就将其归为小规模企业，如果大于平均值就将其归为大规模企业。回归结果如表 10-5 中第(5)和(6)列所示，从中可以看出，其他条件不变情况下，企业信息化投资变量的系数及符号与我们的预期相符。不过，其他控制变量在规模不同的企业中对生产率的作用存在差异，而且在小规模企业中，前文提出的信息化影响企业劳动生产率的培训渠道虽然其符号为正，但不再显著，其原因还有待进一步探究。

表 10-5　信息化对企业劳动生产率影响的稳健性检验结果

	(1) ICT 使用频率 OLS	(2) ICT 使用频率 OLS	(3) 东部 地区 OLS	(4) 中西部 地区 OLS	(5) 小规模 OLS	(6) 大规模 OLS
use	0.003*	0.004**				
	(1.748)	(2.049)				
lnict			0.248***	0.113**	0.215***	0.202***
			(8.183)	(1.999)	(6.334)	(4.802)
age	0.003	0.004	0.004	−0.003	−0.000	0.002
	(0.983)	(1.120)	(1.017)	(−0.289)	(−0.045)	(0.552)
size	−0.411***	−0.343**	−0.553***	0.069	−1.531*	−0.361
	(−2.905)	(−2.367)	(−3.958)	(0.169)	(−1.946)	(−0.78)
$size^2$	0.030**	0.024	0.030**	−0.008	0.184	0.014
	(2.085)	(1.645)	(2.123)	(−0.190)	(1.612)	(0.370)
export	0.151**	0.133**	0.118*	0.204	0.059	0.121
	(2.445)	(2.150)	(1.790)	(1.255)	(0.630)	(1.357)
rd	0.267***		0.274***		0.208**	
	(4.025)		(3.777)		(2.222)	
pse	0.069**	0.073**	0.027	0.107	−0.025	0.108***
	(2.348)	(2.500)	(0.894)	(1.245)	(−0.594)	(2.852)
man	0.010	0.013	0.017	−0.158	−0.021	−0.04
	(0.146)	(0.184)	(0.227)	(−0.914)	(−0.215)	(−0.41)
train		0.008		0.072		−0.041
		(0.089)		(0.193)		(−0.22)
educ	3.64e-05	0.002	0.000	0.026	−0.012	0.024
	(0.002)	(0.127)	(0.008)	(0.391)	(−0.474)	(0.798)
use×train	0.030***					
	(3.847)					
use×rd		0.033***				
		(5.696)				
lnict×train			0.005*		0.004	
			(1.691)		(0.458)	
lnict×rd				0.022		0.030***
				(1.480)		(3.677)
city	Y	Y	Y	Y	Y	Y
industry	Y	Y	Y	Y	Y	Y
own	Y	Y	Y	Y	Y	Y
constant	13.26***	13.33***	11.53***	9.281***	12.80***	12.26***
	(22.135)	(22.121)	(15.724)	(4.750)	(8.987)	(6.615)
obs	1 271	1 271	1 060	211	645	625
R^2	0.151	0.151	0.233	0.216	0.210	0.318

注：*、** 和 *** 分别表示在 10%、5%和 1%的统计水平上显著；括号中数值是稳健性修正的 t 值。

10.5 研究结论与政策含义

本文采用世界银行 2012 年提供的中国企业调查数据,用企业在信息化方面的投资和企业中经常使用电脑工作的员工占比衡量企业信息化水平,考察了企业信息化对企业劳动生产率的影响。研究结果发现:第一,整体而言,在其他条件不变情况下,企业信息化投资对企业劳动生产率有显著的促进作用,其作用的渠道是企业的 R&D 活动。而对经常使用电脑工作的员工提供规范的培训是另一个作用渠道。第二,在缓解模型中存在的内生性问题后,发现企业在信息化方面投资每增加 1%,则其劳动生产率将提升 0.25%。第三,企业信息化投资对企业劳动生产率的影响存在异质性,在行业、企业成立年限等给定的情况下,东部地区企业、规模较大的企业更能从企业信息化投资中获得劳动生产率的提升。

通过以上研究结论,本文的政策含义也显而易见:一方面,伴随着我国经济发展水平和质量的不断提升,制造业企业为保持市场竞争优势和创造更多的利润,会不断改进生产技术,使用新的生产设备,提高企业劳动生产率,这都将促使我国制造业部门的资本有机构成不断提高。为此,政府应保证企业在市场竞争中的公平性,对不同类型所有制企业为投资而需要融资时能一视同仁。另一方面,制造业部门的资本有机构成不断提高,也意味着企业的生产力水平也得到不断的提高,从而企业的资本技术构成提高,这会使得企业减少对劳动力的需求,即机器挤占了工人的岗位,因此要求工人必须进行终身学习,那么政府需要在劳动力的职业培训上进行更多的投入,比如可以对企业为员工的培训提供补贴等,从而使劳动力能掌握更多更先进的技术,进而能在激烈的就业竞争中处于不败之地。

参考文献

[1] 李坤望,邵文波,王永进. 信息化密度、信息基础设施与企业出口绩效[J]. 管理世界,2015(4):52—65.

[2] 林毅夫,董先安. 信息化、经济增长与社会转型. 北京大学中国经济研究中心报告,C2003006,2003.

[3] 刘军. 信息化密度与中国企业出口决定:基于产品价值链视角[J]. 国际贸易问题,2016(6):39—49.

[4] 宁光杰,林子亮. 信息技术应用、企业组织变革与劳动力技能需求变化. 经济研究,2014(8):79—92.

[5] 邵敏. 出口贸易是否促进了我国劳动生产率的持续增长:基于工业企业微观数据的实证检验[J]. 数量经济技术经济研究,2012(2):51—67.

[6] 朱平芳,李磊. 两种技术引进方式的直接效应研究:上海市大中型工业企业的微观实证[J],

经济研究,2006(3):90—102.

[7] Arvanitis S. Computerization, Workplace Organization, Skilled Labour and Firm Productivity: Evidence for the Swiss Business Sector[J]. Economics of Innovation and New Technology, 2005, 14(4): 225—249.

[8] Atrostic B K, Nguyen S V. IT and Productivity in US Manufacturing: Do Computer Networks Matter? [J] Economic Inquiry, 2005, 43(3): 493—506.

[9] Badescu, M. and C. Garcés-Ayerbe. The Impact of Information Technologies on Firm Productivity: Empirical Evidence from Spain[J]. Technovation, 2009, 29(2): 122—129.

[10] Becchetti L, andres londono Bedoya D, Paganetto L. ICT Investment, Productivity and Efficiency: Evidence at Firm Level Using a Stochastic Frontier Approach[J]. Journal of productivity analysis, 2003, 20(2): 143—167.

[11] Black S E, Lynch L M. How to Compete: The Impact of Workplace Practices and Information Technology on Productivity[J]. Review of Economics and statistics, 2001, 83(3): 434—445.

[12] Brasini, S. , Freo, S. The Impact of Information and Communication Technologies: An Insight at Micro-level on One Italian Region[J], Economics of Innovation and New Technology, 2012, 21(2), 107—123.

[13] Bresnahan T F, Brynjolfsson E, Hitt L M. Information Technology, Workplace Organization, and the Demand for Skilled Labor: Firm-Level Evidence[J]. The Quarterly Journal of Economics, 2002, 117(1): 339—376.

[14] Brynjolfsson E, Hitt L M. Beyond Computation: Information Technology, Organizational Transformation and Business Performance[J]. The Journal of Economic Perspectives, 2000, 14(4): 23—48.

[15] Brynjolfsson, E. , Hitt, L. M. , Computing Productivity: Firm-level Evidence[J]. The Review of Economics and Statistics, 2003, 85 (4), 793—808.

[16] Clayton, T. , Sadun, R. , & Farooqui, S. IT Investment, ICT Use and UK Firm Productivity, In Woulters, T. (Ed.), Measuring the New Economy. Statistics between Hard-Boiled Indicators and Intangible Phenomena, Statistics Netherlands and Elsevier, Amsterdam, 2007,103—126.

[17] Cristini, A. , Gaj, A. , Labory, S. , and Leoni, R. Flat Hierarchical Structure, Bundles of New Work Practices and Firm Performance[J], Rivista Italiana degli Economisti, 2003, (2), 313—330.

[18] De Stefano T, Kneller R, Timmis J. Information Communication Technologies and Firm Performance: Evidence for UK Firms. Working Papers, University of Nottingham, School of Economics, 2016, No. 1

[19] Díaz-Chao Á, Sainz-González J, Torrent-Sellens J. ICT, Innovation, and Firm Productivity: New Evidence from Small Local Firms[J]. Journal of Business Research, 2015, 68 (7): 1439—1444.

[20] Fisman R, Svensson J. Are Corruption and Taxation Really Harmful to Growth? Firm Lev-

el Evidence[J]. Journal of Development Economics, 2007, 83(1): 63—75.

[21] Grimes A, Ren C, Stevens P. The Need for Speed: Impacts of Internet Connectivity on Firm Productivity[J]. Journal of Productivity Analysis, 2009, 37(9—15):187—201.

[22] Hall B H, Lotti F, Mairesse J. Evidence on the Impact of R&D and ICT Investments on Innovation and Productivity in Italian Firms[J]. Economics of Innovation and New Technology, 2013, 22(3): 300—328.

[23] Hernando I, Núñez S. The Contribution of ICT to Economic Activity: A Growth Accounting Exercise with Spanish Firm-level Data[J]. investigaciones económicas, 2004, 28(2): 315—348.

[24] Jorgenson D W, Stiroh K J. Information Technology and Growth[J]. The American Economic Review, 1999, 89(2): 109—115.

[25] Jung H J, Na K Y, Yoon C H. The Role of ICT in Korea's Economic Growth: Productivity Changes Across Industries since the 1990s[J]. Telecommunications Policy, 2013, 37(4): 292—310.

[26] López-Sánchez J. I. , Minguela, B. , Rodríguez, A. , and Santulli, F. Is the Internet Productive? A Firm-level Analysis[J], Technovation, 2006, 26(7), 821—826.

[27] Mitra A, Sharma C, Veganzones-Varoudakis M A. Infrastructure, Information & Communication Technology and Firms' Productive Performance of the Indian Manufacturing [J]. Journal of Policy Modeling, 2016, 38(2): 353—371.

[28] Miyazaki S, Idota H, Miyoshi H. Corporate Productivity and the Stages of ICT Development[J]. Information Technology & Management, 2012, 13(1):17—26.

[29] Sánchez J I L, Rata B M, Duarte A R, et al. Is the Internet Productive? A Firm-level Analysis[J]. Technovation, 2006, 26(7): 821—826.

[30] Stock J H, Wright J H, Yogo M. A Survey of Weak Instruments and Weak Identification in Generalized Method of Moments[J]. Journal of Business & Economic Statistics, 2002, 20(4): 518—529.

[31] Van Ark B, Piatkowski M. Productivity, Innovation and ICT in Old and New Europe[J]. International Economics and Economic Policy, 2004, 1(2—3): 215—246.

[32] Venturini F. The Long-run Impact of ICT[J]. Empirical Economics, 2009, 37(3): 497—515.

[33] White, H. A Heteroskedasticity-Consistent Covariance Matrix Estimator and a Direct Test for Heteroskedasticity [J]. Econometrica, 1980(48):817—838.

撰稿人:张三峰

审核人:余莱花、张慧明

第11章　中印制造业产业合作的路径研究

在中国推行的“一带一路”战略中，与区域内其他国家的战略对接是一个重要的方式。印度也在酝酿和发展以自身为核心的“季风计划”，推进环印度洋地区合作。虽然“季风计划”往往被解读为针对中国“一带一路”倡议的反制措施，但两者在结构和本质上并不具有天然的对抗性，相反能实现相互对接甚至融合，在对接内容上，中印制造业的产业合作是一个非常重要的方面。中印在产业上具有较强的互补性，可以构建区域内制造业的全球价值链。这一合作模式的建立不仅有利于“一带一路”建设的顺利推进，也将推动地区经济合作程度的深化。

11.1　引言和文献综述

中国大力推动21世纪“海上丝绸之路”战略构想之际，作为古代“海上丝路”重要驿站的印度，也在悄然酝酿着深化环印度洋地区互利合作的新平台“季风计划”以及制造业发展规划。“一带一路”的宏伟战略，是推动中国经济持续发展、促进中国对外开放、提升我国国际政治经济地位的战略方针和政策。通过新丝绸之路的产业合作让各国共享中国发展机遇，从而实现区域共同发展。中印同为发展中国家，在经济上有很多相似点，但在制造业的发展路径上具有较大的差异。加强中国与印度的制造业产业合作，强化中印制造业主要产业链协同，推进全球产业链的进一步完善和形成，建立中印之间制造业产业全球价值链，不仅有助于促进中印的制造业发展，而且对于实现产业升级有重要的现实意义。

产业合作的基础在于分工不同，亚当·斯密、大卫·李嘉图的绝对优势理论和比较优势理论等都对国家之间的产业进行贸易合作的理论基础从不同侧面进行了分析和论证。而随着国际分工的发展，克鲁格曼等人在垄断竞争模型基础上提出的贸易理论，波特提出的国家竞争优势理论，埃塞尔提出的外部经济模型理论等都从不同方面论述了产业合作的可能性。跨国公司的发展为产业的国际合作提供了动力，Hymer的垄断优势论、Verno的产品周期理论、Bucley等的内部化理论、Kojim的边际产业扩张论以及Dunning的国际生产折中理论等论述了产业在不同国家的分布。随着经济全球化的加深，逐渐形成了以生产分割为特征的全球价值链国际分工，近年来很多文献对这种现象进行了研究，包括 Feenstra（1998，2009）、Hummels 等（2001）、Daudin 等（2011）、Antras（2012，2013）、Baldwain 和 Lopez-Gonzalez（2013）、Timmer（2013）等。鉴于传统产业合作在当前国际分工体系下的不足和缺陷，也难以反映一国真正的出口价值，需要刻画在全球价值链下的产业国际合作框架。

传统的跨国公司理论和新地理经济学都对国际产业合作的行业选择有深入研究。Verno 的产品生命周期理论认为处于不同生命周期的产业在出口和对外直接投资之间根据成本进行选择。Akamatsu（1962）根据日本对外贸易和投资的实践，提出了雁行发展模式，在此基础上，Kojima 再结合 Verno 的产品生命周期理论提出了“边际产业扩张理论”，日本的对外投资主要是本国已经处于劣势但在东道国具有优势的产业依次逐步展开。20 世纪 90 年代以来，随着新经济地理学的发展，空间因素被逐步引入主流经济学。Krugman 和 Venables（1995）用“模拟动态”的方法分析了以两个国家为研究对象的模型，世界自然划分为中心—外围模式。Fujita 等（1999）提出更为一般性的多国多产业的产业扩散模型，并且根据投入产出表计算前向效应和后向效应对产业进行排序，效应的大小决定国际产业合作的顺序。但是这种方法计算的前向效应和后向效应并不能真正反映要素的投入状况，特别是对于像中国这样具有较大加工贸易的国家，计算前向效应和后向效应的大小需要对来自国外的价值部分剔除，这就需要对全球价值链进行测度，包括 Hummels 等（2001）、卢峰（2005）、Daudin 等（2010）都采用垂直专业化程度指标测算包含进口品中经过国外加工又返还的国内增加值，目前更多的研究开始采用贸易附加值方法（Koopman 等，2010；Meng 和 Miroudot，2011；OECD-WTO，2012；UNCTAD，2012；鞠建东和余心玎，2014），通过构建全球多部门投入产出数据库，将国内增加值统计从单一国家拓展至区域乃至全球，全方位地对一国贸易中国内与国外增加值进行估算。这些方法都从一定程度上测算了一国参与国际分工的国内要素禀赋状况，为本课题对行业上游度指标的计算提供了经验借鉴。

目前对于中印制造业的研究，大多是基于两国的竞争力的比较，高巍（2006）比较了中印纺织业的国际竞争力，李钢、董敏杰（2009）和李钢（2010）等认为中印两国处于不同的发展阶段，中国在制造业上的优势优于印度，但印度的服务业由于语言和要素禀赋等优势比中国强。对于中印制造业竞争力差异的原因，大多数研究从劳动力素质、基础设施、政府作用、社会异质性、宗教文化、海外侨民等方面进行了分析。黄永春等（2012，2013）认为印度采用的“跨工业化”的模式，而中国采用的是“率先工业化”模式，发展模式的差异在制造业上表现尤为不同。目前尚没有中印制造业进行产业合作的研究文献。

纵观国内外已有的关于产业合作的文献,研究的视角、手段和内容在广度和深度上都有了很大的进展,但还存在以下问题:(1) 以发达国家为主的西方国际产业合作研究多基于其本国国情和形势,分析的对象仅仅是发达国家的跨国公司及其活动,其理论对于发展中国家之间的产业合作显然缺乏足够的解释力;(2) 国际产业合作与全球价值链的研究需要融合宏观与微观两个视角以及国家、产业与企业三大层面。目前的研究更多地从微观视角,没有从国家角度谈如何实现产业合作。本研究基于中国与印度制造业发展的实践,为构建中印制造业全球价值链战略和促进产业升级提供了理论和政策建议。

11.2 "印度制造"与"中国制造 2025"的比较与对接

11.2.1 印度制造政策的演变

1. 政策出台的背景

独立以后,印度和中国的经济实力比较类似,发展速度也基本相差不大。根据当时的国际国内形式,印度实行进口替代战略,实行了公私并举的混合经济模式,但后来由于计划经济的弊端较大,主要发展国有经济。20 世纪 90 年代以后中国对外开放的速度加快,经济增长速度上升,印度的压力比较大,也开始市场化经济改革,从进口替代战略转变为出口导向战略,建立开放型经济、调整产业结构以及开展全方位的对外经济合作等,1990—2005 年的年均增长速度为 13.34%。但是印度增长较快的产业是服务业,特别是作为新兴产业代表的计算机软件业,近年来印度服务业占 GDP 的比重都在 50%以上。20 世纪 80 年代,当时的印度总理拉吉夫·甘地结合印度的人力优势和比较优势,开始将信息产业视为印度需要重点发展的高科技产业,在政策上放宽了对计算机及相关产品的进口限制,采取了一系列促进电子产业的政策,1984 年、1985 年、1986 年连续出台了计算机相关促进政策,这些政策的实施极大地推动了印度计算机软件产业的迅猛发展。之后的拉奥政府、瓦杰帕伊政府、2004 年辛格政府都继续坚持把信息技术产业作为重点产业发展,根据国际外包专业协会(IAOP)的排名,印度软件外包公司 Wipro、Infosys、HCL 位列前十,全球前十大离岸外包目的地中,前七名中除第三名的马尼拉外,其余的班加罗尔、孟买、新德里钦奈、海德拉巴等都是印度的城市。2012 年印度在全球软件外包市场中的份额为 58%,而且其价值链不断升级,逐渐从数据录入、专业人员输出等低附加值领域向高附加值、高技术含量的领域扩展。

但是高新技术的信息软件产业对就业的拉动能力较低,由于印度的劳动人口基数非常大,作为吸纳劳动人口的制造业发展不快,使得印度失业率居高不下,根据 2011 年印度人口普查数据,15—59 岁年龄层的平均失业率为 14.5%,其中 15—24 岁的青年失业率更是高达 20%,25—29 岁年龄层的失业率为 12%。印度制造业一直发展滞后，1995—2004年的平均增长率只有7%，其中1998年的增长率低至2.7%。然而，制造业地位十分重要，既是经济增长的基础，又有利于就业，印度每年有1 400万新人涌入劳动力市场，但制造业每年仅能提供100万个新工作岗位。实际上，印度拥有潜力巨大的消费市场和廉价丰富的劳动力，也有大力发展制造业的可能性。从2003年开始，印度制造业发展迅速，取得了举世瞩目的成就，正在崛起成为全球制造业的一支生力军。2004年以“经济改革之父”曼莫汉·辛格为总理的新政府决定调整产业结构，提高制造业在国民经济中所占的比重，印度制造业开始步入快车道。

总体上，1950年以来印度制造业的发展受到相关工业政策的影响。1951年印度“一五”计划实施，同年颁布《工业发展与管理法》，增强中央政府在工业发展和管理中的权力，为工业发展制订计划等。该法赋予中央的权利过大，十分不利于制造业的发展。1956年印度“二五”计划，颁布《工业政策决议》，强调了政府在工业发展中的积极作用，将工业划分三大类，最大限度地提高国有企业在各个领域的主导作用。接下来几十年的工业发展中，印度政府不断扩大对道路、电力等基础设施的投资，但是由于印度土地的私有化制度以及投资资金的缺乏，印度在基础设施和能源投资方面的进展相对较小，印度的制造业发展缓慢。相反，由于政府的主要资金和政策资源主要集中在信息技术服务业上，有限的资源难以分配到制造业上。2004年提出建立国家制造业竞争力委员会（简称NMCC），并于同年9月正式宣布成立；在2006年发布了《制造业国家战略》，2011年发布了《国家制造业政策》，这两个战略的出台，建议政府修改《劳工法》、改革关税和非关税措施、加快基础设施建设以及重视科技创新等，在全球产业转移加快的背景下促使印度制造业飞速发展，与中国竞争全球制造业中心地位。但是由于2008年国际金融危机，印度面临经济增长放缓和通胀上升的困扰，尽管政府采取了一系列传统和创新的改革措施希望力挽狂澜，但是制造业发展与预期的相差甚远。2014年5月，莫迪总理上台后，大刀阔斧地提出了十多项改革目标，立言要把21世纪变成印度的世纪，要把印度变成一个强大国家。重点是重振“印度制造”旗舰政策，将该国发展为一个中国式的全球制造和出口大国。

2.《国家制造业政策》的内容

(1) 建立服务信息门户，改善投资环境。

印度制造业单元平均要遵守70项法律法规，除了应付多种多样的检查外，制造业单元每年要提交100份左右的文件。这种管理规章严重阻碍了年轻创业者的创业行为。目前印度政府正在着手减轻这种负担，尝试构建单窗口系统，快速进行审批手续，某些情况甚至采用电子审批方法。2014年国家制造业政策明确提出了“eBiz”项目，即印度致力于培育优良的商业环境，创建了一个整合政府各部门服务信息的门户网站，为国内小企业的创立和运行提供帮助。这个名为“eBiz”的网站现在整合了印度6个中央部委的11项服务，这些都是在印度创立企业所必需的服务，其中包括检查公司名称的可用性，颁发公司的注册证书，颁发所得税的交税证号和颁发进出口商的执照。在这个门户网站创建前，企业需要去各部门的网站或是办公室提交表格的纸质复印件。现在企业只需在这个门户网站上提交表格、缴费，并可以追踪到他们申请的受理状态。eBiz网站十分重要，因为它可以提高透明度，改善效率，整合服务和促进电子化公共服务。而在未来的3年中，印度政府对“eBiz”项目建设提出的目标是eBiz网站将新增印度中央政府的15项服务和州政府的24项服务功能。

另外，印度政府将简化行政审批手续并提供一系列相关配套优惠政策，并计划在2012—2017年期间，投资1万亿美元用于基础设施建设，包括新德里—孟买、孟买—班加罗尔等数条工业走廊。

(2) 振兴制造业产业吸引外资，发展基础设施建设。

一直以来，制造业都是印度经济发展过程中的一个弱点，要发展制造业就必须改善国内基础设施和相关商业管理环境。而2014年莫迪政府上台，特别高调启动“Make in India”产业振兴政策计划，旨在加速发展印度制造业，将印度打造成新的“全球制造中心”。“Make in India”政策不是指在印度当地生产带有印度特色的产品，而是鼓励外资充分利用印度的民主、人口和需求三个优势，在印度投资建厂。与此同时，集合印度投资信息、项目介绍的一站式资讯网站——“印度制造”(www.makeinindia.com)也应运而生。

近年来，印度经济增速放缓。在2012—2013财年的最后一个季度，印度经济增速仅为4.8%，为10年来最低水平。面对惨淡的经济表现，印度政府意识到“改善基建、改革官僚体制，把印度打造成全球制造中心”是拉动经济增速的不二法则。“Make in India”是政府改善国内制造业环境的第一步，政府将采取措施大力发展制造业，例如简化外资审批流程，推动多达25个实际基建项目，以及帮助外资企业顺利找到潜在的印度合作伙伴等。在工业基建领域，政府将打造集五大工业走廊于一体的工业型网络。“Make in India”计划很大程度上有利于本国工业基础设施的发展，同时给外国投资者带来投资机遇。新国家制造业政策放宽了对外商直接投资审批制度，为国外投资提供了投资的新环境。

(3) 立足以信息技术为代表的高科技基础，发展技术性制造业中心。

通过“数字印度”项目，重心将转向电子产品生产。“数字印度”的目标是投入180亿美元，核心政策之一就是通过建造光纤网络，推动互联网普及率的提高，到2019年实现25万座村庄通网络，到2020年停止数码和电子产品的净进口，创造超过1亿个就业岗位。另外，还包括旨在改善政府向公民、企业提供的公共服务的“国家电子政务”计划以及由高速网络联结学术和研究机构的前瞻计划。

(4) 建设国家投资于制造业园区,推动工业培训。

印度大约有60%的人口处于就业年龄阶段,是世界上最年轻的国家之一,青年人口不断扩张,预计今后几十年还会有大量就业人群加入劳动力大军,享受人口红利已成为印度政府重要的政府依托。而最初的印度在全球市场中的独特定位是以服务业为主导,但服务业难以解决大部分的就业问题。所以印度要想完成既定的目标,解决青年人口的就业问题,就必须发展制造业。2011年和2014年《国家制造业政策》均关注了劳动力就业问题,提出在国家投资和制造业园区内通过事业保险框架设计来为辞退工人提供便利,并表示有必要减轻审批负担以促进制造业发展。

2014年《国家制造业政策》明确指出了建设国家投资与制造业园区(NIMZS),并制定完善设立《国家投资与制造业园区》指南。NIMZs是大型综合性工业城镇,园区集领先的基础设施、清洁与能效技术、技术先进等众多优势于一体,在规模上要求占地面积至少在5 000公顷以上,其中30%的面积应用于建设制造业单元。由政府负责选定园区位置,首选废弃土地,尽量不占用耕地,与生态脆弱区域保持安全的距离。为了确保国家投资与制造业园区的自治和自主性,宪法将其宣布为乡镇工业。这些国家投资和制造业园区将由特殊目的公司(SPV)管理。这将确保该区域的总体规划。NIMZs与SEZs的不同主要表现在:规模大小、基础设施规划水平、相关手续的管理结构、退出机制和财政奖励方式等。该政策要求区域内的SPV应由政府高级官员领导,同时其中包含熟识污染控制、环境保护方面知识的专家。NIMZs园区的建设将十分有利于制造业的发展、技术的引进。另外,目前虽然印度拥有大量的青年人口,但是仍然缺乏技术型劳动力。而政府将在建立的国家投资和制造业园区中建设培训中心,为相关失业青年、村民等提供技术上的帮助,提升技术型人才的比重,发展劳动密集型产业,例如纺织业等,最终实现制造业的发展。

除了上述相关政策,印度政府还将动用大量资金确保经济的增长,而这笔资金将主要资助汽车制造业、房地产业、基础设施建设工程及中小型企业;另外,政府致力于改革税收占财政收入比例过低的现状,实现直接税法并征收商品及服务税等,实现“开源”与“节流”、“导流”并重。2014年国家制造业政策充分认识到国内的优势产业以及制约制造业发展的因素,并制定合理的政策,相关政策的实施已经产生了良好的效果。但是印度制造业的崛起仍需要一个较长过程,这是由印度国情决定的,印度制造业的发展长期存在的问题,例如基础设施建设薄弱、劳动力职业技能偏低等,严重阻碍了其制造业的改革发展,而这些问题短时间内难以解决。

11.2.2 与中国制造 2025 的比较

中国制造 2025 的相关政策内容。随着全球制造业格局的重大调整,中国制造业所拥有的发展优势逐渐被其他新兴工业化国家取代;同时,中国经济发展环境发生重大变化,如何调整制造业相关政策,塑造国际竞争新优势,是我国政府必须要解决的问题。2015 年中国国务院公布了《中国制造 2025》,提出了中国制造强国建设三个十年的“三步走”战略。从中国自身来看,随着劳动力价格要素的上升、人口结构的变化,“中国制造”形态必须要向中高端转型。与此同时,随着城镇化的推进以及国民消费能力的上升,中国国内市场对于高端消费品的需求正在不断提升。

《中国制造 2025》和印度《2014 国家制造业政策》的相同点就是重视创新发展,提出人才培养体系,关注中小微企业发展等。不同之处就是政策基础不同。中国与印度制造业发展处于不同阶段,印度制造业发展的基础较为薄弱,例如基础设施建设不完善、专业技术人才缺乏、就业率低下以及劳动法程序复杂、自有的高新技术较少等问题,都严重阻碍了印度制造业的发展。印度国家制造业政策关注了这些问题,但是对于基础设施、人才培养等方面采取的政策不能很好地解决这些方面的问题,仍需一个长时间的改革。而中国在“工业 4.0”之前已经针对性地提出并实施了“工业 2.0”和“工业 3.0”,制造业发展拥有一定的政策基础。但是在工业 2.0、3.0 和 4.0 同时推动的情况下,实现传统产业转型升级,还要实现高端领域的跨越式发展,任务也是比较复杂和艰巨的。

11.3 “印度制造”与“中国制造 2025”对接下中印制造业产业合作的动力机制

中国与印度在制造业上合作的动力来自双方结构的互补性以及由此带来的利益的共同促进,产业合作的加强又可以深化共同利益以及约束争端。中印战略对接的机遇来自产业结构的互补性、全球价值链重构、要素禀赋的差异。

11.3.1 中印制造业产业的互补性

“世界工厂”中国和“世界办公室”印度经济发展各具优势,互补性强。目前,中国正在大力推进“一带一路”建设和国际产能合作,促进地区互联互通和国际优势产能的结合,印度正努力加快工业化和城市化进程,提出“印度制造”“智慧城市”等规划,中印两国发展战略如果密切对接,将有力地促进两国经济发展。从经济发展水平来看,包括 GDP、对外贸易、制造业发展水平等,中印之间存在一定的差距,中国处于优势地位,中印两国经济处于不同的发展阶段,发展水平的不同决定了互补的可能性。目前中国处于工业化的中后期,产业结构偏向于制造业,而印度处于工业化初期向中期过度,第三产业发展基础比较好。两国产业发展的差异说明中印经济之间存在很强的互补性，两国可以通过产业合作的方式共同发展，实现互利共赢。

1. 产业结构的比较

中国和印度作为两个发展中国家，由于发展基础、发展路径与发展重点的不同，在产业结构上也有着较大的不同。按照三次产业划分，中国三次产业结构由改革开放初的农业占较大比重，比例约为 1/3，服务业的比例不仅仅低于工业，也低于农业；到 2015 年，三次产业的比例为 9.2%、42.6%和 48.2%。第一产业的比重下降较多，第二产业在发展到高峰以后也开始回落，第三产业的比例有较大提高。和中国相比较，印度的产业结构也出现相似的变化，但第三产业的比重比中国偏高，第一产业的比重虽然也是下降，但目前还是占有较大比重，第三产业的发展迅速，在国民经济中的比重一直处于上升状态，第二产业虽然也是先升后降，但其在最高峰所占比例也仅仅在 20%左右。

从整体上看，中国第二产业发展比较强，印度在第三产业上有优势。第一产业方面印度具有较大优势，印度是世界第一大大米出口国，年均出口约 1 000 万吨，占世界大米出口的比例约为 25%；另外，印度也是小麦和玉米的主要出口国。相反，随着中国工业化的加深，中国在很多农产品上越来越依赖于国际市场，中国是世界第一大米进口国和主要的小麦进口国。在第二产业上，印度与中国的差距非常大，中国工业增加值超过印度 10 倍以上，印度制造业规模相对较小，制造业增加值仅占印度国内生产总值的 15%，比例不足中国的一半。根据联合国工业发展组织的数据，中国/印度分行业产值的比例基本上都呈现上升的趋势，说明中印制造业的差距越来越大。1999 年两国各产业的规模相差不大，最高的是木制品及其加工产业，为 7.07；最低的是运输设备制造业，仅仅只有 1.99 倍；其他产业基本为 3—5 倍。到了 2011 年，木制品及其加工产值之比为 22.51 倍，电子信息产业产值约为 19.23 倍，机械装备制造业产值增加为 17.82 倍，变化不大的只有其他制造业，产值比例从 4.18 倍变化为 5.1 倍，反映出中印制造业之间发展的巨大差异，按照专业化生产的市场分工理论，两者之间的互补性增强（见图 11-1）。

2. 中印贸易结构的比较

中印双边贸易发展迅速，特别是中国加入 WTO 以后，贸易额年均增长超过 40%，2008 年印度成为中国第十大贸易伙伴和第八大出口市场，中国成为印度第一大贸易伙伴。从 2003 年开始两国建立联合研究小组，研究两国经济的互补性，并且制定了详细的经贸合作计划，双边贸易额增长开始加速。2010 年 12 月，两国建立战略经济对话机制，确立了贸易增长的目标。到 2014 年两国贸易额超过 700 亿美元，但是中印之间的贸易差额比较大，2014 年中国从印度进口 133 亿美元，而出口却高达 580 亿美元。

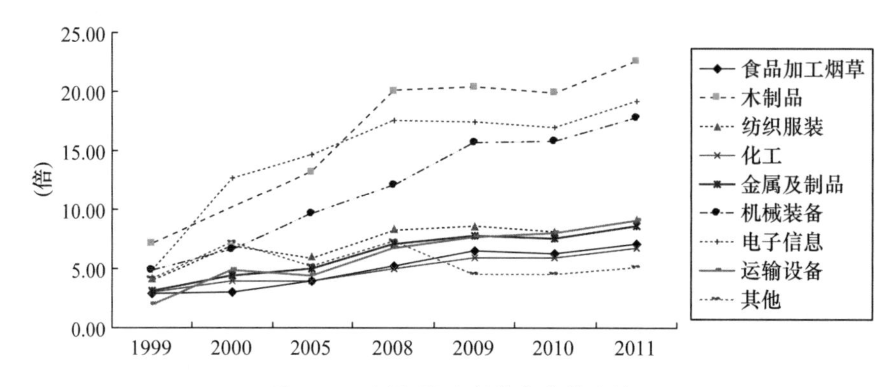

图 11-1 中国/印度制造业产值比较

资料来源：联合国工业发展组织。

从贸易结构看，表 11-1 反映了中国对印度的出口结构，从中可以看出，2001 年中国对印度的出口中初级产品所占比例大约为 27.8%，但到了 2014 年，这一比例仅仅为 3.6%，工业制成品的比例在 2014 年为 96.4%，其中，SITC7 所占比例超过 50%。SITC7 是机械和运输设备、电脑硬件、药物中间体、消费性电子产品、电机以及钢铁，是中国对印度出口的主要产品。中国对印度的出口主要以技术密集型产品为主。

表 11-1 中国对印度的出口结构 单位：%

年份	SITC0	SITC1	SITC2	SITC3	SITC4	SITC5	SITC6	SITC7	SITC8
2001	2.18	0.02	12.37	13.94	0.01	25.29	16.43	23.26	6.50
2002	2.39	0.01	7.95	7.07	0.02	26.70	18.66	29.11	8.09
2003	2.02	0.02	5.92	7.04	0.01	26.25	22.86	28.66	7.22
2004	0.74	0.02	4.08	7.69	0.04	19.75	24.19	37.53	5.96
2005	0.53	0	3.14	5.70	0.03	19.52	26.21	38.89	5.98
2006	0.52	0.01	2.27	3.59	0.01	17.47	25.37	45.65	5.11
2007	0.44	0.01	2.30	1.28	0.02	17.45	24.76	49.04	4.70
2008	0.40	0.01	1.27	2.71	0.13	17.77	21.71	51.01	4.99
2009	0.78	0.02	1.01	0.87	0.02	16.40	18.01	56.90	5.99
2010	0.53	0.08	1.26	1.09	0.54	19.19	20.21	48.93	8.17
2011	0.57	0.02	1.23	0.93	0.26	18.25	20.02	55.69	3.03
2012	0.48	0.01	1.86	0.79	0.18	17.64	18.38	54.85	5.81
2013	0.76	0.06	2.02	1.37	0.09	20.06	19.76	51.26	4.62
2014	0.65	0.04	1.79	0.96	0.16	19.42	20.18	52.83	3.97

资料来源：WTO 数据库。

印度对中国出口的主要产品包括纺织品及原料、贱金属及制品、矿产品、化工产品和机电产品等。2015年，印度对中国纺织品及原料出口22.7亿美元，占印度对华出口总额的23.4%，其余四类产品分别占印度对中国出口总额的17.4%、17.2%、15.7%和7.5%。印度其他对华出口商品还有动植物油、塑料制品、树胶和植物产品等。可以看出，印度对中国出口以初级产品为主，两国结构互补性比较强。

11.3.2 全球产业链的重塑为中印战略对接提供了内在条件

当今国际分工形成了以产品内分工为主的国际分工体系。以产品内部分工为基础的中间投入品贸易即产品内贸易占有突出地位。产品内分工、产品内贸易的发展形成了全球价值链分工体系。自从1995年WTO成立以来，全球贸易的自由化和跨国投资的便利化，促进了跨国公司在全球配置资源，而高科技产业的发展使得产品的工序越来越复杂，不同的工序具有不同的要素投入比例，而随着国际分工的深化发展，各国以其资源要素禀赋参与分工，这就是全球价值链。在政府层面，无论是2013年的联合国贸发会议，还是2014年的亚太经合组织领导人峰会，都确立了构建全球价值链的发展战略。但是，随着欧美再工业化的发展、中国等国家劳动力成本的提升，传统的劳动密集型产业从中国向印度、越南等发展中国家转移，新的全球价值链体系正在重新构建。

改革开放以来，我国主要依赖低成本优势参与国际分工，逐步嵌入全球制造业价值链的加工环节，推动了工业化进程，并成为世界制造中心，但也被置于全球价值链的低端，很多出口产品科技含量和增加值较低。在跨国公司转型为全球公司并整合全球最优质资源，形成产业链各环节竞争优势的条件下，我国面临着价值链低端锁定、在国际经济竞争中被边缘化的风险。全球价值链重构也带来难得机遇，一部分创新产品提升产业竞争力，具备扩大对外投资的能力和条件，对外投资规模迅速增长。如能有效地利用全球价值链重构中国际经贸规则变迁和经济全球化深化的条件，构建和完善开放型经济新体制，主动融入全球价值链，升级在全球价值链中的地位，可以促进经济结构转型升级。

印度传统上经济发展依赖于内需市场，参与全球价值链的程度比较低。从表11-2的数据可以看出，国内附加值比率反映了出口的产品中国内创造的价值，该数值越高，出口中国内创造的价值越高，出口中国内的要素获得越多；另外也反映一国参与国际分工的程度比较低，1995年中印两国该数值分别为66.62%和90.64%，说明中国出口当中包含了更多的国外价值，而印度基本上都是国内要素创造。到2011年，两国这一数值分别为67.84%和75.9%，印度的比例仍然高于中国。尽管在“莫迪经济学”的引导下，印度在对外开放方面取得了一定的进展，但要想真正融入全球价值链的任重而道远。中国自从2005

年达到低点以后开始逐步回升，说明中国开始在融入全球价值链的过程之中提升自己的位置。

表 11-2 中印出口国内附加值比例比较 单位：%

年份	1995	2000	2005	2008	2009	2010	2011
印度	90.64	88.72	82.53	72.34	79.03	77.69	75.90
中国	66.62	62.72	62.57	68.23	69.18	68.00	67.84

资料来源：OECD。

11.3.3 要素结构的差异

传统经济理论认为经济增长依赖于要素的投入，包括劳动力、资本和技术等要素对经济增长的影响非常大，在经济起飞的阶段劳动力要素的贡献比较大，随着劳动力要素边际收益下降，投入要素的贡献开始增加，发展到一定阶段后技术要素的贡献开始超过劳动力和资本要素。相对应各阶段主要集中于生产和出口劳动密集型产品、资本密集型产品和技术密集型产品，而国家所处阶段为工业化初中期、工业化中后期和服务经济阶段。对比中印之间的要素结构，可以看出两国具有较大的合作潜力。

1. 劳动力

从劳动力规模看，2015 年中国人数总数为 13.7 亿，印度为 11.7 亿，两国合计 25.4 亿，分别占世界总量的 19%和 18%。由于中国实行计划生育政策，即使放开了二孩生育政策，但人口出生率相对较低，2015 年只有 0.496%，这一指标在 1987 年为 1.66%，2010 年为 0.479%；而印度在 2015 年的人口增长率为 1.579%。根据联合国《世界人口展望：2015 年修订版》的预计，2022 年印度将取代中国成为全球人口第一大国。

在人口结构上，中印在不同年龄段所占比例上有非常大的差异，印度的劳动力人口潜力更大，而中国逐渐步入老年社会。根据世界银行的数据显示，2015 年，中印两国人口中位数分别为 37 岁和 26.6 岁，14 岁以下人口所占比例两国分别为 17.2%和 28.8%，60 岁以上人口所占比例两国分别为 16.8%和 9.8%，可以看出中国未来的劳动力人口越来越少，60 岁以上人口越来越多，劳动力红利逐渐衰退甚至消失，而印度却具有较大的人口红利空间。如果再算上中国人口的老龄化速度远高于印度，从人口红利的角度看，印度的人口优势今后将更加明显。无限增加的劳动力人口，再加上制造业容纳就业的能力有限，使得印度的劳动力成本相对较低。根据世界银行的数据，印度的劳动工资报酬只有中国的 1/3—1/2。

2. 人力资本

人力资本特别是受教育程度对于技术创新和科技发展具有重要的意义，代表着未来技术创新的能力。一般来说，居民受教育程度与经济发展密切相关，与中国相比，在人口规模相似的情况下教育投入总体规模较小，因此印度人口受教育程度就低于中国，印度成人识字率为62%，明显低于中国95%的水平，总体上印度的人类发展指数低于中国。而且印度劳动力素质两极分化严重，虽然印度拥有巨大的劳动力资源，不同于中国的义务教育制，但是印度长期奉行精英教育，导致其国内劳动力素质两极分化严重。通常受过高等教育的劳动人才不愿意在工作条件差、薪资待遇低的制造业工作。而没有受过教育的劳动力，则完全缺乏基本的劳动素质，达不到工业流水线上最起码的初中文化水平的劳动力要求。据联合国一份报告指出，目前印度的文盲占世界文盲数量的1/3。受教育程度的低下，还使企业工人缺乏制造业所需的纪律性。不能按时到岗，也不会按照企业生产需要来加班，导致经常拖延工期。

3. 资本要素分析

中印两国在资本投入上的差距非常大，包括货币供应量、外汇储备、外商直接投资和财政收入等指标，印度远远低于中国。通过分析可知，现在印度的这些指标均低于十年前的中国。比如，2014年印度的外汇储备为3 060亿美元，低于中国2005年的8 188亿美元；2014年印度的财政收入为1 719亿美元，低于中国2005年的4 869亿美元。对于发展中国家来说，制造业的发展更加需要吸引外商直接投资[①]，从规模上看，两国吸引的外国直接投资都呈现大幅上涨趋势，1990年印度和中国两国的数据分别为2.4亿美元和35亿美元，到2014年分别上升到339亿美元和2 891亿美元，印度的规模还是远远低于中国。但是从趋势看，2011年以来中国呈现平稳或者稍微下降的趋势，而印度上升得比较快。另外，从外国直接投资净流入（占 GDP 的百分比）指标看，印度这一指标逐渐上升，虽然2011年比2010年有所下降，但整体趋势是上升的，反观中国，自从2005年就是下行趋势。未来随着印度对外资更加开放和国际价值链的重构，印度吸引的外资会越来越多（见表11-3）。

① 外国直接投资是指投资者为获得在另一经济体中运作的企业的永久性管理权益（10%以上表决权）所做的投资的净流入。它是股权资本、收益再投资、其他长期资本以及国际收支平衡表中显示的短期资本之和。报告显示经济体来自外国投资者的净流入（新投资流入减去撤资）。数据按现价美元计。

表 11-3　中印吸引外商的比较

年份		1990	1995	2000	2005	2010	2011	2012	2013	2014
净流入（亿美元）	印度	2.4	21	36	72	274	365	240	282	339
	中国	35	359	384	1041	2 437	2 800	2 412	2 909	2 891
占 GDP 的百分比(%)	印度	0.1	0.6	0.8	0.9	1.6	2.0	1.3	1.5	1.7
	中国	1.0	4.9	3.2	4.6	4.0	3.7	2.9	3.1	2.8

资料来源:世界银行。

11.4　全球价值链下中印制造业产业合作的路径

11.4.1　中印产业合作的原则和机制设计

首先,应该坚持市场主导原则。对于产能合作来说,企业微观主体应该起到主导作用,政府只是起到推动和服务的角色,通过市场机制和利益导向机制,企业在目标国建厂投资,无论是转移生产线还是承包工程,都需要企业自主决策和自负盈亏。要克服政府越俎代庖的行为,由于在国际产能合作的过程中很多项目都是国有企业推动,政府有可能在其中把意志强加到企业的决策行为,容易造成很多合作项目变成政府的形象工程。要充分发挥市场在配置资源中的基础性作用,通过完善市场机制和利益导向机制,合理配置资源,政府可以在宏观上起到沟通交流和对接的作用,为企业营造良好的投融资环境,促进有关国家协同推动。其次,应该坚持互利共赢的原则。"一带一路"倡议不是只为中国的利益,而是在互利共赢的原则下进行,否则就难以发展下去。与印度的产业合作,一方面应该有利于中国企业竞争力的提高和自身价值链的构建,另一方面应有利于印度国家和企业利益的实现。再次,加强政府间投资协定。目前中国和印度之间只是按照WTO的相关协定进行,没有签订符合目前投资现状的协议。加强中国印度投资安全合作机制建设,如领事保护制度建设,加强中国印度投资监管合作体系建设,可参考美国主导的TPP的相关条款,详细规定中国企业进入印度后的投资待遇问题(如国民待遇、最惠国待遇、公平公正待遇和持久安全保护、禁止非法征收)和争端解决机制(如制定专门的中立、透明的仲裁机制,包括仲裁程序公开要求、诉讼成本分担、临时裁决审查程序、缔约国联合解释等),为中国企业有效防范东道国政治、安全与司法风险。

11.4.2　优化双方合作的重点产业

根据全球价值链的分类,结合中印经济及产业发展趋势,双方产业合作应该是互补的,中国提供的产业是自身具有优势的产业,在全球具有较强竞争力,而且能够带动国内相关产业的出口,2015 年的《国务院关于推进国际产能和装备制造合作的指导意见》中把钢铁、有色、建材、铁路、电力、化工、轻纺、汽车、通信、工程机械、航空航天、船舶和海洋工程等作为重点行业。但是在和印度产业合作的过程中，应该结合印度的要素禀赋优势，特别是在印度具有比较优势的纺织、信息技术等领域，加强新能源和可再生能源、运输和铁路、道路和港口等基础设施等先进工业的产业项目合作。

随着我国各地区对高技术产业的日益重视，纺织服装业等传统劳动密集型产业的生存空间正在缩小，因此通过产业转移有效配置资源、开拓市场，将生产加工环节有选择性地迁移到成本较低或靠近终端市场的地区，母公司则加大对新产品设计、研发和营销等环节的投入，向“微笑曲线”两端攀升，这是推动产业升级的有效途径。印度纺织工业仅次于农业，是就业人口数第二多的产业。印度中央政府纺织部数据显示，印度纺织工业规模为世界第二大，直接雇用超过 3 500 万人，总产出占制造业的 17%，占印度 GDP 的 4%，同时占出口值的 11%。2012—2013 年印度纺织工业总产值估计近 800 亿美元，其中约 64% 是供应印度国内市场，外销仅占 36%。印度的纺织工业占全球贸易额的 5.2%，远远低于中国，但是未来中国的全球份额可能降至 5%，这将会促进印度纺织业的迅速发展。

具体地，对于纺织业等购买者驱动型产业，中印应该遵循垂直分工和水平分工相结合的方式。中国进行研发、设计、销售，对于整条价值链的另一环节，即劳动密集型加工生产环节的合作，应选择劳动力低廉、建厂成本低的印度，以最大限度地降低成本。两国应该在这类产业实现完整价值链的合作，提升效益与全球竞争力。对于包括新能源、生物科技、医疗照护、航空等生产者主导型产业，基本以技术密集型的新兴产业及投入规模大、科技含量高的产业为主，其价值链的核心环节掌控在具有核心技术的跨国公司手中，一般通过对外直接投资实现对价值链的控制。中国在新能源和航天航空等方面具有一定的优势，印度在医疗、生物科技等方面具有一定的优势，虽然两国在这些行业上具有一定的优势，但是不掌握核心技术，研发实力薄弱，因此两国可以合作发挥科技研发方面的互补优势，发展自主知识产权。

11.4.3 中印产业合作的方式

推动产能合作创新，提升全球产业链布局能力。一是以开发区形式开展产能合作。根据中国企业的发展水平和投资能力，实行有计划、有目的的产业转移，充分利用印度劳动力价格水平低于中国的优势，在印度建立生产基地。中方也可对人员培训加大投资，选拔印度工人到中国接受培训。这样的培训项目可通过即将开始运行的亚投行来实施。通常，劳动力培训项目更容易得到类似国际机构的支持。印度方面在发展自身的薄弱产业时，需要考虑中国在这些产业的优势，借用中国已经取得的技术优势和资金优势，发展自己相对落后的产业。中国与印度已经建立中国产业园区，但目前存在很多问题。为克服产业园区层次不高，出现问题后难以找到对应部门解决的困难，园区建设之前要商谈好中央和地方政府两个层面的双边合作框架，以及合作区建设的备忘录或者协议。在合作的方式上，主要采取合资经营的方式，加大股权直接投资力度，特别是在资源类产业上，合资的方式可以减少政治风险；对于重大基础设施建设，可以采取公私合营的方式，积极利用国际金融机构的资源，不仅可以减轻所在国的主权担保压力，还可以推动企业的国际化经营。

11.4.4 尽快开展中印投资贸易协定的研究和谈判

21世纪以来，继2007年世界贸易组织（WTO）“多哈回合”陷入困顿，2008年发生世界性金融危机，在反全球化运动渐成潮流、贸易保护主义有所抬头、多边协调机制运作愈加艰难的情况下，区域经济一体化加速发展，区域贸易安排（RTA）不断涌现，高标准的投资和贸易自由化已渐成潮流。一方面，美、欧、日三大经济体形成跨太平洋伙伴关系协议（TPP）、跨大西洋贸易和投资伙伴关系协议（TTIP）和服务贸易协议（TISA）等；另一方面，世界主要经济体纷纷以国际经济新局势为导向，对业已签订的双边投资条约（BIT）进行修订，或者制定新的BIT范本。新签订的BIT及在订的TTP、TTIP、TISA，均以突破WTO旧框架、形成高标准全球贸易投资新规则为特征，无疑将对国际经贸格局产生深远的影响。中国现在更加重视和美国的双边投资协定的谈判，准备和欧洲的双边投资贸易协定谈判，但中印同属发展中国家，在产业合作水平不断提高的背景下有必要开展投资贸易协定的谈判。

中印之间建立FTA可以给双方带来较大的经济收益。中国、印度同属新兴经济体，劳动力资源充足、商品廉价、市场广大，发展阶段相互契合，发展目标相通相容，双边经贸合作潜力无限，充分发挥两国市场潜力巨大的优势和产业互补的优势，共同携手打造中印命运共同体和利益共同体，必能编织出中印的美好未来。正如印度尼赫鲁大学国际学教授乌顿（UTTAM）所言，“印度将通过与中国的相互牵制和平衡，掌握国际秩序，减少对欧美发达国家市场的过度依赖；同时也会凭借服务业的优势，与制造业强大的中国实行‘双赢’”。尽管中印FTA对双方都有着很大的吸引力，但是目前建立中印FTA的条件似乎并不成熟。首先，印度认为中国已经形成了巨大规模经济效应的世界工厂，同类产品的价格要比印度的产品便宜，如果建立中印FTA，印度担心中国商品会席卷印度市场，给失去关税保护的印度工业带来冲击；其次，印度认为中国并非市场经济国家，政府对出口实施补贴，且容易人为地低估人民币币值，这些行为会给印度企业带来不公平的竞争；最后，涉及中印两国的进出口产品的结构，印度认为中国出口印度的商品为工业制成品，而印度出口到中国的商品中有60%属于原材料，如果中印建立FTA，贸易壁垒的减少，印度有可能成为中国工业制成品的市场，并沦为原材料的供应方，从而阻碍印度工业的崛起。但世界投资贸易协定是大势所趋，中印两国组建自由贸易区对于巩固中印全面合作伙伴关系、推动两国经济贸易合作和提高两国国际竞争力的重要作用以及促进亚洲经济一体化具有积极影响。

11.4.5 完善金融支持,形成多样化的金融支持体系

一是推动并完善丝路基金、亚洲基础设施投资银行、金砖国家开发银行等多边金融机构的建设和运营,并依托国内现有机构,加强与国际多边金融机构合作,搭建区域性多边金融机构。二是国家政策性金融机构和商业银行积极推动国内产业走出去,鼓励商业银行加大对重大装备设计、制造等全产业链的金融支持,推进外汇储备多元化运用,发挥政策性银行等金融机构作用等,商业银行重点集中于业务结算、项目贷款、并购贷款、经营性贷款、结构化融资、全球现金管理等综合性金融服务,政策性银行和外汇储备主要支持投入大、周期长的重大基础设施项目。

参考文献

[1] Antrds P Chor D. Fally T. Hillberry R. Measuring the Upstreamness of Production and Trade Flows[J]. American Economic Review: Papers Proceedings, 2012, 102(3):412—416.

[2] Antrds P. Chor D. Organizing the Global Value Chain [J]. Econometrica, 2013, 81(6): 2127—2204.

[3] Baldwin R E. Venables A. Relocating the Value Chain, Offshoring and Agglomeration in the World Economy [R]. Department of Economics, University of Oxford, Discussion Paper Series ISSN 1471—0498, 2011.

[4] Costinot A. Vogel J E. Wang S. Global Supply Chains and Wage Inequality [J]. American Economic Revived:Papers & Proceedings, 2012, 102(3):396—401.

[5] Costinot A. Vogel J. Wang S. An Elementary Theory of Global Supply Chains [J]. The Review of Economic Studies, 2013, 80(1):109—144.

[6] Diego Puga, Anthony J. Venables. The Spread of Industry: Spatial Agglomeration in Economic Development[J]. Journal of the Japanese and International Economies, 1996, 10(4), December:440—464.

[7] Kojima, Kiyoshi and Terutomo Ozawa. Toward a Theory of Industrial Restructuring and Dynamic Comparative Advantage[J]. Hitotsubashi Journal of Economics, 1985, 26(2): 135—145.

[8] Koopman R B. Wang Z. Wei S J. Tracing Value-added and Double Counting in Gross Exports [J]. American Economic Review, 2014, 104(2):459—494.

[9] 罗长远,张军.附加值贸易:基于中国的实证分析[J],经济研究,2014(6):4—18;

[10] 张杰,陈志远,刘元春.中国出口国内附加值的测算与变化机制[J],经济研究,2013(10):124—137;

[11] 张少军,刘志彪.全球价值链模式的产业转移—动力、影响与对中国产业升级和区域协调发展的启示[J],中国工业经济,2009(11):5—15;

[12] 宗芳宇,路江涌,武常岐.双边投资协定、制度环境和企业对外直接投资区位选择[J],经济研究,2012(5):71—83。

附录：中国制造业分行业人均增加值和附加值率(2000—2014)

附表 11-1　中国制造业分行业人均增加值

单位：万元/人

	2000	2001	2002	2003	2004	2005	2006	2007	2008	2009	2010	2011	2012	2013	2014
农副食品加工业	3.66	2.67	2.63	2.99	3.17	4.01	4.83	5.62	7.67	7.52	9.00	10.64	12.35	14.20	12.91
食品制造业	5.65	4.72	4.79	5.25	5.45	6.27	6.95	8.34	9.31	9.89	10.42	12.05	13.74	15.26	15.08
酒、饮料和精制茶制造业	7.57	6.83	7.95	8.55	9.05	10.00	11.33	12.11	13.25	14.71	14.82	16.66	18.72	19.71	18.43
烟草制品业	31.36	42.64	55.44	69.01	84.87	89.61	101.96	123.56	128.75	141.22	151.04	188.44	210.83	225.82	240.71
纺织业	2.85	2.05	2.17	2.33	2.36	2.87	3.22	3.77	4.60	4.63	5.26	6.16	6.75	8.37	9.49
纺织服装、服饰业	2.70	1.67	1.62	1.73	1.54	1.84	2.13	2.49	3.15	3.18	3.65	4.33	5.60	6.16	6.23
皮革、毛皮、羽毛及其制品和制鞋业	2.68	1.70	1.56	1.72	1.52	1.85	2.25	2.49	3.28	3.36	3.67	4.38	5.19	5.78	5.99
木材加工和木、竹、藤、棕、草制品业	3.95	2.53	2.69	2.43	2.75	3.27	3.73	4.79	6.08	6.51	6.67	8.45	10.14	11.75	12.31
家具制造业	3.64	2.32	2.25	2.07	2.00	2.17	2.59	2.86	4.36	4.14	4.64	5.55	6.74	7.74	8.15
造纸和纸制品业	5.61	3.76	4.53	5.22	5.03	5.71	6.60	7.93	8.54	8.18	8.97	9.69	11.27	12.27	12.85
印刷和记录媒介复制业	3.15	3.99	4.40	4.58	4.54	4.66	5.09	5.56	6.76	6.32	6.62	8.07	8.55	10.37	11.01

（续表）

	2000	2001	2002	2003	2004	2005	2006	2007	2008	2009	2010	2011	2012	2013	2014
文教、工美、体育和娱乐用品制造业	2.74	1.41	1.23	1.06	1.11	1.32	1.79	1.82	2.43	2.48	2.60	3.00	7.26	7.88	7.38
石油加工、炼焦和核燃料加工业	11.41	15.14	18.76	20.32	23.51	21.82	23.46	32.44	35.66	43.69	57.17	52.39	63.12	74.22	74.39
化学原料和化学制品制造业	4.95	4.47	5.27	6.47	7.79	8.41	9.10	11.46	12.96	12.15	13.58	16.51	17.88	20.27	21.53
医药制造业	8.18	7.68	8.67	8.69	9.09	9.51	9.75	11.29	12.61	14.08	14.93	16.73	19.30	22.02	23.50
化学纤维制造业	7.52	4.56	5.17	7.21	6.27	5.78	6.57	8.89	8.51	8.35	11.52	13.97	12.49	15.14	15.81
橡胶和塑料制品业	3.66	2.67	2.63	2.99	3.17	4.01	4.83	5.62	7.67	7.52	9.00	10.64	12.35	14.20	12.91
非金属矿物制品业	5.65	4.72	4.79	5.25	5.45	6.27	6.95	8.34	9.31	9.89	10.42	12.05	13.74	15.26	15.08
黑色金属冶炼和压延加工业	7.57	6.83	7.95	8.55	9.05	10.00	11.33	12.11	13.25	14.71	14.82	16.66	18.72	19.71	18.43
有色金属冶炼和压延加工业	31.36	42.64	55.44	69.01	84.87	89.61	101.96	123.56	128.75	141.22	151.04	188.44	210.83	225.82	240.71
金属制品业	2.85	2.05	2.17	2.33	2.36	2.87	3.22	3.77	4.60	4.63	5.26	6.16	6.75	8.37	9.49

（续表）

	2000	2001	2002	2003	2004	2005	2006	2007	2008	2009	2010	2011	2012	2013	2014
通用设备制造业	2.70	1.67	1.62	1.73	1.54	1.84	2.13	2.49	3.15	3.18	3.65	4.33	5.60	6.16	6.23
专用设备制造业	2.68	1.70	1.56	1.72	1.52	1.85	2.25	2.49	3.28	3.36	3.67	4.38	5.19	5.78	5.99
汽车制造业	3.95	2.53	2.69	2.43	2.75	3.27	3.73	4.79	6.08	6.51	6.67	8.45	10.14	11.75	12.31
电气机械和器材制造业	3.64	2.32	2.25	2.07	2.00	2.17	2.59	2.86	4.36	4.14	4.64	5.55	6.74	7.74	8.15
计算机、通信和其他电子设备制造业	5.61	3.76	4.53	5.22	5.03	5.71	6.60	7.93	8.54	8.18	8.97	9.69	11.27	12.27	12.85
仪器仪表制造业	3.15	3.99	4.40	4.58	4.54	4.66	5.09	5.56	6.76	6.32	6.62	8.07	8.55	10.37	11.01

2000 年价格基准

附表 11-2　中国制造业附加值率

	2000	2001	2002	2003	2004	2005	2006	2007	2008	2009	2010	2011	2012	2013	2014
农副食品加工业	0.123	0.117	0.114	0.112	0.107	0.127	0.139	0.149	0.139	0.137	0.143	0.141	0.140	0.130	0.121
食品制造业	0.281	0.269	0.291	0.290	0.271	0.278	0.267	0.277	0.271	0.276	0.271	0.271	0.285	0.269	0.252
酒、饮料和精制茶制造业	0.503	0.495	0.507	0.501	0.456	0.431	0.412	0.410	0.390	0.383	0.374	0.372	0.396	0.369	0.346
烟草制品业	1.125	1.365	1.474	1.581	1.730	1.742	1.864	2.053	2.235	2.267	2.239	2.591	2.852	2.904	2.743
纺织业	0.134	0.115	0.115	0.114	0.104	0.114	0.117	0.130	0.131	0.131	0.138	0.139	0.143	0.135	0.127
纺织服装、服饰业	0.167	0.158	0.152	0.155	0.150	0.162	0.168	0.178	0.179	0.176	0.191	0.199	0.197	0.185	0.174
皮革、毛皮、羽毛及其制品和制鞋业	0.122	0.118	0.118	0.123	0.127	0.134	0.144	0.155	0.162	0.168	0.182	0.192	0.184	0.172	0.166
木材加工和木、竹、藤、棕、草制品业	0.154	0.137	0.140	0.139	0.135	0.150	0.156	0.178	0.175	0.166	0.173	0.176	0.178	0.168	0.158
家具制造业	0.199	0.182	0.173	0.178	0.166	0.174	0.184	0.193	0.177	0.183	0.187	0.197	0.199	0.192	0.186
造纸和纸制品业	0.186	0.180	0.195	0.177	0.155	0.159	0.168	0.180	0.156	0.169	0.169	0.164	0.166	0.165	0.155
印刷和记录媒介复制业	0.275	0.258	0.251	0.237	0.233	0.217	0.223	0.227	0.212	0.221	0.223	0.228	0.225	0.206	0.200

（续表）

	2000	2001	2002	2003	2004	2005	2006	2007	2008	2009	2010	2011	2012	2013	2014
文教、工美、体育和娱乐用品制造业	0.168	0.161	0.161	0.156	0.134	0.146	0.154	0.162	0.144	0.153	0.161	0.162	0.151	0.147	0.141
石油加工、炼焦和核燃料加工业	0.104	0.106	0.129	0.128	0.123	0.053	0.045	0.091	0.020	0.252	0.211	0.142	0.136	0.151	0.139
化学原料和化学制品制造业	0.214	0.197	0.211	0.218	0.228	0.202	0.187	0.203	0.183	0.185	0.195	0.191	0.170	0.164	0.156
医药制造业	0.585	0.565	0.556	0.558	0.547	0.497	0.459	0.468	0.462	0.451	0.445	0.409	0.426	0.416	0.409
化学纤维制造业	0.169	0.111	0.115	0.116	0.092	0.079	0.073	0.107	0.083	0.099	0.126	0.107	0.097	0.095	0.104
橡胶和塑料制品业	0.169	0.175	0.176	0.166	0.150	0.150	0.153	0.164	0.157	0.170	0.166	0.166	0.172	0.168	0.161
非金属矿物制品业	0.232	0.216	0.204	0.217	0.206	0.184	0.190	0.210	0.204	0.197	0.209	0.212	0.201	0.193	0.179
黑色金属冶炼和压延加工业	0.165	0.154	0.169	0.175	0.141	0.123	0.120	0.135	0.103	0.091	0.094	0.093	0.084	0.087	0.089
有色金属冶炼和压延加工业	0.168	0.137	0.131	0.140	0.125	0.132	0.138	0.138	0.115	0.107	0.117	0.118	0.097	0.085	0.087
金属制品业	0.167	0.166	0.162	0.155	0.145	0.146	0.147	0.152	0.151	0.160	0.167	0.165	0.163	0.159	0.149

（续表）

	2000	2001	2002	2003	2004	2005	2006	2007	2008	2009	2010	2011	2012	2013	2014
通用设备制造业	0.236	0.229	0.228	0.220	0.198	0.195	0.193	0.202	0.196	0.189	0.198	0.198	0.203	0.197	0.190
专用设备制造业	0.218	0.219	0.227	0.213	0.204	0.201	0.209	0.225	0.206	0.205	0.220	0.220	0.210	0.202	0.190
汽车制造业	0.217	0.211	0.218	0.216	0.182	0.166	0.180	0.192	0.181	0.194	0.200	0.194	0.193	0.199	0.203
电气机械和器材制造业	0.228	0.224	0.213	0.200	0.181	0.173	0.168	0.175	0.182	0.190	0.188	0.179	0.185	0.178	0.177
计算机、通信和其他电子设备制造业	0.186	0.154	0.153	0.126	0.116	0.110	0.113	0.120	0.120	0.122	0.128	0.123	0.126	0.129	0.133
仪器仪表制造业	0.210	0.215	0.211	0.198	0.183	0.187	0.189	0.194	0.195	0.217	0.214	0.217	0.248	0.241	0.242

撰稿人：孟祺

审核人：余莱花、程中华

第12章 中国高铁全球布局战略的实施路径

中国高铁标准和装备出口不仅对提升中国装备制造业水平、化解国内优质富余产能、改善地缘政治关系、增强国际影响力具有重要的意义，而且将促进进口国的资源流动、人员往来，进而重组其内部生产要素，创造新的消费需求，推动区域经济一体化进程。近年来，中国高铁异军突起，通过原始创新、集成创新和引进消化吸收再创新，不仅掌握世界领先水平和自主知识产权的高速铁路集成技术、施工技术和装备制造技术，而且拥有世界上运营里程最长、运行速度最快的高速铁路系统，积累了在各类复杂地质条件和恶劣气候条件下建设与运营的成熟经验，在满足国内市场需求的同时，迅速走向国际市场。对此，党中央、国务院给予了大力的政策支持，国家领导人更是利用参加国际会议、出访或会见外国政要的机会，极力推介中国高铁。然而，中国高铁的出口之路并非一帆风顺。中缅高铁项目被喊停，中泰"高铁换大米"项目也遭遇挫折，中国高铁进入欧盟市场更是面临着高铁技术壁垒和一系列地缘政治与规制性风险。在此背景下，系统分析中国高铁全球布局战略的决策路径与实施路径意义非凡。

纵观已有研究，高铁"出海"、高铁外交、高铁"走出去"的话题，已引发政界、学界和舆论的热切关注。但仔细研究这些呼声却发现相当一部分都还在畅谈高铁发展意义，纵论高铁社会功效（郑凯锋等，2014；谢海燕，2015；陈安娜，2015；刘丹，2015；徐飞，2015，2016），简略介绍高铁"走出去"的发展现状、面临的机遇、挑战和具备的优势（杨振华和曹四光，2015；张晓通和陈佳怡，2014；陈鹏，2014；张璐晶，2015；张璐晶和金倩，2014；史玉凡，2015；周啸东，2015；陈安娜，2014；刘春卉等，2015；张锐，2015；卢晶，2015；高峰，2015，；仝中燕，2015；宋佳蔓，2015；刘延宏等，2015；朱翔，2015）。而关于高铁全球布局战略的决策路径与实现路径等具体问题，少有人真正关注（解筱文，2015）。

那么，当前中国高铁制造走出去的发展现状如何，中国高铁走出去的时机是否成熟，面临着哪些重大机遇和拥有哪些突出的优势，又需要应对哪些挑战和威胁？中国高铁全球布局战略遵循的决策路径是什么，以及具体的实现路径是什么？

12.1 分析框架

12.1.1 高速铁路的定义

对于高速铁路的界定，各国尚未达成一致共识。具有代表性的有中国、欧洲、美国和日本，详情如下：

(1) 中国：2014年1月1日起实施的《铁路安全管理条例》(附则)规定，高速铁路是指新建设计开行时速250公里以上(含预留)，并且初期运营时速200公里以上的客运列车专线铁路(简称客运专线)，所谓新建是排除既有线提速。2015年2月1日起实施的《高速铁路设计规范2014》是中国正式发布的首部高铁规范，也规定高铁为客运专线。明文规定只能运行动车组列车，禁止传统列车上高铁。而客运时速250公里并客货共线的顶级快铁(如广东省的深茂铁路、厦深铁路等)，不属于中国标准的高铁。高铁主要运行高速动车组G，有的兼行一般动车组D，客票价格高、没有商业货运功能。快铁(中速铁路)可能是客运专线，也可能是客货共线，主要运行一般动车组D，兼行普通列车(客车和货车)，快铁票价适中又有商业货运功能。此外，泰国、印尼等东南亚国家一般采用三档法分类，即普通铁路、中速铁路、高铁，而且它们采用的高铁标准是250公里以上，是采用时下中国的标准。

(2) 欧洲：1985年联合国欧洲经济委员会(官方组织)在日内瓦签署的国际铁路干线协议规定，高速铁路是指新建客货运列车混用型(简称客货共线)高速铁路时速为250公里以上，新建客运专线型高速铁路时速为350公里以上的铁路。

(3) 日本：作为世界上最早发展高速铁路的国家，日本政府在1970年发布第71号法令，为制定全国新干线铁路发展的法律时，对高速铁路的定义是，在一条铁路的主要区段，列车的最高运行速度达到200公里/小时以上。

(4) 美国：美国联邦铁路管理局曾对高速铁路定义为最高营运速度高于145公里/小时(90 mph)的铁路，但从社会大众的角度，“高速铁路”一词在美国通常会被用来指营运速度高于160公里/小时的铁路服务，这是因为在当地除了阿西乐快线(最高速度240公里/小时)以外并没有其他营运速度高于128公里/小时(80mph)的铁路客运服务。

12.2.2 研究思路

本文立足我国高铁出口的实际情况，及走出去面临的机遇与优势、挑战与威胁，紧紧围绕中国高铁制造全球布局战略的实施路径这一中心命题展开研究。第一，分析我国高铁制造走出去的发展现状；第二，结合国际市场需求和我国高铁发展的实际情况，分析我国高铁走出去所遇的时机和条件是否成熟，以及将要面临的挑战和威胁；第三，深入分析我国高铁全球布局战略的决策路径；第四，以我国高铁全球布局战略为蓝本，借鉴我国高铁专家和业内人士的观点，构建高铁全球布局战略的实施路径。本文的技术路线如图 12-1 所示。

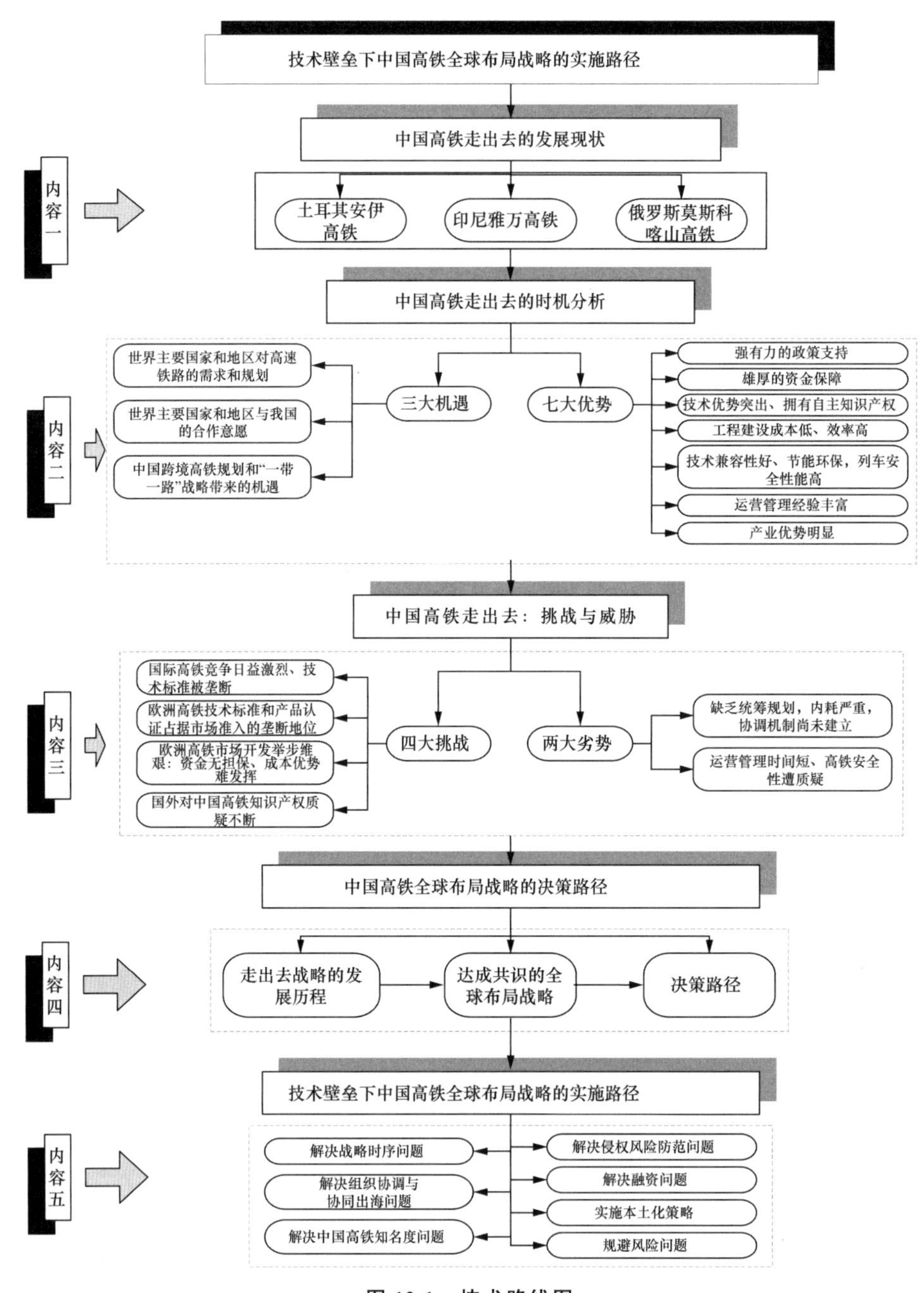

图 12-1 技术路线图

12.2　中国高铁制造走出去的发展现状

中国铁路产业走出去可分为三个层次：第一层次是装备出口，包括机车、车厢、信号系统、铁轨等轨道交通装备的出口，属于单纯的货物贸易；第二个层次是整体项目出口，即铺设铁路，属于建筑工程类的服务贸易，常常与轨道交通装备乃至整个铁路系统的货物贸易出口结合在一起；第三个层次是管理运营整条铁路，属于资本输出，或"对外直接投资"。截至 2016 年年初，我国成功承建的海外高铁基建和高铁整体项目各 1 项，分别是土耳其安伊高铁项目和印尼雅万高铁项目。

12.2.1　土耳其安伊高铁项目

土耳其安伊高铁项目连接了土耳其首都安卡拉和最大的城市伊斯坦布尔，全长 533 公里，分为三期，二期项目工程是于 2006 年通过国际竞标方式承揽的第一条集"融资、设计、采购、施工"为一体的高速铁路工程项目，即"F+EPC"项目承包模式，由中国铁建股份公司（牵头方）、中国机械进出口集团公司（简称中机公司）及土耳其的成吉思汗公司、土耳其伊兹塔斯公司组成联合体（简称 CCCI 联合体）共同承建，中国土木工程集团公司（简称中土公司）代表中国铁建股份公司参与本项目。项目全长 158 公里，设计时速 250 公里，为新建客货混运的双线电气化铁路，技术标准采用欧洲标准，满足 ETCS-1 级安全标准，合同金额为 12.7 亿美元（第一标段为 6.6 亿美元，第二标段为 6.1 亿美元），资金来源为中国进出口银行提供贷款 7.2 亿美元，欧洲投资银行（EIB）提供项目剩余资金 5.5 亿美元。

在项目实施过程中，CCCI 联合体各成员具体分工如下：(1) 中国土木工程集团有限公司代表中国铁建作为牵头方，负责项目总体实施管理，全面组织工程设计、采购、施工；(2) 中机公司主要负责进行项目融资；(3) 中铁五院为通信信号、电气化专业工程设计分包单位；(4) 上海贝尔和中铁建电气化局为通信信号、电气化专业工程施工分包单位；(5) 中土集团轨道事业部为轨道铺架专业工程施工分包单位；(6) 土耳其成吉思汗和伊兹塔斯公司负责组织路基、桥梁、隧道和车站等工程施工。中国土木工程集团有限公司与土耳其成吉思汗和伊兹塔斯两家公司分别完成工程合同金额的 40%和 60%（刘延宏等，2015）。

2014 年 7 月，安伊高速铁路正式投入运营，安卡拉至伊斯坦布尔的行程从 10 个小时缩短到 3.5 小时，线路货运能力提升 234%，客运能力提高 400%（周啸东，2015）。这是中国高铁施工技术"走出去"的首份成绩单，也成为"一带一路"构想的标志性工程（史玉凡，2015）。

12.2.2　印尼雅万高铁项目

印度尼西亚雅万高铁项目连接了印尼首都雅加达和第四大城市万隆。2015 年 10 月，中国铁路总公司牵头组成的中国企业联合体，与印度尼西亚维卡公司牵头的印尼国企联合体正式签署了组建中印尼合资公司协议，负责高速铁路项目的建设和运营。项目全长150公里，最高设计时速300公里，全部采用中国标准和装备，合同金额为51.35亿美元，中国企业联合体和印尼企业联合体将分别完成工程合同金额的40%和60%，拟于2015年11月开工建设，三年建成通车（宋佳蔓，2015）。

雅万高铁是国际上首个由政府主导搭台、两国企业对企业（B2B）进行合作建设和管理的高铁项目，也是中国高速铁路从技术标准、勘察设计、工程施工、装备制造、物资供应，到运营管理、人才培训、沿线综合开发等全方位整体走出去的第一单项目，印尼占股60%，中方占股40%，双方作为雅万高铁的共同业主，是名副其实的利益共同体和命运共同体。中国坚持义利并举、以义为先，承诺向印尼转移高铁技术，进行本地化生产，帮助印尼培训高铁管理和运营人才，在推动中国高铁走出去的同时，将中国高铁技术与经验带到印尼，与印尼人民分享中国高铁的发展成就。

印尼作为东南亚最大经济体，是中国实施"21世纪海上丝绸之路"战略的重要合作伙伴。中国和印尼合作建设雅万高速铁路，是中国高铁走出去模式的一次成功实践和重大创新，对于进一步打造"中国高铁"品牌、推动中国铁路走出去，具有重要的示范效应；对于发挥铁路在推进"一带一路"倡议中的服务保障作用，深化我国铁路与东南亚相关国家铁路合作，加快泛亚铁路网建设，实现我国与"一带一路"沿线国家交通基础设施互联互通具有十分重要的意义。

12.2.3 莫斯科—喀山高铁项目

莫斯科—喀山高铁项目是欧亚高速运输走廊的试点项目，该项目西起莫斯科，向东南延伸到鞑靼共和国的喀山，中间穿过弗拉基米尔州首府弗拉基米尔、俄罗斯联邦州首府下诺夫哥罗德和楚瓦什自治共和国首府切博克萨雷等重要城市，总长度为770公里，设计时速400公里，将延伸至北京，并以此打造"莫斯科—北京"欧亚高速运输通道。2015年6月，中国中铁下属企业的中铁二院集团工程有限责任公司与俄罗斯企业组成的联合体已中标俄罗斯莫斯科—喀山高铁项目的勘察设计部分，金额约为24亿元。该项目由中方出资金、技术、设备建设，用修建高铁来置换当地资源，建成后会由途经国家参与运营。

12.3 中国高铁走出去的时机分析

12.3.1 中国高铁走出去面临三大机遇

中国高铁"走出去"适逢千载难逢的重要战略机遇期。就外部环境来看，全球经济进一步复苏，和平发展环境态势趋好，北美高铁建设发展起步，欧亚大陆经济走廊作用凸显，非洲铁路现代化需求旺盛。就自身条件来看，中国产业结构升级加快,与相关国家产业发展互补性增强;中国高铁在世界高速铁路中系统技术最全、集成能力最强、运营速度最高、运营里程最长;中国交通装备技术完善、运营经验成熟、质量和性价比高[①],在国际市场享有良好声誉(徐飞,2014)。

1. 世界主要国家和地区对高速铁路的需求和规划

随着全球化进程的加快,世界范围内的资源流动更为频繁,对交通运输的速度、成本、便捷有了更高的要求。随着资源环境约束在全球范围内日益严格,以"环保、低碳、节约"为核心的可持续发展理念已成为国际社会的普遍共识,世界各国都将"低碳、节约"作为经济发展的根本出发点。在这一背景下,全球高速铁路发展迎来了第三次浪潮(樊一江,2010;陈安娜,2014)。

目前乃至未来 15 年,国际高铁市场前景广阔,市场需求量大(陈安娜,2014)。根据国际铁路联盟的数据,截至 2013 年,世界其他国家和地区高速铁路总营业里程为 1.16 万公里,在建高铁 4 883 公里,规划建设高铁 12 570 公里;预计到 2024 年,全球高铁总里程可达 4.2 万公里,海外高铁修建计划将达 1. 7 万公里左右。据美通社报道,2014 年,全球高铁市场规模有 1 120 亿美元,这一规模预期会在 2019 年达到 1 334 亿美元,预计到 2020 年,海外高铁投资累计将超过 8 000 亿美元(刘丹,2015),世界高铁已迎来发展的"黄金时期"。

据国际铁路联盟统计,除中国外,无论是日本、法国、德国、西班牙、英国等传统的高速铁路发展强国,还是美国、俄罗斯、土耳其、澳大利亚、巴西、印度尼西亚、泰国、马来西亚、新加坡、印度、波兰、墨西哥等高速铁路"新兴成员"都对高速铁路表现浓厚兴趣,并提出了规模空前的高速铁路建设发展远景设想(樊一江,2010;李继宏,2015;杨振华和曹四光,2015;张锐,2015)。

(1) 美洲市场需求与规划。北美洲是高速铁路的处女地,美国正在建设第一条高速铁路,有了第一条高铁就会建第二条(张锐,2015)。巴西也有发展高铁的意向和措施(陈安娜,2014)。

(2) 欧洲市场需求与规划。1990—2008 年,德国、比利时、西班牙、法国、意大利以及英国的高速铁路出行总量由 152 亿 pkm (乘客公里,passenger-kilometre)增至 923.3 亿 pkm(陈安娜,2014)。为促进欧洲内部流动性以及减少温室气体的排放,欧盟通过了《交通 2050》战略,计划在 2030 前将欧洲高速铁路网络总长度增至三倍,在 2050 年前实现统一的交通网络。具体表现为,法国这一"老牌高铁国家"制定了超过 2 000 公里的延长高铁里程规划;2008 年,《俄罗斯联邦铁路 2030 年运输发展战略》规划开始实施。预计到 2030 年,俄罗斯铁路网将新增线路 20 550 公里,其中高速铁路 1 528 公里,规划到 2030 年铁路建设的预算总投资为

① 周小苑. 中国高铁全球性价比最优[N]. 人民日报海外版,2014-11-12.

13.7 万亿卢布(约合 0.46 万亿美元)。土耳其计划建设从东部卡尔斯省到西部埃迪尔内省长达 2 000 公里的东西线高铁(陈安娜,2014)。

(3) 东盟市场需求与规划。高铁在东盟具有较为广阔的市场。长期以来,东盟多国原有的铁路基础设施相当薄弱,严重制约了经济社会的稳定发展,为此各国将铁路基础设施作为投资的重点(方研,2015)。据高盛公司研究报告显示,东盟大国印度尼西亚、马来西亚、菲律宾、泰国四国在 2013—2020 年需要 1 190 亿美元投资于铁路基础设施,约占基础设施资金需求总额的 22.7%(刘丹,2015)。2013 年年初马来西亚和新加坡两国政府一致同意修建连接吉隆坡和新加坡的高速铁路,全长约 350 公里,预计 2016 年年中举行招投标案(李继宏,2015);据泰国运输部的高铁建设规划,泰国将在未来 7 年内完成 4 条高速铁路的建设,包括总长度约 660 公里的曼谷—清迈高铁项目等。印度铁道部(铁路管理委员会)发布的《印度铁路 2020 年展望》规划了印度铁路前所未有的发展蓝图,计划在 2020 年前新建铁路 25 000 公里,其中,计划建成至少 4 条运营速度达到 250—350 公里/小时的高速铁路,分布在全国的 4 个区域;建设至少 8 条高速运输走廊,连接印度国内的商业、旅游和朝圣中心。根据该规划,印度还将新建 50 座世界一流水平的铁路车站、200 余座功能齐全的大型车站。以上项目都计划通过公—私合营模式(PPP)投资和建设。如果包括印度和泰国等正在规划中的高铁计划,东南亚国家的高铁总里程将达到 1 万公里(张锐,2015)。

(4) 大洋洲市场需求与规划。澳大利亚积极升级基础设施,已就建造首条高铁进行可行性研究。

(5) 非洲市场需求与规划。非洲铁路总长度仅占世界的 7%,还有 13 国不通铁路,整体铁路缺口为 2 万—3 万公里。据中国原北车副总裁余卫平介绍,许多非洲国家基础设施薄弱,对机车、货车、普通客车的需求正在逐步增加,这一市场起步较低,但高铁修建市场潜力巨大(张璐晶和金倩,2014;张锐,2015)。非盟主席祖马呼吁在非洲各国首都和主要商业中心城市间建设高铁,促进非洲的工业化进程。中国政府积极回应,2014 年 5 月,李克强总理访非时宣布在非洲建立"高铁研究中心",着手规划中非共建非洲高铁网络的宏伟蓝图(赵杨,2015)。

此外,海外高铁市场除了包括高铁基础设施、高速车辆装备外,还包括轨道交通装备更新换代与后期运营维修服务。中国原北车副总裁余卫平在接受《中国经济周刊》采访时表示,海外的铁路除了新建市场外,车辆更新换代市场和维修服务市场均有较大的增长空间。如南美、中东欧、俄语地区的轨道交通装备进入车辆更新换代高峰,潜力巨大。而德轨道交通权威机构 SCIVerkehr 发布的《世界铁路技术装备市场》报告显示,目前全球轨道市场的容量为 1 430 亿欧元,其中维修服务市场就达 700 亿欧元(张锐,2015)。

2. 世界主要国家和地区与我国的合作意愿

在国际高铁建设领域,除中国、法国、德国、日本等少数掌握高铁技术的国家外,大多数国家的高铁建设仍然需要从国外引进技术支持(李继宏,2015)。而目前国际高铁市场需要的是安全可靠、使用周期长、建设周期短、成本低、绿色环保的高铁产品和技术。中国高铁经过多年的创新发展,在"引进来"的基础上,通过"消化、吸收、再创新",已经形成了一套安全、高效、低耗、节能、环保的高铁建造和运行系统,能够满足国际高铁市场的需求(陈安娜,2014)。

近年来,有 100 多个国家元首、政要和代表团曾考察了中国高速铁路,其中中国已与美国、阿联酋、老挝、泰国、英国、俄罗斯、白俄罗斯、巴西、罗马尼亚等国签署了高铁合作意向书或协议书,这些国家希望中国给予高铁技术和建设的支持(陈安娜,2014;李继宏,2015)。其中具有代表性的项目有:2014 年 9 月,中国与印度签署了铁路合作备忘录和行动计划,决定合作建设"新德里—钦奈"的印度首条高速铁路,全长 1 750 公里,时速 300 公里,预计建成后将成为全球第二长、印度第一长的高铁走廊(赵杨,2015),目前中印已就可行性报告进行了研讨(李继宏,2015)。2014 年 10 月,中国与俄罗斯签署了中俄高铁合作备忘录,决定合作建设全长 7 000 公里的欧亚高速运输走廊"莫斯科—北京"路段,拟优先修建 770 公里的莫斯科至喀山高铁。中国提供资金支持,俄方则在高铁建设和设备采购中选用中国技术和产品。APEC 会议后,俄方行动提速,立即启动前期准备工作(赵杨,2015)。

3. 中国跨境高铁规划和"一带一路"战略带来的机遇

(1) 中国跨境高铁规划的线路及进程。2009 年,中国正式提出高铁"走出去"战略,并确定周边三条高铁规划战略——中亚高铁、欧亚高铁和泛亚高铁,其中有两条都辐射到欧洲。次年,原铁道部(现更名为中国铁路总公司)针对不同国家成立了十几个工作小组,这一战略正式开始运作。

欧亚高铁。线路:从伦敦出发,经巴黎、柏林、华沙、基辅,过莫斯科后分成两支:一支入哈萨克斯坦;另一支遥指远东的哈巴罗夫斯克,之后进入中国境内的满洲里。

早在 2013 年李克强出访欧洲时,就大力推销高铁和中国设备。中国前驻瑞典大使陈明明表示,欧洲的很多铁路老化陈旧,需要更新,除了法国和德国以外,基本都比中国落后。向欧洲成套输出高铁设备是我国的重要战略。

进程:国内段已经开工,境外线路仍在谈判。

中亚高铁。线路:与古老的丝绸之路不谋而合,起点是乌鲁木齐,经哈萨克斯坦、乌兹别克斯坦、土库曼斯坦、伊朗、土耳其等国,最终到达德国,南端将到巴基斯坦和印度(杨振华和曹四光,2015)。

进程:乌兹别克斯坦的塔撒高铁已于2011年投入商运,国内的部分线路正在筹建,境外的大部分线路仍在谈判或规划阶段。

泛亚高铁。线路:纵贯东南亚的泛亚高铁将从昆明出发,钻山建一条长约30公里的隧道通往缅甸,再从缅甸向东,伸出一条支线去往泰国,另一条主线则经由老挝、越南、马来西亚通往新加坡。

进程:中缅间铁路隧道于2014年6月动工。境外的大部分线路仍在谈判或规划阶段。

中俄加美高铁。线路:从东北出发一路往北,经西伯利亚抵达白令海峡,以修建隧道的方式穿过太平洋,抵达阿拉斯加,再从阿拉斯加去往加拿大,最终抵达美国。中国工程院院士王梦恕透露,修建铁路穿过白令海峡需要建设大约200公里的隧道,这一海底隧道技术在福建通往台湾的高铁隧道中也会应用,从技术上来说现在已经具备条件。按照350 km/h的设计速度,旅客乘坐高铁有望不到2天即可抵达美国。

进程:由于需要经过俄罗斯,中方主张采用国际上通行的1 435 mm标准轨道,但俄罗斯铁路网一直采用不同于国际标准的1 524 mm宽轨,接驳上尚未谈妥。

(2)“一带一路”战略带来的机遇。中国领导人于2013年提出的建设“一带一路”的国家战略目标,为中国高铁走出去指明了主攻方向。“一带一路”是指丝绸之路经济带和21世纪海上丝绸之路,其建设的主要内容是沿线国家互联互通,即政策沟通、道路连通、贸易畅通、资金融通和民心相通。这“五通”中,道路连通是重点,通过铁路旧线改造和新线建设实现高速铁路的全线贯通,成为重中之重。“一带一路”沿线国家大多为新兴经济体和欠发达国家,总人口达44亿,经济总量为21万亿美元,分别占全世界的63%和29%,是全球最具发展潜力的经济合作带。中国高铁要抓住建设“一带一路”的战略机遇,把“走出去”的主攻方向放在贯穿丝绸之路经济带的欧亚铁路、中亚铁路和连通海上丝绸之路的泛亚铁路的建设上(赵杨,2015)。基础设施互联互通是“一带一路”战略的优先领域,而基础设施互联互通的前提是“一带一路”沿线国家的高铁建设,这为中国高铁“走出去”创造了巨大机遇(张友兵等,2016)。当前我国虽已基本建成丝绸之路经济带国内部分的铁路框架,但目前并未形成与境外线路的有效互通。从2013年起,国务院总理李克强在不同时间不同场合推销中国高铁,助力中国高铁“走出去”。这些国家从自身的国家利益出发,积极响应习近平主席关于建设“一带一路”、共筑亚太梦想的倡议,纷纷提出了进口中国高铁的合作愿望(赵杨,2015)。目前已有22个亚太国家表示欢迎中国参与该国的高铁建设,愿意搭乘中国经济发展的“顺风车”,共建现代丝绸之路(赵杨,2015)。

小结:高速铁路在世界范围内蓬勃发展,具有广阔的国际市场。加之随着中国三大跨境高铁战略和“一带一路”战略的实施，中国高铁项目整体出口迎来了全球出口重大的历史机遇（陈安娜，2014；杨振华和曹四光，2015）。

12.3.2　中国高铁走出去拥有七大竞争优势

通过梳理国内已有文献，结合铁路专家西安交通大学徐飞、同济大学教授孙章介绍，中国高铁能在短短几年间驶出国门，主要源于七大优势。

1. 强有力的政策支持

高铁建设不仅是一项高技术产业的系统工程，而且是一个关系国计民生的公共产品，投资巨大，一个国家是否建设高铁，其决策者只能是该国政府。党中央、国务院大力支持高铁产业拓展海外市场，为中国高铁走出去坚定了信心。一方面，国家从政策上给予了很大的扶持。党的十八届三中全会决议全面深化改革，为铁路各项改革事业指明了方向，极大地增强了铁路建设的活力。而国务院 33 号文件则确定了国家发改委、财政部、交通运输部、中国人民银行等有关部门在推进铁路投融资体制改革方面的职责，形成了促进铁路建设的良好氛围。2014 年《政府工作报告》多次提出了铁路改革发展的新要求，提到“开创高水平对外开放新局面”时，提出要“从战略高度推动出口升级和贸易平衡发展……鼓励通信、铁路、电站等大型成套设备出口，让中国装备享誉全球”（陈安娜，2014）。2014 年 12 月，国务院常务会议部署了加大金融业支持企业“走出去”的力度，提出包括简化审批程序、提供法律服务等多项具体措施，推进中国优势产能跨出国门、拓展发展空间，提高中国产品和装备的国际竞争力（赵杨，2015）。另一方面，国家领导人利用参加国际会议、出访或会见外国政要的机会，极力推介中国高铁的优势，促成项目合作，以至于习近平主席和李克强总理都被世界各国称赞为中国高铁的“超级推销员”（张璐晶，2015）。

2. 雄厚的资金保障

高铁建设的资金需求量大，必须拥有很强的财力。而项目东道国往往难以筹集修建高铁的全部资金，因此通常要求承建商提供对项目的融资，“带资”承建国外高铁将是一定时期内常见的现象（李继宏，2015）。一方面，投融资方式多元化。第一，中国牵头成立的亚洲基础设施投资银行主要关注公共、交通、能源、航运等基础设施的投资。第二，中国、巴西、俄罗斯、印度和南非五国成立金砖国家开发银行，主要资助金砖国家以及其他发展中国家的基础设施建设。第三，政府设立专项基金。中国出资 400 亿美元成立丝路基金，为“一带一路”沿线国基础设施建设、资源开发、产业合作等有关项目提供投融资支持（陈曦，2014）。此外，还设立 10 亿美元拉美投资基金、向东盟国家提供 100 亿美元优惠贷款等。第四，中国进出口银行通过提供各种金融服务，先后在亚非欧及拉美等地区为中国铁路建设项目及铁路装备出口项目提供融资支持（张友兵等，2016）。第五，为中国高铁“走出去"提供资金支撑和保障，中国铁路总公司与中国工商银行签署《实施铁路"走出去"战略合作协议》(张佳梅等，2015；张友兵等，2016)。另一方面，外汇储备雄厚。随着我国经济实力和综合国力的不断增强，我国拥有了接近4万亿美元的外汇储备。庞大的外汇储备既是支撑高铁"出海"的厚实家底，同时高铁"出海"也是优化外汇储备结构和保值增值的有效途径(张锐，2015)。因此，中国高铁以国内相对成熟的"铁路＋金融"整体联动的合作模式开赴国际市场，为中国高铁参与境外大型建设工程市场竞争提供关键支撑(陈安娜，2014；方研，2015；刘延宏等，2015)。

3. 技术优势突出、拥有自主知识产权

中国高铁在技术集成与系统创新方面具有显著优势。中国高铁走的是"引进、消化、吸收、再创新"的发展道路，在技术引进招标过程中坚持"关键技术必须全面转让、价格必须世界最低、必须使用中国品牌"的三大原则，通过统一引进主体下的"市场换技术"，实现了与加拿大庞巴迪、日本川崎重工、法国阿尔斯通和德国西门子等高铁巨头们的深度合作，形成了中国南车青岛四方、中国北车长客股份和唐山公司三大动车组技术平台。通过原始创新、集成创新和引进消化吸收再创新，在工程建造、牵引供电、系统集成、高速列车、列车控制、客站建设、运营管理、客运服务等高速铁路技术领域实现了重大突破，形成了具有自主知识产权(已获得900多项国际专利)和世界先进水平的高速铁路技术标准体系，成为世界上高铁系统技术最全、集成能力最强、运营里程最长、运行速度最高、在建规模最大的国家，详情如表12-1所示(陈安娜，2014；方研，2015；谢海燕，2015；张桂梅等，2015)。

表12-1　中国与世界高铁技术一流的国家比较一览

	中国	日本	德国	法国
高铁速度	350公里(京津、武广、郑西高速铁路)	300公里(新干线)	300公里	320公里(地中海线)
列车技术	引进200—250公里技术，自主研发300—350公里技术	自主研发	自主研发	自主研发
轨道技术	采用无砟轨道	聊道岔，全部采用无砟轨道	部分是无砟轨道	有砟轨道
桥梁技术	大量的高架桥，跨度、荷载、宽度等指标是世界第一	桥梁较少	桥梁较少	桥梁较少
工程技术	地质条件复杂，涉及软土、岩溶、湿土、黄土等各地地质；气候条件复杂多样	地质条件较为单一	地质条件较为单一	地质条件较为单一

资料来源：原铁道部，现更名为中国铁路总公司；中金公司。

第一，线桥隧涵等基础设施是"原始创新"，主要依靠自己力量解决。在工程建造方面,为适应我国地质及气候条件复杂多样的特点,在路基、桥梁、隧道、客站等基础设施建设,以及无砟轨道、牵引供电、通信信号等专业领域,攻克了一系列技术难题。(1) 无砟轨道是当今世界先进的轨道技术,其轨枕是混凝土浇灌而成,路基不用碎石,可以降低粉尘、提高时速、后期维护简单。中国高铁既有有砟轨道,也有无砟轨道,特别是在无砟高架铁路线路方面,优势十分明显。(2) 为了避免听到铁轨"哐当哐当"的噪音,铁轨采用无缝线路,在长达1 318公里的京沪高铁实现了没有一个轨缝。(3) 中国高铁的轨道沉降误差已经达到以毫米计算,其标准高于F1赛车跑道。中国高铁纵横东西南北,沿线地质条件复杂,有软土、有岩溶、有湿陷性黄土、有湿地也有高寒地区。中国铁路克服了各种复杂地质,高温、高湿、高寒、风沙和温差变化等气候难题,成功解决了地质沉降和轨道热胀冷缩问题,有效地控制了钢轨全线高低误差,创造出了其他国家不可比拟的地基处理和路基填筑的技术优势(郑凯锋等,2014;李继宏,2015),具备了在不同地质条件下、不同气候环境下建设和运营高速铁路的成熟经验(方研,2015;张友兵,2016)。(4) 在高铁建设过程中,中国大量采用高架桥,尤其是在高铁跨越大江大河的时候。在建设这些高架桥时,中国攻克了世界上前所未有的一个个技术难题,具有了更先进的应付复杂环境下建设高速铁路桥梁的技术能力和经验,如武汉天兴洲、南京大胜关长江大桥、济南黄河大桥等,在跨度、承载量、宽度等方面都堪称世界第一(张桂梅等,2015)。

第二,通信信号、牵引供电系统是"系统集成创新",即平台创新。牵引电传动系统和网络控制系统是高铁的最核心技术。中国已经突破国外的技术垄断,自主研发成功"高铁芯片",从而掌握了高速列车最核心的技术。2014年11月,中国再次在高铁核心技术上取得重大突破,在被称为"高铁之心"的牵引电传动系统和被称为"高铁之脑"的网络控制系统上实现了完全自主创新,具有很强的国际竞争力(赵杨,2015)。在高铁运营过程中,不仅构建了闭环管理的安全保障体系,各种移动设备和固定设施的信息实时采集、实时分析,还建造了庞大的铁路调度指挥系统,有力地保障了列车大密度开行。不仅如此,采用先进的高速综合检测车,在开通前对列车进行验证,在开通后每10天对所有线路巡检一次(徐飞,2016)。

第三,动车组技术标准体系优势突显。中国企业不仅能够自主生产全套高铁装备,而且很多技术都领先国外。(1) 针对复杂地质与气候难题,我国高铁自主设计耐高温高湿动车组、高寒动车组、防风沙动车组,如在兰新高铁(兰州—乌鲁木齐)线上运行的CRH5G动车组,根据青藏高原的地理特征,设计加装了空气滤网、保暖层、充氧器、防紫外线膜等设施,能够适应高寒、风沙、高温、高海拔、强紫外线等恶劣环境,性能优于国外装置。2014年12月,中国南车对外宣布,中国自主研发的高寒齿轮箱驱动装置取得了重大突破,2015年8月,中国自主研发的

CRH380A 动车组齿轮箱驱动装置第 10 000 套正式下线，这标志着中国高铁齿轮传动系统实现了稳定而又历史性的突破(王建洪，2015)。(2) 针对不同时速要求，通过引进消化吸收再创新，自主研发了高速动车组关键技术和配套技术，基本形成了时速 200—250 公里和时速 300—350 公里两个序列的动车组技术标准体系(徐飞，2016)。2015 年 6 月，中国中车旗下株洲电力机车研究所研制出可用于时速 500 公里高铁动车的 690 千瓦永磁牵引系统，可以显著地降低高速列车的牵引能耗，有力地提升了我国高速铁路的技术水平。2015 年，中国通号成功研制出了具有完全自主知识产权的高性能安全计算机平台和 CTCS-3 级列控系统设备，设备安全完整性等级达到国际最高标准 SIL4 级，从整体上提升了中国列控系统装备现代化和国际竞争力(张友兵，2016)。此外，我国新研发的列车采用镁合金、碳纤维等先进的轻量化材料，运用有“中国元素”的低阻力设计，采用高效的牵引制动系统，关注最易损耗的每个零部件，从而使整车寿命可达 30 年(徐飞，2016)。由此可见，我国动车组技术标准体系能够充分满足不同国家的发展需要，实现了国内设计制造，打出了中国标准动车组品牌。

第四，系统类别优势突出。中国高铁不仅在时速 250 公里技术标准以上的高速铁路新线建设方面具有显著优势，在既有线路改造升级为时速 200 公里技术标准以上高铁线路的扩能改造方面则有着更为丰富的经验。从 1997 年 4 月到 2007 年 4 月，中国铁路进行了六次大面积提速，第六次提速后，既有的京哈、京沪、京广、陇海、武九、浙赣、胶济、广深等干线铁路时速均达到 200 公里以上，其中既有的京广、京沪等线路时速则达到了 250 公里。

4. 工程建设成本低、效率高

与欧洲、日本同行相比，中国高铁及相关设备制造业的优势不仅仅体现在技术最全、集成能力最强、运行速度最高上，而且体现在低成本和建设高效率上。这种高性价比也是我国高铁海外竞争的重要砝码(陈安娜，2014)。

第一，工程建设成本低。(1) 就高铁基建成本而言，根据世界银行 2014 年 7 月的报告，中国高铁的基建加权平均单位成本为：时速 350 公里的项目为 1.29 亿元人民币/公里，时速 250 公里的项目为 0.87 亿元人民币/公里，两者仅相当于国际常规建设成本的 43% 和 30% 左右，这其中还包括相当数量的隧道与高架桥建设。国际上高铁建设的成本较高，每公里造价多数在 3 亿元以上(陈安娜，2014；方研，2015；李继宏，2015；谢海燕，2015；赵杨，2015)。(2) 就综合土建和车辆两个方面的成本而言，据公开数据估算，国内高铁在土建和车辆两方面的综合成本是 1 亿—1.5 亿元/公里，而德国约合 3 亿元/公里，韩国约 2.5 亿元/公里。由此可见，中国高铁综合造价只有国外造价的 1/3—1/2(张佳梅等，2015；张友兵，2016)。(3) 就人力成本和装备制造成本而言，中国高铁的产业化和规模化发展降低了高铁建设运营成本，且中国劳动力成本相对较低，因此与法国、德国、日本等高铁技术强国相比，中国高铁性价比更高，竞争力更强（方研，2015；赵杨，2015；张友兵，2016）。

第二，工程建设效率高。(1) 就工程建设工期和质量而言，中国高铁通过创新施工组织动态管理模式，以工厂化、机械化等为支撑，实现施工方案、资源配置与控制目标的最佳匹配，提高施工效率，确保合理工期和工程质量。(2) 就世界高铁技术强国工程建设速度而言，在保证质量前提下，中国高铁建设速度一般比其他国家都快，如表 12-2 所示。在世界各国典型高速铁路中，中国京沪高铁，全程里程最长（1 318 公里），设计时速最高（380 公里/小时），建设工期仅为 3.17 年。而对于中国承建的海外高铁项目，在土耳其"安卡拉—伊斯坦布尔"高速铁路二期施工中，当地企业 2 天才能安 7 根电线杆，但中国铁建一夜就架设了 100 根，而且铺设的电线误差均控制在微米级（赵杨，2015）。在印尼雅万高铁的竞标中，中国政府提出的工程方案建设周期为 3 年，相比日本提出的建设周期 5—8 年缩短了一半（谢海燕，2015）。此外，2016 年 1 月动工的美国第一条高速铁路"加州高速"，全长 1 287 公里，由美国本土公司设计建造，预计 2029 年建成，工期需要 15 年。(3) 就土建施工力量而言，一方面，中国高铁有中国建筑总公司和中国铁路建设总公司两支土建骨干队伍配合，能在各种复杂地理条件下完成筑路基、架桥梁、掘隧道、铺轨道等一系列施工项目（赵杨，2015）；另一方面，中国工人吃苦耐劳，作风顽强，无论是施工质量还是建设速度，都是其他国家无法相比的（赵杨，2015）。

表 12-2　世界各国典型高速铁路建设工期对比

国家	高铁项目	全程里程（公里）	设计时速（km/h）	工程建设时间（年）	承建方
中国	北京—上海，京沪高铁	1 318	380	3.17	中国
日本	东京—新大阪，东海道新干线	515.4	200	5	日本
西班牙	马德里—塞维利亚	472	300	5	西班牙
德国	科隆—法兰克福	177	300	6.67	德国
法国	巴黎—里昂	425	300	7	法国
英国	伦敦—福克斯通	109	/	11	英日
印尼	雅加达—万隆，雅万高铁	150	350	3	中印尼
美国	旧金山—洛杉矶，加利福尼亚高铁	1 280	350	15	美国

5. 技术兼容性好，节能环保，列车安全性能高

第一，技术兼容性良好。中国高铁在工程建设、动车组、列控、牵引供电等主要领域，与世界先进技术具有良好的兼容性。不仅融合 UIC（国际铁路联盟标准）、IEC（国际电工委员会标准）、ISO（国际标准化组织标准）、EN（欧洲标准）、JIS

(日本工业标准)等国际先进标准,也与德国的西门子(Velaro-E)、日本的川崎重工(E2-1000)、法国的阿尔斯通(SM3)、加拿大的庞巴迪(Regina)等完全兼容。兼容性好源于中国高铁发展过程中突出的系统集成创新能力。当前,我国不仅全面掌握了高铁总体设计、接口管理、联调联试等关键技术,还依托中国高铁运营大数据,就进一步降低高铁运行的全寿命周期成本、提高列车调度的效率、减缓机车零部件老化磨损等前沿问题展开研究,以不断优化高铁的整体性能(徐飞,2016)。

第二,节能环保优势突显。随着高铁节能技术的进步,其节能效果得到不断改进。UIC研究表明,在同一条线路上高速列车需消耗的能量比普速列车要小。[①] 目前,中国高速动车组人均百公里耗电不到8度。[②] 高铁车站采用太阳能光伏发电、地缘热泵等新能源技术。就牵引系统耗能而言,我国是世界上少数几个掌握高铁永磁牵引系统技术的国家之一。技术系统实现了从直流传动牵引系统到交流传动牵引系统,从感应异步传动向永磁同步传动的演进。永磁同步牵引系统契合了当前节能减排、绿色环保的技术发展趋势,成为世界大国竞相研究的技术热点。中国研制的永磁同步牵引系统呈现出高效率、高功率密度优势,显著降低了高速列车的牵引能耗。目前,电机额定效率达到98%以上,电机损耗降至原来的1/3。[③] 就停车耗能而言,高速列车在各站停车能耗损失最大,而我国将制动的动能转变为接触网上的电能,实现了能量循环利用,使每一次停车可回收上网的能量高达1000兆焦耳,相当于节省了34公斤标煤,比以往节能50%以上(张佳梅等,2015)。此外,在线路上大量采用以桥带路方式,与路基相比,桥梁每公里节约土地3/5。施工时采取路基边坡植物防护、覆土复耕复植等水土保持措施,通过设置声屏障和减振措施,有效降低高铁噪声对环境的影响(徐飞,2016)。

第三,列车安全性能高。国际上,高速列车安全性能标准有三大指标:脱轨系数、轮重减载率和轮轴横向力。国际标准要求前两个指标低于0.8,最后一个指标低于48,而且三个指标越低,表明安全性能越高。我国高铁即使在时速486.1公里的测试中,这三个指数都显著低于标准值,分别为0.13、0.67和15,而且动车组内还有1000多个智能化传感器,能够实时监测高速机车状态、自我诊断故障,遇到紧急情况,随时减速停车,保障机车的安全高速运行(张佳梅等,2015)。

6. 运营管理经验丰富

中国高铁运营调度和客运服务系统是"自主创新",即主要依靠我国企业力量研发创新。自2008年8月中国第一条高速铁路——京津城际高速开通以来,至今

① 周新军. 中国还需大力发展高铁吗——兼论高铁的节能减排效应[J]. 中国经济报告,2015(7):66—69.

② 卢春房. 中国高速铁路的技术特点[J]. 科技导报,2015(18):13—19.

③ 曹昌,李永华. 中国高铁用上了世界最先进的牵引技术[J]. 中国经济周刊,2015(24):43—45.

运营里程已经有 16 239.1 公里，大大超过日本(2 600 公里)、法国(2 037 公里)、德国(3 000 公里)现有的运营里程。在运营管理方面，掌握了复杂路网条件下的高铁运营调度技术，建立了适应大客流、高密度的客运服务系统，构建了高铁安全风险防控体系，为高铁运营提供了可靠技术保障。据世界银行发布的报告，2014 年中国高铁旅客发送量达到 9.05 亿人次，超过世界其他地区的总和。中国高铁能在国内各类复杂地质条件和各种恶劣气候状态下安全运送如此巨量的旅客，证明其运营管理是科学、规范、高效的(赵杨，2015；张友兵，2016)。未来，中国高铁将研制不设分相、远程监控的牵引供电系统，基于 LTE 通信的列控系统，基于大数据的固定、移动设备智能监测和预警技术等，以确立世界高铁的“领头羊”地位(徐飞，2016)。

7. 产业优势明显

与其他国家不同，我国高铁“走出去”是以中国铁路总公司为主导，以铁路关联企业为主体，可以充分发挥集成优势。中国铁路总公司已经成立了中美、中俄、中巴、中沙、中委、中缅、中吉乌、中波、中印等境外合作项目协调组。中国高铁容易组成联合体，抱团出海，提供勘探、建线路、设备供应、项目融资到运营维护的最为完整的系统解决方案，在工务工程、通信信号、牵引供电、机车整车制造、配件生产及供应、运营管理、车辆维修及售后服务等方面可以实行一揽子出口。2014 年 12 月，中国南车与中国北车合并为中国中车股份有限公司。合并后的中车公司在铁路装备上占有一半以上的国际市场份额，成为全球最大的高铁技术供应商和轨道运输设备制造商。而来自第三方市场调研机构沙利文(Frost & Sullivan)的数据显示，按收入计算，2009 年以来中国通号一直是全球最大的轨道交通控制系统供应商，具备铁路通信信号领域设计、研发、生产、施工、系统集成等全产业链能力(张友兵，2016)。因此，以中国铁路总公司为首，联合中国通号、中国中车、中国中铁、中国铁建等专业化公司组成“联合舰队”，抱团出海，必将助力中国高铁“走出去”。

12.4　中国高铁走出去：挑战与威胁

中国高铁“走出去”也面临资金筹措、技术标准、跨国营运等异常困难与严峻挑战，深受国际政治环境、市场环境、产业环境、法律环境、金融环境、文化环境等多种因素的交错影响(徐飞，2014)。

12.4.1　中国高铁走出去面临四大挑战

1. 国际高铁竞争日益激烈、技术标准被垄断

中国高铁制造海外发展面临德国西门子，法国阿尔斯通，日本 JR 东日本、川崎重工和三菱重工，加拿大庞巴迪等已具备高铁技术优势的发达国家国际企业的

激烈竞争(陈安娜,2014;徐飞,2014;史玉凡,2015;谢海燕,2015;张锐,2015)。2014年11月,墨西哥国内首条高铁项目的招标,就引起全球17家企业的关注,其中包括日本三菱、法国阿尔斯通、加拿大庞巴迪和德国西门子等著名企业(李继宏,2015)。

西方国家的高铁产业发展经营较为成熟,在技术研发、装备制造和安全性能等方面都具有很强的竞争力。从起步时间上看,中国(2008年开通京津城际高速铁路)晚于日本40余年(1964年起建立起新干线网络),晚于法国25年(1983年建成TGV东南线,至今覆盖大半个法国),晚于德国近20年(1991年建成ICE高速列车,至今可通达德国各大城市)。虽然,近年来这些国家经济萧条,无力大额资本输出,但也在积极寻找出口高铁的商机。其中,日本是中国高铁走向世界的主要竞争对手(王祝堂,2015)。2014年4月,日本东海、东日本、西日本、九州四家铁路公司成立"国际高速铁道协会",携手向海外输出新干线技术和设备,推进日本高速铁路标准成为国际化标准,并邀请计划建设高铁的美英等国铁路公司加入,以利于获取订单,抢占全球铁路市场份额。近年来,中日先后激烈竞逐泰国、新加坡、马来西亚、印尼、印度、缅甸、越南高铁修建或新建项目(李继宏,2015;方研,2015)。输出日本新干线系统是日本首相安倍经济增长的战略核心之一,也是基于地缘政治因素的考量。因此,安倍力推"高铁基建外交",在中国与印度、泰国洽谈高铁合作项目之际,安倍紧随其后力揽高铁项目,扬言"不惜零元利润也要拿下订单"(刘丹,2015;赵杨,2015),并拟向美国高铁计划无偿提供最先进的低温超导磁悬浮技术(徐飞,2014)。

2. 欧洲高铁技术标准和产品认证占据"市场准入"的垄断地位

由于德国、法国等欧洲国家进驻国际高铁市场的时间比较早,抢先制定了高铁技术标准,占据了"市场准入"的垄断地位(赵杨,2015)。目前国际高铁市场特别是欧洲市场大多采用欧洲标准体系或美国标准(范亚洲,2014)。经过60余年的发展,我国已经初步形成基本完整的铁道技术标准体系,但与欧洲标准存在明显差异(陈安娜,2014;张晓通和陈佳怡,2014)。因此,在高铁标准被国外垄断或使用、欧洲标准具有天然排他性的背景下,技术标准成为国际贸易中的技术壁垒,这对中国高铁制造海外发展,特别是进入欧美市场带来了困难(李继宏,2015),由于地域互联互通等需要,欧洲各国强调使用欧洲标准(赵杨,2015)。由于不同的标准会产生额外的认证费用,而且对基建过程控制以及原材料和产品设计都有各自特殊的要求(张锐,2015),因此技术标准壁垒在保护进口国高铁产业的同时,无疑会加大中国在相关国家设计与建设高铁的难度,明显提升设计与建设成本,降低项目建设效率(杨振华和曹四光,2015)。这是中国铁建在麦加轻轨项目上遭遇巨额亏损的一个重要原因,该项目的土建采用美国标准,系统则采用欧洲标准(张晓通和陈佳怡,2014)。此外,中国铁路装备出口也面临着同样的遭遇。要想进入欧盟国家,必须取得相关产品的欧盟认证。但当前我国铁路产品缺少欧盟认证,导致我国装备出口被欧洲各国拒于千里之外,如中土联合体承接的土耳其安伊高铁二期项目轨道工程的设备材料,在中国采购份额仅占轨道部分合同额的7%(史玉凡,2015)。

形成鲜明对比的是,中国铁路标准和铁路装备在其他地区面临的态度迥然不同。中国铁路标准和铁路装备已成功进入亚洲、非洲,如泰国、印度尼西亚、尼日利亚、埃塞俄比亚、吉布提、肯尼亚等国家;此外,不少正在商谈的海外铁路项目也将使用中国标准和装备。

3. 欧洲高铁市场开发举步维艰:资金无担保、成本优势难发挥

第一,中国高铁进入欧洲市场难以绕过融资所需的主权担保问题。中国银行融资的项目通常需要申贷国主权担保,这在非洲及部分亚洲国家没有障碍,但在中东欧、拉美等国家执行起来困难重重。因此,申贷国主权担保问题往往成为项目谈判难点(史玉凡,2015)。

第二,夹在"当地资源"和"中国成分"之间的对垒。中国企业在境外承揽和实施的铁路项目,有时需要借助中国银行的融资支持,根据贷款的要求,这些项目要有一定比例的"中国成分",这在非洲及大部分亚洲地区问题不大。但是,当中国铁路走向欧洲发达或准发达国家时,双方在当地资源使用上会发生大分歧,为了解决国内就业问题,欧洲国家通常会提出当地的施工企业要承担不少于50%的工程。此外,即使是中方承担的工程任务,又受到人员进入许可的限制,除少量中方管理人员外,要尽可能多地雇用当地人员,这就要求中国技术人员与东道国工人进行交流,必须要突破语言障碍和思维方式的差异。并且大部分国家工人的施工技术明显落后于国内施工人员,生产效率低下,如在土耳其安伊铁路修建的过程中,土耳其当地企业2天才安装7根电线杆,而中国铁建一夜就架设了100根,劳动效率相差数十倍(李继宏,2015)。

4. 国外对中国高铁知识产权质疑不断

中国铁路总公司副总经理卢春房曾表示,中国高速铁路以"引进先进技术,联合设计生产,打造中国品牌"为要求,以"引进、消化、吸收、再创新"为方针,已实现"引进技术—中国制造—中国创造"的跨越,形成具有自主知识产权和国际一流水平的高铁技术体系,高铁走出去与其他高铁国家不存在知识产权纠纷。具体而言,在接触网和牵引供电系统上,中国在吸收德国与意大利的基础上实现了国产化;在列车控制运行系统上,中国借鉴了德国和日本的经验,研发出具有自主知识产权的列车控制运行系统CTC-3;在铁路建设上,我国拥有高速转向架以及无砟轨道板的自主知识产权。尽管如此,我国高铁技术却未得到国际社会的一致认

可，高铁技术专利与知识产权成为我国高铁出口中最敏感的问题，屡屡遭到质疑。其中，日本川崎重工的反对呼声最为强烈，更是针对中国高铁项目知识产权问题在国际上发起舆论攻势，法国阿尔斯通公司也曾表示中国利用外国技术来竞争国际市场的高铁合同。国外的质疑对我国高铁的国际声誉造成严重的负面影响，如2011年英国出于对中国高铁技术来源的怀疑，中断与我国企业已签订的高铁合作项目（张晓通和陈佳怡，2014）；美国不仅频繁利用相关法律条款对中国高铁项目相关的知识产权问题进行调查，更是数次关闭美国市场，阻止中国相关产品进入（王建洪，2015）。

此外，中国高铁企业在海外专利布局不足，在美、欧的专利申请份额均不足1%，虽然专利申请份额逐年增长，但与美、欧、日之间存在很大差距，且中国国际专利申请多未涉及高速列车的核心技术（杨振华和曹四光，2015）。

12.4.2 中国高铁走出去劣势明显

1. 缺乏统筹规划，内耗严重，协调机制尚未建立

当前我国尚未建立国家层面推动高铁走出去的综合协调机制，产业链各环节的市场主体各自为战，勘察设计、工程施工、装备制造、运营管理等缺乏统筹协调，难以形成合力。中国装备企业或基建企业等同类型企业不仅在国内厮杀，在海外同样恶性竞争、竞相压价，不仅损害了整体形象和经济利益，而且严重削弱了中国标准走向国际的竞争力（李继宏，2015；刘春卉等，2015；许宝成，2015；赵杨，2015）。

2. 运营管理时间短，高铁安全性遭质疑

中国高速铁路发展时间相对较短，运营经验和安全性遭受质疑，与发达国家相比，管理运营模式不尽成熟。日、法、德等国由于高铁发展较早，在发展过程中不断积累经验，改进发展模式，已经形成了较为完善的管理运营体系。日本在1987年将国有铁路分割民营化之后，在激烈的交通运输市场竞争中积累了充足的铁路管理运营经验。日本高铁运行半个多世纪以来零事故发生，在安全性方面更受肯定（方研，2015）。法国高速火车（TGV）从技术研发到投入运营总共用了近30年时间，在选择车辆制造及运营维护的供应商方面十分严谨，并由专门的铁路标准协会制定、实施铁路相关标准，这一标准也被欧盟各国采用为通用技术标准。在铁路监管方面，法国交通运输部、公共铁路安全局和交通事故调查署各自独立，互相配合，共同对高速动车的安全运营进行监管。

中国虽有先进的高铁技术、硬件设备以及最大规模的高铁网络，但管理经验和软件系统还是有很多不足（张晓通和陈佳怡，2014），特别是“7·23”甬温动车事故发生以来，部分国家同业者大肆宣传，企图遏制中国高铁海外发展，导致国际社会舆论对中国高铁安全一直存在误解，舆论“阴影”至今仍未消弭（张桂梅等，2015）。

12.5 中国高铁全球布局战略的决策路径

中国高铁“走出去”战略决策路径如图 12-2 所示。中国高铁与载人航天、探月工程、载人深潜和超级计算机等已经成为建设创新型国家的标志性重大技术成就。随着中国高铁的迅速发展及国内几大施工单位海外发展的战略需求,业界萌生了高铁“走出去”这一概念。2009 年,中国正式提出高铁“走出去”战略,初步拟定周边三条高铁规划战略——中亚高铁、欧亚高铁和泛亚高铁。2010 年,原铁道部(现更名为中国铁路总公司)针对不同国家成立了十几个工作小组,预示着这一战略正式开始运作。然而,2011 年震惊中外的“7.23”甬温线特大事故发生,面对质疑,中国高铁在境外的推广变得格外艰难。2013 年李克强总理利用出访机会推介中国高铁,更是在 2014 年的政府工作报告中指出,要推动高铁技术装备走出国门,让中国装备享誉全球。当前中国工程院院士王梦恕、西安交通大学徐飞教授、同济大学孙章教授、国际经济合作研究院梅新育研究员、中国原北车副总裁余卫平、中国土木工程集团有限公司董事长袁立、中铁二十局集团有限公司董事长雷升祥、中国中铁股份有限公司总裁张宗言等专家或业内人士已就我国高铁全球布局战略基本达到共识:一是继续磋商、落实泛亚、中亚和欧亚高铁三条战略线路;二是加快推进中巴、中非铁路建设;三是加紧研究中俄加美高铁线路。

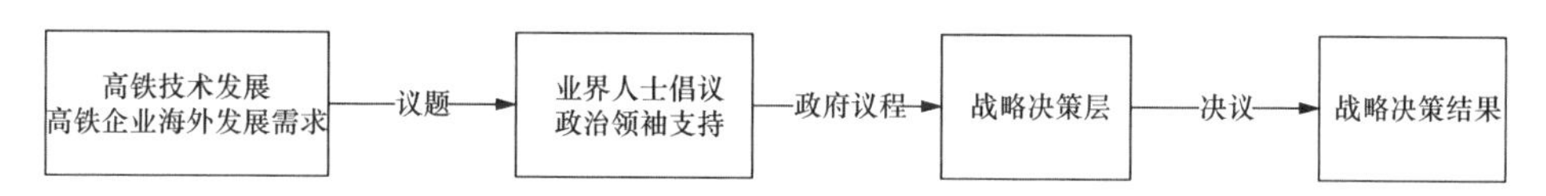

图 12-2 中国高铁“走出去”战略的决策路径

由此可见,中国高铁“走出去”战略这一重要“议题”的形成是通过“业界人士的倡议”和“政治领袖支持”进入“政府议程”,并经“战略决策层”做出最后“议决”形成战略决策结果。这一决策路径体现出以下特点:首先,议题形成以“自发”方式为主;其次,业界人士是高铁“走出去”的倡议者,政治领袖是坚定的支持者;再次,高铁“走出去”战略决策过程中,自下而上和自上而下两条路径的交互作用明显。

12.6 技术壁垒下中国高铁全球布局战略的实施路径

战略决策做出后,高铁全球布局战略实施困难重重,缺乏明晰的实施路径。通过上文对高铁走出去时机、挑战与威胁的分析,不难得出,当前我国高铁出口面临的现实矛盾是:一方面,国际高铁市场需求强劲,而我国高铁技术系统完备且出口意愿强烈;另一方面,国际高铁技术标准被欧洲垄断,且我国高铁的知识产权与安全性遭到国际市场的质疑。因此,高铁全球布局战略实施路径的构建必须要贴紧国内外实际,扬长避短。本文基于技术标准视角,遵循以政府为主导、以行业为支撑、以企业为先锋的运作模式,构建高铁全球布局战略的实施路径,如图 12-3 所示。

12.6.1 战略时序的制定

1. 时序制定的决策依据

纵观国内外高端装备制造海外发展的成功经验,结合我国高铁技术标准出口面临的实际问题,中国高铁全球布局战略的实施路径需遵循以下原则:

(1) 遵循中国标准输出为最高境界的原则。考虑区域的地缘政治、贸易壁垒、经济发展基础,由易到难,研究制定高铁海外发展的区域布局,加快输出高铁技术标准,抢占全球高铁关键市场。

(2) 优先投资认可我国高铁技术标准的国家。从进入国接纳的技术标准、经济发展时机、地缘政治格局、产业转型、合作交易成本等实际出发,研究某一区域内进口国的时序。

(3) 遵循技术换资源原则。由中方出资金、出技术、出设备,用修建高铁置换当地资源,如缅甸的钾矿石、中亚与欧洲的石油和天然气等。通过建立长效合作机制,保障中国稀缺资源的进口。

(4) 遵循施工设计与管理本土化原则。实施合作本土化、人才本土化、研发本土化。通过携手战略合作伙伴,聘请进口国顾问,并在进口国与知名大学合作成立高铁研究中心,拓宽进口国市场。

(5) 遵循多元化的出口模式。首先是货物贸易,是机车、车厢、信号系统、铁轨等高铁轨道交通装备的出口;其次是整体项目出口,是高铁轨道交通装备出口与高铁系统出口的结合,即在装备、技术、标准、资金、人才等方面整体出口;再次是高铁人才出口,完善国内高铁产学研基地建设,加快国际化海外合作基地建立,支撑高铁海外发展;最后是后期运营管理、维修服务出口,不仅可以做好自己的售后服务,还能承接进口国机车等装备的后期服务,形成新的增长点。

2. 战略时序

基于上述决策依据,本文将中国高铁全球化布局战略的时序分为三个先后时间梯次。

第一时间梯次,优先选择泛亚高铁、中巴铁路和非洲铁路。第一,优先建设泛亚高铁的理由如下:一是东盟高铁市场前景广阔。东盟多国铁路基础设施薄弱,已严重制约了经济社会的稳定发展,各国纷纷将铁路基础设施作为投资的重点。二是南亚诸国无高铁标准的技术壁垒,部分国家(老挝、泰国、新加坡、马来西亚等)已与我国政府达成了合作谅解。三是具有重要的示范效应。2015 年 10 月,中

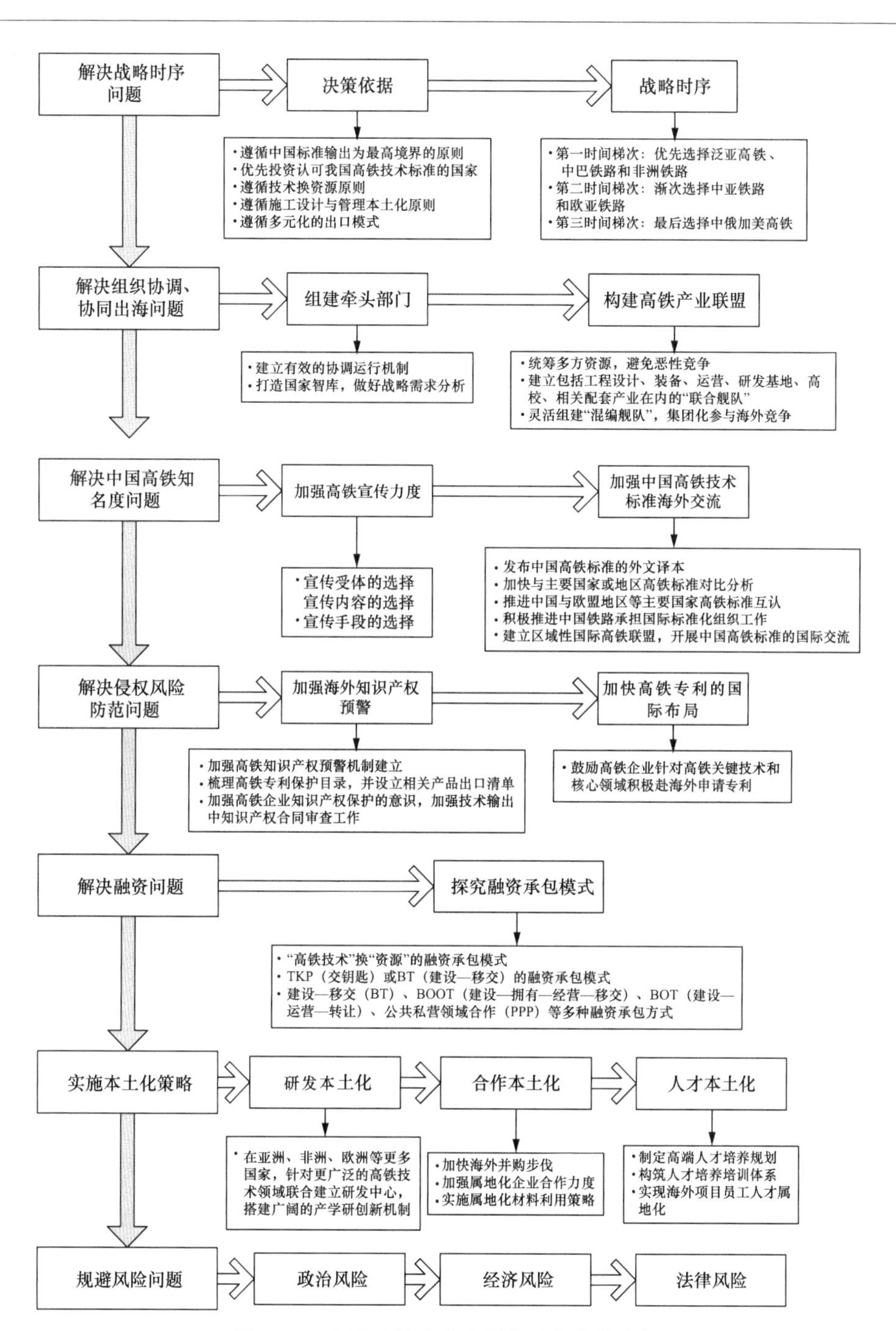

图 12-3　中国高铁全球布局战略的实施路径

国和印尼合资公司签署印度尼西亚雅万高铁(雅加达—万隆)项目协议,负责项目建设和运营,该项目全部采用中国标准和装备。第二,优先建设中巴铁路的理由如下:一方面,中巴铁路的建成有利于保障中国能源。根据2014年美国霍普金斯学会报告,中国石油进口国主要有沙特阿拉伯、安哥拉、伊朗、俄罗斯、阿曼、伊拉克、苏丹、委内瑞拉、哈萨克斯坦、科威特、阿联酋、巴西和刚果,路途遥远,当前以水运为主,而进口石油超过80%须经过马六甲海峡,自然灾害和意外事故频发,海运风险增加了运输成本。另一方面,中巴铁路也是巴基斯坦的长远战略规划项目,目前中巴正在讨论修建连接新疆城市喀什和巴基斯坦西南港口城市瓜达尔的铁路。此外,中方将提供资金用于升级改造巴基斯坦国内的铁路系统。第三,优先建设非洲高铁的理由如下:据中国原北车副总裁余卫平介绍,许多非洲国家铁路基础设施薄弱,高铁市场起步较晚,阻碍了工业化进程,因此现代化铁路尤其是高铁修建市场潜力巨大。对此,非盟主席祖马呼吁在非洲各国首都和主要商业中心城市间建设高铁。当前中非铁路共建已取得阶段性结果,2014年9月,蒙内铁路(肯尼亚首都内罗毕和东非第一大港蒙巴萨港)正式开工,全部采用中国标准和机车。虽然该项目(设计时速120km/h)并非高速铁路,但是蒙内铁路的承建将为我国高铁制造走进非洲市场打下坚实基础。此外,为了加快中非共建非洲高铁网络宏伟蓝图的步伐,李克强总理在出访非洲时公开宣布将在非洲建立"高铁研究中心"。

第二时间梯次,渐次选择中亚铁路和欧亚铁路。这两条线路对打通中欧高铁通道,建设"新丝绸之路",实施西部大开发战略具有重要意义。中亚铁路构想提出已十年有余,至今未能实现,主要受沿线国家政治干扰及俄罗斯对中亚地区地缘政治的影响。中国高铁进军欧洲市场也是举步维艰。这一高铁市场不仅竞争激烈,并存法国阿尔斯通公司和德国西门子公司等国际高铁巨头,而且高铁技术标准被垄断,大部分国家出于欧洲各国互联互通的考虑,坚持采用欧洲标准。然而,近年来利好不断,中国高铁已找到打开欧洲市场的钥匙。2014年6月,中国动车组整车产品获欧洲铁路公司认可,出口马其顿。这是中国动车组产品符合欧洲TSI(欧洲铁路互联互通技术规范)要求进入欧洲市场的第一单,为打开欧洲高铁市场大门迈出了关键一步。2014年7月,由中土企业组成的联合体共同承建的土耳其安伊高铁二期工程正式通车。即便工程的设计和施工全部采用欧洲技术标准,但是中国高铁的建设施工水平已经开始被欧洲各国所认识、赞赏和接受,为中国高铁出口欧洲创造了条件、打下了基础。2015年6月,中国中铁下属企业的中铁二院集团工程有限责任公司与俄罗斯企业组成的联合体已成功竞标莫斯科—喀山高铁项目的勘察设计部分,该项目将延伸至北京,并以此打造"莫斯科—北京"欧亚高速运输通道。

第三时间梯次,最后选择中俄加美高铁,建设北向通道,遥指美洲大陆。该线路从我国东北部出发,一路向北修建至西伯利亚的高铁,然后修建横跨白令海峡的高架桥或隧道抵达阿拉斯加,最后穿越广袤的加拿大国土抵达美国华盛顿。然而,由于中俄加美高铁项目里程长,地质环境条件复杂,且跨越标准不一的多个国家,因此存在巨大的建设挑战。但仍需未雨绸缪,超前布局。此外,北美高铁市场潜力巨大。未来 30 年美国政府将投资千亿美元用于国内尤其是东海岸高铁建设。

12.6.2 做好基层设计,构建产业联盟

1. 有效发挥牵头协调作用,做好顶层设计

高铁产业是一项集勘察设计、工务工程、高速列车、通信信号、牵引供电、运营管理、安全监控、系统集成等关键环节在内的系统工程。高铁全球布局战略的实施必须从国家层面组建战略委员会或高铁项目工作领导小组等牵头部门,全面负责高铁海外发展的顶层设计,制定中长期发展规划。第一,建立有效的协调运行机制。明确国家发改委、国家铁路局、外交部、商务部、中国进出口银行、税务总局、驻外大使馆等政府部门之间的职能。第二,打造国家智库,做好战略需求分析。积极筹建一个高水平的国家智库,设立专项资金,一方面跟踪收集泛亚高铁、中巴铁路、中非铁路、欧亚高铁、中亚高铁、中俄加美高铁沿线各国的政治稳定、经济发展、社会结构、宗教信仰、人口结构等基本信息,时刻关注各国高铁项目招投标信息,透彻分析这些国家对高铁的战略需求,并根据各国实际情况制定进入各国高铁市场的动态发展规划;另一方面,跟踪收集全球高铁技术最新进展,深入开展高铁国际工程管理与运营服务研究(徐飞,2014;雷升祥,2015;刘延宏等,2015;许宝成,2015)。

2. 构建高铁产业联盟,组建"联合舰队"协同出海

国际高铁巨头法国阿尔斯通、德国西门子、加拿大庞巴迪都已形成了从轨道装备、通信信号到牵引供电、运营管理等完整的产业链。日本也在效仿这种做法,东日本、东海、西日本、九州等四大铁路公司联手,整合资源成立了"国际高速铁道协会",统一步调,协同出海。由此可见,行业集合、产业集聚、市场竞合是实现高铁在海外开疆扩土、可持续发展的重要因素。中国高铁出口是一项由政府主导的国家行为,需要由高铁战略委员会或领导小组出面,构建中国高铁协会等高铁产业联盟,统筹协调中国中铁、中国铁建、中国中车等多方资源,凝聚合力,协同作战,避免因体制机制问题引发企业之间的恶性竞争。建立包括工程设计、装备、运营、研发基地、高校、相关配套产业在内的"联合舰队",形成覆盖高铁全生命周期的管理协同系统,积极探索和创新国际合作的投融资方式和管理方式,实现产业联动、互动输出。高铁企业也可以根据实际需要,灵活组建"混编舰队",集团化

参与海外竞争(徐飞,2014;高丰,2015;雷升祥,2015 张宗言,2016;张友兵等,2016)。

12.6.3 加强高铁宣传力度和中国标准海外交流

1. 加强高铁宣传力度,打造海外推介品牌

中国高铁海外发展需要从技术的超越转向文明的对话、文化的交流。高铁宣传涉及宣传受体、宣传内容及宣传手段三个方面。

第一,宣传受体的选择。一是前来我国考察高铁项目的元首、政要和代表团。二是向有意大规模建设高铁的国家"定点"宣传。

第二,宣传内容的选择。(1) 中国高铁在营运里程、年旅客发送量、货物发送量、在建规模、覆盖的人口城市等方面取得的巨大成就。(2) 中国高铁在技术体系、勘察设计、工务工程建设、装备研制、运行速度、运营经验、安全性能、调度指挥、运营管理、性价比等方面具备的优势。(3) 高铁对中国经济社会发展与产业结构调整、国家工业化与新型城镇化进程、人民出行方式和生活习惯的改变、社会时间和物流成本的节约等方面的积极效应,对冶金、机械、建筑、电力等相关产业的拉动效应。(4) 国内具有代表性的高铁项目。中国已建成适应各种特殊气候条件环境、复杂地质条件和不同运输需求的高铁。如穿越松软土地区的京津高铁(2008 年);穿越热带滨海地区,克服高温高湿、台风高发、海水海风腐蚀等地质气候难题,修建的世界上最南端高铁——海南环岛高铁(2010 年);运行试验最高时速达 486.1 公里的京沪高铁(2011 年);世界第一条穿越高寒季节性冻土地区、攻克防冻胀路基、道岔融雪、接触网融冰等国际公认三大技术难题,修建的哈大高铁(2012 年);世界上运营里程最长(2 298 公里),跨越热带、亚热带和众多水系的京广高铁(2012 年);世界上一次性建设里程最长(1 777 公里),穿越沙漠地带和大风区的兰新高铁(2014 年)。(5) 我国在海外承建的具有示范性的高铁项目。土耳其安伊高铁、印度尼西亚雅万高铁。

第三,宣传手段的选择。(1) 运用各种新闻媒体和社会活动,加快中国高铁国际版宣传片的推介;聘请专业公关公司策划包装中国高铁的品牌形象,到境外投放广告,让"中国高铁"的品牌深入民心;(2) 积极开展体验公关活动,邀请外国政要、专家学者和民意代表来华参观考察,亲身体验中国高铁的安全舒适、方便快捷和经济适用;(3) 定期开展全球高铁技术研讨会,由学者、行业专家等专业人士"代言"政府进行推广,提升公信力、降低敏感度;(4) 定期开展中国高铁国际巡展;(5) 鼓励国际友好协会等民间形式的策划推介,以营造友好、和谐的产业文化交流氛围(陈安娜,2014;徐飞,2014;雷升祥,2015;赵杨,2015;张国宏,2015;张友兵等,2016)。

2. 加强中国高铁标准体系建设，推动“中国标准”海外交流

三流的企业做产品，二流的企业做品牌，一流的企业做标准。2015 年 2 月，国家铁路局发布并实施我国第一部高铁设计行业标准《高速铁路设计规范》(TB10621—2014)。该标准系统完整、内容全面，但由于发展时间短，尚未得到国际社会的充分认可，且至今没有一套完整的英文版高铁标准规范。因此，加强中国高铁标准国际化的进程势在必行。

第一，发布中国高铁标准的外文译本。高铁标准规范涉及专业广泛、技术复杂。对此，国家应推动相关组织、企业、学校共同努力，根据高铁制造全球布局战略，积极做好中国铁路技术标准外文版翻译工作，分批对重要标准进行翻译。同时，积极研究对有关行业组织或企业标准翻译的认定工作。通过权威部门的认可，保护企业开展标准翻译工作的积极性。

第二，加快与主要国家或地区高铁标准对比分析。欧盟高铁技术标准和产品认证抢占了“市场准入”的垄断地位。因此，需要根据企业的需求情况，在如下几个重点方面进行对比，如选择中国铁路的《动车组车体结构强度设计及试验》标准、《动车组车门》标准，《高速铁路用钢轨》标准，《轨道交通机车车辆用电力变流器第 1 部分：特性和试验方法》标准，《电力牵引轨道机车车辆和公路车辆用旋转电机第 1 部分：除电子变流器供电的交流电动机之外的电机》标准，《铁路信号直流无极继电器通用技术条件》标准与国际电工委员会牵引电气设备与系统标准化技术委员会(IEC/TC 9)，欧洲铁路应用标准化技术委员会(CEN/TC 256)等国际标准进行对比分析。

第三，推进中国与欧盟地区等主要国家高铁标准互认。在激烈的市场竞争中，许多国家为了保护本国产业，往往设立技术性贸易壁垒。如欧盟法律规定产品进入欧盟，必须符合 EN 标准，同时欧盟各国法律还明确产品在符合 EN 标准的同时，还需符合国家标准。对此，我国需要投入大量的人力、物力，借助政治外交、经济外交、国际宣传等手段，通过共同研制、分别发布或采取国际互认的形式，促进深层次的标准互认。

第四，积极推进中国铁路承担国际标准化组织工作。通过借鉴我国其他行业的成功经验，把握 ISO/TC269 铁路技术应用委员会刚刚成立及我国铁路标准国际化地位提升等契机，积极推动我国承担国际标准化组织下分技术委员会主席和秘书处工作。目前，我国承担的 ISO 和 IEC 技术委员会主席 39 个，秘书处 65 个。

第五，建立区域性国际高铁联盟，开展中国高铁标准的国际交流。每年定期与国外工业标准调查会共同开展国际标准化工作交流会议，提升中国高铁技术标准的国际知名度和认可度(刘春卉等，2015；雷升祥，2015；宋涛，2015；许宝成，2015；张锐，2015；张友兵等，2016)。

12.6.4 加强中国高铁技术的海外知识产权预警、加快高铁专利的国际布局

中国高铁在关键技术和核心领域取得了一系列重大突破，并在国内成功申请了千余项专利，但在海外特别是市场潜力巨大的欧盟及发展中国家缺乏专利部署。中国高铁核心技术只有取得国际专利和产权保护才能畅行世界，但任重而道远。第一，加强我国高铁知识产权预警机制的建立。防患于未然，避免我国高铁在海外遭遇竞争对手的潜在诉讼，以及受到所在国法律法规的限制。首先，跟踪收集中国高铁技术输入合同等信息；其次，建立预警指标与模型，识别和评估所有可能引发专利侵权的高铁技术；再次，监测国际竞争对手的动态，通过数据分析、专家论证做出预警发布及应对措施。第二，梳理中国高铁专利保护目录，设立高铁产品出口目录清单及许可制度。首先，基于战略利益的考量，通过梳理高铁知识产权专利保护目录，建立必要的技术壁垒和产权保护机制。其次，基于中国高铁品质的考量，设立高铁产品出口目标清单及许可制度，严把产品质量关，防止自毁长城。第三，加强高铁企业对高铁技术知识产权保护的意识。目前，大多数高铁企业对知识产权的管理形同虚设、乏善可陈，主要采用挂靠科研管理部门的管理模式，尚未设立专门的机构和规章制度。这与海外高铁巨头形成了鲜明对比。因此，亟须加强高铁企业对知识产权管理工作的重视程度，尽快设立一套以专利为核心的知识产权管理制度。第四，基于知识产权预警平台，高铁企业需要加强技术输出中知识产权合同审查工作。通过规避设计，降低侵权风险。第五，加快高铁专利的国际布局。鼓励高铁企业针对高铁关键技术和核心领域积极赴海外申请专利（黄贤涛，2011；宋行建，2014；徐飞，2014；王建洪，2015；杨振华和曹四光，2015；唐学东，2016；张友兵等，2016）。

12.6.5 多措并举，探索高铁走出去的融资承包模式

当前，中国企业在国际铁路项目建设中大多实施“F＋EPC”工程总承包模式，即依托我国政府提供的优惠出口买方信贷和援外优惠贷款，采用融资、设计、采购、施工的承包模式，较少采用国际工程承包市场应用广泛的创新融资承包模式。为了保障中国高铁海外发展的可持续性、降低投融资风险，有必要根据海外高铁项目的实际情况，创新融资承包模式。首先，对于能源等自然资源丰富但资金实力有限的国家，积极探索“高铁技术”换“资源”的融资承包模式；其次，对于资金实力雄厚的国家，最大限度地利用东道国贷款，采用 TKP（交钥匙）或 BT（建设—移交）的融资承包模式；再次，对于人口稠密、车站密度设置合理的新兴市场或发达国家建设的预期收益良好的高铁项目，采用建设—移交（BT）、BOOT（建设—拥有—经营—移交）、BOT（建设—运营—转让）、公共私营领域合作（PPP）等多种融资承包方式（郑凯锋等，2014；方研，2015；高丰，2015；李继宏，2015）。

12.6.6 实施研发本土化、合作本土化、人才本土化

坚持本土化策略有利于获取东道国民众的支持。

1. 加快海外高铁研发中心设立的步伐

建立区域性高铁研发中心能够为中国高铁海外发展提供强有力的前瞻性智力支持。当前，中国中车已先后与德国、泰国、英国联合成立了高铁研发中心。2014年10月，中国南车集团旗下的青岛四方机车车辆股份有限公司与德国德累斯顿工业大学联合成立了“中德轨道交通技术联合研发中心”，以轨道交通装备的新技术、新结构、新材料为切入点，开展高端轻量化材料研究，在德国打造新材料新技术研究中心、技术转移辐射中心及高技术人才聚集中心。2014年11月，中国南车与泰国国家科技发展署和国家科技研究院共同建立“中泰高铁联合研究中心”，主要合作开展高铁技术研发、测试认证、实验和仿真能力、专业技术人员培训等工作。2015年5月，中国南车四方股份公司与英国帝国理工学院、南安普顿大学和伯明翰大学三所世界顶尖大学联合建立“中英轨道交通技术联合研发中心”，以新技术、新材料、新结构及新工艺为切入点，围绕高速列车、城轨地铁等轨道交通车辆动力学、结构强度、减震降噪、综合舒适度、材料加工等关键领域，开展研发合作，并重点研究国际轨道交通“互联互通”技术和标准规范体系，在伯明翰打造国际化人才培养中心、高铁新技术聚合高地。未来中国高铁企业需要在亚洲、非洲、欧洲等更多国家，针对更广泛的高铁技术领域联合建立研发中心，搭建广阔的产学研创新机制，以期从产品、人才、技术标准等层面助推中国高铁走进海外市场。

2. 加快海外并购步伐，加强国际间合作

一是加快海外并购步伐。在东道国事先做好战略部署，采用兼并、重组或新设子公司等方式，建立本土化的生产基地，从而获得进入目标市场的捷径。如日本日立集团(Hitachi)于2015年收购了意大利芬梅卡尼卡集团旗下的安萨尔多百瑞达(Ansaldo Bredo)公司，这一举措使其在交通管理系统和通信信号等铁路车辆领域的地位得到巩固，提升该公司在欧洲铁路建造领域的竞争力。二是加强属地化企业合作力度。东道国企业熟悉本国的经济社会环境、人文环境、法律法规、行业规则。通过与东道国企业组建投资联合体联合竞标，能够显著提升中标概率。尤其是进入欧洲市场，更要把竞争对手变成合作伙伴，实现优势互补。三是实施属地化材料利用策略。在材料品质同等情况下，尽量优先本地采购，降低运输成本，拉动当地经济增长。

3. 加大人才培养力度，加强员工属地化

高铁是技术密集和智力密集型产业，随着高铁海外市场的大幅拓展，高水平专业技术人才与管理人才资源匮乏。因此，需要充分利用国内国外两个市场的人

才资源,助力中国高铁持续出口。首先,制定高端人才培养规划。致力于培养培训精通新技术、新技能的高水平专业技术人员;培养培训具有国际视野,懂技术、精通外语,能与海外企业和政府有效沟通和谈判的复合型人才;培养培训在国际项目的融资、法律、财务、保险等方面具有专业知识和实践经验的人才。其次,构筑人才培养培训体系。鼓励支持国内知名交通大学和铁路高职院校与国际铁路联盟等开展战略合作,输送研究生、本科生、专科生前往国外联合培养和实践培训。最后,实现海外项目员工人才属地化。一方面,培养操作层面人才。在工程施工建设过程中,适当雇用本土员工,既能解决当地民众的就业问题,又能抵消中国劳务输出的国际偏见。由国家牵头在国内外设立中国高铁研发与培训中心,通过技术培训提高本土员工的操作水平。另一方面,培养管理层面人才。鼓励支持国内知名交通大学设立高铁相关专业公费研究生、本科生,引进一批国外优秀学生,既累积外交友好人士资源,又为中国高铁海外发展提供智力保障(陈安娜,2014;徐飞,2014;张晓通和陈佳怡,2014;雷升祥,2015;李继宏,2015;蒋斌和胡晗,2015;徐飞,2016;张友兵等,2016)。

12.6.7 规避政治、法律、经济等投资风险

中国高铁企业海外承建项目,面临诸多不确定性引发的投资风险。第一,政治风险。高铁作为一种公共物品能够增加社会福利。进口高铁耗资巨大,主要由进口国政府购买。因此,一旦政局变化,抑或民众反对,国内矛盾尖锐引发的暴乱将直接影响项目的执行。第二,法律风险。当前大多数国家实行以"民主、人权、财产私有制"为核心的法理制度。高铁项目建设涉及土地征用、拆迁赔偿、劳动用工、环境保护等诸多法律法规。第三,经济风险。高铁项目投资巨大、建设周期长。在海外建设过程中,一旦发生劳动用工或环境保护等问题,若处置不当,就会导致工期延误,施工成本增加,最终影响项目工程总造价。因此,中国高铁企业在进入东道国之前,需要知晓东道国的政治、法律、经济等环境,熟知当地文化和社会风俗,客观细致地评估投资风险,并做出风险防范预案(雷升祥,2015;潘晓明,2015;赵杨,2015;赵骅琪,2015;徐飞,2016;张友兵等,2016)。

参考文献

[1] European Commission. High-speed Europe, a Sustainable Link between Citizens[Z]. Luxembourg, Publications Office of the European Union, 2010.

[2] European Commission. The Ertms/Etcs system[Z]. Luxembourg, Publications Office of the European Union, 2015.

[3] Henk, J., Van Z., and Matthias Weber, K. Strategies for European Innovation Policy in the

Transport Field[J]. Technological Forecasting & Social Change, 2002(69):929—951.
[4] 中国同铁"走出去"捷报频传[J]. 经济导刊,2014(11):7.
[5] 高铁出口,难念的生意经[J]. 装备制造,2013,83—85.
[6] 高铁大棋:欧亚、中亚、泛亚、中俄加美[J]. 隧道建设,2014(6):591.
[7] 后起之秀彰显后发优势,"走出去"底气十足[J]. 世界知识,2012(23):17—18.
[8] 李克强:推销中国高铁我特别有底气[J]. 装备制造,2014(9):14.
[9] 李克强总理力推中国高铁走出国门[J]. 建设机械技术与管理,2014(5):11.
[10] 我国发布高铁相关国家标准 促进高铁走出国门[J]. 起重运输机械,2015(11):80.
[11] 中国"高铁"布局全球[J]. 中国林业产业,2014(7):34—36.
[12] 中国高铁:攻克九大核心技术之后,下一步研究什么?[J]. 中国机电工业,2015(6):22.
[13] 中国高铁"走出去"获标准支撑[J]. 国际工程与劳务,2015(1):90—19.
[14] 中国与印尼雅万高铁项目正式签署协议[J]. 现代隧道技术,2015(5):164.
[15] 中印尼正式签署雅加达至万隆高铁项目[J]. 铁道技术监督,2015(10):28.
[16] 陈安娜. 我国高铁"走出国门"的机遇与挑战[J]. 商业经济研究,2014(17):127—129.
[17] 陈安娜. 中国高铁对实现国家"一带一路"战略构想的作用[J]. 商业经济研究,2015(9):4—6.
[18] 陈鹏. "一带一路"之高铁外交——以泰国为例[J]. 决策探索,2014(11):46—47.
[19] 陈曦. 高铁"走出去":上一站"交钥匙" 下一站 PPP[J]. 中国战略新兴产业,2015(3):62—64
[20] 樊曦. 中国南车、北车即将合并[J]. 城市轨道交通研究,2014(11):31.
[21] 樊一江. 让中国高铁真正在非洲大陆"落地生根"[J]. 世界知识,2014(11):13.
[22] 范亚洲. 标准化,高铁"走出去"将更舒畅[J]. 中国战略新兴产业,2014(13):36—37.
[23] 方研. 中国高铁出口东盟的机遇与挑战[J]. 商,2015(25):110.
[24] 高丰. 中国高铁"走出去"如何扬优避劣[J]. 学习月刊,2015(5):33—34.
[25] 黄贤涛. 中国高铁"走出去"的知识产权机遇和挑战[J]. 中国发明与专利,2011(8):20—22.
[26] 蒋斌,胡晗. 浅析"一带一路"战略体系下高铁人才培养[J]. 人才资源开发,2015(18):49—50.
[27] 解筱文. 中国应自信定义高铁 4.0 时代应恢复 350 公里时速,抢立高铁新标准,加强国际认证[J]. 中国经济周刊,2015(42):74—76.
[28] 雷升祥. 中国高铁如何更好"走出去"[J]. 施工企业管理,2015(2):66—68.
[29] 李继宏. 中国高铁"走出去"面临的机遇与挑战[J]. 对外经贸实务,2015(1):75—77.
[30] 刘春卉,旻苏,汪滨,等. 我国高铁标准国际化现状与对策研究[J]. 中国标准化,2015(6):74—79.
[31] 刘丹. 中日竞投印尼高铁的焦点及启示[J]. 国际融资,2015(11):37—40.
[32] 刘延宏,刘玉明. 中国铁路产业"走出去"的经验与教训[J]. 建筑经济,2015(12):20—23.
[33] 卢晶. 中国高铁"走出去"的经济意义[J]. 经营管理者,2015(27):205.

[34] 潘晓明. 从墨西哥高铁投资受阻看中国对外基础设施投资的政治风险管控[J]. 国际经济合作,2015(3):76—79.

[35] 史玉凡. 对中国铁路"走出去"的思考——专访中国土木工程集团有限公司董事长袁立[J]. 国际工程与劳务,2015(9):42—45.

[36] 宋佳蔓. 中国拿下印尼雅万高铁项目 全部采用中国装备[J]. 建设机械技术与管理,2015(10):25—26,9.

[37] 宋涛. 勘察设计企业在中国铁路标准"走出去"中的作用探讨[J]. 科技创业月刊,2015(10):32—33.

[38] 宋行建. TRIPs 背景下的中国高铁知识产权保护研究[J]. 商,2014(3):189,163.

[39] 孙鑫. 中国标准助推高铁"走出去"[J]. 国际工程与劳务,2015(7):63—65.

[40] 唐学东. 中国高铁"走出去"之专利战略展望[J]. 北京交通大学学报(社会科学版),2016,15(1):145—152.

[41] 仝中燕. 高铁"走出去"的政治风险及其对策[J]. 党政论坛,2015(11):45—47.

[42] 仝中燕. 中国高铁"走出去"之战略方法[J]. 金融经济,2015(19):

[43] 王建洪. 铁路运输企业如何积极实施"走出去"战略[J]. 财经界(学术版),2015(23):68.

[44] 王祝堂. 日本是中国高铁走向世界的主要竞争对手[J]. 轻合金加工技术,2015(7):10.

[45] 谢海燕. "一带一路"战略下中国高铁走出去的现状、风险及对策[J]. 全国商情(经济理论研究),2015,(20).

[46] 徐飞. 全球的战略价值[J]. 人民论坛·学术前沿,2016(2):6—20.

[47] 徐飞. 中国高铁"走出去"战略:主旨·方略·举措[J]. 中国工程科学,2015(4):4—8.

[48] 许宝成. 加速推动中国高铁走出去[J]. 施工企业管理,2015(4):49.

[49] 杨振华,曹光四. 中国高铁项目整体出口现状及发展对策[J]. 商业时代,2015(34):133—134.

[50] 张桂梅,苑福森,张平. 再析甬温事件后中国高铁"走出去"[J]. 特区经济,2012(6):287—289.

[51] 张国宏. 高铁"走出去"战略中加强品牌建设的措施探讨[J]. 中国铁路,2015(11):52—53,60.

[52] 张汉斌. 当前世界经济发展趋势及我国高铁"走出去"战略分析[J]. 理论学习与探索,2011,(1):9—10.

[53] 张璐晶,金倩. 中国高铁出海记[J]. 中国经济周刊,2014(34):20—28.

[54] 张璐晶. 2014 中国高铁出海记[J]. 中国经济周刊,2015(1):48—53.

[55] 张锐. 中国高铁"出海"路[J]. 中关村,2015(1):50—51.

[56] 张晓通,陈佳怡. 中国高铁"走出去":成绩、问题与对策[J]. 国际经济合作,2014(11):26—29.

[57] 张友兵,刘岭,崔俊锋. 中国高铁"走出去"的优势和建议[J]. 铁路通信信号工程技术,2016(1):105—110.

[58] 张宗言. 高铁"走出去"需要深耕细作[J]. 建筑,2016(4):27.

[59] 赵骅琪. 有约必守原则适用问题探析——兼论高铁走出去的违约对策[J]. 法制与社会, 2015,(7):264—266.
[60] 赵杨. "走出去"是中国高速铁路可持续发展的重要途径[J]. 四川职业技术学院学报, 2015,25(3):1—5.
[61] 郑传海. 高铁走出去 要用好"压仓石"[J]. 中国招标,2015(6):10—11.
[62] 郑凯锋,邵海涛,郝佳佳. 中国高铁走出去的积极意义和应对措施——"中国高铁走出去战略高峰论坛"嘉宾发言综述[J]. 西南交通大学学报(社会科学版),2014(1):1—7
[63] 周啸东. 土耳其安伊高铁——第一个中国高铁工程技术"走出去"项目[J]. 国际工程与劳务,2015,(9):50—52.
[64] 朱翔. 中泰重启"大米换高铁"[J]. 农经,2015(2):74—76.

撰稿人:张明扬
审核人:余菜花、张丽杰

第13章　互联网＋背景下中国制造业的机遇与挑战

本章主要介绍“互联网＋”背景下中国制造业发展所面临的机遇和挑战。在国内经济增长步入新常态和制造技术趋于智能化、网络化和国际化的双重背景下，中国制造业面临着技术和市场调整、产业升级和产业链重构、人力资本错配与短缺等多重压力，中国制造业不得不适应新的形势，以谋求变通，实现长期稳定的发展。同时，“互联网＋”也给中国制造业带来几大机遇：第一，以互联网为传播媒介的学习成本大大降低，中国制造业接受新技术的时间和成本都会大大节约，这会使中国制造业的技术水平进一步趋于国际前沿；第二，制造的网络化使中国制造业利用外部资源的能力大大加强，无论是国内不同制造企业间的合作，还是跨国的合作，都会提升中国制造业本身的能力；第三，制造的网络化也是营销的网络化，中国制造的产品可以借助互联网进一步扩大市场，寻找更好的消费者以最大限度地刺激中国制造业的技术进步和转型升级。总之，“互联网＋”背景下，中国制造业所面临的形势是机遇与挑战并存，既有机会又有压力，在这种形势下，针对中国制造业发展的政策也应该以适应新形势为目标，从转型升级到人才培养等多个方面综合促进中国制造业的进步。

本章将从以下三个方面分析互联网＋背景下中国制造业面临的机遇和挑战，并在此基础上讨论中国制造业的长足发展问题：第一，互联网在制造业中的角色，只有明确了互联网在制造业中的具体角色，才能给中国制造业在互联网＋背景下以准确的定位；第二，研发设计的网络化会改变产品的设计生产过程，竞争中的比较优势发生质的改变，木桶原理或许不再适用于网络时代；第三，互联网对制造业的影响是双重的，制造过程网络化的同时，营销也在进行网络化，互联网营销会加速产业的重构。

13.1　互联网在制造业中的角色

事实上，“互联网＋”是对互联网时代的一个相当精炼的总结。就像蒸汽时代，“蒸汽机＋”一样，蒸汽机＋帆船就是蒸汽轮船，蒸汽机＋马车就是蒸汽机车，蒸汽机＋纺织机就是动力纺织车间。类似的例子同样出现在后面的电气时代和计算机时代,“电动机+”“内燃机+”“计算机+”都昭示了一个道理,即通用技术对时代的影响是全方位的。正如我们当今所处的互联网时代一样,“互联网+”便是时代发展的主题。

无论是生产制造,还是日常生活,互联网都在做着改变。就市场而言,互联网改变了交易场所、延长了交易时间、丰富了交易种类、减少了交易摩擦、提高了交易效率。这些改变将会对生产制造、商业企业、金融甚至医疗教育等服务业产生广泛而深刻的影响。这其实就是“互联网+”,一种从物质到精神的深刻革命。在这一大背景下,我们重点分析其对中国制造业发展的影响。

从科技进步角度看,互联网在制造业中承担的角色除与蒸汽机、电动机、计算机相类似的以外,还具有更深层次的影响。与蒸汽机、电动机和计算机相比,互联网不再以简单孤立的技术形式存在,而是为生产者之间以及生产者和消费者之间搭起了一座桥梁。技术开始从外生变量向内生变量转变。传统的技术形式包括机器设备、动力系统、材料和产品设计等,总的来说,这些都是技术手段,是制造业发展的外在形式。没有工具和动力,没有材料,就无法进行生产制造。在现在技术时代,任何设备工具、材料和设计的进步,都会提升制造业的生产效率或品质。例如,珍妮纺纱机的出现,使得纺纱效率得到前所未有的提高。机床的出现则使制造复杂金属制品和复杂工具成为可能。大功率动力设备的出现,不仅提高了生产制造的效率,还使制造人力所不及的产品成为可能。

随着技术的不断进步,技术的形式和载体开始不断地变化,从有形的机器设备到无形的设计方案、材料配方等,技术对制造业的影响也开始从单一的生产率向综合的全方位的影响转变。以生产加工衣服为例,传统的技术进步是纺织机的改进、织布机的改进和印染技术的改进,当这些技术发展逐渐趋于稳定以后,影响制衣业的技术进步开始从显性转变为隐形,新的棉花处理技术、新的丝线材料、新的制衣设计和设备,开始逐渐成为影响制衣业发展的主要技术变量。

制造业发展到今天,其技术变量已经包含了很多内容,设备、动力、材料、设计甚至连管理流程都应该归为技术一角。然而,究其一点,技术作为制造业的一种要素投入,一个本质属性是其内生性。在生产发展的初级阶段,大部分的技术都是外生给定的。以农业为例,无论是刀耕火种,还是曲辕犁,农业技术的变化都是非常缓慢的,这些技术对于农业生产者来说,是作为一种像土地、劳动一样的要素投入存在的,以外生性为主。图 13-1 展示了制造业技术进步过程中,技术变量不断内生化的趋势。

在互联网时代,互联网作为一种技术进步,其内生性已经非常明显。从某种意义上讲,互联网作为一种内生性很强的技术变量,是互联网在制造业中的准确定位。将互联网看作一个技术变量,便不难理解互联网+形势下的很多概念,如

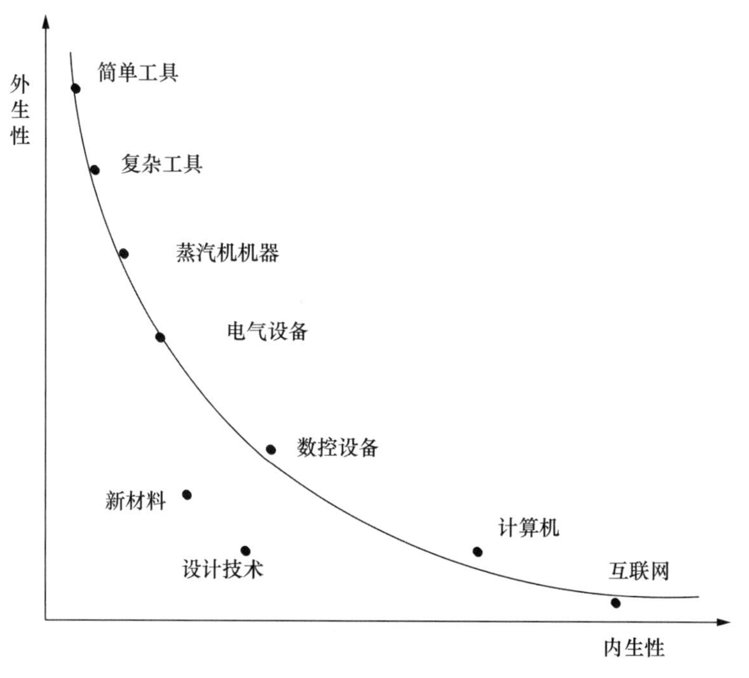

图 13-1　制造技术的发展趋势及其内生性

互联网思维、互联网制造、互联网营销等,这些新现象无非是新技术条件下,制造业的一种具体体现而已。只不过,互联网作为一种技术,其内生性非常强,以至于它衍生了很多东西,使其技术属性没有传统技术那么明显罢了。

究其本质而言,互联网是制造业技术发展过程中的一个阶段,互联网技术的内生作用可以总结为以下几点(如图 13-2 所示):

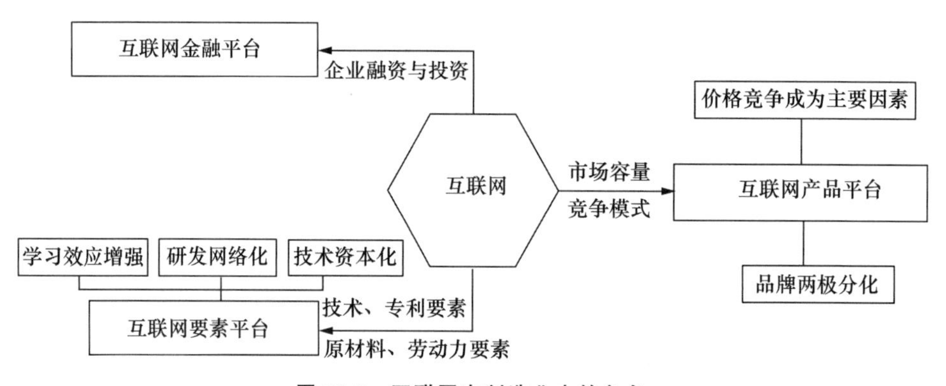

图 13-2　互联网在制造业中的角色

第一,互联网使所有的厂商在获取信息方面变得平等,无论你在世界的任何一个地方，只要能连接互联网，互联网技术就能让你拥有同等的机会获取信息。信息获取的扁平化是互联网作为一种技术对制造业产生的最显著的影响。

第二，互联网使得制造业企业之间的合作进一步趋于最优化，互联网打破了企业之间交流的信息壁垒。在传统交流模式下，制造业企业的合作伙伴相对固定，由于存在信息壁垒，制造业企业往往受限于固有的渠道资源，很难在更广的范围内搜索潜在合作者。互联网打破了这种渠道的限制，制造业企业可以通过互联网筛选更适合自己的合作伙伴，从而使合作活动进一步优化。

第三，互联网技术打破了产品市场固有的壁垒，价格信息更充分地暴露在消费者面前。在原有的市场结构下，产品通过专业的经销商渠道抵达市场。经销商通过对自己的渠道控制，不仅锁定了与制作企业之间的合作，同时还增加了消费者对商品价格信息的获取难度，消费者的议价能力被弱化。随着互联网销售平台的出现，经销商的信息优势被打破，制造业企业可以在互联网平台上出售自己的产品，消费者可以很容易地进行比价活动。在这种情况下，更具性价比的产品很容易被发现，消费者的选择能力提升。反过来，制造业企业通过市场的反馈，其技术革新和创新压力进一步加大，被淘汰的概率提高。

第四，类似地，互联网技术也打破了要素市场的壁垒，制造业企业在获取生产要素、技术资源和人力资本方面，由原来的面向渠道商转变为直接面向互联网平台。通过互联网平台获取生产要素、技术资源和人力资本，同样改变了原来制造业企业不平等的竞争状况，所有制造业企业共同面对一个同质化的要素市场，要素的价格、属性不再存在信息上的误差。从这个角度讲，互联网不仅改造了制造业企业传统的产品市场属性，也改变了制造业企业所处的生产环境。从供给到需求，制造业企业直接面对的都是互联网平台。

第五，制造业企业的研发设计行为，不再是孤立的活动。制造业企业可以通过互联网寻找合作伙伴，以外包、合作、购买、定制等多种形式，进行产品设计和研发，互联网作为一种载体，承载着制造业企业的更大范围的设计和研发行动。从某种意义上讲，互联网是影响制造业企业创业的重要技术因素。

因此，互联网在制造业中的角色首先是一种技术。这种技术是在制造技术演进过程中出现的，与之前制造技术的最大差别是其内生性。互联网作为一种内生性较强的技术，对制造业产生的影响是深远的，从生产到销售、从研发设计到创新，互联网都会充当一个重要的角色。在这种认识的基础上，我们才好进一步考察互联网作为一种背景对中国制造业发展的影响。

13.2 互联网营销与产业链重构

正如前面所说，互联网作为一种内生性很强的技术变量，会对制造业产生非常重要的影响。互联网让所有企业在获取信息方面变得平等,原有的多种壁垒被打破,从这个角度讲,互联网必然成为产业链重构的一个重要因素。具体而言,互联网的外生性特点对制造业的影响是显在的。比如,互联网为制造业企业提供信息,制造业企业可以使用互联网购买原材料、销售产品等。但是,除了对制造业本身的这些简单影响以外,互联网还有两个衍生影响:一是互联网营销改变传统的市场结构形式;二是互联网技术降低了研发生产之间错配的概率,提高了生产技术研发和资源配置的效率。

这里,我们首先探讨互联网营销对制造业产生的影响。如图 13-3 所示,在传统模式下,产业链的结构从要素市场经过生产者的生产活动,然后通过自己的(营销部门)或外包的(代理商或分销商)的营销网络走向消费者市场。在生产者群体内,要素的获取能力、技术水平和品牌控制等诸多因素构成了生产过程的制造分工,这种链式分工便是所谓的产业链结构。在传统的产业链中,具有比较优势的制造业企业一般控制着整个产业链条,它们通过掌控品牌、技术或营销网络而对产业链产生重要的影响。例如,苹果公司控制了苹果手机的生产技术和品牌,在整个产业链结构中,苹果公司处于主导地位,一些其他的制造业企业虽然可以参与到苹果手机的制造中,但其对整个产业链的作用是有限的,其地位也是较低的。由于苹果公司具有独特的技术优势和品牌优势,所以苹果公司在手机产业链中具有重要的地位,这种链式的分工体现了整个制造过程中比较优势的重要意义。

然而,在互联网背景下,这种产业链的结构将会发生一定程度的变化。首先,互联网构成了两大平台,产品市场平台和要素市场平台,这两个平台打破了原有市场结构中的渠道势力,任何制造业企业都直接平等地面对消费者和要素提供者,这一营销上的改变会对产业链产生重要的影响。获取要素的平等意味着任何企业在要素方面的比较优势被打破,通过要素控制产业链的企业的控制力在下降。同时,依靠产品市场渠道势力控制产业链的企业的控制力也同样被削弱。产业链的结构变短。其次,在互联网背景下,企业的比较优势集中体现在非渠道方面,如技术本身、品牌价值等方面。在这种情况下,企业在竞争中市场势力的作用被削弱,技术品牌和创新方面的作用被加强。从这一角度看,互联网营销对产业链重构的重要影响是:产业链的控制节点,从原来的市场势力+非市场势力两极结构,转变成非市场势力强、市场势力弱的单极结构。最后,就产业链的控制因素而言,在传统模式下,比较优势相对固化于技术、品牌和营销三个方面,即一个企业在产业链中的控制地位一般只有在技术方面或品牌和营销方面具有一定的比较优势才能实现。但是,在互联网背景下,任何一个环节的比较优势都可能凸显,从而获得产业链的控制地位,比如,一个融资能力强的制造企业,可以通过互联网迅速组建资源,生产自己品牌的产品,然后通过互联网平台发售自己的产品,从而

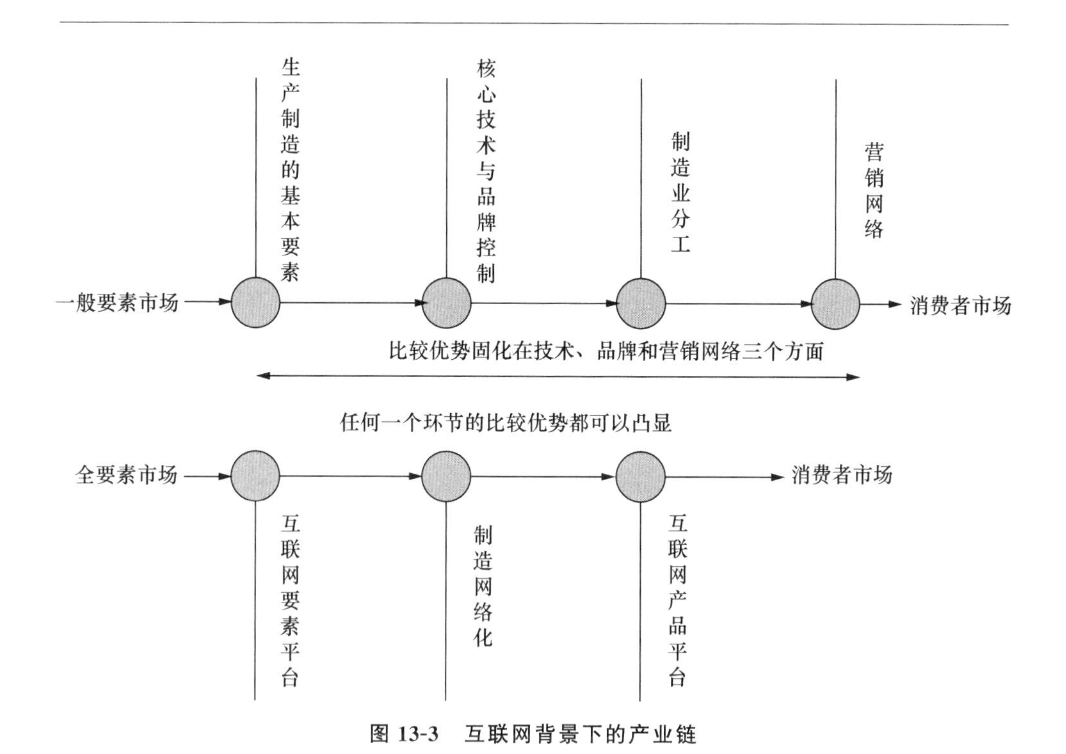

图 13-3　互联网背景下的产业链

进入新领域。比如,格力生产手机,就是一个例子。这种突破行业壁垒的活动,在传统模式下是很难实现的。同样,互联网企业本身也可以通过自身优势进入制造产业。类似的例子有很多,它们共同昭示一个道理,互联网对产业链重构的影响是渗透式的,而不是外在式的。

更精确地说,互联网营销对产业链重构的影响可以总结为一句话:互联网将更多的比较优势转化为对产业链的控制因素,从而使产业链结构呈现多条并行的模式,传统的产业链的控制形式被打破,形成了以互联网为载体的弧形的产业链结构。

13.3　研发生产设计的网络化

在传统经济模式下,研发往往是相对孤立的。无论是大企业内部的研发部门,还是市场上专注研发的企业,某种程度上都是封闭式的。外界的知识,只是这些研发部门(企业)的外生变量,研发的分工还不充分。这种状态下,制造业企业的研发基础一般是自身的积累,很难运用更多的知识进行革命性的创新。互联网出现之后,获取知识的难度大大降低,制造业企业的研发可以参考更多的外来知识进行,创新的效率提高。

具体而言,互联网背景下,制造业的研发模式发生了本质的改变,如图 13-4 所示。

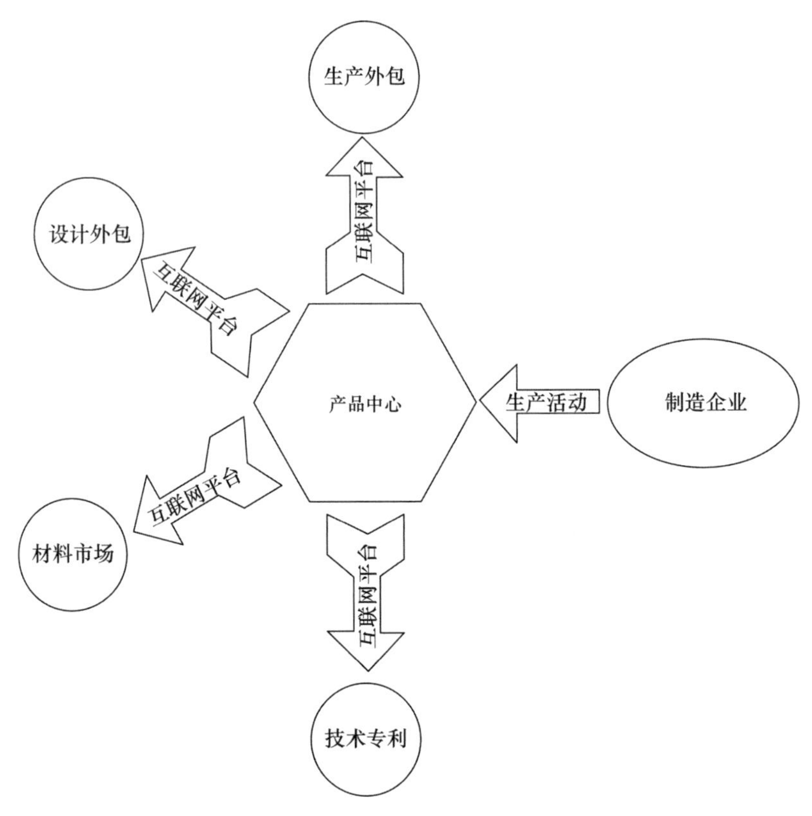

图 13-4　互联网与研发网络化

首先,制造企业生产活动的分工可以更加精细化。比如,企业只进行产品的设计,然后通过互联网平台收集购入自己需要的技术或服务,然后再委托相应的生产机构进行生产。从这个角度讲,生产活动的外延扩大了很多,一个企业甚至只要投入一个创意就可以生产一种产品。拥有设备的企业可以进行生产活动,拥有知识的企业可以进行生产活动,甚至只要你拥有生产产品的任何一个要素,你都可以通过互联网制造自己的产品,这就是网络化。正如《中国制造2025》规划所言,研发设计的网络化是一个必然趋势,也是中国制造业发展的一个重要方向。

其次,研发生产设计的网络化使制造业行业间的壁垒降低,企业跨界生产成为可能。这一结果对制造业产生的重要影响是,行业间的竞争加剧,任何新的市场增长点从出现到饱和的时间缩短,具有行业优势的企业如果不能够迅速抓住机会,也可能被其他行业的企业占领,制造业逐渐演变成全行业的竞争。比如,生产汽车的企业可以跨界生产手机,生产手机的企业可以跨界生产汽车,只要市场前景好,任何一个具备任一优势的企业都可以通过互联网组织资源进行跨界生产。

最后,研发生产设计的网络化使制造行业具有金融业的性质,在互联网背景下,制造业企业在通过互联网进行研发生产设计的同时,可以通过自身的条件进入资本市场融资。从某种意义上讲,制造业企业可能是一边融资一边外包自己的产品,在整个过程中,制造业企业只投入理念和资源,变成投资银行。

所以,互联网作为一种内生技术,对制造业的影响不仅仅体现在产业链的重构方面,还从本质上改变了制造企业在整个行业中的地位。制造企业的跨界行为越来越常见,制造企业在生产过程中的角色也越来越灵活。当然,竞争的压力也会越来越大。

13.4 中国制造业的机遇与挑战

在以上分析的基础上,针对中国制造业的发展,我们可以总结出以下两点:

1. 中国制造业未来发展至少面临四大机遇

(1) 互联网营销扩大市场容量。互联网营销是互联网的一个重要应用,互联网营销从根本上改变了传统营销渠道的树形结构。一方面,在互联网平台上,价格和管理都是扁平的,产品价格平等公开地展示在平台上,消费者可以根据自己需要选择更适合的产品。另一方面,对于制造业企业来说,互联网营销平台是一个极度开放的市场,任何企业的产品都面对整个消费者人群,能否在市场中占有一席之地主要取决于产品自身的价格和质量。换句话说,对于任何一个企业来说,其市场容量都是一样的,只要产品具有竞争力,就很容易获得足够的市场。对制造业企业来说,这是一个非常难得的机会。制造业企业可以集中精力提高产品的性价比,以便更迅速地获得市场,特别是对于创新型企业来说,这一点至关重要。

(2) 研发生产设计网络化降低学习成本。互联网在知识传播方面效率非常高,这无形之中就降低了学习成本。随着研发生产设计的网络化,制造业在技术发展方面的机会将越来越多。特别对于中国制造业企业来说,正处于从模仿学习逐渐向自主研发转变的阶段,学习成本的降低更利于中国制造业企业的自主创新。所以,在技术进步方面,中国制造业也将面临重要的机遇。

(3) 信息获取机会均等化。互联网的一个重要特征就是信息获取机会的均等化。对于中国制造业来说,通过互联网平台走向世界也是一个重要的机会,全世界都可以通过互联网了解中国产品。当然,中国制造业企业也可以通过互联网向全世界展示中国的产品。由于互联网信息获取的均等化,产品的推广速度会更快。

(4) 资本运作的空间越来越大。互联网让制造业的市场结构和生产结构从链式向弧形转变,也就是说,制造业的主体不再仅仅局限在产业链内,产业链也不再局限于一个链式的从生产到销售的过程,而是多个主体参与多中心的模式。在这种模式下,资本运作的空间越来越大,制造业企业的融资能力强,便拥有更多的机会发掘市场热点,获得更多的发展机会。

2. 中国制造业发展不得不面对两大挑战

(1) 市场竞争白热化。互联网营销是一把双刃剑,一方面,它将企业的市场容量扩大至最边缘,任何制造业企业都面临同一个潜在的市场;另一方面,互联网营销也拆除了行业壁垒,产品的价格被充分压低。这样就导致市场竞争的白热化。任何一个制造业企业,都不得不面对巨大的成本压力,小企业的生存空间越来越小。

(2) 巨大的创新压力。市场竞争的白热化,会使制造业企业面临前所未有的创新压力,只有压低成本,才能获得生存空间,互联网平台所设置的市场不再像传统市场那样,给你从容的机会创新。在充分信息的营销平台上,任何一个好产品都可能迅速被消费者接受,而同类低水平的产品,可能瞬间就被抛弃,对于企业来说,不要说没有创新,即使创新的速度慢点,都可能被淘汰。

13.5 结论

对于制造业来说,互联网的本质属性是一种技术。在制造技术发展的过程中,随着时代的进步,新技术的内生性越来越强,尤其目前所处的互联网技术时代,互联网技术的内生作用已经非常明显。首先,互联网技术打破了原有的信息壁垒,所有制造业企业面对一个同质化的信息源。企业的发展进入一个竞争更加充分的时代。一方面,互联网营销促进产业链重构,产业原有的链式结构变成弧形结构。任何具有比较优势的企业,都可能控制一条产业链,产业发展呈现多中心模式。另一方面,研发生产设计的网络化,使制造业企业的身份发生了本质的变化,制造业企业逐渐具备投资银行的性质,借助互联网,成为一个生产组织者,而不再是一个单纯的制造商。在互联网背景下,中国制造业发展面临诸多机遇,包括市场容量的扩大、学习成本的降低、信息获取均等化以及资本运作空间等。但是,中国制造业也面临一定的挑战,市场容量扩展的同时竞争也将更加白热化,在巨大的成本压力下,企业将面临前所未有的创新压力。

参考文献

[1] 赵振."互联网+"跨界经营:创造性破坏视角[J].中国工业经济,2015(10):146—160.

[2] 童有好."互联网+制造业服务化"融合发展研究[J].经济纵横,2015(10):62—67.

[3] 李强,刘强,陈宇琳.互联网对社会的影响及其建设思路[J].北京社会科学,2013(1):4—10.

[4] 于左,高建凯,周红.互联网经济学与反垄断政策研究新进展——"互联网经济学与反垄断政策研讨会"观点综述[J].中国工业经济,2013(12):65—70 页.

[5] 罗珉,李亮宇.互联网时代的商业模式创新:价值创造视角[J].中国工业经济,2015(1):95—107.

[6] 董洁林,陈娟.互联网时代制造商如何重塑与用户的关系——基于小米商业模式的案例研究[J].中国软科学,2015(8):22—33.

[7] 李海舰,田跃新,李文杰.互联网思维与传统企业再造[J].中国工业经济,2014(10):135—146.

撰稿人:蔡银寅

审核人:余菜花、曲晨瑶

第14章 “一带一路”战略下中国钢铁业化解产能过剩的路径和政策建议

近年来，在经济周期和投资冲动等多重因素影响下，我国各行业产能持续快速扩张。但2011年下半年以来，随着经济增长速度明显下滑，各种产品的市场需求增长放缓，新一轮产能过剩矛盾凸显，其中钢铁业产能过剩问题尤为突出。钢铁业产能过剩问题形成原因复杂，解决措施多样，“走出去”是化解产能过剩的重要途径。

“一带一路”是“丝绸之路经济带”和“21世纪海上丝绸之路”的简称。历史上，陆上丝绸之路和海上丝绸之路就是我国同中亚、东南亚、南亚、西亚、东非、欧洲经贸和文化交流的大通道。如今，“一带一路”战略贯穿欧亚大陆，东边连接亚太经济圈，西边进入欧洲经济圈。无论是发展经济、改善民生，还是应对危机、加快调整，许多沿线国家同我国有着共同利益。“一带一路”是对古丝绸之路的传承和提升。“一带一路”沿线发展中国家的钢铁市场及其发展战略等都对我国钢铁企业有着巨大的吸引力。“一带一路”建设区域虽然范围宽泛，但有的国家没有明确表示参与建设的意愿，有的国家国内政治动荡等问题突出，缺乏良好的经济建设氛围。因此，我国钢铁企业应积极利用与“一带一路”战略达成共识或发展战略相契合的经济规模较大国家的贸易基础，开展区域开放合作。更为重要的是，我国与部分国家在政治层面维持着比较良好的关系，在经济发展上也一直有着互帮互助的优良传统。对资源类产业的对外直接投资需要国家战略作为主导，更需要我国企业主动承担国家可持续发展的重任，与东道国企业加强合作。

国务院在《关于化解产能严重过剩矛盾的指导意见》和《关于推进国际产能和装备制造合作的指导意见》中，鼓励有条件的企业结合“一带一路”建设，通过开展国际产能合作转移部分产能，实现互利共赢；明确结合国内钢铁行业结构调整，以成套设备出口、投资、收购、承包工程等方式，在资源条件好、配套能力强、市场潜力大的重点国家建设炼铁、炼钢、钢材等钢铁生产基地，带动钢铁装备对外输出。本文结合“一带一路”沿线主要国家的钢材市场规模、经济基础差异、经济发展战略和制度环境等四个方面分析中国钢铁业在“一带一路”国家的投资机会。

14.1 投资路径选择

我国劳动力资源密集，以初级产品为主，成本低廉，出口产品层次丰富，便于拓宽国际市场。这使得我国企业在进行对外贸易时，占有极大的优势。但与此同时，我国的对外贸易产品核心竞争力低，附加值低，出口结构不合理，高新技术产品少。现如今，我国钢铁企业仍主要采取对外贸易的方式，将国内过剩产品通过对外贸易销售到沿线国家。

我国亟须“走出去”的过剩钢铁产能在技术含量和附加产值都属于比较低的资源。在化解过剩产能的前期阶段，应选择“一带一路”沿线各方面贸易基础好且投资潜力大的国家作为东道国，一方面降低投资的成本，另一方面由于政治、文化等领域的频繁互动有助于中国资本顺利进入东道国市场。后期随着自身经济实力的增强，应当加大钢铁资源技术开发力度，提高国内钢铁行业技术水平。我国钢铁企业在“走出去”的过程中要注重加强自身的社会责任。要想成功地推进项目，还需站在投资对象的角度上想问题。在项目进行过程中，劳动用工、合作伙伴本土化、收购中留住关键的本地业务能力、本地团队及客户等，这一系列举措既能带动当地的经济发展，又有利于实现项目效益最大化。

实施海外营销战略，可以有效规避贸易壁垒。因此，除了利用世贸组织有关法律武器维护自己的利益外，拥有过剩产能的钢铁企业积极走出国门的同时，应结合自身优势积极设立海外工厂，实现海外生产，寻求产业价值链的高端和更为广阔的市场。化解我国钢铁业产能过剩，应加大我国钢铁业“走出去”由对外贸易为主转变为外投资为主，采取对外投资为主、对外贸易为辅的投资方式。海外建厂是以占据和扩大海外市场为目的的投资行为，进入海外市场可以规避进口管制、技术标准、安全政策等关税和非关税壁垒，同时更好地开拓和占领国际新市场。目前，我国海外建厂的模式主要有组装生产和本地化生产两种模式，其中设立组装工厂是目前海外建厂的主要模式。在沿线国家建厂，实行成套设备整体转移，并将配套产业和设备进行同步转移，形成产能、资本、技术、标准立体化综合转移，有利于企业在一定程度上绕开出口国的贸易和技术壁垒，降低海外建厂成本，提高产品竞争力。国内优势企业向低成本国家和地区转移，建立生产基地，由国内钢铁企业出口散件到当地，利用当地低廉的劳动力和资源组织生产，符合我国“一带一路”的发展战略。

14.2 区域路径选择

在日益激烈的全球竞争中，积极扩大对外直接投资是我国改革开放发展到一定阶段的必然选择，也是经济全球化和推进经济国际化战略实施的必由之路。我国钢铁企业必须提高认识，转变观念，主动参与国际分工，积极实施“走出去”战略。因此，我国钢铁企业对外直接投资选择的路径应是鼓励在国外合理的跨区域投资，利用自身优势有选择地对外直接投资。

根据中国社会科学院发布的《“一带一路”沿线国家名单》，“一带一路”沿线涉及 64 个国家，其中绝大多数是发展中国家，包括亚洲 43 国、中东欧 16 国、独联体 4 国和非洲 1 国。区域路径选择的依据为在市场潜力大、资源条件好、配套能力强的重点国家建设炼铁、炼钢、钢材等钢铁生产基地，带动钢铁装备对外输出。

14.2.1 “一带一路”沿线主要国家钢材市场规模

根据国际钢协 2014 年统计年报，对“一带一路”沿线国家的钢材净进口量、市场需求量(超过 100 万吨)和人均钢铁消费量数据进行整理分析，梳理出 26 个具有钢材消费潜力国家，并按照钢材市场规模进行排序(见表 14-1)。

表 14-1　2013 年“一带一路”沿线主要国家钢材市场规模

国家	钢铁净进口量(万吨)	钢铁需求量(万吨)	人均消费量(千克/人)
印度	−268.6	8143.1	63.9
泰国	1436.2	2047.0	291.4
伊朗	274.3	1859.2	243.3
印度尼西亚	1163.7	1523.7	61.6
沙特阿拉伯	641.7	1370.0	467.3
越南	131.3	1368.5	151.0
马来西亚	510.4	1168.5	392.3
波兰	309.8	1124.1	293.3
埃及	387.8	819.8	96.0
阿联酋	532.5	785.9	957.5
菲律宾	181.5	779.6	79.5
捷克	104.0	667.5	630.3
澳大利亚	157.7	637.6	274.7
哈萨克斯坦	−12.4	424.4	256.4
伊拉克	448.0	414.4	119.2
巴基斯坦	203.7	350.3	19.1
以色列	214.7	258.4	330.5
孟加拉国	243.2	253.3	16.4
乌兹别克斯坦	115.1	197.3	69.5
缅甸	143.5	155.4	31.6
阿塞拜疆	120.7	145.3	152.4
科威特	67.2	140.2	473.9
阿曼	63.9	139.7	472.3

（续表）

国家	钢铁净进口量(万吨)	钢铁需求量(万吨)	人均消费量(千克/人)
约旦	86.5	112.2	170.7
土库曼斯坦	101.4	106.0	155.0
老挝	3.0	100.0	150.0

从市场规模来看，26个国家的市场需求量共计约3.71亿吨。其中，需求量超过1 000万吨的国家有8个，分别是印度、泰国、伊朗、印度尼西亚、沙特、越南、马来西亚和波兰，占市场总需求量的50%。市场需求规模最大的是印度，需求量为8 143亿吨，占市场总需求量的17%。

从人均粗钢消费量来看，消费量超过300千克/人的国家有7个，分别是阿联酋、捷克、科威特、阿曼、沙特阿拉伯、马来西亚和以色列。剩余19个国家中，消费量在100—300千克/人的国家有11个，分别是波兰、泰国、澳大利亚、哈萨克斯坦、伊朗、约旦、土库曼斯坦、阿塞拜疆、越南、老挝和伊拉克。根据发达国家发展经验，当某国人均钢材消费量超过100千克时，将进入工业化阶段，钢材需求激增，具有较大的钢材消费潜力。

从净进口量来看，26个国家的净进口量共计7 360.8万吨。其中，净进口量超过200万吨的国家有12个，分别是泰国、印度尼西亚、沙特、阿联酋、马来西亚、伊拉克、埃及、波兰、伊朗、孟加拉国、以色列和巴基斯坦，占市场总净进口量的86%。泰国和印度尼西亚净进口量分别是1 436万吨和1 164万吨，分别位居前两位。在确定钢铁“走出去”战略时，应尽量选择国内供不应求、进口量大的国家作为出口目的国。

14.2.2 “一带一路”沿线主要国家经济基础差异

根据联合国统计司2014年统计年报整理的各国工业和支柱产业数据，对“一带一路”沿线国家的经济规模、人均GDP和经济增速数据进行整理分析，并按照经济规模将各国进行排序(见表14-2)。

表14-2 2013年“一带一路”沿线主要国家经济基础

国家	经济规模(亿美元)	人均GDP(美元)	经济增速(%)	工业基础	支柱产业
印度	19 377.97	1 548	5.0	较好	服务业、旅游业
澳大利亚	18 389.64	52 270	1.6	较好	矿业、农牧业
印度尼西亚	8 683.46	3 475	5.8	较好	农业、油气业
沙特阿拉伯	7 484.50	25 962	4.0	较好	钢铁、石化业
波兰	5 258.63	13 760	1.7	较好	农业

（续表）

国家	经济规模（亿美元）	人均 GDP（美元）	经济增速（%）	工业基础	支柱产业
伊朗	4 927.83	6 363	－1.9	较差	钢铁
泰国	4 201.67	6 270	2.9	较差	汽车业、旅游业
阿联酋	4 023.40	43 049	5.2	较好	金融、海运
马来西亚	3 124.34	10 514	4.7	较差	农业
以色列	2 915.67	37 704	3.3	较好	军事工业
菲律宾	2 720.67	2 765	7.2	较差	农业、服务业
埃及	2 551.99	3 110	2.1	较差	农业、钢铁
巴基斯坦	2 254.19	1 238	6.1	较差	农业
哈萨克斯坦	2 244.15	13 650	6.0	较差	钢铁、矿业
捷克	2 087.96	19 510	－0.7	较好	工业（汽车业）
伊拉克	1 955.17	5 790	4.2	较差	钢铁开采、钢铁化工
科威特	1 758.31	52 198	－0.4	较差	钢铁、天然气工业
越南	1 712.22	1 868	5.4	较差	农业
孟加拉国	1 535.05	980	6.0	较差	纺织业、服务业
阿曼	796.56	21 929	4.8	较差	钢铁、天然气
阿塞拜疆	735.57	7 814	6.0	较差	钢铁、天然气
缅甸	630.31	1 183	7.5	较差	农业、林业
乌兹别克斯坦	572.10	1 977	7.0	较差	矿业、农业
土库曼斯坦	418.51	7 987	10.2	较差	钢铁、天然气
约旦	335.94	4 618	2.8	较差	旅游业
老挝	107.60	1 589	8.0	较差	农业、旅游业

资料来源：联合国统计司。

从“一带一路”沿线各国经济基础看，2013 年经济规模超过 10 000 亿美元的国家有 2 个，分别是印度和澳大利亚。经济规模在 5 000 亿—10 000 亿美元的国家有 3 个，分别是印度尼西亚、沙特阿拉伯和波兰。从“一带一路”沿线各国人均 GDP 看，2013 年人均 GDP 超过 40 000 美元的国家有 3 个，分别是澳大利亚、科威特和阿联酋。人均 GDP 在 10 000—40 000 美元的国家有 7 个，分别是以色列、沙特阿拉伯、阿曼、捷克、波兰、哈萨克斯坦和马来西亚。从“一带一路”沿线各国经济增速看，2013 年经济增速最快的国家是土库曼斯坦，达到 10.2%，经济增速在 5%—10%的国家有 11 个，经济呈负增长趋势的国家有 3 个，分别是科威特、捷克和伊朗。

“一带一路”沿线印度经济规模总体较大，经济增速预期较好，但人均 GDP 较少且工业基础、基础设施建设水平较低。印度主要是依靠服务和消费驱动的经济。在基础工业方面，印度基本依赖进口，其工业发展速度远低于中国，对钢铁产品需求会不断增加，中国钢铁业在该国的投资合作机会较多。

“一带一路”沿线的澳大利亚经济规模大，经济发展水平高，人均 GDP 在 40 000 美元以上，但经济增速慢，且钢铁业发达，投资机会较少，因此，不应是中国钢铁业海外投资的首选区域。作为成熟的工业国，它们的工业基础雄厚，基础设施建设完善，低端钢铁产品投资生产的机会较小，但高端钢铁产品的投资生产应是未来发展的方向。

“一带一路”沿线以色列、沙特阿拉伯、阿曼、捷克、波兰经济规模相对较小，发展水平相对较低，经济增速为 3%—5%。随着经济发展以及对基础设施建设投资的增加，钢铁业在这些国家有较大的投资机会。土库曼斯坦等国经济规模较小，发展水平较低且工业基础薄弱，但经济增速较快，发展预期较好，应是中国钢铁业潜在的海外投资的重点区域。

马来西亚、泰国、印度尼西亚、越南等国经济规模相对较小，但经济发展增速都在 5%以上，经济发展的预期较好，与中国又签署了区域自由贸易协定，或共建境外经贸合作区，中国钢铁业在这些国家的投资机会较多，应重点考虑增加投资。泰国、越南、印度尼西亚、老挝等国经济发展水平、工业技术水平相对较低，随着其基础设施建设的完善、工业化的推进，这些国家对钢铁业会产生巨大需求。而这些国家钢铁业落后，无法满足国内发展需求，因此，这些国家引进他国的钢铁业投资是必然趋势。

中国在东南亚有良好的合作基础，可以依托泰中罗勇工业园、越南龙江工业园、越南中国(深圳—海防)经贸合作区、中国—印度尼西亚经贸合作区，完善投资合作基础及条件，鼓励国内钢铁企业到经贸合作区投资。另外，应尝试在“一带一路”沿线国家新建境外经贸合作区，以带动低端钢铁产品过剩产能输出。从地缘政治角度考虑，东北亚、中亚、南亚和东南亚地区在中国的全球战略中具有至关重要的战略地位。因此，应积极推动区域经济一体化进程，我国过剩产能的化解也会在此过程中受益良多。

14.2.3 “一带一路”沿线主要国家经济发展战略

各国经济发展战略差异以及与中国产业发展的互补性，为中国钢铁业境外投资的区域布局提供了有价值的依据。“一带一路”沿线各国为了促进经济发展，大多制定了经济发展战略(见表 14-3)，从而也为中国钢铁业海外投资战略制定提供了参考。泰国、印度尼西亚、越南、印度的经济发展水平相对较低，它们与中国工业发展水平有一定的差距，存在产业互补性。基础设施建设、工业化是这些国家未来一段时期的发展重点，这些国家的道路、港口以及工业化建设会对钢铁产品产生大量的需求，从而为中国钢铁业在这些国家投资提供了机遇。相比这些国家，中国钢铁业发展成熟、竞争力较强，与这些国家的产业发展具有互补性；同时，这些国家人力、矿产资源相对丰富，生产成本较低，正鼓励引进海外投资，中国对其进行钢铁业投资生产具有较大的可行性。

表 14-3　“一带一路”沿线主要国家经济发展战略及重点

国家	经济发展战略	发展重点
印度	2011 年 10 月，国家制造业政策	基础设施、制造业
泰国	2011 年 1 月，五大工业发展战略	工业、环保产业
伊朗	2012 年，伊朗实施“抵抗型经济”政策	原油、天然气
印度尼西亚	2014 年 10 月，全面推进经济改革	基础设施、科技创新
沙特阿拉伯	2014 年下半年，调整经济发展政策	新能源、矿业
越南	2014 年 6 月，越南工业 2025 年发展战略规划和 2035 年前景展望	加工制造业、信息、能源
马来西亚	2010 年，新经济模式和经济转型计划	油气能源、通信设施
波兰	2014 年，波兰国家发展战略	装备制造、新能源
埃及	2013 年 11 月，《埃及 2022》远景发展规划	基础设施、吸引外部投资
阿联酋	20 世纪 80 年代，经济多元化战略	工业、服务业
菲律宾	2010 年，菲律宾 2011—2016 年发展规划	重化工业
捷克	2001 年以来，捷克启动“加速经济发展战略”	工业
澳大利亚	2011 年 7 月，国家数字经济战略	互联网服务
哈萨克斯坦	2014 年 11 月，“光明大道”新经济计划	道路、港口基础设施建设
伊拉克	2010 年 7 月，国家五年发展计划	工业
巴基斯坦	中巴经济走廊	基础设施、能源
以色列	以色列以创新驱动经济发展	高科技产业
孟加拉国	第二个五年计划	纺织及服装业
乌兹别克斯坦	2010 年 12 月，2011—2015 年乌兹别克斯坦工业发展纲要	基础设施、高端工业
阿塞拜疆	阿积极推进“跨阿纳托利亚”(TANAP)天然气管道项目	能源
阿曼	自由和开放的经济政策	能源
朝鲜	经济发展五年规划	供电
约旦	10 年期经济发展规划	信息产业、旅游业
土库曼斯坦	2012 年 12 月，土库曼斯坦 2011—2030 年社会经济发展纲要	建材、化工、轻工业

“丝绸之路”除了传统的贸易投资以外，现在还有基础设施建设的合作。中国

是当今世界最具能力进行基础设施建设的国家，“一带一路”上，东南亚、中亚等绝大部分国家都是较低发展水平的国家，需要大规模的基础设施建设。基础设施互联互通是先导，是决定与沿线各国合作前景的物质基础，对经济、贸易、金融和社会交流与合作具有偏好引导效应。便捷、高效、畅通、富有竞争力的综合基础设施网络，可以反过来更好地促进我国过剩产能走出去。在很多国家和地区的发展史上，基础设施改善对经济社会发展所产生的拉动效应都得到了充分的体现。因此，建议依托基础设施建设完善的“无水港”、海港，搭建投资合作平台，在周边建设境外经贸合作区。结合“一带一路”沿线各国的经济发展战略，可以有效地促进我国过剩产能走出去，并且有针对性地走到需要其的国家去。

印度的制造业政策将扩大基础设施支出和提高制造业产出作为近几年的经济发展目标，双方合作潜力巨大，特别是将珠三角经济圈与印度经济链接起来，对沿线国家的发展是一个巨大的推动。中国和印度两国要着眼于推进发展规划的互联互通，充分发挥各自优势，达到互利共赢的目的。

中巴经济走廊北通丝绸之路经济带，南接 21 世纪海上丝绸之路，是一条贯通南北丝绸之路倡议的枢纽，一条包括公路、铁路、油气和光缆通道在内的贸易走廊，可以促进巴基斯坦的经济发展战略与丝绸之路经济带产生契合。通过这个契合点，加强深入的合作，启动或开通一批物流合作基地、钢铁产业产品快速通关通道，促使双方海关物流更加通畅。通过推动巴基斯坦基础设施和能源建设，将这种互相合作互利共赢的模式不断辐射到伊朗、伊拉克、沙特阿拉伯等“一带一路”战略沿线的国家。

中国、哈萨克斯坦两国地缘毗邻，有着漫长的边境线，且发展战略高度契合，如果能够把丝绸之路经济带倡议同哈萨克斯坦“光明大道”新经济计划战略进行对接，通过加强铁路、公路等互联互通建设，推进通关和运输便利化，促进过境运输合作，促进道路、港口基础设施建设等领域务实合作，能够打造一条我国过剩产能走出去的重要通道，实现中国与哈萨克斯坦的共同发展目标。

“一带一路”沿线途径中国、哈萨克斯坦、波兰等众多国家，通关成本高。要想打通“一带一路”沿线各个国家之间的经济通道，必须首先沿铁路、公路、航空和能源管线等交通线路，积极推动中国与“一带一路”沿线各个国家如印度、泰国等国家就丝绸之路经济带与本国经济发展战略进行对接。依托便捷的铁路运输系统，推动沿线国家通关便利化、贸易和投资便利化等，为化解产能过剩建设一条便捷高效的经济大通道。

在开发基础设施以服务经济发展方面，中国有丰富的经验。中国投资建设中老铁路、中巴铁路等重大项目所具有的长远经济社会收益是不可估量的。尽管基础设施建设看上去投资大、回收慢、风险高，但它对经济发展带来的“溢出效应”已经远远超过了基础设施投资收益本身，只要实现了“一带一路”沿线国家的经济振兴，中国不仅可以为我国钢铁产能开辟出广阔的前景，而且也会从中获得更大的收益，这是一种互利共赢的战略思路。

14.2.4 “一带一路”沿线主要国家制度环境质量

海外投资的顺利进行需要良好的制度环境与国家间互信的政治关系作为保障。根据 The Worldwide Governance Indicator 发布的政治指标和法律指标数据和 The Heritage Foundation 发布的经济自由度指数年度报告数据，对选取的“一带一路”沿线国家的经济制度、政治制度和法律制度的数据进行整理分析，并按照经济制度指标将各国进行排序（见表 14-4）。

表 14-4 2013 年“一带一路”沿线主要国家制度环境质量

国家	经济制度	政治制度	法律制度
澳大利亚	82.6	83.41	95.73
阿联酋	71.1	75.36	70.62
捷克	70.9	84.36	82.46
约旦	70.4	25.59	62.56
阿曼	68.1	62.09	66.82
以色列	66.9	15.64	80.09
马来西亚	66.1	48.34	64.93
波兰	66.0	78.67	73.46
泰国	64.1	9.48	51.66
科威特	63.1	51.66	63.03
哈萨克斯坦	63.0	34.60	30.33
沙特阿拉伯	60.6	33.18	60.66
阿塞拜疆	59.7	32.70	29.86
菲律宾	58.2	16.59	41.71
印度尼西亚	56.9	28.91	36.49
印度	55.2	12.80	52.61
巴基斯坦	55.1	0.95	21.33
埃及	54.8	7.11	33.65
孟加拉国	52.6	7.58	22.75
越南	51.0	55.45	39.34
老挝	50.1	49.29	25.59
伊朗	43.2	10.90	17.06
土库曼斯坦	42.6	53.55	6.64

（续表）

国家	经济制度	政治制度	法律制度
缅甸	39.2	13.27	10.90
乌兹别克斯坦	11.37	26.54	11.37
伊拉克	—	4.27	3.79

注：政治制度、经济制度、法律制度三类指标分值范围均为0—100，越接近100，表明制度越优；伊拉克的经济自由度指数缺失。

投资环境决定着项目能否顺利实施。由表14-4可知，澳大利亚、阿联酋、捷克三国经济制度、政治制度和法律制度三个指标值都在70以上，制度环境极好，有利于钢铁业投资的长期开展和利益的实现。阿曼、马来西亚、波兰、科威特等国的经济制度、政治制度和法律制度指数虽然不及澳大利亚、阿联酋和捷克三国，但都处于及格或中等水平，这有利于我国对外钢铁投资利益的顺利收回和及时进行对外投资风险的防范。首先，中国钢铁企业可以联合国外大型钢铁公司共同投标海外钢铁项目，或成立合资公司共同并购海外钢铁项目；其次，中国钢铁企业可与东道国政府或者钢铁公司成立合资公司共同开发东道国当地油田项目；再次，中国钢铁企业自身可以相互联合投标海外钢铁项目。通过以上合作、合资方式，中国钢铁企业可以大大降低海外投资的经济损失风险。

约旦、以色列、泰国和沙特阿拉伯等国经济和法律制度指数相对而言较好，有利于钢铁业投资开展，但其政治制度指标值较低，可能会带来额外的投资成本，不利于企业经营目标和收益的实现。在投资实施的前期要充分考虑政治风险，投资前可对投资目标所在国的政治风险进行评估，对于某些政治风险很高的国家，可以采取风险规避的措施，放弃在该国进行钢铁项目的贸易和投资；对于政治风险可控的国家或地区，可以采取风险转移、风险抑制和风险自留的办法予以解决，尽最大努力降低在钢铁“走出去”的过程中可能遇到的政治风险。

哈萨克斯坦、阿塞拜疆、菲律宾、印度尼西亚以及印度等国的各项制度指标值都较低，可能会阻碍中国钢铁业的投资及利益实现。与印度、越南等国的政治关系走向也会影响中国钢铁业在这些国家的投资，使风险及不确定性增加。尽管它们的钢铁业需求量大，又是海外投资的重点区域，但中国钢铁业在此投资时应积极有序，做好风险防控。

越南、老挝、缅甸和乌兹别克斯坦等国制度指标值极低，中国在这些国家的投资障碍会较多，企业日常经营及权利维护会存在风险，而这些国家又是中国钢铁业海外投资重点考虑的区域，因此，我国相关部门需完善投资促进政策，加强投资风险的监控。在投资时，应充分结合“一带一路”沿线各国与中国的政治关系相对稳定，又有上海合作组织等沟通平台，政治互信程度高等这些有利于中国钢铁业在此区域投资开展的条件和契机。其中,越南政局较稳定,经济发展前景好,提供政策优惠,劳动力资源充沛且素质较高,综合投资环境较佳。但同时,越南行政腐败,钢铁产业链不完整,工资相对较高,劳动力成本优势不明显,且近几年来中越政治关系紧张。这些都会增加我国钢铁贸易走向越南的障碍。

巴基斯坦、埃及以及孟加拉国等国的政治制度指标值都小于10。其中,巴基斯坦市场潜力大,地理位置优越,可以辐射中东和中亚等地区,且政府和民间大力欢迎投资,优惠政策多,投资限制少。但是巴基斯坦的政治制度指标值不足1,其政局不稳,民族冲突严重,投资风险较大。孟加拉国具有较低廉的劳动力成本优势,且政府提供政策优惠,辐射市场广。但是孟加拉国经济基础差且政府行政效率低下,这会增加我国钢铁投资的阻碍。

土库曼斯坦法律制度小于10,但是近年来,中国与土库曼斯坦的贸易发展较快,随着中土两国友好关系的发展,两国的经贸合作也必将日益扩大(有些空洞)。伊拉克的整体政治和法律指标都小于10,但是伊拉克在2013年的钢铁净进口量为448万吨,需求量为414.4万吨,可见其钢铁业主要依赖进口,市场潜力较大。近年来,伊拉克最安全的地区是库尔德自治政府所辖的北部地区,北部3省基本保持了社会稳定,发生严重暴力袭击事件较少。基于目前伊拉克的形势,中国钢铁企业面临新的投资机会,应积极关注,并积极采取措施加以应对。

目前,仍有一些国家对"一带一路"倡议持怀疑或反对的态度,因此必须充分认识到"走出去"的风险,如法律风险等。为降低中国钢铁企业的海外投资法律风险,中国钢铁企业在投资海外钢铁项目时有必要成立专门的法律事务部门。法律事务部门需深入研究东道国的投资法律法规及国际法的有关规定,并对东道国的法律环境和法律风险做出真实准确的分析,为中国钢铁企业的海外投资提供强有力的法律支撑。另外,相对于国际大型钢铁公司,我国钢铁企业的法律风险管理投入不足,支出偏低;为提高法律支持在国外钢铁并购中的积极作用,降低法律风险,中国钢铁企业应加大法律风险管理投入,达到正常投入水平。

针对"一带一路"沿线投资环境的综合评价,可以发现各国钢铁业投资环境各有优劣,我国企业进军这些国家,不管是投资行业还是投资方式的选择都需根据各国投资环境的特征做出决策,应结合企业自身发展战略权衡利弊、谨慎选择。投资者应结合项目条件,并充分考虑所在国的政治环境是否稳定、与中国外交关系是否良好等因素。专业审慎的尽职调查应当涵盖东道国政治立法体制、民族感情、矿业和外商投资法律政策、执法惯例、环保税收政策、出口管制、社区劳工、本国其他机构的案例、第三国的经验、投资或并购对象的资质、权利瑕疵、项目前景等方面。对上述基础性信息进行必要的收集与掌握,有助于钢铁企业做出正确决策、判断,以保证企业长期稳定运营,减少风险。

综合分析"一带一路"沿线26个国家钢材市场规模、经济基础差异、经济发展战略、制度环境质量相关数据,在"一带一路"战略实施时,建议钢铁投资可重点关注以下10个国家(见表14-5)。

表 14-5 "一带一路"过剩产能化解重点建议关注国

国家	钢铁需求量（万吨）	经济规模（亿美元）	发展重点	经济制度
印度	8 143.1	19 377.97	基础设施、制造业	55.2
泰国	2 047.0	4 201.67	工业、环保产业	64.1
印度尼西亚	1 523.7	8 683.46	基础设施、科技创新	60.6
沙特阿拉伯	1 370.0	7 484.50	新能源、矿业	60.6
马来西亚	1 168.5	3 124.34	油气能源、通讯设施	66.1
波兰	1 124.1	5 258.63	装备制造、新能源	66.0
阿联酋	785.9	4 023.40	工业、服务业	71.1
菲律宾	779.6	2 720.67	重化工业	58.2
捷克	667.5	2 087.96	工业	70.9
澳大利亚	637.6	18389.64	互联网服务	82.6

14.3 "一带一路"战略下中国钢铁业化解产能过剩的政策建议

"十三五"时期是"一带一路"建设从起步到提速的关键阶段,在"一带一路"战略中,化解我国过剩的钢铁产能是一个重要的经济目标。结合沿线各个国家的具体情况,本文给出如下建议:

1. 以钢铁企业为主体,实行市场化运作

我国钢铁企业具有参与国际投资合作的强烈愿望与实力,能够在"一带一路"建设中发挥积极作用。要遵循国际通行规则,充分发挥市场在资源配置中的决定性作用和企业的主体作用,实行市场化运作,坚持利益共享、风险共担,大力推进钢铁企业自主创新,推进技术改造步伐。以钢铁企业为主体,按照商业原则开展过剩产能的项目合作,有利于发挥我国在这方面与沿线各国的比较优势,有利于促进各类资源和要素有序流动与合理配置,有利于激发各类企业的活力和潜力。政府应加强宏观谋划和统筹指导,为包括钢铁行业在内的企业搭建合作平台,提供政策支持和便利化服务,推进同有关国家和地区多领域互利共赢的务实合作。同时钢铁企业需要调整产品结构和市场结构,推进出口供给侧改革,稳中求进。

2. 鼓励对外直接投资,积极开拓国际市场

鉴于目前我国国际收支失衡,经常项目和资本项目双顺差的局面,钢铁行业

"走出去"时容易引起贸易摩擦；同时更为重要的是对于钢铁行业而言，国内产品市场已经相对饱和、行业产能过剩，此时应该鼓励企业走出去，积极开拓国际钢铁市场，拓展市场容量和市场边界。这样做的好处是有利于钢铁过剩产能对外进行产业转移，实现原产地多元化，减少和化解贸易摩擦。另外，进行境外投资，离不开相关政策配套与金融支持，为此要积极推进境外投资的可兑换进程；完善境外投资的风险分担机制；降低门槛、简化管理，为境外企业打通融资渠道；实施政策创新，架构通向资本运作的桥梁；最后，出台文件细化境内风险资本参与企业海外上市的操作方法，为国内风险资本的发展壮大提供强大的政策支持。

同时需要增加钢铁行业的海外投资和间接出口比例，合理规避贸易壁垒。在此过程中，政府要健全行业信息发布制度，引导投资预期。有关部门要完善统计、监测制度，做好对钢铁行业运行动态的跟踪分析。要尽快建立判断产能过剩衡量指标和数据采集系统，并有计划、分步骤建立定期向社会披露相关信息的制度，引导市场投资预期。加强对行业发展的信息引导，发挥好行业协会的作用，搞好调研工作，适时发布产品供求、现有产能、在建规模、发展趋势、原材料供应、价格变化等方面的信息。同时，还要密切关注其他与钢铁相关行业的生产、投资和市场供求形势的变化，及时发现和解决带有苗头性、倾向性的问题，防止其他行业也出现产能过剩。"一带一路"沿线多数是发展中国家和新兴经济体，基础设施、能源资源开发、产业发展等需要大量的资金投入，远远超出当地资金供给能力，原有国际金融组织提供的资金不能满足其发展需求。同时，"一带一路"基础设施建设具有资金需求量大、回报周期长、涉及国家和币种多等特点，需要创新金融合作模式，打造金融合作平台，畅通投融资渠道，形成多层次、立体化、高效率的金融支持体系。

3. 完善双边和多边合作机制

"一带一路"沿线各国经济发展水平参差不齐，政治生态迥异，利益诉求多元，国家间关系错综复杂。完善合作机制，包括建立多层次、多种形式的新合作机制，同时充分利用和发挥好现有双边、多边合作机制的作用，是推进"一带一路"建设的重要保障。一是以国家高层互访为引领，形成深化合作的第一推动力。同时，广泛开展包括部门合作、地方合作在内的各级政府合作，构建多层次、多渠道政府间合作体系。二是充分利用上海合作组织、中国—东盟自由贸易区、亚太经合组织等多边机制，依托博鳌亚洲论坛、中国—东盟博览会、中国—阿拉伯国家合作论坛、中国—亚欧博览会等平台，促进多边国际交流合作。三是积极开展公共外交，发挥政党、议会的桥梁纽带作用，开展与沿线国家政治团体的党际友好往来。充分调动智库、民间组织、媒体等各方面力量，支持和带动开展多种形式的民间交往，增进沿线国家人民之间的相互了解，从而促进钢铁业相关投资和贸易行为在东道国的展开。

4. 推进基础设施互联互通和国际大通道建设,共同建设国际经济合作走廊

基础设施建设是"一带一路"建设的优先领域,这与钢铁产能须需化解的目标相契合。目前,我国与"一带一路"沿线国家互联互通建设滞后,多数骨干通道存在缺失路段,不少通道等级低,通而不畅。部分跨境项目建设条件复杂,资金需求大,协调难度高。这些都不利于过剩产能向"一带一路"沿线国家的输出。可在加强与沿线各国规划对接的基础上,以沿线中心城市为支撑,连接主要能源资源区块、重点产业集聚区,构建联通内外、安全畅通、绿色高效的国际大通道。紧扣化解过剩产能的重点战略方向,利用共同打造的新亚欧大陆桥、中蒙俄、中国—中亚—西亚、中国—中南半岛、中巴、孟中印缅等国际经济合作走廊等丝绸之路形成的经济带骨架,着力促进钢铁行业对外投资建设,同时推动我国与东道国铁路、公路、水路、空路、管路、信息高速路"六路"互联互通,建设若干海上支点港口,积极为我国过剩的钢铁产能"走出去"创造必不可少的条件。尤其要突出投资重点,合力推进其建设,加快实施一批标志性的钢铁投资项目,尽快推动形成早期化解成果。

5. 共建境外产业集聚区,推动建立当地产业体系

深化产业投资和优势产能合作,契合沿线国家实现工业化的需要,也可以带动我国钢铁产业的结构优化升级。促进我国钢铁产能的化解,要进一步鼓励和引导我国钢铁企业到沿线国家投资兴业,合作建设境外产业园区和产业集聚区,将我国的优势产能和沿线国家市场、资源等比较优势结合起来,帮助沿线国家发展特色产业。依托我国改革开放以来形成的经验、资金、技术、人才和高性价比装备等优势,支持沿线国家建立产业体系。

撰稿人:程中华

审核人:余菜花、季良玉

第15章 高技术产业聚集对技术创新的影响及其区域比较

15.1 引言

改革开放以来，我国经济一直保持高速增长，这主要是基于我国丰裕的廉价劳动力，通过发展劳动密集型行业来推动经济规模的扩大，即所谓的“人口红利”（冯伟等，2014）。然而，随着我国人口红利的逐渐消失和刘易斯转折点的跨越（蔡昉，2010），我国传统密集型产业过去所依赖的劳动力优势将逐渐失去。为此，在我国经济发展步入“新常态”背景下，必须转变经济增长方式，依靠技术进步，从要素驱动、投资驱动转向创新驱动。党的十八大也明确提出“实施创新驱动发展战略，将科技创新摆在国家发展全局的核心位置”。因此，技术创新作为驱动经济发展的根本动力，就显得尤为重要。高技术产业是加快产业结构优化升级和推动经济增长方式转变的重要力量。随着区域经济一体化进程的加快以及伴随着地区间专业化水平和市场化水平的逐渐提高，我国已经初步形成了以北京中关村科技园区为中心的环渤海高新技术产业密集区，以上海高新区为中心的沿长江高新技术产业密集区，以深圳高新区为中心的东南沿海高新技术产业密集区，以西安—杨凌高新区为中心的沿亚欧大陆桥高新技术产业密集区等高技术产业聚集区。那么，我们不禁要思考：我国能否借助高技术产业聚集来促进技术创新，从而实现“中国制造”向“中国创造”的转变，最终驱动经济发展？高技术产业聚集的差异，是否会导致其影响技术创新的差异？这是本文所要集中讨论和探究的重点问题。

15.2 文献综述

从现有文献来看，关于高技术产业聚集对技术创新的影响研究，还存在较大的分歧，其中有代表性的主要有以下两类观点：

一类观点认为高技术产业聚集能够显著促进技术创新。Beaudry 和 Breschi（2003）通过对意大利和英国的高新技术产业的实证分析，发现产业聚集与技术创新呈现出正相关性。Chyi（2012）通过对新竹高新技术产业的实证调查分析，发现外部 R&D 的技术溢出与产业聚集存在正相关关系。黎继子等(2006)以“武汉·中国光谷”光电子产业为例进行分析,发现高新技术产业聚集式供应链组织衍续对技术创新存在着一定的影响作用。刘浩(2011)提出产业聚集间接增加了无形资本,提高了科技资本的利用效率,促进了高新区创新绩效的提高,并且以北京中关村高新技术产业聚集区为研究对象对此进行了实证检验。周明和李宗值(2011)用 1998—2006 年我国高技术产业的相关统计数据,从产业聚集的视角对区域高技术产业技术创新进行了实证研究,结果显示,省域内的产业聚集因素和省际的知识溢出能够显著促进区域高技术产业的技术创新能力。牛冲槐等(2012)用 1998—2009 年我国大陆 29 个省份的相关数据,研究了高新技术产业聚集对区域技术创新的影响。结果显示,高新技术产业聚集对区域技术创新存在显著的正向效应。

另一类观点认为高技术产业聚集对技术创新没有影响甚至具有负向影响。Yang 等(2013)通过对 2005—2007 年我国电子企业的实证分析,发现生产聚集与企业的劳动生产率(技术创新能力)呈现正相关关系,但是 R&D 聚集却与企业的劳动生产率呈现负相关关系。李凯等(2007)通过对我国 53 个国家高新区进行实证分析,发现我国现阶段的高新技术产业聚集没有实现真正意义上的产业聚集,从而无法充分发挥其促进高新技术产业技术创新的作用。陈劲等(2013)以我国高技术产业为研究对象,研究了产业聚集对技术创新的影响。结果显示,在不同的聚集水平下,产业聚集对技术创新的影响存在区别:聚集水平较低时,专业化聚集有利于技术创新,而多样化聚集会抑制技术创新;相反,聚集水平较高时,专业化聚集不利于技术创新,而多样化聚集会促进技术创新。

通过上述文献的梳理,可以发现,关于高技术产业聚集对技术创新的影响研究,尚未形成一致的结论,并且已有研究缺乏深入探讨高技术产业聚集的差异,是否会导致其对技术创新影响的区域差异,即缺乏深入研究高技术产业聚集对技术创新影响的区域差异。由我国高技术产业的发展现状可知,各地区高技术产业聚集水平和技术创新能力空间差异程度较大。因此,本文试图通过基于 2005—2012 年我国 25 个省份[①]高技术产业面板数据的实证分析,研究高技术产业聚集对技术创新的影响,并进一步分析这种影响的区域比较。

15.3　机理分析及假说

首先,本文先从理论上分析高技术产业聚集对技术创新影响的内在机理,然

① 由于内蒙古、海南、西藏、青海、宁夏、新疆等省份高技术产业部分年份数据缺失,并且也非高技术产业聚集地区,因此,上述地区没有包括在本文的研究样本中。

后在此基础上提出相关的假说。

1. 高技术产业聚集的专业化和多样化等方面的优势，有利于促进技术创新的产生

高技术产业聚集区内各种人才、企业和产业聚集在一起，通过协同发展、相互协作、细化分工，信息共享和资源整合等机制共同作用，形成 MAR 外部性[①]和 Jacobs 外部性[②]，有利于知识和技术的溢出，从而促进技术创新的产生，进而推进高技术产业聚集区内技术创新能力的不断提升；其次，高技术产业聚集区内激烈的竞争使得人们专业化从事自己所擅长的领域，更有效率地进行技术创新，从而有利于知识和技术的溢出，即有利于产生 Porter 溢出[③]，进而促进技术创新的产生，最终促进该高技术产业聚集区技术创新能力的不断提升。

2. 高技术产业聚集形成的知识、技术和信息交流网络，有利于促进技术创新的扩散

高技术产业聚集区内知识、人才、信息的大量聚集和流动，有利于知识、技术和信息交流网络的形成。这一方面，有利于降低高技术产业聚集区内企业间技术创新扩散的交易成本（杨小凯和张永生，2003），从而加速技术创新在企业间的扩散，进而促进高技术产业聚集区技术创新能力的不断提升；另一方面，高技术产业聚集区内完善的知识、技术和信息交流网络不仅可以为不同企业之间提供更多相互交流的平台，而且也可以为企业间技术创新的扩散提供更多的、良好的传播渠道，从而有利于加快技术创新在企业间的扩散，进而促进高技术产业聚集区技术创新能力的不断提升（程开明和李金昌，2008；刘浩，2011）。

基于上述机理分析，本文提出假说 1：

假说 1 高技术产业聚集有助于促进技术创新。

此外，由于我国各地区高技术产业聚集水平空间差异程度较大，这种差异可能导致其对技术创新影响的区域差异。因此，在假说 1 的基础上，本文进一步提出假说 2：

假说 2 高技术产业聚集对技术创新的促进作用存在区域差异。

接下来，基于我国省级地区高技术产业面板数据，本文将对上述假说进行实证分析。

---

① 以 Marshall、Arrow 和 Romer 为代表提出的产业内聚集所带来的知识或技术溢出等外部性被称为 MAR 外部性（Glaeser 等，1991）。

② Jacobs（1969）提出不同产业在同一地区的聚集也会产生知识或技术溢出，从而促进技术创新。这种产业间聚集所带来的外部性被称为 Jacobs 外部性。

③ Porter（1998）提出产业聚集中的竞争而不是垄断更能促进技术创新。这种由产业聚集区内竞争带来的知识或技术溢出也被称为 Porter 溢出。

15.4 实证分析

15.4.1 计量模型设定

除了高技术产业聚集会影响技术创新外，科技人员投入、科技经费投入、外商直接投资和制度创新等也会影响技术创新。因此，为了能够较为精确地探究高技术产业聚集对技术创新的影响，本文将引入上述变量作为控制变量。为此，本文的计量模型设定为：

$$\ln \text{Innovation}_{it} = \alpha_0 + \alpha_1 \ln \text{Agglo}_{it} + \alpha_2 \ln \text{Staff}_{it} + \alpha_3 \ln \text{Fund}_{it} + \alpha_4 \ln \text{FDI}_{it} + \alpha_5 \ln \text{Insti}_{it} + \varepsilon_{it} \quad (1)$$

其中，Innovation 为被解释变量，表示高技术产业技术创新能力；Agglo 为解释变量，表示高技术产业聚集水平；Staff、Fund、FDI 和 Insti 为控制变量，分别表示高技术产业科技人员投入、高技术产业科技经费投入、高技术产业外商直接投资和高技术产业制度创新；下标 i 和 t 分别表示地区①和年份；其他字母分别表示常数项、变量的系数和残差。

15.4.2 变量说明

1. 被解释变量

本文的被解释变量为高技术产业技术创新。对技术创新的度量大致可分为对技术创新投入的衡量和对技术创新产出的衡量（黄解宇等，2013）。由于，本文中技术创新投入这一变量与控制变量可能存在多重共线性，为此，我们仅用技术创新产出来度量高技术产业技术创新。技术创新产出主要有科研成果产出和产品产出。其中，科研成果产出通常用专利数等指标来衡量，产品产出通常用新产品产值等指标来衡量。因此，本文采用两种指标度量高技术产业技术创新：第一种指标是高技术产业有效发明专利数；第二种指标是高技术产业新产品产值。

2. 解释变量

本文的解释变量为高技术产业聚集水平，采用高技术产业就业密度（人/平方公里）来度量。t 时刻地区 i 的高技术产业聚集水平 $\text{Agglo}_{it} = M_{it}/S_{it}$，其中，$M_{it}$ 为地区 i 在 t 时刻的高技术产业就业人数，S_{it} 为地区 i 在 t 时刻的土地面积。一般而言，这一指标数值越大，表明高技术产业在该地区的聚集水平越高。

3. 控制变量

根据上述计量模型，本文的控制变量分别为科技人员投入、科技经费投入、外商直接投资和制度创新。

（1）科技人员投入。一般而言，地区高技术产业科技人员投入越多，则该地区

① 这里的地区为我国省级地理单元。

高技术产业科技人力资源越丰富，高技术产业技术创新能力相对越强。本文采用高技术产业 R&D 人员全时当量来度量地区高技术产业科技人员投入。

（2）科技经费投入。科技经费投入也是影响高技术产业技术创新的重要因素，反映了高技术产业科技活动投入状况。本文采用高技术产业 R&D 经费投入来度量地区高技术产业科技经费投入。

（3）外商直接投资。外商直接投资也会影响高技术产业技术创新。外商直接投资在给东道国带来资金的同时，还可以通过示范模仿效应、竞争效应、联系效应和培训效应等方式对东道国企业产生技术溢出（Kokko，1992）。借鉴刘军和邵军（2011）的研究，本文采用实际利用外资金额作为外商直接投资的代理变量。

（4）制度创新。North（1973）提出制度创新也是决定技术创新的重要因素，因此我们将制度创新纳入考虑。借鉴刘军等（2011）的研究，本文采用高技术产业中非国有经济固定资产投资占全社会固定资产投资比重作为高技术产业技术创新的代理变量。

我们对各主要变量的数据特征做简要的描述性统计，结果如表 15-1 所示。

表 15-1　主要变量指标的描述性统计

变量	样本量	均值	标准差	最小值	最大值
lnInnovation1	200	5.9626	1.5966	1.0986	11.0252
lnInnovation2	200	14.3130	1.6908	10.6368	18.2605
lnAgglo	200	0.3300	1.7573	−2.7906	4.5506
lnStaff	200	8.7077	1.3001	5.5053	12.3209
lnFund	200	11.6695	1.5943	7.0859	15.5665
lnFDI	200	14.5597	1.4104	9.7040	16.9332
lnInsti	200	−0.2840	0.2555	−1.2805	−0.0092

注：lnInnovation1 为有效发明专利数，lnInnovation2 为新产品产值；各年度实际利用外资金额用当年人民币对美元的年平均中间价进行折算；个别年份缺失的数据，用相邻年份的平均值补充。

资料来源：《中国科技统计年鉴》（2006—2013）、《中国高技术产业统计年鉴》（2006—2013）和国研网宏观经济数据库。

15.4.3　计量结果及分析

1. 计量方法的选择

面板数据的估计方法包括聚合最小二乘回归（Pool OLS）、固定效应（FE）和随机效应（RE）模型等多种形式。除了上述几种模型形式，还可以采用可行的广义最小二乘法（FGLS）进行估计，这一方法可以消除可能存在的异方差性和序列相关性，能够得出有效的估计结果。为了得到较为稳健的结论，本文将分别采用固定效应(FE)、随机效应(RE)和可行的广义最小二乘法(FGLS)进行估计。分析软件为 Stata12.0。

2. 回归结果分析

(1) 高技术产业聚集对技术创新影响的总体回归分析。

基于上一节的计量方法,首先,我们用 2005—2012 年我国 25 个省份高技术产业面板数据对各解释变量的系数进行估计,表 15-2 的方程 1、方程 2 和方程 3 分别报告了以有效发明专利数作为被解释变量,固定效应(FE)、随机效应(RE)和可行的广义最小二乘法(FGLS)的估计结果;方程 4、方程 5 和方程 6 分别报告了以新产品产值作为被解释变量,固定效应(FE)、随机效应(RE)和可行的广义最小二乘法(FGLS)的估计结果。

表 15-2　总体回归分析结果

变量	被解释变量:ln Innovation1			被解释变量:ln Innovation2		
	方程 1 (FE)	方程 2 (RE)	方程 3 (FGLS)	方程 4 (FE)	方程 5 (RE)	方程 6 (FGLS)
ln Agglo	0.9743***	0.0487	0.0160	0.8446***	0.4557***	0.3949***
	(0.2157)	(0.0862)	(0.0506)	(0.1505)	(0.0635)	(0.0336)
ln Staff	0.3508**	0.2019	0.0484	0.0329	0.0496	0.0488
	(0.1471)	(0.1471)	(0.1257)	(0.1027)	(0.0951)	(0.0674)
ln Fund	0.5069***	0.7858***	0.9031***	0.5176***	0.5706***	0.6760***
	(0.1247)	(0.1246)	(0.1069)	(0.0870)	(0.0802)	(0.0589)
ln FDI	0.3370***	0.2219**	0.0052	0.0659	0.0024	0.0407
	(0.1112)	(0.0958)	(0.0617)	(0.0776)	(0.0645)	(0.0282)
ln Insti	0.1127	0.1263	0.3115*	0.0208	0.0178	0.0726
	(0.2399)	(0.2436)	(0.1839)	(0.1673)	(0.1573)	(0.1228)
常数项	−8.2033***	−8.1436***	−4.0385***	8.6726***	7.1124***	6.0793***
	(1.5224)	(1.2169)	(0.8298)	(1.0621)	(0.8232)	(0.4503)
Hausman 检验 p 值	0.0000			0.0364		
R^2	0.6960	0.7944		0.8823	0.9097	
OBS	200	200	200	200	200	200

注:括号中数值为标准误;***、**、* 分别表示变量系数通过了 1%、5%、10%的显著性检验;OBS 表示样本观察值个数。

当被解释变量为有效发明专利数时,首先,根据 Hausman 检验,p 值为 0.0000,小于 0.05,拒绝原假设,因此,我们在方程 1 和方程 2 之间选择方程 1。其次,通过比较方程1和方程3的估计结果,可以发现,变量系数的符号完全一致。由于可行的广义最小二乘法(FGLS)在一定程度上消除了可能存在的异方差性和序列相关性(Wooldridge,2002),因此,我们认为方程3的结果是稳健的。方程3的估计结果显示:在控制了科技人员投入、科技经费投入、外商直接投资和制度创新等条件下,高技术产业聚集对技术创新的影响为正,假说1得到了证实。其原因主要在于:高技术产业聚集的专业化和多样化等方面的优势,有利于促进技术创新的产生;高技术产业聚集形成的知识、技术和信息交流网络,有利于促进技术创新的扩散(程开明和李金昌,2008;刘浩,2011)。这表明我国各地区可以通过培育高技术产业集群来提高自身的技术创新能力,从而促进党的十八大提出的"创新驱动发展战略"的实施,进而驱动经济的可持续发展;此外,科技人员投入、科技经费投入、外商直接投资和制度创新对技术创新也有一定的促进作用。这表明高技术产业的科技人员投入、科技经费投入、外商直接投资和制度创新对我国各地区高技术产业技术创新能力的提升也发挥着重要的作用。

当被解释变量为新产品产值时,首先,根据Hausman检验,p值为0.0364,小于0.05,拒绝原假设,因此,我们在方程4和方程5之间选择方程4。其次,通过比较方程4和方程6的估计结果,可以发现,变量系数的符号完全一致。因此,我们认为方程6的结果是稳健的。通过比较方程6和方程3的估计结果,可以发现,变量系数的符号均一致。

综上所述,我们可以得出:在控制了科技人员投入、科技经费投入、外商直接投资和制度创新等条件下,高技术产业聚集有助于促进技术创新;此外,科技人员投入、科技经费投入、外商直接投资和制度创新对高技术产业技术创新也有一定的促进作用。

(2) 高技术产业聚集对技术创新影响的分区域回归分析。

前面的分析证明了高技术产业聚集有助于促进技术创新。而由我国各地区高技术产业的发展现状可知,高技术产业聚集水平在东部地区与中西部地区间存在较大差异,那么这种差异是否会导致其对技术创新影响的区域差异?

下面,我们分别以东部地区与中西部地区为考察对象,探究高技术产业聚集对技术创新影响的区域差异。借鉴刘军和徐康宁(2010)的研究,以中西部地区为参照组,引入区域控制虚拟变量East,当研究样本为东部地区时,East取值为1;为其他地区时,East取值为0。重新进行计量分析,计量方法和分析软件与前文保持一致。表15-3报告了分区域回归分析的结果,其中,方程7、方程8和方程9分别为以有效发明专利数作为被解释变量,固定效应(FE)、随机效应(RE)和可行的广义最小二乘法(FGLS)的估计结果;方程10、方程11和方程12分别报告了以新产品产值作为被解释变量,固定效应(FE)、随机效应(RE)和可行的广义最小二乘法(FGLS)的估计结果。

表 15-3 分区域回归分析结果

变量	被解释变量:ln Innovation1			被解释变量:ln Innovation2		
	方程 7 (FE)	方程 8 (RE)	方程 9 (FGLS)	方程 10 (FE)	方程 11 (RE)	方程 12 (FGLS)
ln Agglo	0.7776***	0.0334	0.0837	0.8482***	0.5401***	0.2203***
	(0.2077)	(0.1516)	(0.0916)	(0.1541)	(0.1089)	(0.0512)
ln Staff	0.1555	0.2179	0.0052	0.0365	0.0491	0.0166
	(0.1449)	(0.1438)	(0.1141)	(0.1075)	(0.0955)	(0.0679)
ln Fund	0.5368***	0.7507***	0.8812***	0.5170***	0.5706***	0.6396***
	(0.1178)	(0.1217)	(0.0985)	(0.0874)	(0.0807)	(0.0595)
ln FDI	0.3930***	0.2990***	0.0682	0.0669	0.0250	0.0730**
	(0.1056)	(0.1001)	(0.0612)	(0.0783)	(0.0685)	(0.0309)
ln Insti	0.1677	0.2046	0.5527***	0.0198	0.0028	0.0566
	(0.2265)	(0.2395)	(0.1845)	(0.1680)	(0.1589)	(0.1169)
East × ln Agglo	1.7266***	0.3038*	0.2300**	0.0318	0.1315	0.1830***
	(0.3676)	(0.1803)	(0.0937)	(0.2726)	(0.1333)	(0.0553)
常数项	−8.9325***	−8.7330***	−5.0506***	8.6860***	7.4898***	5.5984***
	(1.4444)	(1.3147)	(0.8640)	(1.0714)	(0.9075)	(0.4824)
Hausman 检验 p 值	0.0000			0.1676		
R^2	0.6026	0.7930		0.8837	0.9074	
OBS	200	200	200	200	200	200

注:括号中数值为标准误;***、**、* 分别表示变量系数通过了 1%、5%、10%的显著性检验;OBS 表示样本观察值个数。

当被解释变量为有效发明专利数时,首先,根据 Hausman 检验,p 值为 0.0000,小于 0.05,拒绝原假设,因此,我们在方程 7 和方程 8 之间选择方程 7。其次,通过比较方程 7 和方程 9 的估计结果,可以发现,变量系数的符号完全一致。因此,我们认为方程 9 的结果是稳健的。方程 9 的估计结果显示:高技术产业聚集对技术创新的影响存在明显的区域差异,假说 2 得到了证实。作为参照组的中西部地区,其高技术产业聚集对技术创新的影响系数为 0.0837,但没有通过显著性检验;东部地区高技术产业聚集对技术创新的影响系数为 0.3137(该系数为作为参照组的中西部地区的系数与东部地区虚拟变量的系数之和),且通过了 5%的显著性检验。这表明东部地区与中西部地区高技术产业聚集均能促进技术创新,但存在明显的区域差异,东部地区高技术产业聚集对技术创新的促进作用大于中西部地区。

当被解释变量为新产品产值时，首先，根据 Hausman 检验，p 值为 0.1676，大于 0.05，接受原假设，因此，我们在方程 10 和方程 11 之间选择方程 11。其次，通过比较方程 11 和方程 12 的估计结果，可以发现，变量系数的符号完全一致。因此，我们认为方程 12 的结果是稳健的。通过比较方程 12 和方程 9 的估计结果，可以发现，变量系数的符号均一致。

综上所述，我们可以得出：高技术产业聚集对技术创新的影响存在明显的区域差异，东部地区高技术产业聚集对技术创新的促进作用大于中西部地区。其原因主要在于，我国东部地区具有人力资本优势、技术优势、资金优势等条件，也具有较好的产业基础和区位优势（李廉水等，2014），上述原因导致东部地区高技术产业聚集水平较高，从而更有利于促进技术创新的产生和促进技术创新的扩散，而广大中西部地区高技术产业聚集水平较低。结合当前东部地区高技术产业聚集水平和技术创新能力明显高于中西部地区的事实，可以推导出区域间高技术产业技术创新能力的差异将进一步扩大。

15.5 稳健性检验

为了进一步增强上述回归分析结果的稳健性，借鉴刘军和徐康宁（2010）的研究，我们以区位商来衡量高技术产业聚集水平。t 时刻地区 i 的高技术产业聚集水平 Agglo_{it} 为：$\mathrm{Agglo}_{it}=(M_{it}/P_{it})/(M_t/P_t)$，其中 M_{it} 表示地区 i 在 t 时刻的高技术产业从业人数，P_{it} 表示地区 i 在 t 时刻的总就业人数，M_t 和 P_t 分别表示 t 时刻全国高技术产业从业人数和全国总就业人数。一般而言，这一指标的数值越大，表明高技术产业在该地区的聚集水平越高。因此，下面以区位商来衡量各地区高技术产业聚集水平，分别进行总体稳健性检验和分区域稳健性检验。所有供分析的面板数据和分析方法以及选用的计量分析软件与前文保持一致。

15.5.1 总体稳健性检验

首先，基于 2005—2012 年我国 25 个省份高技术产业面板数据，用区位商来度量各地区高技术产业聚集水平，对高技术产业聚集影响技术创新的总体回归分析结果进行稳健性检验，表 15-4 的方程 13、方程 14 和方程 15 分别报告了以有效发明专利数作为被解释变量，固定效应（FE）、随机效应（RE）和可行的广义最小二乘法（FGLS）的估计结果；方程 16、方程 17 和方程 18 分别报告了以新产品产值作为被解释变量，固定效应（FE）、随机效应（RE）和可行的广义最小二乘法（FGLS）的估计结果。

表 15-4　总体稳健性检验回归分析结果

变量	被解释变量:ln Innovation1			被解释变量:ln Innovation2		
	方程 13 (FE)	方程 14 (RE)	方程 15 (FGLS)	方程 16 (FE)	方程 17 (RE)	方程 18 (FGLS)
ln Agglo	0.0170	0.0358	0.0209	0.2656***	0.3397***	0.4355***
	(0.1054)	(0.0969)	(0.0727)	(0.0729)	(0.0672)	(0.0451)
ln Staff	0.4817***	0.1792	0.0592	0.1487	0.1633*	0.0111
	(0.1527)	(0.1454)	(0.1268)	(0.1055)	(0.0991)	(0.0700)
ln Fund	0.5903***	0.7982***	0.9260***	0.5231***	0.5031***	0.6394***
	(0.1333)	(0.1282)	(0.1134)	(0.0922)	(0.0871)	(0.0668)
ln FDI	0.5189***	0.1960**	0.0083	0.0506	0.1158*	0.1597***
	(0.1108)	(0.0890)	(0.0578)	(0.0766)	(0.0641)	(0.0293)
ln Insti	0.1392	0.1337	0.2997	0.0094	0.0325	0.2041
	(0.2547)	(0.2438)	(0.1840)	(0.1761)	(0.1669)	(0.1452)
常数项	−12.6316***	−7.7388***	−4.4104***	6.2510***	5.4228***	4.5016***
	(1.3517)	(1.0969)	(0.7826)	(0.9344)	(0.7872)	(0.4353)
Hausman 检验 p 值	0.0000			0.0000		
R^2	0.7695	0.7965		0.8846	0.8902	
OBS	200	200	200	200	200	200

注:括号中数值为标准误;***、**、* 分别表示变量系数通过了 1%、5%、10% 的显著性检验;OBS 表示样本观察值个数。

当被解释变量为有效发明专利数时,首先,根据 Hausman 检验,p 值为 0.0000,小于 0.05,拒绝原假设,因此,我们在方程 13 和方程 14 之间选择方程 13。其次,通过比较方程 13 和方程 15 的估计结果,可以发现,变量系数的符号完全一致。因此,我们认为方程 15 的结果是稳健的。通过比较方程 15 和方程 3 的估计结果,可以发现,变量系数的符号均一致。这表明上一节总体回归分析结果是稳健的。

当被解释变量为新产品产值时,首先,根据 Hausman 检验,p 值为 0.0000,小于 0.05,拒绝原假设,因此,我们在方程 16 和方程 17 之间选择方程 16。其次,通过比较方程 16 和方程 18 的估计结果,可以发现,变量系数的符号完全一致。因此,我们认为方程 18 的结果是稳健的。通过比较方程 18 和方程 3 的估计结果,也可以发现,变量系数的符号均一致。这再次表明上一节总体回归分析结果是稳健的。

综上所述,我们可以进一步得出:在控制了科技人员投入、科技经费投入、外商直接投资和制度创新等条件下，高技术产业聚集有助于促进技术创新；此外，科技人员投入、科技经费投入、外商直接投资和制度创新对高技术产业技术创新也有一定的促进作用。

15.5.2 分区域稳健性检验

我们分别以东部地区和西部地区为考察对象，用区位商来度量各地区高技术产业聚集水平，对产业聚集影响技术创新的分区域回归分析结果进行稳健性检验。表 15-5 报告了分区域稳健性检验回归分析的结果。其中，方程 19、方程 20 和方程 21 分别为以有效发明专利数作为被解释变量，固定效应(FE)、随机效应(RE)和可行的广义最小二乘法(FGLS)的估计结果；方程 22、方程 23 和方程 24 分别报告了以新产品产值作为被解释变量，固定效应(FE)、随机效应(RE)和可行的广义最小二乘法(FGLS)的估计结果。

表 15-5 分区域稳健性检验回归分析结果

变量	被解释变量：ln Innovation1			被解释变量：ln Innovation2		
	方程 19 (FE)	方程 20 (RE)	方程 21 (FGLS)	方程 22 (FE)	方程 23 (RE)	方程 24 (FGLS)
ln Agglo	0.0185	0.0005	0.0818	0.2510***	0.2459***	0.1274**
	(0.1142)	(0.1108)	(0.0899)	(0.0789)	(0.0741)	(0.0516)
ln Staff	0.4824***	0.1676	0.0611	0.1424	0.1173	0.0236
	(0.1543)	(0.1442)	(0.1153)	(0.1066)	(0.0976)	(0.0717)
ln Fund	0.5899***	0.8116***	0.9333***	0.5269***	0.5292***	0.6289***
	(0.1342)	(0.1268)	(0.1049)	(0.0927)	(0.0852)	(0.0668)
ln FDI	0.5183***	0.2313***	0.0500	0.0566	0.0884	0.1497***
	(0.1126)	(0.0886)	(0.0554)	(0.0778)	(0.0645)	(0.0288)
ln Insti	0.1402	0.1603	0.4876***	0.0183	0.0530	0.0734
	(0.2568)	(0.2391)	(0.1808)	(0.1774)	(0.1626)	(0.1233)
East×ln Agglo	0.0091	0.0785	0.3069***	0.0868	0.2285*	0.4264***
	(0.2561)	(0.1796)	(0.1113)	(0.1769)	(0.1347)	(0.0700)
常数项	−12.6209***	−8.0399***	−4.9426***	6.1493***	5.6066***	4.6885***
	(1.3886)	(1.0965)	(0.7529)	(0.9592)	(0.7888)	(0.4374)
Hausman 检验 p 值	0.0000			0.8739		
R^2	0.7693	0.7949		0.8897	0.9087	
OBS	200	200	200	200	200	200

注：括号中数值为标准误；***、**、* 分别表示变量系数通过了 1%、5%、10% 的显著性检验；OBS 表示样本观察值个数。

当被解释变量为有效发明专利数时，首先，根据 Hausman 检验，p 值为 0.0000，小于 0.05，拒绝原假设，因此，我们在方程 19 和方程 20 之间选择方程 19。其次，通过比较方程 19 和方程 21 的估计结果，可以发现，变量系数的符号完全一致。因此，我们认为方程 21 的结果是稳健的。通过比较方程 21 和方程 9 的估计结果，可以发现，变量系数的符号均一致。这表明上一节分区域回归分析结果是稳健的。

当被解释变量为新产品产值时，首先，根据 Hausman 检验，p 值为 0.8739，大于 0.05，接受原假设，因此，我们在方程 22 和方程 23 之间选择方程 23。其次，通过比较方程 23 和方程 24 的估计结果，可以发现，变量系数的符号完全一致。因此，我们认为方程 24 的结果是稳健的。通过比较方程 24 和方程 9 的估计结果，也可以发现，变量系数的符号均一致。这再次表明上一节分区域回归分析结果是稳健的。

综上所述，我们可以进一步得出：高技术产业聚集对技术创新的影响存在明显的区域差异，东部地区高技术产业聚集对技术创新的促进作用大于中西部地区。结合当前东部地区高技术产业聚集水平和技术创新能力明显高于中西部地区的事实，可以推导出区域间高技术产业技术创新能力的差异将进一步扩大。

15.6　结论与政策启示

基于 2005—2012 年我国 25 个省份面板数据，本文研究了高技术产业聚集对技术创新的影响及其区域比较，从中得出以下结论：

(1) 在控制了科技人员投入、科技经费投入、外商直接投资和制度创新等条件下，高技术产业聚集有助于促进技术创新；此外，科技人员投入、科技经费投入、外商直接投资和制度创新对高技术产业技术创新也有一定的促进作用。

(2) 分区域比较表明，高技术产业聚集对技术创新的影响存在明显的区域差异：东部地区高技术产业聚集对技术创新的促进作用大于中西部地区。其原因主要在于，我国东部地区高技术产业聚集水平较高，从而更有利于促进技术创新的产生和扩散，而广大中西部地区高技术产业聚集水平较低。结合当前东部地区高技术产业聚集水平和技术创新能力明显高于中西部地区的事实，可以推导出区域间高技术产业技术创新能力的差异将进一步扩大。

(3) 无论是采用就业密度来度量高技术产业聚集水平，还是采用区位商来度量高技术产业聚集水平进行分析，上述结果均成立。

基于上述结论，本文可以得出以下政策启示：首先，为了促进高技术产业技术创新能力的提升，我国各地区都应该培育高技术产业集群，鼓励高技术产业集群式发展，从而提高地区高技术产业聚集水平，进而提升地区高技术产业的技术创新能力。其次,为了防止区域间高技术产业技术创新能力的差距进一步扩大,中西部地区应结合自身的工业基础,培育具有区域特色和竞争力的高技术产业集群。此外,各区域特别是中西部地区还可以通过加大科技人员及经费投入,发挥人才和资金对技术创新的推动作用;积极引入外资,充分发挥利用外资的技术外溢效应;以及深化经济体制改革,大力促进制度创新等方式促进地区高技术产业技术创新能力的提升。

参考文献

[1] Beaudry C, Breschi S. Are Firms in Clusters Really More Innovative? [J]. Economics of Innovation and New Technology,2003,12(4):325—342.

[2] Chyi Y L, Lai Y M, Liu W H. Knowledge Spillovers and Firm Performance in the High-technology Industrial Cluster[J]. Research Policy,2012,41(3):556—564.

[3] Yang C H, Lin H L, Li H Y. Influences of Production and R&D Agglomeration on Productivity: Evidence from Chinese Electronics Firms[J]. China Economic Review,2013(27): 162—178.

[4] Glaeser E L, Kallal H D, Scheinkman J A, et al. Growth in Cities[R]. National Bureau of Economic Research,1991.

[5] Jacobs J. The Economy of Cities [M]. New York: Vintage,1969.

[6] Porter M E. Clusters and the New Economics of Competition[M]. Watertown: Harvard Business Review,1998.

[7] Kokko A. Foreign Direct Investment, Host Country Characteristics and Spillovers[D]. Stockholm: Stockholm School of Economics,1992.

[8] North D C. The Rise of the Western World: A New Economic History[M]. Cambridge University Press,1973.

[9] Wooldridge J M. Econometric Analysis of Cross Section and Panel Data[M]. MIT Press, 2002.

[10] 冯伟,徐康宁,邵军.基于本土市场规模的产业创新机制及实证研究[J].中国软科学,2014(1):55—67.

[11] 蔡昉.人口转变、人口红利与刘易斯转折点[J].经济研究,2010(4):4—13.

[12] 黎继子,刘春玲,邹德文.产业集中、集群式供应链组织衍续和技术创新——以"武汉·中国光谷"光电子产业为例[J].财经研究,2006,32(7):41—52.

[13] 刘浩.高新技术产业集聚促进区域技术创新的理论与实证研究[D].武汉:武汉理工大学博士学位论文,2011.

[14] 周明,李宗植.基于产业集聚的高技术产业创新能力研究[J].科研管理,2011,32(1):15—21.

[15] 牛冲槐,张帆,封海燕.科技型人才聚集、高新技术产业聚集与区域技术创新[J].科技进步与对策,2012(15):46—51.

[16] 李凯,任晓艳,向涛.产业集群效应对技术创新能力的贡献——基于国家高新区的实证研究[J].科学学研究,2007,25(3):448—452.

[17] 陈劲,梁靓,吴航.开放式创新背景下产业集聚与创新绩效关系研究——以中国高技术产业为例[J].科学学研究,2013,31(4):623—629.

[18] 杨小凯,张永生.新兴古典经济学与超边际分析[M].北京:社会科学文献出版社,2003.

[19] 程开明,李金昌.中国城市化与技术创新关联性的动态分析[J].科学学研究,2008,26(3):666—672.

[20] 黄解宇,孙维峰,杨朝晖.创新的就业效应分析——基于中国上市公司微观数据的实证研究[J].中国软科学,2013(11):161—169.

[21] 刘军,邵军.技术差距与外资的溢出效应:基于分位数回归的分析[J].国际商务—对外经济贸易大学学报,2011(3):82—89.

[22] 刘军,李廉水,王忠.产业聚集对区域创新能力的影响及其行业差异[J].科研管理,2010,31(6):191—198.

[23] 刘军,徐康宁.产业聚集、工业化水平与区域差异——基于中国省级面板数据的实证研究[J].财经科学,2010(10):65—72.

[24] 李廉水,杨浩昌,刘军.我国区域制造业综合发展能力评价研究——基于东、中、西部制造业的实证分析[J].中国软科学,2014(2):121—129.

[25] 刘军,徐康宁.产业聚集、经济增长与地区差距——基于中国省级面板数据的实证研究[J].中国软科学,2010(7):91—102.

撰稿人:杨浩昌
审核人:余菜花